最新

医疗健康法规汇编

法律出版社法规中心　编

法律出版社
LAW PRESS·CHINA
北京

图书在版编目(CIP)数据

最新医疗健康法规汇编／法律出版社法规中心编
. -- 北京 ：法律出版社，2022
ISBN 978 -7 -5197 -6516 -3

Ⅰ. ①最… Ⅱ. ①法… Ⅲ. ①卫生法－汇编－中国
Ⅳ. ①D922.169

中国版本图书馆 CIP 数据核字(2022)第 041198 号

最新医疗健康法规汇编
ZUIXIN YILIAO JIANKANG FAGUI HUIBIAN

法律出版社法规中心 编

责任编辑 李 群 陈 熙
装帧设计 李 瞻

出版发行 法律出版社
编辑统筹 法规出版分社
责任校对 张红蕊
责任印制 耿润瑜
经　　销 新华书店

开本 A5
印张 16.75 **字数** 594 千
版本 2022 年 3 月第 1 版
印次 2022 年 3 月第 1 次印刷
印刷 天津嘉恒印务有限公司

地址:北京市丰台区莲花池西里 7 号(100073)
网址:www.lawpress.com.cn
投稿邮箱:info@lawpress.com.cn
举报盗版邮箱:jbwq@lawpress.com.cn

销售电话:010 -83938349
客服电话:010 -83938350
咨询电话:010 -63939796

书号:ISBN 978 -7 -5197 -6516 -3 **定价**:55.00 元
凡购买本社图书,如有印装错误,我社负责退换。电话:010 -83938349

目　　录

一、综　　合

二、医疗机构与人员

1. 医疗机构

2. 医务人员

三、医疗健康服务

1. 处方、病例

2. 诊疗行为

四、疾病防控与卫生健康

五、医疗纠纷处理

六、医疗保障

一、综　　合

中华人民共和国宪法（节录）

1. 1982年12月4日第五届全国人民代表大会第五次会议通过

2. 1982年12月4日全国人民代表大会公告公布施行

3. 根据1988年4月12日第七届全国人民代表大会第一次会议通过的《中华人民共和国宪法修正案》、1993年3月29日第八届全国人民代表大会第一次会议通过的《中华人民共和国宪法修正案》、1999年3月15日第九届全国人民代表大会第二次会议通过的《中华人民共和国宪法修正案》、2004年3月14日第十届全国人民代表大会第二次会议通过的《中华人民共和国宪法修正案》和2018年3月11日第十三届全国人民代表大会第一次会议通过的《中华人民共和国宪法修正案》修正

第二十一条　【医疗卫生与体育事业】[①] 国家发展医疗卫生事业，发展现代医药和我国传统医药，鼓励和支持农村集体经济组织、国家企业事业组织和街道组织举办各种医疗卫生设施，开展群众性的卫生活动，保护人民健康。

国家发展体育事业，开展群众性的体育活动，增强人民体质。

第四十五条　【社会保障权利】中华人民共和国公民在年老、疾病或者丧失劳动能力的情况下，有从国家和社会获得物质帮助的权利。国家发展为公民享受这些权利所需要的社会保险、社会救济和医疗卫生事业。

国家和社会保障残废军人的生活，抚恤烈士家属，优待军人家属。

国家和社会帮助安排盲、聋、哑和其他有残疾的公民的劳动、生活和教育。

中华人民共和国中医药法

1. 2016年12月25日第十二届全国人民代表大会常务委员会第二十五次会议通过

2. 2016年12月25日中华人民共和国主席令第59号公布

3. 自2017年7月1日起施行

目　　录

① 条文主旨为编者所加，下同。

第一章　总　　则

第一条　【立法目的】为了继承和弘扬中医药，保障和促进中医药事业发展，保护人民健康，制定本法。

第二条　【中医药的定义】本法所称中医药，是包括汉族和少数民族医药在内的我国各民族医药的统称，是反映中华民族对生命、健康和疾病的认识，具有悠久历史传统和独特理论及技术方法的医药学体系。

第三条　【发展方针与原则】中医药事业是我国医药卫生事业的重要组成部分。国家大力发展中医药事业，实行中西医并重的方针，建立符合中医药特点的管理制度，充分发挥中医药在我国医药卫生事业中的作用。

发展中医药事业应当遵循中医药发展规律，坚持继承和创新相结合，保持和发挥中医药特色和优势，运用现代科学技术，促进中医药理论和实践的发展。

国家鼓励中医西医相互学习，相互补充，协调发展，发挥各自优势，促进中西医结合。

第四条　【纳入国民经济和社会发展规划】县级以上人民政府应当将中医药事业纳入国民经济和社会发展规划，建立健全中医药管理体系，统筹推进中医药事业发展。

第五条　【主管部门】国务院中医药主管部门负责全国的中医药管理工作。国务院其他有关部门在各自职责范围内负责与中医药管理有关的工作。

县级以上地方人民政府中医药主管部门负责本行政区域的中医药管理工作。县级以上地方人民政府其他有关部门在各自职责范围内负责与中医药管理有关的工作。

第六条　【鼓励社会力量投资】国家加强中医药服务体系建设，合理规划和配置中医药服务资源，为公民获得中医药服务提供保障。

国家支持社会力量投资中医药事业，支持组织和个人捐赠、资助中医药事业。

第七条　【发展中医药教育体系】国家发展中医药教育，建立适应中医药事业发展需要、规模适宜、结构合理、形式多样的中医药教育体系，培养中医药人才。

第八条　【鼓励科技创新】国家支持中医药科学研究和技术开发，鼓励中医药科学技术创新，推广应用中医药科学技术成果，保护中医药知识产权，提高中医药科学技术水平。

第九条　【对外交流合作】国家支持中医药对外交流与合作，促进中医药的国际传播和应用。

第十条　【表彰奖励】对在中医药事业中做出突出贡献的组织和个人，按照国家有关规定给予表彰、奖励。

第二章　中医药服务

第十一条　【发展中医医疗机构】县级以上人民政府应当将中医医疗机构建设纳入医疗机构设置规划，举办规模适宜的中医医疗机构，扶持有中医药特色和优势的医疗机构发展。

合并、撤销政府举办的中医医疗机构或者改变其中医医疗性质，应当征求上一级人民政府中医药主管部门的意见。

第十二条　【设置中医药科室】政府举办的综合医院、妇幼保健机构和有条件的专科医院、社区卫生服务中心、乡镇卫生院，应当设置中医药科室。

县级以上人民政府应当采取措施，增强社区卫生服务站和村卫生室提供中医药服务的能力。

第十三条　【支持社会力量举办中医医疗机构】国家支持社会力量举办中医医疗机构。

社会力量举办的中医医疗机构在准入、执业、基本医疗保险、科研教学、医务人员职称评定等方面享有与政府举办的中医医疗机构同等的权利。

第十四条　【在备案范围内开展医疗活动】举办中医医疗机构应当按照国家有关医疗机构管理的规定办理审批手续，并遵守医疗机构管理的有关规定。

举办中医诊所的，将诊所的名称、地址、诊疗范围、人员配备情况等报所在地县级人民政府中医药主管部门备案后即可开展执业活动。中医诊所应当将本诊所的诊疗范围、中医医师的姓名及其执业范围在诊所的明显位置公示，不得超出备案范围开展医疗活动。具体办法由国务院中医药主管部门拟订，报国务院卫生行政部门审核、发布。

第十五条　【中医医师资格的取得及执业注册】从事中医医疗活动的人员应当依照《中华人民共和国执业医师法》的规定，通过中医医师资格考试取得中医医师资格，并进行执业注册。中医医师资格考试的内容应当体现中医药特点。

以师承方式学习中医或者经多年实践，医术确有专长的人员，由至少两名中医医师推荐，经省、自治区、直辖市人民政府中医药主管部门组织实践技能和效果考核合格后，即可取得中医医师资格；按照考核内容进行执业注册后，即可在注册的执业范围内，以个人开业的方式或者在医疗机构内从事中医医疗活动。国务院中医药主管部门应当根据中医药技术方法的安全风险拟订本款规定人员的分类考核办法，报国务院卫生行政部门审核、发布。

第十六条　【配备中医药专业技术人员】中医医疗机构配备医务人员应当以中医药专业技术人员为主，主要提供中医药服务；经考试取得医师资格的中医医师按照国家有关规定，经培训、考核合格后，可以在执业活动中采用与其专业相关的现代科学技术方法。在医疗活动中采用现代科学技术方法的，应当有利于保持和发挥中医药特色和优势。

社区卫生服务中心、乡镇卫生院、社区卫生服务站以及有条件的村卫生室应当合理配备中医药专业技术人员，并运用和推广适宜的中医药技术方法。

第十七条　【中医药服务要求】开展中医药服务，应当以中医药理论为指导，运用中医药技术方法，并符合国务院中医药主管部门制定的中医药服务基本要求。

第十八条　【中医药预防、保健服务】县级以上人民政府应当发展中医药预防、保健服务，并按照国家有关规定将其纳入基本公共卫生服务项目统筹实施。

县级以上人民政府应当发挥中医药在突发公共卫生事件应急工作中的作用，加强中医药应急物资、设备、设施、技术与人才资源储备。

医疗卫生机构应当在疾病预防与控制中积极运用中医药理论和技术方法。

第十九条 【中医医疗广告】医疗机构发布中医医疗广告，应当经所在地省、自治区、直辖市人民政府中医药主管部门审查批准；未经审查批准，不得发布。发布的中医医疗广告内容应当与经审查批准的内容相符合，并符合《中华人民共和国广告法》的有关规定。

第二十条 【监督检查】县级以上人民政府中医药主管部门应当加强对中医药服务的监督检查，并将下列事项作为监督检查的重点：

（一）中医医疗机构、中医医师是否超出规定的范围开展医疗活动；

（二）开展中医药服务是否符合国务院中医药主管部门制定的中医药服务基本要求；

（三）中医医疗广告发布行为是否符合本法的规定。

中医药主管部门依法开展监督检查，有关单位和个人应当予以配合，不得拒绝或者阻挠。

第三章 中药保护与发展

第二十一条 【中药材质量安全监管】国家制定中药材种植养殖、采集、贮存和初加工的技术规范、标准，加强对中药材生产流通全过程的质量监督管理，保障中药材质量安全。

第二十二条 【中药材规范化种植养殖】国家鼓励发展中药材规范化种植养殖，严格管理农药、肥料等农业投入品的使用，禁止在中药材种植过程中使用剧毒、高毒农药，支持中药材良种繁育，提高中药材质量。

第二十三条 【道地中药材的保护】国家建立道地中药材评价体系，支持道地中药材品种选育，扶持道地中药材生产基地建设，加强道地中药材生产基地生态环境保护，鼓励采取地理标志产品保护等措施保护道地中药材。

前款所称道地中药材，是指经过中医临床长期应用优选出来的，产在特定地域，与其他地区所产同种中药材相比，品质和疗效更好，且质量稳定，具有较高知名度的中药材。

第二十四条 【中药材质量监测与流通追溯体系】国务院药品监督管理部门应当组织并加强对中药材质量的监测，定期向社会公布监测结果。国务院有关部门应当协助做好中药材质量监测有关工作。

采集、贮存中药材以及对中药材进行初加工，应当符合国家有关技术规范、标准和管理规定。

国家鼓励发展中药材现代流通体系，提高中药材包装、仓储等技术水平，建立中药材流通追溯体系。药品生产企业购进中药材应当建立进货查验记录制度。中药材经营者应当建立进货查验和购销记录制度，并标明中药材产地。

第二十五条 【药用野生动植物资源的保护】国家保护药用野生动植物资源，对药用野生动植物资源实行动态监测和定期普查，建立药用野生动植物资源种质基因库，鼓励发展人工种植养殖，支持依法开展珍贵、濒危药用野生动植物的保护、繁育及其相关研究。

第二十六条　【乡村医生可自种、自采地产中药材使用】在村医疗机构执业的中医医师、具备中药材知识和识别能力的乡村医生，按照国家有关规定可以自种、自采地产中药材并在其执业活动中使用。

第二十七条　【保护中药饮片炮制技术】国家保护中药饮片传统炮制技术和工艺，支持应用传统工艺炮制中药饮片，鼓励运用现代科学技术开展中药饮片炮制技术研究。

第二十八条　【自行炮制中药饮片的安全保证】对市场上没有供应的中药饮片，医疗机构可以根据本医疗机构医师处方的需要，在本医疗机构内炮制、使用。医疗机构应当遵守中药饮片炮制的有关规定，对其炮制的中药饮片的质量负责，保证药品安全。医疗机构炮制中药饮片，应当向所在地设区的市级人民政府药品监督管理部门备案。

根据临床用药需要，医疗机构可以凭本医疗机构医师的处方对中药饮片进行再加工。

第二十九条　【鼓励、支持中药新药、传统中成药】国家鼓励和支持中药新药的研制和生产。

国家保护传统中药加工技术和工艺，支持传统剂型中成药的生产，鼓励运用现代科学技术研究开发传统中成药。

第三十条　【古代经典名方的中药复方制剂】生产符合国家规定条件的来源于古代经典名方的中药复方制剂，在申请药品批准文号时，可以仅提供非临床安全性研究资料。具体管理办法由国务院药品监督管理部门会同中医药主管部门制定。

前款所称古代经典名方，是指至今仍广泛应用、疗效确切、具有明显特色与优势的古代中医典籍所记载的方剂。具体目录由国务院中医药主管部门会同药品监督管理部门制定。

第三十一条　【中药制剂的配制和使用】国家鼓励医疗机构根据本医疗机构临床用药需要配制和使用中药制剂，支持应用传统工艺配制中药制剂，支持以中药制剂为基础研制中药新药。

医疗机构配制中药制剂，应当依照《中华人民共和国药品管理法》的规定取得医疗机构制剂许可证，或者委托取得药品生产许可证的药品生产企业、取得医疗机构制剂许可证的其他医疗机构配制中药制剂。委托配制中药制剂，应当向委托方所在地省、自治区、直辖市人民政府药品监督管理部门备案。

医疗机构对其配制的中药制剂的质量负责；委托配制中药制剂的，委托方和受托方对所配制的中药制剂的质量分别承担相应责任。

第三十二条　【中药制剂品种监管】医疗机构配制的中药制剂品种，应当依法取得制剂批准文号。但是，仅应用传统工艺配制的中药制剂品种，向医疗机构所在地省、自治区、直辖市人民政府药品监督管理部门备案后即可配制，不需要取得制剂批准文号。

医疗机构应当加强对备案的中药制剂品种的不良反应监测，并按照国家有关规定进行报告。药品监督管理部门应当加强对备案的中药制剂品种配制、使用的监督检查。

第四章 中医药人才培养

第三十三条 【中医药教育的原则】中医药教育应当遵循中医药人才成长规律，以中医药内容为主，体现中医药文化特色，注重中医药经典理论和中医药临床实践、现代教育方式和传统教育方式相结合。

第三十四条 【完善中医药学校教育体系】国家完善中医药学校教育体系，支持专门实施中医药教育的高等学校、中等职业学校和其他教育机构的发展。

中医药学校教育的培养目标、修业年限、教学形式、教学内容、教学评价及学术水平评价标准等，应当体现中医药学科特色，符合中医药学科发展规律。

第三十五条 【发展中医药师承教育】国家发展中医药师承教育，支持有丰富临床经验和技术专长的中医医师、中药专业技术人员在执业、业务活动中带徒授业，传授中医药理论和技术方法，培养中医药专业技术人员。

第三十六条 【加强中医药人才培养和发展中西医结合教育】国家加强对中医医师和城乡基层中医药专业技术人员的培养和培训。

国家发展中西医结合教育，培养高层次的中西医结合人才。

第三十七条 【中医药继续教育】县级以上地方人民政府中医药主管部门应当组织开展中医药继续教育，加强对医务人员，特别是城乡基层医务人员中医药基本知识和技能的培训。

中医药专业技术人员应当按照规定参加继续教育，所在机构应当为其接受继续教育创造条件。

第五章 中医药科学研究

第三十八条 【中医药理论和技术方法的继承创新】国家鼓励科研机构、高等学校、医疗机构和药品生产企业等，运用现代科学技术和传统中医药研究方法，开展中医药科学研究，加强中西医结合研究，促进中医药理论和技术方法的继承和创新。

第三十九条 【经典传承】国家采取措施支持对中医药古籍文献、著名中医药专家的学术思想和诊疗经验以及民间中医药技术方法的整理、研究和利用。

国家鼓励组织和个人捐献有科学研究和临床应用价值的中医药文献、秘方、验方、诊疗方法和技术。

第四十条 【中医药科技进步创新】国家建立和完善符合中医药特点的科学技术创新体系、评价体系和管理体制，推动中医药科学技术进步与创新。

第四十一条 【加强中医药防治及科学研究】国家采取措施，加强对中医药基础理论和辨证论治方法，常见病、多发病、慢性病和重大疑难疾病、重大传染病的中医药防治，以及其他对中医药理论和实践发展有重大促进作用的项目的科学研究。

第六章　中医药传承与文化传播

第四十二条　【传承项目和传承人】对具有重要学术价值的中医药理论和技术方法，省级以上人民政府中医药主管部门应当组织遴选本行政区域内的中医药学术传承项目和传承人，并为传承活动提供必要的条件。传承人应当开展传承活动，培养后继人才，收集整理并妥善保存相关的学术资料。属于非物质文化遗产代表性项目的，依照《中华人民共和国非物质文化遗产法》的有关规定开展传承活动。

第四十三条　【中医药传统知识保护】国家建立中医药传统知识保护数据库、保护名录和保护制度。

中医药传统知识持有人对其持有的中医药传统知识享有传承使用的权利，对他人获取、利用其持有的中医药传统知识享有知情同意和利益分享等权利。

国家对经依法认定属于国家秘密的传统中药处方组成和生产工艺实行特殊保护。

第四十四条　【中医养生保健】国家发展中医养生保健服务，支持社会力量举办规范的中医养生保健机构。中医养生保健服务规范、标准由国务院中医药主管部门制定。

第四十五条　【中医药文化宣传】县级以上人民政府应当加强中医药文化宣传，普及中医药知识，鼓励组织和个人创作中医药文化和科普作品。

第四十六条　【宣传普及活动】开展中医药文化宣传和知识普及活动，应当遵守国家有关规定。任何组织或者个人不得对中医药作虚假、夸大宣传，不得冒用中医药名义牟取不正当利益。

广播、电视、报刊、互联网等媒体开展中医药知识宣传，应当聘请中医药专业技术人员进行。

第七章　保障措施

第四十七条　【政策支持和条件保障】县级以上人民政府应当为中医药事业发展提供政策支持和条件保障，将中医药事业发展经费纳入本级财政预算。

县级以上人民政府及其有关部门制定基本医疗保险支付政策、药物政策等医药卫生政策，应当有中医药主管部门参加，注重发挥中医药的优势，支持提供和利用中医药服务。

第四十八条　【收费项目和标准】县级以上人民政府及其有关部门应当按照法定价格管理权限，合理确定中医医疗服务的收费项目和标准，体现中医医疗服务成本和专业技术价值。

第四十九条　【纳入基本医保范围】县级以上地方人民政府有关部门应当按照国家规定，将符合条件的中医医疗机构纳入基本医疗保险定点医疗机构范围，将符合条件的中医诊疗项目、中药饮片、中成药和医疗机构中药制剂纳入基本医疗保险基金支付范围。

第五十条　【中医药标准体系】国家加强中医药标准体系建设，根据中医药特点对需要统一的技术要求制定标准并及时修订。

中医药国家标准、行业标准由国务院有关部门依据职责制定或者修订，并在其网站上公布，供公众免费查阅。

国家推动建立中医药国际标准

体系。

第五十一条 【评审、评估、鉴定】开展法律、行政法规规定的与中医药有关的评审、评估、鉴定活动，应当成立中医药评审、评估、鉴定的专门组织，或者有中医药专家参加。

第五十二条 【促进、规范少数民族医药事业发展】国家采取措施，加大对少数民族医药传承创新、应用发展和人才培养的扶持力度，加强少数民族医疗机构和医师队伍建设，促进和规范少数民族医药事业发展。

第八章 法律责任

第五十三条 【管理部门未履行职责的法律责任】县级以上人民政府中医药主管部门及其他有关部门未履行本法规定的职责的，由本级人民政府或者上级人民政府有关部门责令改正；情节严重的，对直接负责的主管人员和其他直接责任人员，依法给予处分。

第五十四条 【中医诊所违法责任】违反本法规定，中医诊所超出备案范围开展医疗活动的，由所在地县级人民政府中医药主管部门责令改正，没收违法所得，并处一万元以上三万元以下罚款；情节严重的，责令停止执业活动。

中医诊所被责令停止执业活动的，其直接负责的主管人员自处罚决定作出之日起五年内不得在医疗机构内从事管理工作。医疗机构聘用上述不得从事管理工作的人员从事管理工作的，由原发证部门吊销执业许可证或者由原备案部门责令停止执业活动。

第五十五条 【中医医师超出执业范围的违法责任】违反本法规定，经考核取得医师资格的中医医师超出注册的执业范围从事医疗活动的，由县级以上人民政府中医药主管部门责令暂停六个月以上一年以下执业活动，并处一万元以上三万元以下罚款；情节严重的，吊销执业证书。

第五十六条 【违反备案规定的法律责任】违反本法规定，举办中医诊所、炮制中药饮片、委托配制中药制剂应当备案而未备案，或者备案时提供虚假材料的，由中医药主管部门和药品监督管理部门按照各自职责分工责令改正，没收违法所得，并处三万元以下罚款，向社会公告相关信息；拒不改正的，责令停止执业活动或者责令停止炮制中药饮片、委托配制中药制剂活动，其直接责任人员五年内不得从事中医药相关活动。

医疗机构应用传统工艺配制中药制剂未依照本法规定备案，或者未按照备案材料载明的要求配制中药制剂的，按生产假药给予处罚。

第五十七条 【违反广告规定的法律责任】违反本法规定，发布的中医医疗广告内容与经审查批准的内容不相符的，由原审查部门撤销该广告的审查批准文件，一年内不受理该医疗机构的广告审查申请。

违反本法规定，发布中医医疗广告有前款规定以外违法行为的，依照《中华人民共和国广告法》的规定给予处罚。

第五十八条 【违反中药材种植规定的

法律责任】违反本法规定，在中药材种植过程中使用剧毒、高毒农药的，依照有关法律、法规规定给予处罚；情节严重的，可以由公安机关对其直接负责的主管人员和其他直接责任人员处五日以上十五日以下拘留。

第五十九条　【民事责任与刑事责任】违反本法规定，造成人身、财产损害的，依法承担民事责任；构成犯罪的，依法追究刑事责任。

第九章　附　　则

第六十条　【法律适用】中医药的管理，本法未作规定的，适用《中华人民共和国执业医师法》、《中华人民共和国药品管理法》等相关法律、行政法规的规定。

军队的中医药管理，由军队卫生主管部门依照本法和军队有关规定组织实施。

第六十一条　【民族自治规定】民族自治地方可以根据《中华人民共和国民族区域自治法》和本法的有关规定，结合实际，制定促进和规范本地方少数民族医药事业发展的办法。

第六十二条　【盲人医疗按摩服务】盲人按照国家有关规定取得盲人医疗按摩人员资格的，可以以个人开业的方式或者在医疗机构内提供医疗按摩服务。

第六十三条　【施行日期】本法自2017年7月1日起施行。

中华人民共和国
精神卫生法（节录）

1. 2012年10月26日第十一届全国人民代表大会常务委员会第二十九次会议通过

2. 根据2018年4月27日第十三届全国人民代表大会常务委员会第二次会议《关于修改〈中华人民共和国国境卫生检疫法〉等六部法律的决定》修正

第三章　精神障碍的诊断和治疗

第二十五条　【开展诊疗活动的条件】开展精神障碍诊断、治疗活动，应当具备下列条件，并依照医疗机构的管理规定办理有关手续：

（一）有与从事的精神障碍诊断、治疗相适应的精神科执业医师、护士；

（二）有满足开展精神障碍诊断、治疗需要的设施和设备；

（三）有完善的精神障碍诊断、治疗管理制度和质量监控制度。

从事精神障碍诊断、治疗的专科医疗机构还应当配备从事心理治疗的人员。

第二十六条　【诊疗活动应遵循的原则】精神障碍的诊断、治疗，应当遵循维护患者合法权益、尊重患者人格尊严的原则，保障患者在现有条件下获得良好的精神卫生服务。

精神障碍分类、诊断标准和治疗规范，由国务院卫生行政部门组织制定。

第二十七条　【精神障碍诊断的依据】精神障碍的诊断应当以精神健康状况为

依据。

除法律另有规定外，不得违背本人意志进行确定其是否患有精神障碍的医学检查。

第二十八条 【疑似精神障碍患者的送诊】除个人自行到医疗机构进行精神障碍诊断外，疑似精神障碍患者的近亲属可以将其送往医疗机构进行精神障碍诊断。对查找不到近亲属的流浪乞讨疑似精神障碍患者，由当地民政等有关部门按照职责分工，帮助送往医疗机构进行精神障碍诊断。

疑似精神障碍患者发生伤害自身、危害他人安全的行为，或者有伤害自身、危害他人安全的危险的，其近亲属、所在单位、当地公安机关应当立即采取措施予以制止，并将其送往医疗机构进行精神障碍诊断。

医疗机构接到送诊的疑似精神障碍患者，不得拒绝为其作出诊断。

第二十九条 【精神障碍的诊断】精神障碍的诊断应当由精神科执业医师作出。

医疗机构接到依照本法第二十八条第二款规定送诊的疑似精神障碍患者，应当将其留院，立即指派精神科执业医师进行诊断，并及时出具诊断结论。

第三十条 【精神障碍患者住院治疗的原则】精神障碍的住院治疗实行自愿原则。

诊断结论、病情评估表明，就诊者为严重精神障碍患者并有下列情形之一的，应当对其实施住院治疗：

（一）已经发生伤害自身的行为，或者有伤害自身的危险的；

（二）已经发生危害他人安全的行为，或者有危害他人安全的危险的。

第三十一条 【有伤害自身行为或危险的精神障碍患者的治疗】精神障碍患者有本法第三十条第二款第一项情形的，经其监护人同意，医疗机构应当对患者实施住院治疗；监护人不同意的，医疗机构不得对患者实施住院治疗。监护人应当对在家居住的患者做好看护管理。

第三十二条 【再次诊断和鉴定】精神障碍患者有本法第三十条第二款第二项情形，患者或者其监护人对需要住院治疗的诊断结论有异议，不同意对患者实施住院治疗的，可以要求再次诊断和鉴定。

依照前款规定要求再次诊断的，应当自收到诊断结论之日起三日内向原医疗机构或者其他具有合法资质的医疗机构提出。承担再次诊断的医疗机构应当在接到再次诊断要求后指派二名初次诊断医师以外的精神科执业医师进行再次诊断，并及时出具再次诊断结论。承担再次诊断的执业医师应当到收治患者的医疗机构面见、询问患者，该医疗机构应当予以配合。

对再次诊断结论有异议的，可以自主委托依法取得执业资质的鉴定机构进行精神障碍医学鉴定；医疗机构应当公示经公告的鉴定机构名单和联系方式。接受委托的鉴定机构应当指定本机构具有该鉴定事项执业资格的二名以上鉴定人共同进行鉴定，并及时出具鉴定报告。

第三十三条 【鉴定人面见患者及鉴定人回避】鉴定人应当到收治精神障碍患者的医疗机构面见、询问患者，该医疗机构应当予以配合。

鉴定人本人或者其近亲属与鉴定事项有利害关系，可能影响其独立、客观、公正进行鉴定的，应当回避。

第三十四条 【鉴定的基本要求】鉴定机构、鉴定人应当遵守有关法律、法规、规章的规定，尊重科学，恪守职业道德，按照精神障碍鉴定的实施程序、技术方法和操作规范，依法独立进行鉴定，出具客观、公正的鉴定报告。

鉴定人应当对鉴定过程进行实时记录并签名。记录的内容应当真实、客观、准确、完整，记录的文本或者声像载体应当妥善保存。

第三十五条 【住院治疗】再次诊断结论或者鉴定报告表明，不能确定就诊者为严重精神障碍患者，或者患者不需要住院治疗的，医疗机构不得对其实施住院治疗。

再次诊断结论或者鉴定报告表明，精神障碍患者有本法第三十条第二款第二项情形的，其监护人应当同意对患者实施住院治疗。监护人阻碍实施住院治疗或者患者擅自脱离住院治疗的，可以由公安机关协助医疗机构采取措施对患者实施住院治疗。

在相关机构出具再次诊断结论、鉴定报告前，收治精神障碍患者的医疗机构应当按照诊疗规范的要求对患者实施住院治疗。

第三十六条 【办理住院手续】诊断结论表明需要住院治疗的精神障碍患者，本人没有能力办理住院手续的，由其监护人办理住院手续；患者属于查找不到监护人的流浪乞讨人员的，由送诊的有关部门办理住院手续。

精神障碍患者有本法第三十条第二款第二项情形，其监护人不办理住院手续的，由患者所在单位、村民委员会或者居民委员会办理住院手续，并由医疗机构在患者病历中予以记录。

第三十七条 【医疗机构告知的义务】医疗机构及其医务人员应当将精神障碍患者在诊断、治疗过程中享有的权利，告知患者或者其监护人。

第三十八条 【创造安全适宜的环境】医疗机构应当配备适宜的设施、设备，保护就诊和住院治疗的精神障碍患者的人身安全，防止其受到伤害，并为住院患者创造尽可能接近正常生活的环境和条件。

第三十九条 【治疗方案及告知】医疗机构及其医务人员应当遵循精神障碍诊断标准和治疗规范，制定治疗方案，并向精神障碍患者或者其监护人告知治疗方案和治疗方法、目的以及可能产生的后果。

第四十条 【保护性医疗措施】精神障碍患者在医疗机构内发生或者将要发生伤害自身、危害他人安全、扰乱医疗秩序的行为，医疗机构及其医务人员在没有其他可替代措施的情况下，可以实施约束、隔离等保护性医疗措施。实施保护性医疗措施应当遵循诊断标准和治疗规范，并在实施后告知患者的监护人。

禁止利用约束、隔离等保护性医疗措施惩罚精神障碍患者。

第四十一条 【药物的使用】对精神障碍患者使用药物，应当以诊断和治疗为目的，使用安全、有效的药物，不得为诊断或者治疗以外的目的使用药物。

医疗机构不得强迫精神障碍患者从事生产劳动。

第四十二条 【精神外科手术】禁止对依照本法第三十条第二款规定实施住院治疗的精神障碍患者实施以治疗精神障碍为目的的外科手术。

第四十三条 【特殊治疗措施及程序】医疗机构对精神障碍患者实施下列治疗措施，应当向患者或者其监护人告知医疗风险、替代医疗方案等情况，并取得患者的书面同意；无法取得患者意见的，应当取得其监护人的书面同意，并经本医疗机构伦理委员会批准：

（一）导致人体器官丧失功能的外科手术；

（二）与精神障碍治疗有关的实验性临床医疗。

实施前款第一项治疗措施，因情况紧急查找不到监护人的，应当取得本医疗机构负责人和伦理委员会批准。

禁止对精神障碍患者实施与治疗其精神障碍无关的实验性临床医疗。

第四十四条 【出院】自愿住院治疗的精神障碍患者可以随时要求出院，医疗机构应当同意。

对有本法第三十条第二款第一项情形的精神障碍患者实施住院治疗的，监护人可以随时要求患者出院，医疗机构应当同意。

医疗机构认为前两款规定的精神障碍患者不宜出院的，应当告知不宜出院的理由；患者或者其监护人仍要求出院的，执业医师应当在病历资料中详细记录告知的过程，同时提出出院后的医学建议，患者或者其监护人应当签字确认。

对有本法第三十条第二款第二项情形的精神障碍患者实施住院治疗，医疗机构认为患者可以出院的，应当立即告知患者及其监护人。

医疗机构应当根据精神障碍患者病情，及时组织精神科执业医师对依照本法第三十条第二款规定实施住院治疗的患者进行检查评估。评估结果表明患者不需要继续住院治疗的，医疗机构应当立即通知患者及其监护人。

第四十五条 【办理出院手续】精神障碍患者出院，本人没有能力办理出院手续的，监护人应当为其办理出院手续。

第四十六条 【通讯和会见探访者的权利】医疗机构及其医务人员应当尊重住院精神障碍患者的通讯和会见探访者等权利。除在急性发病期或者为了避免妨碍治疗可以暂时性限制外，不得限制患者的通讯和会见探访者等权利。

第四十七条 【病历资料】医疗机构及其医务人员应当在病历资料中如实记录精神障碍患者的病情、治疗措施、用药情况、实施约束、隔离措施等内容，并如实告知患者或者其监护人。患者及其监护人可以查阅、复制病历资料；但是，患者查阅、复制病历资料可能对其治疗产生不利影响的除外。病历资料保存期限不得少于三十年。

第四十八条 【不得推诿、拒绝治疗其他疾病】医疗机构不得因就诊者是精神障碍患者，推诿或者拒绝为其治疗属于本医疗机构诊疗范围的其他疾病。

第四十九条 【监护人的看护职责】精神

障碍患者的监护人应当妥善看护未住院治疗的患者，按照医嘱督促其按时服药、接受随访或者治疗。村民委员会、居民委员会、患者所在单位等应当依患者或者其监护人的请求，对监护人看护患者提供必要的帮助。

第五十条　【卫生行政部门定期检查】县级以上地方人民政府卫生行政部门应当定期就下列事项对本行政区域内从事精神障碍诊断、治疗的医疗机构进行检查：

（一）相关人员、设施、设备是否符合本法要求；

（二）诊疗行为是否符合本法以及诊断标准、治疗规范的规定；

（三）对精神障碍患者实施住院治疗的程序是否符合本法规定；

（四）是否依法维护精神障碍患者的合法权益。

县级以上地方人民政府卫生行政部门进行前款规定的检查，应当听取精神障碍患者及其监护人的意见；发现存在违反本法行为的，应当立即制止或者责令改正，并依法作出处理。

第五十一条　【心理治疗】心理治疗活动应当在医疗机构内开展。专门从事心理治疗的人员不得从事精神障碍的诊断，不得为精神障碍患者开具处方或者提供外科治疗。心理治疗的技术规范由国务院卫生行政部门制定。

第五十二条　【保证被监管人员获得治疗】监狱、强制隔离戒毒所等场所应当采取措施，保证患有精神障碍的服刑人员、强制隔离戒毒人员等获得治疗。

第五十三条　【与治安管理处罚法和刑法的衔接】精神障碍患者违反治安管理处罚法或者触犯刑法的，依照有关法律的规定处理。

中华人民共和国
基本医疗卫生与健康促进法

1. 2019年12月28日第十三届全国人民代表大会常务委员会第十五次会议通过

2. 2019年12月28日中华人民共和国主席令第38号公布

3. 自2020年6月1日起施行

目　　录

第一章　总　　则

第一条　【立法目的】为了发展医疗卫生与健康事业，保障公民享有基本医疗卫生服务，提高公民健康水平，推进健康中国建设，根据宪法，制定本法。

第二条　【适用范围】从事医疗卫生、健康促进及其监督管理活动，适用本法。

第三条　【服务宗旨与原则】医疗卫生与健康事业应当坚持以人民为中心，为人民健康服务。

医疗卫生事业应当坚持公益性原则。

第四条 【保障公民健康权】国家和社会尊重、保护公民的健康权。

国家实施健康中国战略，普及健康生活，优化健康服务，完善健康保障，建设健康环境，发展健康产业，提升公民全生命周期健康水平。

国家建立健康教育制度，保障公民获得健康教育的权利，提高公民的健康素养。

第五条 【基本医疗卫生服务权】公民依法享有从国家和社会获得基本医疗卫生服务的权利。

国家建立基本医疗卫生制度，建立健全医疗卫生服务体系，保护和实现公民获得基本医疗卫生服务的权利。

第六条 【政府工作方针与社会参与】各级人民政府应当把人民健康放在优先发展的战略地位，将健康理念融入各项政策，坚持预防为主，完善健康促进工作体系，组织实施健康促进的规划和行动，推进全民健身，建立健康影响评估制度，将公民主要健康指标改善情况纳入政府目标责任考核。

全社会应当共同关心和支持医疗卫生与健康事业的发展。

第七条 【各级政府及主管部门职责】国务院和地方各级人民政府领导医疗卫生与健康促进工作。

国务院卫生健康主管部门负责统筹协调全国医疗卫生与健康促进工作。国务院其他有关部门在各自职责范围内负责有关的医疗卫生与健康促进工作。

县级以上地方人民政府卫生健康主管部门负责统筹协调本行政区域医疗卫生与健康促进工作。县级以上地方人民政府其他有关部门在各自职责范围内负责有关的医疗卫生与健康促进工作。

第八条 【鼓励支持医学技术发展】国家加强医学基础科学研究，鼓励医学科学技术创新，支持临床医学发展，促进医学科技成果的转化和应用，推进医疗卫生与信息技术融合发展，推广医疗卫生适宜技术，提高医疗卫生服务质量。

国家发展医学教育，完善适应医疗卫生事业发展需要的医学教育体系，大力培养医疗卫生人才。

第九条 【发展中医药事业】国家大力发展中医药事业，坚持中西医并重、传承与创新相结合，发挥中医药在医疗卫生与健康事业中的独特作用。

第十条 【合理配置医疗卫生资源】国家合理规划和配置医疗卫生资源，以基层为重点，采取多种措施优先支持县级以下医疗卫生机构发展，提高其医疗卫生服务能力。

第十一条 【加大财政投入】国家加大对医疗卫生与健康事业的财政投入，通过增加转移支付等方式重点扶持革命老区、民族地区、边疆地区和经济欠发达地区发展医疗卫生与健康事业。

第十二条 【鼓励多种方式参与医疗卫生事业】国家鼓励和支持公民、法人和其他组织通过依法举办机构和捐赠、资助等方式，参与医疗卫生与健康事业，满足公民多样化、差异化、个性化健康需求。

公民、法人和其他组织捐赠财产用于医疗卫生与健康事业的，依法享受税收优惠。

第十三条　【表彰奖励】对在医疗卫生与健康事业中做出突出贡献的组织和个人，按照国家规定给予表彰、奖励。

第十四条　【鼓励对外合作】国家鼓励和支持医疗卫生与健康促进领域的对外交流合作。

开展医疗卫生与健康促进对外交流合作活动，应当遵守法律、法规，维护国家主权、安全和社会公共利益。

第二章　基本医疗卫生服务

第十五条　【基本医疗卫生服务的定义与范围】基本医疗卫生服务，是指维护人体健康所必需、与经济社会发展水平相适应、公民可公平获得的，采用适宜药物、适宜技术、适宜设备提供的疾病预防、诊断、治疗、护理和康复等服务。

基本医疗卫生服务包括基本公共卫生服务和基本医疗服务。基本公共卫生服务由国家免费提供。

第十六条　【保障公民享有基本公共卫生服务】国家采取措施，保障公民享有安全有效的基本公共卫生服务，控制影响健康的危险因素，提高疾病的预防控制水平。

国家基本公共卫生服务项目由国务院卫生健康主管部门会同国务院财政部门、中医药主管部门等共同确定。

省、自治区、直辖市人民政府可以在国家基本公共卫生服务项目基础上，补充确定本行政区域的基本公共卫生服务项目，并报国务院卫生健康主管部门备案。

第十七条　【各级政府针对重大疾病开展工作】国务院和省、自治区、直辖市人民政府可以将针对重点地区、重点疾病和特定人群的服务内容纳入基本公共卫生服务项目并组织实施。

县级以上地方人民政府针对本行政区域重大疾病和主要健康危险因素，开展专项防控工作。

第十八条　【县级以上政府提供公共卫生服务的方式】县级以上人民政府通过举办专业公共卫生机构、基层医疗卫生机构和医院，或者从其他医疗卫生机构购买服务的方式提供基本公共卫生服务。

第十九条　【突发事件卫生应急体系】国家建立健全突发事件卫生应急体系，制定和完善应急预案，组织开展突发事件的医疗救治、卫生学调查处置和心理援助等卫生应急工作，有效控制和消除危害。

第二十条　【传染病防控制度】国家建立传染病防控制度，制定传染病防治规划并组织实施，加强传染病监测预警，坚持预防为主、防治结合，联防联控、群防群控、源头防控、综合治理，阻断传播途径，保护易感人群，降低传染病的危害。

任何组织和个人应当接受、配合医疗卫生机构为预防、控制、消除传染病危害依法采取的调查、检验、采集样本、隔离治疗、医学观察等措施。

第二十一条　【预防接种制度】国家实行预防接种制度，加强免疫规划工作。居民有依法接种免疫规划疫苗的权利和义务。政府向居民免费提供免疫规划疫苗。

第二十二条 【慢性非传染性疾病防控与管理制度】国家建立慢性非传染性疾病防控与管理制度，对慢性非传染性疾病及其致病危险因素开展监测、调查和综合防控干预，及时发现高危人群，为患者和高危人群提供诊疗、早期干预、随访管理和健康教育等服务。

第二十三条 【加强职业健康保护】国家加强职业健康保护。县级以上人民政府应当制定职业病防治规划，建立健全职业健康工作机制，加强职业健康监督管理，提高职业病综合防治能力和水平。

用人单位应当控制职业病危害因素，采取工程技术、个体防护和健康管理等综合治理措施，改善工作环境和劳动条件。

第二十四条 【发展妇幼保健事业】国家发展妇幼保健事业，建立健全妇幼健康服务体系，为妇女、儿童提供保健及常见病防治服务，保障妇女、儿童健康。

国家采取措施，为公民提供婚前保健、孕产期保健等服务，促进生殖健康，预防出生缺陷。

第二十五条 【发展老年人保健事业】国家发展老年人保健事业。国务院和省、自治区、直辖市人民政府应当将老年人健康管理和常见病预防等纳入基本公共卫生服务项目。

第二十六条 【发展残疾预防和残疾人康复事业】国家发展残疾预防和残疾人康复事业，完善残疾预防和残疾人康复及其保障体系，采取措施为残疾人提供基本康复服务。

县级以上人民政府应当优先开展残疾儿童康复工作，实行康复与教育相结合。

第二十七条 【建立健全院前急救体系】国家建立健全院前急救体系，为急危重症患者提供及时、规范、有效的急救服务。

卫生健康主管部门、红十字会等有关部门、组织应当积极开展急救培训，普及急救知识，鼓励医疗卫生人员、经过急救培训的人员积极参与公共场所急救服务。公共场所应当按照规定配备必要的急救设备、设施。

急救中心（站）不得以未付费为由拒绝或者拖延为急危重症患者提供急救服务。

第二十八条 【发展精神卫生事业】国家发展精神卫生事业，建设完善精神卫生服务体系，维护和增进公民心理健康，预防、治疗精神障碍。

国家采取措施，加强心理健康服务体系和人才队伍建设，促进心理健康教育、心理评估、心理咨询与心理治疗服务的有效衔接，设立为公众提供公益服务的心理援助热线，加强未成年人、残疾人和老年人等重点人群心理健康服务。

第二十九条 【基本医疗服务提供者】基本医疗服务主要由政府举办的医疗卫生机构提供。鼓励社会力量举办的医疗卫生机构提供基本医疗服务。

第三十条 【实行分级诊疗制度】国家推进基本医疗服务实行分级诊疗制度，引导非急诊患者首先到基层医疗卫生机构就诊，实行首诊负责制和转诊审核责任制，逐步建立基层首诊、双向转诊、急慢分治、上下联动的机制，并与基本医疗保险制度相衔接。

县级以上地方人民政府根据本行政区域医疗卫生需求，整合区域内政府举办的医疗卫生资源，因地制宜建立医疗联合体等协同联动的医疗服务合作机制。鼓励社会力量举办的医疗卫生机构参与医疗服务合作机制。

第三十一条　【推进家庭医生签约服务】国家推进基层医疗卫生机构实行家庭医生签约服务，建立家庭医生服务团队，与居民签订协议，根据居民健康状况和医疗需求提供基本医疗卫生服务。

第三十二条　【公民知情同意权与医疗卫生人员的说明义务】公民接受医疗卫生服务，对病情、诊疗方案、医疗风险、医疗费用等事项依法享有知情同意的权利。

需要实施手术、特殊检查、特殊治疗的，医疗卫生人员应当及时向患者说明医疗风险、替代医疗方案等情况，并取得其同意；不能或者不宜向患者说明的，应当向患者的近亲属说明，并取得其同意。法律另有规定的，依照其规定。

开展药物、医疗器械临床试验和其他医学研究应当遵守医学伦理规范，依法通过伦理审查，取得知情同意。

第三十三条　【公民的受尊重权】公民接受医疗卫生服务，应当受到尊重。医疗卫生机构、医疗卫生人员应当关心爱护、平等对待患者，尊重患者人格尊严，保护患者隐私。

公民接受医疗卫生服务，应当遵守诊疗制度和医疗卫生服务秩序，尊重医疗卫生人员。

第三章　医疗卫生机构

第三十四条　【建立健全医疗卫生服务体系、服务网络】国家建立健全由基层医疗卫生机构、医院、专业公共卫生机构等组成的城乡全覆盖、功能互补、连续协同的医疗卫生服务体系。

国家加强县级医院、乡镇卫生院、村卫生室、社区卫生服务中心（站）和专业公共卫生机构等的建设，建立健全农村医疗卫生服务网络和城市社区卫生服务网络。

第三十五条　【各医疗卫生机构提供的主要服务】基层医疗卫生机构主要提供预防、保健、健康教育、疾病管理，为居民建立健康档案，常见病、多发病的诊疗以及部分疾病的康复、护理，接收医院转诊患者，向医院转诊超出自身服务能力的患者等基本医疗卫生服务。

医院主要提供疾病诊治，特别是急危重症和疑难病症的诊疗，突发事件医疗处置和救援以及健康教育等医疗卫生服务，并开展医学教育、医疗卫生人员培训、医学科学研究和对基层医疗卫生机构的业务指导等工作。

专业公共卫生机构主要提供传染病、慢性非传染性疾病、职业病、地方病等疾病预防控制和健康教育、妇幼保健、精神卫生、院前急救、采供血、食品安全风险监测评估、出生缺陷防治等公共卫生服务。

第三十六条　【各机构分工合作并建立协作机制】各级各类医疗卫生机构应

当分工合作，为公民提供预防、保健、治疗、护理、康复、安宁疗护等全方位全周期的医疗卫生服务。

各级人民政府采取措施支持医疗卫生机构与养老机构、儿童福利机构、社区组织建立协作机制，为老年人、孤残儿童提供安全、便捷的医疗和健康服务。

第三十七条　【县级以上政府制定落实相关规划】县级以上人民政府应当制定并落实医疗卫生服务体系规划，科学配置医疗卫生资源，举办医疗卫生机构，为公民获得基本医疗卫生服务提供保障。

政府举办医疗卫生机构，应当考虑本行政区域人口、经济社会发展状况、医疗卫生资源、健康危险因素、发病率、患病率以及紧急救治需求等情况。

第三十八条　【办理审批备案手续】举办医疗机构，应当具备下列条件，按照国家有关规定办理审批或者备案手续：

（一）有符合规定的名称、组织机构和场所；

（二）有与其开展的业务相适应的经费、设施、设备和医疗卫生人员；

（三）有相应的规章制度；

（四）能够独立承担民事责任；

（五）法律、行政法规规定的其他条件。

医疗机构依法取得执业许可证。禁止伪造、变造、买卖、出租、出借医疗机构执业许可证。

各级各类医疗卫生机构的具体条件和配置应当符合国务院卫生健康主管部门制定的医疗卫生机构标准。

第三十九条　【医疗卫生机构的分类管理】国家对医疗卫生机构实行分类管理。

医疗卫生服务体系坚持以非营利性医疗卫生机构为主体、营利性医疗卫生机构为补充。政府举办非营利性医疗卫生机构，在基本医疗卫生事业中发挥主导作用，保障基本医疗卫生服务公平可及。

以政府资金、捐赠资产举办或者参与举办的医疗卫生机构不得设立为营利性医疗卫生机构。

医疗卫生机构不得对外出租、承包医疗科室。非营利性医疗卫生机构不得向出资人、举办者分配或者变相分配收益。

第四十条　【坚持医疗卫生机构的公益性】政府举办的医疗卫生机构应当坚持公益性质，所有收支均纳入预算管理，按照医疗卫生服务体系规划合理设置并控制规模。

国家鼓励政府举办的医疗卫生机构与社会力量合作举办非营利性医疗卫生机构。

政府举办的医疗卫生机构不得与其他组织投资设立非独立法人资格的医疗卫生机构，不得与社会资本合作举办营利性医疗卫生机构。

第四十一条　【鼓励引导社会力量举办医疗卫生机构】国家采取多种措施，鼓励和引导社会力量依法举办医疗卫生机构，支持和规范社会力量举办的医疗卫生机构与政府举办的医疗卫生机构开展多种类型的医疗业务、学科建设、人才培养等合作。

社会力量举办的医疗卫生机构在

基本医疗保险定点、重点专科建设、科研教学、等级评审、特定医疗技术准入、医疗卫生人员职称评定等方面享有与政府举办的医疗卫生机构同等的权利。

社会力量可以选择设立非营利性或者营利性医疗卫生机构。社会力量举办的非营利性医疗卫生机构按照规定享受与政府举办的医疗卫生机构同等的税收、财政补助、用地、用水、用电、用气、用热等政策,并依法接受监督管理。

第四十二条　【国家建设医学中心】国家以建成的医疗卫生机构为基础,合理规划与设置国家医学中心和国家、省级区域性医疗中心,诊治疑难重症,研究攻克重大医学难题,培养高层次医疗卫生人才。

第四十三条　【医疗卫生机构的职责】医疗卫生机构应当遵守法律、法规、规章,建立健全内部质量管理和控制制度,对医疗卫生服务质量负责。

医疗卫生机构应当按照临床诊疗指南、临床技术操作规范和行业标准以及医学伦理规范等有关要求,合理进行检查、用药、诊疗,加强医疗卫生安全风险防范,优化服务流程,持续改进医疗卫生服务质量。

第四十四条　【分类管理医疗卫生技术及医疗卫生技术应用的原则】国家对医疗卫生技术的临床应用进行分类管理,对技术难度大、医疗风险高,服务能力、人员专业技术水平要求较高的医疗卫生技术实行严格管理。

医疗卫生机构开展医疗卫生技术临床应用,应当与其功能任务相适应,遵循科学、安全、规范、有效、经济的原则,并符合伦理。

第四十五条　【建立现代医院管理制度】国家建立权责清晰、管理科学、治理完善、运行高效、监督有力的现代医院管理制度。

医院应当制定章程,建立和完善法人治理结构,提高医疗卫生服务能力和运行效率。

第四十六条　【维护医疗卫生机构执业场所秩序】医疗卫生机构执业场所是提供医疗卫生服务的公共场所,任何组织或者个人不得扰乱其秩序。

第四十七条　【完善医疗风险分担机制】国家完善医疗风险分担机制,鼓励医疗机构参加医疗责任保险或者建立医疗风险基金,鼓励患者参加医疗意外保险。

第四十八条　【鼓励改进和开发医疗卫生技术】国家鼓励医疗卫生机构不断改进预防、保健、诊断、治疗、护理和康复的技术、设备与服务,支持开发适合基层和边远地区应用的医疗卫生技术。

第四十九条　【推进全民健康信息化】国家推进全民健康信息化,推动健康医疗大数据、人工智能等的应用发展,加快医疗卫生信息基础设施建设,制定健康医疗数据采集、存储、分析和应用的技术标准,运用信息技术促进优质医疗卫生资源的普及与共享。

县级以上人民政府及其有关部门应当采取措施,推进信息技术在医疗卫生领域和医学教育中的应用,支持探索发展医疗卫生服务新模式、新业态。

国家采取措施，推进医疗卫生机构建立健全医疗卫生信息交流和信息安全制度，应用信息技术开展远程医疗服务，构建线上线下一体化医疗服务模式。

第五十条　【服从政府调遣参与突发事件的应急处置与医疗救治】发生自然灾害、事故灾难、公共卫生事件和社会安全事件等严重威胁人民群众生命健康的突发事件时，医疗卫生机构、医疗卫生人员应当服从政府部门的调遣，参与卫生应急处置和医疗救治。对致病、致残、死亡的参与人员，按照规定给予工伤或者抚恤、烈士褒扬等相关待遇。

第四章　医疗卫生人员

第五十一条　【医疗卫生人员的职业精神和加强医德医风教育】医疗卫生人员应当弘扬敬佑生命、救死扶伤、甘于奉献、大爱无疆的崇高职业精神，遵守行业规范，恪守医德，努力提高专业水平和服务质量。

医疗卫生行业组织、医疗卫生机构、医学院校应当加强对医疗卫生人员的医德医风教育。

第五十二条　【建设医疗卫生队伍和加强全科医生的培养使用】国家制定医疗卫生人员培养规划，建立适应行业特点和社会需求的医疗卫生人员培养机制和供需平衡机制，完善医学院校教育、毕业后教育和继续教育体系，建立健全住院医师、专科医师规范化培训制度，建立规模适宜、结构合理、分布均衡的医疗卫生队伍。

国家加强全科医生的培养和使用。全科医生主要提供常见病、多发病的诊疗和转诊、预防、保健、康复，以及慢性病管理、健康管理等服务。

第五十三条　【医疗卫生人员执业注册制度】国家对医师、护士等医疗卫生人员依法实行执业注册制度。医疗卫生人员应当依法取得相应的职业资格。

第五十四条　【遵循医学规律和伦理规范】医疗卫生人员应当遵循医学科学规律，遵守有关临床诊疗技术规范和各项操作规范以及医学伦理规范，使用适宜技术和药物，合理诊疗，因病施治，不得对患者实施过度医疗。

医疗卫生人员不得利用职务之便索要、非法收受财物或者牟取其他不正当利益。

第五十五条　【建立健全合理的人事、薪酬、奖励制度】国家建立健全符合医疗卫生行业特点的人事、薪酬、奖励制度，体现医疗卫生人员职业特点和技术劳动价值。

对从事传染病防治、放射医学和精神卫生工作以及其他在特殊岗位工作的医疗卫生人员，应当按照国家规定给予适当的津贴。津贴标准应当定期调整。

第五十六条　【建立定期到基层和艰苦边远地区工作制度】国家建立医疗卫生人员定期到基层和艰苦边远地区从事医疗卫生工作制度。

国家采取定向免费培养、对口支援、退休返聘等措施，加强基层和艰苦边远地区医疗卫生队伍建设。

执业医师晋升为副高级技术职称的，应当有累计一年以上在县级以下或者对口支援的医疗卫生机构提供医疗卫生服务的经历。

对在基层和艰苦边远地区工作的医疗卫生人员，在薪酬津贴、职称评定、职业发展、教育培训和表彰奖励等方面实行优惠待遇。

国家加强乡村医疗卫生队伍建设，建立县乡村上下贯通的职业发展机制，完善对乡村医疗卫生人员的服务收入多渠道补助机制和养老政策。

第五十七条　【构建和谐医患关系、保障医疗卫生人员合法权益】全社会应当关心、尊重医疗卫生人员，维护良好安全的医疗卫生服务秩序，共同构建和谐医患关系。

医疗卫生人员的人身安全、人格尊严不受侵犯，其合法权益受法律保护。禁止任何组织或者个人威胁、危害医疗卫生人员人身安全，侵犯医疗卫生人员人格尊严。

国家采取措施，保障医疗卫生人员执业环境。

第五章　药品供应保障

第五十八条　【完善药品供应保障制度】国家完善药品供应保障制度，建立工作协调机制，保障药品的安全、有效、可及。

第五十九条　【实施基本药物制度】国家实施基本药物制度，遴选适当数量的基本药物品种，满足疾病防治基本用药需求。

国家公布基本药物目录，根据药品临床应用实践、药品标准变化、药品新上市情况等，对基本药物目录进行动态调整。

基本药物按照规定优先纳入基本医疗保险药品目录。

国家提高基本药物的供给能力，强化基本药物质量监管，确保基本药物公平可及、合理使用。

第六十条　【建立健全以临床需求为导向的药品审评审批制度】国家建立健全以临床需求为导向的药品审评审批制度，支持临床急需药品、儿童用药品和防治罕见病、重大疾病等药品的研制、生产，满足疾病防治需求。

第六十一条　【建立健全全过程追溯制度】国家建立健全药品研制、生产、流通、使用全过程追溯制度，加强药品管理，保证药品质量。

第六十二条　【建立健全药品价格监测体系】国家建立健全药品价格监测体系，开展成本价格调查，加强药品价格监督检查，依法查处价格垄断、价格欺诈、不正当竞争等违法行为，维护药品价格秩序。

国家加强药品分类采购管理和指导。参加药品采购投标的投标人不得以低于成本的报价竞标，不得以欺诈、串通投标、滥用市场支配地位等方式竞标。

第六十三条　【建立中央与地方两级医药储备】国家建立中央与地方两级医药储备，用于保障重大灾情、疫情及其他突发事件等应急需要。

第六十四条　【建立健全药品供求监测体系】国家建立健全药品供求监测体系，及时收集和汇总分析药品供求信息，定期公布药品生产、流通、使用等情况。

第六十五条　【加强医疗器械管理】国家加强对医疗器械的管理，完善医疗器械的标准和规范，提高医疗器械的安全有效水平。

国务院卫生健康主管部门和省、自治区、直辖市人民政府卫生健康主管部门应当根据技术的先进性、适宜性和可及性，编制大型医用设备配置规划，促进区域内医用设备合理配置、充分共享。

第六十六条 【加强中药的保护和发展】国家加强中药的保护与发展，充分体现中药的特色和优势，发挥其在预防、保健、医疗、康复中的作用。

第六章 健康促进

第六十七条 【加强健康科学知识的普及宣传】各级人民政府应当加强健康教育工作及其专业人才培养，建立健康知识和技能核心信息发布制度，普及健康科学知识，向公众提供科学、准确的健康信息。

医疗卫生、教育、体育、宣传等机构、基层群众性自治组织和社会组织应当开展健康知识的宣传和普及。医疗卫生人员在提供医疗卫生服务时，应当对患者开展健康教育。新闻媒体应当开展健康知识的公益宣传。健康知识的宣传应当科学、准确。

第六十八条 【将健康教育纳入国民教育体系】国家将健康教育纳入国民教育体系。学校应当利用多种形式实施健康教育，普及健康知识、科学健身知识、急救知识和技能，提高学生主动防病的意识，培养学生良好的卫生习惯和健康的行为习惯，减少、改善学生近视、肥胖等不良健康状况。

学校应当按照规定开设体育与健康课程，组织学生开展广播体操、眼保健操、体能锻炼等活动。

学校按照规定配备校医，建立和完善卫生室、保健室等。

县级以上人民政府教育主管部门应当按照规定将学生体质健康水平纳入学校考核体系。

第六十九条 【培养健康生活方式，尊重他人健康权】公民是自己健康的第一责任人，树立和践行对自己健康负责的健康管理理念，主动学习健康知识，提高健康素养，加强健康管理。倡导家庭成员相互关爱，形成符合自身和家庭特点的健康生活方式。

公民应当尊重他人的健康权利和利益，不得损害他人健康和社会公共利益。

第七十条 【组织居民健康状况调查统计并进行评估】国家组织居民健康状况调查和统计，开展体质监测，对健康绩效进行评估，并根据评估结果制定、完善与健康相关的法律、法规、政策和规划。

第七十一条 【建立疾病和健康危险因素监测、调查和风险评估制度】国家建立疾病和健康危险因素监测、调查和风险评估制度。县级以上人民政府及其有关部门针对影响健康的主要问题，组织开展健康危险因素研究，制定综合防治措施。

国家加强影响健康的环境问题预防和治理，组织开展环境质量对健康影响的研究，采取措施预防和控制与环境问题有关的疾病。

第七十二条 【开展群众性卫生与健康活动】国家大力开展爱国卫生运动，鼓励和支持开展爱国卫生月等群众性卫生与健康活动，依靠和动员群众控制和消除健康危险因素，改善环境卫生状况，建设健康城市、健康村镇、健康社区。

第七十三条 【建立食品、饮用水安全监督管理制度】国家建立科学、严格的食品、饮用水安全监督管理制度，提高安全水平。

第七十四条 【建立营养状况监测制度】国家建立营养状况监测制度，实施经济欠发达地区、重点人群营养干预计划，开展未成年人和老年人营养改善行动，倡导健康饮食习惯，减少不健康饮食引起的疾病风险。

第七十五条 【发展全民健身事业】国家发展全民健身事业，完善覆盖城乡的全民健身公共服务体系，加强公共体育设施建设，组织开展和支持全民健身活动，加强全民健身指导服务，普及科学健身知识和方法。

国家鼓励单位的体育场地设施向公众开放。

第七十六条 【加强重点人群健康服务】国家制定并实施未成年人、妇女、老年人、残疾人等的健康工作计划，加强重点人群健康服务。

国家推动长期护理保障工作，鼓励发展长期护理保险。

第七十七条 【完善公共场所卫生管理制度】国家完善公共场所卫生管理制度。县级以上人民政府卫生健康等主管部门应当加强对公共场所的卫生监督。公共场所卫生监督信息应当依法向社会公开。

公共场所经营单位应当建立健全并严格实施卫生管理制度，保证其经营活动持续符合国家对公共场所的卫生要求。

第七十八条 【控制减少吸烟危害】国家采取措施，减少吸烟对公民健康的危害。

公共场所控制吸烟，强化监督执法。

烟草制品包装应当印制带有说明吸烟危害的警示。

禁止向未成年人出售烟酒。

第七十九条 【用人单位保障职工健康】用人单位应当为职工创造有益于健康的环境和条件，严格执行劳动安全卫生等相关规定，积极组织职工开展健身活动，保护职工健康。

国家鼓励用人单位开展职工健康指导工作。

国家提倡用人单位为职工定期开展健康检查。法律、法规对健康检查有规定的，依照其规定。

第七章 资金保障

第八十条 【建立医疗卫生与健康事业投入机制】各级人民政府应当切实履行发展医疗卫生与健康事业的职责，建立与经济社会发展、财政状况和健康指标相适应的医疗卫生与健康事业投入机制，将医疗卫生与健康促进经费纳入本级政府预算，按照规定主要用于保障基本医疗服务、公共卫生服务、基本医疗保障和政府举办的医疗卫生机构建设和运行发展。

第八十一条 【多种方式加强资金监管】县级以上人民政府通过预算、审计、监督执法、社会监督等方式，加强资金的监督管理。

第八十二条 【基本医疗费用与基本医疗保险】基本医疗服务费用主要由基本医疗保险基金和个人支付。国家依法多渠道筹集基本医疗保险基金，逐步完善基本医疗保险可持续筹资和保障水平调整机制。

公民有依法参加基本医疗保险的权利和义务。用人单位和职工按照国家规定缴纳职工基本医疗保险费。城乡居民按照规定缴纳城乡居民基本医疗保险费。

第八十三条 【建立多层次的医疗保障体系】国家建立以基本医疗保险为主体，商业健康保险、医疗救助、职工互助医疗和医疗慈善服务等为补充的、多层次的医疗保障体系。

国家鼓励发展商业健康保险，满足人民群众多样化健康保障需求。

国家完善医疗救助制度，保障符合条件的困难群众获得基本医疗服务。

第八十四条 【建立健全医保协商谈判机制】国家建立健全基本医疗保险经办机构与协议定点医疗卫生机构之间的协商谈判机制，科学合理确定基本医疗保险基金支付标准和支付方式，引导医疗卫生机构合理诊疗，促进患者有序流动，提高基本医疗保险基金使用效益。

第八十五条 【基本医疗保险基金支付范围】基本医疗保险基金支付范围由国务院医疗保障主管部门组织制定，并应当听取国务院卫生健康主管部门、中医药主管部门、药品监督管理部门、财政部门等的意见。

省、自治区、直辖市人民政府可以按照国家有关规定，补充确定本行政区域基本医疗保险基金支付的具体项目和标准，并报国务院医疗保障主管部门备案。

国务院医疗保障主管部门应当对纳入支付范围的基本医疗保险药品目录、诊疗项目、医疗服务设施标准等组织开展循证医学和经济性评价，并应当听取国务院卫生健康主管部门、中医药主管部门、药品监督管理部门、财政部门等有关方面的意见。评价结果应当作为调整基本医疗保险基金支付范围的依据。

第八章 监督管理

第八十六条 【建立健全医疗卫生综合监管体系】国家建立健全机构自治、行业自律、政府监管、社会监督相结合的医疗卫生综合监督管理体系。

县级以上人民政府卫生健康主管部门对医疗卫生行业实行属地化、全行业监督管理。

第八十七条 【政府加强监督管理】县级以上人民政府医疗保障主管部门应当提高医疗保障监管能力和水平，对纳入基本医疗保险基金支付范围的医疗服务行为和医疗费用加强监督管理，确保基本医疗保险基金合理使用、安全可控。

第八十八条 【建立部门沟通协商机制】县级以上人民政府应当组织卫生健康、医疗保障、药品监督管理、发展改革、财政等部门建立沟通协商机制，加强制度衔接和工作配合，提高医疗卫生资源使用效率和保障水平。

第八十九条　【政府定期报告并接受监督】县级以上人民政府应当定期向本级人民代表大会或者其常务委员会报告基本医疗卫生与健康促进工作，依法接受监督。

第九十条　【约谈整改】县级以上人民政府有关部门未履行医疗卫生与健康促进工作相关职责的，本级人民政府或者上级人民政府有关部门应当对其主要负责人进行约谈。

地方人民政府未履行医疗卫生与健康促进工作相关职责的，上级人民政府应当对其主要负责人进行约谈。

被约谈的部门和地方人民政府应当立即采取措施，进行整改。

约谈情况和整改情况应当纳入有关部门和地方人民政府工作评议、考核记录。

第九十一条　【建立医疗卫生机构绩效评估制度】县级以上地方人民政府卫生健康主管部门应当建立医疗卫生机构绩效评估制度，组织对医疗卫生机构的服务质量、医疗技术、药品和医用设备使用等情况进行评估。评估应当吸收行业组织和公众参与。评估结果应当以适当方式向社会公开，作为评价医疗卫生机构和卫生监管的重要依据。

第九十二条　【保护公民个人健康信息】国家保护公民个人健康信息，确保公民个人健康信息安全。任何组织或者个人不得非法收集、使用、加工、传输公民个人健康信息，不得非法买卖、提供或者公开公民个人健康信息。

第九十三条　【建立信用记录制度】县级以上人民政府卫生健康主管部门、医疗保障主管部门应当建立医疗卫生机构、人员等信用记录制度，纳入全国信用信息共享平台，按照国家规定实施联合惩戒。

第九十四条　【主管部门及委托机构开展行政执法工作】县级以上地方人民政府卫生健康主管部门及其委托的卫生健康监督机构，依法开展本行政区域医疗卫生等行政执法工作。

第九十五条　【积极培育行业组织并支持其工作】县级以上人民政府卫生健康主管部门应当积极培育医疗卫生行业组织，发挥其在医疗卫生与健康促进工作中的作用，支持其参与行业管理规范、技术标准制定和医疗卫生评价、评估、评审等工作。

第九十六条　【建立医疗纠纷预防和处理机制】国家建立医疗纠纷预防和处理机制，妥善处理医疗纠纷，维护医疗秩序。

第九十七条　【社会监督】国家鼓励公民、法人和其他组织对医疗卫生与健康促进工作进行社会监督。

任何组织和个人对违反本法规定的行为，有权向县级以上人民政府卫生健康主管部门和其他有关部门投诉、举报。

第九章　法律责任

第九十八条　【滥用职权、玩忽职守、徇私舞弊的处罚】违反本法规定，地方各级人民政府、县级以上人民政府卫生健康主管部门和其他有关部门，滥用职权、玩忽职守、徇私舞弊的，对直接负责的主管人员和其他直接责任人员依法给予处分。

第九十九条 【违反医疗机构执业许可证使用规定的处罚】违反本法规定，未取得医疗机构执业许可证擅自执业的，由县级以上人民政府卫生健康主管部门责令停止执业活动，没收违法所得和药品、医疗器械，并处违法所得五倍以上二十倍以下的罚款，违法所得不足一万元的，按一万元计算。

违反本法规定，伪造、变造、买卖、出租、出借医疗机构执业许可证的，由县级以上人民政府卫生健康主管部门责令改正，没收违法所得，并处违法所得五倍以上十五倍以下的罚款，违法所得不足一万元的，按一万元计算；情节严重的，吊销医疗机构执业许可证。

第一百条 【医疗卫生机构的违法责任】违反本法规定，有下列行为之一的，由县级以上人民政府卫生健康主管部门责令改正，没收违法所得，并处违法所得二倍以上十倍以下的罚款，违法所得不足一万元的，按一万元计算；对直接负责的主管人员和其他直接责任人员依法给予处分：

（一）政府举办的医疗卫生机构与其他组织投资设立非独立法人资格的医疗卫生机构；

（二）医疗卫生机构对外出租、承包医疗科室；

（三）非营利性医疗卫生机构向出资人、举办者分配或者变相分配收益。

第一百零一条 【医疗信息安全制度或质量安全制度不健全的处罚】违反本法规定，医疗卫生机构等的医疗信息安全制度、保障措施不健全，导致医疗信息泄露，或者医疗质量管理和医疗技术管理制度、安全措施不健全的，由县级以上人民政府卫生健康等主管部门责令改正，给予警告，并处一万元以上五万元以下的罚款；情节严重的，可以责令停止相应执业活动，对直接负责的主管人员和其他直接责任人员依法追究法律责任。

第一百零二条 【医疗卫生人员的行政责任】违反本法规定，医疗卫生人员有下列行为之一的，由县级以上人民政府卫生健康主管部门依照有关执业医师、护士管理和医疗纠纷预防处理等法律、行政法规的规定给予行政处罚：

（一）利用职务之便索要、非法收受财物或者牟取其他不正当利益；

（二）泄露公民个人健康信息；

（三）在开展医学研究或提供医疗卫生服务过程中未按照规定履行告知义务或者违反医学伦理规范。

前款规定的人员属于政府举办的医疗卫生机构中的人员的，依法给予处分。

第一百零三条 【违法竞标的处罚】违反本法规定，参加药品采购投标的投标人以低于成本的报价竞标，或者以欺诈、串通投标、滥用市场支配地位等方式竞标的，由县级以上人民政府医疗保障主管部门责令改正，没收违法所得；中标的，中标无效，处中标项目金额千分之五以上千分之十以下的罚款，对法定代表人、主要负责人、直接负责的主管人员和其他责任人员处对单位罚款数额百分之五以上百分之十以下的罚款；情节严重的，取消其二年至五年内参加药品采购投标的资格并予以公告。

**第一百零四条 【违法骗取基本医疗保

险的处罚】违反本法规定，以欺诈、伪造证明材料或者其他手段骗取基本医疗保险待遇，或者基本医疗保险经办机构以及医疗机构、药品经营单位等以欺诈、伪造证明材料或者其他手段骗取基本医疗保险基金支出的，由县级以上人民政府医疗保障主管部门依照有关社会保险的法律、行政法规规定给予行政处罚。

第一百零五条　【违法扰乱医疗机构、侵犯医疗卫生人员、侵犯公民信息的处罚】违反本法规定，扰乱医疗卫生机构执业场所秩序，威胁、危害医疗卫生人员人身安全，侵犯医疗卫生人员人格尊严，非法收集、使用、加工、传输公民个人健康信息，非法买卖、提供或者公开公民个人健康信息等，构成违反治安管理行为的，依法给予治安管理处罚。

第一百零六条　【追究刑事责任或民事责任】违反本法规定，构成犯罪的，依法追究刑事责任；造成人身、财产损害的，依法承担民事责任。

第十章　附　　则

第一百零七条　【用语含义】本法中下列用语的含义：

（一）主要健康指标，是指人均预期寿命、孕产妇死亡率、婴儿死亡率、五岁以下儿童死亡率等。

（二）医疗卫生机构，是指基层医疗卫生机构、医院和专业公共卫生机构等。

（三）基层医疗卫生机构，是指乡镇卫生院、社区卫生服务中心（站）、村卫生室、医务室、门诊部和诊所等。

（四）专业公共卫生机构，是指疾病预防控制中心、专科疾病防治机构、健康教育机构、急救中心（站）和血站等。

（五）医疗卫生人员，是指执业医师、执业助理医师、注册护士、药师（士）、检验技师（士）、影像技师（士）和乡村医生等卫生专业人员。

（六）基本药物，是指满足疾病防治基本用药需求，适应现阶段基本国情和保障能力，剂型适宜，价格合理，能够保障供应，可公平获得的药品。

第一百零八条　【地方立法】省、自治区、直辖市和设区的市、自治州可以结合实际，制定本地方发展医疗卫生与健康事业的具体办法。

第一百零九条　【军队和武警部队管理办法的制定】中国人民解放军和中国人民武装警察部队的医疗卫生与健康促进工作，由国务院和中央军事委员会依照本法制定管理办法。

第一百一十条　【施行日期】本法自2020年6月1日起施行。

二、医疗机构与人员

1. 医 疗 机 构

医疗机构管理条例

1. 1994年2月26日国务院令第149号公布
2. 根据2016年2月6日国务院令第666号《关于修改部分行政法规的决定》修订

第一章 总 则

第一条 为了加强对医疗机构的管理，促进医疗卫生事业的发展，保障公民健康，制定本条例。

第二条 本条例适用于从事疾病诊断、治疗活动的医院、卫生院、疗养院、门诊部、诊所、卫生所（室）以及急救站等医疗机构。

第三条 医疗机构以救死扶伤，防病治病，为公民的健康服务为宗旨。

第四条 国家扶持医疗机构的发展，鼓励多种形式兴办医疗机构。

第五条 国务院卫生行政部门负责全国医疗机构的监督管理工作。

县级以上地方人民政府卫生行政部门负责本行政区域内医疗机构的监督管理工作。

中国人民解放军卫生主管部门依照本条例和国家有关规定，对军队的医疗机构实施监督管理。

第二章 规划布局和设置审批

第六条 县级以上地方人民政府卫生行政部门应当根据本行政区域内的人口、医疗资源、医疗需求和现有医疗机构的分布状况，制定本行政区域医疗机构设置规划。

机关、企业和事业单位可以根据需要设置医疗机构，并纳入当地医疗机构的设置规划。

第七条 县级以上地方人民政府应当把医疗机构设置规划纳入当地的区域卫生发展规划和城乡建设发展总体规划。

第八条 设置医疗机构应当符合医疗机构设置规划和医疗机构基本标准。

医疗机构基本标准由国务院卫生行政部门制定。

第九条 单位或者个人设置医疗机构，必须经县级以上地方人民政府卫生行政部门审查批准，并取得设置医疗机构批准书。

第十条 申请设置医疗机构，应当提交下列文件：

（一）设置申请书；

（二）设置可行性研究报告；

（三）选址报告和建筑设计平面图。

第十一条 单位或者个人设置医疗机构，应当按照以下规定提出设置申请：

（一）不设床位或者床位不满100

张的医疗机构,向所在地的县级人民政府卫生行政部门申请;

(二)床位在100张以上的医疗机构和专科医院按照省级人民政府卫生行政部门的规定申请。

第十二条 县级以上地方人民政府卫生行政部门应当自受理设置申请之日起30日内,作出批准或者不批准的书面答复;批准设置的,发给设置医疗机构批准书。

第十三条 国家统一规划的医疗机构的设置,由国务院卫生行政部门决定。

第十四条 机关、企业和事业单位按照国家医疗机构基本标准设置为内部职工服务的门诊部、诊所、卫生所(室),报所在地的县级人民政府卫生行政部门备案。

第三章 登 记

第十五条 医疗机构执业,必须进行登记,领取《医疗机构执业许可证》。

第十六条 申请医疗机构执业登记,应当具备下列条件:

(一)有设置医疗机构批准书;

(二)符合医疗机构的基本标准;

(三)有适合的名称、组织机构和场所;

(四)有与其开展的业务相适应的经费、设施、设备和专业卫生技术人员;

(五)有相应的规章制度;

(六)能够独立承担民事责任。

第十七条 医疗机构的执业登记,由批准其设置的人民政府卫生行政部门办理。

按照本条例第十三条规定设置的医疗机构的执业登记,由所在地的省、自治区、直辖市人民政府卫生行政部门办理。

机关、企业和事业单位设置的为内部职工服务的门诊部、诊所、卫生所(室)的执业登记,由所在地的县级人民政府卫生行政部门办理。

第十八条 医疗机构执业登记的主要事项:

(一)名称、地址、主要负责人;

(二)所有制形式;

(三)诊疗科目、床位;

(四)注册资金。

第十九条 县级以上地方人民政府卫生行政部门自受理执业登记申请之日起45日内,根据本条例和医疗机构基本标准进行审核。审核合格的,予以登记,发给《医疗机构执业许可证》;审核不合格的,将审核结果以书面形式通知申请人。

第二十条 医疗机构改变名称、场所、主要负责人、诊疗科目、床位,必须向原登记机关办理变更登记。

第二十一条 医疗机构歇业,必须向原登记机关办理注销登记。经登记机关核准后,收缴《医疗机构执业许可证》。

医疗机构非因改建、扩建、迁建原因停业超过1年的,视为歇业。

第二十二条 床位不满100张的医疗机构,其《医疗机构执业许可证》每年校验1次;床位在100张以上的医疗机构,其《医疗机构执业许可证》每3年校验1次。校验由原登记机关办理。

第二十三条 《医疗机构执业许可证》不得伪造、涂改、出卖、转让、出借。

《医疗机构执业许可证》遗失的,

应当及时申明，并向原登记机关申请补发。

第四章 执 业

第二十四条 任何单位或者个人，未取得《医疗机构执业许可证》，不得开展诊疗活动。

第二十五条 医疗机构执业，必须遵守有关法律、法规和医疗技术规范。

第二十六条 医疗机构必须将《医疗机构执业许可证》、诊疗科目、诊疗时间和收费标准悬挂于明显处所。

第二十七条 医疗机构必须按照核准登记的诊疗科目开展诊疗活动。

第二十八条 医疗机构不得使用非卫生技术人员从事医疗卫生技术工作。

第二十九条 医疗机构应当加强对医务人员的医德教育。

第三十条 医疗机构工作人员上岗工作，必须佩带载有本人姓名、职务或者职称的标牌。

第三十一条 医疗机构对危重病人应当立即抢救。对限于设备或者技术条件不能诊治的病人，应当及时转诊。

第三十二条 未经医师（士）亲自诊查病人，医疗机构不得出具疾病诊断书、健康证明书或者死亡证明书等证明文件；未经医师（士）、助产人员亲自接产，医疗机构不得出具出生证明书或者死产报告书。

第三十三条 医疗机构施行手术、特殊检查或者特殊治疗时，必须征得患者同意，并应当取得其家属或者关系人同意并签字；无法取得患者意见时，应当取得家属或者关系人同意并签字；无法取得患者意见又无家属或者关系人在场，或者遇到其他特殊情况时，经治医师应当提出医疗处置方案，在取得医疗机构负责人或者被授权负责人员的批准后实施。

第三十四条 医疗机构发生医疗事故，按照国家有关规定处理。

第三十五条 医疗机构对传染病、精神病、职业病等患者的特殊诊治和处理，应当按照国家有关法律、法规的规定办理。

第三十六条 医疗机构必须按照有关药品管理的法律、法规，加强药品管理。

第三十七条 医疗机构必须按照人民政府或者物价部门的有关规定收取医疗费用，详列细项，并出具收据。

第三十八条 医疗机构必须承担相应的预防保健工作，承担县级以上人民政府卫生行政部门委托的支援农村、指导基层医疗卫生工作等任务。

第三十九条 发生重大灾害、事故、疾病流行或者其他意外情况时，医疗机构及其卫生技术人员必须服从县级以上人民政府卫生行政部门的调遣。

第五章 监督管理

第四十条 县级以上人民政府卫生行政部门行使下列监督管理职权：

（一）负责医疗机构的设置审批、执业登记和校验；

（二）对医疗机构的执业活动进行检查指导；

（三）负责组织对医疗机构的评审；

（四）对违反本条例的行为给予处罚。

第四十一条 国家实行医疗机构评审制

度，由专家组成的评审委员会按照医疗机构评审办法和评审标准，对医疗机构的执业活动、医疗服务质量等进行综合评价。

医疗机构评审办法和评审标准由国务院卫生行政部门制定。

第四十二条 县级以上地方人民政府卫生行政部门负责组织本行政区域医疗机构评审委员会。

医疗机构评审委员会由医院管理、医学教育、医疗、医技、护理和财务等有关专家组成。评审委员会成员由县级以上地方人民政府卫生行政部门聘任。

第四十三条 县级以上地方人民政府卫生行政部门根据评审委员会的评审意见，对达到评审标准的医疗机构，发给评审合格证书；对未达到评审标准的医疗机构，提出处理意见。

第六章 罚 则

第四十四条 违反本条例第二十四条规定，未取得《医疗机构执业许可证》擅自执业的，由县级以上人民政府卫生行政部门责令其停止执业活动，没收非法所得和药品、器械，并可以根据情节处以1万元以下的罚款。

第四十五条 违反本条例第二十二条规定，逾期不校验《医疗机构执业许可证》仍从事诊疗活动的，由县级以上人民政府卫生行政部门责令其限期补办校验手续；拒不校验的，吊销其《医疗机构执业许可证》。

第四十六条 违反本条例第二十三条规定，出卖、转让、出借《医疗机构执业许可证》的，由县级以上人民政府卫生行政部门没收非法所得，并可以处以5000元以下的罚款；情节严重的，吊销其《医疗机构执业许可证》。

第四十七条 违反本条例第二十七条规定，诊疗活动超出登记范围的，由县级以上人民政府卫生行政部门予以警告、责令其改正，并可以根据情节处以3000元以下的罚款；情节严重的，吊销其《医疗机构执业许可证》。

第四十八条 违反本条例第二十八条规定，使用非卫生技术人员从事医疗卫生技术工作的，由县级以上人民政府卫生行政部门责令其限期改正，并可以处以5000元以下的罚款；情节严重的，吊销其《医疗机构执业许可证》。

第四十九条 违反本条例第三十二条规定，出具虚假证明文件的，由县级以上人民政府卫生行政部门予以警告；对造成危害后果的，可以处以1000元以下的罚款；对直接责任人员由所在单位或者上级机关给予行政处分。

第五十条 没收的财物和罚款全部上交国库。

第五十一条 当事人对行政处罚决定不服的，可以依照国家法律、法规的规定申请行政复议或者提起行政诉讼。当事人对罚款及没收药品、器械的处罚决定未在法定期限内申请复议或者提起诉讼又不履行的，县级以上人民政府卫生行政部门可以申请人民法院强制执行。

第七章 附 则

第五十二条 本条例实施前已经执业的医疗机构，应当在条例实施后的6个月内，按照本条例第三章的规定，补办登记手续，领取《医疗机构执业许可证》。

第五十三条 外国人在中华人民共和国境内开设医疗机构及香港、澳门、台湾居民在内地开设医疗机构的管理办法，由国务院卫生行政部门另行制定。

第五十四条 本条例由国务院卫生行政部门负责解释。

第五十五条 本条例自1994年9月1日起施行。1951年政务院批准发布的《医院诊所管理暂行条例》同时废止。

医疗机构管理条例实施细则

1. 1994年8月29日卫生部令第35号公布
2. 根据2006年11月1日《卫生部关于修订〈医疗机构管理条例实施细则〉第三条有关内容的通知》(卫医发〔2006〕432号)第一次修订
3. 根据2017年2月21日国家卫生和计划生育委员会令第12号《关于修改〈医疗机构管理条例实施细则〉的决定》第二次修订

第一章 总 则

第一条 根据《医疗机构管理条例》(以下简称条例)制定本细则。

第二条 条例及本细则所称医疗机构，是指依据条例和本细则的规定，经登记取得《医疗机构执业许可证》的机构。

第三条 医疗机构的类别：

(一)综合医院、中医医院、中西医结合医院、民族医医院、专科医院、康复医院；

(二)妇幼保健院、妇幼保健计划生育服务中心；

(三)社区卫生服务中心、社区卫生服务站；

(四)中心卫生院、乡(镇)卫生院、街道卫生院；

(五)疗养院；

(六)综合门诊部、专科门诊部、中医门诊部、中西医结合门诊部、民族医门诊部；

(七)诊所、中医诊所、民族医诊所、卫生所、医务室、卫生保健所、卫生站；

(八)村卫生室(所)；

(九)急救中心、急救站；

(十)临床检验中心；

(十一)专科疾病防治院、专科疾病防治所、专科疾病防治站；

(十二)护理院、护理站；

(十三)医学检验实验室、病理诊断中心、医学影像诊断中心、血液透析中心、安宁疗护中心；

(十四)其他诊疗机构。

第四条 卫生防疫、国境卫生检疫、医学科研和教学等机构在本机构业务范围之外开展诊疗活动以及美容服务机构开展医疗美容业务的，必须依据条例及本细则，申请设置相应类别的医疗机构。

第五条 中国人民解放军和中国人民武装警察部队编制外的医疗机构，由地方卫生计生行政部门按照条例和本细则管理。

中国人民解放军后勤卫生主管部门负责向地方卫生计生行政部门提供军队编制外医疗机构的名称和地址。

第六条 医疗机构依法从事诊疗活动受法律保护。

第七条 卫生计生行政部门依法独立行使监督管理职权，不受任何单位和个人干涉。

第二章 设置审批

第八条 各省、自治区、直辖市应当按照当地《医疗机构设置规划》合理配置和合理利用医疗资源。

《医疗机构设置规划》由县级以上地方卫生计生行政部门依据《医疗机构设置规划指导原则》制定，经上一级卫生计生行政部门审核，报同级人民政府批准，在本行政区域内发布实施。

《医疗机构设置规划指导原则》另行制定。

第九条 县级以上地方卫生计生行政部门按照《医疗机构设置规划指导原则》规定的权限和程序组织实施本行政区域《医疗机构设置规划》，定期评价实施情况，并将评价结果按年度向上一级卫生计生行政部门和同级人民政府报告。

第十条 医疗机构不分类别、所有制形式、隶属关系、服务对象，其设置必须符合当地《医疗机构设置规划》。

第十一条 床位在一百张以上的综合医院、中医医院、中西医结合医院、民族医医院以及专科医院、疗养院、康复医院、妇幼保健院、急救中心、临床检验中心和专科疾病防治机构的设置审批权限的划分，由省、自治区、直辖市卫生计生行政部门规定；其他医疗机构的设置，由县级卫生计生行政部门负责审批。

医学检验实验室、病理诊断中心、医学影像诊断中心、血液透析中心、安宁疗护中心的设置审批权限另行规定。

第十二条 有下列情形之一的，不得申请设置医疗机构：

（一）不能独立承担民事责任的单位；

（二）正在服刑或者不具有完全民事行为能力的个人；

（三）发生二级以上医疗事故未满五年的医务人员；

（四）因违反有关法律、法规和规章，已被吊销执业证书的医务人员；

（五）被吊销《医疗机构执业许可证》的医疗机构法定代表人或者主要负责人；

（六）省、自治区、直辖市政府卫生计生行政部门规定的其他情形。

有前款第（二）、（三）、（四）、（五）项所列情形之一者，不得充任医疗机构的法定代表人或者主要负责人。

第十三条 在城市设置诊所的个人，必须同时具备下列条件：

（一）经医师执业技术考核合格，取得《医师执业证书》；

（二）取得《医师执业证书》或者医师职称后，从事五年以上同一专业的临床工作；

（三）省、自治区、直辖市卫生计生行政部门规定的其他条件。

医师执业技术标准另行制定。

在乡镇和村设置诊所的个人的条件，由省、自治区、直辖市卫生计生行政部门规定。

第十四条 地方各级人民政府设置医疗机构，由政府指定或者任命的拟设医疗机构的筹建负责人申请；法人或者其他组织设置医疗机构，由其代表人申请；个人设置医疗机构，由设置人申请；两人以上合伙设置医疗机构，由合伙人共同申请。

第十五条 条例第十条规定提交的设置可行性研究报告包括以下内容：

（一）申请单位名称、基本情况以及申请人姓名、年龄、专业履历、身份证号码；

（二）所在地区的人口、经济和社会发展等概况；

（三）所在地区人群健康状况和疾病流行以及有关疾病患病率；

（四）所在地区医疗资源分布情况以及医疗服务需求分析；

（五）拟设医疗机构的名称、选址、功能、任务、服务半径；

（六）拟设医疗机构的服务方式、时间、诊疗科目和床位编制；

（七）拟设医疗机构的组织结构、人员配备；

（八）拟设医疗机构的仪器、设备配备；

（九）拟设医疗机构与服务半径区域内其他医疗机构的关系和影响；

（十）拟设医疗机构的污水、污物、粪便处理方案；

（十一）拟设医疗机构的通讯、供电、上下水道、消防设施情况；

（十二）资金来源、投资方式、投资总额、注册资金（资本）；

（十三）拟设医疗机构的投资预算；

（十四）拟设医疗机构五年内的成本效益预测分析。

并附申请设置单位或者设置人的资信证明。

申请设置门诊部、诊所、卫生所、医务室、卫生保健所、卫生站、村卫生室（所）、护理站等医疗机构的，可以根据情况适当简化设置可行性研究报告内容。

第十六条 条例第十条规定提交的选址报告包括以下内容：

（一）选址的依据；

（二）选址所在地区的环境和公用设施情况；

（三）选址与周围托幼机构、中小学校、食品生产经营单位布局的关系；

（四）占地和建筑面积。

第十七条 由两个以上法人或者其他组织共同申请设置医疗机构以及由两人以上合伙申请设置医疗机构的，除提交可行性研究报告和选址报告外，还必须提交由各方共同签署的协议书。

第十八条 医疗机构建筑设计必须按照法律、法规和规章要求经相关审批机关审查同意后，方可施工。

第十九条 条例第十二条规定的设置申请的受理时间，自申请人提供条例和本细则规定的全部材料之日算起。

第二十条 县级以上地方卫生计生行政部门依据当地《医疗机构设置规划》及本细则审查和批准医疗机构的设置。

申请设置医疗机构有下列情形之一的，不予批准：

（一）不符合当地《医疗机构设置规划》；

（二）设置人不符合规定的条件；

（三）不能提供满足投资总额的资信证明；

（四）投资总额不能满足各项预算

开支；

（五）医疗机构选址不合理；

（六）污水、污物、粪便处理方案不合理；

（七）省、自治区、直辖市卫生计生行政部门规定的其他情形。

第二十一条 卫生计生行政部门应当在核发《设置医疗机构批准书》的同时，向上一级卫生计生行政部门备案。

上级卫生计生行政部门有权在接到备案报告之日起三十日内纠正或者撤销下级卫生计生行政部门作出的不符合当地《医疗机构设置规划》的设置审批。

第二十二条 《设置医疗机构批准书》的有效期，由省、自治区、直辖市卫生计生行政部门规定。

第二十三条 变更《设置医疗机构批准书》中核准的医疗机构的类别、规模、选址和诊疗科目，必须按照条例和本细则的规定，重新申请办理设置审批手续。

第二十四条 法人和其他组织设置的为内部职工服务的门诊部、诊所、卫生所（室），由设置单位在该医疗机构执业登记前，向当地县级卫生计生行政部门备案，并提交下列材料：

（一）设置单位或者其主管部门设置医疗机构的决定；

（二）《设置医疗机构备案书》。

卫生计生行政部门应当在接到备案后十五日内给予《设置医疗机构备案回执》。

第三章 登记与校验

第二十五条 申请医疗机构执业登记必须填写《医疗机构申请执业登记注册书》，并向登记机关提交下列材料：

（一）《设置医疗机构批准书》或者《设置医疗机构备案回执》；

（二）医疗机构用房产权证明或者使用证明；

（三）医疗机构建筑设计平面图；

（四）验资证明、资产评估报告；

（五）医疗机构规章制度；

（六）医疗机构法定代表人或者主要负责人以及各科室负责人名录和有关资格证书、执业证书复印件；

（七）省、自治区、直辖市卫生计生行政部门规定提交的其他材料。

申请门诊部、诊所、卫生所、医务室、卫生保健所和卫生站登记的，还应当提交附设药房（柜）的药品种类清单、卫生技术人员名录及其有关资格证书、执业证书复印件以及省、自治区、直辖市卫生计生行政部门规定提交的其他材料。

第二十六条 登记机关在受理医疗机构执业登记申请后，应当按照条例第十六条规定的条件和条例第十九条规定的时限进行审查和实地考察、核实，并对有关执业人员进行消毒、隔离和无菌操作等基本知识和技能的现场抽查考核。经审核合格的，发给《医疗机构执业许可证》；审核不合格的，将审核结果和不予批准的理由以书面形式通知申请人。

《医疗机构执业许可证》及其副本由国家卫生计生委统一印制。

条例第十九条规定的执业登记申请的受理时间，自申请人提供条例和本细则规定的全部材料之日算起。

第二十七条 申请医疗机构执业登记有下列情形之一的，不予登记：

（一）不符合《设置医疗机构批准书》核准的事项；

（二）不符合《医疗机构基本标准》；

（三）投资不到位；

（四）医疗机构用房不能满足诊疗服务功能；

（五）通讯、供电、上下水道等公共设施不能满足医疗机构正常运转；

（六）医疗机构规章制度不符合要求；

（七）消毒、隔离和无菌操作等基本知识和技能的现场抽查考核不合格；

（八）省、自治区、直辖市卫生计生行政部门规定的其他情形。

第二十八条 医疗机构执业登记的事项：

（一）类别、名称、地址、法定代表人或者主要负责人；

（二）所有制形式；

（三）注册资金（资本）；

（四）服务方式；

（五）诊疗科目；

（六）房屋建筑面积、床位（牙椅）；

（七）服务对象；

（八）职工人数；

（九）执业许可证登记号（医疗机构代码）；

（十）省、自治区、直辖市卫生计生行政部门规定的其他登记事项。

门诊部、诊所、卫生所、医务室、卫生保健所、卫生站除登记前款所列事项外，还应当核准登记附设药房（柜）的药品种类。《医疗机构诊疗科目名录》另行制定。

第二十九条 因分立或者合并而保留的医疗机构应当申请变更登记；因分立或者合并而新设置的医疗机构应当申请设置许可和执业登记；因合并而终止的医疗机构应当申请注销登记。

第三十条 医疗机构变更名称、地址、法定代表人或者主要负责人、所有制形式、服务对象、服务方式、注册资金（资本）、诊疗科目、床位（牙椅）的，必须向登记机关申请办理变更登记，并提交下列材料：

（一）医疗机构法定代表人或者主要负责人签署的《医疗机构申请变更登记注册书》；

（二）申请变更登记的原因和理由；

（三）登记机关规定提交的其他材料。

第三十一条 机关、企业和事业单位设置的为内部职工服务的医疗机构向社会开放，必须按照前条规定申请办理变更登记。

第三十二条 医疗机构在原登记机关管辖权限范围内变更登记事项的，由原登记机关办理变更登记；因变更登记超出原登记机关管辖权限的，由有管辖权的卫生计生行政部门办理变更登记。

医疗机构在原登记机关管辖区域内迁移，由原登记机关办理变更登记；向原登记机关管辖区域外迁移的，应当在取得迁移目的地的卫生计生行政部门发给的《设置医疗机构批准书》，并经原登记机关核准办理注销登记后,再向迁移目的地的卫生计生行政部门申请办理执业登记。

第三十三条 登记机关在受理变更登记申请后,依据条例和本细则的有关规定以及当地《医疗机构设置规划》进行审核,按照登记程序或者简化程序办理变更登记,并作出核准变更登记或者不予变更登记的决定。

第三十四条 医疗机构停业,必须经登记机关批准。除改建、扩建、迁建原因,医疗机构停业不得超过一年。

第三十五条 床位在一百张以上的综合医院、中医医院、中西医结合医院、民族医医院以及专科医院、疗养院、康复医院、妇幼保健院、急救中心、临床检验中心和专科疾病防治机构的校验期为三年;其他医疗机构的校验期为一年。

医疗机构应当于校验期满前三个月向登记机关申请办理校验手续。

办理校验应当交验《医疗机构执业许可证》,并提交下列文件:

(一)《医疗机构校验申请书》;

(二)《医疗机构执业许可证》副本;

(三)省、自治区、直辖市卫生计生行政部门规定提交的其他材料。

第三十六条 卫生计生行政部门应当在受理校验申请后的三十日内完成校验。

第三十七条 医疗机构有下列情形之一的,登记机关可以根据情况,给予一至六个月的暂缓校验期:

(一)不符合《医疗机构基本标准》;

(二)限期改正期间;

(三)省、自治区、直辖市卫生计生行政部门规定的其他情形。

不设床位的医疗机构在暂缓校验期内不得执业。

暂缓校验期满仍不能通过校验的,由登记机关注销其《医疗机构执业许可证》。

第三十八条 各级卫生计生行政部门应当采用电子证照等信息化手段对医疗机构实行全程管理和动态监管。有关管理办法另行制定。

第三十九条 医疗机构开业、迁移、更名、改变诊疗科目以及停业、歇业和校验结果由登记机关予以公告。

第四章 名 称

第四十条 医疗机构的名称由识别名称和通用名称依次组成。

医疗机构的通用名称为:医院、中心卫生院、卫生院、疗养院、妇幼保健院、门诊部、诊所、卫生所、卫生站、卫生室、医务室、卫生保健所、急救中心、急救站、临床检验中心、防治院、防治所、防治站、护理院、护理站、中心以及国家卫生计生委规定或者认可的其他名称。

医疗机构可以下列名称作为识别名称:地名、单位名称、个人姓名、医学学科名称、医学专业和专科名称、诊疗科目名称和核准机关批准使用的名称。

第四十一条 医疗机构的命名必须符合以下原则:

(一)医疗机构的通用名称以前条第二款所列的名称为限;

（二）前条第三款所列的医疗机构的识别名称可以合并使用；

（三）名称必须名副其实；

（四）名称必须与医疗机构类别或者诊疗科目相适应；

（五）各级地方人民政府设置的医疗机构的识别名称中应当含有省、市、县、区、街道、乡、镇、村等行政区划名称，其他医疗机构的识别名称中不得含有行政区划名称；

（六）国家机关、企业和事业单位、社会团体或者个人设置的医疗机构的名称中应当含有设置单位名称或者个人的姓名。

第四十二条 医疗机构不得使用下列名称：

（一）有损于国家、社会或者公共利益的名称；

（二）侵犯他人利益的名称；

（三）以外文字母、汉语拼音组成的名称；

（四）以医疗仪器、药品、医用产品命名的名称；

（五）含有“疑难病”、“专治”、“专家”、“名医”或者同类含义文字的名称以及其他宣传或者暗示诊疗效果的名称；

（六）超出登记的诊疗科目范围的名称；

（七）省级以上卫生计生行政部门规定不得使用的名称。

第四十三条 以下医疗机构名称由国家卫生计生委核准；属于中医、中西医结合和民族医医疗机构的，由国家中医药管理局核准：

（一）含有外国国家（地区）名称及其简称、国际组织名称的；

（二）含有“中国”、“全国”、“中华”、“国家”等字样以及跨省地域名称的；

（三）各级地方人民政府设置的医疗机构的识别名称中不含有行政区划名称的。

第四十四条 以“中心”作为医疗机构通用名称的医疗机构名称，由省级以上卫生计生行政部门核准；在识别名称中含有“中心”字样的医疗机构名称的核准，由省、自治区、直辖市卫生计生行政部门规定。

含有“中心”字样的医疗机构名称必须同时含有行政区划名称或者地名。

第四十五条 除专科疾病防治机构以外，医疗机构不得以具体疾病名称作为识别名称，确有需要的由省、自治区、直辖市卫生计生行政部门核准。

第四十六条 医疗机构名称经核准登记，于领取《医疗机构执业许可证》后方可使用，在核准机关管辖范围内享有专用权。

第四十七条 医疗机构只准使用一个名称。确有需要，经核准机关核准可以使用两个或者两个以上名称，但必须确定一个第一名称。

第四十八条 卫生计生行政部门有权纠正已经核准登记的不适宜的医疗机构名称，上级卫生计生行政部门有权纠正下级卫生计生行政部门已经核准登记的不适宜的医疗机构名称。

第四十九条 两个以上申请人向同一核准机关申请相同的医疗机构名称，核准机关依照申请在先原则核定。属于同一天申请的,应当由申请人双方协商解决;协商不成的,由核准机关作出裁决。

两个以上医疗机构因已经核准登记的医疗机构名称相同发生争议时,核准机关依照登记在先原则处理。属于同一天登记的,应当由双方协商解决;协商不成的,由核准机关报上一级卫生计生行政部门作出裁决。

第五十条 医疗机构名称不得买卖、出借。

未经核准机关许可,医疗机构名称不得转让。

第五章 执 业

第五十一条 医疗机构的印章、银行账户、牌匾以及医疗文件中使用的名称应当与核准登记的医疗机构名称相同;使用两个以上名称的,应当与第一名称相同。

第五十二条 医疗机构应当严格执行无菌消毒、隔离制度,采取科学有效的措施处理污水和废弃物,预防和减少医院感染。

第五十三条 医疗机构的门诊病历的保存期不得少于十五年;住院病历的保存期不得少于三十年。

第五十四条 标有医疗机构标识的票据和病历本册以及处方笺、各种检查的申请单、报告单、证明文书单、药品分装袋、制剂标签等不得买卖、出借和转让。

医疗机构不得冒用标有其他医疗机构标识的票据和病历本册以及处方笺、各种检查的申请单、报告单、证明文书单、药品分装袋、制剂标签等。

第五十五条 医疗机构应当按照卫生计生行政部门的有关规定、标准加强医疗质量管理,实施医疗质量保证方案,确保医疗安全和服务质量,不断提高服务水平。

第五十六条 医疗机构应当定期检查、考核各项规章制度和各级各类人员岗位责任制的执行和落实情况。

第五十七条 医疗机构应当经常对医务人员进行"基础理论、基本知识、基本技能"的训练与考核,把"严格要求、严密组织、严谨态度"落实到各项工作中。

第五十八条 医疗机构应当组织医务人员学习医德规范和有关教材,督促医务人员恪守职业道德。

第五十九条 医疗机构不得使用假劣药品、过期和失效药品以及违禁药品。

第六十条 医疗机构为死因不明者出具的《死亡医学证明书》,只作是否死亡的诊断,不作死亡原因的诊断。如有关方面要求进行死亡原因诊断的,医疗机构必须指派医生对尸体进行解剖和有关死因检查后方能作出死因诊断。

第六十一条 医疗机构在诊疗活动中,应当对患者实行保护性医疗措施,并取得患者家属和有关人员的配合。

第六十二条 医疗机构应当尊重患者对自己的病情、诊断、治疗的知情权利。在实施手术、特殊检查、特殊治疗时,应当向患者作必要的解释。因实施保护性医疗措施不宜向患者说明情况的,应当将有关情况通知患者家属。

第六十三条 门诊部、诊所、卫生所、医务室、卫生保健所和卫生站附设药房

(柜)的药品种类由登记机关核定,具体办法由省、自治区、直辖市卫生计生行政部门规定。

第六十四条 为内部职工服务的医疗机构未经许可和变更登记不得向社会开放。

第六十五条 医疗机构被吊销或者注销执业许可证后,不得继续开展诊疗活动。

第六章 监督管理

第六十六条 各级卫生计生行政部门负责所辖区域内医疗机构的监督管理工作。

第六十七条 在监督管理工作中,要充分发挥医院管理学会和卫生工作者协会等学术性和行业性社会团体的作用。

第六十八条 县级以上卫生计生行政部门设立医疗机构监督管理办公室。

各级医疗机构监督管理办公室在同级卫生计生行政部门的领导下开展工作。

第六十九条 各级医疗机构监督管理办公室的职责:

(一)拟订医疗机构监督管理工作计划;

(二)办理医疗机构监督员的审查、发证、换证;

(三)负责医疗机构登记、校验和有关监督管理工作的统计,并向同级卫生计生行政部门报告;

(四)负责接待、办理群众对医疗机构的投诉;

(五)完成卫生计生行政部门交给的其他监督管理工作。

第七十条 县级以上卫生计生行政部门设医疗机构监督员,履行规定的监督管理职责。医疗机构监督员由同级卫生计生行政部门聘任。

医疗机构监督员应当严格执行国家有关法律、法规和规章,其主要职责是:

(一)对医疗机构执行有关法律、法规、规章和标准的情况进行监督、检查、指导;

(二)对医疗机构执业活动进行监督、检查、指导;

(三)对医疗机构违反条例和本细则的案件进行调查、取证;

(四)对经查证属实的案件向卫生计生行政部门提出处理或者处罚意见;

(五)实施职权范围内的处罚;

(六)完成卫生计生行政部门交付的其他监督管理工作。

第七十一条 医疗机构监督员有权对医疗机构进行现场检查,无偿索取有关资料,医疗机构不得拒绝、隐匿或者隐瞒。

医疗机构监督员在履行职责时应当佩戴证章、出示证件。

医疗机构监督员证章、证件由国家卫生计生委监制。

第七十二条 各级卫生计生行政部门对医疗机构的执业活动检查、指导主要包括:

(一)执行国家有关法律、法规、规章和标准情况;

(二)执行医疗机构内部各项规章制度和各级各类人员岗位责任制情况;

（三）医德医风情况；

（四）服务质量和服务水平情况；

（五）执行医疗收费标准情况；

（六）组织管理情况；

（七）人员任用情况；

（八）省、自治区、直辖市卫生计生行政部门规定的其他检查、指导项目。

第七十三条 国家实行医疗机构评审制度，对医疗机构的基本标准、服务质量、技术水平、管理水平等进行综合评价。县级以上卫生计生行政部门负责医疗机构评审的组织和管理；各级医疗机构评审委员会负责医疗机构评审的具体实施。

第七十四条 县级以上中医（药）行政管理部门成立医疗机构评审委员会，负责中医、中西医结合和民族医医疗机构的评审。

第七十五条 医疗机构评审包括周期性评审、不定期重点检查。

医疗机构评审委员会在对医疗机构进行评审时，发现有违反条例和本细则的情节，应当及时报告卫生计生行政部门；医疗机构评审委员会委员为医疗机构监督员的，可以直接行使监督权。

第七十六条 《医疗机构监督管理行政处罚程序》另行制定。

第七章　处　　罚

第七十七条 对未取得《医疗机构执业许可证》擅自执业的，责令其停止执业活动，没收非法所得和药品、器械，并处以三千元以下的罚款；有下列情形之一的，责令其停止执业活动，没收非法所得和药品、器械，处以三千元以上一万元以下的罚款：

（一）因擅自执业曾受过卫生计生行政部门处罚；

（二）擅自执业的人员为非卫生技术专业人员；

（三）擅自执业时间在三个月以上；

（四）给患者造成伤害；

（五）使用假药、劣药蒙骗患者；

（六）以行医为名骗取患者钱物；

（七）省、自治区、直辖市卫生计生行政部门规定的其他情形。

第七十八条 对不按期办理校验《医疗机构执业许可证》又不停止诊疗活动的，责令其限期补办校验手续；在限期内仍不办理校验的，吊销其《医疗机构执业许可证》。

第七十九条 转让、出借《医疗机构执业许可证》的，没收其非法所得。并处以三千元以下的罚款；有下列情形之一的，没收其非法所得，处以三千元以上五千元以下的罚款，并吊销《医疗机构执业许可证》：

（一）出卖《医疗机构执业许可证》；

（二）转让或者出借《医疗机构执业许可证》是以营利为目的；

（三）受让方或者承借方给患者造成伤害；

（四）转让、出借《医疗机构执业许可证》给非卫生技术专业人员；

（五）省、自治区、直辖市卫生计生行政部门规定的其他情形。

第八十条 除急诊和急救外，医疗机构诊疗活动超出登记的诊疗科目范围，情节轻微的，处以警告；有下列情形之一的，责令其限期改正，并可处以三千元以下罚款：

（一）超出登记的诊疗科目范围的诊疗活动累计收入在三千元以下；

（二）给患者造成伤害。

有下列情形之一的，处以三千元罚款，并吊销《医疗机构执业许可证》：

（一）超出登记的诊疗科目范围的诊疗活动累计收入在三千元以上；

（二）给患者造成伤害；

（三）省、自治区、直辖市卫生计生行政部门规定的其他情形。

第八十一条　任用非卫生技术人员从事医疗卫生技术工作的，责令其立即改正，并可处以三千元以下的罚款；有下列情形之一的，处以三千元以上五千元以下罚款，并可以吊销其《医疗机构执业许可证》：

（一）任用两名以上非卫生技术人员从事诊疗活动；

（二）任用的非卫生技术人员给患者造成伤害。

医疗机构使用卫生技术人员从事本专业以外的诊疗活动的，按使用非卫生技术人员处理。

第八十二条　出具虚假证明文件，情节轻微的，给予警告，并可处以五百元以下的罚款；有下列情形之一的，处以五百元以上一千元以下的罚款：

（一）出具虚假证明文件造成延误诊治的；

（二）出具虚假证明文件给患者精神造成伤害的；

（三）造成其他危害后果的。

对直接责任人员由所在单位或者上级机关给予行政处分。

第八十三条　医疗机构有下列情形之一的，登记机关可以责令其限期改正：

（一）发生重大医疗事故；

（二）连续发生同类医疗事故，不采取有效防范措施；

（三）连续发生原因不明的同类患者死亡事件，同时存在管理不善因素；

（四）管理混乱，有严重事故隐患，可能直接影响医疗安全；

（五）省、自治区、直辖市卫生计生行政部门规定的其他情形。

第八十四条　当事人对行政处罚决定不服的，可以在接到《行政处罚决定通知书》之日起十五日内向作出行政处罚决定的上一级卫生计生行政部门申请复议。上级卫生计生行政部门应当在接到申请书之日起三十日内作出书面答复。

当事人对行政处罚决定不服的，也可以在接到《行政处罚决定通知书》之日起十五日内直接向人民法院提起行政诉讼。

逾期不申请复议、不起诉又不履行行政处罚决定的，由作出行政处罚决定的卫生计生行政部门填写《行政处罚强制执行申请书》，向人民法院申请强制执行。

第八章　附　　则

第八十五条　医疗机构申请办理设置审批、执业登记、校验、评审时，应当交纳费用，医疗机构执业应当交纳管理费，具体办法由省级以上卫生计生行政部门会同物价管理部门规定。

第八十六条　各省、自治区、直辖市根据条例和本细则并结合当地的实际情况,制定实施办法。实施办法中的有关中医、中西结合、民族医医疗机构的条款,由省、自治区、直辖市中医(药)行政部门拟订。

第八十七条 条例及本细则实施前已经批准执业的医疗机构的审核登记办法,由省、自治区、直辖市卫生计生行政部门根据当地的实际情况规定。

第八十八条 条例及本细则中下列用语的含义:

诊疗活动:是指通过各种检查,使用药物、器械及手术等方法,对疾病作出判断和消除疾病、缓解病情、减轻痛苦、改善功能、延长生命、帮助患者恢复健康的活动。

医疗美容:是指使用药物以及手术、物理和其他损伤性或者侵入性手段进行的美容。

特殊检查、特殊治疗:是指具有下列情形之一的诊断治疗活动:

(一)有一定危险性,可能产生不良后果的检查和治疗;

(二)由于患者体质特殊或者病情危笃,可能对患者产生不良后果和危险的检查和治疗;

(三)临床试验性检查和治疗;

(四)收费可能对患者造成较大经济负担的检查和治疗。

卫生技术人员:是指按照国家有关法律、法规和规章的规定取得卫生技术人员资格或者职称的人员。

技术规范:是指由国家卫生计生委、国家中医药管理局制定或者认可的与诊疗活动有关的技术标准、操作规程等规范性文件。

军队的医疗机构:是指中国人民解放军和中国人民武装警察部队编制内的医疗机构。

第八十九条 各级中医(药)行政管理部门依据条例和本细则以及当地医疗机构管理条例实施办法,对管辖范围内各类中医、中西医结合和民族医医疗机构行使设置审批、登记和监督管理权。

第九十条 本细则的解释权在国家卫生计生委。

第九十一条 本细则自1994年9月1日起施行。

附表:(略)

中医诊所备案管理暂行办法

1. 2017年9月22日国家卫生和计划生育委员会令第14号公布

2. 自2017年12月1日起施行

第一章 总 则

第一条 为做好中医诊所的备案管理工作,根据《中华人民共和国中医药法》以及《医疗机构管理条例》等法律法规的有关规定,制定本办法。

第二条 本办法所指的中医诊所,是在中医药理论指导下,运用中药和针灸、拔罐、推拿等非药物疗法开展诊疗服务,以及中药调剂、汤剂煎煮等中药药事服务的诊所。不符合上述规定的服务范围或者存在不可控的医疗安全隐患和风险的,不适用本办法。

第三条 国家中医药管理局负责全国中医诊所的管理工作。

县级以上地方中医药主管部门负责本行政区域内中医诊所的监督管理

工作。

县级中医药主管部门具体负责本行政区域内中医诊所的备案工作。

第二章 备 案

第四条 举办中医诊所的,报拟举办诊所所在地县级中医药主管部门备案后即可开展执业活动。

第五条 举办中医诊所应当同时具备下列条件:

(一)个人举办中医诊所的,应当具有中医类别《医师资格证书》并经注册后在医疗、预防、保健机构中执业满三年,或者具有《中医(专长)医师资格证书》;法人或者其他组织举办中医诊所的,诊所主要负责人应当符合上述要求;

(二)符合《中医诊所基本标准》;

(三)中医诊所名称符合《医疗机构管理条例实施细则》的相关规定;

(四)符合环保、消防的相关规定;

(五)能够独立承担民事责任。

《医疗机构管理条例实施细则》规定不得申请设置医疗机构的单位和个人,不得举办中医诊所。

第六条 中医诊所备案,应当提交下列材料:

(一)《中医诊所备案信息表》;

(二)中医诊所主要负责人有效身份证明、医师资格证书、医师执业证书;

(三)其他卫生技术人员名录、有效身份证明、执业资格证件;

(四)中医诊所管理规章制度;

(五)医疗废物处理方案、诊所周边环境情况说明;

(六)消防应急预案。

法人或者其他组织举办中医诊所的,还应当提供法人或者其他组织的资质证明、法定代表人身份证明或者其他组织的代表人身份证明。

第七条 备案人应当如实提供有关材料和反映真实情况,并对其备案材料实质内容的真实性负责。

第八条 县级中医药主管部门收到备案材料后,对材料齐全且符合备案要求的予以备案,并当场发放《中医诊所备案证》;材料不全或者不符合备案要求的,应当当场或者在收到备案材料之日起五日内一次告知备案人需要补正的全部内容。

国家逐步推进中医诊所管理信息化,有条件的地方可实行网上申请备案。

第九条 中医诊所应当将《中医诊所备案证》、卫生技术人员信息在诊所的明显位置公示。

第十条 中医诊所的人员、名称、地址等实际设置应当与《中医诊所备案证》记载事项相一致。

中医诊所名称、场所、主要负责人、诊疗科目、技术等备案事项发生变动的,应当及时到原备案机关对变动事项进行备案。

第十一条 禁止伪造、出卖、转让、出借《中医诊所备案证》。

第十二条 中医诊所应当按照备案的诊疗科目、技术开展诊疗活动,加强对诊疗行为、医疗质量、医疗安全的管理,并符合中医医疗技术相关性感染预防与控制等有关规定。

中医诊所发布医疗广告应当遵守

法律法规规定,禁止虚假、夸大宣传。

第十三条 县级中医药主管部门应当在发放《中医诊所备案证》之日起二十日内将辖区内备案的中医诊所信息在其政府网站公开,便于社会查询、监督,并及时向上一级中医药主管部门报送本辖区内中医诊所备案信息。上一级中医药主管部门应当进行核查,发现不符合本办法规定的备案事项,应当在三十日内予以纠正。

第三章 监督管理

第十四条 县级以上地方中医药主管部门应当加强对中医诊所依法执业、医疗质量和医疗安全、诊所管理等情况的监督管理。

第十五条 县级中医药主管部门应当自中医诊所备案之日起三十日内,对备案的中医诊所进行现场核查,对相关材料进行核实,并定期开展现场监督检查。

第十六条 有下列情形之一的,中医诊所应当向所在地县级中医药主管部门报告,县级中医药主管部门应当注销备案并及时向社会公告:

(一)中医诊所停止执业活动超过一年的;

(二)中医诊所主要负责人被吊销执业证书或者被追究刑事责任的;

(三)举办中医诊所的法人或者其他组织依法终止的;

(四)中医诊所自愿终止执业活动的。

第十七条 县级中医药主管部门应当定期组织中医诊所负责人学习卫生法律法规和医疗机构感染防控、传染病防治等知识,促进中医诊所依法执业;定期组织执业人员参加继续教育,提高其专业技术水平。

第十八条 县级中医药主管部门应当建立中医诊所不良执业行为记录制度,对违规操作、不合理收费、虚假宣传等进行记录,并作为对中医诊所进行监督管理的重要依据。

第四章 法律责任

第十九条 县级以上地方中医药主管部门未履行本办法规定的职责,对符合备案条件但未及时发放备案证或者逾期未告知需要补正材料、未在规定时限内公开辖区内备案的中医诊所信息、未依法开展监督管理的,按照《中医药法》第五十三条的规定予以处理。

第二十条 违反本办法规定,未经县级中医药主管部门备案擅自执业的,由县级中医药主管部门责令改正,没收违法所得,并处三万元以下罚款,向社会公告相关信息;拒不改正的,责令其停止执业活动,其直接责任人员自处罚决定作出之日起五年内不得从事中医药相关活动。

第二十一条 提交虚假备案材料取得《中医诊所备案证》的,由县级中医药主管部门责令改正,没收违法所得,并处三万元以下罚款,向社会公告相关信息;拒不改正的,责令其停止执业活动并注销《中医诊所备案证》,其直接责任人员自处罚决定作出之日起五年内不得从事中医药相关活动。

第二十二条 违反本办法第十条规定,中医诊所擅自更改设置未经备案或者实际设置与取得的《中医诊所备案证》

记载事项不一致的，不得开展诊疗活动。擅自开展诊疗活动的，由县级中医药主管部门责令改正，给予警告，并处一万元以上三万元以下罚款；情节严重的，应当责令其停止执业活动，注销《中医诊所备案证》。

第二十三条 违反本办法第十一条规定，出卖、转让、出借《中医诊所备案证》的，由县级中医药主管部门责令改正，给予警告，可以并处一万元以上三万元以下罚款；情节严重的，应当责令其停止执业活动，注销《中医诊所备案证》。

第二十四条 中医诊所超出备案范围开展医疗活动的，由所在地县级中医药主管部门责令改正，没收违法所得，并处一万元以上三万元以下罚款。有下列情形之一的，应当责令其停止执业活动，注销《中医诊所备案证》，其直接负责的主管人员自处罚决定作出之日起五年内不得在医疗机构内从事管理工作：

（一）因超出备案范围开展医疗活动曾受过行政处罚的；

（二）超出备案范围从事医疗活动给患者造成伤害的；

（三）违反本办法规定造成其他严重后果的。

第五章 附 则

第二十五条 本办法未规定的中医诊所管理要求，按照有关法律法规和国家医疗机构管理的相关规定执行。

第二十六条 《中医诊所备案信息表》和《中医诊所备案证》格式由国家中医药管理局统一规定。

第二十七条 本办法施行前已经设置的中医诊所，符合本办法规定备案条件的，在《医疗机构执业许可证》有效期到期之前，可以按照《医疗机构管理条例》的要求管理，也可以按照备案要求管理；不符合备案条件的其他诊所仍然按照《医疗机构管理条例》的要求实行审批管理。

第二十八条 本办法规定的期限以工作日计算。

第二十九条 本办法自 2017 年 12 月 1 日起施行。

医疗机构临床实验室管理办法

1. 2006 年 2 月 27 日卫生部发布

2. 根据 2020 年 7 月 10 日《国家卫生健康委办公厅关于修订〈医疗机构临床实验室管理办法〉有关内容的通知》（国卫办医函〔2020〕560 号）修订

第一章 总 则

第一条 为加强对医疗机构临床实验室的管理，提高临床检验水平，保证医疗质量和医疗安全，根据《执业医师法》、《医疗机构管理条例》和《病原微生物实验室生物安全管理条例》等有关法律、法规制定本办法。

第二条 本办法所称医疗机构临床实验室是指对取自人体的各种标本进行生物学、微生物学、免疫学、化学、血液免疫学、血液学、生物物理学、细胞学等检验，并为临床提供医学检验服务的实验室。

第三条 开展临床检验工作的医疗机构适用本办法。

第四条 卫生部负责全国医疗机构临床实验室的监督管理工作。

县级以上地方卫生行政部门负责辖区内医疗机构临床实验室的监督管理工作。

第五条 医疗机构应当加强临床实验室建设和管理,规范临床实验室执业行为,保证临床实验室按照安全、准确、及时、有效、经济、便民和保护患者隐私的原则开展临床检验工作。

第二章 医疗机构临床实验室管理的一般规定

第六条 卫生行政部门在核准医疗机构的医学检验科诊疗科目登记时,应当明确医学检验科下设专业。

医疗机构应当按照卫生行政部门核准登记的医学检验科下设专业诊疗科目设定临床检验项目,提供临床检验服务。新增医学检验科下设专业或超出已登记的专业范围开展临床检验项目,应当按照《医疗机构管理条例》的有关规定办理变更登记手续。

第七条 医疗机构临床实验室提供的临床检验服务应当满足临床工作的需要。

第八条 医疗机构应当保证临床检验工作客观、公正,不受任何部门、经济利益等影响。

第九条 医疗机构临床实验室应当集中设置,统一管理,资源共享。

第十条 医疗机构应当保证临床实验室具备与其临床检验工作相适应的专业技术人员、场所、设施、设备等条件。

第十一条 医疗机构临床实验室应当建立健全并严格执行各项规章制度,严格遵守相关技术规范和标准,保证临床检验质量。

第十二条 医疗机构临床实验室专业技术人员应当具有相应的专业学历,并取得相应专业技术职务任职资格。

二级以上医疗机构临床实验室负责人应当经过省级以上卫生行政部门组织的相关培训。

第十三条 医疗机构临床实验室应当有专(兼)职人员负责临床检验质量和临床实验室安全管理。

第十四条 医疗机构临床实验室应当按照卫生部规定的临床检验项目和临床检验方法开展临床检验工作。

医疗机构不得使用卫生部公布的停止临床应用的临床检验项目和临床检验方法开展临床检验工作。

临床检验项目和停止临床应用的临床检验项目由卫生部另行公布。

卫生部定期发布新的临床检验项目和临床检验方法。

第十五条 医疗机构临床实验室应当有分析前质量保证措施,制定患者准备、标本采集、标本储存、标本运送、标本接收等标准操作规程,并由医疗机构组织实施。

第十六条 医疗机构临床实验室应当建立临床检验报告发放制度,保证临床检验报告的准确、及时和信息完整,保护患者隐私。

第十七条 临床检验报告内容应当包括:

(一)实验室名称、患者姓名、性别、年龄、住院病历或者门诊病历号。

(二)检验项目、检验结果和单位、参考范围、异常结果提示。

（三）操作者姓名、审核者姓名、标本接收时间、报告时间。

（四）其他需要报告的内容。

第十八条 临床检验报告应当使用中文或者国际通用的、规范的缩写。保存期限按照有关规定执行。

第十九条 诊断性临床检验报告应当由执业医师出具。

乡、民族乡、镇的医疗机构临床实验室诊断性临床检验报告可以由执业助理医师出具。

第二十条 医疗机构临床实验室应当提供临床检验结果的解释和咨询服务。

第二十一条 非临床实验室不得向临床出具临床检验报告，不得收取相应检验费用。

第三章 医疗机构临床实验室质量管理

第二十二条 医疗机构应当加强临床实验室质量控制和管理。

医疗机构临床实验室应当制定并严格执行临床检验项目标准操作规程和检验仪器的标准操作、维护规程。

第二十三条 医疗机构临床实验室使用的仪器、试剂和耗材应当符合国家有关规定。

第二十四条 医疗机构临床实验室应当保证检测系统的完整性和有效性，对需要校准的检验仪器、检验项目和对临床检验结果有影响的辅助设备定期进行校准。

第二十五条 医疗机构临床实验室应当对开展的临床检验项目进行室内质量控制，绘制质量控制图。出现质量失控现象时，应当及时查找原因，采取纠正措施，并详细记录。

第二十六条 医疗机构临床实验室室内质量控制主要包括质控品的选择，质控品的数量，质控频度，质控方法，失控的判断规则，失控时原因分析及处理措施，质控数据管理要求等。

第二十七条 医疗机构临床实验室定量测定项目的室内质量控制标准按照《临床实验室定量测定室内质量控制指南》（GB/ 20032302 - T - 361）执行。

第二十八条 医疗机构临床实验室应当参加室间质量评价机构组织的临床检验室间质量评价。

第二十九条 医疗机构临床实验室参加室间质量评价应当按照常规临床检验方法与临床检验标本同时进行，不得另选检测系统，保证检验结果的真实性。医疗机构临床实验室对于室间质量评价不合格的项目，应当及时查找原因，采取纠正措施。

医疗机构应当对床旁临床检验项目与临床实验室相同临床检验项目常规临床检验方法进行比对。

第三十条 医疗机构临床实验室应当将尚未开展室间质量评价的临床检验项目与其他临床实验室的同类项目进行比对，或者用其他方法验证其结果的可靠性。临床检验项目比对有困难时，医疗机构临床实验室应当对方法学进行评价，包括准确性、精密度、特异性、线性范围、稳定性、抗干扰性、参考范围等，并有质量保证措施。

第三十一条 医疗机构临床实验室室间质量评价标准按照《临床实验室室间质量评价要求》（GB/ 20032301 - T - 361）执行。

第三十二条 医疗机构临床实验室应当建立质量管理记录，包括标本接收、标本储存、标本处理、仪器和试剂及耗材使用情况、校准、室内质控、室间质评、检验结果、报告发放等内容。质量管理记录保存期限至少为2年。

第四章 医疗机构临床实验室安全管理

第三十三条 医疗机构应当加强临床实验室生物安全管理。

医疗机构临床实验室生物安全管理要严格执行《病原微生物实验室生物安全管理条例》等有关规定。

第三十四条 医疗机构临床实验室应当建立并严格遵守生物安全管理制度与安全操作规程。

第三十五条 医疗机构应当对临床实验室工作人员进行上岗前安全教育，并每年进行生物安全防护知识培训。

第三十六条 医疗机构临床实验室应当按照有关规定，根据生物危害风险，保证生物安全防护水平达到相应的生物安全防护级别。

第三十七条 医疗机构临床实验室的建筑设计应当符合有关标准，并与其生物安全防护级别相适应。

第三十八条 医疗机构临床实验室应当按照生物防护级别配备必要的安全设备和个人防护用品，保证实验室工作人员能够正确使用。

第三十九条 医疗机构病原微生物样本的采集、运输、储存严格按照《病原微生物实验室生物安全管理条例》等有关规定执行。

第四十条 医疗机构临床实验室应当严格管理实验标本及实验所需的菌（毒）种，对于高致病性病原微生物，应当按照《病原微生物实验室生物安全管理条例》规定，送至相应级别的生物安全实验室进行检验。

第四十一条 医疗机构临床实验室应当按照卫生部有关规定加强医院感染预防与控制工作。

第四十二条 医疗机构临床实验室应当按照《医疗废物管理条例》和《医疗卫生机构医疗废物管理办法》相关规定妥善处理医疗废物。

第四十三条 医疗机构临床实验室应当制定生物安全事故和危险品、危险设施等意外事故的预防措施和应急预案。

第五章 监督管理

第四十四条 医疗机构应当加强对临床实验室的日常管理。

第四十五条 医疗机构有下列情形之一的，由县级以上地方卫生行政部门按照《医疗机构管理条例》相关规定予以处罚：

（一）未按照核准登记的医学检验科下设专业诊疗科目开展临床检验工作；

（二）未按照相关规定擅自新增医学检验科下设专业；

（三）超出已登记的专业范围开展临床检验工作。

第四十六条 县级以上卫生行政部门应当对辖区内医疗机构临床实验室的管理、质量与安全等情况进行监督检查，发现存在质量问题或者安全隐患时，应当责令医疗机构立即整改。

第四十七条　县级以上卫生行政部门接到对医疗机构临床实验室的举报、投诉后，应当及时核查并依法处理。

第四十八条　县级以上卫生行政部门履行监督检查职责时，有权采取下列措施：

（一）对医疗机构临床实验室进行现场检查，了解情况，调查取证；

（二）查阅或者复制临床实验室质量和安全管理的有关资料，采集、封存样品；

（三）责令违反本办法及有关规定的医疗机构临床实验室及其人员停止违法违规行为；

（四）对违反本办法及有关规定的行为进行查处。

第四十九条　卫生部可以委托卫生部临床检验中心等有关组织对医疗机构临床实验室的检验质量和安全管理进行检查与指导。省级卫生行政部门可以委托具有室间质量评价能力的省级临床检验中心或者有关其他组织对辖区内医疗机构临床实验室的检验质量和安全管理进行检查与指导。

受卫生行政部门委托的临床检验中心或者有关其他组织，在检查和指导中发现医疗机构临床实验室存在检验质量和安全管理问题时，应当及时向委托的卫生行政部门报告，并提出改进意见。

第五十条　医疗机构应当对卫生行政部门及其委托的临床检验中心或者其他组织开展的对临床实验室的检查和指导予以配合，不得拒绝和阻挠，不得提供虚假材料。

第五十一条　省级以上卫生行政部门应当及时将医疗机构临床实验室的质量、安全管理等情况进行通报或公告。

省级卫生行政部门应当将上一年度对辖区内医疗机构临床实验室的质量、安全管理通报或公告情况，于每年3月31日前报卫生部。

第五十二条　室间质量评价机构应当定期将医疗机构临床实验室室间质量评价情况，向卫生部和为该医疗机构核发《医疗机构执业许可证》的卫生行政部门报告。

第六章　附　　则

第五十三条　本办法中下列用语的含义：

室间质量评价利用实验室间的比对确定实验室的检测能力。

实验室间比对按照预先规定的条件，由两个或多个实验室对相同或类似检测物品进行检测的组织、实施和评价。

室内质量控制实验室为了监测和评价本室工作质量，决定常规检验报告能否发出所采取的一系列检查、控制手段，旨在检测和控制本室常规工作的精密度，并检测其准确度的改变，提高本室常规工作中批间和日间标本检测的一致性。

质量控制图对过程质量加以测定、记录，从而进行评估并监查过程是否处于控制状态的一种统计方法设计的图，图上有中心线、上控制界限和下控制界限，并有按时间顺序抽取的样本统计量值的描点序列。

第五十四条　特殊临床检验项目的管理

由卫生部另行规定。

第五十五条 本办法由卫生部负责解释。

第五十六条 本办法自2006年6月1日起施行。

医疗机构依法执业自查管理办法

1. 2020年9月8日国家卫生健康委员会、国家中医药管理局发布

2. 国卫监督发〔2020〕18号

第一章 总 则

第一条 为全面推进医疗卫生行业综合监管制度，落实医疗机构依法执业自我管理主体责任，规范医疗机构执业行为，依据卫生健康相关法律法规规章，制定本办法。

第二条 各级各类医疗机构开展依法执业自查应当遵守本办法。

第三条 本办法所称的医疗机构依法执业自查，是指医疗机构对本机构及其人员执业活动中遵守医疗卫生法律法规规章情况进行检查，并对发现的违法违规执业问题进行整改的自我管理活动。

第四条 国务院卫生健康行政部门（含中医药主管部门，下同）负责全国医疗机构依法执业自查工作的管理。

县级以上地方卫生健康行政部门负责辖区内医疗机构依法执业自查工作的管理。

行业协会应当加强行业自律，督促指导医疗机构开展依法执业自查工作。

第五条 医疗机构依法执业自查工作坚持政府指导、机构负责、全员参与、奖惩并重的原则。

第六条 各地应当积极利用信息化手段开展医疗机构依法执业自查工作。

第二章 自查内容与要求

第七条 医疗机构对本机构依法执业承担主体责任，其法定代表人或主要负责人是第一责任人。

第八条 医疗机构应当建立本机构依法执业自查工作制度，组织开展依法执业自查，制止、纠正、报告违法执业行为。

医疗机构应当加强依法执业风险管理，完善风险识别、评估和防控措施，及时消除隐患。

第九条 二级及以上医疗机构应当明确依法执业管理部门，配备专职依法执业管理人员，负责本机构依法执业的日常管理工作。其他职能部门、临床科室以及药学、护理、医技等业务部门主要负责人是本部门依法执业管理的第一责任人，负责本部门依法执业日常管理与自查，记录并向本机构依法执业管理部门报告自查情况。

其他医疗机构配备专职或兼职依法执业管理人员，负责本机构依法执业日常管理与自查工作。

医务人员对本人依法执业行为负责。

第十条 医疗机构依法执业管理部门以及依法执业管理人员履行下列职责：

（一）组织或者参与拟订本机构依法执业自查工作制度和年度计划；

（二）组织或者参与本机构依法执

业教育和培训；

（三）组织开展本机构全面自查、专项自查活动；

（四）对本机构各部门落实依法执业自查情况进行检查；

（五）对本机构依法执业情况进行风险评估；

（六）制止、纠正、报告本机构违法执业行为；

（七）督促落实本机构依法执业整改措施；

（八）编制本机构依法执业自查年度总结，定期公开依法执业自查整改情况；

（九）对本机构自查发现的依法执业问题提出奖惩意见。

第十一条　医疗机构法定代表人、主要负责人、依法执业管理部门负责人以及依法执业管理人员应当参加依法执业培训。

医疗机构应当主动收集依法执业相关法律、法规、规章及规范标准，纳入医务人员继续医学教育内容和新入职人员岗前培训内容。

第十二条　医疗机构依法执业自查主要包括以下内容：

（一）医疗机构资质、执业及保障管理；

（二）医务人员资质及执业管理；

（三）药品和医疗器械、临床用血管理；

（四）医疗技术临床应用与临床研究；

（五）医疗质量管理；

（六）传染病防治；

（七）母婴保健与计划生育技术服务（含人类辅助生殖技术和人类精子库）；

（八）放射诊疗、职业健康检查、职业病诊断；

（九）精神卫生服务；

（十）中医药服务；

（十一）医疗文书管理；

（十二）法律法规规章规定医疗机构应当履行的职责和遵守的其他要求。

省级卫生健康行政部门可以结合辖区实际情况，适当调整医疗机构依法执业自查内容。

医疗机构可以根据医疗服务范围，合理确定本机构依法执业自查内容。

第十三条　医疗机构依法执业自查可以分为全面自查、专项自查和日常自查。

全面自查是指医疗机构对本机构依法执业自查工作情况进行的整体检查。每年至少开展一次全面自查。

专项自查是指医疗机构根据依法执业风险隐患情况、医疗纠纷或者相关部门要求等开展的针对性检查。

日常自查是指医疗机构各部门（包括依法执业管理部门）在各自职责范围内自主开展的依法执业检查。每季度至少开展一次日常自查。

省级卫生健康行政部门可以根据地方实际，适当调整医疗机构依法执业自查频次。

第十四条　社区卫生服务中心，乡镇、街道卫生院等医疗机构应当对所管理的社区卫生服务站、村卫生室依法执业自查情况进行定期指导。

第十五条　医疗机构在自查中发现存在

依法执业隐患的，应当立即整改，坚决消除隐患。

第十六条 医疗机构在自查中发现违法执业行为，应当立即整改，并将整改报告留存备查。不能立即整改的，医疗机构依法执业管理部门应当制定整改计划，明确责任，确定整改时间表，督促落实，做好整改报告留存备查。

医疗机构在自查中发现重大违法执业行为，应当立即报告所在地卫生健康行政部门。

第十七条 医疗机构应当认真总结依法执业自查工作情况，在每年1月31日前形成本机构上一年度依法执业自查总结留存备查。依法执业自查年度总结应当包括以下内容：

（一）依法执业自查制度建立情况；

（二）机构负责人及医务人员接受依法执业培训情况；

（三）本机构年度依法执业自查落实情况；

（四）本机构开展传染病防治分类监督综合评价情况；

（五）年度接受依法执业监督检查及行政处罚情况；

（六）依法执业及自查工作存在的主要问题及改进情况；

（七）上一年度存在问题改进情况和医疗机构不良执业行为记分情况。

第十八条 医疗机构依法执业自查实行信用承诺制度。医疗机构对照依法执业自查要求，在院内醒目位置长期公示由其法定代表人或主要负责人签署的《医疗机构依法执业承诺书》，自觉接受社会监督。

《医疗机构依法执业承诺书》具体样式由各省、自治区、直辖市卫生健康行政部门制定。

第十九条 医疗机构应当建立依法执业自查内部公示制度，定期公示自查工作情况，接受职工监督。

公示内容包括本机构依法执业自查年度计划、年度总结、各科室自查情况、奖惩情况等。公示持续时间不得少于5个工作日。

第二十条 医疗机构应当建立依法执业奖惩机制。对按要求开展依法执业自查、如实报告自查结果、发现问题及时整改的部门及人员，予以奖励；对未按要求开展依法执业自查、发现问题未及时整改到位、自查工作中弄虚作假的部门和人员，从严处理。

第三章 自查管理与结果运用

第二十一条 地方各级卫生健康行政部门应当充分发挥行业组织作用，对辖区医疗机构依法执业自查情况进行监测评价指导。

第二十二条 医疗机构所在地卫生健康行政部门应当通过现场核查、书面核查、在线核查自查年度总结等方式，定期检查辖区医疗机构自查工作开展情况，并可作为对医疗机构进行监督检查的方式。具体核查方式由各地根据实际确定。

核查发现未按要求认真开展依法执业自查整改的医疗机构，医疗机构所在地卫生健康行政部门要将有关情况通报核发其《医疗机构执业许可证》的行政部门。

第二十三条 地方各级卫生健康行政部

门应当将医疗机构依法执业自我管理情况纳入医疗机构定级、评审、评价、考核(包括绩效考核)的指标体系,并作为行业评先评优的重要参考。

第二十四条 地方各级卫生健康行政部门开展医疗机构校验时,应当将开展依法执业自查工作情况作为重要依据。

第二十五条 地方各级卫生健康行政部门应当将医疗机构开展依法执业自查情况、行业组织监测评价情况、行政部门核查情况作为确定“双随机”抽查频次的重要依据。

对按照本办法要求开展依法执业自查,发现问题及时整改到位的,可以适当降低抽查频次。对未按照本办法要求开展依法执业自查、报告自查情况的,可以提高抽查频次,加大检查力度。

第二十六条 地方各级卫生健康行政部门可以结合医疗机构自查总结反映的违法执业突出问题,组织开展针对性的专项检查活动。

第二十七条 地方各级卫生健康行政部门检查中发现医疗机构存在违法执业行为,有下列情形之一的,可以依据《行政处罚法》规定从轻或者减轻行政处罚:

(一)自查工作中已发现该违法执业行为,并立即整改到位的;

(二)自查工作中已发现该违法执业行为,已制定整改计划,并正在按计划整改的。

违法行为轻微并及时纠正,没有造成危害后果的,不予行政处罚。

第二十八条 地方各级卫生健康行政部门检查中发现医疗机构有下列情形之一的,应当作为医疗机构不良执业行为记分;发现存在违法执业行为的,可以在法律法规规章规定处罚幅度内从重行政处罚:

(一)未建立依法执业自查制度,或者未按照本办法开展依法执业自查工作的;

(二)自查工作弄虚作假,应当发现而未发现违法执业行为的;

(三)自查中发现违法执业行为,未按本办法第十六条要求进行整改的;

(四)自查中发现重大违法执业行为,未及时报告所在地卫生健康行政部门的。

第二十九条 医疗机构依法执业自查承诺信息将作为医疗机构及其医务人员信用信息归集的重要内容。

第四章 附 则

第三十条 符合下列情形之一的,属于本办法所称“重大违法行为”:

(一)已经造成或者可能造成传染病传播、流行的违法行为;

(二)已经造成或者可能造成群体性健康风险或隐患的违法行为;

(三)已经引起或者可能引起重大社会舆论或者社会稳定风险的违法行为。

第三十一条 各省、自治区、直辖市卫生健康行政部门可根据本办法,制定本地区医疗机构自查实施办法。

第三十二条 本办法由国家卫生健康委负责解释。

第三十三条 本办法自发布之日起施行。

医疗卫生机构信息公开管理办法

1. 2021年12月29日国家卫生健康委、国家中医药局、国家疾控局发布
2. 国卫办发〔2021〕43号

第一章 总 则

第一条 为规范医疗卫生机构的信息公开工作,提高医疗卫生服务水平,方便公民、法人和其他社会组织获得医疗卫生机构的服务信息,根据《中华人民共和国政府信息公开条例》以及国务院办公厅《关于公共企事业单位信息公开制定办法》规定,制定本办法。

第二条 本办法适用于医疗卫生机构,包括基层医疗卫生机构、医院和专业公共卫生机构。

第三条 本办法所称的信息是指,医疗卫生机构在提供社会公共服务过程中制作或者获取的,以一定形式记录、保存的信息。

第四条 医疗卫生机构公开信息应当坚持合法合规、真实准确、便民实用、及时主动的原则。

第五条 国家卫生健康委、国家中医药局、国家疾控局政府信息公开主管部门牵头负责全国医疗卫生机构的信息公开监督管理工作。国家卫生健康委、国家中医药局、国家疾控局各业务主管部门负责指导相关领域医疗卫生机构的信息公开工作。

县级以上地方人民政府卫生健康、中医药、疾控主管部门负责本行政辖区医疗卫生机构信息公开监督管理工作。

医疗卫生行业组织应当在医疗卫生机构信息公开工作方面发挥监督、评价的积极作用。

第二章 信息公开的范围和方式

第六条 医疗卫生机构根据本机构特点和自身实际服务情况,有以下信息的应当主动公开:

(一)机构基本概况、公共服务职能;

(二)机构科室分布、人员标识、标识导引;

(三)机构的服务内容、重点学科及医疗技术准入、服务流程及须知等;

(四)涉及公共卫生、疾病应急处置相关服务流程信息;

(五)医保、价格、收费等服务信息;

(六)健康科普宣传教育相关信息;

(七)招标采购信息;

(八)行风廉政建设情况;

(九)咨询及投诉方式;

(十)其他法律、法规、规章等规定的应当主动公开的内容。

第七条 医疗卫生机构不得公开下列信息:

(一)涉及国家秘密的;

(二)涉及商业秘密的;

(三)涉及自然人个人信息保护的;

(四)公开后可能危及国家安全、公共安全、经济安全、执业安全、社会稳定及正常医疗秩序的;

（五）违反《中华人民共和国广告法》等法律法规规定或涉嫌夸大、虚假宣传等内容的；

（六）法律、法规、规章等规定的不予公开的信息。

第八条　医疗卫生机构内部管理等相关信息，可不予公开。法律、法规、规章另有规定的，从其规定。

第九条　国家卫生健康委会同国家中医药局、国家疾控局根据本办法规定，另行制定医疗卫生机构信息公开基本目录，并根据实际情况更新调整。医疗卫生机构可根据自身工作需要，制定本机构信息公开目录。

第十条　本办法的信息公开基本目录分为资质类和服务类两类信息：

资质类信息是指，法律、法规、规章明确规定的或政府部门指定的，带有强制性公开的医疗和公共卫生服务信息，以及通过许可、审批、备案、评审等取得的相关资质信息；

服务类信息是指，医疗卫生机构提供公共服务过程中，公众需要或关注的服务信息。

第十一条　医疗卫生机构的信息公开采取主动公开为主、提供咨询服务为辅的方式。

第十二条　医疗卫生机构可以结合已有条件，采取现场咨询、网站交流平台、热线电话、移动客户端等方便交流的途径，及时提供人性化咨询服务，满足社会公众信息需求。

医疗卫生机构信息公开工作应当接受社会公众的监督，发生争议时，应当做好解释沟通工作。

第十三条　医疗卫生机构应当根据实际情况将主动公开的信息通过下列一种或多种方式予以公开：

（一）办公和服务场所的公开栏、公告牌、电子显示屏、触摸屏；

（二）咨询台、服务台；

（三）人员岗位标识；

（四）各级政府门户网站或本机构门户网站；

（五）互联网交流平台、公众号、移动客户终端；

（六）服务手册、便民卡片、信息须知；

（七）咨询服务电话；

（八）其他便于公众知晓的方式。

第十四条　公民、法人或者其他组织通过医疗卫生机构设置的咨询窗口获取医疗服务信息，医疗卫生机构提供复制、复印等服务的可以收费，收费标准依照有关规定执行。

第三章　信息公开责任

第十五条　法人组织的法定代表人或者非法人组织的主要负责人是信息公开第一责任人，负责监督、管理本医疗卫生机构的信息公开工作。

第十六条　医疗卫生机构应当建立健全信息公开工作制度，对本机构公开信息的范围形式、审核发布、管理维护、咨询回应等工作作出规定。

医疗卫生机构应当明确管理部门或专门人员负责本机构的信息公开工作。

第十七条　医疗卫生机构应当依照《中华人民共和国保守国家秘密法》《中华人民共和国个人信息保护法》和其他国家保密法律法规等规定对拟公开的信息进行保密审查。

第十八条 主动公开信息内容发生变化的，医疗卫生机构应当自该信息形成或者变更之日起 20 个工作日内予以调整。

法律、法规、规章对更新期限另有规定的，从其规定。

第十九条 医疗卫生机构应当定期向其主管部门报告本机构信息公开工作。

第四章 监督管理

第二十条 县级以上地方人民政府卫生健康、中医药、疾控主管部门应当建立健全信息公开工作监督考核制度，定期对本辖区内医疗卫生机构信息公开工作进行考核、评议。

第二十一条 县级以上地方人民政府卫生健康、中医药、疾控主管部门应当对医疗卫生机构的信息公开工作进行宣传培训。

第二十二条 医疗卫生机构未按照本办法开展信息公开工作的，公民、法人和其他社会组织可以向县级以上地方人民政府卫生健康、中医药、疾控主管部门申诉，接受申诉的部门应当及时调查处理并将处理结果告知申诉人。

经调查属实的，医疗卫生机构应当及时作出整改。

第二十三条 医疗卫生机构违反本办法规定，由县级以上地方人民政府卫生健康、中医药、疾控主管部门根据情节采用约谈等方式督促整改，相关情况纳入医疗卫生机构监督管理与业务考核记录。情节严重或造成严重后果的，由县级以上地方人民政府卫生健康、中医药、疾控主管部门依据相关法律法规作出处理。

以信息公开名义变相违法发布医疗广告或进行夸大、虚假宣传的，由相关职能部门依照《中华人民共和国广告法》等法律法规给予处罚。

法律、法规、规章另有规定的，从其规定。

第五章 附 则

第二十四条 县级以上地方人民政府卫生健康、中医药、疾控主管部门可根据本办法的规定，参考基本目录，并结合实际工作情况，制定具体实施细则。

第二十五条 本办法自 2022 年 2 月 1 日起施行。

医疗机构检查检验结果互认管理办法

1. *2022 年 2 月 14 日国家卫生健康委、国家医保局、国家中医药局、中央军委后勤保障部卫生局发布*
2. *国卫医发〔2022〕6 号*

第一章 总 则

第一条 为进一步提高医疗资源利用率，减轻人民群众就医负担，保障医疗质量和安全，根据《中华人民共和国基本医疗卫生与健康促进法》《中华人民共和国医师法》《医疗机构管理条例》《医疗保障基金使用监督管理条例》《医疗质量管理办法》《医疗机构临床实验室管理办法》等有关法律法规规定，制定本办法。

第二条 本办法所称检查结果，是指通过超声、X 线、核磁共振成像、电生理、核医学等手段对人体进行检查，所得到的图像或数据信息；所称检验结果，是指对来自人体的材料进行生物学、微生物学、免疫学、化学、血液免疫学、血液学、生物物理学、细胞学等检验，所得到的数据信息。检查检验结果不包括医师出具的诊断结论。

第三条 本办法适用于各级各类医疗机构。

第四条 医疗机构应当按照“以保障质量安全为底线，以质量控制合格为前提，以降低患者负担为导向，以满足诊疗需求为根本，以接诊医师判断为标准”的原则，开展检查检验结果互认工作。

第二章 组织管理

第五条 国家卫生健康委负责全国医疗机构检查检验结果互认管理工作。国家医保局在职责范围内推进全国医疗机构检查检验结果互认支持工作。各地卫生健康行政部门负责本行政区域内医疗机构检查检验结果互认管理工作。各地医疗保障主管部门在职责范围内推进本行政区域内医疗机构检查检验结果互认支持工作。国家中医药局和军队卫生主管部门分别在职责范围内负责中医和军队医疗机构检查检验结果互认管理工作。

第六条 各地卫生健康行政部门应当加强对辖区内医疗机构的组织管理，指导医疗机构及其医务人员规范开展检查检验结果互认工作，按照全民健康信息平台建设功能指引要求，加强区域平台建设，推动辖区医疗机构检查检验结果的互通共享。

第七条 各地卫生健康行政部门根据《医疗质量管理办法》组建或者指定的各级、各专业医疗质量控制组织（以下简称质控组织）应当在同级卫生健康行政部门的指导下，制订完善本级检查检验项目质量评价指标和质量管理要求。各级质控组织应当加强本地区本专业检查检验项目的质量管理，定期规范开展质量评价工作，推动本地区医疗机构提升检查检验质量。

第八条 医疗机构应当按照医院信息化建设标准与规范要求，加强以电子病历为核心的医院信息平台建设。建立健全本机构内的互认工作管理制度，加强人员培训，规范工作流程，为有关医务人员开展互认工作提供必要的设备设施及保障措施。

第九条 医联体牵头医院应当推进医联体内数据信息的互联互通，加强检查检验的质量控制，提升检查检验的同质化水平，实现检查检验结果的互认共享。

第十条 医务人员应当遵守行业规范，恪守医德，合理诊疗，努力提高专业水平和服务质量，对符合条件的检查检验结果能认尽认。

第三章 互认规则

第十一条 拟开展互认工作的检查检验项目应当具备较好的稳定性，具有统一的技术标准，便于开展质量评价。

第十二条 满足国家级质量评价指标，并参加国家级质量评价合格的检查检验项目，互认范围为全国。满足地方质量评价指标，并参加地方质控组织质量评价合格的检查检验项目，互认范围为该质控组织所对应的地区。不同地区通过签署协议，共同开展检查检验互认工作的，应当由有关地区卫生健康行政部门共同组建或者指定质控组织开展相关工作。参加相关质量评价并合格的，互认范围为协议地区。

第十三条 医疗机构检查检验结果互认标志统一为HR。检查检验项目参加各级质控组织开展的质量评价并合格的，医疗机构应当标注其相应的互认范围+互认标识。如："全国HR""京津冀HR""北京市西城区HR"等。未按要求参加质量评价或质量评价不合格的检查检验项目，不得标注。

第十四条 省级卫生健康行政部门应当指导辖区医疗机构统一检查检验结果报告单样式，对于检验结果应当注明所使用的检测方法及参考区间。鼓励医疗机构将在同一区域范围内互认的检查检验结果在一份报告单中出具，并在报告单上统一标注相应互认区域范围和互认标识。

第十五条 各地卫生健康行政部门应当指导同级质控组织定期梳理辖区医疗机构互认项目清单，并按有关规定加强公示公开，便于医疗机构和社会公众查询了解。

第十六条 医疗机构及其医务人员应当在不影响疾病诊疗的前提下，对标有全国或本机构所在地区互认标识的检查检验结果予以互认。鼓励医务人员结合临床实际，在不影响疾病诊疗的前提下，对其他检查检验结果予以互认。

第十七条 对于患者提供的已有检查检验结果符合互认条件、满足诊疗需要的，医疗机构及其医务人员不得重复进行检查检验。

第十八条 医务人员应当根据患者病情开具检查检验医嘱。对于符合互认条件的检查检验项目，不得以与其他项目打包等形式再次收取相关费用。

第十九条 出现以下情况，医疗机构及其医务人员可以对相关项目进行重新检查：

（一）因病情变化，检查检验结果与患者临床表现、疾病诊断不符，难以满足临床诊疗需求的；

（二）检查检验结果在疾病发展演变过程中变化较快的；

（三）检查检验项目对于疾病诊疗意义重大的（如手术、输血等重大医疗措施前）；

（四）患者处于急诊、急救等紧急状态下的；

（五）涉及司法、伤残及病退等鉴定的；

（六）其他情形确需复查的。

第二十条 有条件的医疗机构可以开设检查检验门诊，由医学影像和放射治疗专业或医学检验、病理专业执业医师出诊，独立提供疾病诊断报告服务。

第二十一条 医疗机构及其医务人员应当加强医患沟通，对于检查检验项目未予互认的，应当做好解释说明，充分告知复检的目的及必要性等。

第四章 质量控制

第二十二条 医疗机构开展检查检验所使用的仪器设备、试剂耗材等应当符合有关要求，并按规定对仪器设备进行检定、检测、校准、稳定性测量和保养。

第二十三条 医疗机构应当加强检查检验科室的质量管理，建立健全质量管理体系，并将质量管理情况作为科室负责人综合目标考核的重要指标。

第二十四条 医疗机构应当规范开展室内质量控制，并按照有关要求向卫生健康行政部门或者质控组织及时、准确报送本机构室内质量控制情况等相关质量安全信息。

第二十五条 医疗机构应当按照有关规定参加质控组织开展的质量评价。已标注互认标识的检查检验项目参加相应质量评价的频次不得少于半年一次。

第二十六条 各地卫生健康行政部门及其委托的质控组织应当按照有关规定，定期对辖区医疗机构的检查检验质量情况进行抽查。抽查工作应当以"双随机一公开"的方式组织开展。

第五章 支持保障

第二十七条 各地卫生健康行政部门应当加强辖区检查检验能力建设，定期组织开展人员培训、现场检查、结果监控等工作。

第二十八条

(一)检查检验结果即可满足诊疗需要的，医疗机构按门(急)诊诊查收取相应的诊查费，不额外收费。

(二)检查检验结果符合互认要求，但确需相应检查检验科室共同参与方可完成检查检验结果互认工作的，可在收取诊查费的基础上参照本院执行的价格政策加收院内会诊费用。

(三)检查检验结果符合互认条件，但属于本办法第十九条所规定情形，无法起到辅助诊断作用，确需重新检查的，收取实际发生的医疗服务费用。

第二十九条 各级医疗保障部门应当积极推进支付方式改革，引导医疗机构主动控制成本，加强医疗服务行为的纵向分析与横向比较，强化医保基金使用绩效评价与考核机制。同时，合理确定医保基金预算总额，不因检查检验结果互认调减区域总额预算和单个医疗机构预算总额。

第三十条 有条件的医疗机构可以将医务人员开展检查检验结果互认工作的情况纳入本机构绩效分配考核机制。

第三十一条 鼓励各级医疗保障经办机构将医疗机构开展检查检验结果互认工作的情况作为医保定点机构评定标准。

第六章 监督管理

第三十二条 各地卫生健康行政部门有权通过查阅、记录等方式对辖区内医疗机构开展互认工作的情况进行监督检查，医疗机构不得拒绝、阻碍或者隐瞒有关情况。

第三十三条 各地卫生健康行政部门应当定期开展工作考核，对于违反有关规定的医疗机构及其医务人员依法依规追究相关责任。

第三十四条 各地卫生健康行政部门应当充分运用信息化手段，对医疗机构检查检验结果互认和资料共享情况进行实时监测，对问题突出的医疗机构提出改进要求。

第三十五条 对于因检查检验结果互认

而产生纠纷的，各责任主体依法依规承担相应责任。

第三十六条 伪造、变造、隐匿、涂改检查检验结果造成不良后果的，由违规主体依法依规承担相应责任。

第七章 附 则

第三十七条 本办法由国家卫生健康委会同国家医保局负责解释。

第三十八条 各省级卫生健康行政部门应当根据本办法，结合当地实际情况制定具体实施方案。鼓励有条件的地区，联合制定实施方案，推进检查检验结果跨省份互认。

第三十九条 本办法自2022年3月1日起施行。

2. 医 务 人 员

中华人民共和国医师法

1．2021年8月20日第十三届全国人民代表大会常务委员会第三十次会议通过

2．2021年8月20日中华人民共和国主席令第94号公布

3．自2022年3月1日起施行

目 录

第一章 总 则

第一条 【立法目的】为了保障医师合法权益，规范医师执业行为，加强医师队伍建设，保护人民健康，推进健康中国建设，制定本法。

第二条 【适用对象】本法所称医师，是指依法取得医师资格，经注册在医疗卫生机构中执业的专业医务人员，包括执业医师和执业助理医师。

第三条 【医师职责和地位】医师应当坚持人民至上、生命至上，发扬人道主义精神，弘扬敬佑生命、救死扶伤、甘于奉献、大爱无疆的崇高职业精神，恪守职业道德，遵守执业规范，提高执业水平，履行防病治病、保护人民健康的神圣职责。

医师依法执业，受法律保护。医师的人格尊严、人身安全不受侵犯。

第四条 【主管部门】国务院卫生健康主管部门负责全国的医师管理工作。国务院教育、人力资源社会保障、中医药等有关部门在各自职责范围内负责有关的医师管理工作。

县级以上地方人民政府卫生健康主管部门负责本行政区域内的医师管理工作。县级以上地方人民政府教育、人力资源社会保障、中医药等有关部门在各自职责范围内负责有关的医师管理工作。

第五条 【医师节】每年8月19日为中国医师节。

对在医疗卫生服务工作中做出突出贡献的医师，按照国家有关规定给予表彰、奖励。

全社会应当尊重医师。各级人民政府应当关心爱护医师，弘扬先进事迹,加强业务培训,支持开拓创新,帮助解决困难,推动在全社会广泛形成尊医重卫的良好氛围。

第六条 【职称评定、聘任标准】国家建立健全医师医学专业技术职称设置、评定和岗位聘任制度,将职业道德、专业实践能力和工作业绩作为重要条件,科学设置有关评定、聘任标准。

第七条 【医师协会】医师可以依法组织和参加医师协会等有关行业组织、专业学术团体。

医师协会等有关行业组织应当加强行业自律和医师执业规范,维护医师合法权益,协助卫生健康主管部门和其他有关部门开展相关工作。

第二章 考试和注册

第八条 【医师资格考试制度】国家实行医师资格考试制度。

医师资格考试分为执业医师资格考试和执业助理医师资格考试。医师资格考试由省级以上人民政府卫生健康主管部门组织实施。

医师资格考试的类别和具体办法,由国务院卫生健康主管部门制定。

第九条 【执业医师报考条件】具有下列条件之一的,可以参加执业医师资格考试:

(一)具有高等学校相关医学专业本科以上学历,在执业医师指导下,在医疗卫生机构中参加医学专业工作实践满一年;

(二)具有高等学校相关医学专业专科学历,取得执业助理医师执业证书后,在医疗卫生机构中执业满二年。

第十条 【执业助理医师报考条件】具有高等学校相关医学专业专科以上学历,在执业医师指导下,在医疗卫生机构中参加医学专业工作实践满一年的,可以参加执业助理医师资格考试。

第十一条 【中医医师报考条件】以师承方式学习中医满三年,或者经多年实践医术确有专长的,经县级以上人民政府卫生健康主管部门委托的中医药专业组织或者医疗卫生机构考核合格并推荐,可以参加中医医师资格考试。

以师承方式学习中医或者经多年实践,医术确有专长的,由至少二名中医医师推荐,经省级人民政府中医药主管部门组织实践技能和效果考核合格后,即可取得中医医师资格及相应的资格证书。

本条规定的相关考试、考核办法,由国务院中医药主管部门拟订,报国务院卫生健康主管部门审核、发布。

第十二条 【资格取得】医师资格考试成绩合格,取得执业医师资格或者执业助理医师资格,发给医师资格证书。

第十三条 【执业注册】国家实行医师执业注册制度。

取得医师资格的,可以向所在地县级以上地方人民政府卫生健康主管部门申请注册。医疗卫生机构可以为本机构中的申请人集体办理注册手续。

除有本法规定不予注册的情形外,卫生健康主管部门应当自受理申请之日起二十个工作日内准予注册,将注册信息录入国家信息平台,并发给医师执业证书。

未注册取得医师执业证书,不得从事医师执业活动。

医师执业注册管理的具体办法，由国务院卫生健康主管部门制定。

第十四条 【执业】医师经注册后，可以在医疗卫生机构中按照注册的执业地点、执业类别、执业范围执业，从事相应的医疗卫生服务。

中医、中西医结合医师可以在医疗机构中的中医科、中西医结合科或者其他临床科室按照注册的执业类别、执业范围执业。

医师经相关专业培训和考核合格，可以增加执业范围。法律、行政法规对医师从事特定范围执业活动的资质条件有规定的，从其规定。

经考试取得医师资格的中医医师按照国家有关规定，经培训和考核合格，在执业活动中可以采用与其专业相关的西医药技术方法。西医医师按照国家有关规定，经培训和考核合格，在执业活动中可以采用与其专业相关的中医药技术方法。

第十五条 【医师执业管理】医师在二个以上医疗卫生机构定期执业的，应当以一个医疗卫生机构为主，并按照国家有关规定办理相关手续。国家鼓励医师定期定点到县级以下医疗卫生机构，包括乡镇卫生院、村卫生室、社区卫生服务中心等，提供医疗卫生服务，主执业机构应当支持并提供便利。

卫生健康主管部门、医疗卫生机构应当加强对有关医师的监督管理，规范其执业行为，保证医疗卫生服务质量。

第十六条 【不予注册的情形】有下列情形之一的，不予注册：

（一）无民事行为能力或者限制民事行为能力；

（二）受刑事处罚，刑罚执行完毕不满二年或者被依法禁止从事医师职业的期限未满；

（三）被吊销医师执业证书不满二年；

（四）因医师定期考核不合格被注销注册不满一年；

（五）法律、行政法规规定不得从事医疗卫生服务的其他情形。

受理申请的卫生健康主管部门对不予注册的，应当自受理申请之日起二十个工作日内书面通知申请人和其所在医疗卫生机构，并说明理由。

第十七条 【注销注册】医师注册后有下列情形之一的，注销注册，废止医师执业证书：

（一）死亡；

（二）受刑事处罚；

（三）被吊销医师执业证书；

（四）医师定期考核不合格，暂停执业活动期满，再次考核仍不合格；

（五）中止医师执业活动满二年；

（六）法律、行政法规规定不得从事医疗卫生服务或者应当办理注销手续的其他情形。

有前款规定情形的，医师所在医疗卫生机构应当在三十日内报告准予注册的卫生健康主管部门；卫生健康主管部门依职权发现医师有前款规定情形的，应当及时通报准予注册的卫生健康主管部门。准予注册的卫生健康主管部门应当及时注销注册，废止医师执业证书。

第十八条 【变更注册】医师变更执业地点、执业类别、执业范围等注册事项的，应当依照本法规定到准予注册的卫生健康主管部门办理变更注册手续。

医师从事下列活动的，可以不办理相关变更注册手续：

（一）参加规范化培训、进修、对口支援、会诊、突发事件医疗救援、慈善或者其他公益性医疗、义诊；

（二）承担国家任务或者参加政府组织的重要活动等；

（三）在医疗联合体内的医疗机构中执业。

第十九条 【重新注册】中止医师执业活动二年以上或者本法规定不予注册的情形消失，申请重新执业的，应当由县级以上人民政府卫生健康主管部门或者其委托的医疗卫生机构、行业组织考核合格，并依照本法规定重新注册。

第二十条 【个体行医】医师个体行医应当依法办理审批或者备案手续。

执业医师个体行医，须经注册后在医疗卫生机构中执业满五年；但是，依照本法第十一条第二款规定取得中医医师资格的人员，按照考核内容进行执业注册后，即可在注册的执业范围内个体行医。

县级以上地方人民政府卫生健康主管部门对个体行医的医师，应当按照国家有关规定实施监督检查，发现有本法规定注销注册的情形的，应当及时注销注册，废止医师执业证书。

第二十一条 【注册名单的公告、备案、查询】县级以上地方人民政府卫生健康主管部门应当将准予注册和注销注册的人员名单及时予以公告，由省级人民政府卫生健康主管部门汇总，报国务院卫生健康主管部门备案，并按照规定通过网站提供医师注册信息查询服务。

第三章 执业规则

第二十二条 【医师权利】医师在执业活动中享有下列权利：

（一）在注册的执业范围内，按照有关规范进行医学诊查、疾病调查、医学处置、出具相应的医学证明文件，选择合理的医疗、预防、保健方案；

（二）获取劳动报酬，享受国家规定的福利待遇，按照规定参加社会保险并享受相应待遇；

（三）获得符合国家规定标准的执业基本条件和职业防护装备；

（四）从事医学教育、研究、学术交流；

（五）参加专业培训，接受继续医学教育；

（六）对所在医疗卫生机构和卫生健康主管部门的工作提出意见和建议，依法参与所在机构的民主管理；

（七）法律、法规规定的其他权利。

第二十三条 【医师义务】医师在执业活动中履行下列义务：

（一）树立敬业精神，恪守职业道德，履行医师职责，尽职尽责救治患者，执行疫情防控等公共卫生措施；

（二）遵循临床诊疗指南，遵守临床技术操作规范和医学伦理规范等；

（三）尊重、关心、爱护患者，依法保护患者隐私和个人信息；

（四）努力钻研业务，更新知识，提高医学专业技术能力和水平，提升医疗卫生服务质量；

（五）宣传推广与岗位相适应的健康科普知识，对患者及公众进行健康教育和健康指导；

（六）法律、法规规定的其他义务。

第二十四条 【出具医学证明要求】医师实施医疗、预防、保健措施，签署有关医学证明文件，必须亲自诊查、调查，并按照规定及时填写病历等医学文书，不得隐匿、伪造、篡改或者擅自销毁病历等医学文书及有关资料。

医师不得出具虚假医学证明文件以及与自己执业范围无关或者与执业类别不相符的医学证明文件。

第二十五条 【如实告知义务】医师在诊疗活动中应当向患者说明病情、医疗措施和其他需要告知的事项。需要实施手术、特殊检查、特殊治疗的，医师应当及时向患者具体说明医疗风险、替代医疗方案等情况，并取得其明确同意；不能或者不宜向患者说明的，应当向患者的近亲属说明，并取得其明确同意。

第二十六条 【开展临床试验和研究的要求】医师开展药物、医疗器械临床试验和其他医学临床研究应当符合国家有关规定，遵守医学伦理规范，依法通过伦理审查，取得书面知情同意。

第二十七条 【急救处置】对需要紧急救治的患者，医师应当采取紧急措施进行诊治，不得拒绝急救处置。

因抢救生命垂危的患者等紧急情况，不能取得患者或者其近亲属意见的，经医疗机构负责人或者授权的负责人批准，可以立即实施相应的医疗措施。

国家鼓励医师积极参与公共交通工具等公共场所急救服务；医师因自愿实施急救造成受助人损害的，不承担民事责任。

第二十八条 【药品和器械使用要求】医师应当使用经依法批准或者备案的药品、消毒药剂、医疗器械，采用合法、合规、科学的诊疗方法。

除按照规范用于诊断治疗外，不得使用麻醉药品、医疗用毒性药品、精神药品、放射性药品等。

第二十九条 【用药原则】医师应当坚持安全有效、经济合理的用药原则，遵循药品临床应用指导原则、临床诊疗指南和药品说明书等合理用药。

在尚无有效或者更好治疗手段等特殊情况下，医师取得患者明确知情同意后，可以采用药品说明书中未明确但具有循证医学证据的药品用法实施治疗。医疗机构应当建立管理制度，对医师处方、用药医嘱的适宜性进行审核，严格规范医师用药行为。

第三十条 【远程医疗】执业医师按照国家有关规定，经所在医疗卫生机构同意，可以通过互联网等信息技术提供部分常见病、慢性病复诊等适宜的医疗卫生服务。国家支持医疗卫生机构之间利用互联网等信息技术开展远程医疗合作。

第三十一条 【禁止受贿和非必要检查】医师不得利用职务之便，索要、非法收受财物或者牟取其他不正当利益；不得对患者实施不必要的检查、治疗。

第三十二条 【紧急调遣】遇有自然灾害、事故灾难、公共卫生事件和社会安全事件等严重威胁人民生命健康的突发事件时，县级以上人民政府卫生健康主管部门根据需要组织医师参与卫生应急处置和医疗救治,医师应当服从调遣。

第三十三条 【异常事件报告】在执业活动中有下列情形之一的,医师应当按照有关规定及时向所在医疗卫生机构或者有关部门、机构报告:

(一)发现传染病、突发不明原因疾病或者异常健康事件;

(二)发生或者发现医疗事故;

(三)发现可能与药品、医疗器械有关的不良反应或者不良事件;

(四)发现假药或者劣药;

(五)发现患者涉嫌伤害事件或者非正常死亡;

(六)法律、法规规定的其他情形。

第三十四条 【助理医师从业要求】执业助理医师应当在执业医师的指导下,在医疗卫生机构中按照注册的执业类别、执业范围执业。

在乡、民族乡、镇和村医疗卫生机构以及艰苦边远地区县级医疗卫生机构中执业的执业助理医师,可以根据医疗卫生服务情况和本人实践经验,独立从事一般的执业活动。

第三十五条 【临床诊疗】参加临床教学实践的医学生和尚未取得医师执业证书、在医疗卫生机构中参加医学专业工作实践的医学毕业生,应当在执业医师监督、指导下参与临床诊疗活动。医疗卫生机构应当为有关医学生、医学毕业生参与临床诊疗活动提供必要的条件。

第三十六条 【加强教育管理】有关行业组织、医疗卫生机构、医学院校应当加强对医师的医德医风教育。

医疗卫生机构应当建立健全医师岗位责任、内部监督、投诉处理等制度,加强对医师的管理。

第四章 培训和考核

第三十七条 【医师培养规划】国家制定医师培养规划,建立适应行业特点和社会需求的医师培养和供需平衡机制,统筹各类医学人才需求,加强全科、儿科、精神科、老年医学等紧缺专业人才培养。

国家采取措施,加强医教协同,完善医学院校教育、毕业后教育和继续教育体系。

国家通过多种途径,加强以全科医生为重点的基层医疗卫生人才培养和配备。

国家采取措施,完善中医西医相互学习的教育制度,培养高层次中西医结合人才和能够提供中西医结合服务的全科医生。

第三十八条 【住院医师、专科医师规范化培训】国家建立健全住院医师规范化培训制度,健全临床带教激励机制,保障住院医师培训期间待遇,严格培训过程管理和结业考核。

国家建立健全专科医师规范化培训制度,不断提高临床医师专科诊疗水平。

第三十九条 【分级分类培训】县级以上人民政府卫生健康主管部门和其他有关部门应当制定医师培训计划,采取多种形式对医师进行分级分类培训,为医师接受继续医学教育提供条件。

县级以上人民政府应当采取有力措施,优先保障基层、欠发达地区和民族地区的医疗卫生人员接受继续医学教育。

第四十条 【继续医学教育】医疗卫生机构应当合理调配人力资源，按照规定和计划保证本机构医师接受继续医学教育。

县级以上人民政府卫生健康主管部门应当有计划地组织协调县级以上医疗卫生机构对乡镇卫生院、村卫生室、社区卫生服务中心等基层医疗卫生机构中的医疗卫生人员开展培训，提高其医学专业技术能力和水平。

有关行业组织应当为医师接受继续医学教育提供服务和创造条件，加强继续医学教育的组织、管理。

第四十一条 【定向培养、委托培训】国家在每年的医学专业招生计划和教育培训计划中，核定一定比例用于定向培养、委托培训，加强基层和艰苦边远地区医师队伍建设。

有关部门、医疗卫生机构与接受定向培养、委托培训的人员签订协议，约定相关待遇、服务年限、违约责任等事项，有关人员应当履行协议约定的义务。县级以上人民政府有关部门应当采取措施，加强履约管理。协议各方违反约定的，应当承担违约责任。

第四十二条 【定期考核制度】国家实行医师定期考核制度。

县级以上人民政府卫生健康主管部门或者其委托的医疗卫生机构、行业组织应当按照医师执业标准，对医师的业务水平、工作业绩和职业道德状况进行考核，考核周期为三年。对具有较长年限执业经历、无不良行为记录的医师，可以简化考核程序。

受委托的机构或者组织应当将医师考核结果报准予注册的卫生健康主管部门备案。

对考核不合格的医师，县级以上人民政府卫生健康主管部门应当责令其暂停执业活动三个月至六个月，并接受相关专业培训。暂停执业活动期满，再次进行考核，对考核合格的，允许其继续执业。

第四十三条 【考核的指导、检查、监督】省级以上人民政府卫生健康主管部门负责指导、检查和监督医师考核工作。

第五章 保障措施

第四十四条 【福利】国家建立健全体现医师职业特点和技术劳动价值的人事、薪酬、职称、奖励制度。

对从事传染病防治、放射医学和精神卫生工作以及其他特殊岗位工作的医师，应当按照国家有关规定给予适当的津贴。津贴标准应当定期调整。

在基层和艰苦边远地区工作的医师，按照国家有关规定享受津贴、补贴政策，并在职称评定、职业发展、教育培训和表彰奖励等方面享受优惠待遇。

第四十五条 【人才队伍建设】国家加强疾病预防控制人才队伍建设，建立适应现代化疾病预防控制体系的医师培养和使用机制。

疾病预防控制机构、二级以上医疗机构以及乡镇卫生院、社区卫生服务中心等基层医疗卫生机构应当配备一定数量的公共卫生医师，从事人群疾病及危害因素监测、风险评估研判、监测预警、流行病学调查、免疫规划管理、职业健康管理等公共卫生工作。医疗机构应当建立健全管理制度,严格执行院内感染防控措施。

国家建立公共卫生与临床医学相结合的人才培养机制,通过多种途径对临床医师进行疾病预防控制、突发公共卫生事件应对等方面业务培训,对公共卫生医师进行临床医学业务培训,完善医防结合和中西医协同防治的体制机制。

第四十六条 【基层医疗卫生队伍和服务能力建设】国家采取措施,统筹城乡资源,加强基层医疗卫生队伍和服务能力建设,对乡村医疗卫生人员建立县乡村上下贯通的职业发展机制,通过县管乡用、乡聘村用等方式,将乡村医疗卫生人员纳入县域医疗卫生人员管理。

执业医师晋升为副高级技术职称的,应当有累计一年以上在县级以下或者对口支援的医疗卫生机构提供医疗卫生服务的经历;晋升副高级技术职称后,在县级以下或者对口支援的医疗卫生机构提供医疗卫生服务,累计一年以上的,同等条件下优先晋升正高级技术职称。

国家采取措施,鼓励取得执业医师资格或者执业助理医师资格的人员依法开办村医疗卫生机构,或者在村医疗卫生机构提供医疗卫生服务。

第四十七条 【对乡村医生的鼓励政策】国家鼓励在村医疗卫生机构中向村民提供预防、保健和一般医疗服务的乡村医生通过医学教育取得医学专业学历;鼓励符合条件的乡村医生参加医师资格考试,依法取得医师资格。

国家采取措施,通过信息化、智能化手段帮助乡村医生提高医学技术能力和水平,进一步完善对乡村医生的服务收入多渠道补助机制和养老等政策。

乡村医生的具体管理办法,由国务院制定。

第四十八条 【表彰、奖励】医师有下列情形之一的,按照国家有关规定给予表彰、奖励:

(一)在执业活动中,医德高尚,事迹突出;

(二)在医学研究、教育中开拓创新,对医学专业技术有重大突破,做出显著贡献;

(三)遇有突发事件时,在预防预警、救死扶伤等工作中表现突出;

(四)长期在艰苦边远地区的县级以下医疗卫生机构努力工作;

(五)在疾病预防控制、健康促进工作中做出突出贡献;

(六)法律、法规规定的其他情形。

第四十九条 【医师执业安全的保障】县级以上人民政府及其有关部门应当将医疗纠纷预防和处理工作纳入社会治安综合治理体系,加强医疗卫生机构及周边治安综合治理,维护医疗卫生机构良好的执业环境,有效防范和依法打击涉医违法犯罪行为,保护医患双方合法权益。

医疗卫生机构应当完善安全保卫措施,维护良好的医疗秩序,及时主动化解医疗纠纷,保障医师执业安全。

禁止任何组织或者个人阻碍医师依法执业,干扰医师正常工作、生活;

禁止通过侮辱、诽谤、威胁、殴打等方式,侵犯医师的人格尊严、人身安全。

第五十条 【医师卫生防护和医疗保健】医疗卫生机构应当为医师提供职业安全和卫生防护用品,并采取有效的卫生防护和医疗保健措施。

医师受到事故伤害或者在职业活动中因接触有毒、有害因素而引起疾病、死亡的,依照有关法律、行政法规的规定享受工伤保险待遇。

第五十一条 【带薪休假及健康检查】医疗卫生机构应当为医师合理安排工作时间,落实带薪休假制度,定期开展健康检查。

第五十二条 【医疗风险分担机制】国家建立完善医疗风险分担机制。医疗机构应当参加医疗责任保险或者建立、参加医疗风险基金。鼓励患者参加医疗意外保险。

第五十三条 【媒体公益宣传】新闻媒体应当开展医疗卫生法律、法规和医疗卫生知识的公益宣传,弘扬医师先进事迹,引导公众尊重医师、理性对待医疗卫生风险。

第六章 法律责任

第五十四条 【非法取得医师资格的法律责任】在医师资格考试中有违反考试纪律等行为,情节严重的,一年至三年内禁止参加医师资格考试。

以不正当手段取得医师资格证书或者医师执业证书的,由发给证书的卫生健康主管部门予以撤销,三年内不受理其相应申请。

伪造、变造、买卖、出租、出借医师执业证书的,由县级以上人民政府卫生健康主管部门责令改正,没收违法所得,并处违法所得二倍以上五倍以下的罚款,违法所得不足一万元的,按一万元计算;情节严重的,吊销医师执业证书。

第五十五条 【违法执业处罚之一】违反本法规定,医师在执业活动中有下列行为之一的,由县级以上人民政府卫生健康主管部门责令改正,给予警告;情节严重的,责令暂停六个月以上一年以下执业活动直至吊销医师执业证书:

(一)在提供医疗卫生服务或者开展医学临床研究中,未按照规定履行告知义务或者取得知情同意;

(二)对需要紧急救治的患者,拒绝急救处置,或者由于不负责任延误诊治;

(三)遇有自然灾害、事故灾难、公共卫生事件和社会安全事件等严重威胁人民生命健康的突发事件时,不服从卫生健康主管部门调遣;

(四)未按照规定报告有关情形;

(五)违反法律、法规、规章或者执业规范,造成医疗事故或者其他严重后果。

第五十六条 【违法执业处罚之二】违反本法规定,医师在执业活动中有下列行为之一的,由县级以上人民政府卫生健康主管部门责令改正,给予警告,没收违法所得,并处一万元以上三万元以下的罚款;情节严重的,责令暂停六个月以上一年以下执业活动直至吊销医师执业证书:

(一)泄露患者隐私或者个人信息;

（二）出具虚假医学证明文件，或者未经亲自诊查、调查，签署诊断、治疗、流行病学等证明文件或者有关出生、死亡等证明文件；

（三）隐匿、伪造、篡改或者擅自销毁病历等医学文书及有关资料；

（四）未按照规定使用麻醉药品、医疗用毒性药品、精神药品、放射性药品等；

（五）利用职务之便，索要、非法收受财物或者牟取其他不正当利益，或者违反诊疗规范，对患者实施不必要的检查、治疗造成不良后果；

（六）开展禁止类医疗技术临床应用。

第五十七条　【未按注册要求执业的处罚】违反本法规定，医师未按照注册的执业地点、执业类别、执业范围执业的，由县级以上人民政府卫生健康主管部门或者中医药主管部门责令改正，给予警告，没收违法所得，并处一万元以上三万元以下的罚款；情节严重的，责令暂停六个月以上一年以下执业活动直至吊销医师执业证书。

第五十八条　【违反医德的处罚】严重违反医师职业道德、医学伦理规范，造成恶劣社会影响的，由省级以上人民政府卫生健康主管部门吊销医师执业证书或者责令停止非法执业活动，五年直至终身禁止从事医疗卫生服务或者医学临床研究。

第五十九条　【非法行医的处罚】违反本法规定，非医师行医的，由县级以上人民政府卫生健康主管部门责令停止非法执业活动，没收违法所得和药品、医疗器械，并处违法所得二倍以上十倍以下的罚款，违法所得不足一万元的，按一万元计算。

第六十条　【侵犯医师权利的处罚】违反本法规定，阻碍医师依法执业，干扰医师正常工作、生活，或者通过侮辱、诽谤、威胁、殴打等方式，侵犯医师人格尊严、人身安全，构成违反治安管理行为的，依法给予治安管理处罚。

第六十一条　【未履行报告职责的处分】违反本法规定，医疗卫生机构未履行报告职责，造成严重后果的，由县级以上人民政府卫生健康主管部门给予警告，对直接负责的主管人员和其他直接责任人员依法给予处分。

第六十二条　【弄虚作假、滥用职权等的处分】违反本法规定，卫生健康主管部门和其他有关部门工作人员或者医疗卫生机构工作人员弄虚作假、滥用职权、玩忽职守、徇私舞弊的，依法给予处分。

第六十三条　【刑事责任和民事责任】违反本法规定，构成犯罪的，依法追究刑事责任；造成人身、财产损害的，依法承担民事责任。

第七章　附　　则

第六十四条　【中专学历人员技术和资格提升】国家采取措施，鼓励具有中等专业学校医学专业学历的人员通过参加更高层次学历教育等方式，提高医学技术能力和水平。

在本法施行前以及在本法施行后一定期限内取得中等专业学校相关医学专业学历的人员，可以参加医师资格考试。具体办法由国务院卫生健康主管部门会同国务院教育、中医药等有关部门制定。

第六十五条 【立法委任】中国人民解放军和中国人民武装警察部队执行本法的具体办法，由国务院、中央军事委员会依据本法制定。

第六十六条 【境外人员执业等管理办法】境外人员参加医师资格考试、申请注册、执业或者从事临床示教、临床研究、临床学术交流等活动的具体管理办法，由国务院卫生健康主管部门制定。

第六十七条 【施行日期与旧法废止】本法自2022年3月1日起施行。《中华人民共和国执业医师法》同时废止。

护士条例

1. 2008年1月31日国务院令第517号公布
2. 根据2020年3月27日国务院令第726号《关于修改和废止部分行政法规的决定》修订

第一章 总 则

第一条 为了维护护士的合法权益，规范护理行为，促进护理事业发展，保障医疗安全和人体健康，制定本条例。

第二条 本条例所称护士，是指经执业注册取得护士执业证书，依照本条例规定从事护理活动，履行保护生命、减轻痛苦、增进健康职责的卫生技术人员。

第三条 护士人格尊严、人身安全不受侵犯。护士依法履行职责，受法律保护。

全社会应当尊重护士。

第四条 国务院有关部门、县级以上地方人民政府及其有关部门以及乡（镇）人民政府应当采取措施，改善护士的工作条件，保障护士待遇，加强护士队伍建设，促进护理事业健康发展。

国务院有关部门和县级以上地方人民政府应当采取措施，鼓励护士到农村、基层医疗卫生机构工作。

第五条 国务院卫生主管部门负责全国的护士监督管理工作。

县级以上地方人民政府卫生主管部门负责本行政区域的护士监督管理工作。

第六条 国务院有关部门对在护理工作中做出杰出贡献的护士，应当授予全国卫生系统先进工作者荣誉称号或者颁发白求恩奖章，受到表彰、奖励的护士享受省部级劳动模范、先进工作者待遇；对长期从事护理工作的护士应当颁发荣誉证书。具体办法由国务院有关部门制定。

县级以上地方人民政府及其有关部门对本行政区域内做出突出贡献的护士，按照省、自治区、直辖市人民政府的有关规定给予表彰、奖励。

第二章 执业注册

第七条 护士执业，应当经执业注册取得护士执业证书。

申请护士执业注册，应当具备下列条件：

（一）具有完全民事行为能力；

（二）在中等职业学校、高等学校完成国务院教育主管部门和国务院卫生主管部门规定的普通全日制3年以上的护理、助产专业课程学习，包括在教学、综合医院完成8个月以上护理临床实习，并取得相应学历证书；

（三）通过国务院卫生主管部门组织的护士执业资格考试；

（四）符合国务院卫生主管部门规定的健康标准。

护士执业注册申请，应当自通过护士执业资格考试之日起3年内提出；逾期提出申请的，除应当具备前款第（一）项、第（二）项和第（四）项规定条件外，还应当在符合国务院卫生主管部门规定条件的医疗卫生机构接受3个月临床护理培训并考核合格。

护士执业资格考试办法由国务院卫生主管部门会同国务院人事部门制定。

第八条　申请护士执业注册的，应当向批准设立拟执业医疗机构或者为该医疗机构备案的卫生主管部门提出申请。收到申请的卫生主管部门应当自收到申请之日起20个工作日内做出决定，对具备本条例规定条件的，准予注册，并发给护士执业证书；对不具备本条例规定条件的，不予注册，并书面说明理由。

护士执业注册有效期为5年。

第九条　护士在其执业注册有效期内变更执业地点的，应当向批准设立拟执业医疗机构或者为该医疗机构备案的卫生主管部门报告。收到报告的卫生主管部门应当自收到报告之日起7个工作日内为其办理变更手续。护士跨省、自治区、直辖市变更执业地点的，收到报告的卫生主管部门还应当向其原注册部门通报。

第十条　护士执业注册有效期届满需要继续执业的，应当在护士执业注册有效期届满前30日向批准设立执业医疗机构或者为该医疗机构备案的卫生主管部门申请延续注册。收到申请的卫生主管部门对具备本条例规定条件的，准予延续，延续执业注册有效期为5年；对不具备本条例规定条件的，不予延续，并书面说明理由。

护士有行政许可法规定的应当予以注销执业注册情形的，原注册部门应当依照行政许可法的规定注销其执业注册。

第十一条　县级以上地方人民政府卫生主管部门应当建立本行政区域的护士执业良好记录和不良记录，并将该记录记入护士执业信息系统。

护士执业良好记录包括护士受到的表彰、奖励以及完成政府指令性任务的情况等内容。护士执业不良记录包括护士因违反本条例以及其他卫生管理法律、法规、规章或者诊疗技术规范的规定受到行政处罚、处分的情况等内容。

第三章　权利和义务

第十二条　护士执业，有按照国家有关规定获取工资报酬、享受福利待遇、参加社会保险的权利。任何单位或者个人不得克扣护士工资，降低或者取消护士福利等待遇。

第十三条　护士执业，有获得与其所从事的护理工作相适应的卫生防护、医疗保健服务的权利。从事直接接触有毒有害物质、有感染传染病危险工作的护士，有依照有关法律、行政法规的规定接受职业健康监护的权利；患职业病的，有依照有关法律、行政法规的规定获得赔偿的权利。

第十四条 护士有按照国家有关规定获得与本人业务能力和学术水平相应的专业技术职务、职称的权利；有参加专业培训、从事学术研究和交流、参加行业协会和专业学术团体的权利。

第十五条 护士有获得疾病诊疗、护理相关信息的权利和其他与履行护理职责相关的权利，可以对医疗卫生机构和卫生主管部门的工作提出意见和建议。

第十六条 护士执业，应当遵守法律、法规、规章和诊疗技术规范的规定。

第十七条 护士在执业活动中，发现患者病情危急，应当立即通知医师；在紧急情况下为抢救垂危患者生命，应当先行实施必要的紧急救护。

护士发现医嘱违反法律、法规、规章或者诊疗技术规范规定的，应当及时向开具医嘱的医师提出；必要时，应当向该医师所在科室的负责人或者医疗卫生机构负责医疗服务管理的人员报告。

第十八条 护士应当尊重、关心、爱护患者，保护患者的隐私。

第十九条 护士有义务参与公共卫生和疾病预防控制工作。发生自然灾害、公共卫生事件等严重威胁公众生命健康的突发事件，护士应当服从县级以上人民政府卫生主管部门或者所在医疗卫生机构的安排，参加医疗救护。

第四章 医疗卫生机构的职责

第二十条 医疗卫生机构配备护士的数量不得低于国务院卫生主管部门规定的护士配备标准。

第二十一条 医疗卫生机构不得允许下列人员在本机构从事诊疗技术规范规定的护理活动：

（一）未取得护士执业证书的人员；

（二）未依照本条例第九条的规定办理执业地点变更手续的护士；

（三）护士执业注册有效期届满未延续执业注册的护士。

在教学、综合医院进行护理临床实习的人员应当在护士指导下开展有关工作。

第二十二条 医疗卫生机构应当为护士提供卫生防护用品，并采取有效的卫生防护措施和医疗保健措施。

第二十三条 医疗卫生机构应当执行国家有关工资、福利待遇等规定，按照国家有关规定为在本机构从事护理工作的护士足额缴纳社会保险费用，保障护士的合法权益。

对在艰苦边远地区工作，或者从事直接接触有毒有害物质、有感染传染病危险工作的护士，所在医疗卫生机构应当按照国家有关规定给予津贴。

第二十四条 医疗卫生机构应当制定、实施本机构护士在职培训计划，并保证护士接受培训。

护士培训应当注重新知识、新技术的应用；根据临床专科护理发展和专科护理岗位的需要，开展对护士的专科护理培训。

第二十五条 医疗卫生机构应当按照国务院卫生主管部门的规定，设置专门机构或者配备专（兼）职人员负责护理管理工作。

第二十六条　医疗卫生机构应当建立护士岗位责任制并进行监督检查。

护士因不履行职责或者违反职业道德受到投诉的，其所在医疗卫生机构应当进行调查。经查证属实的，医疗卫生机构应当对护士做出处理，并将调查处理情况告知投诉人。

第五章　法律责任

第二十七条　卫生主管部门的工作人员未依照本条例规定履行职责，在护士监督管理工作中滥用职权、徇私舞弊，或者有其他失职、渎职行为的，依法给予处分；构成犯罪的，依法追究刑事责任。

第二十八条　医疗卫生机构有下列情形之一的，由县级以上地方人民政府卫生主管部门依据职责分工责令限期改正，给予警告；逾期不改正的，根据国务院卫生主管部门规定的护士配备标准和在医疗卫生机构合法执业的护士数量核减其诊疗科目，或者暂停其6个月以上1年以下执业活动；国家举办的医疗卫生机构有下列情形之一、情节严重的，还应当对负有责任的主管人员和其他直接责任人员依法给予处分：

（一）违反本条例规定，护士的配备数量低于国务院卫生主管部门规定的护士配备标准的；

（二）允许未取得护士执业证书的人员或者允许未依照本条例规定办理执业地点变更手续、延续执业注册有效期的护士在本机构从事诊疗技术规范规定的护理活动的。

第二十九条　医疗卫生机构有下列情形之一的，依照有关法律、行政法规的规定给予处罚；国家举办的医疗卫生机构有下列情形之一、情节严重的，还应当对负有责任的主管人员和其他直接责任人员依法给予处分：

（一）未执行国家有关工资、福利待遇等规定的；

（二）对在本机构从事护理工作的护士，未按照国家有关规定足额缴纳社会保险费用的；

（三）未为护士提供卫生防护用品，或者未采取有效的卫生防护措施、医疗保健措施的；

（四）对在艰苦边远地区工作，或者从事直接接触有毒有害物质、有感染传染病危险工作的护士，未按照国家有关规定给予津贴的。

第三十条　医疗卫生机构有下列情形之一的，由县级以上地方人民政府卫生主管部门依据职责分工责令限期改正，给予警告：

（一）未制定、实施本机构护士在职培训计划或者未保证护士接受培训的；

（二）未依照本条例规定履行护士管理职责的。

第三十一条　护士在执业活动中有下列情形之一的，由县级以上地方人民政府卫生主管部门依据职责分工责令改正，给予警告；情节严重的，暂停其6个月以上1年以下执业活动，直至由原发证部门吊销其护士执业证书：

（一）发现患者病情危急未立即通知医师的；

（二）发现医嘱违反法律、法规、规

章或者诊疗技术规范的规定，未依照本条例第十七条的规定提出或者报告的；

（三）泄露患者隐私的；

（四）发生自然灾害、公共卫生事件等严重威胁公众生命健康的突发事件，不服从安排参加医疗救护的。

护士在执业活动中造成医疗事故的，依照医疗事故处理的有关规定承担法律责任。

第三十二条 护士被吊销执业证书的，自执业证书被吊销之日起2年内不得申请执业注册。

第三十三条 扰乱医疗秩序，阻碍护士依法开展执业活动，侮辱、威胁、殴打护士，或者有其他侵犯护士合法权益行为的，由公安机关依照治安管理处罚法的规定给予处罚；构成犯罪的，依法追究刑事责任。

第六章 附 则

第三十四条 本条例施行前按照国家有关规定已经取得护士执业证书或者护理专业技术职称、从事护理活动的人员，经执业地省、自治区、直辖市人民政府卫生主管部门审核合格，换领护士执业证书。

本条例施行前，尚未达到护士配备标准的医疗卫生机构，应当按照国务院卫生主管部门规定的实施步骤，自本条例施行之日起3年内达到护士配备标准。

第三十五条 本条例自2008年5月12日起施行。

医师执业注册管理办法

1. 2017年2月28日国家卫生和计划生育委员会令第13号公布

2. 自2017年4月1日起施行

第一章 总 则

第一条 为了规范医师执业活动，加强医师队伍管理，根据《中华人民共和国执业医师法》，制定本办法。

第二条 医师执业应当经注册取得《医师执业证书》。

未经注册取得《医师执业证书》者，不得从事医疗、预防、保健活动。

第三条 国家卫生计生委负责全国医师执业注册监督管理工作。

县级以上地方卫生计生行政部门是医师执业注册的主管部门，负责本行政区域内的医师执业注册监督管理工作。

第四条 国家建立医师管理信息系统，实行医师电子注册管理。

第二章 注册条件和内容

第五条 凡取得医师资格的，均可申请医师执业注册。

第六条 有下列情形之一的，不予注册：

（一）不具有完全民事行为能力的；

（二）因受刑事处罚，自刑罚执行完毕之日起至申请注册之日止不满二年的；

（三）受吊销《医师执业证书》行政处罚，自处罚决定之日起至申请注册之日止不满二年的；

（四）甲类、乙类传染病传染期、精神疾病发病期以及身体残疾等健康状况不适宜或者不能胜任医疗、预防、保健业务工作的；

（五）重新申请注册，经考核不合格的；

（六）在医师资格考试中参与有组织作弊的；

（七）被查实曾使用伪造医师资格或者冒名使用他人医师资格进行注册的；

（八）国家卫生计生委规定不宜从事医疗、预防、保健业务的其他情形的。

第七条 医师执业注册内容包括：执业地点、执业类别、执业范围。

执业地点是指执业医师执业的医疗、预防、保健机构所在地的省级行政区划和执业助理医师执业的医疗、预防、保健机构所在地的县级行政区划。

执业类别是指临床、中医（包括中医、民族医和中西医结合）、口腔、公共卫生。

执业范围是指医师在医疗、预防、保健活动中从事的与其执业能力相适应的专业。

第八条 医师取得《医师执业证书》后，应当按照注册的执业地点、执业类别、执业范围，从事相应的医疗、预防、保健活动。

第三章 注册程序

第九条 拟在医疗、保健机构中执业的人员，应当向批准该机构执业的卫生计生行政部门申请注册；拟在预防机构中执业的人员，应当向该机构的同级卫生计生行政部门申请注册。

第十条 在同一执业地点多个机构执业的医师，应当确定一个机构作为其主要执业机构，并向批准该机构执业的卫生计生行政部门申请注册；对于拟执业的其他机构，应当向批准该机构执业的卫生计生行政部门分别申请备案，注明所在执业机构的名称。

医师只有一个执业机构的，视为其主要执业机构。

第十一条 医师的主要执业机构以及批准该机构执业的卫生计生行政部门应当在医师管理信息系统及时更新医师定期考核结果。

第十二条 申请医师执业注册，应当提交下列材料：

（一）医师执业注册申请审核表；

（二）近6个月2寸白底免冠正面半身照片；

（三）医疗、预防、保健机构的聘用证明；

（四）省级以上卫生计生行政部门规定的其他材料。

获得医师资格后二年内未注册者、中止医师执业活动二年以上或者本办法第六条规定不予注册的情形消失的医师申请注册时，还应当提交在省级以上卫生计生行政部门指定的机构接受连续6个月以上的培训，并经考核合格的证明。

第十三条 注册主管部门应当自收到注册申请之日起20个工作日内，对申请人提交的申请材料进行审核。审核合格的，予以注册并发放《医师执业证书》。

第十四条 对不符合注册条件不予注册

的，注册主管部门应当自收到注册申请之日起20个工作日内书面通知聘用单位和申请人，并说明理由。申请人如有异议的，可以依法申请行政复议或者向人民法院提起行政诉讼。

第十五条 执业助理医师取得执业医师资格后，继续在医疗、预防、保健机构中执业的，应当按本办法规定，申请执业医师注册。

第十六条 《医师执业证书》应当由本人妥善保管，不得出借、出租、抵押、转让、涂改和毁损。如发生损坏或者遗失的，当事人应当及时向原发证部门申请补发。

第十七条 医师跨执业地点增加执业机构，应当向批准该机构执业的卫生计生行政部门申请增加注册。

执业助理医师只能注册一个执业地点。

第四章 注册变更

第十八条 医师注册后有下列情形之一的，医师个人或者其所在的医疗、预防、保健机构，应当自知道或者应当知道之日起30日内报告注册主管部门，办理注销注册：

（一）死亡或者被宣告失踪的；

（二）受刑事处罚的；

（三）受吊销《医师执业证书》行政处罚的；

（四）医师定期考核不合格，并经培训后再次考核仍不合格的；

（五）连续两个考核周期未参加医师定期考核的；

（六）中止医师执业活动满二年的；

（七）身体健康状况不适宜继续执业的；

（八）出借、出租、抵押、转让、涂改《医师执业证书》的；

（九）在医师资格考试中参与有组织作弊的；

（十）本人主动申请的；

（十一）国家卫生计生委规定不宜从事医疗、预防、保健业务的其他情形的。

第十九条 医师注册后有下列情况之一的，其所在的医疗、预防、保健机构应当自办理相关手续之日起30日内报注册主管部门，办理备案：

（一）调离、退休、退职；

（二）被辞退、开除；

（三）省级以上卫生计生行政部门规定的其他情形。

上述备案满2年且未继续执业的予以注销。

第二十条 医师变更执业地点、执业类别、执业范围等注册事项的，应当通过国家医师管理信息系统提交医师变更执业注册申请及省级以上卫生计生行政部门规定的其他材料。

医师因参加培训需要注册或者变更注册的，应当按照本办法规定办理相关手续。

医师变更主要执业机构的，应当按本办法第十二条的规定重新办理注册。

医师承担经主要执业机构批准的卫生支援、会诊、进修、学术交流、政府交办事项等任务和参加卫生计生行政部门批准的义诊，以及在签订帮扶或者托管协议医疗机构内执业等，不需办理执业地点变更和执业机构备案手续。

第二十一条 注册主管部门应当自收到变更注册申请之日起20个工作日内办理变更注册手续。对因不符合变更注册条件不予变更的，应当自收到变更注册申请之日起20个工作日内书面通知申请人，并说明理由。

第二十二条 国家实行医师注册内容公开制度和查询制度。

地方各级卫生计生行政部门应当按照规定提供医师注册信息查询服务，并对注销注册的人员名单予以公告。

第二十三条 医疗、预防、保健机构未按照本办法第十八条规定履行报告职责，导致严重后果的，由县级以上卫生计生行政部门依据《执业医师法》第四十一条规定进行处理。

医疗、预防、保健机构未按照本办法第十九条规定履行报告职责，导致严重后果的，由县级以上地方卫生计生行政部门对该机构给予警告，并对其主要负责人、相关责任人依法给予处分。

第五章 附 则

第二十四条 中医（包括中医、民族医、中西医结合）医师执业注册管理由中医（药）主管部门负责。

第二十五条 港澳台人员申请在内地（大陆）注册执业的，按照国家有关规定办理。

外籍人员申请在中国境内注册执业的，按照国家有关规定办理。

第二十六条 本办法自2017年4月1日起施行。1999年7月16日原卫生部公布的《医师执业注册暂行办法》同时废止。

护士执业注册管理办法

1. 2008年5月6日卫生部令第59号公布
2. 根据2021年1月8日国家卫生健康委员会令第7号《关于修改和废止〈母婴保健专项技术服务许可及人员资格管理办法〉等3件部门规章的决定》修订

第一条 为了规范护士执业注册管理，根据《护士条例》，制定本办法。

第二条 护士经执业注册取得《护士执业证书》后，方可按照注册的执业地点从事护理工作。

未经执业注册取得《护士执业证书》者，不得从事诊疗技术规范规定的护理活动。

第三条 国家卫生健康委负责全国护士执业注册监督管理工作。

县级以上地方卫生健康主管部门是护士执业注册的主管部门，负责本行政区域的护士执业注册监督管理工作。

第四条 省、自治区、直辖市卫生健康主管部门结合本行政区域的实际情况，制定护士执业注册工作的具体实施办法，并报国家卫生健康委备案。

第五条 国家建立护士管理信息系统，实行护士电子化注册管理。

第六条 申请护士执业注册，应当具备下列条件：

（一）具有完全民事行为能力；

（二）在中等职业学校、高等学校

完成教育部和国家卫生健康委规定的普通全日制3年以上的护理、助产专业课程学习，包括在教学、综合医院完成8个月以上护理临床实习，并取得相应学历证书；

（三）通过国家卫生健康委组织的护士执业资格考试；

（四）符合本办法第七条规定的健康标准。

第七条 申请护士执业注册，应当符合下列健康标准：

（一）无精神病史；

（二）无色盲、色弱、双耳听力障碍；

（三）无影响履行护理职责的疾病、残疾或者功能障碍。

第八条 申请护士执业注册，应当向批准设立拟执业医疗机构或者为该医疗机构备案的卫生健康主管部门提出申请。

第九条 申请护士执业注册，应当提交下列材料：

（一）护士执业注册申请审核表；

（二）申请人身份证明；

（三）申请人学历证书及专业学习中的临床实习证明；

（四）医疗卫生机构拟聘用的相关材料。

第十条 卫生健康主管部门应当自受理申请之日起20个工作日内，对申请人提交的材料进行审核、注册，发给国家卫生健康委统一印制的《护士执业证书》；对不符合规定条件的，不予注册，并书面说明理由。

《护士执业证书》上应当注明护士的姓名、性别、出生日期等个人信息及证书编号、注册日期和执业地点。

第十一条 护士执业注册申请，应当自通过护士执业资格考试之日起3年内提出；逾期提出申请的，除本办法第九条规定的材料外，还应当提交在省、自治区、直辖市卫生健康主管部门规定的教学、综合医院接受3个月临床护理培训并考核合格的证明。

第十二条 护士执业注册有效期为5年。护士执业注册有效期届满需要继续执业的，应当在有效期届满前30日，向批准设立执业医疗机构或者为该医疗机构备案的卫生健康主管部门申请延续注册。

第十三条 护士申请延续注册，应当提交护士执业注册申请审核表和申请人的《护士执业证书》。

第十四条 注册部门自受理延续注册申请之日起20个工作日内进行审核。审核合格的，予以延续注册；审核不合格的，不予延续注册，并书面说明理由。

第十五条 有下列情形之一的，不予延续注册：

（一）不符合本办法第七条规定的健康标准的；

（二）被处暂停执业活动处罚期限未满的。

第十六条 医疗卫生机构可以为本机构聘用的护士集体办理护士执业注册和延续注册。

第十七条 有下列情形之一的，拟在医疗卫生机构执业时，应当重新申请注册：

（一）注册有效期届满未延续注册的；

（二）受吊销《护士执业证书》处罚，自吊销之日起满2年的。

重新申请注册的，按照本办法第九条的规定提交材料；中断护理执业活动超过3年的，还应当提交在省、自治区、直辖市卫生健康主管部门规定的教学、综合医院接受3个月临床护理培训并考核合格的证明。

第十八条 护士在其执业注册有效期内变更执业地点等注册项目，应当办理变更注册。

护士承担经注册执业机构批准的卫生支援、进修、学术交流、政府交办事项等任务和参加卫生健康主管部门批准的义诊，在签订帮扶或者托管协议的医疗卫生机构内执业，以及从事执业机构派出的上门护理服务等，不需办理执业地点变更等手续。

第十九条 护士在其执业注册有效期内变更执业地点等注册项目的，应当向批准设立执业医疗机构或者为该医疗机构备案的卫生健康主管部门报告，并提交护士执业注册申请审核表和申请人的《护士执业证书》。

注册部门应当自受理之日起7个工作日内为其办理变更手续。

护士跨省、自治区、直辖市变更执业地点的，收到报告的注册部门还应当向其原执业地注册部门通报。

县级以上地方卫生健康主管部门应当通过护士管理信息系统，为护士变更注册提供便利。

第二十条 护士执业注册后有下列情形之一的，原注册部门办理注销执业注册：

（一）注册有效期届满未延续注册；

（二）受吊销《护士执业证书》处罚；

（三）护士死亡或者丧失民事行为能力。

第二十一条 卫生健康主管部门实施护士执业注册，有下列情形之一的，由其上级卫生健康主管部门或者监察机关责令改正，对直接负责的主管人员或者其他直接责任人员依法给予行政处分：

（一）对不符合护士执业注册条件者准予护士执业注册的；

（二）对符合护士执业注册条件者不予护士执业注册的。

第二十二条 护士执业注册申请人隐瞒有关情况或者提供虚假材料申请护士执业注册的，卫生健康主管部门不予受理或者不予护士执业注册，并给予警告；已经注册的，应当撤销注册。

第二十三条 在内地完成护理、助产专业学习的香港、澳门特别行政区及台湾地区人员，符合本办法第六条、第七条、第九条规定的，可以申请护士执业注册。

第二十四条 计划生育技术服务机构护士的执业注册管理适用本办法的规定。

第二十五条 本办法下列用语的含义：

教学医院，是指与中等职业学校、高等学校有承担护理临床实习任务的合同关系，并能够按照护理临床实习教学计划完成教学任务的医院。

综合医院，是指依照《医疗机构管理条例》、《医疗机构基本标准》的规定，符合综合医院基本标准的医院。

第二十六条 本办法自2008年5月12日起施行。

母婴保健专项技术服务许可及人员资格管理办法

1. 1995年8月7日卫妇发〔1995〕第7号公布
2. 根据2019年2月28日国家卫生健康委员会令第2号《关于修改〈职业健康检查管理办法〉等4件部门规章的决定》第一次修订
3. 根据2021年1月8日国家卫生健康委员会令第7号《关于修改和废止〈母婴保健专项技术服务许可及人员资格管理办法〉等3件部门规章的决定》第二次修订

第一条 根据《中华人民共和国母婴保健法》第三十二条、第三十三条和《中华人民共和国母婴保健法实施办法》第三十五条的规定制定本办法。

第二条 凡开展《中华人民共和国母婴保健法》及其实施办法规定的婚前医学检查、遗传病诊断、产前诊断、施行助产技术、结扎手术和终止妊娠手术技术服务的医疗保健机构,必须符合本办法规定的条件,经卫生健康主管部门审查批准,取得《母婴保健技术服务执业许可证》。

第三条 施行助产技术、结扎手术、终止妊娠手术的机构和人员的审批,由县级卫生健康主管部门负责;开展婚前医学检查的机构和人员的审批,由设区的市级卫生健康主管部门负责;开展遗传病诊断、产前诊断的机构和人员的审批,由省级卫生健康主管部门负责。

第四条 申请开展婚前医学检查、遗传病诊断、产前诊断以及施行助产技术、结扎手术、终止妊娠手术的医疗保健机构,必须同时具备下列条件:

(一)符合当地医疗保健机构设置规划;

(二)取得《医疗机构执业许可证》;

(三)符合母婴保健专项技术服务基本标准;

(四)法律法规规章规定的其他条件。

第五条 申请婚前医学检查、遗传病诊断、产前诊断以及施行助产技术、结扎手术、终止妊娠手术许可的医疗保健机构,必须向审批机关提交《母婴保健技术服务执业许可申请登记书》并交验下列材料:

(一)《医疗机构执业许可证》及其副本;

(二)有关医师的《母婴保健技术考核合格证书》或者加注母婴保健技术考核合格及技术类别的《医师执业证书》;

(三)可行性报告;

(四)与拟开展母婴保健专项技术相应的技术、设备条件及人员配备情况;

(五)开展母婴保健专项技术的规章制度;

(六)法律法规规章规定的其他材料。

第六条 审批机关受理申请后,应当在45日内,按照本办法规定的条件及母婴保健专项技术服务基本标准进行审查和核实。经审核合格的,发给《母婴保健技术服务执业许可证》;审核不合格的,将审核结果和理由以书面形式通知申请人。

第七条 《母婴保健技术服务执业许可证》每3年校验1次,校验由原登记机关办理。

第八条 申请变更《母婴保健技术服务执业许可证》的许可项目的,应当依照本办法规定的程序重新报批。

第九条 医疗保健机构应当把《母婴保健技术服务执业许可证》悬挂在明显处所。

第十条 凡从事《中华人民共和国母婴保健法》及其实施办法规定的婚前医学检查、遗传病诊断、产前诊断以及施行助产技术、结扎手术、终止妊娠手术技术服务的人员,必须符合母婴保健专项技术服务基本标准的有关规定,经考核合格,取得《母婴保健技术考核合格证书》或者在《医师执业证书》上加注母婴保健技术考核合格及技术类别。

第十一条 从事遗传病诊断、产前诊断技术服务人员的资格考核,由省级卫生健康主管部门负责;从事婚前医学检查技术服务人员的资格考核,由设区的市级卫生健康主管部门负责;从事助产技术、结扎手术和终止妊娠手术技术服务人员的资格考核,由县级卫生健康主管部门负责。

母婴保健技术人员资格考核内容由国家卫生健康委规定。

第十二条 母婴保健技术人员资格考核办法由各省、自治区、直辖市卫生健康主管部门规定。

第十三条 经考核合格,具备母婴保健技术服务相应资格的卫生技术人员,不得私自或者在未取得《母婴保健技术服务执业许可证》的机构中开展母婴保健专项技术服务。

第十四条 《母婴保健技术服务执业许可证》和《母婴保健技术考核合格证书》应当妥善保管,不得出借或者涂改,禁止伪造、变造、盗用以及买卖。

第十五条 《母婴保健技术服务执业许可证》和《母婴保健技术考核合格证书》遗失后,应当及时报告原发证机关,并申请办理补发证书的手续。

第十六条 本办法实施前已经开展婚前医学检查、遗传病诊断、产前诊断以及施行结扎手术和终止妊娠手术的医疗保健机构,应当在本办法施行后的6个月内,按照本办法的规定补办审批手续。

第十七条 《母婴保健技术服务执业许可证》和《母婴保健技术考核合格证书》由国家卫生健康委统一印制。

第十八条 本办法由国家卫生健康委负责解释。

第十九条 本办法自发布之日起施行。

执业药师职业资格制度规定

1. 2019年3月5日国家药监局、人力资源社会保障部发布

2. 国药监人〔2019〕12号

第一章 总 则

第一条 为加强对药学技术人员的职业准入管理,发挥执业药师指导合理用药与加强药品质量管理的作用,保障和促进公众用药安全有效,根据《中华人民共和国药品管理法》《中华人民共和国药品管理法实施条例》及国家职业资格制度有关规定,制定本规定。

第二条 国家设置执业药师准入类职业资格制度,纳入国家职业资格目录。

第三条 执业药师是指经全国统一考试合格,取得《中华人民共和国执业药师职业资格证书》(以下简称《执业药师职业资格证书》)并经注册,在药品生产、经营、使用和其他需要提供药学服务的单位中执业的药学技术人员。

执业药师英文译为:Licensed Pharmacist。

第四条 从事药品生产、经营、使用和其他需要提供药学服务的单位,应当按规定配备相应的执业药师。国家药监局负责对需由执业药师担任的岗位作出明确规定。

第五条 国家药监局与人力资源社会保障部共同负责全国执业药师资格制度的政策制定,并按照职责分工对该制度的实施进行指导、监督和检查。

各省、自治区、直辖市负责药品监督管理的部门和人力资源社会保障行政主管部门,按照职责分工负责本行政区域内执业药师职业资格制度的实施与监督管理。

第二章 考　　试

第六条 执业药师职业资格实行全国统一大纲、统一命题、统一组织的考试制度。原则上每年举行一次。

第七条 国家药监局负责组织拟定考试科目和考试大纲、建立试题库、组织命审题工作,提出考试合格标准建议。

第八条 人力资源社会保障部负责组织审定考试科目、考试大纲,会同国家药监局对考试工作进行监督、指导并确定合格标准。

第九条 凡中华人民共和国公民和获准在我国境内就业的外籍人员,具备以下条件之一者,均可申请参加执业药师职业资格考试:

(一)取得药学类、中药学类专业大专学历,在药学或中药学岗位工作满5年;

(二)取得药学类、中药学类专业大学本科学历或学士学位,在药学或中药学岗位工作满3年;

(三)取得药学类、中药学类专业第二学士学位、研究生班毕业或硕士学位,在药学或中药学岗位工作满1年;

(四)取得药学类、中药学类专业博士学位;

(五)取得药学类、中药学类相关专业相应学历或学位的人员,在药学或中药学岗位工作的年限相应增加1年。

第十条 执业药师职业资格考试合格者,由各省、自治区、直辖市人力资源社会保障部门颁发《执业药师职业资格证书》。该证书由人力资源社会保障部统一印制,国家药监局与人力资源社会保障部用印,在全国范围内有效。

第三章 注　　册

第十一条 执业药师实行注册制度。国家药监局负责执业药师注册的政策制定和组织实施,指导全国执业药师注册管理工作。各省、自治区、直辖市药品监督管理部门负责本行政区域内的执业药师注册管理工作。

第十二条 取得《执业药师职业资格证书》者，应当通过全国执业药师注册管理信息系统向所在地注册管理机构申请注册。经注册后，方可从事相应的执业活动。未经注册者，不得以执业药师身份执业。

第十三条 申请注册者，必须同时具备下列条件：

（一）取得《执业药师职业资格证书》；

（二）遵纪守法，遵守执业药师职业道德，无不良信息记录；

（三）身体健康，能坚持在执业药师岗位工作；

（四）经所在单位考核同意。

第十四条 经批准注册者，由执业药师注册管理机构核发国家药监局统一样式的《执业药师注册证》。

第十五条 执业药师变更执业单位、执业范围等应当及时办理变更注册手续。

第十六条 执业药师注册有效期为五年。需要延续的，应当在有效期届满三十日前，向所在地注册管理机构提出延续注册申请。

第四章 职 责

第十七条 执业药师应当遵守执业标准和业务规范，以保障和促进公众用药安全有效为基本准则。

第十八条 执业药师必须严格遵守《中华人民共和国药品管理法》及国家有关药品研制、生产、经营、使用的各项法规及政策。执业药师对违反《中华人民共和国药品管理法》及有关法规、规章的行为或决定，有责任提出劝告、制止、拒绝执行，并向当地负责药品监督管理的部门报告。

第十九条 执业药师在执业范围内负责对药品质量的监督和管理，参与制定和实施药品全面质量管理制度，参与单位对内部违反规定行为的处理工作。

第二十条 执业药师负责处方的审核及调配，提供用药咨询与信息，指导合理用药，开展治疗药物监测及药品疗效评价等临床药学工作。

第二十一条 药品零售企业应当在醒目位置公示《执业药师注册证》，并对在岗执业的执业药师挂牌明示。执业药师不在岗时，应当以醒目方式公示，并停止销售处方药和甲类非处方药。

执业药师执业时应当按照有关规定佩戴工作牌。

第二十二条 执业药师应当按照国家专业技术人员继续教育的有关规定接受继续教育，更新专业知识，提高业务水平。国家鼓励执业药师参加实训培养。

第五章 监督管理

第二十三条 负责药品监督管理的部门按照有关法律、法规和规章的规定，对执业药师配备情况及其执业活动实施监督检查。

监督检查时应当查验《执业药师注册证》、处方审核记录、执业药师挂牌明示、执业药师在岗服务等事项。

执业单位和执业药师应当对负责药品监督管理的部门的监督检查予以协助、配合，不得拒绝、阻挠。

第二十四条 执业药师有下列情形之一

的，县级以上人力资源社会保障部门与负责药品监督管理的部门按规定对其给予表彰和奖励：

（一）在执业活动中，职业道德高尚，事迹突出的；

（二）对药学工作做出显著贡献的；

（三）向患者提供药学服务表现突出的；

（四）长期在边远贫困地区基层单位工作且表现突出的。

第二十五条 建立执业药师个人诚信记录，对其执业活动实行信用管理。执业药师的违法违规行为、接受表彰奖励及处分等，作为个人诚信信息由负责药品监督管理的部门及时记入全国执业药师注册管理信息系统；执业药师的继续教育学分，由继续教育管理机构及时记入全国执业药师注册管理信息系统。

第二十六条 对未按规定配备执业药师的单位，由所在地县级以上负责药品监督管理的部门责令限期配备，并按照相关法律法规给予处罚。

第二十七条 对以不正当手段取得《执业药师职业资格证书》的，按照国家专业技术人员资格考试违纪违规行为处理规定处理；构成犯罪的，依法追究刑事责任。

第二十八条 以欺骗、贿赂等不正当手段取得《执业药师注册证》的，由发证部门撤销《执业药师注册证》，三年内不予执业药师注册；构成犯罪的，依法追究刑事责任。

严禁《执业药师注册证》挂靠，持证人注册单位与实际工作单位不符的，由发证部门撤销《执业药师注册证》，并作为个人不良信息由负责药品监督管理的部门记入全国执业药师注册管理信息系统。买卖、租借《执业药师注册证》的单位，按照相关法律法规给予处罚。

第二十九条 执业药师违反本规定有关条款的，所在单位应当如实上报，由负责药品监督管理的部门根据情况予以处理。

第三十条 执业药师在执业期间违反《中华人民共和国药品管理法》及其他法律法规构成犯罪的，由司法机关依法追究责任。

第六章 附 则

第三十一条 专业技术人员取得执业药师职业资格，可认定其具备主管药师或主管中药师职称，并可作为申报高一级职称的条件。单位根据工作需要择优聘任。

第三十二条 本办法中的相关专业由国家药监局、人力资源社会保障部另行确定。

第三十三条 国家药监局、人力资源社会保障部会同相关部门逐步推进民族药执业药师管理相关工作。

第三十四条 香港、澳门、台湾地区居民申请国家执业药师资格考试、注册、继续教育、执业等活动，参照本规定办理。

第三十五条 本规定自印发之日起施行。原人事部、国家药品监督管理局《关于修订印发〈执业药师资格制度暂行规定〉和〈执业药师资格考试实施办法〉的通知》（人发〔1999〕34 号）同时废止。根据该文件取得的《执业药师资格证书》与本规定中《执业药师职业资格证书》效用等同。

执业药师职业资格考试实施办法

1. 2019年3月5日国家药监局、人力资源社会保障部发布
2. 国药监人〔2019〕12号

第一条 国家药监局与人力资源社会保障部共同负责执业药师职业资格考试工作，日常管理工作委托国家药监局执业药师资格认证中心负责，考务工作委托人力资源社会保障部人事考试中心负责。

各省、自治区、直辖市人力资源社会保障行政主管部门会同药品监督管理部门负责本地区的考试工作，具体职责分工由各地协商确定。

第二条 执业药师职业资格考试日期原则上为每年10月。

第三条 执业药师职业资格考试分为药学、中药学两个专业类别。

药学类考试科目为：药学专业知识（一）、药学专业知识（二）、药事管理与法规、药学综合知识与技能四个科目。

中药学类考试科目为：中药学专业知识（一）、中药学专业知识（二）、药事管理与法规、中药学综合知识与技能四个科目。

第四条 符合《执业药师职业资格制度规定》报考条件，按照国家有关规定取得药学或医学专业高级职称并在药学岗位工作的，可免试药学专业知识（一）、药学专业知识（二），只参加药事管理与法规、药学综合知识与技能两个科目的考试；取得中药学或中医学专业高级职称并在中药学岗位工作的，可免试中药学专业知识（一）、中药学专业知识（二），只参加药事管理与法规、中药学综合知识与技能两个科目的考试。

第五条 考试以四年为一个周期，参加全部科目考试的人员须在连续四个考试年度内通过全部科目的考试。

免试部分科目的人员须在连续两个考试年度内通过应试科目。

第六条 符合执业药师职业资格考试报考条件的人员，按照当地人事考试机构规定的程序和要求完成报名。参加考试人员凭准考证和有效身份证件在指定的日期、时间和地点参加考试。

中央和国务院各部门及所属单位、中央管理企业的人员，按属地原则报名参加考试。

第七条 考点原则上设在地级以上城市的大、中专院校或者高考定点学校。

第八条 坚持考试与培训分开的原则。凡参与考试工作（包括命题、审题与组织管理等）的人员，不得参加考试，也不得参加或者举办与考试内容相关的培训工作。应考人员参加培训坚持自愿原则。

第九条 考试实施机构及其工作人员，应当严格执行国家人事考试工作人员纪律规定和考试工作的各项规章制度，遵守考试工作纪律，切实做好试卷命制、印刷、发送和保管等各环节的安全保密工作，严防泄密。

第十条 对违反考试工作纪律和有关规定的人员，按照国家专业技术人员资格考试违纪违规行为处理规定处理。

第十一条 本办法自印发之日起施行。

执业药师注册管理办法

1. 2021年6月18日国家药品监督管理局发布

2. 国药监人〔2021〕36号

第一章 总 则

第一条 为规范执业药师注册工作，加强执业药师管理，根据《中华人民共和国药品管理法》等相关法律法规和《执业药师职业资格制度规定》，制定本办法。

第二条 执业药师注册及其相关监督管理工作，适用本办法。

第三条 持有《中华人民共和国执业药师职业资格证书》（以下简称《执业药师职业资格证书》）的人员，经注册取得《中华人民共和国执业药师注册证》（以下简称《执业药师注册证》）后，方可以执业药师身份执业。

第四条 国家药品监督管理局负责执业药师注册的政策制定和组织实施，指导监督全国执业药师注册管理工作。国家药品监督管理局执业药师资格认证中心承担全国执业药师注册管理工作。

各省、自治区、直辖市药品监督管理部门负责本行政区域内的执业药师注册及其相关监督管理工作。

第五条 法律、行政法规、规章和相关质量管理规范规定需由具备执业药师资格的人员担任的岗位，应当按规定配备执业药师。

鼓励药品上市许可持有人、药品生产企业、药品网络销售第三方平台等使用取得执业药师资格的人员。

第六条 国家药品监督管理局建立完善全国执业药师注册管理信息系统，国家药品监督管理局执业药师资格认证中心承担全国执业药师注册管理信息系统的建设、管理和维护工作，收集报告相关信息。

国家药品监督管理局加快推进执业药师电子注册管理，实现执业药师注册、信用信息资源共享和动态更新。

第二章 注册条件和内容

第七条 执业药师注册申请人（以下简称申请人），必须具备下列条件：

（一）取得《执业药师职业资格证书》；

（二）遵纪守法，遵守执业药师职业道德；

（三）身体健康，能坚持在执业药师岗位工作；

（四）经执业单位同意；

（五）按规定参加继续教育学习。

第八条 有下列情形之一的，药品监督管理部门不予注册：

（一）不具有完全民事行为能力的；

（二）甲类、乙类传染病传染期、精神疾病发病期等健康状况不适宜或者不能胜任相应业务工作的；

（三）受到刑事处罚，自刑罚执行完毕之日到申请注册之日不满三年的；

（四）未按规定完成继续教育学习的；

（五）近三年有新增不良信息记录的；

（六）国家规定不宜从事执业药师业务的其他情形。

第九条　执业药师注册内容包括：执业地区、执业类别、执业范围、执业单位。

执业地区为省、自治区、直辖市；

执业类别为药学类、中药学类、药学与中药学类；

执业范围为药品生产、药品经营、药品使用；

执业单位为药品生产、经营、使用及其他需要提供药学服务的单位。

药品监督管理部门根据申请人《执业药师职业资格证书》中注明的专业确定执业类别进行注册。获得药学和中药学两类专业《执业药师职业资格证书》的人员，可申请药学与中药学类执业类别注册。执业药师只能在一个执业单位按照注册的执业类别、执业范围执业。

第三章　注册程序

第十条　申请人通过全国执业药师注册管理信息系统向执业所在地省、自治区、直辖市药品监督管理部门申请注册。

第十一条　申请人申请首次注册需要提交以下材料：

（一）执业药师首次注册申请表（附件1）；

（二）执业药师职业资格证书；

（三）身份证明；

（四）执业单位开业证明；

（五）继续教育学分证明。

申请人委托他人办理注册申请的，代理人应当提交授权委托书以及代理人的身份证明文件。

申请人应当按要求在线提交注册申请或者现场递交纸质材料。药品监督管理部门应当公示明确上述材料形式要求。凡是通过法定证照、书面告知承诺、政府部门内部核查或者部门间核查、网络核验等能够办理的，药品监督管理部门不得要求申请人额外提供证明材料。

第十二条　申请人申请注册，应当如实向药品监督管理部门提交有关材料和反映真实情况，并对其申请材料的真实性负责。

第十三条　药品监督管理部门对申请人提交的材料进行形式审查，申请材料不齐全或者不符合规定形式的，应当当场或者在五个工作日内一次性告知申请人需要补正的全部内容；逾期不告知的，自收到注册申请材料之日起即为受理。

第十四条　申请材料齐全、符合规定形式，或者申请人按要求提交全部补正申请材料的，药品监督管理部门应当受理注册申请。

药品监督管理部门受理或者不予受理注册申请，应当向申请人出具加盖药品监督管理部门专用印章和注明日期的凭证。

第十五条　药品监督管理部门应当自受理注册申请之日起二十个工作日内作出注册许可决定。

第十六条　药品监督管理部门依法作出不予注册许可决定的，应当说明理由，并告知申请人享有依法申请行政复议或者提起行政诉讼的权利。

第十七条 药品监督管理部门作出的准予注册许可决定，应当在全国执业药师注册管理信息系统等予以公开。

药品监督管理部门及其工作人员对申请人提交的申请材料负有保密义务。

第十八条 药品监督管理部门作出注册许可决定之日起十个工作日内向申请人核发国家药品监督管理局统一样式（附件2）并加盖药品监督管理部门印章的《执业药师注册证》。

执业药师注册有效期为五年。

第十九条 地方药品监督管理部门应当按照“放管服”改革要求，优化工作流程，提高效率和服务水平，逐步缩短注册工作时限，并向社会公告。

第四章 注册变更和延续

第二十条 申请人要求变更执业地区、执业类别、执业范围、执业单位的，应当向拟申请执业所在地的省、自治区、直辖市药品监督管理部门申请办理变更注册手续。

药品监督管理部门应当自受理变更注册申请之日起七个工作日内作出准予变更注册的决定。

第二十一条 需要延续注册的，申请人应当在注册有效期满之日三十日前，向执业所在地省、自治区、直辖市药品监督管理部门提出延续注册申请。

药品监督管理部门准予延续注册的，注册有效期从期满之日次日起重新计算五年。药品监督管理部门准予变更注册的，注册有效期不变；但在有效期满之日前三十日内申请变更注册，符合要求的，注册有效期自旧证期满之日次日起重新计算五年。

第二十二条 需要变更注册或者延续注册的，申请人提交相应执业药师注册申请表（附件3或者附件4），并提供第十一条第四项和第五项所列材料。

第二十三条 申请人取得《执业药师职业资格证书》，非当年申请注册的，应当提供《执业药师职业资格证书》批准之日起第二年后的历年继续教育学分证明。申请人取得《执业药师职业资格证书》超过五年以上申请注册的，应至少提供近五年的连续继续教育学分证明。

第二十四条 有下列情形之一的，《执业药师注册证》由药品监督管理部门注销，并予以公告：

（一）注册有效期满未延续的；

（二）执业药师注册证被依法撤销或者吊销的；

（三）法律法规规定的应当注销注册的其他情形。

有下列情形之一的，执业药师本人或者其执业单位，应当自知晓或者应当知晓之日起三十个工作日内向药品监督管理部门申请办理注销注册，并填写执业药师注销注册申请表（附件5）。药品监督管理部门经核实后依法注销注册。

（一）本人主动申请注销注册的；

（二）执业药师身体健康状况不适宜继续执业的；

（三）执业药师无正当理由不在执业单位执业，超过一个月的；

（四）执业药师死亡或者被宣告失

踪的；

（五）执业药师丧失完全民事行为能力的；

（六）执业药师受刑事处罚的。

第五章 岗位职责和权利义务

第二十五条 执业药师依法负责药品管理、处方审核和调配、合理用药指导等工作。

执业药师在执业范围内应当对执业单位的药品质量和药学服务活动进行监督，保证药品管理过程持续符合法定要求，对执业单位违反有关法律、法规、部门规章和专业技术规范的行为或者决定，提出劝告、制止或者拒绝执行，并向药品监督管理部门报告。

第二十六条 执业药师享有下列权利：

（一）以执业药师的名义从事相关业务，保障公众用药安全和合法权益，保护和促进公众健康；

（二）在执业范围内，开展药品质量管理，制定和实施药品质量管理制度，提供药学服务；

（三）参加执业培训，接受继续教育；

（四）在执业活动中，人格尊严、人身安全不受侵犯；

（五）对执业单位的工作提出意见和建议；

（六）按照有关规定获得表彰和奖励；

（七）法律、法规规定的其他权利。

第二十七条 执业药师应当履行下列义务：

（一）严格遵守《中华人民共和国药品管理法》及国家有关药品生产、经营、使用等各项法律、法规、部门规章及政策；

（二）遵守执业标准和业务规范，恪守职业道德；

（三）廉洁自律，维护执业药师职业荣誉和尊严；

（四）维护国家、公众的利益和执业单位的合法权益；

（五）按要求参加突发重大公共事件的药事管理与药学服务；

（六）法律、法规规定的其他义务。

第六章 监督管理

第二十八条 药品监督管理部门按照有关法律、法规和规章的规定，对执业药师注册、执业药师继续教育实施监督检查。

执业单位、执业药师和实施继续教育的机构应当对药品监督管理部门的监督检查予以协助、配合，不得拒绝、阻挠。

第二十九条 执业药师每年应参加不少于90学时的继续教育培训，每3个学时为1学分，每年累计不少于30学分。其中，专业科目学时一般不少于总学时的三分之二。鼓励执业药师参加实训培养。

承担继续教育管理职责的机构应当将执业药师的继续教育学分记入全国执业药师注册管理信息系统。

第三十条 执业药师应当妥善保管《执业药师注册证》，不得买卖、租借和涂改。如发生损坏，当事人应当及时持损坏证书向原发证部门申请换发。如发生遗失，当事人向原发证部门申请补发。

第三十一条 伪造《执业药师注册证》的，药品监督管理部门发现后应当当场予以收缴并追究责任；构成犯罪的，移送相关部门依法追究刑事责任。

第三十二条 执业药师以欺骗、贿赂等不正当手段取得《执业药师注册证》的，由发证部门撤销《执业药师注册证》，三年内不予注册；构成犯罪的，移送相关部门依法追究刑事责任。

第三十三条 执业药师应当按照注册的执业地区、执业类别、执业范围、执业单位，从事相应的执业活动，不得擅自变更。执业药师未按本办法规定进行执业活动的，药品监督管理部门应当责令限期改正。

第三十四条 严禁《执业药师注册证》挂靠，持证人注册单位与实际工作单位不符的，由发证部门撤销《执业药师注册证》，三年内不予注册；构成犯罪的，移送相关部门依法追究刑事责任。买卖、租借《执业药师注册证》的单位，按照相关法律法规给予处罚。

第三十五条 执业药师在执业期间违反《中华人民共和国药品管理法》及其他法律法规构成犯罪的，由司法机关依法追究责任。

第三十六条 有下列情形之一的，应当作为个人不良信息由药品监督管理部门及时记入全国执业药师注册管理信息系统：

（一）以欺骗、贿赂等不正当手段取得《执业药师注册证》的；

（二）持证人注册单位与实际工作单位不一致或者无工作单位的，符合《执业药师注册证》挂靠情形的；

（三）执业药师注册证被依法撤销或者吊销的；

（四）执业药师受刑事处罚的；

（五）其他违反执业药师资格管理相关规定的。

第三十七条 省、自治区、直辖市药品监督管理部门有下列情形之一的，国家药品监督管理局有权责令其进行调查并依法依规给予处理：

（一）对不符合规定条件的申请人准予注册的；

（二）对符合规定条件的申请人不予注册或者不在法定期限内作出准予注册决定的；

（三）履行执业药师注册、继续教育监督管理职责不力，造成不良影响的。

第三十八条 药品监督管理部门工作人员在执业药师注册及其相关监督管理工作中，弄虚作假、玩忽职守、滥用职权、徇私舞弊的，依法依规给予处理。

第七章 附 则

第三十九条 已取得内地《执业药师职业资格证书》的香港、澳门、台湾地区居民，申请注册执业依照本办法执行。

第四十条 按照国家有关规定，取得在特定地区有效的《执业药师职业资格证书》的申请人，应依照本办法在特定地区注册执业。

第四十一条 本办法自印发之日起施行。原国家药品监督管理局《执业药师注册管理暂行办法》（国药管人〔2000〕156号）和原国家食品药品监督管理局《关于〈执业药师注册管理暂行办法〉的补充意见》（国食药监人〔2004〕342号）、《关于〈执业药师注册管理暂行办法〉的补充意见》(食药监人函〔2008〕1号)、《关于取得内地〈执业药师资格证书〉的香港、澳门永久性居民执业注册事项的通知》(国食药监人〔2009〕439号)同时废止。

附件:(略)

三、医疗健康服务

1. 处方、病例

处方管理办法

1. 2007年2月14日卫生部令第53号公布
2. 自2007年5月1日起施行

第一章 总 则

第一条 为规范处方管理,提高处方质量,促进合理用药,保障医疗安全,根据《执业医师法》、《药品管理法》、《医疗机构管理条例》、《麻醉药品和精神药品管理条例》等有关法律、法规,制定本办法。

第二条 本办法所称处方,是指由注册的执业医师和执业助理医师(以下简称医师)在诊疗活动中为患者开具的、由取得药学专业技术职务任职资格的药学专业技术人员(以下简称药师)审核、调配、核对,并作为患者用药凭证的医疗文书。处方包括医疗机构病区用药医嘱单。

本办法适用于与处方开具、调剂、保管相关的医疗机构及其人员。

第三条 卫生部负责全国处方开具、调剂、保管相关工作的监督管理。

县级以上地方卫生行政部门负责本行政区域内处方开具、调剂、保管相关工作的监督管理。

第四条 医师开具处方和药师调剂处方应当遵循安全、有效、经济的原则。

处方药应当凭医师处方销售、调剂和使用。

第二章 处方管理的一般规定

第五条 处方标准(附件1)由卫生部统一规定,处方格式由省、自治区、直辖市卫生行政部门(以下简称省级卫生行政部门)统一制定,处方由医疗机构按照规定的标准和格式印制。

第六条 处方书写应当符合下列规则:

(一)患者一般情况、临床诊断填写清晰、完整,并与病历记载相一致。

(二)每张处方限于一名患者的用药。

(三)字迹清楚,不得涂改;如需修改,应当在修改处签名并注明修改日期。

(四)药品名称应当使用规范的中文名称书写,没有中文名称的可以使用规范的英文名称书写;医疗机构或者医师、药师不得自行编制药品缩写名称或者使用代号;书写药品名称、剂量、规格、用法、用量要准确规范,药品用法可用规范的中文、英文、拉丁文或者缩写体书写,但不得使用"遵医嘱"、"自用"等含糊不清字句。

(五)患者年龄应当填写实足年龄,新生儿、婴幼儿写日、月龄,必要时要注明体重。

（六）西药和中成药可以分别开具处方，也可以开具一张处方，中药饮片应当单独开具处方。

（七）开具西药、中成药处方，每一种药品应当另起一行，每张处方不得超过5种药品。

（八）中药饮片处方的书写，一般应当按照“君、臣、佐、使”的顺序排列；调剂、煎煮的特殊要求注明在药品右上方，并加括号，如布包、先煎、后下等；对饮片的产地、炮制有特殊要求的，应当在药品名称之前写明。

（九）药品用法用量应当按照药品说明书规定的常规用法用量使用，特殊情况需要超剂量使用时，应当注明原因并再次签名。

（十）除特殊情况外，应当注明临床诊断。

（十一）开具处方后的空白处划一斜线以示处方完毕。

（十二）处方医师的签名式样和专用签章应当与院内药学部门留样备查的式样相一致，不得任意改动，否则应当重新登记留样备案。

第七条 药品剂量与数量用阿拉伯数字书写。剂量应当使用法定剂量单位：重量以克（g）、毫克（mg）、微克（μg）、纳克（ng）为单位；容量以升（L）、毫升（ml）为单位；国际单位（IU）、单位（U）；中药饮片以克（g）为单位。

片剂、丸剂、胶囊剂、颗粒剂分别以片、丸、粒、袋为单位；溶液剂以支、瓶为单位；软膏及乳膏剂以支、盒为单位；注射剂以支、瓶为单位，应当注明含量；中药饮片以剂为单位。

第三章 处方权的获得

第八条 经注册的执业医师在执业地点取得相应的处方权。

经注册的执业助理医师在医疗机构开具的处方，应当经所在执业地点执业医师签名或加盖专用签章后方有效。

第九条 经注册的执业助理医师在乡、民族乡、镇、村的医疗机构独立从事一般的执业活动，可以在注册的执业地点取得相应的处方权。

第十条 医师应当在注册的医疗机构签名留样或者专用签章备案后，方可开具处方。

第十一条 医疗机构应当按照有关规定，对本机构执业医师和药师进行麻醉药品和精神药品使用知识和规范化管理的培训。执业医师经考核合格后取得麻醉药品和第一类精神药品的处方权，药师经考核合格后取得麻醉药品和第一类精神药品调剂资格。

医师取得麻醉药品和第一类精神药品处方权后，方可在本机构开具麻醉药品和第一类精神药品处方，但不得为自己开具该类药品处方。药师取得麻醉药品和第一类精神药品调剂资格后，方可在本机构调剂麻醉药品和第一类精神药品。

第十二条 试用期人员开具处方，应当经所在医疗机构有处方权的执业医师审核、并签名或加盖专用签章后方有效。

第十三条 进修医师由接收进修的医疗机构对其胜任本专业工作的实际情况进行认定后授予相应的处方权。

第四章 处方的开具

第十四条 医师应当根据医疗、预防、保健需要,按照诊疗规范、药品说明书中的药品适应证、药理作用、用法、用量、禁忌、不良反应和注意事项等开具处方。

开具医疗用毒性药品、放射性药品的处方应当严格遵守有关法律、法规和规章的规定。

第十五条 医疗机构应当根据本机构性质、功能、任务,制定药品处方集。

第十六条 医疗机构应当按照经药品监督管理部门批准并公布的药品通用名称购进药品。同一通用名称药品的品种,注射剂型和口服剂型各不得超过2种,处方组成类同的复方制剂1～2种。因特殊诊疗需要使用其他剂型和剂量规格药品的情况除外。

第十七条 医师开具处方应当使用经药品监督管理部门批准并公布的药品通用名称、新活性化合物的专利药品名称和复方制剂药品名称。

医师开具院内制剂处方时应当使用经省级卫生行政部门审核、药品监督管理部门批准的名称。

医师可以使用由卫生部公布的药品习惯名称开具处方。

第十八条 处方开具当日有效。特殊情况下需延长有效期的,由开具处方的医师注明有效期限,但有效期最长不得超过3天。

第十九条 处方一般不得超过7日用量;急诊处方一般不得超过3日用量;对于某些慢性病、老年病或特殊情况,处方用量可适当延长,但医师应当注明理由。

医疗用毒性药品、放射性药品的处方用量应当严格按照国家有关规定执行。

第二十条 医师应当按照卫生部制定的麻醉药品和精神药品临床应用指导原则,开具麻醉药品、第一类精神药品处方。

第二十一条 门(急)诊癌症疼痛患者和中、重度慢性疼痛患者需长期使用麻醉药品和第一类精神药品的,首诊医师应当亲自诊查患者,建立相应的病历,要求其签署《知情同意书》。

病历中应当留存下列材料复印件:

(一)二级以上医院开具的诊断证明;

(二)患者户籍簿、身份证或者其他相关有效身份证明文件;

(三)为患者代办人员身份证明文件。

第二十二条 除需长期使用麻醉药品和第一类精神药品的门(急)诊癌症疼痛患者和中、重度慢性疼痛患者外,麻醉药品注射剂仅限于医疗机构内使用。

第二十三条 为门(急)诊患者开具的麻醉药品注射剂,每张处方为一次常用量;控缓释制剂,每张处方不得超过7日常用量;其他剂型,每张处方不得超过3日常用量。

第一类精神药品注射剂,每张处方为一次常用量;控缓释制剂,每张处方不得超过7日常用量;其他剂型,每张处方不得超过3日常用量。哌醋甲酯用于治疗儿童多动症时,每张处方不得超过15日常用量。

第二类精神药品一般每张处方不

得超过7日常用量;对于慢性病或某些特殊情况的患者,处方用量可以适当延长,医师应当注明理由。

第二十四条 为门(急)诊癌症疼痛患者和中、重度慢性疼痛患者开具的麻醉药品、第一类精神药品注射剂,每张处方不得超过3日常用量;控缓释制剂,每张处方不得超过15日常用量;其他剂型,每张处方不得超过7日常用量。

第二十五条 为住院患者开具的麻醉药品和第一类精神药品处方应当逐日开具,每张处方为1日常用量。

第二十六条 对于需要特别加强管制的麻醉药品,盐酸二氢埃托啡处方为一次常用量,仅限于二级以上医院内使用;盐酸哌替啶处方为一次常用量,仅限于医疗机构内使用。

第二十七条 医疗机构应当要求长期使用麻醉药品和第一类精神药品的门(急)诊癌症患者和中、重度慢性疼痛患者,每3个月复诊或者随诊一次。

第二十八条 医师利用计算机开具、传递普通处方时,应当同时打印出纸质处方,其格式与手写处方一致;打印的纸质处方经签名或者加盖签章后有效。药师核发药品时,应当核对打印的纸质处方,无误后发给药品,并将打印的纸质处方与计算机传递处方同时收存备查。

第五章 处方的调剂

第二十九条 取得药学专业技术职务任职资格的人员方可从事处方调剂工作。

第三十条 药师在执业的医疗机构取得处方调剂资格。药师签名或者专用签章式样应当在本机构留样备查。

第三十一条 具有药师以上专业技术职务任职资格的人员负责处方审核、评估、核对、发药以及安全用药指导;药士从事处方调配工作。

第三十二条 药师应当凭医师处方调剂处方药品,非经医师处方不得调剂。

第三十三条 药师应当按照操作规程调剂处方药品:认真审核处方,准确调配药品,正确书写药袋或粘贴标签,注明患者姓名和药品名称、用法、用量,包装;向患者交付药品时,按照药品说明书或者处方用法,进行用药交待与指导,包括每种药品的用法、用量、注意事项等。

第三十四条 药师应当认真逐项检查处方前记、正文和后记书写是否清晰、完整,并确认处方的合法性。

第三十五条 药师应当对处方用药适宜性进行审核,审核内容包括:

(一)规定必须做皮试的药品,处方医师是否注明过敏试验及结果的判定;

(二)处方用药与临床诊断的相符性;

(三)剂量、用法的正确性;

(四)选用剂型与给药途径的合理性;

(五)是否有重复给药现象;

(六)是否有潜在临床意义的药物相互作用和配伍禁忌;

(七)其他用药不适宜情况。

第三十六条 药师经处方审核后,认为存在用药不适宜时,应当告知处方医师,请其确认或者重新开具处方。

药师发现严重不合理用药或者用

药错误,应当拒绝调剂,及时告知处方医师,并应当记录,按照有关规定报告。

第三十七条 药师调剂处方时必须做到"四查十对":查处方,对科别、姓名、年龄;查药品,对药名、剂型、规格、数量;查配伍禁忌,对药品性状、用法用量;查用药合理性,对临床诊断。

第三十八条 药师在完成处方调剂后,应当在处方上签名或者加盖专用签章。

第三十九条 药师应当对麻醉药品和第一类精神药品处方,按年月日逐日编制顺序号。

第四十条 药师对于不规范处方或者不能判定其合法性的处方,不得调剂。

第四十一条 医疗机构应当将本机构基本用药供应目录内同类药品相关信息告知患者。

第四十二条 除麻醉药品、精神药品、医疗用毒性药品和儿科处方外,医疗机构不得限制门诊就诊人员持处方到药品零售企业购药。

第六章 监督管理

第四十三条 医疗机构应当加强对本机构处方开具、调剂和保管的管理。

第四十四条 医疗机构应当建立处方点评制度,填写处方评价表(附件 2),对处方实施动态监测及超常预警,登记并通报不合理处方,对不合理用药及时予以干预。

第四十五条 医疗机构应当对出现超常处方 3 次以上且无正当理由的医师提出警告,限制其处方权;限制处方权后,仍连续 2 次以上出现超常处方且无正当理由的,取消其处方权。

第四十六条 医师出现下列情形之一的,处方权由其所在医疗机构予以取消:

(一)被责令暂停执业;

(二)考核不合格离岗培训期间;

(三)被注销、吊销执业证书;

(四)不按照规定开具处方,造成严重后果的;

(五)不按照规定使用药品,造成严重后果的;

(六)因开具处方牟取私利。

第四十七条 未取得处方权的人员及被取消处方权的医师不得开具处方。未取得麻醉药品和第一类精神药品处方资格的医师不得开具麻醉药品和第一类精神药品处方。

第四十八条 除治疗需要外,医师不得开具麻醉药品、精神药品、医疗用毒性药品和放射性药品处方。

第四十九条 未取得药学专业技术职务任职资格的人员不得从事处方调剂工作。

第五十条 处方由调剂处方药品的医疗机构妥善保存。普通处方、急诊处方、儿科处方保存期限为 1 年,医疗用毒性药品、第二类精神药品处方保存期限为 2 年,麻醉药品和第一类精神药品处方保存期限为 3 年。

处方保存期满后,经医疗机构主要负责人批准、登记备案,方可销毁。

第五十一条 医疗机构应当根据麻醉药品和精神药品处方开具情况,按照麻醉药品和精神药品品种、规格对其消耗量进行专册登记,登记内容包括发药日期、患者姓名、用药数量。专册保存期限为3年。

第五十二条 县级以上地方卫生行政部门应当定期对本行政区域内医疗机构处方管理情况进行监督检查。

县级以上卫生行政部门在对医疗机构实施监督管理过程中，发现医师出现本办法第四十六条规定情形的，应当责令医疗机构取消医师处方权。

第五十三条 卫生行政部门的工作人员依法对医疗机构处方管理情况进行监督检查时，应当出示证件；被检查的医疗机构应当予以配合，如实反映情况，提供必要的资料，不得拒绝、阻碍、隐瞒。

第七章 法律责任

第五十四条 医疗机构有下列情形之一的，由县级以上卫生行政部门按照《医疗机构管理条例》第四十八条的规定，责令限期改正，并可处以5000元以下的罚款；情节严重的，吊销其《医疗机构执业许可证》：

（一）使用未取得处方权的人员、被取消处方权的医师开具处方的；

（二）使用未取得麻醉药品和第一类精神药品处方资格的医师开具麻醉药品和第一类精神药品处方的；

（三）使用未取得药学专业技术职务任职资格的人员从事处方调剂工作的。

第五十五条 医疗机构未按照规定保管麻醉药品和精神药品处方，或者未依照规定进行专册登记的，按照《麻醉药品和精神药品管理条例》第七十二条的规定，由设区的市级卫生行政部门责令限期改正，给予警告；逾期不改正的，处5000元以上1万元以下的罚款；情节严重的，吊销其印鉴卡；对直接负责的主管人员和其他直接责任人员，依法给予降级、撤职、开除的处分。

第五十六条 医师和药师出现下列情形之一的，由县级以上卫生行政部门按照《麻醉药品和精神药品管理条例》第七十三条的规定予以处罚：

（一）未取得麻醉药品和第一类精神药品处方资格的医师擅自开具麻醉药品和第一类精神药品处方的；

（二）具有麻醉药品和第一类精神药品处方医师未按照规定开具麻醉药品和第一类精神药品处方，或者未按照卫生部制定的麻醉药品和精神药品临床应用指导原则使用麻醉药品和第一类精神药品的；

（三）药师未按照规定调剂麻醉药品、精神药品处方的。

第五十七条 医师出现下列情形之一的，按照《执业医师法》第三十七条的规定，由县级以上卫生行政部门给予警告或者责令暂停六个月以上一年以下执业活动；情节严重的，吊销其执业证书：

（一）未取得处方权或者被取消处方权后开具药品处方的；

（二）未按照本办法规定开具药品处方的；

（三）违反本办法其他规定的。

第五十八条 药师未按照规定调剂处方药品，情节严重的，由县级以上卫生行政部门责令改正、通报批评，给予警告；并由所在医疗机构或者其上级单位给予纪律处分。

第五十九条 县级以上地方卫生行政部

门未按照本办法规定履行监管职责的，由上级卫生行政部门责令改正。

第八章 附 则

第六十条 乡村医生按照《乡村医生从业管理条例》的规定，在省级卫生行政部门制定的乡村医生基本用药目录范围内开具药品处方。

第六十一条 本办法所称药学专业技术人员，是指按照卫生部《卫生技术人员职务试行条例》规定，取得药学专业技术职务任职资格人员，包括主任药师、副主任药师、主管药师、药师、药士。

第六十二条 本办法所称医疗机构，是指按照《医疗机构管理条例》批准登记的从事疾病诊断、治疗活动的医院、社区卫生服务中心（站）、妇幼保健院、卫生院、疗养院、门诊部、诊所、卫生室（所）、急救中心（站）、专科疾病防治院（所、站）以及护理院（站）等医疗机构。

第六十三条 本办法自2007年5月1日起施行。《处方管理办法（试行）》（卫医发〔2004〕269号）和《麻醉药品、精神药品处方管理规定》（卫医法〔2005〕436号）同时废止。

附件：（略）

医疗机构处方审核规范

1. 2018年6月29日国家卫生健康委员会办公厅、国家中医药管理局办公室、中央军委后勤保障部办公厅发布

2. 国卫办医发〔2018〕14号

第一章 总 则

第一条 为规范医疗机构处方审核工作，促进合理用药，保障患者用药安全，根据《中华人民共和国药品管理法》《医疗机构药事管理规定》《处方管理办法》《医院处方点评管理规范（试行）》等有关法律法规、规章制度，制定本规范。

第二条 处方审核是指药学专业技术人员运用专业知识与实践技能，根据相关法律法规、规章制度与技术规范等，对医师在诊疗活动中为患者开具的处方，进行合法性、规范性和适宜性审核，并作出是否同意调配发药决定的药学技术服务。

审核的处方包括纸质处方、电子处方和医疗机构病区用药医嘱单。

第三条 二级以上医院、妇幼保健院和专科疾病防治机构应当按照本规范执行，其他医疗机构参照执行。

第二章 基本要求

第四条 所有处方均应当经审核通过后方可进入划价收费和调配环节，未经审核通过的处方不得收费和调配。

第五条 从事处方审核的药学专业技术人员（以下简称药师）应当满足以下条件：

（一）取得药师及以上药学专业技术职务任职资格。

（二）具有3年及以上门急诊或病区处方调剂工作经验，接受过处方审核相应岗位的专业知识培训并考核合格。

第六条 药师是处方审核工作的第一责任人。药师应当对处方各项内容进行逐一审核。医疗机构可以通过相关信息系统辅助药师开展处方审核。对信息系统筛选出的不合理处方及信息系统不能审核的部分,应当由药师进行人工审核。

第七条 经药师审核后,认为存在用药不适宜时,应当告知处方医师,建议其修改或者重新开具处方;药师发现不合理用药,处方医师不同意修改时,药师应当作好记录并纳入处方点评;药师发现严重不合理用药或者用药错误时,应当拒绝调配,及时告知处方医师并记录,按照有关规定报告。

第八条 医疗机构应当积极推进处方审核信息化,通过信息系统为处方审核提供必要的信息,如电子处方,以及医学相关检查、检验学资料、现病史、既往史、用药史、过敏史等电子病历信息。信息系统内置审方规则应当由医疗机构制定或经医疗机构审核确认,并有明确的临床用药依据来源。

第九条 医疗机构应当制定信息系统相关的安全保密制度,防止药品、患者用药等信息泄露,做好相应的信息系统故障应急预案。

第三章 审核依据和流程

第十条 处方审核常用临床用药依据:国家药品管理相关法律法规和规范性文件,临床诊疗规范、指南,临床路径,药品说明书,国家处方集等。

第十一条 医疗机构可以结合实际,由药事管理与药物治疗学委员会充分考虑患者用药安全性、有效性、经济性、依从性等综合因素,参考专业学(协)会及临床专家认可的临床规范、指南等,制订适合本机构的临床用药规范、指南,为处方审核提供依据。

第十二条 处方审核流程:

(一)药师接收待审核处方,对处方进行合法性、规范性、适宜性审核。

(二)若经审核判定为合理处方,药师在纸质处方上手写签名(或加盖专用印章)、在电子处方上进行电子签名,处方经药师签名后进入收费和调配环节。

(三)若经审核判定为不合理处方,由药师负责联系处方医师,请其确认或重新开具处方,并再次进入处方审核流程。

第四章 审核内容

第十三条 合法性审核。

(一)处方开具人是否根据《执业医师法》取得医师资格,并执业注册。

(二)处方开具时,处方医师是否根据《处方管理办法》在执业地点取得处方权。

(三)麻醉药品、第一类精神药品、医疗用毒性药品、放射性药品、抗菌药物等药品处方,是否由具有相应处方权的医师开具。

第十四条 规范性审核。

(一)处方是否符合规定的标准和格式,处方医师签名或加盖的专用签章有无备案,电子处方是否有处方医师的电子签名。

(二)处方前记、正文和后记是否符合《处方管理办法》等有关规定,文字是否正确、清晰、完整。

(三)条目是否规范。

1. 年龄应当为实足年龄,新生儿、婴幼儿应当写日、月龄,必要时要注明体重;

2. 中药饮片、中药注射剂要单独开具处方；

3. 开具西药、中成药处方，每一种药品应当另起一行，每张处方不得超过5种药品；

4. 药品名称应当使用经药品监督管理部门批准并公布的药品通用名称、新活性化合物的专利药品名称和复方制剂药品名称，或使用由原卫生部公布的药品习惯名称；医院制剂应当使用药品监督管理部门正式批准的名称；

5. 药品剂量、规格、用法、用量准确清楚，符合《处方管理办法》规定，不得使用"遵医嘱""自用"等含糊不清字句；

6. 普通药品处方量及处方效期符合《处方管理办法》的规定，抗菌药物、麻醉药品、精神药品、医疗用毒性药品、放射药品、易制毒化学品等的使用符合相关管理规定；

7. 中药饮片、中成药的处方书写应当符合《中药处方格式及书写规范》。

第十五条 适宜性审核。

（一）西药及中成药处方，应当审核以下项目：

1. 处方用药与诊断是否相符；

2. 规定必须做皮试的药品，是否注明过敏试验及结果的判定；

3. 处方剂量、用法是否正确，单次处方总量是否符合规定；

4. 选用剂型与给药途径是否适宜；

5. 是否有重复给药和相互作用情况，包括西药、中成药、中成药与西药、中成药与中药饮片之间是否存在重复给药和有临床意义的相互作用；

6. 是否存在配伍禁忌；

7. 是否有用药禁忌：儿童、老年人、孕妇及哺乳期妇女、脏器功能不全患者用药是否有禁忌使用的药物，患者用药是否有食物及药物过敏史禁忌证、诊断禁忌证、疾病史禁忌证与性别禁忌证；

8. 溶媒的选择、用法用量是否适宜，静脉输注的药品给药速度是否适宜；

9. 是否存在其他用药不适宜情况。

（二）中药饮片处方，应当审核以下项目：

1. 中药饮片处方用药与中医诊断（病名和证型）是否相符；

2. 饮片的名称、炮制品选用是否正确，煎法、用法、脚注等是否完整、准确；

3. 毒麻贵细饮片是否按规定开方；

4. 特殊人群如儿童、老年人、孕妇及哺乳期妇女、脏器功能不全患者用药是否有禁忌使用的药物；

5. 是否存在其他用药不适宜情况。

第五章 审核质量管理

第十六条 处方审核质量管理以自我监测评价为主，以行政部门干预评价为辅。

医疗机构应当在医院药事管理与药物治疗学委员会（组）和医疗质量管理委员会领导下设立处方审核质量管

理小组或指定专(兼)职人员,定期对机构内处方审核质量开展监测与评价,包括对信息系统审核的处方进行抽查,发现问题及时改进。

县级以上卫生健康行政部门(含中医药主管部门)可以组织或委托第三方对其核发《医疗机构执业许可证》的医疗机构处方审核质量进行检查评价。

第十七条 开展处方审核应当满足以下必备条件:

(一)配备适宜的处方审核人员;

(二)处方审核人员符合本规范第五条要求;

(三)具备处方审核场所;

(四)配备相应的处方审核工具,鼓励医疗机构建立处方审核信息系统;

(五)制订本机构的处方审核规范与制度。

第十八条 建立并实施处方审核全过程质量管理机制。

(一)审核过程追溯机制:医疗机构应当保证处方审核的全过程可以追溯,特别是针对关键流程的处理应当保存相应的记录。

(二)审核反馈机制:建立不合理处方的反馈机制,并有相应的记录。

(三)审核质量改进机制:针对处方审核,建立质量改进机制,并有相应的措施与记录。

第十九条 建立处方审核质量监测指标体系,对处方审核的数量、质量、效率和效果等进行评价。至少包括处方审核率、处方干预率、处方合理率等。

第六章 培　训

第二十条 医疗机构应当组织对从事处方审核的药师进行定期培训和考核。培训内容应当包括:

(一)相关法律、法规、政策,职业道德,工作制度和岗位职责,本岗位的特殊要求及操作规程等;

(二)药学基本理论、基本知识和基本技能;从事中药处方审核的药师,还应当培训中医药基本理论、基本知识和基本技能;

(三)其他培训,如参与临床药物治疗、查房、会诊、疑难危重病例、死亡病例讨论以及临床疾病诊疗知识培训,参加院内、外举办的相关会议、学术论坛及培训班等。

第二十一条 负责处方审核的药师应当接受继续教育,不断更新、补充、拓展知识和能力,提高处方审核水平。

第七章 附　则

第二十二条 不合理处方包括不规范处方、用药不适宜处方及超常处方。

第二十三条 本规范自印发之日起施行。

医疗机构病历管理规定(2013年版)

1. 2013年11月20日国家卫生和计划生育委员会、国家中医药管理局发布

2. 国卫医发〔2013〕31号

3. 自2014年1月1日起施行

第一章 总　则

第一条 为加强医疗机构病历管理,保障医疗质量与安全,维护医患双方的合法权益,制定本规定。

第二条 病历是指医务人员在医疗活动过程中形成的文字、符号、图表、影像、切片等资料的总和,包括门(急)诊病历和住院病历。病历归档以后形成病案。

第三条 本规定适用于各级各类医疗机构对病历的管理。

第四条 按照病历记录形式不同,可区分为纸质病历和电子病历。电子病历与纸质病历具有同等效力。

第五条 医疗机构应当建立健全病历管理制度,设置病案管理部门或者配备专(兼)职人员,负责病历和病案管理工作。

医疗机构应当建立病历质量定期检查、评估与反馈制度。医疗机构医务部门负责病历的质量管理。

第六条 医疗机构及其医务人员应当严格保护患者隐私,禁止以非医疗、教学、研究目的泄露患者的病历资料。

第二章 病历的建立

第七条 医疗机构应当建立门(急)诊病历和住院病历编号制度,为同一患者建立唯一的标识号码。已建立电子病历的医疗机构,应当将病历标识号码与患者身份证明编号相关联,使用标识号码和身份证明编号均能对病历进行检索。

门(急)诊病历和住院病历应当标注页码或者电子页码。

第八条 医务人员应当按照《病历书写基本规范》、《中医病历书写基本规范》、《电子病历基本规范(试行)》和《中医电子病历基本规范(试行)》要求书写病历。

第九条 住院病历应当按照以下顺序排序:体温单、医嘱单、入院记录、病程记录、术前讨论记录、手术同意书、麻醉同意书、麻醉术前访视记录、手术安全核查记录、手术清点记录、麻醉记录、手术记录、麻醉术后访视记录、术后病程记录、病重(病危)患者护理记录、出院记录、死亡记录、输血治疗知情同意书、特殊检查(特殊治疗)同意书、会诊记录、病危(重)通知书、病理资料、辅助检查报告单、医学影像检查资料。

病案应当按照以下顺序装订保存:住院病案首页、入院记录、病程记录、术前讨论记录、手术同意书、麻醉同意书、麻醉术前访视记录、手术安全核查记录、手术清点记录、麻醉记录、手术记录、麻醉术后访视记录、术后病程记录、出院记录、死亡记录、死亡病例讨论记录、输血治疗知情同意书、特殊检查(特殊治疗)同意书、会诊记录、病危(重)通知书、病理资料、辅助检查报告单、医学影像检查资料、体温单、医嘱单、病重(病危)患者护理记录。

第三章 病历的保管

第十条 门(急)诊病历原则上由患者负责保管。医疗机构建有门(急)诊病历档案室或者已建立门(急)诊电子病历的,经患者或者其法定代理人同意,其门(急)诊病历可以由医疗机构负责保管。

住院病历由医疗机构负责保管。

第十一条 门(急)诊病历由患者保管的,医疗机构应当将检查检验结果及时交由患者保管。

第十二条 门(急)诊病历由医疗机构保管的,医疗机构应当在收到检查检验结果后24小时内,将检查检验结果归入或者录入门(急)诊病历,并在每次诊疗活动结束后首个工作日内将门(急)诊病历归档。

第十三条 患者住院期间,住院病历由所在病区统一保管。因医疗活动或者工作需要,须将住院病历带离病区时,应当由病区指定的专门人员负责携带和保管。

医疗机构应当在收到住院患者检查检验结果和相关资料后24小时内归入或者录入住院病历。

患者出院后,住院病历由病案管理部门或者专(兼)职人员统一保存、管理。

第十四条 医疗机构应当严格病历管理,任何人不得随意涂改病历,严禁伪造、隐匿、销毁、抢夺、窃取病历。

第四章 病历的借阅与复制

第十五条 除为患者提供诊疗服务的医务人员,以及经卫生计生行政部门、中医药管理部门或者医疗机构授权的负责病案管理、医疗管理的部门或者人员外,其他任何机构和个人不得擅自查阅患者病历。

第十六条 其他医疗机构及医务人员因科研、教学需要查阅、借阅病历的,应当向患者就诊医疗机构提出申请,经同意并办理相应手续后方可查阅、借阅。查阅后应当立即归还,借阅病历应当在3个工作日内归还。查阅的病历资料不得带离患者就诊医疗机构。

第十七条 医疗机构应当受理下列人员和机构复制或者查阅病历资料的申请,并依规定提供病历复制或者查阅服务:

(一)患者本人或者其委托代理人;

(二)死亡患者法定继承人或者其代理人。

第十八条 医疗机构应当指定部门或者专(兼)职人员负责受理复制病历资料的申请。受理申请时,应当要求申请人提供有关证明材料,并对申请材料的形式进行审核。

(一)申请人为患者本人的,应当提供其有效身份证明;

(二)申请人为患者代理人的,应当提供患者及其代理人的有效身份证明,以及代理人与患者代理关系的法定证明材料和授权委托书;

(三)申请人为死亡患者法定继承人的,应当提供患者死亡证明、死亡患者法定继承人的有效身份证明,死亡患者与法定继承人关系的法定证明材料;

(四)申请人为死亡患者法定继承人代理人的,应当提供患者死亡证明、死亡患者法定继承人及其代理人的有效身份证明,死亡患者与法定继承人关系的法定证明材料,代理人与法定继承人代理关系的法定证明材料及授权委托书。

第十九条 医疗机构可以为申请人复制门(急)诊病历和住院病历中的体温单、医嘱单、住院志(入院记录)、手术同意书、麻醉同意书、麻醉记录、手术记录、病重(病危)患者护理记录、出院记录、输血治疗知情同意书、特殊检查(特殊治疗)同意书、病理报告、检验报告等辅助检查报告单、医学影像检查资料等病历资料。

第二十条 公安、司法、人力资源社会保障、保险以及负责医疗事故技术鉴定的部门,因办理案件、依法实施专业技术鉴定、医疗保险审核或仲裁、商业保险审核等需要,提出审核、查阅或者复制病历资料要求的,经办人员提供以下证明材料后,医疗机构可以根据需要提供患者部分或全部病历:

(一)该行政机关、司法机关、保险或者负责医疗事故技术鉴定部门出具的调取病历的法定证明;

(二)经办人本人有效身份证明;

(三)经办人本人有效工作证明(需与该行政机关、司法机关、保险或者负责医疗事故技术鉴定部门一致)。

保险机构因商业保险审核等需要,提出审核、查阅或者复制病历资料要求的,还应当提供保险合同复印件、患者本人或者其代理人同意的法定证明材料;患者死亡的,应当提供保险合同复印件、死亡患者法定继承人或者其代理人同意的法定证明材料。合同或者法律另有规定的除外。

第二十一条 按照《病历书写基本规范》和《中医病历书写基本规范》要求,病历尚未完成,申请人要求复制病历时,可以对已完成病历先行复制,在医务人员按照规定完成病历后,再对新完成部分进行复制。

第二十二条 医疗机构受理复制病历资料申请后,由指定部门或者专(兼)职人员通知病案管理部门或专(兼)职人员,在规定时间内将需要复制的病历资料送至指定地点,并在申请人在场的情况下复制;复制的病历资料经申请人和医疗机构双方确认无误后,加盖医疗机构证明印记。

第二十三条 医疗机构复制病历资料,可以按照规定收取工本费。

第五章 病历的封存与启封

第二十四条 依法需要封存病历时,应当在医疗机构或者其委托代理人、患者或者其代理人在场的情况下,对病历共同进行确认,签封病历复制件。

医疗机构申请封存病历时,医疗机构应当告知患者或者其代理人共同实施病历封存;但患者或者其代理人拒绝或者放弃实施病历封存的,医疗机构可以在公证机构公证的情况下,对病历进行确认,由公证机构签封病历复制件。

第二十五条 医疗机构负责封存病历复制件的保管。

第二十六条 封存后病历的原件可以继续记录和使用。

按照《病历书写基本规范》和《中医病历书写基本规范》要求,病历尚未完成,需要封存病历时,可以对已完成病历先行封存,当医师按照规定完成病历后,再对新完成部分进行封存。

第二十七条 开启封存病历应当在签封各方在场的情况下实施。

第六章 病历的保存

第二十八条 医疗机构可以采用符合档案管理要求的缩微技术等对纸质病历进行处理后保存。

第二十九条 门(急)诊病历由医疗机构

保管的，保存时间自患者最后一次就诊之日起不少于15年；住院病历保存时间自患者最后一次住院出院之日起不少于30年。

第三十条　医疗机构变更名称时，所保管的病历应当由变更后医疗机构继续保管。

医疗机构撤销后，所保管的病历可以由省级卫生计生行政部门、中医药管理部门或者省级卫生计生行政部门、中医药管理部门指定的机构按照规定妥善保管。

第七章　附　　则

第三十一条　本规定由国家卫生计生委负责解释。

第三十二条　本规定自2014年1月1日起施行。原卫生部和国家中医药管理局于2002年公布的《医疗机构病历管理规定》（卫医发〔2002〕193号）同时废止。

2. 诊 疗 行 为

人体器官移植条例

1．2007年3月31日国务院令第491号公布
2．自2007年5月1日起施行

第一章　总　　则

第一条　为了规范人体器官移植，保证医疗质量，保障人体健康，维护公民的合法权益，制定本条例。

第二条　在中华人民共和国境内从事人体器官移植，适用本条例；从事人体细胞和角膜、骨髓等人体组织移植，不适用本条例。

本条例所称人体器官移植，是指摘取人体器官捐献人具有特定功能的心脏、肺脏、肝脏、肾脏或者胰腺等器官的全部或者部分，将其植入接受人身体以代替其病损器官的过程。

第三条　任何组织或者个人不得以任何形式买卖人体器官，不得从事与买卖人体器官有关的活动。

第四条　国务院卫生主管部门负责全国人体器官移植的监督管理工作。县级以上地方人民政府卫生主管部门负责本行政区域人体器官移植的监督管理工作。

各级红十字会依法参与人体器官捐献的宣传等工作。

第五条　任何组织或者个人对违反本条例规定的行为，有权向卫生主管部门和其他有关部门举报；对卫生主管部门和其他有关部门未依法履行监督管理职责的行为，有权向本级人民政府、上级人民政府有关部门举报。接到举报的人民政府、卫生主管部门和其他有关部门对举报应当及时核实、处理，并将处理结果向举报人通报。

第六条　国家通过建立人体器官移植工作体系，开展人体器官捐献的宣传、推动工作，确定人体器官移植预约者名单，组织协调人体器官的使用。

第二章　人体器官的捐献

第七条　人体器官捐献应当遵循自愿、无偿的原则。

公民享有捐献或者不捐献其人体器官的权利；任何组织或者个人不得强迫、欺骗或者利诱他人捐献人体器官。

第八条 捐献人体器官的公民应当具有完全民事行为能力。公民捐献其人体器官应当有书面形式的捐献意愿，对已经表示捐献其人体器官的意愿，有权予以撤销。

公民生前表示不同意捐献其人体器官的，任何组织或者个人不得捐献、摘取该公民的人体器官；公民生前未表示不同意捐献其人体器官的，该公民死亡后，其配偶、成年子女、父母可以以书面形式共同表示同意捐献该公民人体器官的意愿。

第九条 任何组织或者个人不得摘取未满18周岁公民的活体器官用于移植。

第十条 活体器官的接受人限于活体器官捐献人的配偶、直系血亲或者三代以内旁系血亲，或者有证据证明与活体器官捐献人存在因帮扶等形成亲情关系的人员。

第三章 人体器官的移植

第十一条 医疗机构从事人体器官移植，应当依照《医疗机构管理条例》的规定，向所在地省、自治区、直辖市人民政府卫生主管部门申请办理人体器官移植诊疗科目登记。

医疗机构从事人体器官移植，应当具备下列条件：

（一）有与从事人体器官移植相适应的执业医师和其他医务人员；

（二）有满足人体器官移植所需要的设备、设施；

（三）有由医学、法学、伦理学等方面专家组成的人体器官移植技术临床应用与伦理委员会，该委员会中从事人体器官移植的医学专家不超过委员人数的1/4；

（四）有完善的人体器官移植质量监控等管理制度。

第十二条 省、自治区、直辖市人民政府卫生主管部门进行人体器官移植诊疗科目登记，除依据本条例第十一条规定的条件外，还应当考虑本行政区域人体器官移植的医疗需求和合法的人体器官来源情况。

省、自治区、直辖市人民政府卫生主管部门应当及时公布已经办理人体器官移植诊疗科目登记的医疗机构名单。

第十三条 已经办理人体器官移植诊疗科目登记的医疗机构不再具备本条例第十一条规定条件的，应当停止从事人体器官移植，并向原登记部门报告。原登记部门应当自收到报告之日起2日内注销该医疗机构的人体器官移植诊疗科目登记，并予以公布。

第十四条 省级以上人民政府卫生主管部门应当定期组织专家根据人体器官移植手术成功率、植入的人体器官和术后患者的长期存活率，对医疗机构的人体器官移植临床应用能力进行评估，并及时公布评估结果；对评估不合格的，由原登记部门撤销人体器官移植诊疗科目登记。具体办法由国务院卫生主管部门制订。

第十五条 医疗机构及其医务人员从事人体器官移植，应当遵守伦理原则和人体器官移植技术管理规范。

第十六条 实施人体器官移植手术的医疗机构及其医务人员应当对人体器官捐献人进行医学检查，对接受人因人体器官移植感染疾病的风险进行评估，并采取措施，降低风险。

第十七条 在摘取活体器官前或者尸体器官捐献人死亡前，负责人体器官移植的执业医师应当向所在医疗机构的人体器官移植技术临床应用与伦理委员会提出摘取人体器官审查申请。

人体器官移植技术临床应用与伦理委员会不同意摘取人体器官的，医疗机构不得做出摘取人体器官的决定，医务人员不得摘取人体器官。

第十八条 人体器官移植技术临床应用与伦理委员会收到摘取人体器官审查申请后，应当对下列事项进行审查，并出具同意或者不同意的书面意见：

（一）人体器官捐献人的捐献意愿是否真实；

（二）有无买卖或者变相买卖人体器官的情形；

（三）人体器官的配型和接受人的适应症是否符合伦理原则和人体器官移植技术管理规范。

经2/3以上委员同意，人体器官移植技术临床应用与伦理委员会方可出具同意摘取人体器官的书面意见。

第十九条 从事人体器官移植的医疗机构及其医务人员摘取活体器官前，应当履行下列义务：

（一）向活体器官捐献人说明器官摘取手术的风险、术后注意事项、可能发生的并发症及其预防措施等，并与活体器官捐献人签署知情同意书；

（二）查验活体器官捐献人同意捐献其器官的书面意愿、活体器官捐献人与接受人存在本条例第十条规定关系的证明材料；

（三）确认除摘取器官产生的直接后果外不会损害活体器官捐献人其他正常的生理功能。

从事人体器官移植的医疗机构应当保存活体器官捐献人的医学资料，并进行随访。

第二十条 摘取尸体器官，应当在依法判定尸体器官捐献人死亡后进行。从事人体器官移植的医务人员不得参与捐献人的死亡判定。

从事人体器官移植的医疗机构及其医务人员应当尊重死者的尊严；对摘取器官完毕的尸体，应当进行符合伦理原则的医学处理，除用于移植的器官以外，应当恢复尸体原貌。

第二十一条 从事人体器官移植的医疗机构实施人体器官移植手术，除向接受人收取下列费用外，不得收取或者变相收取所移植人体器官的费用：

（一）摘取和植入人体器官的手术费；

（二）保存和运送人体器官的费用；

（三）摘取、植入人体器官所发生的药费、检验费、医用耗材费。

前款规定费用的收取标准，依照有关法律、行政法规的规定确定并予以公布。

第二十二条 申请人体器官移植手术患者的排序，应当符合医疗需要，遵循公平、公正和公开的原则。具体办法由国务院卫生主管部门制订。

第二十三条 从事人体器官移植的医务人员应当对人体器官捐献人、接受人和申请人体器官移植手术的患者的个人资料保密。

第二十四条 从事人体器官移植的医疗机构应当定期将实施人体器官移植的情况向所在地省、自治区、直辖市人民政府卫生主管部门报告。具体办法由国务院卫生主管部门制订。

第四章 法律责任

第二十五条 违反本条例规定，有下列情形之一，构成犯罪的，依法追究刑事责任：

（一）未经公民本人同意摘取其活体器官的；

（二）公民生前表示不同意捐献其人体器官而摘取其尸体器官的；

（三）摘取未满18周岁公民的活体器官的。

第二十六条 违反本条例规定，买卖人体器官或者从事与买卖人体器官有关活动的，由设区的市级以上地方人民政府卫生主管部门依照职责分工没收违法所得，并处交易额8倍以上10倍以下的罚款；医疗机构参与上述活动的，还应当对负有责任的主管人员和其他直接责任人员依法给予处分，并由原登记部门撤销该医疗机构人体器官移植诊疗科目登记，该医疗机构3年内不得再申请人体器官移植诊疗科目登记；医务人员参与上述活动的，由原发证部门吊销其执业证书。

国家工作人员参与买卖人体器官或者从事与买卖人体器官有关活动的，由有关国家机关依据职权依法给予撤职、开除的处分。

第二十七条 医疗机构未办理人体器官移植诊疗科目登记，擅自从事人体器官移植的，依照《医疗机构管理条例》的规定予以处罚。

实施人体器官移植手术的医疗机构及其医务人员违反本条例规定，未对人体器官捐献人进行医学检查或者未采取措施，导致接受人因人体器官移植手术感染疾病的，依照《医疗事故处理条例》的规定予以处罚。

从事人体器官移植的医务人员违反本条例规定，泄露人体器官捐献人、接受人或者申请人体器官移植手术患者个人资料的，依照《执业医师法》或者国家有关护士管理的规定予以处罚。

违反本条例规定，给他人造成损害的，应当依法承担民事责任。

违反本条例第二十一条规定收取费用的，依照价格管理的法律、行政法规的规定予以处罚。

第二十八条 医务人员有下列情形之一的，依法给予处分；情节严重的，由县级以上地方人民政府卫生主管部门依照职责分工暂停其6个月以上1年以下执业活动；情节特别严重的，由原发证部门吊销其执业证书：

（一）未经人体器官移植技术临床应用与伦理委员会审查同意摘取人体器官的；

（二）摘取活体器官前未依照本条例第十九条的规定履行说明、查验、确认义务的；

（三）对摘取器官完毕的尸体未进行符合伦理原则的医学处理，恢复尸体原貌的。

第二十九条 医疗机构有下列情形之一的，对负有责任的主管人员和其他直接责任人员依法给予处分；情节严重的，由原登记部门撤销该医疗机构人体器官移植诊疗科目登记，该医疗机构3年内不得再申请人体器官移植诊疗科目登记：

（一）不再具备本条例第十一条规定条件，仍从事人体器官移植的；

（二）未经人体器官移植技术临床应用与伦理委员会审查同意，做出摘取人体器官的决定，或者胁迫医务人员违反本条例规定摘取人体器官的；

（三）有本条例第二十八条第（二）项、第（三）项列举的情形的。

医疗机构未定期将实施人体器官移植的情况向所在地省、自治区、直辖市人民政府卫生主管部门报告的，由所在地省、自治区、直辖市人民政府卫生主管部门责令限期改正；逾期不改正的，对负有责任的主管人员和其他直接责任人员依法给予处分。

第三十条 从事人体器官移植的医务人员参与尸体器官捐献人的死亡判定的，由县级以上地方人民政府卫生主管部门依照职责分工暂停其6个月以上1年以下执业活动；情节严重的，由原发证部门吊销其执业证书。

第三十一条 国家机关工作人员在人体器官移植监督管理工作中滥用职权、玩忽职守、徇私舞弊，构成犯罪的，依法追究刑事责任；尚不构成犯罪的，依法给予处分。

第五章 附 则

第三十二条 本条例自2007年5月1日起施行。

中华人民共和国人类遗传资源管理条例

1. 2019年5月28日国务院令第717号公布
2. 自2019年7月1日起施行

第一章 总 则

第一条 为了有效保护和合理利用我国人类遗传资源，维护公众健康、国家安全和社会公共利益，制定本条例。

第二条 本条例所称人类遗传资源包括人类遗传资源材料和人类遗传资源信息。

人类遗传资源材料是指含有人体基因组、基因等遗传物质的器官、组织、细胞等遗传材料。

人类遗传资源信息是指利用人类遗传资源材料产生的数据等信息资料。

第三条 采集、保藏、利用、对外提供我国人类遗传资源，应当遵守本条例。

为临床诊疗、采供血服务、查处违法犯罪、兴奋剂检测和殡葬等活动需要，采集、保藏器官、组织、细胞等人体物质及开展相关活动，依照相关法律、行政法规规定执行。

第四条 国务院科学技术行政部门负责全国人类遗传资源管理工作；国务院其他有关部门在各自的职责范围内，负责有关人类遗传资源管理工作。

省、自治区、直辖市人民政府科学技术行政部门负责本行政区域人类遗传资源管理工作；省、自治区、直辖市人民政府其他有关部门在各自的职责范围内，负责本行政区域有关人类遗传资源管理工作。

第五条 国家加强对我国人类遗传资源的保护，开展人类遗传资源调查，对重要遗传家系和特定地区人类遗传资源实行申报登记制度。

国务院科学技术行政部门负责组织我国人类遗传资源调查，制定重要遗传家系和特定地区人类遗传资源申报登记具体办法。

第六条 国家支持合理利用人类遗传资源开展科学研究、发展生物医药产业、提高诊疗技术，提高我国生物安全保障能力，提升人民健康保障水平。

第七条 外国组织、个人及其设立或者实际控制的机构不得在我国境内采集、保藏我国人类遗传资源，不得向境外提供我国人类遗传资源。

第八条 采集、保藏、利用、对外提供我国人类遗传资源，不得危害我国公众健康、国家安全和社会公共利益。

第九条 采集、保藏、利用、对外提供我国人类遗传资源，应当符合伦理原则，并按照国家有关规定进行伦理审查。

采集、保藏、利用、对外提供我国人类遗传资源，应当尊重人类遗传资源提供者的隐私权，取得其事先知情同意，并保护其合法权益。

采集、保藏、利用、对外提供我国人类遗传资源，应当遵守国务院科学技术行政部门制定的技术规范。

第十条 禁止买卖人类遗传资源。

为科学研究依法提供或者使用人类遗传资源并支付或者收取合理成本费用，不视为买卖。

第二章 采集和保藏

第十一条 采集我国重要遗传家系、特定地区人类遗传资源或者采集国务院科学技术行政部门规定种类、数量的人类遗传资源的，应当符合下列条件，并经国务院科学技术行政部门批准：

（一）具有法人资格；

（二）采集目的明确、合法；

（三）采集方案合理；

（四）通过伦理审查；

（五）具有负责人类遗传资源管理的部门和管理制度；

（六）具有与采集活动相适应的场所、设施、设备和人员。

第十二条 采集我国人类遗传资源，应当事先告知人类遗传资源提供者采集目的、采集用途、对健康可能产生的影响、个人隐私保护措施及其享有的自愿参与和随时无条件退出的权利，征得人类遗传资源提供者书面同意。

在告知人类遗传资源提供者前款规定的信息时，必须全面、完整、真实、准确，不得隐瞒、误导、欺骗。

第十三条 国家加强人类遗传资源保藏工作，加快标准化、规范化的人类遗传资源保藏基础平台和人类遗传资源大数据建设，为开展相关研究开发活动提供支撑。

国家鼓励科研机构、高等学校、医疗机构、企业根据自身条件和相关研究开发活动需要开展人类遗传资源保藏工作，并为其他单位开展相关研究开发活动提供便利。

第十四条 保藏我国人类遗传资源、为科学研究提供基础平台的，应当符合下列条件，并经国务院科学技术行政部门部门批准：

（一）具有法人资格；

（二）保藏目的明确、合法；

（三）保藏方案合理；

（四）拟保藏的人类遗传资源来源合法；

（五）通过伦理审查；

（六）具有负责人类遗传资源管理的部门和保藏管理制度；

（七）具有符合国家人类遗传资源保藏技术规范和要求的场所、设施、设备和人员。

第十五条 保藏单位应当对所保藏的人类遗传资源加强管理和监测，采取安全措施，制定应急预案，确保保藏、使用安全。

保藏单位应当完整记录人类遗传资源保藏情况，妥善保存人类遗传资源的来源信息和使用信息，确保人类遗传资源的合法使用。

保藏单位应当就本单位保藏人类遗传资源情况向国务院科学技术行政部门提交年度报告。

第十六条 国家人类遗传资源保藏基础平台和数据库应当依照国家有关规定向有关科研机构、高等学校、医疗机构、企业开放。

为公众健康、国家安全和社会公共利益需要，国家可以依法使用保藏单位保藏的人类遗传资源。

第三章 利用和对外提供

第十七条 国务院科学技术行政部门和省、自治区、直辖市人民政府科学技术行政部门应当会同本级人民政府有关部门对利用人类遗传资源开展科学研究、发展生物医药产业统筹规划，合理布局，加强创新体系建设，促进生物科技和产业创新、协调发展。

第十八条 科研机构、高等学校、医疗机构、企业利用人类遗传资源开展研究开发活动，对其研究开发活动以及成果的产业化依照法律、行政法规和国家有关规定予以支持。

第十九条 国家鼓励科研机构、高等学校、医疗机构、企业根据自身条件和相关研究开发活动需要，利用我国人类遗传资源开展国际合作科学研究，提升相关研究开发能力和水平。

第二十条 利用我国人类遗传资源开展生物技术研究开发活动或者开展临床试验的，应当遵守有关生物技术研究、临床应用管理法律、行政法规和国家有关规定。

第二十一条 外国组织及外国组织、个人设立或者实际控制的机构（以下称外方单位）需要利用我国人类遗传资源开展科学研究活动的，应当遵守我国法律、行政法规和国家有关规定，并采取与我国科研机构、高等学校、医疗机构、企业（以下称中方单位）合作的方式进行。

第二十二条 利用我国人类遗传资源开展国际合作科学研究的，应当符合下列条件，并由合作双方共同提出申请，经国务院科学技术行政部门批准：

（一）对我国公众健康、国家安全和社会公共利益没有危害；

（二）合作双方为具有法人资格的中方单位、外方单位，并具有开展相关工作的基础和能力；

（三）合作研究目的和内容明确、

合法,期限合理;

（四）合作研究方案合理;

（五）拟使用的人类遗传资源来源合法,种类、数量与研究内容相符;

（六）通过合作双方各自所在国（地区）的伦理审查;

（七）研究成果归属明确,有合理明确的利益分配方案。

为获得相关药品和医疗器械在我国上市许可,在临床机构利用我国人类遗传资源开展国际合作临床试验、不涉及人类遗传资源材料出境的,不需要审批。但是,合作双方在开展临床试验前应当将拟使用的人类遗传资源种类、数量及其用途向国务院科学技术行政部门备案。国务院科学技术行政部门和省、自治区、直辖市人民政府科学技术行政部门加强对备案事项的监管。

第二十三条 在利用我国人类遗传资源开展国际合作科学研究过程中,合作方、研究目的、研究内容、合作期限等重大事项发生变更的,应当办理变更审批手续。

第二十四条 利用我国人类遗传资源开展国际合作科学研究,应当保证中方单位及其研究人员在合作期间全过程、实质性地参与研究,研究过程中的所有记录以及数据信息等完全向中方单位开放并向中方单位提供备份。

利用我国人类遗传资源开展国际合作科学研究,产生的成果申请专利的,应当由合作双方共同提出申请,专利权归合作双方共有。研究产生的其他科技成果,其使用权、转让权和利益分享办法由合作双方通过合作协议约定;协议没有约定的,合作双方都有使用的权利,但向第三方转让须经合作双方同意,所获利益按合作双方贡献大小分享。

第二十五条 利用我国人类遗传资源开展国际合作科学研究,合作双方应当按照平等互利、诚实信用、共同参与、共享成果的原则,依法签订合作协议,并依照本条例第二十四条的规定对相关事项作出明确、具体的约定。

第二十六条 利用我国人类遗传资源开展国际合作科学研究,合作双方应当在国际合作活动结束后6个月内共同向国务院科学技术行政部门提交合作研究情况报告。

第二十七条 利用我国人类遗传资源开展国际合作科学研究,或者因其他特殊情况确需将我国人类遗传资源材料运送、邮寄、携带出境的,应当符合下列条件,并取得国务院科学技术行政部门出具的人类遗传资源材料出境证明:

（一）对我国公众健康、国家安全和社会公共利益没有危害;

（二）具有法人资格;

（三）有明确的境外合作方和合理的出境用途;

（四）人类遗传资源材料采集合法或者来自合法的保藏单位;

（五）通过伦理审查。

利用我国人类遗传资源开展国际合作科学研究,需要将我国人类遗传资源材料运送、邮寄、携带出境的,可以单独提出申请,也可以在开展国际合作科学研究申请中列明出境计划一并提出申请,由国务院科学技术行政部门合并审批。

将我国人类遗传资源材料运送、邮寄、携带出境的，凭人类遗传资源材料出境证明办理海关手续。

第二十八条 将人类遗传资源信息向外国组织、个人及其设立或者实际控制的机构提供或者开放使用，不得危害我国公众健康、国家安全和社会公共利益；可能影响我国公众健康、国家安全和社会公共利益的，应当通过国务院科学技术行政部门组织的安全审查。

将人类遗传资源信息向外国组织、个人及其设立或者实际控制的机构提供或者开放使用的，应当向国务院科学技术行政部门备案并提交信息备份。

利用我国人类遗传资源开展国际合作科学研究产生的人类遗传资源信息，合作双方可以使用。

第四章 服务和监督

第二十九条 国务院科学技术行政部门应当加强电子政务建设，方便申请人利用互联网办理审批、备案等事项。

第三十条 国务院科学技术行政部门应当制定并及时发布有关采集、保藏、利用、对外提供我国人类遗传资源的审批指南和示范文本，加强对申请人办理有关审批、备案等事项的指导。

第三十一条 国务院科学技术行政部门应当聘请生物技术、医药、卫生、伦理、法律等方面的专家组成专家评审委员会，对依照本条例规定提出的采集、保藏我国人类遗传资源，开展国际合作科学研究以及将我国人类遗传资源材料运送、邮寄、携带出境的申请进行技术评审。评审意见作为作出审批决定的参考依据。

第三十二条 国务院科学技术行政部门应当自受理依照本条例规定提出的采集、保藏我国人类遗传资源，开展国际合作科学研究以及将我国人类遗传资源材料运送、邮寄、携带出境申请之日起 20 个工作日内，作出批准或者不予批准的决定；不予批准的，应当说明理由。因特殊原因无法在规定期限内作出审批决定的，经国务院科学技术行政部门负责人批准，可以延长 10 个工作日。

第三十三条 国务院科学技术行政部门和省、自治区、直辖市人民政府科学技术行政部门应当加强对采集、保藏、利用、对外提供人类遗传资源活动各环节的监督检查，发现违反本条例规定的，及时依法予以处理并向社会公布检查、处理结果。

第三十四条 国务院科学技术行政部门和省、自治区、直辖市人民政府科学技术行政部门进行监督检查，可以采取下列措施：

（一）进入现场检查；

（二）询问相关人员；

（三）查阅、复制有关资料；

（四）查封、扣押有关人类遗传资源。

第三十五条 任何单位和个人对违反本条例规定的行为，有权向国务院科学技术行政部门和省、自治区、直辖市人民政府科学技术行政部门投诉、举报。

国务院科学技术行政部门和省、

自治区、直辖市人民政府科学技术行政部门应当公布投诉、举报电话和电子邮件地址，接受相关投诉、举报。对查证属实的，给予举报人奖励。

第五章 法律责任

第三十六条 违反本条例规定，有下列情形之一的，由国务院科学技术行政部门责令停止违法行为，没收违法采集、保藏的人类遗传资源和违法所得，处50万元以上500万元以下罚款，违法所得在100万元以上的，处违法所得5倍以上10倍以下罚款：

（一）未经批准，采集我国重要遗传家系、特定地区人类遗传资源，或者采集国务院科学技术行政部门规定种类、数量的人类遗传资源；

（二）未经批准，保藏我国人类遗传资源；

（三）未经批准，利用我国人类遗传资源开展国际合作科学研究；

（四）未通过安全审查，将可能影响我国公众健康、国家安全和社会公共利益的人类遗传资源信息向外国组织、个人及其设立或者实际控制的机构提供或者开放使用；

（五）开展国际合作临床试验前未将拟使用的人类遗传资源种类、数量及其用途向国务院科学技术行政部门备案。

第三十七条 提供虚假材料或者采取其他欺骗手段取得行政许可的，由国务院科学技术行政部门撤销已经取得的行政许可，处50万元以上500万元以下罚款，5年内不受理相关责任人及单位提出的许可申请。

第三十八条 违反本条例规定，未经批准将我国人类遗传资源材料运送、邮寄、携带出境的，由海关依照法律、行政法规的规定处罚。科学技术行政部门应当配合海关开展鉴定等执法协助工作。海关应当将依法没收的人类遗传资源材料移送省、自治区、直辖市人民政府科学技术行政部门进行处理。

第三十九条 违反本条例规定，有下列情形之一的，由省、自治区、直辖市人民政府科学技术行政部门责令停止开展相关活动，没收违法采集、保藏的人类遗传资源和违法所得，处50万元以上100万元以下罚款，违法所得在100万元以上的，处违法所得5倍以上10倍以下罚款：

（一）采集、保藏、利用、对外提供我国人类遗传资源未通过伦理审查；

（二）采集我国人类遗传资源未经人类遗传资源提供者事先知情同意，或者采取隐瞒、误导、欺骗等手段取得人类遗传资源提供者同意；

（三）采集、保藏、利用、对外提供我国人类遗传资源违反相关技术规范；

（四）将人类遗传资源信息向外国组织、个人及其设立或者实际控制的机构提供或者开放使用，未向国务院科学技术行政部门备案或者提交信息备份。

第四十条 违反本条例规定，有下列情形之一的，由国务院科学技术行政部门责令改正，给予警告，可以处50万元以下罚款：

（一）保藏我国人类遗传资源过程中未完整记录并妥善保存人类遗传资源的来源信息和使用信息；

（二）保藏我国人类遗传资源未提交年度报告；

（三）开展国际合作科学研究未及时提交合作研究情况报告。

第四十一条 外国组织、个人及其设立或者实际控制的机构违反本条例规定，在我国境内采集、保藏我国人类遗传资源，利用我国人类遗传资源开展科学研究，或者向境外提供我国人类遗传资源的，由国务院科学技术行政部门责令停止违法行为，没收违法采集、保藏的人类遗传资源和违法所得，处100万元以上1000万元以下罚款，违法所得在100万元以上的，处违法所得5倍以上10倍以下罚款。

第四十二条 违反本条例规定，买卖人类遗传资源的，由国务院科学技术行政部门责令停止违法行为，没收违法采集、保藏的人类遗传资源和违法所得，处100万元以上1000万元以下罚款，违法所得在100万元以上的，处违法所得5倍以上10倍以下罚款。

第四十三条 对有本条例第三十六条、第三十九条、第四十一条、第四十二条规定违法行为的单位，情节严重的，由国务院科学技术行政部门或者省、自治区、直辖市人民政府科学技术行政部门依据职责禁止其1至5年内从事采集、保藏、利用、对外提供我国人类遗传资源的活动；情节特别严重的，永久禁止其从事采集、保藏、利用、对外提供我国人类遗传资源的活动。

对有本条例第三十六条至第三十九条、第四十一条、第四十二条规定违法行为的单位的法定代表人、主要负责人、直接负责的主管人员以及其他责任人员，依法给予处分，并由国务院科学技术行政部门或者省、自治区、直辖市人民政府科学技术行政部门依据职责没收其违法所得，处50万元以下罚款；情节严重的，禁止其1至5年内从事采集、保藏、利用、对外提供我国人类遗传资源的活动；情节特别严重的，永久禁止其从事采集、保藏、利用、对外提供我国人类遗传资源的活动。

单位和个人有本条例规定违法行为的，记入信用记录，并依照有关法律、行政法规的规定向社会公示。

第四十四条 违反本条例规定，侵害他人合法权益的，依法承担民事责任；构成犯罪的，依法追究刑事责任。

第四十五条 国务院科学技术行政部门和省、自治区、直辖市人民政府科学技术行政部门的工作人员违反本条例规定，不履行职责或者滥用职权、玩忽职守、徇私舞弊的，依法给予处分；构成犯罪的，依法追究刑事责任。

第六章　附　　则

第四十六条 人类遗传资源相关信息属于国家秘密的，应当依照《中华人民共和国保守国家秘密法》和国家其他有关保密规定实施保密管理。

第四十七条 本条例自2019年7月1日起施行。

消毒管理办法

1. 2002年3月28日卫生部令第27号公布
2. 根据2016年1月19日国家卫生和计划生育委员会令第8号《关于修改〈外国医师来华短期行医暂行管理办法〉等8件部门规章的决定》第一次修订
3. 根据2017年12月26日国家卫生和计划生育委员会令第18号《关于修改〈新食品原料安全性审查管理办法〉等7件部门规章的决定》第二次修订

第一章 总 则

第一条 为了加强消毒管理,预防和控制感染性疾病的传播,保障人体健康,根据《中华人民共和国传染病防治法》及其实施办法的有关规定,制定本办法。

第二条 本办法适用于医疗卫生机构、消毒服务机构以及从事消毒产品生产、经营活动的单位和个人。

其他需要消毒的场所和物品管理也适用于本办法。

第三条 国家卫生计生委主管全国消毒监督管理工作。

铁路、交通卫生主管机构依照本办法负责本系统的消毒监督管理工作。

第二章 消毒的卫生要求

第四条 医疗卫生机构应当建立消毒管理组织,制定消毒管理制度,执行国家有关规范、标准和规定,定期开展消毒与灭菌效果检测工作。

第五条 医疗卫生机构工作人员应当接受消毒技术培训、掌握消毒知识,并按规定严格执行消毒隔离制度。

第六条 医疗卫生机构使用的进入人体组织或无菌器官的医疗用品必须达到灭菌要求。各种注射、穿刺、采血器具应当一人一用一灭菌。凡接触皮肤、粘膜的器械和用品必须达到消毒要求。

医疗卫生机构使用的一次性使用医疗用品用后应当及时进行无害化处理。

第七条 医疗卫生机构购进消毒产品必须建立并执行进货检查验收制度。

第八条 医疗卫生机构的环境、物品应当符合国家有关规范、标准和规定。排放废弃的污水、污物应当按照国家有关规定进行无害化处理。运送传染病病人及其污染物品的车辆、工具必须随时进行消毒处理。

第九条 医疗卫生机构发生感染性疾病暴发、流行时,应当及时报告当地卫生计生行政部门,并采取有效消毒措施。

第十条 加工、出售、运输被传染病病原体污染或者来自疫区可能被传染病病原体污染的皮毛,应当进行消毒处理。

第十一条 托幼机构应当健全和执行消毒管理制度,对室内空气、餐(饮)具、毛巾、玩具和其他幼儿活动的场所及接触的物品定期进行消毒。

第十二条 出租衣物及洗涤衣物的单位和个人,应当对相关物品及场所进行消毒。

第十三条 从事致病微生物实验的单位应当执行有关的管理制度、操作规程,对实验的器材、污染物品等按规定进行消毒,防止实验室感染和致病微生物的扩散。

第十四条 殡仪馆、火葬场内与遗体接触的物品及运送遗体的车辆应当及时消毒。

第十五条 招用流动人员200人以上的用工单位,应当对流动人员集中生活起居的场所及使用的物品定期进行消毒。

第十六条 疫源地的消毒应当执行国家有关规范、标准和规定。

第十七条 公共场所、食品、生活饮用水、血液制品的消毒管理,按有关法律、法规的规定执行。

第三章 消毒产品的生产经营

第十八条 消毒产品应当符合国家有关规范、标准和规定。

第十九条 消毒产品的生产应当符合国家有关规范、标准和规定,对生产的消毒产品应当进行检验,不合格者不得出厂。

第二十条 消毒剂、消毒器械和卫生用品生产企业取得工商行政管理部门颁发的营业执照后,还应当取得所在地省级卫生计生行政部门发放的卫生许可证,方可从事消毒产品的生产。

第二十一条 省级卫生计生行政部门应当自受理消毒产品生产企业的申请之日起二十日内作出是否批准的决定。对符合《消毒产品生产企业卫生规范》要求的,发给卫生许可证;对不符合的,不予批准,并说明理由。

第二十二条 消毒产品生产企业卫生许可证编号格式为:(省、自治区、直辖市简称)卫消证字(发证年份)第XXXX号。

消毒产品生产企业卫生许可证的生产项目分为消毒剂类、消毒器械类、卫生用品类。

第二十三条 消毒产品生产企业卫生许可证有效期为四年。

消毒产品生产企业卫生许可证有效期届满三十日前,生产企业应当向原发证机关申请延续。经审查符合要求的,予以延续,换发新证。新证延用原卫生许可证编号。

第二十四条 消毒产品生产企业迁移厂址或者另设分厂(车间),应当按本办法规定向生产场所所在地的省级卫生计生行政部门申请消毒产品生产企业卫生许可证。

产品包装上标注的厂址、卫生许可证号应当是实际生产地地址和其卫生许可证号。

第二十五条 取得卫生许可证的消毒产品生产企业变更企业名称、法定代表人或者生产类别的,应当向原发证机关提出申请,经审查同意,换发新证。新证延用原卫生许可证编号。

第二十六条 生产、进口利用新材料、新工艺技术和新杀菌原理生产消毒剂和消毒器械(以下简称新消毒产品)应当按照本办法规定取得国家卫生计生委颁发的卫生许可批件。

生产、进口新消毒产品外的消毒剂、消毒器械和卫生用品中的抗(抑)菌制剂,生产、进口企业应当按照有关规定进行卫生安全评价,符合卫生标准和卫生规范要求。产品上市时要将卫生安全评价报告向省级卫生计生行政部门备案,备案应当按照规定要求提供材料。

第二十七条 生产企业申请新消毒产品

卫生许可批件、在华责任单位申请进口新消毒产品卫生许可批件的，应当按照国家卫生计生委新消毒产品卫生行政许可管理规定的要求，向国家卫生计生委提出申请。国家卫生计生委应当按照有关法律法规和相关规定，作出是否批准的决定。

国家卫生计生委对批准的新消毒产品，发给卫生许可批件，批准文号格式为：卫消新准字（年份）第 XXXX 号。不予批准的，应当说明理由。

第二十八条 新消毒产品卫生许可批件的有效期为四年。

第二十九条 国家卫生计生委定期公告取得卫生行政许可的新消毒产品批准内容。公告发布之日起，列入公告的同类产品不再按新消毒产品进行卫生行政许可。

第三十条 经营者采购消毒产品时，应当索取下列有效证件：

（一）生产企业卫生许可证复印件；

（二）产品卫生安全评价报告或者新消毒产品卫生许可批件复印件。

有效证件的复印件应当加盖原件持有者的印章。

第三十一条 消毒产品的命名、标签（含说明书）应当符合国家卫生计生委的有关规定。

消毒产品的标签（含说明书）和宣传内容必须真实，不得出现或暗示对疾病的治疗效果。

第三十二条 禁止生产经营下列消毒产品：

（一）无生产企业卫生许可证或新消毒产品卫生许可批准文件的；

（二）产品卫生安全评价不合格或产品卫生质量不符合要求的。

第四章　消毒服务机构

第三十三条 消毒服务机构应当符合以下要求：

（一）具备符合国家有关规范、标准和规定的消毒与灭菌设备；

（二）其消毒与灭菌工艺流程和工作环境必须符合卫生要求；

（三）具有能对消毒与灭菌效果进行检测的人员和条件，建立自检制度；

（四）用环氧乙烷和电离辐射的方法进行消毒与灭菌的，其安全与环境保护等方面的要求按国家有关规定执行。

第三十四条 消毒服务机构不得购置和使用不符合本办法规定的消毒产品。

第三十五条 消毒服务机构应当接受当地卫生计生行政部门的监督。

第五章　监　　督

第三十六条 县级以上卫生计生行政部门对消毒工作行使下列监督管理职权：

（一）对有关机构、场所和物品的消毒工作进行监督检查；

（二）对消毒产品生产企业执行《消毒产品生产企业卫生规范》情况进行监督检查；

（三）对消毒产品的卫生质量进行监督检查；

（四）对消毒服务机构的消毒服务质量进行监督检查；

（五）对违反本办法的行为采取行政控制措施；

（六）对违反本办法的行为给予行

政处罚。

第三十七条 有下列情形之一的，国家卫生计生委可以对已获得卫生许可批件的新消毒产品进行重新审查：

（一）产品原料、杀菌原理和生产工艺受到质疑的；

（二）产品安全性、消毒效果受到质疑的。

第三十八条 新消毒产品卫生许可批件的持有者应当在接到国家卫生计生委重新审查通知之日起30日内，按照通知的有关要求提交材料。超过期限未提交有关材料的，视为放弃重新审查，国家卫生计生委可以注销产品卫生许可批件。

第三十九条 国家卫生计生委自收到重新审查所需的全部材料之日起30日内，应当作出重新审查决定。有下列情形之一的，注销产品卫生许可批件：

（一）产品原料、杀菌原理和生产工艺不符合利用新材料、新工艺技术和新杀菌原理生产消毒剂和消毒器械的判定依据的；

（二）产品安全性、消毒效果达不到要求的。

第四十条 消毒产品生产企业应当按照国家卫生标准和卫生规范要求对消毒产品理化指标、微生物指标、杀灭微生物指标、毒理学指标等进行检验。不具备检验能力的，可以委托检验。

消毒产品的检验活动应当符合国家有关规定。检验报告应当客观、真实，符合有关法律、法规、标准、规范和规定。检验报告在全国范围内有效。

第六章 罚 则

第四十一条 医疗卫生机构违反本办法第四、五、六、七、八、九条规定的，由县级以上地方卫生计生行政部门责令限期改正，可以处5000元以下罚款；造成感染性疾病暴发的，可以处5000元以上20000元以下罚款。

第四十二条 加工、出售、运输被传染病病原体污染或者来自疫区可能被传染病病原体污染的皮毛，未按国家有关规定进行消毒处理的，应当按照《传染病防治法实施办法》第六十八条的有关规定给予处罚。

第四十三条 消毒产品生产经营单位违反本办法第三十一条、第三十二条规定的，由县级以上地方卫生计生行政部门责令其限期改正，可以处5000元以下罚款；造成感染性疾病暴发的，可以处5000元以上20000元以下的罚款。

第四十四条 消毒服务机构违反本办法规定，有下列情形之一的，由县级以上卫生计生行政部门责令其限期改正，可以处5000元以下的罚款；造成感染性疾病发生的，可以处5000元以上20000元以下的罚款：

（一）消毒后的物品未达到卫生标准和要求的。[1]

第七章 附 则

第四十五条 本办法下列用语的含义：

感染性疾病：由微生物引起的疾病。

---

① 本条第二项内容于2016年1月19日删除。——编者注

消毒产品：包括消毒剂、消毒器械（含生物指示物、化学指示物和灭菌物品包装物）、卫生用品和一次性使用医疗用品。

消毒服务机构：指为社会提供可能被污染的物品及场所、卫生用品和一次性使用医疗用品等进行消毒与灭菌服务的单位。

医疗卫生机构：指医疗保健、疾病控制、采供血机构及与上述机构业务活动相同的单位。

第四十六条 本办法由国家卫生计生委负责解释。

第四十七条 本办法自2002年7月1日起施行。1992年8月31日国家卫生部发布的《消毒管理办法》同时废止。

放射诊疗管理规定

1. 2006年1月24日卫生部令第46号公布

2. 根据2016年1月19日国家卫生和计划生育委员会令第8号《关于修改〈外国医师来华短期行医暂行管理办法〉等8件部门规章的决定》修订

第一章 总 则

第一条 为加强放射诊疗工作的管理，保证医疗质量和医疗安全，保障放射诊疗工作人员、患者和公众的健康权益，依据《中华人民共和国职业病防治法》、《放射性同位素与射线装置安全和防护条例》和《医疗机构管理条例》等法律、行政法规的规定，制定本规定。

第二条 本规定适用于开展放射诊疗工作的医疗机构。

本规定所称放射诊疗工作，是指使用放射性同位素、射线装置进行临床医学诊断、治疗和健康检查的活动。

第三条 卫生部负责全国放射诊疗工作的监督管理。

县级以上地方人民政府卫生行政部门负责本行政区域内放射诊疗工作的监督管理。

第四条 放射诊疗工作按照诊疗风险和技术难易程度分为四类管理：

（一）放射治疗；

（二）核医学；

（三）介入放射学；

（四）X射线影像诊断。

医疗机构开展放射诊疗工作，应当具备与其开展的放射诊疗工作相适应的条件，经所在地县级以上地方卫生行政部门的放射诊疗技术和医用辐射机构许可（以下简称放射诊疗许可）。

第五条 医疗机构应当采取有效措施，保证放射防护、安全与放射诊疗质量符合有关规定、标准和规范的要求。

第二章 执业条件

第六条 医疗机构开展放射诊疗工作，应当具备以下基本条件：

（一）具有经核准登记的医学影像科诊疗科目；

（二）具有符合国家相关标准和规定的放射诊疗场所和配套设施；

（三）具有质量控制与安全防护专（兼）职管理人员和管理制度，并配备必要的防护用品和监测仪器；

（四）产生放射性废气、废液、固体废物的，具有确保放射性废气、废液、固体废物达标排放的处理能力或者可行的处理方案；

（五）具有放射事件应急处理预案。

第七条　医疗机构开展不同类别放射诊疗工作，应当分别具有下列人员：

（一）开展放射治疗工作的，应当具有：

1. 中级以上专业技术职务任职资格的放射肿瘤医师；

2. 病理学、医学影像学专业技术人员；

3. 大学本科以上学历或中级以上专业技术职务任职资格的医学物理人员；

4. 放射治疗技师和维修人员。

（二）开展核医学工作的，应当具有：

1. 中级以上专业技术职务任职资格的核医学医师；

2. 病理学、医学影像学专业技术人员；

3. 大学本科以上学历或中级以上专业技术职务任职资格的技术人员或核医学技师。

（三）开展介入放射学工作的，应当具有：

1. 大学本科以上学历或中级以上专业技术职务任职资格的放射影像医师；

2. 放射影像技师；

3. 相关内、外科的专业技术人员。

（四）开展X射线影像诊断工作的，应当具有专业的放射影像医师。

第八条　医疗机构开展不同类别放射诊疗工作，应当分别具有下列设备：

（一）开展放射治疗工作的，至少有一台远距离放射治疗装置，并具有模拟定位设备和相应的治疗计划系统等设备；

（二）开展核医学工作的，具有核医学设备及其他相关设备；

（三）开展介入放射学工作的，具有带影像增强器的医用诊断X射线机、数字减影装置等设备；

（四）开展X射线影像诊断工作的，有医用诊断X射线机或CT机等设备。

第九条　医疗机构应当按照下列要求配备并使用安全防护装置、辐射检测仪器和个人防护用品：

（一）放射治疗场所应当按照相应标准设置多重安全联锁系统、剂量监测系统、影像监控、对讲装置和固定式剂量监测报警装置；配备放疗剂量仪、剂量扫描装置和个人剂量报警仪；

（二）开展核医学工作的，设有专门的放射性同位素分装、注射、储存场所，放射性废物屏蔽设备和存放场所；配备活度计、放射性表面污染监测仪；

（三）介入放射学与其他X射线影像诊断工作场所应当配备工作人员防护用品和受检者个人防护用品。

第十条　医疗机构应当对下列设备和场所设置醒目的警示标志：

（一）装有放射性同位素和放射性废物的设备、容器，设有电离辐射标志；

（二）放射性同位素和放射性废物储存场所，设有电离辐射警告标志及必要的文字说明；

（三）放射诊疗工作场所的入口

处，设有电离辐射警告标志；

（四）放射诊疗工作场所应当按照有关标准的要求分为控制区、监督区，在控制区进出口及其他适当位置，设有电离辐射警告标志和工作指示灯。

第三章 放射诊疗的设置与批准

第十一条 医疗机构设置放射诊疗项目，应当按照其开展的放射诊疗工作的类别，分别向相应的卫生行政部门提出建设项目卫生审查、竣工验收和设置放射诊疗项目申请：

（一）开展放射治疗、核医学工作的，向省级卫生行政部门申请办理；

（二）开展介入放射学工作的，向设区的市级卫生行政部门申请办理；

（三）开展X射线影像诊断工作的，向县级卫生行政部门申请办理。

同时开展不同类别放射诊疗工作的，向具有高类别审批权的卫生行政部门申请办理。

第十二条 新建、扩建、改建放射诊疗建设项目，医疗机构应当在建设项目施工前向相应的卫生行政部门提交职业病危害放射防护预评价报告，申请进行建设项目卫生审查。立体定向放射治疗、质子治疗、重离子治疗、带回旋加速器的正电子发射断层扫描诊断等放射诊疗建设项目，还应当提交卫生部指定的放射卫生技术机构出具的预评价报告技术审查意见。

卫生行政部门应当自收到预评价报告之日起三十日内，作出审核决定。经审核符合国家相关卫生标准和要求的，方可施工。

第十三条 医疗机构在放射诊疗建设项目竣工验收前，应当进行职业病危害控制效果评价；并向相应的卫生行政部门提交下列资料，申请进行卫生验收：

（一）建设项目竣工卫生验收申请；

（二）建设项目卫生审查资料；

（三）职业病危害控制效果放射防护评价报告；

（四）放射诊疗建设项目验收报告。

立体定向放射治疗、质子治疗、重离子治疗、带回旋加速器的正电子发射断层扫描诊断等放射诊疗建设项目，应当提交卫生部指定的放射卫生技术机构出具的职业病危害控制效果评价报告技术审查意见和设备性能检测报告。

第十四条 医疗机构在开展放射诊疗工作前，应当提交下列资料，向相应的卫生行政部门提出放射诊疗许可申请：

（一）放射诊疗许可申请表；

（二）《医疗机构执业许可证》或《设置医疗机构批准书》（复印件）；

（三）放射诊疗专业技术人员的任职资格证书（复印件）；

（四）放射诊疗设备清单；

（五）放射诊疗建设项目竣工验收合格证明文件。

第十五条 卫生行政部门对符合受理条件的申请应当即时受理；不符合要求的，应当在五日内一次性告知申请人需要补正的资料或者不予受理的理由。

卫生行政部门应当自受理之日起二十日内作出审查决定，对合格的予以批准，发给《放射诊疗许可证》；不予批准的，应当书面说明理由。

《放射诊疗许可证》的格式由卫生部统一规定（见附件）。

第十六条 医疗机构取得《放射诊疗许可证》后，到核发《医疗机构执业许可证》的卫生行政执业登记部门办理相应诊疗科目登记手续。执业登记部门应根据许可情况，将医学影像科核准到二级诊疗科目。

未取得《放射诊疗许可证》或未进行诊疗科目登记的，不得开展放射诊疗工作。

第十七条 《放射诊疗许可证》与《医疗机构执业许可证》同时校验，申请校验时应当提交本周期有关放射诊疗设备性能与辐射工作场所的检测报告、放射诊疗工作人员健康监护资料和工作开展情况报告。

医疗机构变更放射诊疗项目的，应当向放射诊疗许可批准机关提出许可变更申请，并提交变更许可项目名称、放射防护评价报告等资料；同时向卫生行政执业登记部门提出诊疗科目变更申请，提交变更登记项目及变更理由等资料。

卫生行政部门应当自收到变更申请之日起二十日内做出审查决定。未经批准不得变更。

第十八条 有下列情况之一的，由原批准部门注销放射诊疗许可，并登记存档，予以公告：

（一）医疗机构申请注销的；

（二）逾期不申请校验或者擅自变更放射诊疗科目的；

（三）校验或者办理变更时不符合相关要求，且逾期不改进或者改进后仍不符合要求的；

（四）歇业或者停止诊疗科目连续一年以上的；

（五）被卫生行政部门吊销《医疗机构执业许可证》的。

第四章 安全防护与质量保证

第十九条 医疗机构应当配备专（兼）职的管理人员，负责放射诊疗工作的质量保证和安全防护。其主要职责是：

（一）组织制定并落实放射诊疗和放射防护管理制度；

（二）定期组织对放射诊疗工作场所、设备和人员进行放射防护检测、监测和检查；

（三）组织本机构放射诊疗工作人员接受专业技术、放射防护知识及有关规定的培训和健康检查；

（四）制定放射事件应急预案并组织演练；

（五）记录本机构发生的放射事件并及时报告卫生行政部门。

第二十条 医疗机构的放射诊疗设备和检测仪表，应当符合下列要求：

（一）新安装、维修或更换重要部件后的设备，应当经省级以上卫生行政部门资质认证的检测机构对其进行检测，合格后方可启用；

（二）定期进行稳定性检测、校正和维护保养，由省级以上卫生行政部门资质认证的检测机构每年至少进行一次状态检测；

（三）按照国家有关规定检验或者校准用于放射防护和质量控制的检测仪表；

（四）放射诊疗设备及其相关设备的技术指标和安全、防护性能，应当符合有关标准与要求。

不合格或国家有关部门规定淘汰的放射诊疗设备不得购置、使用、转让和出租。

第二十一条 医疗机构应当定期对放射诊疗工作场所、放射性同位素储存场所和防护设施进行放射防护检测，保证辐射水平符合有关规定或者标准。

放射性同位素不得与易燃、易爆、腐蚀性物品同库储存；储存场所应当采取有效的防泄漏等措施，并安装必要的报警装置。

放射性同位素储存场所应当有专人负责，有完善的存入、领取、归还登记和检查的制度，做到交接严格，检查及时，账目清楚，账物相符，记录资料完整。

第二十二条 放射诊疗工作人员应当按照有关规定配戴个人剂量计。

第二十三条 医疗机构应当按照有关规定和标准，对放射诊疗工作人员进行上岗前、在岗期间和离岗时的健康检查，定期进行专业及防护知识培训，并分别建立个人剂量、职业健康管理和教育培训档案。

第二十四条 医疗机构应当制定与本单位从事的放射诊疗项目相适应的质量保证方案，遵守质量保证监测规范。

第二十五条 放射诊疗工作人员对患者和受检者进行医疗照射时，应当遵守医疗照射正当化和放射防护最优化的原则，有明确的医疗目的，严格控制受照剂量；对邻近照射野的敏感器官和组织进行屏蔽防护，并事先告知患者和受检者辐射对健康的影响。

第二十六条 医疗机构在实施放射诊断检查前应当对不同检查方法进行利弊分析，在保证诊断效果的前提下，优先采用对人体健康影响较小的诊断技术。

实施检查应当遵守下列规定：

（一）严格执行检查资料的登记、保存、提取和借阅制度，不得因资料管理、受检者转诊等原因使受检者接受不必要的重复照射；

（二）不得将核素显像检查和X射线胸部检查列入对婴幼儿及少年儿童体检的常规检查项目；

（三）对育龄妇女腹部或骨盆进行核素显像检查或X射线检查前，应问明是否怀孕；非特殊需要，对受孕后八至十五周的育龄妇女，不得进行下腹部放射影像检查；

（四）应当尽量以胸部X射线摄影代替胸部荧光透视检查；

（五）实施放射性药物给药和X射线照射操作时，应当禁止非受检者进入操作现场；因患者病情需要其他人员陪检时，应当对陪检者采取防护措施。

第二十七条 医疗机构使用放射影像技术进行健康普查的，应当经过充分论证，制定周密的普查方案，采取严格的质量控制措施。

第二十八条 开展放射治疗的医疗机构，在对患者实施放射治疗前，应当进行影像学、病理学及其他相关检查，严格掌握放射治疗的适应证。对确需进行放射治疗的，应当制定科学的治疗计划，并按照下列要求实施：

（一）对体外远距离放射治疗，放

射诊疗工作人员在进入治疗室前，应首先检查操作控制台的源位显示，确认放射线束或放射源处于关闭位时，方可进入；

（二）对近距离放射治疗，放射诊疗工作人员应当使用专用工具拿取放射源，不得徒手操作；对接受敷贴治疗的患者采取安全护理，防止放射源被患者带走或丢失；

（三）在实施永久性籽粒插植治疗时，放射诊疗工作人员应随时清点所使用的放射性籽粒，防止在操作过程中遗失；放射性籽粒植入后，必须进行医学影像学检查，确认植入部位和放射性籽粒的数量；

（四）治疗过程中，治疗现场至少应有 2 名放射诊疗工作人员，并密切注视治疗装置的显示及病人情况，及时解决治疗中出现的问题；严禁其他无关人员进入治疗场所；

（五）放射诊疗工作人员应当严格按照放射治疗操作规范、规程实施照射；不得擅自修改治疗计划；

（六）放射诊疗工作人员应当验证治疗计划的执行情况，发现偏离计划现象时，应当及时采取补救措施并向本科室负责人或者本机构负责医疗质量控制的部门报告。

第二十九条 开展核医学诊疗的医疗机构，应当遵守相应的操作规范、规程，防止放射性同位素污染人体、设备、工作场所和环境；按照有关标准的规定对接受体内放射性药物诊治的患者进行控制，避免其他患者和公众受到超过允许水平的照射。

第三十条 核医学诊疗产生的放射性固体废物、废液及患者的放射性排出物应当单独收集，与其他废物、废液分开存放，按照国家有关规定处理。

第三十一条 医疗机构应当制定防范和处置放射事件的应急预案；发生放射事件后应当立即采取有效应急救援和控制措施，防止事件的扩大和蔓延。

第三十二条 医疗机构发生下列放射事件情形之一的，应当及时进行调查处理，如实记录，并按照有关规定及时报告卫生行政部门和有关部门：

（一）诊断放射性药物实际用量偏离处方剂量 50% 以上的；

（二）放射治疗实际照射剂量偏离处方剂量 25% 以上的；

（三）人员误照或误用放射性药物的；

（四）放射性同位素丢失、被盗和污染的；

（五）设备故障或人为失误引起的其他放射事件。

第五章 监督管理

第三十三条 医疗机构应当加强对本机构放射诊疗工作的管理，定期检查放射诊疗管理法律、法规、规章等制度的落实情况，保证放射诊疗的医疗质量和医疗安全。

第三十四条 县级以上地方人民政府卫生行政部门应当定期对本行政区域内开展放射诊疗活动的医疗机构进行监督检查。检查内容包括：

（一）执行法律、法规、规章、标准和规范等情况；

（二）放射诊疗规章制度和工作人员岗位责任制等制度的落实情况；

（三）健康监护制度和防护措施的落实情况；

（四）放射事件调查处理和报告情况。

第三十五条 卫生行政部门的执法人员依法进行监督检查时，应当出示证件；被检查的单位应当予以配合，如实反映情况，提供必要的资料，不得拒绝、阻碍、隐瞒。

第三十六条 卫生行政部门的执法人员或者卫生行政部门授权实施检查、检测的机构及其工作人员依法检查时，应当保守被检查单位的技术秘密和业务秘密。

第三十七条 卫生行政部门应当加强监督执法队伍建设，提高执法人员的业务素质和执法水平，建立健全对执法人员的监督管理制度。

第六章 法律责任

第三十八条 医疗机构有下列情形之一的，由县级以上卫生行政部门给予警告、责令限期改正，并可以根据情节处以3000元以下的罚款；情节严重的，吊销其《医疗机构执业许可证》。

（一）未取得放射诊疗许可从事放射诊疗工作的；

（二）未办理诊疗科目登记或者未按照规定进行校验的；

（三）未经批准擅自变更放射诊疗项目或者超出批准范围从事放射诊疗工作的。

第三十九条 医疗机构使用不具备相应资质的人员从事放射诊疗工作的，由县级以上卫生行政部门责令限期改正，并可以处以5000元以下的罚款；情节严重的，吊销其《医疗机构执业许可证》。

第四十条 医疗机构违反建设项目卫生审查、竣工验收有关规定的，按照《中华人民共和国职业病防治法》的规定进行处罚。

第四十一条 医疗机构违反本规定，有下列行为之一的，由县级以上卫生行政部门给予警告，责令限期改正；并可处一万元以下的罚款：

（一）购置、使用不合格或国家有关部门规定淘汰的放射诊疗设备的；

（二）未按照规定使用安全防护装置和个人防护用品的；

（三）未按照规定对放射诊疗设备、工作场所及防护设施进行检测和检查的；

（四）未按照规定对放射诊疗工作人员进行个人剂量监测、健康检查、建立个人剂量和健康档案的；

（五）发生放射事件并造成人员健康严重损害的；

（六）发生放射事件未立即采取应急救援和控制措施或者未按照规定及时报告的；

（七）违反本规定的其他情形。

第四十二条 卫生行政部门及其工作人员违反本规定，对不符合条件的医疗机构发放《放射诊疗许可证》的，或者不履行法定职责，造成放射事故的，对直接负责的主管人员和其他直接责任人员，依法给予行政处分；情节严重，构成犯罪的，依法追究刑事责任。

第七章 附 则

第四十三条 本规定中下列用语的

含义：

放射治疗：是指利用电离辐射的生物效应治疗肿瘤等疾病的技术。

核医学：是指利用放射性同位素诊断或治疗疾病或进行医学研究的技术。

介入放射学：是指在医学影像系统监视引导下，经皮针穿刺或引入导管做抽吸注射、引流或对管腔、血管等做成型、灌注、栓塞等，以诊断与治疗疾病的技术。

X射线影像诊断：是指利用X射线的穿透等性质取得人体内器官与组织的影像信息以诊断疾病的技术。

第四十四条 已开展放射诊疗项目的医疗机构应当于2006年9月1日前按照本办法规定，向卫生行政部门申请放射诊疗技术和医用辐射机构许可，并重新核定医学影像科诊疗科目。

第四十五条 本规定由卫生部负责解释。

第四十六条 本规定自2006年3月1日起施行。2001年10月23日发布的《放射工作卫生防护管理办法》同时废止。

附件：(略)

人体捐献器官获取与分配管理规定

1. 2019年1月17日国家卫生健康委发布
2. 国卫医发〔2019〕2号
3. 自2019年3月1日起施行

第一章 总 则

第一条 为积极推进人体器官捐献与移植工作，进一步规范人体器官获取，完善人体器官获取与分配体系，推动人体器官捐献与移植事业健康、可持续发展，依据《人体器官移植条例》等法规政策，结合工作实际，制定本规定。

第二条 本规定适用于公民逝世后捐献器官（以下简称捐献器官，包括器官段）的获取与分配。

第三条 本规定中人体器官获取组织（以下简称OPO）是指依托符合条件的医疗机构，由外科医师、神经内外科医师、重症医学科医师及护士、人体器官捐献协调员等组成的从事公民逝世后人体器官获取、修复、维护、保存和转运的医学专门组织或机构。

第四条 国家卫生健康委负责全国人体捐献器官获取与分配的监督管理工作。

县级以上卫生健康行政部门负责辖区内人体捐献器官获取与分配的监督管理工作。

第五条 医疗机构应当加强对所设OPO的日常管理，保障其规范运行。

第二章 捐献器官的获取

第六条 OPO获取捐献器官，应当在捐献者死亡后按照人体器官获取标准流程和技术规范实施。获取捐献器官种类和数量，应当与人体器官捐献知情同意书一致。

第七条 OPO应当履行以下职责：

（一）对其服务范围内的潜在捐献者进行相关医学评估。

（二）获取器官前核查人体器官捐献知情同意书等合法性文件。

（三）维护捐献器官功能。捐献者

死亡后，依据捐献者生前意愿或其配偶、成年子女、父母共同书面意愿获取相应捐献器官。

（四）将潜在捐献者、捐献者及其捐献器官的临床数据和合法性文件上传至中国人体器官分配与共享计算机系统（以下简称器官分配系统，网址：www. cot. org. cn）。

（五）使用器官分配系统启动捐献器官的自动分配。

（六）获取、保存、运送捐献器官，并按照器官分配系统的分配结果与获得该器官的人体器官移植等待者（以下简称等待者）所在的具备人体器官移植资质的医院（以下简称移植医院）进行捐献器官的交接确认。

（七）对捐献者遗体进行符合伦理原则的医学处理，并参与缅怀和慰问工作。

（八）保护捐献者、接受者和等待者的个人隐私，并保障其合法权益。

（九）组织开展其服务范围内医疗机构相关医务人员的专业培训，培训内容涉及潜在捐献者的甄别、抢救、器官功能维护等。开展学术交流和科学研究。

（十）配合本省份各级红十字会人体器官捐献管理机构做好人体器官捐献的宣传动员、协调见证、缅怀纪念等工作。

第八条 OPO 应当组建具备专门技术和能力要求的人体捐献器官获取团队，制定潜在捐献者识别与筛选医学标准，建立标准的人体捐献器官获取技术规范，配备专业人员和设备，以确保获取器官的质量。

第九条 医疗机构成立 OPO，应当符合省级卫生健康行政部门规划，并符合 OPO 基本条件和管理要求。

第十条 OPO 应当独立于人体器官移植科室。

第十一条 省级卫生健康行政部门应当根据覆盖全省、满足需要、唯一、就近的原则做好辖区内 OPO 设置规划，合理划分 OPO 服务区域，不得重叠。

第十二条 省级卫生健康行政部门应当根据 OPO 设置规划，在满足需要的前提下减少 OPO 设置数量，逐渐成立全省统一的 OPO。

第十三条 省级卫生健康行政部门应当将 OPO 名单及其服务区域及时报国家卫生健康委备案。变更 OPO 名单或服务区域，应当在变更后 5 个工作日内报国家卫生健康委备案。

第十四条 OPO 应当在省级卫生健康行政部门划定的服务区域内实施捐献器官的获取，严禁跨范围转运潜在捐献者、获取器官。

第十五条 OPO 进行潜在捐献者评估时，应当在器官分配系统中登记潜在捐献者信息及相关评估情况，保障潜在捐献者可溯源。

第十六条 OPO 应当建立捐献者病历并存档备查。捐献者病历至少包括：捐献者个人基本信息、捐献者评估记录、人体器官捐献知情同意书、死亡判定记录、OPO 所在医疗机构人体器官移植技术临床应用与伦理委员会审批材料、人体器官获取同意书、器官获取记录、获取器官质量评估记录、器官接收确认书等。转院的患者需提供首诊医院的出院记录。

第十七条　OPO应当在红十字会人体器官捐献协调员现场见证下获取捐献器官，不得在医疗机构以外实施捐献器官获取手术。捐献者所在医疗机构应当积极协助和配合OPO，为实施捐献器官获取手术提供手术室、器械药品、人员等保障。

第十八条　各级各类医疗机构及其医务人员应当积极支持人体器官捐献与移植工作，并参加相关培训。发现潜在捐献者时，应当主动向划定的OPO以及省级红十字会报告，禁止向其他机构、组织和个人转介潜在捐献者。

第十九条　省级卫生健康行政部门应当在OPO的配合下，依照《人体器官移植条例》的有关规定，积极与当地医疗服务价格管理部门沟通，核算人体器官捐献、获取、保存、分配、检验、运输、信息系统维护等成本，确定其收费标准。

第二十条　人体器官获取经费收支应当纳入OPO所在医疗机构统一管理。医疗机构应当根据人体器官获取工作特点，建立健全人体器官获取财务管理制度，规范人体器官获取有关经费收支管理。

第二十一条　OPO所在医疗机构应当向其服务区域内的捐献者所在医疗机构支付维护、获取捐献器官所消耗的医疗与人力等成本。移植医院接受捐献器官，应当向OPO所在医疗机构支付人体器官获取的相关费用。

第三章　人体捐献器官获取质量管理与控制

第二十二条　国家卫生健康委建立人体捐献器官获取质量管理与控制体系，发布人体捐献器官获取质量管理与控制标准，收集、分析全国人体捐献器官获取相关质量数据，开展OPO绩效评估、质量管理与控制等工作。

第二十三条　省级卫生健康行政部门应当收集、分析辖区内人体捐献器官获取相关质量数据，开展辖区内OPO绩效评估、质量管理与控制等工作。

第二十四条　OPO组织或其所在医疗机构应当按照要求建立本单位人体器官获取质量管理与控制体系，对OPO工作过程进行全流程质量控制，包括建立标准流程、制定本单位人体器官获取技术要求，以及记录分析评估相关数据等。

第四章　捐献器官的分配

第二十五条　捐献器官的分配应当符合医疗需要，遵循公平、公正和公开的原则。

第二十六条　捐献器官必须通过器官分配系统进行分配，保证捐献器官可溯源。任何机构、组织和个人不得在器官分配系统外擅自分配捐献器官，不得干扰、阻碍器官分配。

第二十七条　移植医院应当将本院等待者的相关信息全部录入器官分配系统，建立等待名单并按照要求及时更新。

第二十八条　捐献器官按照人体器官分配与共享基本原则和核心政策的规定，逐级进行分配和共享。有条件的省份可以向国家卫生健康委提出实施辖区内统一等待名单的捐献器官分配。

第二十九条 OPO 应当按照要求填写捐献者及捐献器官有关信息,禁止伪造篡改捐献者数据。

第三十条 OPO 获取捐献器官后,经评估不可用于移植的,应当在分配系统中登记弃用器官病理检查报告结果,说明弃用原因及弃用后处理情况。

第三十一条 OPO 应当及时启动器官分配系统自动分配捐献器官。器官分配系统按照人体器官分配与共享基本原则和核心政策生成匹配名单,并向移植医院发送分配通知后,OPO 应当及时联系移植医院,确认其接收分配通知。

第三十二条 移植医院接到器官分配通知后,应当在 30 分钟内登陆器官分配系统查看捐献者和捐献器官的相关医学信息,并依据医学判断和等待者意愿在 60 分钟内作出接受或拒绝人体器官分配的决定并回复。拒绝接受人体器官分配的,应当在器官分配系统中说明理由。

第三十三条 OPO 应当按照器官分配结果将捐献器官转运至接受者所在移植医院,转运过程中应当携带器官接收确认书。到达移植医院后应当与移植医院确认并交接捐献器官的来源、类型、数量及接受者身份。

第三十四条 移植器官交接后,特殊原因致接受者无法进行移植手术的,移植医院应当立即通知 OPO,由 OPO 使用分配系统进行再分配。

第三十五条 移植医院应当严格执行分配结果,并在人体器官移植手术完成后,立即将接受者信息从等待者名单中移除。

第三十六条 为避免器官浪费,对于符合以下情形的捐献器官开辟特殊通道。OPO 可通过器官分配系统按照人体器官分配与共享基本原则和核心政策选择适宜的器官接受者,并按程序在器官分配系统中按照特殊情况进行登记。省级卫生健康行政部门应当加强对特殊通道的监督管理。

(一)因不可抗力导致捐献器官无法转运至分配目的地的;

(二)捐献器官已转运至分配目的地,但接受者无法进行移植手术,再分配转运耗时将超过器官保存时限的;

(三)器官分配耗时已接近器官保存时限的。

第三十七条 国家卫生健康委定期组织专家或委托专业机构对人体器官分配与共享基本原则和核心政策进行评估,必要时根据工作需要修订。

第五章 监督管理

第三十八条 省级卫生健康行政部门应当及时公布辖区内已经办理人体器官移植诊疗科目登记的医疗机构名单、OPO 名单及其相应的服务范围。

第三十九条 省级卫生健康行政部门应当按年度对全省各 OPO 工作进行评估,形成省级人体器官获取质量管理与控制报告。省级卫生健康行政部门应当根据 OPO 评估及质控结果对辖区内 OPO 服务区域进行动态调整。

第四十条 省级卫生健康行政部门应当加强器官分配管理,指导辖区内移植医院规范使用器官分配系统分配捐献器官,做好移植医院人体器官移植临床应用能力评估,将移植医院器官分配系统规范使用情况作为其人体器官移植临床应用能力评估的重要内容。

第四十一条　移植医院分配系统规范使用评估主要包括以下内容：

（一）等待者录入分配系统情况；

（二）接到器官分配通知后应答情况；

（三）有无伪造等待者医学数据的情形；

（四）器官分配结果执行情况；

（五）特殊通道使用是否规范；

（六）移植后将接受者信息从等待者名单中移除情况。

移植医院分配系统规范使用评估不合格的，应当进行整改，整改期间暂停器官分配。

第四十二条　医疗机构违反本规定的，视情节轻重，依照《刑法》《人体器官移植条例》《医疗机构管理条例》等法律法规，由县级以上卫生健康行政部门给予警告、整改、暂停直至撤销人体器官移植诊疗科目登记的处罚。

医务人员违反本规定的，视情节轻重，依照《刑法》《执业医师法》《人体器官移植条例》等法律法规，由县级以上卫生健康行政部门依法给予处分、暂停执业活动、直至吊销医师执业证书的处罚。涉嫌犯罪的，移交司法机关追究刑事责任。

第六章　附　　则

第四十三条　本规定自2019年3月1日起施行，《人体捐献器官获取与分配管理规定（试行）》（国卫医发〔2013〕11号）同时废止。

戒毒治疗管理办法

1. 2021年1月25日国家卫生健康委、公安部、司法部发布

2. 国卫医发〔2021〕5号

3. 自2021年7月1日起施行

第一章　总　　则

第一条　为了规范戒毒治疗行为，依法开展戒毒治疗工作，维护医务人员和戒毒人员的合法权益，根据《中华人民共和国禁毒法》、《中华人民共和国执业医师法》、《戒毒条例》、《医疗机构管理条例》、《麻醉药品和精神药品管理条例》、《护士条例》等法律法规的规定，制定本办法。

第二条　本办法所称戒毒治疗，是指经省级卫生健康行政部门批准从事戒毒治疗的医疗机构，对吸毒人员采取相应的医疗、护理、康复等医学措施，帮助其减轻毒品依赖、促进身心康复的医学活动。

第三条　医疗机构开展戒毒治疗，适用本办法。

第四条　卫生健康行政部门负责戒毒医疗机构的监督管理，并对强制隔离戒毒医疗服务进行业务指导；公安机关、司法行政等部门在各自职责范围内负责强制隔离戒毒所、戒毒康复场所、监狱、拘留所和看守所开展戒毒治疗的监督管理。

第二章　机构登记

第五条　省级卫生健康行政部门商同级公安、司法行政部门，根据本行政区域戒毒治疗资源情况、吸毒人员分布状况和需求，制订本行政区域戒毒医疗机构设置规划，并纳入当地医疗机构设置规划。

第六条 医疗机构申请开展戒毒治疗，必须同时具备下列条件：

（一）具有独立承担民事责任的能力。

（二）符合戒毒医院基本标准或医疗机构戒毒治疗科基本标准和本办法规定。

戒毒医院基本标准和医疗机构戒毒治疗科基本标准由国务院卫生健康行政部门另行制订。

第七条 申请设置戒毒医疗机构或医疗机构从事戒毒治疗业务的，应当按照《医疗机构管理条例》、《医疗机构管理条例实施细则》及本办法的有关规定报省级卫生健康行政部门批准，并报同级公安机关备案。

第八条 省级卫生健康行政部门应当根据本地区戒毒医疗机构设置规划、本办法及有关规定进行审查，自受理申请之日起15个工作日内，作出批准或不予批准的决定，并书面告知申请者。如15个工作日内不能作出决定的，经本行政机关负责人批准，可以延长10个工作日，并应当将延长期限的理由告知申请者。

第九条 批准开展戒毒治疗的卫生健康行政部门，应当在《医疗机构执业许可证》副本备注栏中进行“戒毒治疗”项目登记。

第十条 医疗机构取得戒毒治疗资质后方可开展戒毒治疗。

第三章 执业人员资格

第十一条 医疗机构开展戒毒治疗应当按照戒毒医院基本标准和医疗机构戒毒治疗科基本标准规定，根据治疗需要配备相应数量的医师、护士、临床药学、医技、心理卫生等专业技术人员，并为戒毒治疗正常开展提供必要的安保和工勤保障。

第十二条 从事戒毒治疗的医师应当具有执业医师资格并经注册取得《医师执业证书》，执业范围为精神卫生专业。

第十三条 使用麻醉药品和第一类精神药品治疗的医师应当取得麻醉药品和第一类精神药品处方权。

第十四条 从事戒毒治疗的护士应当符合下列条件：

（一）经执业注册取得《护士执业证书》。

（二）经过三级精神病专科医院或者开设有戒毒治疗科的三级综合医院脱产培训戒毒治疗相关业务3个月以上。

第十五条 医疗机构开展戒毒治疗至少应当有1名药学人员具有主管药师以上专业技术职务任职资格，并经过三级精神病专科医院或者开设有戒毒治疗科的三级综合医院培训戒毒治疗相关业务。

第十六条 医疗机构开展戒毒治疗至少应当有1名药学人员取得麻醉药品和第一类精神药品的调剂权。

第十七条 医疗机构开展戒毒治疗应当有专职的麻醉药品和第一类精神药品管理人员。

第四章 执业规则

第十八条 医务人员应当在具有戒毒治疗资质的医疗机构开展戒毒治疗。

第十九条 医疗机构及其医务人员开展戒毒治疗应当遵循与戒毒有关的法律、法规、规章、诊疗指南或技术操作规范。

第二十条 设有戒毒治疗科的医疗机构应当将戒毒治疗纳入医院统一管理，包括财务管理、医疗质量管理、药品管理等。

第二十一条 医疗机构开展戒毒治疗应当根据业务特点制定管理规章制度，加强对医务人员的管理，不断提高诊疗水平，保证医疗质量和医疗安全，维护医患双方的合法权益。

第二十二条 医疗机构开展戒毒治疗应当采用安全性、有效性确切的诊疗技术和方法，并符合国务院卫生健康行政部门医疗技术临床应用的有关规定。

第二十三条 用于戒毒治疗的药物和医疗器械应当取得药品监督管理部门的批准文号。购买和使用麻醉药品及第一类精神药品应当按规定获得“麻醉药品和第一类精神药品购用印鉴卡”，并在指定地点购买，不得从非法渠道购买戒毒用麻醉药品和第一类精神药品。

医疗机构开展戒毒治疗需要使用医院制剂的，应当符合《药品管理法》和《麻醉药品和精神药品管理条例》等有关规定。

第二十四条 医疗机构开展戒毒治疗应当加强药品管理，严防麻醉药品和精神药品流入非法渠道。

第二十五条 医疗机构开展戒毒治疗应当采取有效措施，严防戒毒人员或者其他人员携带毒品与违禁物品进入医疗场所。

第二十六条 医疗机构可以根据戒毒治疗的需要，对戒毒人员进行身体和携带物品的检查。对检查发现的疑是毒品及吸食、注射用具和管制器具等按照有关规定交由公安机关处理。在戒毒治疗期间，发现戒毒人员有人身危险的，可以采取必要的临时保护性约束措施。

开展戒毒治疗的医疗机构及其医务人员应当对采取临时保护性约束措施的戒毒人员加强护理观察。

第二十七条 开展戒毒治疗的医疗机构应当与戒毒人员签订知情同意书。对属于无民事行为能力或者限制民事行为能力人的戒毒人员，医疗机构可与其监护人签订知情同意书。知情同意书的内容应当包括戒毒医疗的适应症、方法、时间、疗效、医疗风险、个人资料保密、戒毒人员应当遵守的各项规章制度以及双方的权利、义务等。

第二十八条 开展戒毒治疗的医疗机构应当按照规定建立戒毒人员医疗档案，并按规定报送戒毒人员相关治疗信息。

开展戒毒治疗的医疗机构应当要求戒毒人员提供真实信息。

第二十九条 开展戒毒治疗的医疗机构应当对戒毒人员进行必要的身体检查和艾滋病等传染病的检测，按照有关规定开展艾滋病等传染病的预防、咨询、健康教育、报告、转诊等工作。

第三十条 戒毒人员治疗期间，医疗机构应当不定期对其进行吸毒检测。发现吸食、注射毒品的，应当及时向当地公安机关报告。

第三十一条 开展戒毒治疗的医疗机构应当为戒毒人员提供心理康复、行为矫正、社会功能恢复等，并开展出院后的随访工作。

第三十二条 戒毒人员在接受戒毒治疗期间有下列情形之一的，医疗机构可以对其终止戒毒治疗：

（一）不遵守医疗机构的管理制度，严重影响医疗机构正常工作和诊疗秩序的。

（二）无正当理由不接受规范治疗或者不服从医务人员合理的戒毒治疗安排的。

（三）发现存在严重并发症或者其他疾病不适宜继续接受戒毒治疗的。

第三十三条 开展戒毒治疗的医疗机构及其医务人员应当依法保护戒毒人员的隐私，不得侮辱、歧视戒毒人员。

第三十四条 戒毒人员与开展戒毒治疗的医疗机构及其医务人员发生医疗纠纷的，按照有关规定处理。

第三十五条 开展戒毒治疗的医疗机构应当定期对医务人员进行艾滋病等传染病的职业暴露防护培训，并采取有效防护措施。

第三十六条 开展戒毒治疗的医疗机构应当根据卫生健康行政部门的安排，对社区戒毒和康复工作提供技术指导或者协助。

第五章 监督管理

第三十七条 任何组织、单位和个人，未经省级卫生健康行政部门批准取得戒毒治疗资质，不得开展戒毒治疗。

第三十八条 戒毒医疗机构的校验期限按照《医疗机构管理条例》和《医疗机构校验管理办法（试行）》的有关规定执行。

第三十九条 县级以上地方卫生健康行政部门应当按照有关规定，采取有效措施，加强对成熟的戒毒诊疗技术的临床应用管理。

第四十条 县级以上地方卫生健康行政部门应当及时将辖区内戒毒治疗的开展情况报上级卫生健康行政部门和同级禁毒委员会。

第四十一条 县级以上地方卫生健康行政部门在戒毒治疗监管工作中，应当加强与同级公安机关、司法行政等部门的协作，并充分发挥卫生健康行业学（协）会和专业社会团体的作用。

第四十二条 卫生健康行政部门、医疗机构及其医务人员违反本办法有关规定的，依照国家有关法律法规予以处罚。

第六章 附 则

第四十三条 开展戒毒药物维持治疗工作按照《戒毒药物维持治疗工作管理办法》执行。

第四十四条 本办法自2021年7月1日起施行。原卫生部、公安部、司法部联合印发的《戒毒医疗服务管理暂行办法》（卫医政发〔2010〕2号）同时废止。

医疗技术临床应用管理办法

1. 2018年8月13日国家卫生健康委员会令第1号公布
2. 自2018年11月1日起施行

第一章 总 则

第一条 为加强医疗技术临床应用管理,促进医学科学发展和医疗技术进步,保障医疗质量和患者安全,维护人民群众健康权益,根据有关法律法规,制定本办法。

第二条 本办法所称医疗技术,是指医疗机构及其医务人员以诊断和治疗疾病为目的,对疾病作出判断和消除疾病、缓解病情、减轻痛苦、改善功能、延长生命、帮助患者恢复健康而采取的医学专业手段和措施。

本办法所称医疗技术临床应用,是指将经过临床研究论证且安全性、有效性确切的医疗技术应用于临床,用以诊断或者治疗疾病的过程。

第三条 医疗机构和医务人员开展医疗技术临床应用应当遵守本办法。

第四条 医疗技术临床应用应当遵循科学、安全、规范、有效、经济、符合伦理的原则。

安全性、有效性不确切的医疗技术,医疗机构不得开展临床应用。

第五条 国家建立医疗技术临床应用负面清单管理制度,对禁止临床应用的医疗技术实施负面清单管理,对部分需要严格监管的医疗技术进行重点管理。其他临床应用的医疗技术由决定使用该类技术的医疗机构自我管理。

第六条 医疗机构对本机构医疗技术临床应用和管理承担主体责任。医疗机构开展医疗技术服务应当与其技术能力相适应。

医疗机构主要负责人是本机构医疗技术临床应用管理的第一责任人。

第七条 国家卫生健康委负责全国医疗技术临床应用管理工作。

县级以上地方卫生行政部门负责本行政区域内医疗技术临床应用监督管理工作。

第八条 鼓励卫生行业组织参与医疗技术临床应用质量控制、规范化培训和技术评估工作,各级卫生行政部门应当为卫生行业组织参与医疗技术临床应用管理创造条件。

第二章 医疗技术负面清单管理

第九条 医疗技术具有下列情形之一的,禁止应用于临床(以下简称禁止类技术):

(一)临床应用安全性、有效性不确切;

(二)存在重大伦理问题;

(三)该技术已经被临床淘汰;

(四)未经临床研究论证的医疗新技术。

禁止类技术目录由国家卫生健康委制定发布或者委托专业组织制定发布,并根据情况适时予以调整。

第十条 禁止类技术目录以外并具有下列情形之一的,作为需要重点加强管理的医疗技术(以下简称限制类技术),由省级以上卫生行政部门严格管理:

(一)技术难度大、风险高,对医疗

机构的服务能力、人员水平有较高专业要求，需要设置限定条件的；

（二）需要消耗稀缺资源的；

（三）涉及重大伦理风险的；

（四）存在不合理临床应用，需要重点管理的。

国家限制类技术目录及其临床应用管理规范由国家卫生健康委制定发布或者委托专业组织制定发布，并根据临床应用实际情况予以调整。

省级卫生行政部门可以结合本行政区域实际情况，在国家限制类技术目录基础上增补省级限制类技术相关项目，制定发布相关技术临床应用管理规范，并报国家卫生健康委备案。

第十一条 对限制类技术实施备案管理。医疗机构拟开展限制类技术临床应用的，应当按照相关医疗技术临床应用管理规范进行自我评估，符合条件的可以开展临床应用，并于开展首例临床应用之日起 15 个工作日内，向核发其《医疗机构执业许可证》的卫生行政部门备案。备案材料应当包括以下内容：

（一）开展临床应用的限制类技术名称和所具备的条件及有关评估材料；

（二）本机构医疗技术临床应用管理专门组织和伦理委员会论证材料；

（三）技术负责人（限于在本机构注册的执业医师）资质证明材料。

备案部门应当自收到完整备案材料之日起 15 个工作日内完成备案，在该医疗机构的《医疗机构执业许可证》副本备注栏予以注明，并逐级上报至省级卫生行政部门。

第十二条 未纳入禁止类技术和限制类技术目录的医疗技术，医疗机构可以根据自身功能、任务、技术能力等自行决定开展临床应用，并应当对开展的医疗技术临床应用实施严格管理。

第十三条 医疗机构拟开展存在重大伦理风险的医疗技术，应当提请本机构伦理委员会审议，必要时可以咨询省级和国家医学伦理专家委员会。未经本机构伦理委员会审查通过的医疗技术，特别是限制类医疗技术，不得应用于临床。

第三章 管理与控制

第十四条 国家建立医疗技术临床应用质量管理与控制制度，充分发挥各级、各专业医疗质量控制组织的作用，以“限制类技术”为主加强医疗技术临床应用质量控制，对医疗技术临床应用情况进行日常监测与定期评估，及时向医疗机构反馈质控和评估结果，持续改进医疗技术临床应用质量。

第十五条 二级以上的医院、妇幼保健院及专科疾病防治机构医疗质量管理委员会应当下设医疗技术临床应用管理的专门组织，由医务、质量管理、药学、护理、院感、设备等部门负责人和具有高级技术职务任职资格的临床、管理、伦理等相关专业人员组成。该专门组织的负责人由医疗机构主要负责人担任，由医务部门负责日常管理工作，主要职责是：

（一）根据医疗技术临床应用管理相关的法律、法规、规章，制定本机构医疗技术临床应用管理制度并组织实施；

（二）审定本机构医疗技术临床应用管理目录和手术分级管理目录并及时调整；

（三）对首次应用于本机构的医疗技术组织论证，对本机构已经临床应用的医疗技术定期开展评估；

（四）定期检查本机构医疗技术临床应用管理各项制度执行情况，并提出改进措施和要求；

（五）省级以上卫生行政部门规定的其他职责。

其他医疗机构应当设立医疗技术临床应用管理工作小组，并指定专（兼）职人员负责本机构医疗技术临床应用管理工作。

第十六条 医疗机构应当建立本机构医疗技术临床应用管理制度，包括目录管理、手术分级、医师授权、质量控制、档案管理、动态评估等制度，保障医疗技术临床应用质量和安全。

第十七条 医疗机构开展医疗技术临床应用应当具有符合要求的诊疗科目、专业技术人员、相应的设备、设施和质量控制体系，并遵守相关技术临床应用管理规范。

第十八条 医疗机构应当制定本机构医疗技术临床应用管理目录并及时调整，对目录内的手术进行分级管理。

手术管理按照国家关于手术分级管理的有关规定执行。

第十九条 医疗机构应当依法准予医务人员实施与其专业能力相适应的医疗技术，并为医务人员建立医疗技术临床应用管理档案，纳入个人专业技术档案管理。

第二十条 医疗机构应当建立医师手术授权与动态管理制度，根据医师的专业能力和培训情况，授予或者取消相应的手术级别和具体手术权限。

第二十一条 医疗机构应当建立医疗技术临床应用论证制度。对已证明安全有效，但属本机构首次应用的医疗技术，应当组织开展本机构技术能力和安全保障能力论证，通过论证的方可开展医疗技术临床应用。

第二十二条 医疗机构应当建立医疗技术临床应用评估制度，对限制类技术的质量安全和技术保证能力进行重点评估，并根据评估结果及时调整本机构医疗技术临床应用管理目录和有关管理要求。对存在严重质量安全问题或者不再符合有关技术管理要求的，要立即停止该项技术的临床应用。

医疗机构应当根据评估结果，及时调整本机构医师相关技术临床应用权限。

第二十三条 医疗机构应当为医务人员参加医疗技术临床应用规范化培训创造条件，加强医疗技术临床应用管理人才队伍的建设和培养。

医疗机构应当加强首次在本医疗机构临床应用的医疗技术的规范化培训工作。

第二十四条 医疗机构开展的限制类技术目录、手术分级管理目录和限制类技术临床应用情况应当纳入本机构院务公开范围，主动向社会公开，接受社会监督。

第二十五条 医疗机构在医疗技术临床应用过程中出现下列情形之一的，应当立即停止该项医疗技术的临床应用：

（一）该医疗技术被国家卫生健康

委列为“禁止类技术”；

（二）从事该医疗技术的主要专业技术人员或者关键设备、设施及其他辅助条件发生变化，不能满足相关技术临床应用管理规范要求，或者影响临床应用效果；

（三）该医疗技术在本机构应用过程中出现重大医疗质量、医疗安全或者伦理问题，或者发生与技术相关的严重不良后果；

（四）发现该项医疗技术临床应用效果不确切，或者存在重大质量、安全或者伦理缺陷。

医疗机构出现第一款第二项、第三项情形，属于限制类技术的，应当立即将有关情况向核发其《医疗机构执业许可证》的卫生行政部门报告。卫生行政部门应当及时取消该医疗机构相应医疗技术临床应用备案，在该机构《医疗机构执业许可证》副本备注栏予以注明，并逐级向省级卫生行政部门报告。

医疗机构出现第一款第四项情形的，应当立即将有关情况向核发其《医疗机构执业许可证》的卫生行政部门和省级卫生行政部门报告。省级卫生行政部门应当立即组织对该项医疗技术临床应用情况进行核查，确属医疗技术本身存在问题的，可以暂停该项医疗技术在本地区的临床应用，并向国家卫生健康委报告。国家卫生健康委收到报告后，组织专家进行评估，决定需要采取的进一步管理措施。

第四章　培训与考核

第二十六条　国家建立医疗技术临床应用规范化培训制度。拟开展限制类技术的医师应当按照相关技术临床应用管理规范要求接受规范化培训。

国家卫生健康委统一组织制定国家限制类技术的培训标准和考核要求，并向社会公布。

第二十七条　省级增补的限制类技术以及省级卫生行政部门认为其他需要重点加强培训的医疗技术，由省级卫生行政部门统一组织制订培训标准，对培训基地管理和参加培训医师（以下简称参培医师）的培训和考核提出统一要求，并向社会公布。

第二十八条　对限制类技术临床应用规范化培训基地实施备案管理。医疗机构拟承担限制类技术临床应用规范化培训工作的，应当达到国家和省级卫生行政部门规定的条件，制定培训方案并向社会公开。

第二十九条　医疗机构拟承担限制类技术临床应用规范化培训工作的，应当于首次发布招生公告之日起3个工作日内，向省级卫生行政部门备案。备案材料应当包括：

（一）开展相关限制类技术临床应用的备案证明材料；

（二）开展相关限制类技术培训工作所具备的软、硬件条件的自我评估材料；

（三）近3年开展相关限制类技术临床应用的医疗质量和医疗安全情况；

（四）培训方案、培训师资、课程设置、考核方案等材料。

第三十条　省级卫生行政部门应当及时向社会公布经备案拟承担限制性技术

临床应用规范化培训工作的医疗机构名单。

省级卫生行政部门应当加强对限制类技术临床应用规范化培训基地的考核和评估,对不符合培训基地条件或者未按照要求开展培训、考核的,应当责令其停止培训工作,并向社会公布。

第三十一条 培训基地应当建立健全规章制度及流程,明确岗位职责和管理要求,加强对培训导师的管理。严格按照统一的培训大纲和教材制定培训方案与计划,建立医师培训档案,确保培训质量和效果。

第三十二条 申请参加培训的医师应当符合相关医疗技术临床应用管理规范要求。培训基地应当按照公开公平、择优录取、双向选择的原则决定是否接收参培医师。

第三十三条 参培医师完成培训后应当接受考核。考核包括过程考核和结业考核。

考核应当由所在培训基地或者省级卫生行政部门委托的第三方组织实施。

第三十四条 对国家和省级卫生行政部门作出统一培训要求以外的医疗技术,医疗机构应当自行进行规范化培训。

第五章 监督管理

第三十五条 县级以上地方卫生行政部门应当加强对本行政区域内医疗机构医疗技术临床应用的监督管理。

第三十六条 国家卫生健康委负责建立全国医疗技术临床应用信息化管理平台,对国家限制类技术临床应用相关信息进行收集、分析和反馈。

省级卫生行政部门负责建立省级医疗技术临床应用信息化管理平台,对本行政区域内国家和省级限制类技术临床应用情况实施监督管理。

省级医疗技术临床应用信息化管理平台应当与全国医疗技术临床应用信息化管理平台实现互联互通,信息共享。

第三十七条 医疗机构应当按照要求,及时、准确、完整地向全国和省级医疗技术临床应用信息化管理平台逐例报送限制类技术开展情况数据信息。

各级、各专业医疗质量控制组织应当充分利用医疗技术临床应用信息化管理平台,加大数据信息分析和反馈力度,指导医疗机构提高医疗技术临床应用质量安全。

第三十八条 国家建立医疗技术临床应用评估制度。对医疗技术的安全性、有效性、经济适宜性及伦理问题等进行评估,作为调整国家医疗技术临床应用管理政策的决策依据之一。

第三十九条 国家建立医疗机构医疗技术临床应用情况信誉评分制度,与医疗机构、医务人员信用记录挂钩,纳入卫生健康行业社会信用体系管理,接入国家信用信息共享平台,并将信誉评分结果应用于医院评审、评优、临床重点专科评估等工作。

第四十条 县级以上地方卫生行政部门应当将本行政区域内经备案开展限制类技术临床应用的医疗机构名单及相关信息及时向社会公布,接受社会监督。

第六章 法律责任

第四十一条 医疗机构违反本办法规定，有下列情形之一的，由县级以上地方卫生行政部门责令限期改正；逾期不改的，暂停或者停止相关医疗技术临床应用，给予警告，并处以三千元以下罚款；造成严重后果的，处以三千元以上三万元以下罚款，并对医疗机构主要负责人、负有责任的主管人员和其他直接责任人员依法给予处分：

（一）未建立医疗技术临床应用管理专门组织或者未指定专（兼）职人员负责具体管理工作的；

（二）未建立医疗技术临床应用管理相关规章制度的；

（三）医疗技术临床应用管理混乱，存在医疗质量和医疗安全隐患的；

（四）未按照要求向卫生行政部门进行医疗技术临床应用备案的；

（五）未按照要求报告或者报告不实信息的；

（六）未按照要求向国家和省级医疗技术临床应用信息化管理平台报送相关信息的；

（七）未将相关信息纳入院务公开范围向社会公开的；

（八）未按要求保障医务人员接受医疗技术临床应用规范化培训权益的。

第四十二条 承担限制类技术临床应用规范化培训的医疗机构，有下列情形之一的，由省级卫生行政部门责令其停止医疗技术临床应用规范化培训，并向社会公布；造成严重后果的，对医疗机构主要负责人、负有责任的主管人员和其他直接责任人员依法给予处分：

（一）未按照要求向省级卫生行政部门备案的；

（二）提供不实备案材料或者弄虚作假的；

（三）未按照要求开展培训、考核的；

（四）管理混乱导致培训造成严重不良后果，并产生重大社会影响的。

第四十三条 医疗机构有下列情形之一的，由县级以上地方卫生行政部门依据《医疗机构管理条例》第四十七条的规定进行处理；情节严重的，还应当对医疗机构主要负责人和其他直接责任人员依法给予处分：

（一）开展相关医疗技术与登记的诊疗科目不相符的；

（二）开展禁止类技术临床应用的；

（三）不符合医疗技术临床应用管理规范要求擅自开展相关医疗技术的。

第四十四条 医疗机构管理混乱导致医疗技术临床应用造成严重不良后果，并产生重大社会影响的，由县级以上地方卫生行政部门责令限期整改，并给予警告；逾期不改的，给予三万元以下罚款，并对医疗机构主要负责人、负有责任的主管人员和其他直接责任人员依法给予处分。

第四十五条 医务人员有下列情形之一的，由县级以上地方卫生行政部门按照《执业医师法》《护士条例》《乡村医生从业管理条例》等法律法规的有关规定进行处理；构成犯罪的，依法追究刑事责任：

（一）违反医疗技术管理相关规章制度或者医疗技术临床应用管理规范的；

（二）开展禁止类技术临床应用的；

（三）在医疗技术临床应用过程中，未按照要求履行知情同意程序的；

（四）泄露患者隐私，造成严重后果的。

第四十六条 县级以上地方卫生行政部门未按照本办法规定履行监管职责，造成严重后果的，对直接负责的主管人员和其他直接责任人员依法给予记大过、降级、撤职、开除等行政处分。

第七章 附 则

第四十七条 人体器官移植技术、人类辅助生殖技术、细胞治疗技术的监督管理不适用本办法。

第四十八条 省级卫生行政部门可以根据本办法，结合地方实际制定具体实施办法。

第四十九条 本办法公布前，已经开展相关限制类技术临床应用的医疗机构，应当自本办法公布之日起按照本办法及相关医疗技术临床应用管理规范进行自我评估。符合临床应用条件的，应当自本办法施行之日起3个月内按照要求向核发其《医疗机构执业许可证》的卫生行政部门备案；不符合要求或者不按照规定备案的，不得再开展该项医疗技术临床应用。

第五十条 中医医疗机构的医疗技术临床应用管理由中医药主管部门负责。

第五十一条 本办法自2018年11月1日起施行。

3. 妇幼保健

中华人民共和国母婴保健法

1. 1994年10月27日第八届全国人民代表大会常务委员会第十次会议通过

2. 根据2009年8月27日第十一届全国人民代表大会常务委员会第十次会议《关于修改部分法律的决定》第一次修正

3. 根据2017年11月4日第十二届全国人民代表大会常务委员会第三十次会议《关于修改〈中华人民共和国会计法〉等十一部法律的决定》第二次修正

目 录

第一章 总 则

第一条 【立法目的】为了保障母亲和婴儿健康，提高出生人口素质，根据宪法，制定本法。

第二条 【国家扶持】国家发展母婴保健事业，提供必要条件和物质帮助，使母亲和婴儿获得医疗保健服务。

国家对边远贫困地区的母婴保健事业给予扶持。

第三条 【政府领导】各级人民政府领导母婴保健工作。

母婴保健事业应当纳入国民经济和社会发展计划。

第四条 【主管部门】国务院卫生行政部门主管全国母婴保健工作，根据不同地区情况提出分级分类指导原则，并对全国母婴保健工作实施监督管理。

国务院其他有关部门在各自职责范围内，配合卫生行政部门做好母婴保健工作。

第五条 【教育、科研】国家鼓励、支持母婴保健领域的教育和科学研究，推广先进、实用的母婴保健技术，普及母婴保健科学知识。

第六条 【奖励】对在母婴保健工作中做出显著成绩和在母婴保健科学研究中取得显著成果的组织和个人，应当给予奖励。

第二章 婚前保健

第七条 【婚前保健服务】医疗保健机构应当为公民提供婚前保健服务。

婚前保健服务包括下列内容：

（一）婚前卫生指导：关于性卫生知识、生育知识和遗传病知识的教育；

（二）婚前卫生咨询：对有关婚配、生育保健等问题提供医学意见；

（三）婚前医学检查：对准备结婚的男女双方可能患影响结婚和生育的疾病进行医学检查。

第八条 【疾病检查】婚前医学检查包括对下列疾病的检查：

（一）严重遗传性疾病；

（二）指定传染病；

（三）有关精神病。

经婚前医学检查，医疗保健机构应当出具婚前医学检查证明。

第九条 【暂缓结婚】经婚前医学检查，对患指定传染病在传染期内或者有关精神病在发病期内的，医师应当提出医学意见；准备结婚的男女双方应当暂缓结婚。

第十条 【不宜生育】经婚前医学检查，对诊断患医学上认为不宜生育的严重遗传性疾病的，医师应当向男女双方说明情况，提出医学意见；经男女双方同意，采取长效避孕措施或者施行结扎手术后不生育的，可以结婚。但《中华人民共和国婚姻法》规定禁止结婚的除外。

第十一条 【医学技术鉴定】接受婚前医学检查的人员对检查结果持有异议的，可以申请医学技术鉴定，取得医学鉴定证明。

第十二条 【结婚登记】男女双方在结婚登记时，应当持有婚前医学检查证明或者医学鉴定证明。

第十三条 【实施办法】省、自治区、直辖市人民政府根据本地区的实际情况，制定婚前医学检查制度实施办法。

省、自治区、直辖市人民政府对婚前医学检查应当规定合理的收费标准，对边远贫困地区或者交费确有困难的人员应当给予减免。

第三章 孕产期保健

第十四条 【孕产期保健服务内容】医疗保健机构应当为育龄妇女和孕产妇提供孕产期保健服务。

孕产期保健服务包括下列内容：

（一）母婴保健指导：对孕育健康后代以及严重遗传性疾病和碘缺乏病等地方病的发病原因、治疗和预防方法提供医学意见；

（二）孕妇、产妇保健：为孕妇、产妇提供卫生、营养、心理等方面的咨询和指导以及产前定期检查等医疗保健服务；

（三）胎儿保健：为胎儿生长发育进行监护，提供咨询和医学指导；

（四）新生儿保健：为新生儿生长发育、哺乳和护理提供医疗保健服务。

第十五条 【医学指导】对患严重疾病或者接触致畸物质，妊娠可能危及孕妇生命安全或者可能严重影响孕妇健康和胎儿正常发育的，医疗保健机构应当予以医学指导。

第十六条 【医学意见】医师发现或者怀疑患严重遗传性疾病的育龄夫妻，应当提出医学意见，育龄夫妻应当根据医师的医学意见采取相应的措施。

第十七条 【胎儿异常】经产前检查，医师发现或者怀疑胎儿异常的，应当对孕妇进行产前诊断。

第十八条 【终止妊娠】经产前诊断，有下列情形之一的，医师应当向夫妻双方说明情况，并提出终止妊娠的医学意见：

（一）胎儿患严重遗传性疾病的；

（二）胎儿有严重缺陷的；

（三）因患严重疾病，继续妊娠可能危及孕妇生命安全或者严重危害孕妇健康的。

第十九条 【终止妊娠和结扎手术】依照本法规定施行终止妊娠或者结扎手术，应当经本人同意，并签署意见。本人无行为能力的，应当经其监护人同意，并签署意见。

依照本法规定施行终止妊娠或者结扎手术的，接受免费服务。

第二十条 【医学检查】生育过严重缺陷患儿的妇女再次妊娠前，夫妻双方应当到县级以上医疗保健机构接受医学检查。

第二十一条 【产伤预防】医师和助产人员应当严格遵守有关操作规程，提高助产技术和服务质量，预防和减少产伤。

第二十二条 【不住院分娩】不能住院分娩的孕妇应当由经过培训、具备相应接生能力的接生人员实行消毒接生。

第二十三条 【家庭接生】医疗保健机构和从事家庭接生的人员按照国务院卫生行政部门的规定，出具统一制发的新生儿出生医学证明；有产妇和婴儿死亡以及新生儿出生缺陷情况的，应当向卫生行政部门报告。

第二十四条 【育儿指导】医疗保健机构为产妇提供科学育儿、合理营养和母乳喂养的指导。

医疗保健机构对婴儿进行体格检查和预防接种，逐步开展新生儿疾病筛查、婴儿多发病和常见病防治等医疗保健服务。

第四章 技术鉴定

第二十五条 【鉴定组织和对象】县级以上地方人民政府可以设立医学技术鉴定组织，负责对婚前医学检查、遗传病诊断和产前诊断结果有异议的进行医学技术鉴定。

第二十六条 【鉴定人员】从事医学技术鉴定的人员，必须具有临床经验和医学遗传学知识，并具有主治医师以上的专业技术职务。

医学技术鉴定组织的组成人员，由卫生行政部门提名，同级人民政府聘任。

第二十七条 【回避】医学技术鉴定实行回避制度。凡与当事人有利害关系，可能影响公正鉴定的人员，应当回避。

第五章 行政管理

第二十八条 【政府职责】各级人民政府应当采取措施，加强母婴保健工作，提高医疗保健服务水平，积极防治由环境因素所致严重危害母亲和婴儿健康的地方性高发性疾病，促进母婴保健事业的发展。

第二十九条 【管理机关】县级以上地方人民政府卫生行政部门管理本行政区域内的母婴保健工作。

第三十条 【监测和技术指导机构】省、自治区、直辖市人民政府卫生行政部门指定的医疗保健机构负责本行政区域内的母婴保健监测和技术指导。

第三十一条 【医疗机构职责】医疗保健机构按照国务院卫生行政部门的规定，负责其职责范围内的母婴保健工作，建立医疗保健工作规范，提高医学技术水平，采取各种措施方便人民群众，做好母婴保健服务工作。

第三十二条 【技术标准】医疗保健机构依照本法规定开展婚前医学检查、遗传病诊断、产前诊断以及施行结扎手术和终止妊娠手术的，必须符合国务院卫生行政部门规定的条件和技术标准，并经县级以上地方人民政府卫生行政部门许可。

严禁采用技术手段对胎儿进行性别鉴定，但医学上确有需要的除外。

第三十三条 【合格证书制度】从事本法规定的遗传病诊断、产前诊断的人员，必须经过省、自治区、直辖市人民政府卫生行政部门的考核，并取得相应的合格证书。

从事本法规定的婚前医学检查、施行结扎手术和终止妊娠手术的人员，必须经过县级以上地方人民政府卫生行政部门的考核，并取得相应的合格证书。

第三十四条 【保密】从事母婴保健工作的人员应当严格遵守职业道德，为当事人保守秘密。

第六章 法律责任

第三十五条 【无证从业行为】未取得国家颁发的有关合格证书的，有下列行为之一，县级以上地方人民政府卫生行政部门应当予以制止，并可以根据情节给予警告或者处以罚款：

（一）从事婚前医学检查、遗传病诊断、产前诊断或者医学技术鉴定的；

（二）施行终止妊娠手术的；

（三）出具本法规定的有关医学证明的。

上款第（三）项出具的有关医学证明无效。

第三十六条 【刑事责任对象】未取得国家颁发的有关合格证书，施行终止妊娠手术或者采取其他方法终止妊娠，致人死亡、残疾、丧失或者基本丧失劳动能力的，依照刑法有关规定追究刑事责任。

第三十七条 【执业人员违法】从事母婴保健工作的人员违反本法规定，出具有关虚假医学证明或者进行胎儿性别鉴定的,由医疗保健机构或者卫生行政部门根据情节给予行政处分;情节严重的,依法取消执业资格。

第七章　附　　则

第三十八条　【专门用语含义】本法下列用语的含义:

指定传染病,是指《中华人民共和国传染病防治法》中规定的艾滋病、淋病、梅毒、麻风病以及医学上认为影响结婚和生育的其他传染病。

严重遗传性疾病,是指由于遗传因素先天形成,患者全部或者部分丧失自主生活能力,后代再现风险高,医学上认为不宜生育的遗传性疾病。

有关精神病,是指精神分裂症、躁狂抑郁型精神病以及其他重型精神病。

产前诊断,是指对胎儿进行先天性缺陷和遗传性疾病的诊断。

第三十九条　【施行日期】本法自1995年6月1日起施行。

中华人民共和国
母婴保健法实施办法

1. 2001年6月20日国务院令第308号公布

2. 根据2017年11月17日国务院令第690号《关于修改部分行政法规的决定》修订

第一章　总　　则

第一条　根据《中华人民共和国母婴保健法》(以下简称母婴保健法),制定本办法。

第二条　在中华人民共和国境内从事母婴保健服务活动的机构及其人员应当遵守母婴保健法和本办法。

从事计划生育技术服务的机构开展计划生育技术服务活动,依照《计划生育技术服务管理条例》的规定执行。

第三条　母婴保健技术服务主要包括下列事项:

(一)有关母婴保健的科普宣传、教育和咨询;

(二)婚前医学检查;

(三)产前诊断和遗传病诊断;

(四)助产技术;

(五)实施医学上需要的节育手术;

(六)新生儿疾病筛查;

(七)有关生育、节育、不育的其他生殖保健服务。

第四条　公民享有母婴保健的知情选择权。国家保障公民获得适宜的母婴保健服务的权利。

第五条　母婴保健工作以保健为中心,以保障生殖健康为目的,实行保健和临床相结合,面向群体、面向基层和预防为主的方针。

第六条　各级人民政府应当将母婴保健工作纳入本级国民经济和社会发展计划,为母婴保健事业的发展提供必要的经济、技术和物质条件,并对少数民族地区、贫困地区的母婴保健事业给予特殊支持。

县级以上地方人民政府根据本地区的实际情况和需要,可以设立母婴保健事业发展专项资金。

第七条　国务院卫生行政部门主管全国母婴保健工作,履行下列职责:

(一)制定母婴保健法及本办法的配套规章和技术规范;

（二）按照分级分类指导的原则，制定全国母婴保健工作发展规划和实施步骤；

（三）组织推广母婴保健及其他生殖健康的适宜技术；

（四）对母婴保健工作实施监督。

第八条 县级以上各级人民政府财政、公安、民政、教育、劳动保障、计划生育等部门应当在各自职责范围内，配合同级卫生行政部门做好母婴保健工作。

第二章 婚前保健

第九条 母婴保健法第七条所称婚前卫生指导，包括下列事项：

（一）有关性卫生的保健和教育；

（二）新婚避孕知识及计划生育指导；

（三）受孕前的准备、环境和疾病对后代影响等孕前保健知识；

（四）遗传病的基本知识；

（五）影响婚育的有关疾病的基本知识；

（六）其他生殖健康知识。

医师进行婚前卫生咨询时，应当为服务对象提供科学的信息，对可能产生的后果进行指导，并提出适当的建议。

第十条 在实行婚前医学检查的地区，准备结婚的男女双方在办理结婚登记前，应当到医疗、保健机构进行婚前医学检查。

第十一条 从事婚前医学检查的医疗、保健机构，由其所在地设区的市级人民政府卫生行政部门进行审查；符合条件的，在其《医疗机构执业许可证》上注明。

第十二条 申请从事婚前医学检查的医疗、保健机构应当具备下列条件：

（一）分别设置专用的男、女婚前医学检查室，配备常规检查和专科检查设备；

（二）设置婚前生殖健康宣传教育室；

（三）具有符合条件的进行男、女婚前医学检查的执业医师。

第十三条 婚前医学检查包括询问病史、体格及相关检查。

婚前医学检查应当遵守婚前保健工作规范并按照婚前医学检查项目进行。婚前保健工作规范和婚前医学检查项目由国务院卫生行政部门规定。

第十四条 经婚前医学检查，医疗、保健机构应当向接受婚前医学检查的当事人出具婚前医学检查证明。

婚前医学检查证明应当列明是否发现下列疾病：

（一）在传染期内的指定传染病；

（二）在发病期内的有关精神病；

（三）不宜生育的严重遗传性疾病；

（四）医学上认为不宜结婚的其他疾病。

发现前款第（一）项、第（二）项、第（三）项疾病的，医师应当向当事人说明情况，提出预防、治疗以及采取相应医学措施的建议。当事人依据医生的医学意见，可以暂缓结婚，也可以自愿采用长效避孕措施或者结扎手术；医疗、保健机构应当为其治疗提供医学咨询和医疗服务。

第十五条 经婚前医学检查，医疗、保健机构不能确诊的，应当转到设区的市级以上人民政府卫生行政部门指定的医疗、保健机构确诊。

第十六条　在实行婚前医学检查的地区，婚姻登记机关在办理结婚登记时，应当查验婚前医学检查证明或者母婴保健法第十一条规定的医学鉴定证明。

第三章　孕产期保健

第十七条　医疗、保健机构应当为育龄妇女提供有关避孕、节育、生育、不育和生殖健康的咨询和医疗保健服务。

医师发现或者怀疑育龄夫妻患有严重遗传性疾病的，应当提出医学意见；限于现有医疗技术水平难以确诊的，应当向当事人说明情况。育龄夫妻可以选择避孕、节育、不孕等相应的医学措施。

第十八条　医疗、保健机构应当为孕产妇提供下列医疗保健服务：

（一）为孕产妇建立保健手册（卡），定期进行产前检查；

（二）为孕产妇提供卫生、营养、心理等方面的医学指导与咨询；

（三）对高危孕妇进行重点监护、随访和医疗保健服务；

（四）为孕产妇提供安全分娩技术服务；

（五）定期进行产后访视，指导产妇科学喂养婴儿；

（六）提供避孕咨询指导和技术服务；

（七）对产妇及其家属进行生殖健康教育和科学育儿知识教育；

（八）其他孕产期保健服务。

第十九条　医疗、保健机构发现孕妇患有下列严重疾病或者接触物理、化学、生物等有毒、有害因素，可能危及孕妇生命安全或者可能严重影响孕妇健康和胎儿正常发育的，应当对孕妇进行医学指导和下列必要的医学检查：

（一）严重的妊娠合并症或者并发症；

（二）严重的精神性疾病；

（三）国务院卫生行政部门规定的严重影响生育的其他疾病。

第二十条　孕妇有下列情形之一的，医师应当对其进行产前诊断：

（一）羊水过多或者过少的；

（二）胎儿发育异常或者胎儿有可疑畸形的；

（三）孕早期接触过可能导致胎儿先天缺陷的物质的；

（四）有遗传病家族史或者曾经分娩过先天性严重缺陷婴儿的；

（五）初产妇年龄超过35周岁的。

第二十一条　母婴保健法第十八条规定的胎儿的严重遗传性疾病、胎儿的严重缺陷、孕妇患继续妊娠可能危及其生命健康和安全的严重疾病目录，由国务院卫生行政部门规定。

第二十二条　生育过严重遗传性疾病或者严重缺陷患儿的，再次妊娠前，夫妻双方应当按照国家有关规定到医疗、保健机构进行医学检查。医疗、保健机构应当向当事人介绍有关遗传性疾病的知识，给予咨询、指导。对诊断患有医学上认为不宜生育的严重遗传性疾病的，医师应当向当事人说明情况，并提出医学意见。

第二十三条　严禁采用技术手段对胎儿

进行性别鉴定。

对怀疑胎儿可能为伴性遗传病，需要进行性别鉴定的，由省、自治区、直辖市人民政府卫生行政部门指定的医疗、保健机构按照国务院卫生行政部门的规定进行鉴定。

第二十四条 国家提倡住院分娩。医疗、保健机构应当按照国务院卫生行政部门制定的技术操作规范，实施消毒接生和新生儿复苏，预防产伤及产后出血等产科并发症，降低孕产妇及围产儿发病率、死亡率。

没有条件住院分娩的，应当由经过培训、具备相应接生能力的家庭接生人员接生。

高危孕妇应当在医疗、保健机构住院分娩。

县级人民政府卫生行政部门应当加强对家庭接生人员的培训、技术指导和监督管理。

第四章 婴儿保健

第二十五条 医疗、保健机构应当按照国家有关规定开展新生儿先天性、遗传性代谢病筛查、诊断、治疗和监测。

第二十六条 医疗、保健机构应当按照规定进行新生儿访视，建立儿童保健手册（卡），定期对其进行健康检查，提供有关预防疾病、合理膳食、促进智力发育等科学知识，做好婴儿多发病、常见病防治等医疗保健服务。

第二十七条 医疗、保健机构应当按照规定的程序和项目对婴儿进行预防接种。

婴儿的监护人应当保证婴儿及时接受预防接种。

第二十八条 国家推行母乳喂养。医疗、保健机构应当为实施母乳喂养提供技术指导，为住院分娩的产妇提供必要的母乳喂养条件。

医疗、保健机构不得向孕产妇和婴儿家庭宣传、推荐母乳代用品。

第二十九条 母乳代用品产品包装标签应当在显著位置标明母乳喂养的优越性。

母乳代用品生产者、销售者不得向医疗、保健机构赠送产品样品或者以推销为目的有条件地提供设备、资金和资料。

第三十条 妇女享有国家规定的产假。有不满1周岁婴儿的妇女，所在单位应当在劳动时间内为其安排一定的哺乳时间。

第五章 技术鉴定

第三十一条 母婴保健医学技术鉴定委员会分为省、市、县三级。

母婴保健医学技术鉴定委员会成员应当符合下列任职条件：

（一）县级母婴保健医学技术鉴定委员会成员应当具有主治医师以上专业技术职务；

（二）设区的市级和省级母婴保健医学技术鉴定委员会成员应当具有副主任医师以上专业技术职务。

第三十二条 当事人对婚前医学检查、遗传病诊断、产前诊断结果有异议，需要进一步确诊的，可以自接到检查或者诊断结果之日起15日内向所在地县级或者设区的市级母婴保健医学技术鉴定委员会提出书面鉴定申请。

母婴保健医学技术鉴定委员会应

当自接到鉴定申请之日起30日内作出医学技术鉴定意见,并及时通知当事人。

当事人对鉴定意见有异议的,可以自接到鉴定意见通知书之日起15日内向上一级母婴保健医学技术鉴定委员会申请再鉴定。

第三十三条 母婴保健医学技术鉴定委员会进行医学鉴定时须有5名以上相关专业医学技术鉴定委员会成员参加。

鉴定委员会成员应当在鉴定结论上署名;不同意见应当如实记录。鉴定委员会根据鉴定结论向当事人出具鉴定意见书。

母婴保健医学技术鉴定管理办法由国务院卫生行政部门制定。

第六章 监督管理

第三十四条 县级以上地方人民政府卫生行政部门负责本行政区域内的母婴保健监督管理工作,履行下列监督管理职责:

(一)依照母婴保健法和本办法以及国务院卫生行政部门规定的条件和技术标准,对从事母婴保健工作的机构和人员实施许可,并核发相应的许可证书;

(二)对母婴保健法和本办法的执行情况进行监督检查;

(三)对违反母婴保健法和本办法的行为,依法给予行政处罚;

(四)负责母婴保健工作监督管理的其他事项。

第三十五条 从事遗传病诊断、产前诊断的医疗、保健机构和人员,须经省、自治区、直辖市人民政府卫生行政部门许可。

从事婚前医学检查的医疗、保健机构和人员,须经设区的市级人民政府卫生行政部门许可。

从事助产技术服务、结扎手术和终止妊娠手术的医疗、保健机构和人员,须经县级人民政府卫生行政部门许可,并取得相应的合格证书。

第三十六条 卫生监督人员在执行职务时,应当出示证件。

卫生监督人员可以向医疗、保健机构了解情况,索取必要的资料,对母婴保健工作进行监督、检查,医疗、保健机构不得拒绝和隐瞒。

卫生监督人员对医疗、保健机构提供的技术资料负有保密的义务。

第三十七条 医疗、保健机构应当根据其从事的业务,配备相应的人员和医疗设备,对从事母婴保健工作的人员加强岗位业务培训和职业道德教育,并定期对其进行检查、考核。

医师和助产人员(包括家庭接生人员)应当严格遵守有关技术操作规范,认真填写各项记录,提高助产技术和服务质量。

助产人员的管理,按照国务院卫生行政部门的规定执行。

从事母婴保健工作的执业医师应当依照母婴保健法的规定取得相应的资格。

第三十八条 医疗、保健机构应当按照国务院卫生行政部门的规定,对托幼园、所卫生保健工作进行业务指导。

第三十九条 国家建立孕产妇死亡、婴儿死亡和新生儿出生缺陷监测、报告制度。

第七章 罚 则

第四十条 医疗、保健机构或者人员未取得母婴保健技术许可，擅自从事婚前医学检查、遗传病诊断、产前诊断、终止妊娠手术和医学技术鉴定或者出具有关医学证明的，由卫生行政部门给予警告，责令停止违法行为，没收违法所得；违法所得5000元以上的，并处违法所得3倍以上5倍以下的罚款；没有违法所得或者违法所得不足5000元的，并处5000元以上2万元以下的罚款。

第四十一条 从事母婴保健技术服务的人员出具虚假医学证明文件的，依法给予行政处分；有下列情形之一的，由原发证部门撤销相应的母婴保健技术执业资格或者医师执业证书：

（一）因延误诊治，造成严重后果的；

（二）给当事人身心健康造成严重后果的；

（三）造成其他严重后果的。

第四十二条 违反本办法规定进行胎儿性别鉴定的，由卫生行政部门给予警告，责令停止违法行为；对医疗、保健机构直接负责的主管人员和其他直接责任人员，依法给予行政处分。进行胎儿性别鉴定两次以上的或者以营利为目的进行胎儿性别鉴定的，并由原发证机关撤销相应的母婴保健技术执业资格或者医师执业证书。

第八章 附 则

第四十三条 婚前医学检查证明的格式由国务院卫生行政部门规定。

第四十四条 母婴保健法及本办法所称的医疗、保健机构，是指依照《医疗机构管理条例》取得卫生行政部门医疗机构执业许可的各级各类医疗机构。

第四十五条 本办法自公布之日起施行。

产前诊断技术管理办法

1. 2002年12月13日原卫生部令第33号公布

2. 根据2019年2月28日国家卫生健康委员会令第4号《关于修改〈职业健康检查管理办法〉等4件部门规章的决定》修订

第一章 总 则

第一条 为保障母婴健康，提高出生人口素质，保证产前诊断技术的安全、有效，规范产前诊断技术的监督管理，依据《中华人民共和国母婴保健法》以及《中华人民共和国母婴保健法实施办法》，制定本管理办法。

第二条 本管理办法中所称的产前诊断，是指对胎儿进行先天性缺陷和遗传性疾病的诊断，包括相应筛查。

产前诊断技术项目包括遗传咨询、医学影像、生化免疫、细胞遗传和分子遗传等。

第三条 本管理办法适用于各类开展产前诊断技术的医疗保健机构。

第四条 产前诊断技术的应用应当以医疗为目的，符合国家有关法律规定和伦理原则，由经资格认定的医务人员在经许可的医疗保健机构中进行。

医疗保健机构和医务人员不得实施任何非医疗目的的产前诊断技术。

第五条 国家卫生健康委负责全国产前诊断技术应用的监督管理工作。

第二章 管理与审批

第六条 国家卫生健康委根据医疗需求、技术发展状况、组织与管理的需要等实际情况，制定产前诊断技术应用规划。

第七条 产前诊断技术应用实行分级管理。

国家卫生健康委制定开展产前诊断技术医疗保健机构的基本条件和人员条件；颁布有关产前诊断的技术规范；指定国家级开展产前诊断技术的医疗保健机构；对全国产前诊断技术应用进行质量管理和信息管理；对全国产前诊断专业技术人员的培训进行规划。

省、自治区、直辖市人民政府卫生健康主管部门（以下简称省级卫生健康主管部门）根据当地实际，因地制宜地规划、审批或组建本行政区域内开展产前诊断技术的医疗保健机构；对从事产前诊断技术的专业人员进行系统培训和资格认定；对产前诊断技术应用进行质量管理和信息管理。

县级以上人民政府卫生健康主管部门负责本行政区域内产前诊断技术应用的日常监督管理。

第八条 从事产前诊断的卫生专业技术人员应符合以下所有条件：

（一）从事临床工作的，应取得执业医师资格；

（二）从事医技和辅助工作的，应取得相应卫生专业技术职称；

（三）符合《从事产前诊断卫生专业技术人员的基本条件》；

（四）经省级卫生健康主管部门考核合格，取得从事产前诊断的《母婴保健技术考核合格证书》或者《医师执业证书》中加注母婴保健技术（产前诊断类）考核合格的。

第九条 申请开展产前诊断技术的医疗保健机构应符合下列所有条件：

（一）设有妇产科诊疗科目；

（二）具有与所开展技术相适应的卫生专业技术人员；

（三）具有与所开展技术相适应的技术条件和设备；

（四）设有医学伦理委员会；

（五）符合《开展产前诊断技术医疗保健机构的基本条件》及相关技术规范。

第十条 申请开展产前诊断技术的医疗保健机构应当向所在地省级卫生健康主管部门提交下列文件：

（一）医疗机构执业许可证副本；

（二）开展产前诊断技术的母婴保健技术服务执业许可申请文件；

（三）可行性报告；

（四）拟开展产前诊断技术的人员配备、设备和技术条件情况；

（五）开展产前诊断技术的规章制度；

（六）省级以上卫生健康主管部门规定提交的其他材料。

申请开展产前诊断技术的医疗保健机构，必须明确提出拟开展的产前诊断具体技术项目。

第十一条 申请开展产前诊断技术的医疗保健机构，由所属省、自治区、直辖市人民政府卫生健康主管部门审查批准。省、自治区、直辖市人民政府卫生健康主管部门收到本办法第十条规定的材料后，组织有关专家进行论证，并在收到专家论证报告后30个工作日内进行审核。经审核同意的，发给开展产前诊断技术的母婴保健技术服务执业许可证，注明开展产前诊断以及具体技术服务项目；经审核不同意的，书面通知申请单位。

第十二条 国家卫生健康委根据全国产前诊断技术发展需要，在经审批合格的开展产前诊断技术服务的医疗保健机构中，指定国家级开展产前诊断技术的医疗保健机构。

第十三条 开展产前诊断技术的《母婴保健技术服务执业许可证》每三年校验一次，校验由原审批机关办理。经校验合格的，可继续开展产前诊断技术；经校验不合格的，撤销其许可证书。

第十四条 省、自治区、直辖市人民政府卫生健康主管部门指定的医疗保健机构，协助卫生健康主管部门负责对本行政区域内产前诊断的组织管理工作。

第十五条 从事产前诊断的人员不得在未许可开展产前诊断技术的医疗保健机构中从事相关工作。

第三章 实 施

第十六条 对一般孕妇实施产前筛查以及应用产前诊断技术坚持知情选择。开展产前筛查的医疗保健机构要与经许可开展产前诊断技术的医疗保健机构建立工作联系，保证筛查病例能落实后续诊断。

第十七条 孕妇有下列情形之一的，经治医师应当建议其进行产前诊断：

（一）羊水过多或者过少的；

（二）胎儿发育异常或者胎儿有可疑畸形的；

（三）孕早期时接触过可能导致胎儿先天缺陷的物质的；

（四）有遗传病家族史或者曾经分娩过先天性严重缺陷婴儿的；

（五）年龄超过35周岁的。

第十八条 既往生育过严重遗传性疾病或者严重缺陷患儿的，再次妊娠前，夫妻双方应当到医疗保健机构进行遗传咨询。医务人员应当对当事人介绍有关知识，给予咨询和指导。

经治医师根据咨询的结果，对当事人提出医学建议。

第十九条 确定产前诊断重点疾病，应当符合下列条件：

（一）疾病发生率较高；

（二）疾病危害严重，社会、家庭和个人疾病负担大；

（三）疾病缺乏有效的临床治疗方法；

（四）诊断技术成熟、可靠、安全和有效。

第二十条 开展产前检查、助产技术的医疗保健机构在为孕妇进行早孕检查或产前检查时，遇到本办法第十七条所列情形的孕妇，应当进行有关知识的普及，提供咨询服务，并以书面形式如实告知孕妇或其家属，建议孕妇进行产前诊断。

第二十一条 孕妇自行提出进行产前诊断的，经治医师可根据其情况提供医学咨询，由孕妇决定是否实施产前诊断技术。

第二十二条　开展产前诊断技术的医疗保健机构出具的产前诊断报告，应当由2名以上经资格认定的执业医师签发。

第二十三条　对于产前诊断技术及诊断结果，经治医师应本着科学、负责的态度，向孕妇或家属告知技术的安全性、有效性和风险性，使孕妇或家属理解技术可能存在的风险和结果的不确定性。

第二十四条　在发现胎儿异常的情况下，经治医师必须将继续妊娠和终止妊娠可能出现的结果以及进一步处理意见，以书面形式明确告知孕妇，由孕妇夫妻双方自行选择处理方案，并签署知情同意书。若孕妇缺乏认知能力，由其近亲属代为选择。涉及伦理问题的，应当交医学伦理委员会讨论。

第二十五条　开展产前诊断技术的医疗保健机构对经产前诊断后终止妊娠娩出的胎儿，在征得其家属同意后，进行尸体病理学解剖及相关的遗传学检查。

第二十六条　当事人对产前诊断结果有异议的，可以依据《中华人民共和国母婴保健法实施办法》第五章的有关规定，申请技术鉴定。

第二十七条　开展产前诊断技术的医疗保健机构不得擅自进行胎儿的性别鉴定。对怀疑胎儿可能为伴性遗传病，需要进行性别鉴定的，由省、自治区、直辖市人民政府卫生健康主管部门指定的医疗保健机构按照有关规定进行鉴定。

第二十八条　开展产前诊断技术的医疗保健机构应当建立健全技术档案管理和追踪观察制度。

第四章　处　　罚

第二十九条　违反本办法规定，未经批准擅自开展产前诊断技术的非医疗保健机构，按照《医疗机构管理条例》有关规定进行处罚。

第三十条　对违反本办法，医疗保健机构未取得产前诊断执业许可或超越许可范围，擅自从事产前诊断的，按照《中华人民共和国母婴保健法实施办法》有关规定处罚，由卫生健康主管部门给予警告，责令停止违法行为，没收违法所得；违法所得5000元以上的，并处违法所得3倍以上5倍以下的罚款；违法所得不足5000元的，并处5000元以上2万元以下的罚款。情节严重的，依据《医疗机构管理条例》依法吊销医疗机构执业许可证。

第三十一条　对未取得《母婴保健技术考核合格证书》或者《医师执业证书》中未加注母婴保健技术（产前诊断类）考核合格的个人，擅自从事产前诊断或者超范围执业的，由县级以上人民政府卫生健康主管部门给予警告或者责令暂停六个月以上一年以下执业活动；情节严重的，按照《中华人民共和国执业医师法》吊销其医师执业证书。构成犯罪的，依法追究刑事责任。

第三十二条　违反本办法第二十七条规定，按照《中华人民共和国母婴保健法实施办法》第四十二条规定处罚。

第五章　附　　则

第三十三条　各省、自治区、直辖市人民政府卫生健康主管部门可以根据本办法和本地实际情况制定实施细则。

第三十四条 本办法自2003年5月1日起施行。

4. 药　　品

中华人民共和国药品管理法

1. 1984年9月20日第六届全国人民代表大会常务委员会第七次会议通过
2. 2001年2月28日第九届全国人民代表大会常务委员会第二十次会议第一次修订
3. 根据2013年12月28日第十二届全国人民代表大会常务委员会第六次会议《关于修改〈中华人民共和国海洋环境保护法〉等七部法律的决定》第一次修正
4. 根据2015年4月24日第十二届全国人民代表大会常务委员会第十四次会议《关于修改〈中华人民共和国药品管理法〉的决定》第二次修正
5. 2019年8月26日第十三届全国人民代表大会常务委员会第十二次会议第二次修订

目　　录

第一章　总　　则

第一条　【立法目的】为了加强药品管理,保证药品质量,保障公众用药安全和合法权益,保护和促进公众健康,制定本法。

第二条　【适用范围及定义】在中华人民共和国境内从事药品研制、生产、经营、使用和监督管理活动,适用本法。

本法所称药品,是指用于预防、治疗、诊断人的疾病,有目的地调节人的生理机能并规定有适应症或者功能主治、用法和用量的物质,包括中药、化学药和生物制品等。

第三条　【工作方针】药品管理应当以人民健康为中心,坚持风险管理、全程管控、社会共治的原则,建立科学、严格的监督管理制度,全面提升药品质量,保障药品的安全、有效、可及。

第四条　【发展药和药材资源】国家发展现代药和传统药,充分发挥其在预防、医疗和保健中的作用。

国家保护野生药材资源和中药品种,鼓励培育道地中药材。

第五条　【鼓励创新与保护合法权益】国家鼓励研究和创制新药,保护公民、法人和其他组织研究、开发新药的合法权益。

第六条　【药品上市许可持有人制度】国家对药品管理实行药品上市许可持有人制度。药品上市许可持有人依法对药品研制、生产、经营、使用全过程中药品的安全性、有效性和质量可控性负责。

第七条 【全过程依法进行】从事药品研制、生产、经营、使用活动,应当遵守法律、法规、规章、标准和规范,保证全过程信息真实、准确、完整和可追溯。

第八条 【药品监督管理职能划分】国务院药品监督管理部门主管全国药品监督管理工作。国务院有关部门在各自职责范围内负责与药品有关的监督管理工作。国务院药品监督管理部门配合国务院有关部门,执行国家药品行业发展规划和产业政策。

省、自治区、直辖市人民政府药品监督管理部门负责本行政区域内的药品监督管理工作。设区的市级、县级人民政府承担药品监督管理职责的部门(以下称药品监督管理部门)负责本行政区域内的药品监督管理工作。县级以上地方人民政府有关部门在各自职责范围内负责与药品有关的监督管理工作。

第九条 【地方药品监督管理】县级以上地方人民政府对本行政区域内的药品监督管理工作负责,统一领导、组织、协调本行政区域内的药品监督管理工作以及药品安全突发事件应对工作,建立健全药品监督管理工作机制和信息共享机制。

第十条 【药品安全工作保障】县级以上人民政府应当将药品安全工作纳入本级国民经济和社会发展规划,将药品安全工作经费列入本级政府预算,加强药品监督管理能力建设,为药品安全工作提供保障。

第十一条 【药品专业技术机构工作职责】药品监督管理部门设置或者指定的药品专业技术机构,承担依法实施药品监督管理所需的审评、检验、核查、监测与评价等工作。

第十二条 【药品追溯制度和药物警戒制度】国家建立健全药品追溯制度。国务院药品监督管理部门应当制定统一的药品追溯标准和规范,推进药品追溯信息互通互享,实现药品可追溯。

国家建立药物警戒制度,对药品不良反应及其他与用药有关的有害反应进行监测、识别、评估和控制。

第十三条 【宣传和普及工作】各级人民政府及其有关部门、药品行业协会等应当加强药品安全宣传教育,开展药品安全法律法规等知识的普及工作。

新闻媒体应当开展药品安全法律法规等知识的公益宣传,并对药品违法行为进行舆论监督。有关药品的宣传报道应当全面、科学、客观、公正。

第十四条 【药品行业协会职责】药品行业协会应当加强行业自律,建立健全行业规范,推动行业诚信体系建设,引导和督促会员依法开展药品生产经营等活动。

第十五条 【表彰和奖励】县级以上人民政府及其有关部门对在药品研制、生产、经营、使用和监督管理工作中做出突出贡献的单位和个人,按照国家有关规定给予表彰、奖励。

第二章 药品研制和注册

第十六条 【国家支持鼓励措施】国家支持以临床价值为导向、对人的疾病具有明确或者特殊疗效的药物创新,鼓励具有新的治疗机理、治疗严重危及生命的疾病或者罕见病、对人体具有多靶向系统性调节干预功能等的新药研制,推动药品技术进步。

国家鼓励运用现代科学技术和传统中药研究方法开展中药科学技术研究和药物开发,建立和完善符合中药特点的技术评价体系,促进中药传承创新。

国家采取有效措施,鼓励儿童用药品的研制和创新,支持开发符合儿童生理特征的儿童用药品新品种、剂型和规格,对儿童用药品予以优先审评审批。

第十七条 【依法从事药品研制活动】从事药品研制活动,应当遵守药物非临床研究质量管理规范、药物临床试验质量管理规范,保证药品研制全过程持续符合法定要求。

药物非临床研究质量管理规范、药物临床试验质量管理规范由国务院药品监督管理部门会同国务院有关部门制定。

第十八条 【依规开展药物非临床研究活动】开展药物非临床研究,应当符合国家有关规定,有与研究项目相适应的人员、场地、设备、仪器和管理制度,保证有关数据、资料和样品的真实性。

第十九条 【开展药物临床试验备案制度】开展药物临床试验,应当按照国务院药品监督管理部门的规定如实报送研制方法、质量指标、药理及毒理试验结果等有关数据、资料和样品,经国务院药品监督管理部门批准。国务院药品监督管理部门应当自受理临床试验申请之日起六十个工作日内决定是否同意并通知临床试验申办者,逾期未通知的,视为同意。其中,开展生物等效性试验的,报国务院药品监督管理部门备案。

开展药物临床试验,应当在具备相应条件的临床试验机构进行。药物临床试验机构实行备案管理,具体办法由国务院药品监督管理部门、国务院卫生健康主管部门共同制定。

第二十条 【伦理审查工作制度】开展药物临床试验,应当符合伦理原则,制定临床试验方案,经伦理委员会审查同意。

伦理委员会应当建立伦理审查工作制度,保证伦理审查过程独立、客观、公正,监督规范开展药物临床试验,保障受试者合法权益,维护社会公共利益。

第二十一条 【如实说明和解释义务】实施药物临床试验,应当向受试者或者其监护人如实说明和解释临床试验的目的和风险等详细情况,取得受试者或者其监护人自愿签署的知情同意书,并采取有效措施保护受试者合法权益。

第二十二条 【及时调整方案与风险报告】药物临床试验期间,发现存在安全性问题或者其他风险的,临床试验申办者应当及时调整临床试验方案、暂停或者终止临床试验,并向国务院药品监督管理部门报告。必要时,国务院药品监督管理部门可以责令调整临床试验方案、暂停或者终止临床试验。

第二十三条 【支持拓展性临床试验】对正在开展临床试验的用于治疗严重危及生命且尚无有效治疗手段的疾病的药物,经医学观察可能获益,并且符合伦理原则的,经审查、知情同意后可以在开展临床试验的机构内用于其他病情相同的患者。

第二十四条 【药品注册制度】在中国境内上市的药品,应当经国务院药品监督管理部门批准,取得药品注册证书;但是,未实施审批管理的中药材和中药饮片除外。实施审批管理的中药材、中药饮片品种目录由国务院药品监督管理部门会同国务院中医药主管部门制定。

申请药品注册,应当提供真实、充分、可靠的数据、资料和样品,证明药品的安全性、有效性和质量可控性。

第二十五条 【审评审批制度】对申请注册的药品,国务院药品监督管理部门应当组织药学、医学和其他技术人员进行审评,对药品的安全性、有效性和质量可控性以及申请人的质量管理、风险防控和责任赔偿等能力进行审查;符合条件的,颁发药品注册证书。

国务院药品监督管理部门在审批药品时,对化学原料药一并审评审批,对相关辅料、直接接触药品的包装材料和容器一并审评,对药品的质量标准、生产工艺、标签和说明书一并核准。

本法所称辅料,是指生产药品和调配处方时所用的赋形剂和附加剂。

第二十六条 【附条件审批制度】对治疗严重危及生命且尚无有效治疗手段的疾病以及公共卫生方面急需的药品,药物临床试验已有数据显示疗效并能预测其临床价值的,可以附条件批准,并在药品注册证书中载明相关事项。

第二十七条 【完善药品审评审批工作制度】国务院药品监督管理部门应当完善药品审评审批工作制度,加强能力建设,建立健全沟通交流、专家咨询等机制,优化审评审批流程,提高审评审批效率。

批准上市药品的审评结论和依据应当依法公开,接受社会监督。对审评审批中知悉的商业秘密应当保密。

第二十八条 【符合国家药品标准】药品应当符合国家药品标准。经国务院药品监督管理部门核准的药品质量标准高于国家药品标准的,按照经核准的药品质量标准执行;没有国家药品标准的,应当符合经核准的药品质量标准。

国务院药品监督管理部门颁布的《中华人民共和国药典》和药品标准为国家药品标准。

国务院药品监督管理部门会同国务院卫生健康主管部门组织药典委员会,负责国家药品标准的制定和修订。

国务院药品监督管理部门设置或者指定的药品检验机构负责标定国家药品标准品、对照品。

第二十九条 【药品通用名称】列入国家药品标准的药品名称为药品通用名称。已经作为药品通用名称的,该名称不得作为药品商标使用。

第三章 药品上市许可持有人

第三十条 【药品上市许可持有人】药品上市许可持有人是指取得药品注册证书的企业或者药品研制机构等。

药品上市许可持有人应当依照本法规定,对药品的非临床研究、临床试验、生产经营、上市后研究、不良反应监测及报告与处理等承担责任。其他从事药品研制、生产、经营、储存、运输、使用等活动的单位和个人依法承担相应责任。

药品上市许可持有人的法定代表人、主要负责人对药品质量全面负责。

第三十一条 【建立药品质量保证体系】药品上市许可持有人应当建立药品质量保证体系,配备专门人员独立负责药品质量管理。

药品上市许可持有人应当对受托药品生产企业、药品经营企业的质量管理体系进行定期审核,监督其持续具备质量保证和控制能力。

第三十二条 【药品上市许可持有人生产药品】药品上市许可持有人可以自行生产药品,也可以委托药品生产企业生产。

药品上市许可持有人自行生产药品的,应当依照本法规定取得药品生产许可证;委托生产的,应当委托符合条件的药品生产企业。药品上市许可持有人和受托生产企业应当签订委托协议和质量协议,并严格履行协议约定的义务。

国务院药品监督管理部门制定药品委托生产质量协议指南,指导、监督药品上市许可持有人和受托生产企业履行药品质量保证义务。

血液制品、麻醉药品、精神药品、医疗用毒性药品、药品类易制毒化学品不得委托生产;但是,国务院药品监督管理部门另有规定的除外。

第三十三条 【建立药品上市放行规程】药品上市许可持有人应当建立药品上市放行规程,对药品生产企业出厂放行的药品进行审核,经质量受权人签字后方可放行。不符合国家药品标准的,不得放行。

第三十四条 【药品上市许可持有人销售药品】药品上市许可持有人可以自行销售其取得药品注册证书的药品,也可以委托药品经营企业销售。药品上市许可持有人从事药品零售活动的,应当取得药品经营许可证。

药品上市许可持有人自行销售药品的,应当具备本法第五十二条规定的条件;委托销售的,应当委托符合条件的药品经营企业。药品上市许可持有人和受托经营企业应当签订委托协议,并严格履行协议约定的义务。

第三十五条 【委托储存、运输药品】药品上市许可持有人、药品生产企业、药品经营企业委托储存、运输药品的,应当对受托方的质量保证能力和风险管理能力进行评估,与其签订委托协议,约定药品质量责任、操作规程等内容,并对受托方进行监督。

第三十六条 【药品追溯制度】药品上市许可持有人、药品生产企业、药品经营企业和医疗机构应当建立并实施药品追溯制度,按照规定提供追溯信息,保证药品可追溯。

第三十七条 【年度报告制度】药品上市许可持有人应当建立年度报告制度,每年将药品生产销售、上市后研究、风险管理等情况按照规定向省、自治区、直辖市人民政府药品监督管理部门报告。

第三十八条 【境外企业担任药品上市许可持有人】药品上市许可持有人为境外企业的,应当由其指定的在中国境内的企业法人履行药品上市许可持有人义务,与药品上市许可持有人承担连带责任。

第三十九条 【中药饮片生产企业义务】 中药饮片生产企业履行药品上市许可持有人的相关义务，对中药饮片生产、销售实行全过程管理，建立中药饮片追溯体系，保证中药饮片安全、有效、可追溯。

第四十条 【药品上市许可转让】 经国务院药品监督管理部门批准，药品上市许可持有人可以转让药品上市许可。受让方应当具备保障药品安全性、有效性和质量可控性的质量管理、风险防控和责任赔偿等能力，履行药品上市许可持有人义务。

第四章 药 品 生 产

第四十一条 【药品生产许可证】 从事药品生产活动，应当经所在地省、自治区、直辖市人民政府药品监督管理部门批准，取得药品生产许可证。无药品生产许可证的，不得生产药品。

药品生产许可证应当标明有效期和生产范围，到期重新审查发证。

第四十二条 【从事药品生产活动应当具备的条件】 从事药品生产活动，应当具备以下条件：

（一）有依法经过资格认定的药学技术人员、工程技术人员及相应的技术工人；

（二）有与药品生产相适应的厂房、设施和卫生环境；

（三）有能对所生产药品进行质量管理和质量检验的机构、人员及必要的仪器设备；

（四）有保证药品质量的规章制度，并符合国务院药品监督管理部门依据本法制定的药品生产质量管理规范要求。

第四十三条 【依法从事药品生产活动】 从事药品生产活动，应当遵守药品生产质量管理规范，建立健全药品生产质量管理体系，保证药品生产全过程持续符合法定要求。

药品生产企业的法定代表人、主要负责人对本企业的药品生产活动全面负责。

第四十四条 【药品生产标准】 药品应当按照国家药品标准和经药品监督管理部门核准的生产工艺进行生产。生产、检验记录应当完整准确，不得编造。

中药饮片应当按照国家药品标准炮制；国家药品标准没有规定的，应当按照省、自治区、直辖市人民政府药品监督管理部门制定的炮制规范炮制。省、自治区、直辖市人民政府药品监督管理部门制定的炮制规范应当报国务院药品监督管理部门备案。不符合国家药品标准或者不按照省、自治区、直辖市人民政府药品监督管理部门制定的炮制规范炮制的，不得出厂、销售。

第四十五条 【原料、辅料】 生产药品所需的原料、辅料，应当符合药用要求、药品生产质量管理规范的有关要求。

生产药品，应当按照规定对供应原料、辅料等的供应商进行审核，保证购进、使用的原料、辅料等符合前款规定要求。

第四十六条 【直接接触药品的包装材料和容器】 直接接触药品的包装材料和容器，应当符合药用要求，符合保障人体健康、安全的标准。

对不合格的直接接触药品的包装材料和容器，由药品监督管理部门责令停止使用。

第四十七条　【质量检验】药品生产企业应当对药品进行质量检验。不符合国家药品标准的，不得出厂。

药品生产企业应当建立药品出厂放行规程，明确出厂放行的标准、条件。符合标准、条件的，经质量受权人签字后方可放行。

第四十八条　【药品包装】药品包装应当适合药品质量的要求，方便储存、运输和医疗使用。

发运中药材应当有包装。在每件包装上，应当注明品名、产地、日期、供货单位，并附有质量合格的标志。

第四十九条　【标签或者说明书】药品包装应当按照规定印有或者贴有标签并附有说明书。

标签或者说明书应当注明药品的通用名称、成份、规格、上市许可持有人及其地址、生产企业及其地址、批准文号、产品批号、生产日期、有效期、适应症或者功能主治、用法、用量、禁忌、不良反应和注意事项。标签、说明书中的文字应当清晰，生产日期、有效期等事项应当显著标注，容易辨识。

麻醉药品、精神药品、医疗用毒性药品、放射性药品、外用药品和非处方药的标签、说明书，应当印有规定的标志。

第五十条　【健康检查】药品上市许可持有人、药品生产企业、药品经营企业和医疗机构中直接接触药品的工作人员，应当每年进行健康检查。患有传染病或者其他可能污染药品的疾病的，不得从事直接接触药品的工作。

第五章　药品经营

第五十一条　【从事药品批发应取得批准】从事药品批发活动，应当经所在地省、自治区、直辖市人民政府药品监督管理部门批准，取得药品经营许可证。从事药品零售活动，应当经所在地县级以上地方人民政府药品监督管理部门批准，取得药品经营许可证。无药品经营许可证的，不得经营药品。

药品经营许可证应当标明有效期和经营范围，到期重新审查发证。

药品监督管理部门实施药品经营许可，除依据本法第五十二条规定的条件外，还应当遵循方便群众购药的原则。

第五十二条　【从事药品经营活动应当具备的条件】从事药品经营活动应当具备以下条件：

（一）有依法经过资格认定的药师或者其他药学技术人员；

（二）有与所经营药品相适应的营业场所、设备、仓储设施和卫生环境；

（三）有与所经营药品相适应的质量管理机构或者人员；

（四）有保证药品质量的规章制度，并符合国务院药品监督管理部门依据本法制定的药品经营质量管理规范要求。

第五十三条　【从事药品经营活动应当符合法定要求】从事药品经营活动，应当遵守药品经营质量管理规范，建立健全药品经营质量管理体系，保证药品经营全过程持续符合法定要求。

国家鼓励、引导药品零售连锁经

营。从事药品零售连锁经营活动的企业总部，应当建立统一的质量管理制度，对所属零售企业的经营活动履行管理责任。

药品经营企业的法定代表人、主要负责人对本企业的药品经营活动全面负责。

第五十四条 【处方药与非处方药】国家对药品实行处方药与非处方药分类管理制度。具体办法由国务院药品监督管理部门会同国务院卫生健康主管部门制定。

第五十五条 【购进药品渠道】药品上市许可持有人、药品生产企业、药品经营企业和医疗机构应当从药品上市许可持有人或者具有药品生产、经营资格的企业购进药品；但是，购进未实施审批管理的中药材除外。

第五十六条 【进货检查验收制度】药品经营企业购进药品，应当建立并执行进货检查验收制度，验明药品合格证明和其他标识；不符合规定要求的，不得购进和销售。

第五十七条 【购销记录】药品经营企业购销药品，应当有真实、完整的购销记录。购销记录应当注明药品的通用名称、剂型、规格、产品批号、有效期、上市许可持有人、生产企业、购销单位、购销数量、购销价格、购销日期及国务院药品监督管理部门规定的其他内容。

第五十八条 【零售药品注意事项】药品经营企业零售药品应当准确无误，并正确说明用法、用量和注意事项；调配处方应当经过核对，对处方所列药品不得擅自更改或者代用。对有配伍禁忌或者超剂量的处方，应当拒绝调配；必要时，经处方医师更正或者重新签字，方可调配。

药品经营企业销售中药材，应当标明产地。

依法经过资格认定的药师或者其他药学技术人员负责本企业的药品管理、处方审核和调配、合理用药指导等工作。

第五十九条 【药品保管制度】药品经营企业应当制定和执行药品保管制度，采取必要的冷藏、防冻、防潮、防虫、防鼠等措施，保证药品质量。

药品入库和出库应当执行检查制度。

第六十条 【药品的集市贸易】城乡集市贸易市场可以出售中药材，国务院另有规定的除外。

第六十一条 【网络销售药品符合规定】药品上市许可持有人、药品经营企业通过网络销售药品，应当遵守本法药品经营的有关规定。具体管理办法由国务院药品监督管理部门会同国务院卫生健康主管部门等部门制定。

疫苗、血液制品、麻醉药品、精神药品、医疗用毒性药品、放射性药品、药品类易制毒化学品等国家实行特殊管理的药品不得在网络上销售。

第六十二条 【药品网络交易第三方平台提供者职责】药品网络交易第三方平台提供者应当按照国务院药品监督管理部门的规定，向所在地省、自治区、直辖市人民政府药品监督管理部门备案。

第三方平台提供者应当依法对申请进入平台经营的药品上市许可持有

人、药品经营企业的资质等进行审核，保证其符合法定要求，并对发生在平台的药品经营行为进行管理。

第三方平台提供者发现进入平台经营的药品上市许可持有人、药品经营企业有违反本法规定行为的，应当及时制止并立即报告所在地县级人民政府药品监督管理部门；发现严重违法行为的，应当立即停止提供网络交易平台服务。

第六十三条　【新药材的销售】新发现和从境外引种的药材，经国务院药品监督管理部门批准后，方可销售。

第六十四条　【药品须从特定口岸进口】药品应当从允许药品进口的口岸进口，并由进口药品的企业向口岸所在地药品监督管理部门备案。海关凭药品监督管理部门出具的进口药品通关单办理通关手续。无进口药品通关单的，海关不得放行。

口岸所在地药品监督管理部门应当通知药品检验机构按照国务院药品监督管理部门的规定对进口药品进行抽查检验。

允许药品进口的口岸由国务院药品监督管理部门会同海关总署提出，报国务院批准。

第六十五条　【急需进口少量药品规定】医疗机构因临床急需进口少量药品的，经国务院药品监督管理部门或者国务院授权的省、自治区、直辖市人民政府批准，可以进口。进口的药品应当在指定医疗机构内用于特定医疗目的。

个人自用携带入境少量药品，按照国家有关规定办理。

第六十六条　【麻醉药品和精神药品的进出口】进口、出口麻醉药品和国家规定范围内的精神药品，应当持有国务院药品监督管理部门颁发的进口准许证、出口准许证。

第六十七条　【禁止进口的药品】禁止进口疗效不确切、不良反应大或者因其他原因危害人体健康的药品。

第六十八条　【销售前或进口时须进行检验的药品】国务院药品监督管理部门对下列药品在销售前或者进口时，应当指定药品检验机构进行检验；未经检验或者检验不合格的，不得销售或者进口：

（一）首次在中国境内销售的药品；

（二）国务院药品监督管理部门规定的生物制品；

（三）国务院规定的其他药品。

第六章　医疗机构药事管理

第六十九条　【药剂技术工作】医疗机构应当配备依法经过资格认定的药师或者其他药学技术人员，负责本单位的药品管理、处方审核和调配、合理用药指导等工作。非药学技术人员不得直接从事药剂技术工作。

第七十条　【医疗机构的进货检查验收制度】医疗机构购进药品，应当建立并执行进货检查验收制度，验明药品合格证明和其他标识；不符合规定要求的，不得购进和使用。

第七十一条　【医疗机构保证药品质量】医疗机构应当有与所使用药品相适应的场所、设备、仓储设施和卫生环境，制定和执行药品保管制度，采取必要的冷藏、防冻、防潮、防虫、防鼠等措施，保证药品质量。

第七十二条 【医疗机构用药原则】医疗机构应当坚持安全有效、经济合理的用药原则，遵循药品临床应用指导原则、临床诊疗指南和药品说明书等合理用药，对医师处方、用药医嘱的适宜性进行审核。

医疗机构以外的其他药品使用单位，应当遵守本法有关医疗机构使用药品的规定。

第七十三条 【调配处方规定】依法经过资格认定的药师或者其他药学技术人员调配处方，应当进行核对，对处方所列药品不得擅自更改或者代用。对有配伍禁忌或者超剂量的处方，应当拒绝调配；必要时，经处方医师更正或者重新签字，方可调配。

第七十四条 【配制制剂应取得许可】医疗机构配制制剂，应当经所在地省、自治区、直辖市人民政府药品监督管理部门批准，取得医疗机构制剂许可证。无医疗机构制剂许可证的，不得配制制剂。

医疗机构制剂许可证应当标明有效期，到期重新审查发证。

第七十五条 【配制制剂条件】医疗机构配制制剂，应当有能够保证制剂质量的设施、管理制度、检验仪器和卫生环境。

医疗机构配制制剂，应当按照经核准的工艺进行，所需的原料、辅料和包装材料等应当符合药用要求。

第七十六条 【配制制剂的前提条件与使用限制】医疗机构配制的制剂，应当是本单位临床需要而市场上没有供应的品种，并应当经所在地省、自治区、直辖市人民政府药品监督管理部门批准；但是，法律对配制中药制剂另有规定的除外。

医疗机构配制的制剂应当按照规定进行质量检验；合格的，凭医师处方在本单位使用。经国务院药品监督管理部门或者省、自治区、直辖市人民政府药品监督管理部门批准，医疗机构配制的制剂可以在指定的医疗机构之间调剂使用。

医疗机构配制的制剂不得在市场上销售。

第七章 药品上市后管理

第七十七条 【药品上市后风险管理计划】药品上市许可持有人应当制定药品上市后风险管理计划，主动开展药品上市后研究，对药品的安全性、有效性和质量可控性进行进一步确证，加强对已上市药品的持续管理。

第七十八条 【附条件批准药品的相应风险管理措施】对附条件批准的药品，药品上市许可持有人应当采取相应风险管理措施，并在规定期限内按照要求完成相关研究；逾期未按照要求完成研究或者不能证明其获益大于风险的，国务院药品监督管理部门应当依法处理，直至注销药品注册证书。

第七十九条 【药品生产过程的变更】对药品生产过程中的变更，按照其对药品安全性、有效性和质量可控性的风险和产生影响的程度，实行分类管理。属于重大变更的，应当经国务院药品监督管理部门批准，其他变更应当按照国务院药品监督管理部门的规定备案或者报告。

药品上市许可持有人应当按照国务院药品监督管理部门的规定，全面评估、验证变更事项对药品安全性、有效性和质量可控性的影响。

第八十条 【不良反应监测】药品上市许可持有人应当开展药品上市后不良反应监测，主动收集、跟踪分析疑似药品不良反应信息，对已识别风险的药品及时采取风险控制措施。

第八十一条 【考察本单位药品及采取的措施】药品上市许可持有人、药品生产企业、药品经营企业和医疗机构应当经常考察本单位所生产、经营、使用的药品质量、疗效和不良反应。发现疑似不良反应的，应当及时向药品监督管理部门和卫生健康主管部门报告。具体办法由国务院药品监督管理部门会同国务院卫生健康主管部门制定。

对已确认发生严重不良反应的药品，由国务院药品监督管理部门或者省、自治区、直辖市人民政府药品监督管理部门根据实际情况采取停止生产、销售、使用等紧急控制措施，并应当在五日内组织鉴定，自鉴定结论作出之日起十五日内依法作出行政处理决定。

第八十二条 【停止销售、生产并召回】药品存在质量问题或者其他安全隐患的，药品上市许可持有人应当立即停止销售，告知相关药品经营企业和医疗机构停止销售和使用，召回已销售的药品，及时公开召回信息，必要时应当立即停止生产，并将药品召回和处理情况向省、自治区、直辖市人民政府药品监督管理部门和卫生健康主管部门报告。药品生产企业、药品经营企业和医疗机构应当配合。

药品上市许可持有人依法应当召回药品而未召回的，省、自治区、直辖市人民政府药品监督管理部门应当责令其召回。

第八十三条 【定期开展上市后评价】药品上市许可持有人应当对已上市药品的安全性、有效性和质量可控性定期开展上市后评价。必要时，国务院药品监督管理部门可以责令药品上市许可持有人开展上市后评价或者直接组织开展上市后评价。

经评价，对疗效不确切、不良反应大或者因其他原因危害人体健康的药品，应当注销药品注册证书。

已被注销药品注册证书的药品，不得生产或者进口、销售和使用。

已被注销药品注册证书、超过有效期等的药品，应当由药品监督管理部门监督销毁或者依法采取其他无害化处理等措施。

第八章 药品价格和广告

第八十四条 【药品采购管理制度】国家完善药品采购管理制度，对药品价格进行监测，开展成本价格调查，加强药品价格监督检查，依法查处价格垄断、哄抬价格等药品价格违法行为，维护药品价格秩序。

第八十五条 【药品价格合理】依法实行市场调节价的药品，药品上市许可持有人、药品生产企业、药品经营企业和医疗机构应当按照公平、合理和诚实信用、质价相符的原则制定价格，为用药者提供价格合理的药品。

药品上市许可持有人、药品生产企业、药品经营企业和医疗机构应当遵守国务院药品价格主管部门关于药品价格管理的规定,制定和标明药品零售价格,禁止暴利、价格垄断和价格欺诈等行为。

第八十六条 【提供销售价格和数量等资料】药品上市许可持有人、药品生产企业、药品经营企业和医疗机构应当依法向药品价格主管部门提供其药品的实际购销价格和购销数量等资料。

第八十七条 【提供价格清单】医疗机构应当向患者提供所用药品的价格清单,按照规定如实公布其常用药品的价格,加强合理用药管理。具体办法由国务院卫生健康主管部门制定。

第八十八条 【禁止获得不正当利益】禁止药品上市许可持有人、药品生产企业、药品经营企业和医疗机构在药品购销中给予、收受回扣或者其他不正当利益。

禁止药品上市许可持有人、药品生产企业、药品经营企业或者代理人以任何名义给予使用其药品的医疗机构的负责人、药品采购人员、医师、药师等有关人员财物或者其他不正当利益。禁止医疗机构的负责人、药品采购人员、医师、药师等有关人员以任何名义收受药品上市许可持有人、药品生产企业、药品经营企业或者代理人给予的财物或者其他不正当利益。

第八十九条 【药品广告应当经过批准】药品广告应当经广告主所在地省、自治区、直辖市人民政府确定的广告审查机关批准;未经批准的,不得发布。

第九十条 【药品广告内容应当真实合法】药品广告的内容应当真实、合法,以国务院药品监督管理部门核准的药品说明书为准,不得含有虚假的内容。

药品广告不得含有表示功效、安全性的断言或者保证;不得利用国家机关、科研单位、学术机构、行业协会或者专家、学者、医师、药师、患者等的名义或者形象作推荐、证明。

非药品广告不得有涉及药品的宣传。

第九十一条 【适用其他规定】药品价格和广告,本法未作规定的,适用《中华人民共和国价格法》、《中华人民共和国反垄断法》、《中华人民共和国反不正当竞争法》、《中华人民共和国广告法》等的规定。

第九章 药品储备和供应

第九十二条 【药品储备制度】国家实行药品储备制度,建立中央和地方两级药品储备。

发生重大灾情、疫情或者其他突发事件时,依照《中华人民共和国突发事件应对法》的规定,可以紧急调用药品。

第九十三条 【基本药物制度】国家实行基本药物制度,遴选适当数量的基本药物品种,加强组织生产和储备,提高基本药物的供给能力,满足疾病防治基本用药需求。

第九十四条 【药品供求监测体系】国家建立药品供求监测体系,及时收集和汇总分析短缺药品供求信息,对短缺药品实行预警,采取应对措施。

第九十五条 【短缺药品清单管理制度】

国家实行短缺药品清单管理制度。具体办法由国务院卫生健康主管部门会同国务院药品监督管理部门等部门制定。

药品上市许可持有人停止生产短缺药品的,应当按照规定向国务院药品监督管理部门或者省、自治区、直辖市人民政府药品监督管理部门报告。

第九十六条 【鼓励短缺药品的研制和生产】国家鼓励短缺药品的研制和生产,对临床急需的短缺药品、防治重大传染病和罕见病等疾病的新药予以优先审评审批。

第九十七条 【限制或者禁止出口短缺药品】对短缺药品,国务院可以限制或者禁止出口。必要时,国务院有关部门可以采取组织生产、价格干预和扩大进口等措施,保障药品供应。

药品上市许可持有人、药品生产企业、药品经营企业应当按照规定保障药品的生产和供应。

第十章 监督管理

第九十八条 【禁止假药劣药】禁止生产(包括配制,下同)、销售、使用假药、劣药。

有下列情形之一的,为假药:

(一)药品所含成份与国家药品标准规定的成份不符;

(二)以非药品冒充药品或者以他种药品冒充此种药品;

(三)变质的药品;

(四)药品所标明的适应症或者功能主治超出规定范围。

有下列情形之一的,为劣药:

(一)药品成份的含量不符合国家药品标准;

(二)被污染的药品;

(三)未标明或者更改有效期的药品;

(四)未注明或者更改产品批号的药品;

(五)超过有效期的药品;

(六)擅自添加防腐剂、辅料的药品;

(七)其他不符合药品标准的药品。

禁止未取得药品批准证明文件生产、进口药品;禁止使用未按照规定审评、审批的原料药、包装材料和容器生产药品。

第九十九条 【依法监督检查】药品监督管理部门应当依照法律、法规的规定对药品研制、生产、经营和药品使用单位使用药品等活动进行监督检查,必要时可以对为药品研制、生产、经营、使用提供产品或者服务的单位和个人进行延伸检查,有关单位和个人应当予以配合,不得拒绝和隐瞒。

药品监督管理部门应当对高风险的药品实施重点监督检查。

对有证据证明可能存在安全隐患的,药品监督管理部门根据监督检查情况,应当采取告诫、约谈、限期整改以及暂停生产、销售、使用、进口等措施,并及时公布检查处理结果。

药品监督管理部门进行监督检查时,应当出示证明文件,对监督检查中知悉的商业秘密应当保密。

第一百条 【抽查检验】药品监督管理部门根据监督管理的需要,可以对药品质量进行抽查检验。抽查检验应当按照规定抽样，并不得收取任何费用；抽样应当购买样品。所需费用按照国务院规定列支。

对有证据证明可能危害人体健康的药品及其有关材料，药品监督管理部门可以查封、扣押，并在七日内作出行政处理决定；药品需要检验的，应当自检验报告书发出之日起十五日内作出行政处理决定。

第一百零一条 【公告药品质量抽查检验结果】国务院和省、自治区、直辖市人民政府的药品监督管理部门应当定期公告药品质量抽查检验结果；公告不当的，应当在原公告范围内予以更正。

第一百零二条 【申请复验】当事人对药品检验结果有异议的，可以自收到药品检验结果之日起七日内向原药品检验机构或者上一级药品监督管理部门设置或者指定的药品检验机构申请复验，也可以直接向国务院药品监督管理部门设置或者指定的药品检验机构申请复验。受理复验的药品检验机构应当在国务院药品监督管理部门规定的时间内作出复验结论。

第一百零三条 【药品监管权力】药品监督管理部门应当对药品上市许可持有人、药品生产企业、药品经营企业和药物非临床安全性评价研究机构、药物临床试验机构等遵守药品生产质量管理规范、药品经营质量管理规范、药物非临床研究质量管理规范、药物临床试验质量管理规范等情况进行检查，监督其持续符合法定要求。

第一百零四条 【药品检查员队伍】国家建立职业化、专业化药品检查员队伍。检查员应当熟悉药品法律法规，具备药品专业知识。

第一百零五条 【依法公布并及时更新】药品监督管理部门建立药品上市许可持有人、药品生产企业、药品经营企业、药物非临床安全性评价研究机构、药物临床试验机构和医疗机构药品安全信用档案，记录许可颁发、日常监督检查结果、违法行为查处等情况，依法向社会公布并及时更新；对有不良信用记录的，增加监督检查频次，并可以按照国家规定实施联合惩戒。

第一百零六条 【接受举报并保护举报人】药品监督管理部门应当公布本部门的电子邮件地址、电话，接受咨询、投诉、举报，并依法及时答复、核实、处理。对查证属实的举报，按照有关规定给予举报人奖励。

药品监督管理部门应当对举报人的信息予以保密，保护举报人的合法权益。举报人举报所在单位的，该单位不得以解除、变更劳动合同或者其他方式对举报人进行打击报复。

第一百零七条 【药品安全信息统一公布制度】国家实行药品安全信息统一公布制度。国家药品安全总体情况、药品安全风险警示信息、重大药品安全事件及其调查处理信息和国务院确定需要统一公布的其他信息由国务院药品监督管理部门统一公布。药品安全风险警示信息和重大药品安全事件及其调查处理信息的影响限于特定区域的，也可以由有关省、自治区、直辖市人民政府药品监督管理部门公布。未经授权不得发布上述信息。

公布药品安全信息，应当及时、准

确、全面,并进行必要的说明,避免误导。

任何单位和个人不得编造、散布虚假药品安全信息。

第一百零八条 【药品安全事件应急预案】县级以上人民政府应当制定药品安全事件应急预案。药品上市许可持有人、药品生产企业、药品经营企业和医疗机构等应当制定本单位的药品安全事件处置方案,并组织开展培训和应急演练。

发生药品安全事件,县级以上人民政府应当按照应急预案立即组织开展应对工作;有关单位应当立即采取有效措施进行处置,防止危害扩大。

第一百零九条 【药品安全职责】药品监督管理部门未及时发现药品安全系统性风险,未及时消除监督管理区域内药品安全隐患的,本级人民政府或者上级人民政府药品监督管理部门应当对其主要负责人进行约谈。

地方人民政府未履行药品安全职责,未及时消除区域性重大药品安全隐患的,上级人民政府或者上级人民政府药品监督管理部门应当对其主要负责人进行约谈。

被约谈的部门和地方人民政府应当立即采取措施,对药品监督管理工作进行整改。

约谈情况和整改情况应当纳入有关部门和地方人民政府药品监督管理工作评议、考核记录。

第一百一十条 【禁止限制或排斥外地药品】地方人民政府及其药品监督管理部门不得以要求实施药品检验、审批等手段限制或者排斥非本地区药品上市许可持有人、药品生产企业生产的药品进入本地区。

第一百一十一条 【药品监督与检验的禁止事项】药品监督管理部门及其设置或者指定的药品专业技术机构不得参与药品生产经营活动,不得以其名义推荐或者监制、监销药品。

药品监督管理部门及其设置或者指定的药品专业技术机构的工作人员不得参与药品生产经营活动。

第一百一十二条 【特殊管理规定】国务院对麻醉药品、精神药品、医疗用毒性药品、放射性药品、药品类易制毒化学品等有其他特殊管理规定的,依照其规定。

第一百一十三条 【药品违法行为涉嫌犯罪的处理措施】药品监督管理部门发现药品违法行为涉嫌犯罪的,应当及时将案件移送公安机关。

对依法不需要追究刑事责任或者免予刑事处罚,但应当追究行政责任的,公安机关、人民检察院、人民法院应当及时将案件移送药品监督管理部门。

公安机关、人民检察院、人民法院商请药品监督管理部门、生态环境主管部门等部门提供检验结论、认定意见以及对涉案药品进行无害化处理等协助的,有关部门应当及时提供,予以协助。

第十一章 法律责任

第一百一十四条 【刑事责任】违反本法规定,构成犯罪的,依法追究刑事责任。

第一百一十五条 【未取得许可证的处

罚】未取得药品生产许可证、药品经营许可证或者医疗机构制剂许可证生产、销售药品的，责令关闭，没收违法生产、销售的药品和违法所得，并处违法生产、销售的药品（包括已售出和未售出的药品，下同）货值金额十五倍以上三十倍以下的罚款；货值金额不足十万元的，按十万元计算。

第一百一十六条 【生产、销售假药的处罚】生产、销售假药的，没收违法生产、销售的药品和违法所得，责令停产停业整顿，吊销药品批准证明文件，并处违法生产、销售的药品货值金额十五倍以上三十倍以下的罚款；货值金额不足十万元的，按十万元计算；情节严重的，吊销药品生产许可证、药品经营许可证或者医疗机构制剂许可证，十年内不受理其相应申请；药品上市许可持有人为境外企业的，十年内禁止其药品进口。

第一百一十七条 【生产、销售劣药的处罚】生产、销售劣药的，没收违法生产、销售的药品和违法所得，并处违法生产、销售的药品货值金额十倍以上二十倍以下的罚款；违法生产、批发的药品货值金额不足十万元的，按十万元计算，违法零售的药品货值金额不足一万元的，按一万元计算；情节严重的，责令停产停业整顿直至吊销药品批准证明文件、药品生产许可证、药品经营许可证或者医疗机构制剂许可证。

生产、销售的中药饮片不符合药品标准，尚不影响安全性、有效性的，责令限期改正，给予警告；可以处十万元以上五十万元以下的罚款。

第一百一十八条 【生产、销售假药、劣药且情节严重的处罚】生产、销售假药，或者生产、销售劣药且情节严重的，对法定代表人、主要负责人、直接负责的主管人员和其他责任人员，没收违法行为发生期间自本单位所获收入，并处所获收入百分之三十以上三倍以下的罚款，终身禁止从事药品生产经营活动，并可以由公安机关处五日以上十五日以下的拘留。

对生产者专门用于生产假药、劣药的原料、辅料、包装材料、生产设备予以没收。

第一百一十九条 【药品使用单位使用假药、劣药的处罚】药品使用单位使用假药、劣药的，按照销售假药、零售劣药的规定处罚；情节严重的，法定代表人、主要负责人、直接负责的主管人员和其他责任人员有医疗卫生人员执业证书的，还应当吊销执业证书。

第一百二十条 【储存、运输假药、劣药的处罚】知道或者应当知道属于假药、劣药或者本法第一百二十四条第一款第一项至第五项规定的药品，而为其提供储存、运输等便利条件的，没收全部储存、运输收入，并处违法收入一倍以上五倍以下的罚款；情节严重的，并处违法收入五倍以上十五倍以下的罚款；违法收入不足五万元的，按五万元计算。

第一百二十一条 【假药、劣药的处罚决定须载明质检结论】对假药、劣药的处罚决定，应当依法载明药品检验机构的质量检验结论。

第一百二十二条 【非法使用许可证或批准文件的处罚】伪造、变造、出租、出借、非法买卖许可证或者药品批准证明文件的，没收违法所得，并处违法所得一倍以上五倍以下的罚款；情节严重的，并处违法所得五倍以上十五倍以下的罚款，吊销药品生产许可证、药品经营许可证、医疗机构制剂许可证或者药品批准证明文件，对法定代表人、主要负责人、直接负责的主管人员和其他责任人员，处二万元以上二十万元以下的罚款，十年内禁止从事药品生产经营活动，并可以由公安机关处五日以上十五日以下的拘留；违法所得不足十万元的，按十万元计算。

第一百二十三条　【以欺骗手段获得相关文件的处罚】提供虚假的证明、数据、资料、样品或者采取其他手段骗取临床试验许可、药品生产许可、药品经营许可、医疗机构制剂许可或者药品注册等许可的，撤销相关许可，十年内不受理其相应申请，并处五十万元以上五百万元以下的罚款；情节严重的，对法定代表人、主要负责人、直接负责的主管人员和其他责任人员，处二万元以上二十万元以下的罚款，十年内禁止从事药品生产经营活动，并可以由公安机关处五日以上十五日以下的拘留。

第一百二十四条　【未取得药品批准证明文件生产、进口药品等行为的处罚】违反本法规定，有下列行为之一的，没收违法生产、进口、销售的药品和违法所得以及专门用于违法生产的原料、辅料、包装材料和生产设备，责令停产停业整顿，并处违法生产、进口、销售的药品货值金额十五倍以上三十倍以下的罚款；货值金额不足十万元的，按十万元计算；情节严重的，吊销药品批准证明文件直至吊销药品生产许可证、药品经营许可证或者医疗机构制剂许可证，对法定代表人、主要负责人、直接负责的主管人员和其他责任人员，没收违法行为发生期间自本单位所获收入，并处所获收入百分之三十以上三倍以下的罚款，十年直至终身禁止从事药品生产经营活动，并可以由公安机关处五日以上十五日以下的拘留：

（一）未取得药品批准证明文件生产、进口药品；

（二）使用采取欺骗手段取得的药品批准证明文件生产、进口药品；

（三）使用未经审评审批的原料药生产药品；

（四）应当检验而未经检验即销售药品；

（五）生产、销售国务院药品监督管理部门禁止使用的药品；

（六）编造生产、检验记录；

（七）未经批准在药品生产过程中进行重大变更。

销售前款第一项至第三项规定的药品，或者药品使用单位使用前款第一项至第五项规定的药品的，依照前款规定处罚；情节严重的，药品使用单位的法定代表人、主要负责人、直接负责的主管人员和其他责任人员有医疗卫生人员执业证书的，还应当吊销执业证书。

未经批准进口少量境外已合法上市的药品，情节较轻的，可以依法减轻或者免予处罚。

第一百二十五条　【未经批准开展药物

临床试验等行为的处罚】违反本法规定，有下列行为之一的，没收违法生产、销售的药品和违法所得以及包装材料、容器，责令停产停业整顿，并处五十万元以上五百万元以下的罚款；情节严重的，吊销药品批准证明文件、药品生产许可证、药品经营许可证，对法定代表人、主要负责人、直接负责的主管人员和其他责任人员处二万元以上二十万元以下的罚款，十年直至终身禁止从事药品生产经营活动：

（一）未经批准开展药物临床试验；

（二）使用未经审评的直接接触药品的包装材料或者容器生产药品，或者销售该类药品；

（三）使用未经核准的标签、说明书。

第一百二十六条 【相关机构未遵守有关规范的处罚】除本法另有规定的情形外，药品上市许可持有人、药品生产企业、药品经营企业、药物非临床安全性评价研究机构、药物临床试验机构等未遵守药品生产质量管理规范、药品经营质量管理规范、药物非临床研究质量管理规范、药物临床试验质量管理规范等的，责令限期改正，给予警告；逾期不改正的，处十万元以上五十万元以下的罚款；情节严重的，处五十万元以上二百万元以下的罚款，责令停产停业整顿直至吊销药品批准证明文件、药品生产许可证、药品经营许可证等，药物非临床安全性评价研究机构、药物临床试验机构等五年内不得开展药物非临床安全性评价研究、药物临床试验，对法定代表人、主要负责人、直接负责的主管人员和其他责任人员，没收违法行为发生期间自本单位所获收入，并处所获收入百分之十以上百分之五十以下的罚款，十年直至终身禁止从事药品生产经营等活动。

第一百二十七条 【开展生物等效性试验未备案等行为的处罚】违反本法规定，有下列行为之一的，责令限期改正，给予警告；逾期不改正的，处十万元以上五十万元以下的罚款：

（一）开展生物等效性试验未备案；

（二）药物临床试验期间，发现存在安全性问题或者其他风险，临床试验申办者未及时调整临床试验方案、暂停或者终止临床试验，或者未向国务院药品监督管理部门报告；

（三）未按照规定建立并实施药品追溯制度；

（四）未按照规定提交年度报告；

（五）未按照规定对药品生产过程中的变更进行备案或者报告；

（六）未制定药品上市后风险管理计划；

（七）未按照规定开展药品上市后研究或者上市后评价。

第一百二十八条 【药品包装无规定标签或说明书的处罚】除依法应当按照假药、劣药处罚的外，药品包装未按照规定印有、贴有标签或者附有说明书，标签、说明书未按照规定注明相关信息或者印有规定标志的，责令改正，给予警告；情节严重的，吊销药品注册证书。

第一百二十九条 【违法购进药品的处

罚】违反本法规定，药品上市许可持有人、药品生产企业、药品经营企业或者医疗机构未从药品上市许可持有人或者具有药品生产、经营资格的企业购进药品的，责令改正，没收违法购进的药品和违法所得，并处违法购进药品货值金额二倍以上十倍以下的罚款；情节严重的，并处货值金额十倍以上三十倍以下的罚款，吊销药品批准证明文件、药品生产许可证、药品经营许可证或者医疗机构执业许可证；货值金额不足五万元的，按五万元计算。

第一百三十条　【违法记录、说明、调配处方的处罚】违反本法规定，药品经营企业购销药品未按照规定进行记录，零售药品未正确说明用法、用量等事项，或者未按照规定调配处方的，责令改正，给予警告；情节严重的，吊销药品经营许可证。

第一百三十一条　【第三方平台未履行法定义务的处罚】违反本法规定，药品网络交易第三方平台提供者未履行资质审核、报告、停止提供网络交易平台服务等义务的，责令改正，没收违法所得，并处二十万元以上二百万元以下的罚款；情节严重的，责令停业整顿，并处二百万元以上五百万元以下的罚款。

第一百三十二条　【进口药品未备案的处罚】进口已获得药品注册证书的药品，未按照规定向允许药品进口的口岸所在地药品监督管理部门备案的，责令限期改正，给予警告；逾期不改正的，吊销药品注册证书。

第一百三十三条　【违规销售制剂的处罚】违反本法规定，医疗机构将其配制的制剂在市场上销售的，责令改正，没收违法销售的制剂和违法所得，并处违法销售制剂货值金额二倍以上五倍以下的罚款；情节严重的，并处货值金额五倍以上十五倍以下的罚款；货值金额不足五万元的，按五万元计算。

第一百三十四条　【药品上市许可持有人违规检测或报告的处罚】药品上市许可持有人未按照规定开展药品不良反应监测或者报告疑似药品不良反应的，责令限期改正，给予警告；逾期不改正的，责令停产停业整顿，并处十万元以上一百万元以下的罚款。

药品经营企业未按照规定报告疑似药品不良反应的，责令限期改正，给予警告；逾期不改正的，责令停产停业整顿，并处五万元以上五十万元以下的罚款。

医疗机构未按照规定报告疑似药品不良反应的，责令限期改正，给予警告；逾期不改正的，处五万元以上五十万元以下的罚款。

第一百三十五条　【拒不召回的处罚】药品上市许可持有人在省、自治区、直辖市人民政府药品监督管理部门责令其召回后，拒不召回的，处应召回药品货值金额五倍以上十倍以下的罚款；货值金额不足十万元的，按十万元计算；情节严重的，吊销药品批准证明文件、药品生产许可证、药品经营许可证，对法定代表人、主要负责人、直接负责的主管人员和其他责任人员，处二万元以上二十万元以下的罚款。药品生产企业、药品经营企业、医疗机构拒不配合召回的，处十万元以上五十万元以下的罚款。

第一百三十六条 【境外企业为药品上市许可持有人的适用规定】药品上市许可持有人为境外企业的，其指定的在中国境内的企业法人未依照本法规定履行相关义务的，适用本法有关药品上市许可持有人法律责任的规定。

第一百三十七条 【从重处罚的行为】有下列行为之一的，在本法规定的处罚幅度内从重处罚：

（一）以麻醉药品、精神药品、医疗用毒性药品、放射性药品、药品类易制毒化学品冒充其他药品，或者以其他药品冒充上述药品；

（二）生产、销售以孕产妇、儿童为主要使用对象的假药、劣药；

（三）生产、销售的生物制品属于假药、劣药；

（四）生产、销售假药、劣药，造成人身伤害后果；

（五）生产、销售假药、劣药，经处理后再犯；

（六）拒绝、逃避监督检查，伪造、销毁、隐匿有关证据材料，或者擅自动用查封、扣押物品。

第一百三十八条 【药品检验机构出具虚假检验报告的处罚】药品检验机构出具虚假检验报告的，责令改正，给予警告，对单位并处二十万元以上一百万元以下的罚款；对直接负责的主管人员和其他直接责任人员依法给予降级、撤职、开除处分，没收违法所得，并处五万元以下的罚款；情节严重的，撤销其检验资格。药品检验机构出具的检验结果不实，造成损失的，应当承担相应的赔偿责任。

第一百三十九条 【行政处罚的决定主体】本法第一百一十五条至第一百三十八条规定的行政处罚，由县级以上人民政府药品监督管理部门按照职责分工决定；撤销许可、吊销许可证件的，由原批准、发证的部门决定。

第一百四十条 【违法聘用的处罚】药品上市许可持有人、药品生产企业、药品经营企业或者医疗机构违反本法规定聘用人员的，由药品监督管理部门或者卫生健康主管部门责令解聘，处五万元以上二十万元以下的罚款。

第一百四十一条 【给予、收受回扣及不正当利益的处罚】药品上市许可持有人、药品生产企业、药品经营企业或者医疗机构在药品购销中给予、收受回扣或者其他不正当利益的，药品上市许可持有人、药品生产企业、药品经营企业或者代理人给予使用其药品的医疗机构的负责人、药品采购人员、医师、药师等有关人员财物或者其他不正当利益的，由市场监督管理部门没收违法所得，并处三十万元以上三百万元以下的罚款；情节严重的，吊销药品上市许可持有人、药品生产企业、药品经营企业营业执照，并由药品监督管理部门吊销药品批准证明文件、药品生产许可证、药品经营许可证。

药品上市许可持有人、药品生产企业、药品经营企业在药品研制、生产、经营中向国家工作人员行贿的，对法定代表人、主要负责人、直接负责的主管人员和其他责任人员终身禁止从事药品生产经营活动。

第一百四十二条 【收受财物或不正当利益的处罚】药品上市许可持有人、药品生产企业、药品经营企业的负责人、采购人员等有关人员在药品购销中收受其他药品上市许可持有人、药品生产企业、药品经营企业或者代理人给予的财物或者其他不正当利益的，没收违法所得，依法给予处罚；情节严重的，五年内禁止从事药品生产经营活动。

医疗机构的负责人、药品采购人员、医师、药师等有关人员收受药品上市许可持有人、药品生产企业、药品经营企业或者代理人给予的财物或者其他不正当利益的，由卫生健康主管部门或者本单位给予处分，没收违法所得；情节严重的，还应当吊销其执业证书。

第一百四十三条　【编造、散布虚假药品安全信息的处罚】违反本法规定，编造、散布虚假药品安全信息，构成违反治安管理行为的，由公安机关依法给予治安管理处罚。

第一百四十四条　【违规用药致损赔偿】药品上市许可持有人、药品生产企业、药品经营企业或者医疗机构违反本法规定，给用药者造成损害的，依法承担赔偿责任。

因药品质量问题受到损害的，受害人可以向药品上市许可持有人、药品生产企业请求赔偿损失，也可以向药品经营企业、医疗机构请求赔偿损失。接到受害人赔偿请求的，应当实行首负责任制，先行赔付；先行赔付后，可以依法追偿。

生产假药、劣药或者明知是假药、劣药仍然销售、使用的，受害人或者其近亲属除请求赔偿损失外，还可以请求支付价款十倍或者损失三倍的赔偿金；增加赔偿的金额不足一千元的，为一千元。

第一百四十五条　【药品监管部门参与生产经营活动的处罚】药品监督管理部门或者其设置、指定的药品专业技术机构参与药品生产经营活动的，由其上级主管机关责令改正，没收违法收入；情节严重的，对直接负责的主管人员和其他直接责任人员依法给予处分。

药品监督管理部门或者其设置、指定的药品专业技术机构的工作人员参与药品生产经营活动的，依法给予处分。

第一百四十六条　【违法收取检验费用的处罚】药品监督管理部门或者其设置、指定的药品检验机构在药品监督检验中违法收取检验费用的，由政府有关部门责令退还，对直接负责的主管人员和其他直接责任人员依法给予处分；情节严重的，撤销其检验资格。

第一百四十七条　【应撤销相关许可并处分的行为】违反本法规定，药品监督管理部门有下列行为之一的，应当撤销相关许可，对直接负责的主管人员和其他直接责任人员依法给予处分：

（一）不符合条件而批准进行药物临床试验；

（二）对不符合条件的药品颁发药品注册证书；

（三）对不符合条件的单位颁发药品生产许可证、药品经营许可证或者医疗机构制剂许可证。

第一百四十八条　【对县级以上地方人民政府直接责任人或主管人员的处分】违反本法规定，县级以上地方人民政府有下列行为之一的，对直接负责的主管人员和其他直接责任人员给予记过或者记大过处分；情节严重的，给予降级、撤职或者开除处分：

（一）瞒报、谎报、缓报、漏报药品安全事件；

（二）未及时消除区域性重大药品安全隐患，造成本行政区域内发生特别重大药品安全事件，或者连续发生重大药品安全事件；

（三）履行职责不力，造成严重不良影响或者重大损失。

第一百四十九条 【对药品监督管理等部门直接责任人员或主管人员的处分】违反本法规定，药品监督管理等部门有下列行为之一的，对直接负责的主管人员和其他直接责任人员给予记过或者记大过处分；情节较重的，给予降级或者撤职处分；情节严重的，给予开除处分：

（一）瞒报、谎报、缓报、漏报药品安全事件；

（二）对发现的药品安全违法行为未及时查处；

（三）未及时发现药品安全系统性风险，或者未及时消除监督管理区域内药品安全隐患，造成严重影响；

（四）其他不履行药品监督管理职责，造成严重不良影响或者重大损失。

第一百五十条 【滥用职权，失职、渎职的处罚】药品监督管理人员滥用职权、徇私舞弊、玩忽职守的，依法给予处分。

查处假药、劣药违法行为有失职、渎职行为的，对药品监督管理部门直接负责的主管人员和其他直接责任人员依法从重给予处分。

第一百五十一条 【货值金额的计算】本章规定的货值金额以违法生产、销售药品的标价计算；没有标价的，按照同类药品的市场价格计算。

第十二章 附 则

第一百五十二条 【立法委任】中药材种植、采集和饲养的管理，依照有关法律、法规的规定执行。

第一百五十三条 【立法委任】地区性民间习用药材的管理办法，由国务院药品监督管理部门会同国务院中医药主管部门制定。

第一百五十四条 【立法委任】中国人民解放军和中国人民武装警察部队执行本法的具体办法，由国务院、中央军事委员会依据本法制定。

第一百五十五条 【施行日期】本法自2019年12月1日起施行。

中华人民共和国药品管理法实施条例

1. 2002年8月4日国务院令第360号公布

2. 根据2016年2月6日国务院令第666号《关于修改部分行政法规的决定》第一次修订

3. 根据2019年3月2日国务院令第709号《关于修改部分行政法规的决定》第二次修订

第一章 总 则

第一条 根据《中华人民共和国药品管理法》（以下简称《药品管理法》），制定本条例。

第二条 国务院药品监督管理部门设置国家药品检验机构。

省、自治区、直辖市人民政府药品监督管理部门可以在本行政区域内设置药品检验机构。地方药品检验机构的设置规划由省、自治区、直辖市人民政府药品监督管理部门提出，报省、自治区、直辖市人民政府批准。

国务院和省、自治区、直辖市人民政府的药品监督管理部门可以根据需要，确定符合药品检验条件的检验机构承担药品检验工作。

第二章 药品生产企业管理

第三条 开办药品生产企业，申办人应当向拟办企业所在地省、自治区、直辖市人民政府药品监督管理部门提出申请。省、自治区、直辖市人民政府药品监督管理部门应当自收到申请之日起30个工作日内，依据《药品管理法》第八条规定的开办条件组织验收；验收合格的，发给《药品生产许可证》。

第四条 药品生产企业变更《药品生产许可证》许可事项的，应当在许可事项发生变更30日前，向原发证机关申请《药品生产许可证》变更登记；未经批准，不得变更许可事项。原发证机关应当自收到申请之日起15个工作日内作出决定。

第五条 省级以上人民政府药品监督管理部门应当按照《药品生产质量管理规范》和国务院药品监督管理部门规定的实施办法和实施步骤，组织对药品生产企业的认证工作；符合《药品生产质量管理规范》的，发给认证证书。其中，生产注射剂、放射性药品和国务院药品监督管理部门规定的生物制品的药品生产企业的认证工作，由国务院药品监督管理部门负责。

《药品生产质量管理规范》认证证书的格式由国务院药品监督管理部门统一规定。

第六条 新开办药品生产企业、药品生产企业新建药品生产车间或者新增生产剂型的，应当自取得药品生产证明文件或者经批准正式生产之日起30日内，按照规定向药品监督管理部门申请《药品生产质量管理规范》认证。受理申请的药品监督管理部门应当自收到企业申请之日起6个月内，组织对申请企业是否符合《药品生产质量管理规范》进行认证；认证合格的，发给认证证书。

第七条 国务院药品监督管理部门应当设立《药品生产质量管理规范》认证检查员库。《药品生产质量管理规范》认证检查员必须符合国务院药品监督管理部门规定的条件。进行《药品生产质量管理规范》认证，必须按照国务院药品监督管理部门的规定，从《药品生产质量管理规范》认证检查员库中随机抽取认证检查员组成认证检查组进行认证检查。

第八条 《药品生产许可证》有效期为5年。有效期届满，需要继续生产药品的，持证企业应当在许可证有效期届满前6个月，按照国务院药品监督管理部门的规定申请换发《药品生产许可证》。

药品生产企业终止生产药品或者关闭的，《药品生产许可证》由原发证部门缴销。

第九条　药品生产企业生产药品所使用的原料药，必须具有国务院药品监督管理部门核发的药品批准文号或者进口药品注册证书、医药产品注册证书；但是，未实施批准文号管理的中药材、中药饮片除外。

第十条　依据《药品管理法》第十三条规定，接受委托生产药品的，受托方必须是持有与其受托生产的药品相适应的《药品生产质量管理规范》认证证书的药品生产企业。

疫苗、血液制品和国务院药品监督管理部门规定的其他药品，不得委托生产。

第三章　药品经营企业管理

第十一条　开办药品批发企业，申办人应当向拟办企业所在地省、自治区、直辖市人民政府药品监督管理部门提出申请。省、自治区、直辖市人民政府药品监督管理部门应当自收到申请之日起30个工作日内，依据国务院药品监督管理部门规定的设置标准作出是否同意筹建的决定。申办人完成拟办企业筹建后，应当向原审批部门申请验收。原审批部门应当自收到申请之日起30个工作日内，依据《药品管理法》第十五条规定的开办条件组织验收；符合条件的，发给《药品经营许可证》。

第十二条　开办药品零售企业，申办人应当向拟办企业所在地设区的市级药品监督管理机构或者省、自治区、直辖市人民政府药品监督管理部门直接设置的县级药品监督管理机构提出申请。受理申请的药品监督管理机构应当自收到申请之日起30个工作日内，依据国务院药品监督管理部门的规定，结合当地常住人口数量、地域、交通状况和实际需要进行审查，作出是否同意筹建的决定。申办人完成拟办企业筹建后，应当向原审批机构申请验收。原审批机构应当自收到申请之日起15个工作日内，依据《药品管理法》第十五条规定的开办条件组织验收；符合条件的，发给《药品经营许可证》。

第十三条　省、自治区、直辖市人民政府药品监督管理部门和设区的市级药品监督管理机构负责组织药品经营企业的认证工作。药品经营企业应当按照国务院药品监督管理部门规定的实施办法和实施步骤，通过省、自治区、直辖市人民政府药品监督管理部门或者设区的市级药品监督管理机构组织的《药品经营质量管理规范》的认证，取得认证证书。《药品经营质量管理规范》认证证书的格式由国务院药品监督管理部门统一规定。

新开办药品批发企业和药品零售企业，应当自取得《药品经营许可证》之日起30日内，向发给其《药品经营许可证》的药品监督管理部门或者药品监督管理机构申请《药品经营质量管理规范》认证。受理申请的药品监督管理部门或者药品监督管理机构应当自收到申请之日起3个月内，按照国务院药品监督管理部门的规定，组织对申请认证的药品批发企业或者药品零售企业是否符合《药品经营质量管理规范》进行认证；认证合格的，发给认证证书。

第十四条　省、自治区、直辖市人民政府药品监督管理部门应当设立《药品经营质量管理规范》认证检查员库。《药品经营质量管理规范》认证检查员必须符合国务院药品监督管理部门规定的条件。进行《药品经营质量管理规范》认证，必须按照国务院药品监督管理部门的规定，从《药品经营质量管理规范》认证检查员库中随机抽取认证检查员组成认证检查组进行认证检查。

第十五条 国家实行处方药和非处方药分类管理制度。国家根据非处方药品的安全性，将非处方药分为甲类非处方药和乙类非处方药。

经营处方药、甲类非处方药的药品零售企业，应当配备执业药师或者其他依法经资格认定的药学技术人员。经营乙类非处方药的药品零售企业，应当配备经设区的市级药品监督管理机构或者省、自治区、直辖市人民政府药品监督管理部门直接设置的县级药品监督管理机构组织考核合格的业务人员。

第十六条 药品经营企业变更《药品经营许可证》许可事项的，应当在许可事项发生变更30日前，向原发证机关申请《药品经营许可证》变更登记；未经批准，不得变更许可事项。原发证机关应当自收到企业申请之日起15个工作日内作出决定。

第十七条 《药品经营许可证》有效期为5年。有效期届满，需要继续经营药品的，持证企业应当在许可证有效期届满前6个月，按照国务院药品监督管理部门的规定申请换发《药品经营许可证》。

药品经营企业终止经营药品或者关闭的，《药品经营许可证》由原发证机关缴销。

第十八条 交通不便的边远地区城乡集市贸易市场没有药品零售企业的，当地药品零售企业经所在地县(市)药品监督管理机构批准并到工商行政管理部门办理登记注册后，可以在该城乡集市贸易市场内设点并在批准经营的药品范围内销售非处方药品。

第十九条 通过互联网进行药品交易的药品生产企业、药品经营企业、医疗机构及其交易的药品，必须符合《药品管理法》和本条例的规定。互联网药品交易服务的管理办法，由国务院药品监督管理部门会同国务院有关部门制定。

第四章 医疗机构的药剂管理

第二十条 医疗机构设立制剂室，应当向所在地省、自治区、直辖市人民政府卫生行政部门提出申请，经审核同意后，报同级人民政府药品监督管理部门审批；省、自治区、直辖市人民政府药品监督管理部门验收合格的，予以批准，发给《医疗机构制剂许可证》。

省、自治区、直辖市人民政府卫生行政部门和药品监督管理部门应当在各自收到申请之日起30个工作日内，作出是否同意或者批准的决定。

第二十一条 医疗机构变更《医疗机构制剂许可证》许可事项的，应当在许可事项发生变更30日前，依照本条例第二十条的规定向原审核、批准机关申请《医疗机构制剂许可证》变更登记；未经批准，不得变更许可事项。原审核、批准机关应当在各自收到申请之日起15个工作日内作出决定。

医疗机构新增配制剂型或者改变配制场所的，应当经所在地省、自治区、直辖市人民政府药品监督管理部门验收合格后，依照前款规定办理《医疗机构制剂许可证》变更登记。

第二十二条 《医疗机构制剂许可证》有效期为5年。有效期届满，需要继续配制制剂的，医疗机构应当在许可证有效期届满前6个月，按照国务院药品监督管理部门的规定申请换发《医疗机构制剂许可证》。

医疗机构终止配制制剂或者关闭的，《医疗机构制剂许可证》由原发证机关缴销。

第二十三条 医疗机构配制制剂，必须按照国务院药品监督管理部门的规定报送有关资料和样品，经所在地省、自治区、直辖市人民政府药品监督管理部门批准，并发给制剂批准文号后，方可配制。

第二十四条 医疗机构配制的制剂不得在市场上销售或者变相销售，不得发布医疗机构制剂广告。

发生灾情、疫情、突发事件或者临床急需而市场没有供应时，经国务院或者省、自治区、直辖市人民政府的药品监督管理部门批准，在规定期限内，医疗机构配制的制剂可以在指定的医疗机构之间调剂使用。

国务院药品监督管理部门规定的特殊制剂的调剂使用以及省、自治区、直辖市之间医疗机构制剂的调剂使用，必须经国务院药品监督管理部门批准。

第二十五条 医疗机构审核和调配处方的药剂人员必须是依法经资格认定的药学技术人员。

第二十六条 医疗机构购进药品，必须有真实、完整的药品购进记录。药品购进记录必须注明药品的通用名称、剂型、规格、批号、有效期、生产厂商、供货单位、购货数量、购进价格、购货日期以及国务院药品监督管理部门规定的其他内容。

第二十七条 医疗机构向患者提供的药品应当与诊疗范围相适应，并凭执业医师或者执业助理医师的处方调配。

计划生育技术服务机构采购和向患者提供药品，其范围应当与经批准的服务范围相一致，并凭执业医师或者执业助理医师的处方调配。

个人设置的门诊部、诊所等医疗机构不得配备常用药品和急救药品以外的其他药品。常用药品和急救药品的范围和品种，由所在地的省、自治区、直辖市人民政府卫生行政部门会同同级人民政府药品监督管理部门规定。

第五章 药品管理

第二十八条 药物非临床安全性评价研究机构必须执行《药物非临床研究质量管理规范》，药物临床试验机构必须执行《药物临床试验质量管理规范》。《药物非临床研究质量管理规范》、《药物临床试验质量管理规范》由国务院药品监督管理部门分别商国务院科学技术行政部门和国务院卫生行政部门制定。

第二十九条 药物临床试验、生产药品和进口药品，应当符合《药品管理法》

及本条例的规定，经国务院药品监督管理部门审查批准；国务院药品监督管理部门可以委托省、自治区、直辖市人民政府药品监督管理部门对申报药物的研制情况及条件进行审查，对申报资料进行形式审查，并对试制的样品进行检验。具体办法由国务院药品监督管理部门制定。

第三十条 研制新药，需要进行临床试验的，应当依照《药品管理法》第二十九条的规定，经国务院药品监督管理部门批准。

药物临床试验申请经国务院药品监督管理部门批准后，申报人应当在经依法认定的具有药物临床试验资格的机构中选择承担药物临床试验的机构，并将该临床试验机构报国务院药品监督管理部门和国务院卫生行政部门备案。

药物临床试验机构进行药物临床试验，应当事先告知受试者或者其监护人真实情况，并取得其书面同意。

第三十一条 生产已有国家标准的药品，应当按照国务院药品监督管理部门的规定，向省、自治区、直辖市人民政府药品监督管理部门或者国务院药品监督管理部门提出申请，报送有关技术资料并提供相关证明文件。省、自治区、直辖市人民政府药品监督管理部门应当自受理申请之日起 30 个工作日内进行审查，提出意见后报送国务院药品监督管理部门审核，并同时将审查意见通知申报方。国务院药品监督管理部门经审核符合规定的，发给药品批准文号。

第三十二条 变更研制新药、生产药品和进口药品已获批准证明文件及其附件中载明事项的，应当向国务院药品监督管理部门提出补充申请；国务院药品监督管理部门经审核符合规定的，应当予以批准。其中，不改变药品内在质量的，应当向省、自治区、直辖市人民政府药品监督管理部门提出补充申请；省、自治区、直辖市人民政府药品监督管理部门经审核符合规定的，应当予以批准，并报国务院药品监督管理部门备案。不改变药品内在质量的补充申请事项由国务院药品监督管理部门制定。

第三十三条 国务院药品监督管理部门根据保护公众健康的要求，可以对药品生产企业生产的新药品种设立不超过 5 年的监测期；在监测期内，不得批准其他企业生产和进口。

第三十四条 国家对获得生产或者销售含有新型化学成份药品许可的生产者或者销售者提交的自行取得且未披露的试验数据和其他数据实施保护，任何人不得对该未披露的试验数据和其他数据进行不正当的商业利用。

自药品生产者或者销售者获得生产、销售新型化学成份药品的许可证明文件之日起 6 年内，对其他申请人未经已获得许可的申请人同意，使用前款数据申请生产、销售新型化学成份药品许可的，药品监督管理部门不予许可；但是，其他申请人提交自行取得数据的除外。

除下列情形外，药品监督管理部门不得披露本条第一款规定的数据：

（一）公共利益需要；

（二）已采取措施确保该类数据不

会被不正当地进行商业利用。

第三十五条　申请进口的药品，应当是在生产国家或者地区获得上市许可的药品；未在生产国家或者地区获得上市许可的，经国务院药品监督管理部门确认该药品品种安全、有效而且临床需要的，可以依照《药品管理法》及本条例的规定批准进口。

进口药品，应当按照国务院药品监督管理部门的规定申请注册。国外企业生产的药品取得《进口药品注册证》，中国香港、澳门和台湾地区企业生产的药品取得《医药产品注册证》后，方可进口。

第三十六条　医疗机构因临床急需进口少量药品的，应当持《医疗机构执业许可证》向国务院药品监督管理部门提出申请；经批准后，方可进口。进口的药品应当在指定医疗机构内用于特定医疗目的。

第三十七条　进口药品到岸后，进口单位应当持《进口药品注册证》或者《医药产品注册证》以及产地证明原件、购货合同副本、装箱单、运单、货运发票、出厂检验报告书、说明书等材料，向口岸所在地药品监督管理部门备案。口岸所在地药品监督管理部门经审查，提交的材料符合要求的，发给《进口药品通关单》。进口单位凭《进口药品通关单》向海关办理报关验放手续。

口岸所在地药品监督管理部门应当通知药品检验机构对进口药品逐批进行抽查检验；但是，有《药品管理法》第四十一条规定情形的除外。

第三十八条　疫苗类制品、血液制品、用于血源筛查的体外诊断试剂以及国务院药品监督管理部门规定的其他生物制品在销售前或者进口时，应当按照国务院药品监督管理部门的规定进行检验或者审核批准；检验不合格或者未获批准的，不得销售或者进口。

第三十九条　国家鼓励培育中药材。对集中规模化栽培养殖、质量可以控制并符合国务院药品监督管理部门规定条件的中药材品种，实行批准文号管理。

第四十条　国务院药品监督管理部门对已批准生产、销售的药品进行再评价，根据药品再评价结果，可以采取责令修改药品说明书，暂停生产、销售和使用的措施；对不良反应大或者其他原因危害人体健康的药品，应当撤销该药品批准证明文件。

第四十一条　国务院药品监督管理部门核发的药品批准文号、《进口药品注册证》、《医药产品注册证》的有效期为5年。有效期届满，需要继续生产或者进口的，应当在有效期届满前6个月申请再注册。药品再注册时，应当按照国务院药品监督管理部门的规定报送相关资料。有效期届满，未申请再注册或者经审查不符合国务院药品监督管理部门关于再注册的规定的，注销其药品批准文号、《进口药品注册证》或者《医药产品注册证》。

药品批准文号的再注册由省、自治区、直辖市人民政府药品监督管理部门审批，并报国务院药品监督管理部门备案；《进口药品注册证》、《医药产品注册证》的再注册由国务院药品监督管理部门审批。

第四十二条　非药品不得在其包装、标签、说明书及有关宣传资料上进行含有预防、治疗、诊断人体疾病等有关内容的宣传；但是，法律、行政法规另有规定的除外。

第六章 药品包装的管理

第四十三条 药品生产企业使用的直接接触药品的包装材料和容器，必须符合药用要求和保障人体健康、安全的标准。

直接接触药品的包装材料和容器的管理办法、产品目录和药用要求与标准，由国务院药品监督管理部门组织制定并公布。

第四十四条 生产中药饮片，应当选用与药品性质相适应的包装材料和容器；包装不符合规定的中药饮片，不得销售。中药饮片包装必须印有或者贴有标签。

中药饮片的标签必须注明品名、规格、产地、生产企业、产品批号、生产日期，实施批准文号管理的中药饮片还必须注明药品批准文号。

第四十五条 药品包装、标签、说明书必须依照《药品管理法》第五十四条和国务院药品监督管理部门的规定印制。

药品商品名称应当符合国务院药品监督管理部门的规定。

第四十六条 医疗机构配制制剂所使用的直接接触药品的包装材料和容器、制剂的标签和说明书应当符合《药品管理法》第六章和本条例的有关规定，并经省、自治区、直辖市人民政府药品监督管理部门批准。

第七章 药品价格和广告的管理

第四十七条 政府价格主管部门依照《价格法》第二十八条的规定实行药品价格监测时，为掌握、分析药品价格变动和趋势，可以指定部分药品生产企业、药品经营企业和医疗机构作为价格监测定点单位；定点单位应当给予配合、支持，如实提供有关信息资料。

第四十八条 发布药品广告，应当向药品生产企业所在地省、自治区、直辖市人民政府药品监督管理部门报送有关材料。省、自治区、直辖市人民政府药品监督管理部门应当自收到有关材料之日起10个工作日内作出是否核发药品广告批准文号的决定；核发药品广告批准文号的，应当同时报国务院药品监督管理部门备案。具体办法由国务院药品监督管理部门制定。

发布进口药品广告，应当依照前款规定向进口药品代理机构所在地省、自治区、直辖市人民政府药品监督管理部门申请药品广告批准文号。

在药品生产企业所在地和进口药品代理机构所在地以外的省、自治区、直辖市发布药品广告的，发布广告的企业应当在发布前向发布地省、自治区、直辖市人民政府药品监督管理部门备案。接受备案的省、自治区、直辖市人民政府药品监督管理部门发现药品广告批准内容不符合药品广告管理规定的，应当交由原核发部门处理。

第四十九条 经国务院或者省、自治区、直辖市人民政府的药品监督管理部门决定，责令暂停生产、销售和使用的药品，在暂停期间不得发布该品种药品广告；已经发布广告的，必须立即停止。

第五十条 未经省、自治区、直辖市人民政府药品监督管理部门批准的药品广告，使用伪造、冒用、失效的药品广告批准文号的广告，或者因其他广告违法活动被撤销药品广告批准文号的广告，发布广告的企业、广告经营者、广告发布者必须立即停止该药品广告的发布。

对违法发布药品广告，情节严重的，省、自治区、直辖市人民政府药品监督管理部门可以予以公告。

第八章 药品监督

第五十一条 药品监督管理部门（含省级人民政府药品监督管理部门依法设立的药品监督管理机构，下同）依法对药品的研制、生产、经营、使用实施监督检查。

第五十二条 药品抽样必须由两名以上药品监督检查人员实施，并按照国务院药品监督管理部门的规定进行抽样；被抽检方应当提供抽检样品，不得拒绝。

药品被抽检单位没有正当理由，拒绝抽查检验的，国务院药品监督管理部门和被抽检单位所在地省、自治区、直辖市人民政府药品监督管理部门可以宣布停止该单位拒绝抽检的药品上市销售和使用。

第五十三条 对有掺杂、掺假嫌疑的药品，在国家药品标准规定的检验方法和检验项目不能检验时，药品检验机构可以补充检验方法和检验项目进行药品检验；经国务院药品监督管理部门批准后，使用补充检验方法和检验项目所得出的检验结果，可以作为药品监督管理部门认定药品质量的依据。

第五十四条 国务院和省、自治区、直辖市人民政府的药品监督管理部门应当根据药品质量抽查检验结果，定期发布药品质量公告。药品质量公告应当包括抽验药品的品名、检品来源、生产企业、生产批号、药品规格、检验机构、检验依据、检验结果、不合格项目等内容。药品质量公告不当的，发布部门应当自确认公告不当之日起5日内，在原公告范围内予以更正。

当事人对药品检验机构的检验结果有异议，申请复验的，应当向负责复验的药品检验机构提交书面申请、原药品检验报告书。复验的样品从原药品检验机构留样中抽取。

第五十五条 药品监督管理部门依法对有证据证明可能危害人体健康的药品及其有关证据材料采取查封、扣押的行政强制措施的，应当自采取行政强制措施之日起7日内作出是否立案的决定；需要检验的，应当自检验报告书发出之日起15日内作出是否立案的决定；不符合立案条件的，应当解除行政强制措施；需要暂停销售和使用的，应当由国务院或者省、自治区、直辖市人民政府的药品监督管理部门作出决定。

第五十六条 药品抽查检验，不得收取任何费用。

当事人对药品检验结果有异议，申请复验的，应当按照国务院有关部门或者省、自治区、直辖市人民政府有关部门的规定，向复验机构预先支付药品检验费用。复验结论与原检验结论不一致的，复验检验费用由原药品检验机构承担。

第五十七条 依据《药品管理法》和本条例的规定核发证书、进行药品注册、药品认证和实施药品审批检验及其强制性检验，可以收取费用。具体收费标准由国务院财政部门、国务院价格主管部门制定。

第九章 法律责任

第五十八条 药品生产企业、药品经营企业有下列情形之一的，由药品监督管理部门依照《药品管理法》第七十九条的规定给予处罚：

（一）开办药品生产企业、药品生产企业新建药品生产车间、新增生产剂型，在国务院药品监督管理部门规定的时间内未通过《药品生产质量管理规范》认证，仍进行药品生产的；

（二）开办药品经营企业，在国务院药品监督管理部门规定的时间内未通过《药品经营质量管理规范》认证，仍进行药品经营的。

第五十九条 违反《药品管理法》第十三条的规定，擅自委托或者接受委托生产药品的，对委托方和受托方均依照《药品管理法》第七十四条的规定给予处罚。

第六十条 未经批准，擅自在城乡集市贸易市场设点销售药品或者在城乡集市贸易市场设点销售的药品超出批准经营的药品范围的，依照《药品管理法》第七十三条的规定给予处罚。

第六十一条 未经批准，医疗机构擅自使用其他医疗机构配制的制剂的，依照《药品管理法》第八十条的规定给予处罚。

第六十二条 个人设置的门诊部、诊所等医疗机构向患者提供的药品超出规定的范围和品种的，依照《药品管理法》第七十三条的规定给予处罚。

第六十三条 医疗机构使用假药、劣药的，依照《药品管理法》第七十四条、第七十五条的规定给予处罚。

第六十四条 违反《药品管理法》第二十九条的规定，擅自进行临床试验的，对承担药物临床试验的机构，依照《药品管理法》第七十九条的规定给予处罚。

第六十五条 药品申报者在申报临床试验时，报送虚假研制方法、质量标准、药理及毒理试验结果等有关资料和样品的，国务院药品监督管理部门对该申报药品的临床试验不予批准，对药品申报者给予警告；情节严重的，3 年内不受理该药品申报者申报该品种的临床试验申请。

第六十六条 生产没有国家药品标准的中药饮片，不符合省、自治区、直辖市人民政府药品监督管理部门制定的炮制规范的；医疗机构不按照省、自治区、直辖市人民政府药品监督管理部门批准的标准配制制剂的，依照《药品管理法》第七十五条的规定给予处罚。

第六十七条 药品监督管理部门及其工作人员违反规定，泄露生产者、销售者为获得生产、销售含有新型化学成份药品许可而提交的未披露试验数据或者其他数据，造成申请人损失的，由药品监督管理部门依法承担赔偿责任；药品监督管理部门赔偿损失后，应当责令故意或者有重大过失的工作人员承担部分或者全部赔偿费用，并对直接责任人员依法给予行政处分。

第六十八条 药品生产企业、药品经营企业生产、经营的药品及医疗机构配制的制剂，其包装、标签、说明书违反《药品管理法》及本条例规定的，依照《药品管理法》第八十六条的规定给予处罚。

第六十九条 药品生产企业、药品经营企业和医疗机构变更药品生产经营许可事项，应当办理变更登记手续而未办理的，由原发证部门给予警告，责令限期补办变更登记手续；逾期不补办的，宣布其《药品生产许可证》、《药品经营许可证》和《医疗机构制剂许可证》无效；仍从事药品生产经营活动的，依照《药品管理法》第七十三条的规定给予处罚。

第七十条 篡改经批准的药品广告内容的，由药品监督管理部门责令广告主立即停止该药品广告的发布，并由原审批的药品监督管理部门依照《药品管理法》第九十二条的规定给予处罚。

药品监督管理部门撤销药品广告批准文号后，应当自作出行政处理决定之日起5个工作日内通知广告监督管理机关。广告监督管理机关应当自收到药品监督管理部门通知之日起15个工作日内，依照《中华人民共和国广告法》的有关规定作出行政处理决定。

第七十一条 发布药品广告的企业在药品生产企业所在地或者进口药品代理机构所在地以外的省、自治区、直辖市发布药品广告，未按照规定向发布地省、自治区、直辖市人民政府药品监督管理部门备案的，由发布地的药品监督管理部门责令限期改正；逾期不改正的，停止该药品品种在发布地的广告发布活动。

第七十二条 未经省、自治区、直辖市人民政府药品监督管理部门批准，擅自发布药品广告的，药品监督管理部门发现后，应当通知广告监督管理部门依法查处。

第七十三条 违反《药品管理法》和本条例的规定，有下列行为之一的，由药品监督管理部门在《药品管理法》和本条例规定的处罚幅度内从重处罚：

（一）以麻醉药品、精神药品、医疗用毒性药品、放射性药品冒充其他药品，或者以其他药品冒充上述药品的；

（二）生产、销售以孕产妇、婴幼儿及儿童为主要使用对象的假药、劣药的；

（三）生产、销售的生物制品、血液制品属于假药、劣药的；

（四）生产、销售、使用假药、劣药，造成人员伤害后果的；

（五）生产、销售、使用假药、劣药，经处理后重犯的；

（六）拒绝、逃避监督检查，或者伪造、销毁、隐匿有关证据材料的，或者擅自动用查封、扣押物品的。

第七十四条 药品监督管理部门设置的派出机构，有权作出《药品管理法》和本条例规定的警告、罚款、没收违法生产、销售的药品和违法所得的行政处罚。

第七十五条 药品经营企业、医疗机构未违反《药品管理法》和本条例的有关规定，并有充分证据证明其不知道所销售或者使用的药品是假药、劣药的，应当没收其销售或者使用的假药、劣药和违法所得；但是，可以免除其他行政处罚。

第七十六条 依照《药品管理法》和本条例的规定没收的物品，由药品监督管理部门按照规定监督处理。

第十章 附 则

第七十七条 本条例下列用语的含义：

药品合格证明和其他标识，是指药品生产批准证明文件、药品检验报告书、药品的包装、标签和说明书。

新药，是指未曾在中国境内上市销售的药品。

处方药，是指凭执业医师和执业助理医师处方方可购买、调配和使用的药品。

非处方药，是指由国务院药品监督管理部门公布的，不需要凭执业医师和执业助理医师处方，消费者可以自行判断、购买和使用的药品。

医疗机构制剂，是指医疗机构根据本单位临床需要经批准而配制、自用的固定处方制剂。

药品认证，是指药品监督管理部门对药品研制、生产、经营、使用单位实施相应质量管理规范进行检查、评价并决定是否发给相应认证证书的过程。

药品经营方式，是指药品批发和药品零售。

药品经营范围，是指经药品监督管理部门核准经营药品的品种类别。

药品批发企业，是指将购进的药品销售给药品生产企业、药品经营企业、医疗机构的药品经营企业。

药品零售企业，是指将购进的药品直接销售给消费者的药品经营企业。

第七十八条 《药品管理法》第四十一条中“首次在中国销售的药品”，是指国内或者国外药品生产企业第一次在中国销售的药品，包括不同药品生产企业生产的相同品种。

第七十九条 《药品管理法》第五十九条第二款“禁止药品的生产企业、经营企业或者其代理人以任何名义给予使用其药品的医疗机构的负责人、药品采购人员、医师等有关人员以财物或者其他利益”中的“财物或者其他利益”，是指药品的生产企业、经营企业或者其代理人向医疗机构的负责人、药品采购人员、医师等有关人员提供的目的在于影响其药品采购或者药品处方行为的不正当利益。

第八十条 本条例自2002年9月15日起施行。

放射性药品管理办法

1. 1989年1月13日国务院令第25号发布
2. 根据2011年1月8日国务院令第588号《关于废止和修改部分行政法规的决定》第一次修订
3. 根据2017年3月1日国务院令第676号《关于修改和废止部分行政法规的决定》第二次修订

第一章 总 则

第一条 为了加强放射性药品的管理，根据《中华人民共和国药品管理法》（以下称《药品管理法》）的规定，制定本办法。

第二条 放射性药品是指用于临床诊断

或者治疗的放射性核素制剂或者其标记药物。

第三条 凡在中华人民共和国领域内进行放射性药品的研究、生产、经营、运输、使用、检验、监督管理的单位和个人都必须遵守本办法。

第四条 国务院药品监督管理部门负责全国放射性药品监督管理工作。国务院国防科技工业主管部门依据职责负责与放射性药品有关的管理工作。国务院环境保护主管部门负责与放射性药品有关的辐射安全与防护的监督管理工作。

第二章 放射性新药的研制、临床研究和审批

第五条 放射性新药的研制内容,包括工艺路线、质量标准、临床前药理及临床研究。研制单位在制订新药工艺路线的同时,必须研究该药的理化性能、纯度(包括核素纯度)及检验方法、药理、毒理、动物药代动力学、放射性比活度、剂量、剂型、稳定性等。

研制单位对放射免疫分析药盒必须进行可测限度、范围、特异性、准确度、精密度、稳定性等方法学的研究。

放射性新药的分类,按国务院药品监督管理部门有关药品注册的规定办理。

第六条 研制单位研制的放射性新药,在进行临床试验或者验证前,应当向国务院药品监督管理部门提出申请,按规定报送资料及样品,经国务院药品监督管理部门审批同意后,在国务院药品监督管理部门指定的药物临床试验机构进行临床研究。

第七条 研制单位在放射性新药临床研究结束后,向国务院药品监督管理部门提出申请,经国务院药品监督管理部门审核批准,发给新药证书。国务院药品监督管理部门在审核批准时,应当征求国务院国防科技工业主管部门的意见。

第八条 放射性新药投入生产,需由生产单位或者取得放射性药品生产许可证的研制单位,凭新药证书(副本)向国务院药品监督管理部门提出生产该药的申请,并提供样品,由国务院药品监督管理部门审核发给批准文号。

第三章 放射性药品的生产、经营和进出口

第九条 国家根据需要,对放射性药品的生产企业实行合理布局。

第十条 开办放射性药品生产、经营企业,必须具备《药品管理法》规定的条件,符合国家有关放射性同位素安全和防护的规定与标准,并履行环境影响评价文件的审批手续;开办放射性药品生产企业,经国务院国防科技工业主管部门审查同意,国务院药品监督管理部门审核批准后,由所在省、自治区、直辖市药品监督管理部门发给《放射性药品生产企业许可证》;开办放射性药品经营企业,经国务院药品监督管理部门审核并征求国务院国防科技工业主管部门意见后批准的,由所在省、自治区、直辖市药品监督管理部门发给《放射性药品经营企业许可证》。无许可证的生产、经营企业,一律不准生产、销售放射性药品。

第十一条 《放射性药品生产企业许可

证》、《放射性药品经营企业许可证》的有效期为5年，期满前6个月，放射性药品生产、经营企业应当分别向原发证的药品监督管理部门重新提出申请，按第十条审批程序批准后，换发新证。

第十二条 放射性药品生产企业生产已有国家标准的放射性药品，必须经国务院药品监督管理部门征求国务院国防科技工业主管部门意见后审核批准，并发给批准文号。凡是改变国务院药品监督管理部门已批准的生产工艺路线和药品标准的，生产单位必须按原报批程序提出补充申请，经国务院药品监督管理部门批准后方能生产。

第十三条 放射性药品生产、经营企业，必须配备与生产、经营放射性药品相适应的专业技术人员，具有安全、防护和废气、废物、废水处理等设施，并建立严格的质量管理制度。

第十四条 放射性药品生产、经营企业，必须建立质量检验机构，严格实行生产全过程的质量控制和检验。产品出厂前，须经质量检验。符合国家药品标准的产品方可出厂，不符合标准的产品一律不准出厂。

经国务院药品监督管理部门审核批准的含有短半衰期放射性核素的药品，可以边检验边出厂，但发现质量不符合国家药品标准时，该药品的生产企业应当立即停止生产、销售，并立即通知使用单位停止使用，同时报告国务院药品监督管理、卫生行政、国防科技工业主管部门。

第十五条 放射性药品的生产、经营单位和医疗单位凭省、自治区、直辖市药品监督管理部门发给的《放射性药品生产企业许可证》、《放射性药品经营企业许可证》，医疗单位凭省、自治区、直辖市药品监督管理部门发给的《放射性药品使用许可证》，开展放射性药品的购销活动。

第十六条 进口的放射性药品品种，必须符合我国的药品标准或者其他药用要求，并依照《药品管理法》的规定取得进口药品注册证书。

进出口放射性药品，应当按照国家有关对外贸易、放射性同位素安全和防护的规定，办理进出口手续。

第十七条 进口放射性药品，必须经国务院药品监督管理部门指定的药品检验机构抽样检验；检验合格的，方准进口。

对于经国务院药品监督管理部门审核批准的含有短半衰期放射性核素的药品，在保证安全使用的情况下，可以采取边进口检验，边投入使用的办法。进口检验单位发现药品质量不符合要求时，应当立即通知使用单位停止使用，并报告国务院药品监督管理、卫生行政、国防科技工业主管部门。

第四章 放射性药品的包装和运输

第十八条 放射性药品的包装必须安全实用，符合放射性药品质量要求，具有与放射性剂量相适应的防护装置。包装必须分内包装和外包装两部分，外包装必须贴有商标、标签、说明书和放射性药品标志，内包装必须贴有标签。

标签必须注明药品品名、放射性比活度、装量。

说明书除注明前款内容外，还须注明生产单位、批准文号、批号、主要成份、出厂日期、放射性核素半衰期、适应症、用法、用量、禁忌症、有效期和注意事项等。

第十九条 放射性药品的运输，按国家运输、邮政等部门制订的有关规定执行。

严禁任何单位和个人随身携带放射性药品乘坐公共交通运输工具。

第五章 放射性药品的使用

第二十条 医疗单位设置核医学科、室（同位素室），必须配备与其医疗任务相适应的并经核医学技术培训的技术人员。非核医学专业技术人员未经培训，不得从事放射性药品使用工作。

第二十一条 医疗单位使用放射性药品，必须符合国家有关放射性同位素安全和防护的规定。所在地的省、自治区、直辖市药品监督管理部门，应当根据医疗单位核医疗技术人员的水平、设备条件，核发相应等级的《放射性药品使用许可证》，无许可证的医疗单位不得临床使用放射性药品。

《放射性药品使用许可证》有效期为5年，期满前6个月，医疗单位应当向原发证的行政部门重新提出申请，经审核批准后，换发新证。

第二十二条 医疗单位配制、使用放射性制剂，应当符合《药品管理法》及其实施条例的相关规定。

第二十三条 持有《放射性药品使用许可证》的医疗单位，必须负责对使用的放射性药品进行临床质量检验，收集药品不良反应等项工作，并定期向所在地药品监督管理、卫生行政部门报告。由省、自治区、直辖市药品监督管理、卫生行政部门汇总后分别报国务院药品监督管理、卫生行政部门。

第二十四条 放射性药品使用后的废物（包括患者排出物），必须按国家有关规定妥善处置。

第六章 放射性药品标准和检验

第二十五条 放射性药品的国家标准，由国务院药品监督管理部门药典委员会负责制定和修订，报国务院药品监督管理部门审批颁发。

第二十六条 放射性药品的检验由国务院药品监督管理部门公布的药品检验机构承担。

第七章 附 则

第二十七条 对违反本办法规定的单位或者个人，由县以上药品监督管理、卫生行政部门，按照《药品管理法》和有关法规的规定处罚。

第二十八条 本办法自发布之日起施行。

麻醉药品和精神药品管理条例

1. *2005年8月3日国务院令第442号公布*
2. *根据2013年12月7日国务院令第645号《关于修改部分行政法规的决定》第一次修订*
3. *根据2016年2月6日国务院令第666号《关于修改部分行政法规的决定》第二次修订*

第一章 总 则

第一条 为加强麻醉药品和精神药品的

管理，保证麻醉药品和精神药品的合法、安全、合理使用，防止流入非法渠道，根据药品管理法和其他有关法律的规定，制定本条例。

第二条 麻醉药品药用原植物的种植，麻醉药品和精神药品的实验研究、生产、经营、使用、储存、运输等活动以及监督管理，适用本条例。

麻醉药品和精神药品的进出口依照有关法律的规定办理。

第三条 本条例所称麻醉药品和精神药品，是指列入麻醉药品目录、精神药品目录（以下称目录）的药品和其他物质。精神药品分为第一类精神药品和第二类精神药品。

目录由国务院药品监督管理部门会同国务院公安部门、国务院卫生主管部门制定、调整并公布。

上市销售但尚未列入目录的药品和其他物质或者第二类精神药品发生滥用，已经造成或者可能造成严重社会危害的，国务院药品监督管理部门会同国务院公安部门、国务院卫生主管部门应当及时将该药品和该物质列入目录或者将该第二类精神药品调整为第一类精神药品。

第四条 国家对麻醉药品药用原植物以及麻醉药品和精神药品实行管制。除本条例另有规定的外，任何单位、个人不得进行麻醉药品药用原植物的种植以及麻醉药品和精神药品的实验研究、生产、经营、使用、储存、运输等活动。

第五条 国务院药品监督管理部门负责全国麻醉药品和精神药品的监督管理工作，并会同国务院农业主管部门对麻醉药品药用原植物实施监督管理。国务院公安部门负责对造成麻醉药品药用原植物、麻醉药品和精神药品流入非法渠道的行为进行查处。国务院其他有关主管部门在各自的职责范围内负责与麻醉药品和精神药品有关的管理工作。

省、自治区、直辖市人民政府药品监督管理部门负责本行政区域内麻醉药品和精神药品的监督管理工作。县级以上地方公安机关负责对本行政区域内造成麻醉药品和精神药品流入非法渠道的行为进行查处。县级以上地方人民政府其他有关主管部门在各自的职责范围内负责与麻醉药品和精神药品有关的管理工作。

第六条 麻醉药品和精神药品生产、经营企业和使用单位可以依法参加行业协会。行业协会应当加强行业自律管理。

第二章 种植、实验研究和生产

第七条 国家根据麻醉药品和精神药品的医疗、国家储备和企业生产所需原料的需要确定需求总量，对麻醉药品药用原植物的种植、麻醉药品和精神药品的生产实行总量控制。

国务院药品监督管理部门根据麻醉药品和精神药品的需求总量制定年度生产计划。

国务院药品监督管理部门和国务院农业主管部门根据麻醉药品年度生产计划，制定麻醉药品药用原植物年度种植计划。

第八条 麻醉药品药用原植物种植企业应当根据年度种植计划，种植麻醉药品药用原植物。

麻醉药品药用原植物种植企业应当向国务院药品监督管理部门和国务院农业主管部门定期报告种植情况。

第九条 麻醉药品药用原植物种植企业由国务院药品监督管理部门和国务院农业主管部门共同确定,其他单位和个人不得种植麻醉药品药用原植物。

第十条 开展麻醉药品和精神药品实验研究活动应当具备下列条件,并经国务院药品监督管理部门批准:

(一)以医疗、科学研究或者教学为目的;

(二)有保证实验所需麻醉药品和精神药品安全的措施和管理制度;

(三)单位及其工作人员 2 年内没有违反有关禁毒的法律、行政法规规定的行为。

第十一条 麻醉药品和精神药品的实验研究单位申请相关药品批准证明文件,应当依照药品管理法的规定办理;需要转让研究成果的,应当经国务院药品监督管理部门批准。

第十二条 药品研究单位在普通药品的实验研究过程中,产生本条例规定的管制品种的,应当立即停止实验研究活动,并向国务院药品监督管理部门报告。国务院药品监督管理部门应当根据情况,及时作出是否同意其继续实验研究的决定。

第十三条 麻醉药品和第一类精神药品的临床试验,不得以健康人为受试对象。

第十四条 国家对麻醉药品和精神药品实行定点生产制度。

国务院药品监督管理部门应当根据麻醉药品和精神药品的需求总量,确定麻醉药品和精神药品定点生产企业的数量和布局,并根据年度需求总量对数量和布局进行调整、公布。

第十五条 麻醉药品和精神药品的定点生产企业应当具备下列条件:

(一)有药品生产许可证;

(二)有麻醉药品和精神药品实验研究批准文件;

(三)有符合规定的麻醉药品和精神药品生产设施、储存条件和相应的安全管理设施;

(四)有通过网络实施企业安全生产管理和向药品监督管理部门报告生产信息的能力;

(五)有保证麻醉药品和精神药品安全生产的管理制度;

(六)有与麻醉药品和精神药品安全生产要求相适应的管理水平和经营规模;

(七)麻醉药品和精神药品生产管理、质量管理部门的人员应当熟悉麻醉药品和精神药品管理以及有关禁毒的法律、行政法规;

(八)没有生产、销售假药、劣药或者违反有关禁毒的法律、行政法规规定的行为;

(九)符合国务院药品监督管理部门公布的麻醉药品和精神药品定点生产企业数量和布局的要求。

第十六条 从事麻醉药品、精神药品生产的企业,应当经所在地省、自治区、直辖市人民政府药品监督管理部门批准。

第十七条 定点生产企业生产麻醉药品和精神药品,应当依照药品管理法的规定取得药品批准文号。

国务院药品监督管理部门应当组织医学、药学、社会学、伦理学和禁毒等方面的专家成立专家组，由专家组对申请首次上市的麻醉药品和精神药品的社会危害性和被滥用的可能性进行评价，并提出是否批准的建议。

未取得药品批准文号的，不得生产麻醉药品和精神药品。

第十八条 发生重大突发事件，定点生产企业无法正常生产或者不能保证供应麻醉药品和精神药品时，国务院药品监督管理部门可以决定其他药品生产企业生产麻醉药品和精神药品。

重大突发事件结束后，国务院药品监督管理部门应当及时决定前款规定的企业停止麻醉药品和精神药品的生产。

第十九条 定点生产企业应当严格按照麻醉药品和精神药品年度生产计划安排生产，并依照规定向所在地省、自治区、直辖市人民政府药品监督管理部门报告生产情况。

第二十条 定点生产企业应当依照本条例的规定，将麻醉药品和精神药品销售给具有麻醉药品和精神药品经营资格的企业或者依照本条例规定批准的其他单位。

第二十一条 麻醉药品和精神药品的标签应当印有国务院药品监督管理部门规定的标志。

第三章 经 营

第二十二条 国家对麻醉药品和精神药品实行定点经营制度。

国务院药品监督管理部门应当根据麻醉药品和第一类精神药品的需求总量，确定麻醉药品和第一类精神药品的定点批发企业布局，并应当根据年度需求总量对布局进行调整、公布。

药品经营企业不得经营麻醉药品原料药和第一类精神药品原料药。但是，供医疗、科学研究、教学使用的小包装的上述药品可以由国务院药品监督管理部门规定的药品批发企业经营。

第二十三条 麻醉药品和精神药品定点批发企业除应当具备药品管理法第十五条规定的药品经营企业的开办条件外，还应当具备下列条件：

（一）有符合本条例规定的麻醉药品和精神药品储存条件；

（二）有通过网络实施企业安全管理和向药品监督管理部门报告经营信息的能力；

（三）单位及其工作人员2年内没有违反有关禁毒的法律、行政法规规定的行为；

（四）符合国务院药品监督管理部门公布的定点批发企业布局。

麻醉药品和第一类精神药品的定点批发企业，还应当具有保证供应责任区域内医疗机构所需麻醉药品和第一类精神药品的能力，并具有保证麻醉药品和第一类精神药品安全经营的管理制度。

第二十四条 跨省、自治区、直辖市从事麻醉药品和第一类精神药品批发业务的企业（以下称全国性批发企业），应当经国务院药品监督管理部门批准；在本省、自治区、直辖市行政区域内从事麻醉药品和第一类精神药品批发业务的企业(以下称区域性批发企业),应当经所在地省、自治区、直辖市人民政府药品监督管理部门批准。

专门从事第二类精神药品批发业务的企业,应当经所在地省、自治区、直辖市人民政府药品监督管理部门批准。

全国性批发企业和区域性批发企业可以从事第二类精神药品批发业务。

第二十五条 全国性批发企业可以向区域性批发企业,或者经批准可以向取得麻醉药品和第一类精神药品使用资格的医疗机构以及依照本条例规定批准的其他单位销售麻醉药品和第一类精神药品。

全国性批发企业向取得麻醉药品和第一类精神药品使用资格的医疗机构销售麻醉药品和第一类精神药品,应当经医疗机构所在地省、自治区、直辖市人民政府药品监督管理部门批准。

国务院药品监督管理部门在批准全国性批发企业时,应当明确其所承担供药责任的区域。

第二十六条 区域性批发企业可以向本省、自治区、直辖市行政区域内取得麻醉药品和第一类精神药品使用资格的医疗机构销售麻醉药品和第一类精神药品;由于特殊地理位置的原因,需要就近向其他省、自治区、直辖市行政区域内取得麻醉药品和第一类精神药品使用资格的医疗机构销售的,应当经企业所在地省、自治区、直辖市人民政府药品监督管理部门批准。审批情况由负责审批的药品监督管理部门在批准后5日内通报医疗机构所在地省、自治区、直辖市人民政府药品监督管理部门。

省、自治区、直辖市人民政府药品监督管理部门在批准区域性批发企业时,应当明确其所承担供药责任的区域。

区域性批发企业之间因医疗急需、运输困难等特殊情况需要调剂麻醉药品和第一类精神药品的,应当在调剂后2日内将调剂情况分别报所在地省、自治区、直辖市人民政府药品监督管理部门备案。

第二十七条 全国性批发企业应当从定点生产企业购进麻醉药品和第一类精神药品。

区域性批发企业可以从全国性批发企业购进麻醉药品和第一类精神药品;经所在地省、自治区、直辖市人民政府药品监督管理部门批准,也可以从定点生产企业购进麻醉药品和第一类精神药品。

第二十八条 全国性批发企业和区域性批发企业向医疗机构销售麻醉药品和第一类精神药品,应当将药品送至医疗机构。医疗机构不得自行提货。

第二十九条 第二类精神药品定点批发企业可以向医疗机构、定点批发企业和符合本条例第三十一条规定的药品零售企业以及依照本条例规定批准的其他单位销售第二类精神药品。

第三十条 麻醉药品和第一类精神药品不得零售。

禁止使用现金进行麻醉药品和精神药品交易,但是个人合法购买麻醉药品和精神药品的除外。

第三十一条 经所在地设区的市级药品监督管理部门批准，实行统一进货、统一配送、统一管理的药品零售连锁企业可以从事第二类精神药品零售业务。

第三十二条 第二类精神药品零售企业应当凭执业医师出具的处方，按规定剂量销售第二类精神药品，并将处方保存2年备查；禁止超剂量或者无处方销售第二类精神药品；不得向未成年人销售第二类精神药品。

第三十三条 麻醉药品和精神药品实行政府定价，在制定出厂和批发价格的基础上，逐步实行全国统一零售价格。具体办法由国务院价格主管部门制定。

第四章 使 用

第三十四条 药品生产企业需要以麻醉药品和第一类精神药品为原料生产普通药品的，应当向所在地省、自治区、直辖市人民政府药品监督管理部门报送年度需求计划，由省、自治区、直辖市人民政府药品监督管理部门汇总报国务院药品监督管理部门批准后，向定点生产企业购买。

药品生产企业需要以第二类精神药品为原料生产普通药品的，应当将年度需求计划报所在地省、自治区、直辖市人民政府药品监督管理部门，并向定点批发企业或者定点生产企业购买。

第三十五条 食品、食品添加剂、化妆品、油漆等非药品生产企业需要使用咖啡因作为原料的，应当经所在地省、自治区、直辖市人民政府药品监督管理部门批准，向定点批发企业或者定点生产企业购买。

科学研究、教学单位需要使用麻醉药品和精神药品开展实验、教学活动的，应当经所在地省、自治区、直辖市人民政府药品监督管理部门批准，向定点批发企业或者定点生产企业购买。

需要使用麻醉药品和精神药品的标准品、对照品的，应当经所在地省、自治区、直辖市人民政府药品监督管理部门批准，向国务院药品监督管理部门批准的单位购买。

第三十六条 医疗机构需要使用麻醉药品和第一类精神药品的，应当经所在地设区的市级人民政府卫生主管部门批准，取得麻醉药品、第一类精神药品购用印鉴卡（以下称印鉴卡）。医疗机构应当凭印鉴卡向本省、自治区、直辖市行政区域内的定点批发企业购买麻醉药品和第一类精神药品。

设区的市级人民政府卫生主管部门发给医疗机构印鉴卡时，应当将取得印鉴卡的医疗机构情况抄送所在地设区的市级药品监督管理部门，并报省、自治区、直辖市人民政府卫生主管部门备案。省、自治区、直辖市人民政府卫生主管部门应当将取得印鉴卡的医疗机构名单向本行政区域内的定点批发企业通报。

第三十七条 医疗机构取得印鉴卡应当具备下列条件：

（一）有专职的麻醉药品和第一类精神药品管理人员；

（二）有获得麻醉药品和第一类精神药品处方资格的执业医师；

（三）有保证麻醉药品和第一类精神药品安全储存的设施和管理制度。

第三十八条 医疗机构应当按照国务院卫生主管部门的规定，对本单位执业医师进行有关麻醉药品和精神药品使用知识的培训、考核，经考核合格的，授予麻醉药品和第一类精神药品处方资格。执业医师取得麻醉药品和第一类精神药品的处方资格后，方可在本医疗机构开具麻醉药品和第一类精神药品处方，但不得为自己开具该种处方。

医疗机构应当将具有麻醉药品和第一类精神药品处方资格的执业医师名单及其变更情况，定期报送所在地设区的市级人民政府卫生主管部门，并抄送同级药品监督管理部门。

医务人员应当根据国务院卫生主管部门制定的临床应用指导原则，使用麻醉药品和精神药品。

第三十九条 具有麻醉药品和第一类精神药品处方资格的执业医师，根据临床应用指导原则，对确需使用麻醉药品或者第一类精神药品的患者，应当满足其合理用药需求。在医疗机构就诊的癌症疼痛患者和其他危重患者得不到麻醉药品或者第一类精神药品时，患者或者其亲属可以向执业医师提出申请。具有麻醉药品和第一类精神药品处方资格的执业医师认为要求合理的，应当及时为患者提供所需麻醉药品或者第一类精神药品。

第四十条 执业医师应当使用专用处方开具麻醉药品和精神药品，单张处方的最大用量应当符合国务院卫生主管部门的规定。

对麻醉药品和第一类精神药品处方，处方的调配人、核对人应当仔细核对，签署姓名，并予以登记；对不符合本条例规定的，处方的调配人、核对人应当拒绝发药。

麻醉药品和精神药品专用处方的格式由国务院卫生主管部门规定。

第四十一条 医疗机构应当对麻醉药品和精神药品处方进行专册登记，加强管理。麻醉药品处方至少保存 3 年，精神药品处方至少保存 2 年。

第四十二条 医疗机构抢救病人急需麻醉药品和第一类精神药品而本医疗机构无法提供时，可以从其他医疗机构或者定点批发企业紧急借用；抢救工作结束后，应当及时将借用情况报所在地设区的市级药品监督管理部门和卫生主管部门备案。

第四十三条 对临床需要而市场无供应的麻醉药品和精神药品，持有医疗机构制剂许可证和印鉴卡的医疗机构需要配制制剂的，应当经所在地省、自治区、直辖市人民政府药品监督管理部门批准。医疗机构配制的麻醉药品和精神药品制剂只能在本医疗机构使用，不得对外销售。

第四十四条 因治疗疾病需要，个人凭医疗机构出具的医疗诊断书、本人身份证明，可以携带单张处方最大用量以内的麻醉药品和第一类精神药品；携带麻醉药品和第一类精神药品出入境的，由海关根据自用、合理的原则放行。

医务人员为了医疗需要携带少量麻醉药品和精神药品出入境的，应当持有省级以上人民政府药品监督管理部门发放的携带麻醉药品和精神药品证明。海关凭携带麻醉药品和精神药品证明放行。

第四十五条 医疗机构、戒毒机构以开展戒毒治疗为目的,可以使用美沙酮或者国家确定的其他用于戒毒治疗的麻醉药品和精神药品。具体管理办法由国务院药品监督管理部门、国务院公安部门和国务院卫生主管部门制定。

第五章 储 存

第四十六条 麻醉药品药用原植物种植企业、定点生产企业、全国性批发企业和区域性批发企业以及国家设立的麻醉药品储存单位,应当设置储存麻醉药品和第一类精神药品的专库。该专库应当符合下列要求:

(一)安装专用防盗门,实行双人双锁管理;

(二)具有相应的防火设施;

(三)具有监控设施和报警装置,报警装置应当与公安机关报警系统联网。

全国性批发企业经国务院药品监督管理部门批准设立的药品储存点应当符合前款的规定。

麻醉药品定点生产企业应当将麻醉药品原料药和制剂分别存放。

第四十七条 麻醉药品和第一类精神药品的使用单位应当设立专库或者专柜储存麻醉药品和第一类精神药品。专库应当设有防盗设施并安装报警装置;专柜应当使用保险柜。专库和专柜应当实行双人双锁管理。

第四十八条 麻醉药品药用原植物种植企业、定点生产企业、全国性批发企业和区域性批发企业、国家设立的麻醉药品储存单位以及麻醉药品和第一类精神药品的使用单位,应当配备专人负责管理工作,并建立储存麻醉药品和第一类精神药品的专用账册。药品入库双人验收,出库双人复核,做到账物相符。专用账册的保存期限应当自药品有效期期满之日起不少于5年。

第四十九条 第二类精神药品经营企业应当在药品库房中设立独立的专库或者专柜储存第二类精神药品,并建立专用账册,实行专人管理。专用账册的保存期限应当自药品有效期期满之日起不少于5年。

第六章 运 输

第五十条 托运、承运和自行运输麻醉药品和精神药品的,应当采取安全保障措施,防止麻醉药品和精神药品在运输过程中被盗、被抢、丢失。

第五十一条 通过铁路运输麻醉药品和第一类精神药品的,应当使用集装箱或者铁路行李车运输,具体办法由国务院药品监督管理部门会同国务院铁路主管部门制定。

没有铁路需要通过公路或者水路运输麻醉药品和第一类精神药品的,应当由专人负责押运。

第五十二条 托运或者自行运输麻醉药品和第一类精神药品的单位,应当向所在地设区的市级药品监督管理部门申请领取运输证明。运输证明有效期为1年。

运输证明应当由专人保管,不得涂改、转让、转借。

第五十三条　托运人办理麻醉药品和第一类精神药品运输手续，应当将运输证明副本交付承运人。承运人应当查验、收存运输证明副本，并检查货物包装。没有运输证明或者货物包装不符合规定的，承运人不得承运。

承运人在运输过程中应当携带运输证明副本，以备查验。

第五十四条　邮寄麻醉药品和精神药品，寄件人应当提交所在地设区的市级药品监督管理部门出具的准予邮寄证明。邮政营业机构应当查验、收存准予邮寄证明；没有准予邮寄证明的，邮政营业机构不得收寄。

省、自治区、直辖市邮政主管部门指定符合安全保障条件的邮政营业机构负责收寄麻醉药品和精神药品。邮政营业机构收寄麻醉药品和精神药品，应当依法对收寄的麻醉药品和精神药品予以查验。

邮寄麻醉药品和精神药品的具体管理办法，由国务院药品监督管理部门会同国务院邮政主管部门制定。

第五十五条　定点生产企业、全国性批发企业和区域性批发企业之间运输麻醉药品、第一类精神药品，发货人在发货前应当向所在地省、自治区、直辖市人民政府药品监督管理部门报送本次运输的相关信息。属于跨省、自治区、直辖市运输的，收到信息的药品监督管理部门应当向收货人所在地的同级药品监督管理部门通报；属于在本省、自治区、直辖市行政区域内运输的，收到信息的药品监督管理部门应当向收货人所在地设区的市级药品监督管理部门通报。

第七章　审批程序和监督管理

第五十六条　申请人提出本条例规定的审批事项申请，应当提交能够证明其符合本条例规定条件的相关资料。审批部门应当自收到申请之日起40日内作出是否批准的决定；作出批准决定的，发给许可证明文件或者在相关许可证明文件上加注许可事项；作出不予批准决定的，应当书面说明理由。

确定定点生产企业和定点批发企业，审批部门应当在经审查符合条件的企业中，根据布局的要求，通过公平竞争的方式初步确定定点生产企业和定点批发企业，并予公布。其他符合条件的企业可以自公布之日起10日内向审批部门提出异议。审批部门应当自收到异议之日起20日内对异议进行审查，并作出是否调整的决定。

第五十七条　药品监督管理部门应当根据规定的职责权限，对麻醉药品药用原植物的种植以及麻醉药品和精神药品的实验研究、生产、经营、使用、储存、运输活动进行监督检查。

第五十八条　省级以上人民政府药品监督管理部门根据实际情况建立监控信息网络，对定点生产企业、定点批发企业和使用单位的麻醉药品和精神药品生产、进货、销售、库存、使用的数量以及流向实行实时监控，并与同级公安机关做到信息共享。

第五十九条　尚未连接监控信息网络的麻醉药品和精神药品定点生产企业、定点批发企业和使用单位，应当每月通过电子信息、传真、书面等方式，将本单位麻醉药品和精神药品生产、进货、销售、库存、使用的数量以及流向，报所在地设区的市级药品监督管理部门和公安机关；医疗机构还应当报所在地设区的市级人民政府卫生主管部门。

设区的市级药品监督管理部门应当每3个月向上一级药品监督管理部门报告本地区麻醉药品和精神药品的相关情况。

第六十条 对已经发生滥用，造成严重社会危害的麻醉药品和精神药品品种，国务院药品监督管理部门应当采取在一定期限内中止生产、经营、使用或者限定其使用范围和用途等措施。对不再作为药品使用的麻醉药品和精神药品，国务院药品监督管理部门应当撤销其药品批准文号和药品标准，并予以公布。

药品监督管理部门、卫生主管部门发现生产、经营企业和使用单位的麻醉药品和精神药品管理存在安全隐患时，应当责令其立即排除或者限期排除；对有证据证明可能流入非法渠道的，应当及时采取查封、扣押的行政强制措施，在7日内作出行政处理决定，并通报同级公安机关。

药品监督管理部门发现取得印鉴卡的医疗机构未依照规定购买麻醉药品和第一类精神药品时，应当及时通报同级卫生主管部门。接到通报的卫生主管部门应当立即调查处理。必要时，药品监督管理部门可以责令定点批发企业中止向该医疗机构销售麻醉药品和第一类精神药品。

第六十一条 麻醉药品和精神药品的生产、经营企业和使用单位对过期、损坏的麻醉药品和精神药品应当登记造册，并向所在地县级药品监督管理部门申请销毁。药品监督管理部门应当自接到申请之日起5日内到场监督销毁。医疗机构对存放在本单位的过期、损坏麻醉药品和精神药品，应当按照本条规定的程序向卫生主管部门提出申请，由卫生主管部门负责监督销毁。

对依法收缴的麻醉药品和精神药品，除经国务院药品监督管理部门或者国务院公安部门批准用于科学研究外，应当依照国家有关规定予以销毁。

第六十二条 县级以上人民政府卫生主管部门应当对执业医师开具麻醉药品和精神药品处方的情况进行监督检查。

第六十三条 药品监督管理部门、卫生主管部门和公安机关应当互相通报麻醉药品和精神药品生产、经营企业和使用单位的名单以及其他管理信息。

各级药品监督管理部门应当将在麻醉药品药用原植物的种植以及麻醉药品和精神药品的实验研究、生产、经营、使用、储存、运输等各环节的管理中的审批、撤销等事项通报同级公安机关。

麻醉药品和精神药品的经营企业、使用单位报送各级药品监督管理部门的备案事项，应当同时报送同级公安机关。

第六十四条 发生麻醉药品和精神药品被盗、被抢、丢失或者其他流入非法渠道的情形的，案发单位应当立即采取必要的控制措施，同时报告所在地县级公安机关和药品监督管理部门。医疗机构发生上述情形的，还应当报告其主管部门。

公安机关接到报告、举报，或者有证据证明麻醉药品和精神药品可能流入非法渠道时，应当及时开展调查，并可以对相关单位采取必要的控制措施。

药品监督管理部门、卫生主管部门以及其他有关部门应当配合公安机关开展工作。

第八章 法律责任

第六十五条 药品监督管理部门、卫生主管部门违反本条例的规定，有下列情形之一的，由其上级行政机关或者监察机关责令改正；情节严重的，对直接负责的主管人员和其他直接责任人员依法给予行政处分；构成犯罪的，依法追究刑事责任：

（一）对不符合条件的申请人准予行政许可或者超越法定职权作出准予行政许可决定的；

（二）未到场监督销毁过期、损坏的麻醉药品和精神药品的；

（三）未依法履行监督检查职责，应当发现而未发现违法行为、发现违法行为不及时查处，或者未依照本条例规定的程序实施监督检查的；

（四）违反本条例规定的其他失职、渎职行为。

第六十六条 麻醉药品药用原植物种植企业违反本条例的规定，有下列情形之一的，由药品监督管理部门责令限期改正，给予警告；逾期不改正的，处5万元以上10万元以下的罚款；情节严重的，取消其种植资格：

（一）未依照麻醉药品药用原植物年度种植计划进行种植的；

（二）未依照规定报告种植情况的；

（三）未依照规定储存麻醉药品的。

第六十七条 定点生产企业违反本条例的规定，有下列情形之一的，由药品监督管理部门责令限期改正，给予警告，并没收违法所得和违法销售的药品；逾期不改正的，责令停产，并处5万元以上10万元以下的罚款；情节严重的，取消其定点生产资格：

（一）未按照麻醉药品和精神药品年度生产计划安排生产的；

（二）未依照规定向药品监督管理部门报告生产情况的；

（三）未依照规定储存麻醉药品和精神药品，或者未依照规定建立、保存专用账册的；

（四）未依照规定销售麻醉药品和精神药品的；

（五）未依照规定销毁麻醉药品和精神药品的。

第六十八条 定点批发企业违反本条例的规定销售麻醉药品和精神药品，或者违反本条例的规定经营麻醉药品原料药和第一类精神药品原料药的，由药品监督管理部门责令限期改正，给予警告，并没收违法所得和违法销售的药品；逾期不改正的，责令停业，并处违法销售药品货值金额2倍以上5倍以下的罚款；情节严重的，取消其定点批发资格。

第六十九条 定点批发企业违反本条例的规定，有下列情形之一的，由药品监督管理部门责令限期改正，给予警告；

逾期不改正的，责令停业，并处2万元以上5万元以下的罚款；情节严重的，取消其定点批发资格：

（一）未依照规定购进麻醉药品和第一类精神药品的；

（二）未保证供药责任区域内的麻醉药品和第一类精神药品的供应的；

（三）未对医疗机构履行送货义务的；

（四）未依照规定报告麻醉药品和精神药品的进货、销售、库存数量以及流向的；

（五）未依照规定储存麻醉药品和精神药品，或者未依照规定建立、保存专用账册的；

（六）未依照规定销毁麻醉药品和精神药品的；

（七）区域性批发企业之间违反本条例的规定调剂麻醉药品和第一类精神药品，或者因特殊情况调剂麻醉药品和第一类精神药品后未依照规定备案的。

第七十条 第二类精神药品零售企业违反本条例的规定储存、销售或者销毁第二类精神药品的，由药品监督管理部门责令限期改正，给予警告，并没收违法所得和违法销售的药品；逾期不改正的，责令停业，并处5000元以上2万元以下的罚款；情节严重的，取消其第二类精神药品零售资格。

第七十一条 本条例第三十四条、第三十五条规定的单位违反本条例的规定，购买麻醉药品和精神药品的，由药品监督管理部门没收违法购买的麻醉药品和精神药品，责令限期改正，给予警告；逾期不改正的，责令停产或者停止相关活动，并处2万元以上5万元以下的罚款。

第七十二条 取得印鉴卡的医疗机构违反本条例的规定，有下列情形之一的，由设区的市级人民政府卫生主管部门责令限期改正，给予警告；逾期不改正的，处5000元以上1万元以下的罚款；情节严重的，吊销其印鉴卡；对直接负责的主管人员和其他直接责任人员，依法给予降级、撤职、开除的处分：

（一）未依照规定购买、储存麻醉药品和第一类精神药品的；

（二）未依照规定保存麻醉药品和精神药品专用处方，或者未依照规定进行处方专册登记的；

（三）未依照规定报告麻醉药品和精神药品的进货、库存、使用数量的；

（四）紧急借用麻醉药品和第一类精神药品后未备案的；

（五）未依照规定销毁麻醉药品和精神药品的。

第七十三条 具有麻醉药品和第一类精神药品处方资格的执业医师，违反本条例的规定开具麻醉药品和第一类精神药品处方，或者未按照临床应用指导原则的要求使用麻醉药品和第一类精神药品的，由其所在医疗机构取消其麻醉药品和第一类精神药品处方资格；造成严重后果的，由原发证部门吊销其执业证书。执业医师未按照临床应用指导原则的要求使用第二类精神药品或者未使用专用处方开具第二类精神药品，造成严重后果的，由原发证部门吊销其执业证书。

未取得麻醉药品和第一类精神药品处方资格的执业医师擅自开具麻醉

药品和第一类精神药品处方，由县级以上人民政府卫生主管部门给予警告，暂停其执业活动；造成严重后果的，吊销其执业证书；构成犯罪的，依法追究刑事责任。

处方的调配人、核对人违反本条例的规定未对麻醉药品和第一类精神药品处方进行核对，造成严重后果的，由原发证部门吊销其执业证书。

第七十四条 违反本条例的规定运输麻醉药品和精神药品的，由药品监督管理部门和运输管理部门依照各自职责，责令改正，给予警告，处 2 万元以上 5 万元以下的罚款。

收寄麻醉药品、精神药品的邮政营业机构未依照本条例的规定办理邮寄手续的，由邮政主管部门责令改正，给予警告；造成麻醉药品、精神药品邮件丢失的，依照邮政法律、行政法规的规定处理。

第七十五条 提供虚假材料、隐瞒有关情况，或者采取其他欺骗手段取得麻醉药品和精神药品的实验研究、生产、经营、使用资格的，由原审批部门撤销其已取得的资格，5 年内不得提出有关麻醉药品和精神药品的申请；情节严重的，处 1 万元以上 3 万元以下的罚款，有药品生产许可证、药品经营许可证、医疗机构执业许可证的，依法吊销其许可证明文件。

第七十六条 药品研究单位在普通药品的实验研究和研制过程中，产生本条例规定管制的麻醉药品和精神药品，未依照本条例的规定报告的，由药品监督管理部门责令改正，给予警告，没收违法药品；拒不改正的，责令停止实验研究和研制活动。

第七十七条 药物临床试验机构以健康人为麻醉药品和第一类精神药品临床试验的受试对象的，由药品监督管理部门责令停止违法行为，给予警告；情节严重的，取消其药物临床试验机构的资格；构成犯罪的，依法追究刑事责任。对受试对象造成损害的，药物临床试验机构依法承担治疗和赔偿责任。

第七十八条 定点生产企业、定点批发企业和第二类精神药品零售企业生产、销售假劣麻醉药品和精神药品的，由药品监督管理部门取消其定点生产资格、定点批发资格或者第二类精神药品零售资格，并依照药品管理法的有关规定予以处罚。

第七十九条 定点生产企业、定点批发企业和其他单位使用现金进行麻醉药品和精神药品交易的，由药品监督管理部门责令改正，给予警告，没收违法交易的药品，并处 5 万元以上 10 万元以下的罚款。

第八十条 发生麻醉药品和精神药品被盗、被抢、丢失案件的单位，违反本条例的规定未采取必要的控制措施或者未依照本条例的规定报告的，由药品监督管理部门和卫生主管部门依照各自职责，责令改正，给予警告；情节严重的，处 5000 元以上 1 万元以下的罚款；有上级主管部门的，由其上级主管部门对直接负责的主管人员和其他直接责任人员，依法给予降级、撤职的处分。

第八十一条 依法取得麻醉药品药用原植物种植或者麻醉药品和精神药品实

验研究、生产、经营、使用、运输等资格的单位,倒卖、转让、出租、出借、涂改其麻醉药品和精神药品许可证明文件的,由原审批部门吊销相应许可证明文件,没收违法所得;情节严重的,处违法所得 2 倍以上 5 倍以下的罚款;没有违法所得的,处 2 万元以上 5 万元以下的罚款;构成犯罪的,依法追究刑事责任。

第八十二条 违反本条例的规定,致使麻醉药品和精神药品流入非法渠道造成危害,构成犯罪的,依法追究刑事责任;尚不构成犯罪的,由县级以上公安机关处 5 万元以上 10 万元以下的罚款;有违法所得的,没收违法所得;情节严重的,处违法所得 2 倍以上 5 倍以下的罚款;由原发证部门吊销其药品生产、经营和使用许可证明文件。

药品监督管理部门、卫生主管部门在监督管理工作中发现前款规定情形的,应当立即通报所在地同级公安机关,并依照国家有关规定,将案件以及相关材料移送公安机关。

第八十三条 本章规定由药品监督管理部门作出的行政处罚,由县级以上药品监督管理部门按照国务院药品监督管理部门规定的职责分工决定。

第九章 附 则

第八十四条 本条例所称实验研究是指以医疗、科学研究或者教学为目的的临床前药物研究。

经批准可以开展与计划生育有关的临床医疗服务的计划生育技术服务机构需要使用麻醉药品和精神药品的,依照本条例有关医疗机构使用麻醉药品和精神药品的规定执行。

第八十五条 麻醉药品目录中的罂粟壳只能用于中药饮片和中成药的生产以及医疗配方使用。具体管理办法由国务院药品监督管理部门另行制定。

第八十六条 生产含麻醉药品的复方制剂,需要购进、储存、使用麻醉药品原料药的,应当遵守本条例有关麻醉药品管理的规定。

第八十七条 军队医疗机构麻醉药品和精神药品的供应、使用,由国务院药品监督管理部门会同中国人民解放军总后勤部依据本条例制定具体管理办法。

第八十八条 对动物用麻醉药品和精神药品的管理,由国务院兽医主管部门会同国务院药品监督管理部门依据本条例制定具体管理办法。

第八十九条 本条例自 2005 年 11 月 1 日起施行。1987 年 11 月 28 日国务院发布的《麻醉药品管理办法》和 1988 年 12 月 27 日国务院发布的《精神药品管理办法》同时废止。

药品生产监督管理办法

1. 2020 年 1 月 22 日国家市场监督管理总局令第 28 号公布

2. 自 2020 年 7 月 1 日起施行

第一章 总 则

第一条 为加强药品生产监督管理,规范药品生产活动,根据《中华人民共和国药品管理法》(以下简称《药品管理法》)、《中华人民共和国中医药法》、《中华人民共和国疫苗管理法》(以下简称《疫苗管理法》）、《中华人民共和国行政许可法》、《中华人民共和国药品管理法实施条例》等法律、行政法规，制定本办法。

第二条 在中华人民共和国境内上市药品的生产及监督管理活动，应当遵守本办法。

第三条 从事药品生产活动，应当遵守法律、法规、规章、标准和规范，保证全过程信息真实、准确、完整和可追溯。

从事药品生产活动，应当经所在地省、自治区、直辖市药品监督管理部门批准，依法取得药品生产许可证，严格遵守药品生产质量管理规范，确保生产过程持续符合法定要求。

药品上市许可持有人应当建立药品质量保证体系，履行药品上市放行责任，对其取得药品注册证书的药品质量负责。

中药饮片生产企业应当履行药品上市许可持有人的相关义务，确保中药饮片生产过程持续符合法定要求。

原料药生产企业应当按照核准的生产工艺组织生产，严格遵守药品生产质量管理规范，确保生产过程持续符合法定要求。

经关联审评的辅料、直接接触药品的包装材料和容器的生产企业以及其他从事与药品相关生产活动的单位和个人依法承担相应责任。

第四条 药品上市许可持有人、药品生产企业应当建立并实施药品追溯制度，按照规定赋予药品各级销售包装单元追溯标识，通过信息化手段实施药品追溯，及时准确记录、保存药品追溯数据，并向药品追溯协同服务平台提供追溯信息。

第五条 国家药品监督管理局主管全国药品生产监督管理工作，对省、自治区、直辖市药品监督管理部门的药品生产监督管理工作进行监督和指导。

省、自治区、直辖市药品监督管理部门负责本行政区域内的药品生产监督管理，承担药品生产环节的许可、检查和处罚等工作。

国家药品监督管理局食品药品审核查验中心（以下简称核查中心）组织制定药品检查技术规范和文件，承担境外检查以及组织疫苗巡查等，分析评估检查发现风险、作出检查结论并提出处置建议，负责各省、自治区、直辖市药品检查机构质量管理体系的指导和评估。

国家药品监督管理局信息中心负责药品追溯协同服务平台、药品安全信用档案建设和管理，对药品生产场地进行统一编码。

药品监督管理部门依法设置或者指定的药品审评、检验、核查、监测与评价等专业技术机构，依职责承担相关技术工作并出具技术结论，为药品生产监督管理提供技术支撑。

第二章 生产许可

第六条 从事药品生产，应当符合以下条件：

（一）有依法经过资格认定的药学技术人员、工程技术人员及相应的技术工人，法定代表人、企业负责人、生产管理负责人（以下称生产负责人）、质量管理负责人（以下称质量负责人）、质量受权人及其他相关人员符合

《药品管理法》《疫苗管理法》规定的条件；

（二）有与药品生产相适应的厂房、设施、设备和卫生环境；

（三）有能对所生产药品进行质量管理和质量检验的机构、人员；

（四）有能对所生产药品进行质量管理和质量检验的必要的仪器设备；

（五）有保证药品质量的规章制度，并符合药品生产质量管理规范要求。

从事疫苗生产活动的，还应当具备下列条件：

（一）具备适度规模和足够的产能储备；

（二）具有保证生物安全的制度和设施、设备；

（三）符合疾病预防、控制需要。

第七条 从事制剂、原料药、中药饮片生产活动，申请人应当按照本办法和国家药品监督管理局规定的申报资料要求，向所在地省、自治区、直辖市药品监督管理部门提出申请。

委托他人生产制剂的药品上市许可持有人，应当具备本办法第六条第一款第一项、第三项、第五项规定的条件，并与符合条件的药品生产企业签订委托协议和质量协议，将相关协议和实际生产场地申请资料合并提交至药品上市许可持有人所在地省、自治区、直辖市药品监督管理部门，按照本办法规定申请办理药品生产许可证。

申请人应当对其申请材料全部内容的真实性负责。

第八条 省、自治区、直辖市药品监督管理部门收到申请后，应当根据下列情况分别作出处理：

（一）申请事项依法不属于本部门职权范围的，应当即时作出不予受理的决定，并告知申请人向有关行政机关申请；

（二）申请事项依法不需要取得行政许可的，应当即时告知申请人不受理；

（三）申请材料存在可以当场更正的错误的，应当允许申请人当场更正；

（四）申请材料不齐全或者不符合形式审查要求的，应当当场或者在五日内发给申请人补正材料通知书，一次性告知申请人需要补正的全部内容，逾期不告知的，自收到申请材料之日起即为受理；

（五）申请材料齐全、符合形式审查要求，或者申请人按照要求提交全部补正材料的，予以受理。

省、自治区、直辖市药品监督管理部门受理或者不予受理药品生产许可证申请的，应当出具加盖本部门专用印章和注明日期的受理通知书或者不予受理通知书。

第九条 省、自治区、直辖市药品监督管理部门应当自受理之日起三十日内，作出决定。

经审查符合规定的，予以批准，并自书面批准决定作出之日起十日内颁发药品生产许可证；不符合规定的，作出不予批准的书面决定，并说明理由。

省、自治区、直辖市药品监督管理部门按照药品生产质量管理规范等有关规定组织开展申报资料技术审查和评定、现场检查。

第十条 省、自治区、直辖市药品监督管理部门应当在行政机关的网站和办公场所公示申请药品生产许可证所需要的条件、程序、期限、需要提交的全部材料的目录和申请书示范文本等。

省、自治区、直辖市药品监督管理部门颁发药品生产许可证的有关信息，应当予以公开，公众有权查阅。

第十一条 省、自治区、直辖市药品监督管理部门对申请办理药品生产许可证进行审查时，应当公开审批结果，并提供条件便利申请人查询审批进程。

未经申请人同意，药品监督管理部门、专业技术机构及其工作人员不得披露申请人提交的商业秘密、未披露信息或者保密商务信息，法律另有规定或者涉及国家安全、重大社会公共利益的除外。

第十二条 申请办理药品生产许可证直接涉及申请人与他人之间重大利益关系的，申请人、利害关系人依照法律、法规规定享有申请听证的权利。

在对药品生产企业的申请进行审查时，省、自治区、直辖市药品监督管理部门认为涉及公共利益的，应当向社会公告，并举行听证。

第十三条 药品生产许可证有效期为五年，分为正本和副本。药品生产许可证样式由国家药品监督管理局统一制定。药品生产许可证电子证书与纸质证书具有同等法律效力。

第十四条 药品生产许可证应当载明许可证编号、分类码、企业名称、统一社会信用代码、住所(经营场所)、法定代表人、企业负责人、生产负责人、质量负责人、质量受权人、生产地址和生产范围、发证机关、发证日期、有效期限等项目。

企业名称、统一社会信用代码、住所(经营场所)、法定代表人等项目应当与市场监督管理部门核发的营业执照中载明的相关内容一致。

第十五条 药品生产许可证载明事项分为许可事项和登记事项。

许可事项是指生产地址和生产范围等。

登记事项是指企业名称、住所(经营场所)、法定代表人、企业负责人、生产负责人、质量负责人、质量受权人等。

第十六条 变更药品生产许可证许可事项的，向原发证机关提出药品生产许可证变更申请。未经批准，不得擅自变更许可事项。

原发证机关应当自收到企业变更申请之日起十五日内作出是否准予变更的决定。不予变更的，应当书面说明理由，并告知申请人享有依法申请行政复议或者提起行政诉讼的权利。

变更生产地址或者生产范围，药品生产企业应当按照本办法第六条的规定及相关变更技术要求，提交涉及变更内容的有关材料，并报经所在地省、自治区、直辖市药品监督管理部门审查决定。

原址或者异地新建、改建、扩建车间或者生产线的，应当符合相关规定和技术要求，提交涉及变更内容的有关材料，并报经所在地省、自治区、直辖市药品监督管理部门进行药品生产质量管理规范符合性检查，检查结果应当通知企业。检查结果符合规定，产品符合放行要求的可以上市销售。

有关变更情况，应当在药品生产许可证副本中载明。

上述变更事项涉及药品注册证书及其附件载明内容的，由省、自治区、直辖市药品监督管理部门批准后，报国家药品监督管理局药品审评中心更新药品注册证书及其附件相关内容。

第十七条 变更药品生产许可证登记事项的，应当在市场监督管理部门核准变更或者企业完成变更后三十日内，向原发证机关申请药品生产许可证变更登记。原发证机关应当自收到企业变更申请之日起十日内办理变更手续。

第十八条 药品生产许可证变更后，原发证机关应当在药品生产许可证副本上记录变更的内容和时间，并按照变更后的内容重新核发药品生产许可证正本，收回原药品生产许可证正本，变更后的药品生产许可证终止期限不变。

第十九条 药品生产许可证有效期届满，需要继续生产药品的，应当在有效期届满前六个月，向原发证机关申请重新发放药品生产许可证。

原发证机关结合企业遵守药品管理法律法规、药品生产质量管理规范和质量体系运行情况，根据风险管理原则进行审查，在药品生产许可证有效期届满前作出是否准予其重新发证的决定。符合规定准予重新发证的，收回原证，重新发证；不符合规定的，作出不予重新发证的书面决定，并说明理由，同时告知申请人享有依法申请行政复议或者提起行政诉讼的权利；逾期未作出决定的，视为同意重新发证，并予补办相应手续。

第二十条 有下列情形之一的，药品生产许可证由原发证机关注销，并予以公告：

（一）主动申请注销药品生产许可证的；

（二）药品生产许可证有效期届满未重新发证的；

（三）营业执照依法被吊销或者注销的；

（四）药品生产许可证依法被吊销或者撤销的；

（五）法律、法规规定应当注销行政许可的其他情形。

第二十一条 药品生产许可证遗失的，药品上市许可持有人、药品生产企业应当向原发证机关申请补发，原发证机关按照原核准事项在十日内补发药品生产许可证。许可证编号、有效期等与原许可证一致。

第二十二条 任何单位或者个人不得伪造、变造、出租、出借、买卖药品生产许可证。

第二十三条 省、自治区、直辖市药品监督管理部门应当将药品生产许可证核发、重新发证、变更、补发、吊销、撤销、注销等办理情况，在办理工作完成后十日内在药品安全信用档案中更新。

第三章 生产管理

第二十四条 从事药品生产活动，应当遵守药品生产质量管理规范，按照国家药品标准、经药品监督管理部门核准的药品注册标准和生产工艺进行生产，按照规定提交并持续更新场地管理文件，对质量体系运行过程进行风险评估和持续改进，保证药品生产全过程持续符合法定要求。生产、检验等记录应当完整准确，不得编造和篡改。

第二十五条 疫苗上市许可持有人应当具备疫苗生产、检验必需的厂房设施设备，配备具有资质的管理人员，建立完善质量管理体系，具备生产出符合注册要求疫苗的能力，超出疫苗生产能力确需委托生产的，应当经国家药品监督管理局批准。

第二十六条 从事药品生产活动，应当遵守药品生产质量管理规范，建立健全药品生产质量管理体系，涵盖影响药品质量的所有因素，保证药品生产全过程持续符合法定要求。

第二十七条 药品上市许可持有人应当建立药品质量保证体系，配备专门人员独立负责药品质量管理，对受托药品生产企业、药品经营企业的质量管理体系进行定期审核，监督其持续具备质量保证和控制能力。

第二十八条 药品上市许可持有人的法定代表人、主要负责人应当对药品质量全面负责，履行以下职责：

（一）配备专门质量负责人独立负责药品质量管理；

（二）配备专门质量受权人独立履行药品上市放行责任；

（三）监督质量管理体系正常运行；

（四）对药品生产企业、供应商等相关方与药品生产相关的活动定期开展质量体系审核，保证持续合规；

（五）按照变更技术要求，履行变更管理责任；

（六）对委托经营企业进行质量评估，与使用单位等进行信息沟通；

（七）配合药品监督管理部门对药品上市许可持有人及相关方的延伸检查；

（八）发生与药品质量有关的重大安全事件，应当及时报告并按持有人制定的风险管理计划开展风险处置，确保风险得到及时控制；

（九）其他法律法规规定的责任。

第二十九条 药品生产企业的法定代表人、主要负责人应当对本企业的药品生产活动全面负责，履行以下职责：

（一）配备专门质量负责人独立负责药品质量管理，监督质量管理规范执行，确保适当的生产过程控制和质量控制，保证药品符合国家药品标准和药品注册标准；

（二）配备专门质量受权人履行药品出厂放行责任；

（三）监督质量管理体系正常运行，保证药品生产过程控制、质量控制以及记录和数据真实性；

（四）发生与药品质量有关的重大安全事件，应当及时报告并按企业制定的风险管理计划开展风险处置，确保风险得到及时控制；

（五）其他法律法规规定的责任。

第三十条 药品上市许可持有人、药品生产企业应当每年对直接接触药品的工作人员进行健康检查并建立健康档案，避免患有传染病或者其他可能污染药品疾病的人员从事直接接触药品的生产活动。

第三十一条 药品上市许可持有人、药品生产企业在药品生产中，应当开展风险评估、控制、验证、沟通、审核等质量管理活动，对已识别的风险及时采取有效的风险控制措施，以保证产品质量。

第三十二条 从事药品生产活动，应当对使用的原料药、辅料、直接接触药品的包装材料和容器等相关物料供应商或者生产企业进行审核，保证购进、使用符合法规要求。

生产药品所需的原料、辅料，应当符合药用要求以及相应的生产质量管理规范的有关要求。直接接触药品的包装材料和容器，应当符合药用要求，符合保障人体健康、安全的标准。

第三十三条 经批准或者通过关联审评审批的原料药、辅料、直接接触药品的包装材料和容器的生产企业，应当遵守国家药品监督管理局制定的质量管理规范以及关联审评审批有关要求，确保质量保证体系持续合规，接受药品上市许可持有人的质量审核，接受药品监督管理部门的监督检查或者延伸检查。

第三十四条 药品生产企业应当确定需进行的确认与验证，按照确认与验证计划实施。定期对设施、设备、生产工艺及清洁方法进行评估，确认其持续保持验证状态。

第三十五条 药品生产企业应当采取防止污染、交叉污染、混淆和差错的控制措施，定期检查评估控制措施的适用性和有效性，以确保药品达到规定的国家药品标准和药品注册标准，并符合药品生产质量管理规范要求。

药品上市许可持有人和药品生产企业不得在药品生产厂房生产对药品质量有不利影响的其他产品。

第三十六条 药品包装操作应当采取降低混淆和差错风险的措施，药品包装应当确保有效期内的药品储存运输过程中不受污染。

药品说明书和标签中的表述应当科学、规范、准确，文字应当清晰易辨，不得以粘贴、剪切、涂改等方式进行修改或者补充。

第三十七条 药品生产企业应当建立药品出厂放行规程，明确出厂放行的标准、条件，并对药品质量检验结果、关键生产记录和偏差控制情况进行审核，对药品进行质量检验。符合标准、条件的，经质量受权人签字后方可出厂放行。

药品上市许可持有人应当建立药品上市放行规程，对药品生产企业出厂放行的药品检验结果和放行文件进行审核，经质量受权人签字后方可上市放行。

中药饮片符合国家药品标准或者省、自治区、直辖市药品监督管理部门制定的炮制规范的，方可出厂、销售。

第三十八条 药品上市许可持有人、药品生产企业应当每年进行自检，监控药品生产质量管理规范的实施情况，评估企业是否符合相关法规要求，并提出必要的纠正和预防措施。

第三十九条 药品上市许可持有人应当建立年度报告制度，按照国家药品监督管理局规定每年向省、自治区、直辖市药品监督管理部门报告药品生产销售、上市后研究、风险管理等情况。

疫苗上市许可持有人应当按照规定向国家药品监督管理局进行年度

报告。

第四十条 药品上市许可持有人应当持续开展药品风险获益评估和控制，制定上市后药品风险管理计划，主动开展上市后研究，对药品的安全性、有效性和质量可控性进行进一步确证，加强对已上市药品的持续管理。

第四十一条 药品上市许可持有人应当建立药物警戒体系，按照国家药品监督管理局制定的药物警戒质量管理规范开展药物警戒工作。

药品上市许可持有人、药品生产企业应当经常考察本单位的药品质量、疗效和不良反应。发现疑似不良反应的，应当及时按照要求报告。

第四十二条 药品上市许可持有人委托生产药品的，应当符合药品管理的有关规定。

药品上市许可持有人委托符合条件的药品生产企业生产药品的，应当对受托方的质量保证能力和风险管理能力进行评估，根据国家药品监督管理局制定的药品委托生产质量协议指南要求，与其签订质量协议以及委托协议，监督受托方履行有关协议约定的义务。

受托方不得将接受委托生产的药品再次委托第三方生产。

经批准或者通过关联审评审批的原料药应当自行生产，不得再行委托他人生产。

第四十三条 药品上市许可持有人应当按照药品生产质量管理规范的要求对生产工艺变更进行管理和控制，并根据核准的生产工艺制定工艺规程。生产工艺变更应当开展研究，并依法取得批准、备案或者进行报告，接受药品监督管理部门的监督检查。

第四十四条 药品上市许可持有人、药品生产企业应当每年对所生产的药品按照品种进行产品质量回顾分析、记录，以确认工艺稳定可靠，以及原料、辅料、成品现行质量标准的适用性。

第四十五条 药品上市许可持有人、药品生产企业的质量管理体系相关的组织机构、企业负责人、生产负责人、质量负责人、质量受权人发生变更的，应当自发生变更之日起三十日内，完成登记手续。

疫苗上市许可持有人应当自发生变更之日起十五日内，向所在地省、自治区、直辖市药品监督管理部门报告生产负责人、质量负责人、质量受权人等关键岗位人员的变更情况。

第四十六条 列入国家实施停产报告的短缺药品清单的药品，药品上市许可持有人停止生产的，应当在计划停产实施六个月前向所在地省、自治区、直辖市药品监督管理部门报告；发生非预期停产的，在三日内报告所在地省、自治区、直辖市药品监督管理部门。必要时，向国家药品监督管理局报告。

药品监督管理部门接到报告后，应当及时通报同级短缺药品供应保障工作会商联动机制牵头单位。

第四十七条 药品上市许可持有人为境外企业的，应当指定一家在中国境内的企业法人，履行《药品管理法》与本办法规定的药品上市许可持有人的义务，并负责协调配合境外检查工作。

第四十八条 药品上市许可持有人的生产场地在境外的，应当按照《药品管理法》与本办法规定组织生产，配合境外检查工作。

第四章 监督检查

第四十九条 省、自治区、直辖市药品监督管理部门负责对本行政区域内药品上市许可持有人，制剂、化学原料药、中药饮片生产企业的监督管理。

省、自治区、直辖市药品监督管理部门应当对原料、辅料、直接接触药品的包装材料和容器等供应商、生产企业开展日常监督检查，必要时开展延伸检查。

第五十条 药品上市许可持有人和受托生产企业不在同一省、自治区、直辖市的，由药品上市许可持有人所在地省、自治区、直辖市药品监督管理部门负责对药品上市许可持有人的监督管理，受托生产企业所在地省、自治区、直辖市药品监督管理部门负责对受托生产企业的监督管理。省、自治区、直辖市药品监督管理部门应当加强监督检查信息互相通报，及时将监督检查信息更新到药品安全信用档案中，可以根据通报情况和药品安全信用档案中监管信息更新情况开展调查，对药品上市许可持有人或者受托生产企业依法作出行政处理，必要时可以开展联合检查。

第五十一条 药品监督管理部门应当建立健全职业化、专业化检查员制度，明确检查员的资格标准、检查职责、分级管理、能力培训、行为规范、绩效评价和退出程序等规定，提升检查员的专业素质和工作水平。检查员应当熟悉药品法律法规，具备药品专业知识。

药品监督管理部门应当根据监管事权、药品产业规模及检查任务等，配备充足的检查员队伍，保障检查工作需要。有疫苗等高风险药品生产企业的地区，还应当配备相应数量的具有疫苗等高风险药品检查技能和经验的药品检查员。

第五十二条 省、自治区、直辖市药品监督管理部门根据监管需要，对持有药品生产许可证的药品上市许可申请人及其受托生产企业，按以下要求进行上市前的药品生产质量管理规范符合性检查：

（一）未通过与生产该药品的生产条件相适应的药品生产质量管理规范符合性检查的品种，应当进行上市前的药品生产质量管理规范符合性检查。其中，拟生产药品需要进行药品注册现场核查的，国家药品监督管理局药品审评中心通知核查中心，告知相关省、自治区、直辖市药品监督管理部门和申请人。核查中心协调相关省、自治区、直辖市药品监督管理部门，同步开展药品注册现场核查和上市前的药品生产质量管理规范符合性检查；

（二）拟生产药品不需要进行药品注册现场核查的，国家药品监督管理局药品审评中心告知生产场地所在地省、自治区、直辖市药品监督管理部门和申请人，相关省、自治区、直辖市药品监督管理部门自行开展上市前的药品生产质量管理规范符合性检查；

（三）已通过与生产该药品的生产条件相适应的药品生产质量管理规范符合性检查的品种，相关省、自治区、直辖市药品监督管理部门根据风险管理原则决定是否开展上市前的药品生产质量管理规范符合性检查。

开展上市前的药品生产质量管理规范符合性检查的，在检查结束后，应当将检查情况、检查结果等形成书面报告，作为对药品上市监管的重要依据。上市前的药品生产质量管理规范符合性检查涉及药品生产许可证事项变更的，由原发证的省、自治区、直辖市药品监督管理部门依变更程序作出决定。

通过相应上市前的药品生产质量管理规范符合性检查的商业规模批次，在取得药品注册证书后，符合产品放行要求的可以上市销售。药品上市许可持有人应当重点加强上述批次药品的生产销售、风险管理等措施。

第五十三条　药品生产监督检查的主要内容包括：

（一）药品上市许可持有人、药品生产企业执行有关法律、法规及实施药品生产质量管理规范、药物警戒质量管理规范以及有关技术规范等情况；

（二）药品生产活动是否与药品品种档案载明的相关内容一致；

（三）疫苗储存、运输管理规范执行情况；

（四）药品委托生产质量协议及委托协议；

（五）风险管理计划实施情况；

（六）变更管理情况。

监督检查包括许可检查、常规检查、有因检查和其他检查。

第五十四条　省、自治区、直辖市药品监督管理部门应当坚持风险管理、全程管控原则，根据风险研判情况，制定年度检查计划并开展监督检查。年度检查计划至少包括检查范围、内容、方式、重点、要求、时限、承担检查的机构等。

第五十五条　省、自治区、直辖市药品监督管理部门应当根据药品品种、剂型、管制类别等特点，结合国家药品安全总体情况、药品安全风险警示信息、重大药品安全事件及其调查处理信息等，以及既往检查、检验、不良反应监测、投诉举报等情况确定检查频次：

（一）对麻醉药品、第一类精神药品、药品类易制毒化学品生产企业每季度检查不少于一次；

（二）对疫苗、血液制品、放射性药品、医疗用毒性药品、无菌药品等高风险药品生产企业，每年不少于一次药品生产质量管理规范符合性检查；

（三）对上述产品之外的药品生产企业，每年抽取一定比例开展监督检查，但应当在三年内对本行政区域内企业全部进行检查；

（四）对原料、辅料、直接接触药品的包装材料和容器等供应商、生产企业每年抽取一定比例开展监督检查，五年内对本行政区域内企业全部进行检查。

省、自治区、直辖市药品监督管理部门可以结合本行政区域内药品生产监管工作实际情况，调整检查频次。

第五十六条　国家药品监督管理局和省、自治区、直辖市药品监督管理部门组织监督检查时，应当制定检查方案，明确检查标准，如实记录现场检查情况，需要抽样检验或者研究的，按照有关规定执行。检查结论应当清晰明确，检查发现的问题应当以书面形式告知被检查单位。需要整改的，应当提出整改内容及整改期限，必要时对整改后情况实施检查。

在进行监督检查时，药品监督管理部门应当指派两名以上检查人员实施监督检查，检查人员应当向被检查单位出示执法证件。药品监督管理部门工作人员对知悉的商业秘密应当保密。

第五十七条 监督检查时，药品上市许可持有人和药品生产企业应当根据检查需要说明情况、提供有关材料：

（一）药品生产场地管理文件以及变更材料；

（二）药品生产企业接受监督检查及整改落实情况；

（三）药品质量不合格的处理情况；

（四）药物警戒机构、人员、制度制定情况以及疑似药品不良反应监测、识别、评估、控制情况；

（五）实施附条件批准的品种，开展上市后研究的材料；

（六）需要审查的其他必要材料。

第五十八条 现场检查结束后，应当对现场检查情况进行分析汇总，并客观、公平、公正地对检查中发现的缺陷进行风险评定并作出现场检查结论。

派出单位负责对现场检查结论进行综合研判。

第五十九条 国家药品监督管理局和省、自治区、直辖市药品监督管理部门通过监督检查发现药品生产管理或者疫苗储存、运输管理存在缺陷，有证据证明可能存在安全隐患的，应当依法采取相应措施：

（一）基本符合药品生产质量管理规范要求，需要整改的，应当发出告诫信并依据风险相应采取告诫、约谈、限期整改等措施；

（二）药品存在质量问题或者其他安全隐患的，药品监督管理部门根据监督检查情况，应当发出告诫信，并依据风险相应采取暂停生产、销售、使用、进口等控制措施。

药品存在质量问题或者其他安全隐患的，药品上市许可持有人应当依法召回药品而未召回的，省、自治区、直辖市药品监督管理部门应当责令其召回。

风险消除后，采取控制措施的药品监督管理部门应当解除控制措施。

第六十条 开展药品生产监督检查过程中，发现存在药品质量安全风险的，应当及时向派出单位报告。药品监督管理部门经研判属于重大药品质量安全风险的，应当及时向上一级药品监督管理部门和同级地方人民政府报告。

第六十一条 开展药品生产监督检查过程中，发现存在涉嫌违反药品法律、法规、规章的行为，应当及时采取现场控制措施，按照规定做好证据收集工作。药品监督管理部门应当按照职责和权限依法查处，涉嫌犯罪的移送公安机关处理。

第六十二条 省、自治区、直辖市药品监督管理部门应当依法将本行政区域内药品上市许可持有人和药品生产企业的监管信息归入到药品安全信用档案管理，并保持相关数据的动态更新。监管信息包括药品生产许可、日常监督检查结果、违法行为查处、药品质量抽查检验、不良行为记录和投诉举报等内容。

第六十三条 国家药品监督管理局和省、自治区、直辖市药品监督管理部门在生产监督管理工作中，不得妨碍药品上市许可持有人、药品生产企业的正常生产活动，不得索取或者收受财物，不得谋取其他利益。

第六十四条 个人和组织发现药品上市许可持有人或者药品生产企业进行违法生产活动的，有权向药品监督管理部门举报，药品监督管理部门应当按照有关规定及时核实、处理。

第六十五条 发生与药品质量有关的重大安全事件，药品上市许可持有人应当立即对有关药品及其原料、辅料以及直接接触药品的包装材料和容器、相关生产线等采取封存等控制措施，并立即报告所在地省、自治区、直辖市药品监督管理部门和有关部门，省、自治区、直辖市药品监督管理部门应当在二十四小时内报告省级人民政府，同时报告国家药品监督管理局。

第六十六条 省、自治区、直辖市药品监督管理部门对有不良信用记录的药品上市许可持有人、药品生产企业，应当增加监督检查频次，并可以按照国家规定实施联合惩戒。

第六十七条 省、自治区、直辖市药品监督管理部门未及时发现生产环节药品安全系统性风险，未及时消除监督管理区域内药品安全隐患的，或者省级人民政府未履行药品安全职责，未及时消除区域性重大药品安全隐患的，国家药品监督管理局应当对其主要负责人进行约谈。

被约谈的省、自治区、直辖市药品监督管理部门和地方人民政府应当立即采取措施，对药品监督管理工作进行整改。

约谈情况和整改情况应当纳入省、自治区、直辖市药品监督管理部门和地方人民政府药品监督管理工作评议、考核记录。

第五章 法律责任

第六十八条 有下列情形之一的，按照《药品管理法》第一百一十五条给予处罚：

（一）药品上市许可持有人和药品生产企业变更生产地址、生产范围应当经批准而未经批准的；

（二）药品生产许可证超过有效期限仍进行生产的。

第六十九条 药品上市许可持有人和药品生产企业未按照药品生产质量管理规范的要求生产，有下列情形之一，属于《药品管理法》第一百二十六条规定的情节严重情形的，依法予以处罚：

（一）未配备专门质量负责人独立负责药品质量管理、监督质量管理规范执行；

（二）药品上市许可持有人未配备专门质量受权人履行药品上市放行责任；

（三）药品生产企业未配备专门质量受权人履行药品出厂放行责任；

（四）质量管理体系不能正常运行，药品生产过程控制、质量控制的记录和数据不真实；

（五）对已识别的风险未及时采取有效的风险控制措施，无法保证产品质量；

（六）其他严重违反药品生产质量管理规范的情形。

第七十条 辅料、直接接触药品的包装材料和容器的生产企业及供应商未遵守国家药品监督管理局制定的质量管理规范等相关要求，不能确保质量保证体系持续合规的，由所在地省、自治区、直辖市药品监督管理部门按照《药品管理法》第一百二十六条的规定给予处罚。

第七十一条 药品上市许可持有人和药品生产企业有下列情形之一的，由所在地省、自治区、直辖市药品监督管理部门处一万元以上三万元以下的罚款：

（一）企业名称、住所（经营场所）、法定代表人未按规定办理登记事项变更；

（二）未按照规定每年对直接接触药品的工作人员进行健康检查并建立健康档案；

（三）未按照规定对列入国家实施停产报告的短缺药品清单的药品进行停产报告。

第七十二条 药品监督管理部门有下列行为之一的，对直接负责的主管人员和其他直接责任人员按照《药品管理法》第一百四十九条的规定给予处罚：

（一）瞒报、谎报、缓报、漏报药品安全事件；

（二）对发现的药品安全违法行为未及时查处；

（三）未及时发现药品安全系统性风险，或者未及时消除监督管理区域内药品安全隐患，造成严重影响；

（四）其他不履行药品监督管理职责，造成严重不良影响或者重大损失。

第六章 附 则

第七十三条 本办法规定的期限以工作日计算。药品生产许可中技术审查和评定、现场检查、企业整改等所需时间不计入期限。

第七十四条 场地管理文件，是指由药品生产企业编写的药品生产活动概述性文件，是药品生产企业质量管理文件体系的一部分。场地管理文件有关要求另行制定。

经批准或者关联审评审批的原料药、辅料和直接接触药品的包装材料和容器生产场地、境外生产场地一并赋予统一编码。

第七十五条 告诫信，是指药品监督管理部门在药品监督管理活动中，对有证据证明可能存在安全隐患的，依法发出的信函。告诫信应当载明存在缺陷、问题和整改要求。

第七十六条 药品生产许可证编号格式为“省份简称＋四位年号＋四位顺序号”。企业变更名称等许可证项目以及重新发证，原药品生产许可证编号不变。

企业分立，在保留原药品生产许可证编号的同时，增加新的编号。企业合并，原药品生产许可证编号保留一个。

第七十七条 分类码是对许可证内生产范围进行统计归类的英文字母串。大写字母用于归类药品上市许可持有人和产品类型，包括：A 代表自行生产的药品上市许可持有人、B 代表委托生产的药品上市许可持有人、C 代表接受委托的药品生产企业、D 代表原料药生产企业；小写字母用于区分制剂属性，h 代表化学药、z 代表中成药、s 代表生物制品、d 代表按药品管理的体外诊断试剂、y 代表中药饮片、q 代表医用气体、t 代表特殊药品、x 代表其他。

第七十八条　药品生产许可证的生产范围应当按照《中华人民共和国药典》制剂通则及其他的国家药品标准等要求填写。

第七十九条　国家有关法律、法规对生产疫苗、血液制品、麻醉药品、精神药品、医疗用毒性药品、放射性药品、药品类易制毒化学品等另有规定的，依照其规定。

第八十条　出口的疫苗应当符合进口国（地区）的标准或者合同要求。

第八十一条　本办法自 2020 年 7 月 1 日起施行。2004 年 8 月 5 日原国家食品药品监督管理局令第 14 号公布的《药品生产监督管理办法》同时废止。

药物临床试验质量管理规范

1. 2020 年 4 月 23 日国家药品监督管理局、国家卫生健康委员会发布

2. 自 2020 年 7 月 1 日起施行

第一章　总　　则

第一条　为保证药物临床试验过程规范，数据和结果的科学、真实、可靠，保护受试者的权益和安全，根据《中华人民共和国药品管理法》《中华人民共和国疫苗管理法》《中华人民共和国药品管理法实施条例》，制定本规范。本规范适用于为申请药品注册而进行的药物临床试验。药物临床试验的相关活动应当遵守本规范。

第二条　药物临床试验质量管理规范是药物临床试验全过程的质量标准，包括方案设计、组织实施、监查、稽查、记录、分析、总结和报告。

第三条　药物临床试验应当符合《世界医学大会赫尔辛基宣言》原则及相关伦理要求，受试者的权益和安全是考虑的首要因素，优先于对科学和社会的获益。伦理审查与知情同意是保障受试者权益的重要措施。

第四条　药物临床试验应当有充分的科学依据。临床试验应当权衡受试者和社会的预期风险和获益，只有当预期的获益大于风险时，方可实施或者继续临床试验。

第五条　试验方案应当清晰、详细、可操作。试验方案在获得伦理委员会同意后方可执行。

第六条　研究者在临床试验过程中应当遵守试验方案，凡涉及医学判断或临床决策应当由临床医生做出。参加临床试验实施的研究人员，应当具有能够承担临床试验工作相应的教育、培训和经验。

第七条　所有临床试验的纸质或电子资料应当被妥善地记录、处理和保存，能够准确地报告、解释和确认。应当保护受试者的隐私和其相关信息的保密性。

第八条 试验药物的制备应当符合临床试验用药品生产质量管理相关要求。试验药物的使用应当符合试验方案。

第九条 临床试验的质量管理体系应当覆盖临床试验的全过程，重点是受试者保护、试验结果可靠，以及遵守相关法律法规。

第十条 临床试验的实施应当遵守利益冲突回避原则。

第二章 术语及其定义

第十一条 本规范下列用语的含义是：

（一）临床试验，指以人体（患者或健康受试者）为对象的试验，意在发现或验证某种试验药物的临床医学、药理学以及其他药效学作用、不良反应，或者试验药物的吸收、分布、代谢和排泄，以确定药物的疗效与安全性的系统性试验。

（二）临床试验的依从性，指临床试验参与各方遵守与临床试验有关要求、本规范和相关法律法规。

（三）非临床研究，指不在人体上进行的生物医学研究。

（四）独立的数据监查委员会（数据和安全监查委员会，监查委员会，数据监查委员会），指由申办者设立的独立的数据监查委员会，定期对临床试验的进展、安全性数据和重要的有效性终点进行评估，并向申办者建议是否继续、调整或者停止试验。

（五）伦理委员会，指由医学、药学及其他背景人员组成的委员会，其职责是通过独立地审查、同意、跟踪审查试验方案及相关文件、获得和记录受试者知情同意所用的方法和材料等，确保受试者的权益、安全受到保护。

（六）研究者，指实施临床试验并对临床试验质量及受试者权益和安全负责的试验现场的负责人。

（七）申办者，指负责临床试验的发起、管理和提供临床试验经费的个人、组织或者机构。

（八）合同研究组织，指通过签订合同授权，执行申办者或者研究者在临床试验中的某些职责和任务的单位。

（九）受试者，指参加一项临床试验，并作为试验用药品的接受者，包括患者、健康受试者。

（十）弱势受试者，指维护自身意愿和权利的能力不足或者丧失的受试者，其自愿参加临床试验的意愿，有可能被试验的预期获益或者拒绝参加可能被报复而受到不正当影响。包括：研究者的学生和下级、申办者的员工、军人、犯人、无药可救疾病的患者、处于危急状况的患者，入住福利院的人、流浪者、未成年人和无能力知情同意的人等。

（十一）知情同意，指受试者被告知可影响其做出参加临床试验决定的各方面情况后，确认同意自愿参加临床试验的过程。该过程应当以书面的、签署姓名和日期的知情同意书作为文件证明。

（十二）公正见证人，指与临床试验无关，不受临床试验相关人员不公正影响的个人，在受试者或者其监护人无阅读能力时，作为公正的见证人，阅读知情同意书和其他书面资料，并见证知情同意。

（十三）监查，指监督临床试验的进展，并保证临床试验按照试验方案、标准操作规程和相关法律法规要求实施、记录和报告的行动。

（十四）监查计划，指描述监查策略、方法、职责和要求的文件。

（十五）监查报告，指监查员根据申办者的标准操作规程规定，在每次进行现场访视或者其他临床试验相关的沟通后，向申办者提交的书面报告。

（十六）稽查，指对临床试验相关活动和文件进行系统的、独立的检查，以评估确定临床试验相关活动的实施、试验数据的记录、分析和报告是否符合试验方案、标准操作规程和相关法律法规的要求。

（十七）稽查报告，指由申办者委派的稽查员撰写的，关于稽查结果的书面评估报告。

（十八）检查，指药品监督管理部门对临床试验的有关文件、设施、记录和其他方面进行审核检查的行为，检查可以在试验现场、申办者或者合同研究组织所在地，以及药品监督管理部门认为必要的其他场所进行。

（十九）直接查阅，指对评估药物临床试验重要的记录和报告直接进行检查、分析、核实或者复制等。直接查阅的任何一方应当按照相关法律法规，采取合理的措施保护受试者隐私以及避免泄露申办者的权属信息和其他需要保密的信息。

（二十）试验方案，指说明临床试验目的、设计、方法学、统计学考虑和组织实施的文件。试验方案通常还应当包括临床试验的背景和理论基础，该内容也可以在其他参考文件中给出。试验方案包括方案及其修订版。

（二十一）研究者手册，指与开展临床试验相关的试验用药品的临床和非临床研究资料汇编。

（二十二）病例报告表，指按照试验方案要求设计，向申办者报告的记录受试者相关信息的纸质或者电子文件。

（二十三）标准操作规程，指为保证某项特定操作的一致性而制定的详细的书面要求。

（二十四）试验用药品，指用于临床试验的试验药物、对照药品。

（二十五）对照药品，指临床试验中用于与试验药物参比对照的其他研究药物、已上市药品或者安慰剂。

（二十六）不良事件，指受试者接受试验用药品后出现的所有不良医学事件，可以表现为症状体征、疾病或者实验室检查异常，但不一定与试验用药品有因果关系。

（二十七）严重不良事件，指受试者接受试验用药品后出现死亡、危及生命、永久或者严重的残疾或者功能丧失、受试者需要住院治疗或者延长住院时间，以及先天性异常或者出生缺陷等不良医学事件。

（二十八）药物不良反应，指临床试验中发生的任何与试验用药品可能有关的对人体有害或者非期望的反应。试验用药品与不良事件之间的因果关系至少有一个合理的可能性，即不能排除相关性。

（二十九）可疑且非预期严重不良反应，指临床表现的性质和严重程度超出了试验药物研究者手册、已上市药品的说明书或者产品特性摘要等已有资料信息的可疑并且非预期的严重不良反应。

（三十）受试者鉴认代码，指临床试验中分配给受试者以辩识其身份的唯一代码。研究者在报告受试者出现的不良事件和其他与试验有关的数据时，用该代码代替受试者姓名以保护其隐私。

（三十一）源文件，指临床试验中产生的原始记录、文件和数据，如医院病历、医学图像、实验室记录、备忘录、受试者日记或者评估表、发药记录、仪器自动记录的数据、缩微胶片、照相底片、磁介质、X 光片、受试者文件，药房、实验室和医技部门保存的临床试验相关的文件和记录，包括核证副本等。源文件包括了源数据，可以以纸质或者电子等形式的载体存在。

（三十二）源数据，指临床试验中的原始记录或者核证副本上记载的所有信息，包括临床发现、观测结果以及用于重建和评价临床试验所需要的其他相关活动记录。

（三十三）必备文件，指能够单独或者汇集后用于评价临床试验的实施过程和试验数据质量的文件。

（三十四）核证副本，指经过审核验证，确认与原件的内容和结构等均相同的复制件，该复制件是经审核人签署姓名和日期，或者是由已验证过的系统直接生成，可以以纸质或者电子等形式的载体存在。

（三十五）质量保证，指在临床试验中建立的有计划的系统性措施，以保证临床试验的实施和数据的生成、记录和报告均遵守试验方案和相关法律法规。

（三十六）质量控制，指在临床试验质量保证系统中，为确证临床试验所有相关活动是否符合质量要求而实施的技术和活动。

（三十七）试验现场，指实施临床试验相关活动的场所。

（三十八）设盲，指临床试验中使一方或者多方不知道受试者治疗分配的程序。单盲一般指受试者不知道，双盲一般指受试者、研究者、监查员以及数据分析人员均不知道治疗分配。

（三十九）计算机化系统验证，指为建立和记录计算机化系统从设计到停止使用，或者转换至其他系统的全生命周期均能够符合特定要求的过程。验证方案应当基于考虑系统的预计用途、系统对受试者保护和临床试验结果可靠性的潜在影响等因素的风险评估而制定。

（四十）稽查轨迹，指能够追溯还原事件发生过程的记录。

第三章　伦理委员会

第十二条　伦理委员会的职责是保护受试者的权益和安全，应当特别关注弱势受试者。

（一）伦理委员会应当审查的文件包括：试验方案和试验方案修订版；知情同意书及其更新件；招募受试者的方式和信息；提供给受试者的其他书面资料；研究者手册；现有的安全性资料；包含受试者补偿信息的文件；研究者资格的证明文件；伦理委员会履行

其职责所需要的其他文件。

（二）伦理委员会应当对临床试验的科学性和伦理性进行审查。

（三）伦理委员会应当对研究者的资格进行审查。

（四）为了更好地判断在临床试验中能否确保受试者的权益和安全以及基本医疗，伦理委员会可以要求提供知情同意书内容以外的资料和信息。

（五）实施非治疗性临床试验（即对受试者没有预期的直接临床获益的试验）时，若受试者的知情同意是由其监护人替代实施，伦理委员会应当特别关注试验方案中是否充分考虑了相应的伦理学问题以及法律法规。

（六）若试验方案中明确说明紧急情况下受试者或者其监护人无法在试验前签署知情同意书，伦理委员会应当审查试验方案中是否充分考虑了相应的伦理学问题以及法律法规。

（七）伦理委员会应当审查是否存在受试者被强迫、利诱等不正当的影响而参加临床试验。伦理委员会应当审查知情同意书中不能采用使受试者或者其监护人放弃其合法权益的内容，也不能含有为研究者和临床试验机构、申办者及其代理机构免除其应当负责任的内容。

（八）伦理委员会应当确保知情同意书、提供给受试者的其他书面资料说明了给受试者补偿的信息，包括补偿方式、数额和计划。

（九）伦理委员会应当在合理的时限内完成临床试验相关资料的审查或者备案流程，并给出明确的书面审查意见。审查意见应当包括审查的临床试验名称、文件（含版本号）和日期。

（十）伦理委员会的审查意见有：同意；必要的修改后同意；不同意；终止或者暂停已同意的研究。审查意见应当说明要求修改的内容，或者否定的理由。

（十一）伦理委员会应当关注并明确要求研究者及时报告：临床试验实施中为消除对受试者紧急危害的试验方案的偏离或者修改；增加受试者风险或者显著影响临床试验实施的改变；所有可疑且非预期严重不良反应；可能对受试者的安全或者临床试验的实施产生不利影响的新信息。

（十二）伦理委员会有权暂停、终止未按照相关要求实施，或者受试者出现非预期严重损害的临床试验。

（十三）伦理委员会应当对正在实施的临床试验定期跟踪审查，审查的频率应当根据受试者的风险程度而定，但至少一年审查一次。

（十四）伦理委员会应当受理并妥善处理受试者的相关诉求。

第十三条 伦理委员会的组成和运行应当符合以下要求：

（一）伦理委员会的委员组成、备案管理应当符合卫生健康主管部门的要求。

（二）伦理委员会的委员均应当接受伦理审查的培训，能够审查临床试验相关的伦理学和科学等方面的问题。

（三）伦理委员会应当按照其制度和标准操作规程履行工作职责，审查应当有书面记录，并注明会议时间及讨论内容。

（四）伦理委员会会议审查意见的投票委员应当参与会议的审查和讨论，包括了各类别委员，具有不同性别组成，并满足其规定的人数。会议审查意见应当形成书面文件。

（五）投票或者提出审查意见的委员应当独立于被审查临床试验项目。

（六）伦理委员会应当有其委员的详细信息，并保证其委员具备伦理审查的资格。

（七）伦理委员会应当要求研究者提供伦理审查所需的各类资料，并回答伦理委员会提出的问题。

（八）伦理委员会可以根据需要邀请委员以外的相关专家参与审查，但不能参与投票。

第十四条 伦理委员会应当建立以下书面文件并执行：

（一）伦理委员会的组成、组建和备案的规定。

（二）伦理委员会会议日程安排、会议通知和会议审查的程序。

（三）伦理委员会初始审查和跟踪审查的程序。

（四）对伦理委员会同意的试验方案的较小修正，采用快速审查并同意的程序。

（五）向研究者及时通知审查意见的程序。

（六）对伦理审查意见有不同意见的复审程序。

第十五条 伦理委员会应当保留伦理审查的全部记录，包括伦理审查的书面记录、委员信息、递交的文件、会议记录和相关往来记录等。所有记录应当至少保存至临床试验结束后5年。研究者、申办者或者药品监督管理部门可以要求伦理委员会提供其标准操作规程和伦理审查委员名单。

第四章 研 究 者

第十六条 研究者和临床试验机构应当具备的资格和要求包括：

（一）具有在临床试验机构的执业资格；具备临床试验所需的专业知识、培训经历和能力；能够根据申办者、伦理委员会和药品监督管理部门的要求提供最新的工作履历和相关资格文件。

（二）熟悉申办者提供的试验方案、研究者手册、试验药物相关资料信息。

（三）熟悉并遵守本规范和临床试验相关的法律法规。

（四）保存一份由研究者签署的职责分工授权表。

（五）研究者和临床试验机构应当接受申办者组织的监查和稽查，以及药品监督管理部门的检查。

（六）研究者和临床试验机构授权个人或者单位承担临床试验相关的职责和功能，应当确保其具备相应资质，应当建立完整的程序以确保其执行临床试验相关职责和功能，产生可靠的数据。研究者和临床试验机构授权临床试验机构以外的单位承担试验相关的职责和功能应当获得申办者同意。

第十七条 研究者和临床试验机构应当具有完成临床试验所需的必要条件：

（一）研究者在临床试验约定的期限内有按照试验方案入组足够数量受试者的能力。

（二）研究者在临床试验约定的期限内有足够的时间实施和完成临床试验。

（三）研究者在临床试验期间有权支配参与临床试验的人员，具有使用临床试验所需医疗设施的权限，正确、安全地实施临床试验。

（四）研究者在临床试验期间确保所有参加临床试验的人员充分了解试验方案及试验用药品，明确各自在试验中的分工和职责，确保临床试验数据的真实、完整和准确。

（五）研究者监管所有研究人员执行试验方案，并采取措施实施临床试验的质量管理。

（六）临床试验机构应当设立相应的内部管理部门，承担临床试验的管理工作。

第十八条 研究者应当给予受试者适合的医疗处理：

（一）研究者为临床医生或者授权临床医生需要承担所有与临床试验有关的医学决策责任。

（二）在临床试验和随访期间，对于受试者出现与试验相关的不良事件，包括有临床意义的实验室异常时，研究者和临床试验机构应当保证受试者得到妥善的医疗处理，并将相关情况如实告知受试者。研究者意识到受试者存在合并疾病需要治疗时，应当告知受试者，并关注可能干扰临床试验结果或者受试者安全的合并用药。

（三）在受试者同意的情况下，研究者可以将受试者参加试验的情况告知相关的临床医生。

（四）受试者可以无理由退出临床试验。研究者在尊重受试者个人权利的同时，应当尽量了解其退出理由。

第十九条 研究者与伦理委员会的沟通包括：

（一）临床试验实施前，研究者应当获得伦理委员会的书面同意；未获得伦理委员会书面同意前，不能筛选受试者。

（二）临床试验实施前和临床试验过程中，研究者应当向伦理委员会提供伦理审查需要的所有文件。

第二十条 研究者应当遵守试验方案。

（一）研究者应当按照伦理委员会同意的试验方案实施临床试验。

（二）未经申办者和伦理委员会的同意，研究者不得修改或者偏离试验方案，但不包括为了及时消除对受试者的紧急危害或者更换监查员、电话号码等仅涉及临床试验管理方面的改动。

（三）研究者或者其指定的研究人员应当对偏离试验方案予以记录和解释。

（四）为了消除对受试者的紧急危害，在未获得伦理委员会同意的情况下，研究者修改或者偏离试验方案，应当及时向伦理委员会、申办者报告，并说明理由，必要时报告药品监督管理部门。

（五）研究者应当采取措施，避免使用试验方案禁用的合并用药。

第二十一条 研究者和临床试验机构对申办者提供的试验用药品有管理责任。

（一）研究者和临床试验机构应当指派有资格的药师或者其他人员管理

试验用药品。

（二）试验用药品在临床试验机构的接收、贮存、分发、回收、退还及未使用的处置等管理应当遵守相应的规定并保存记录。

试验用药品管理的记录应当包括日期、数量、批号/序列号、有效期、分配编码、签名等。研究者应当保存每位受试者使用试验用药品数量和剂量的记录。试验用药品的使用数量和剩余数量应当与申办者提供的数量一致。

（三）试验用药品的贮存应当符合相应的贮存条件。

（四）研究者应当确保试验用药品按照试验方案使用，应当向受试者说明试验用药品的正确使用方法。

（五）研究者应当对生物等效性试验的临床试验用药品进行随机抽取留样。临床试验机构至少保存留样至药品上市后2年。临床试验机构可将留存样品委托具备条件的独立的第三方保存，但不得返还申办者或者与其利益相关的第三方。

第二十二条 研究者应当遵守临床试验的随机化程序。

盲法试验应当按照试验方案的要求实施揭盲。若意外破盲或者因严重不良事件等情况紧急揭盲时，研究者应当向申办者书面说明原因。

第二十三条 研究者实施知情同意，应当遵守赫尔辛基宣言的伦理原则，并符合以下要求：

（一）研究者应当使用经伦理委员会同意的最新版的知情同意书和其他提供给受试者的信息。如有必要，临床试验过程中的受试者应当再次签署知情同意书。

（二）研究者获得可能影响受试者继续参加试验的新信息时，应当及时告知受试者或者其监护人，并作相应记录。

（三）研究人员不得采用强迫、利诱等不正当的方式影响受试者参加或者继续临床试验。

（四）研究者或者指定研究人员应当充分告知受试者有关临床试验的所有相关事宜，包括书面信息和伦理委员会的同意意见。

（五）知情同意书等提供给受试者的口头和书面资料均应当采用通俗易懂的语言和表达方式，使受试者或者其监护人、见证人易于理解。

（六）签署知情同意书之前，研究者或者指定研究人员应当给予受试者或者其监护人充分的时间和机会了解临床试验的详细情况，并详尽回答受试者或者其监护人提出的与临床试验相关的问题。

（七）受试者或者其监护人，以及执行知情同意的研究者应当在知情同意书上分别签名并注明日期，如非受试者本人签署，应当注明关系。

（八）若受试者或者其监护人缺乏阅读能力，应当有一位公正的见证人见证整个知情同意过程。研究者应当向受试者或者其监护人、见证人详细说明知情同意书和其他文字资料的内容。如受试者或者其监护人口头同意参加试验，在有能力情况下应当尽量签署知情同意书，见证人还应当在知情同意书上签字并注明日期，以证明受试者或者其监护人就知情同意书和其他文字资料得到了研究者准确地解释，并理解了相关内容，同意参加临床试验。

（九）受试者或者其监护人应当得到已签署姓名和日期的知情同意书原件或者副本和其他提供给受试者的书面资料，包括更新版知情同意书原件或者副本，和其他提供给受试者的书面资料的修订文本。

（十）受试者为无民事行为能力的，应当取得其监护人的书面知情同意；受试者为限制民事行为能力的人的，应当取得本人及其监护人的书面知情同意。当监护人代表受试者知情同意时，应当在受试者可理解的范围内告知受试者临床试验的相关信息，并尽量让受试者亲自签署知情同意书和注明日期。

（十一）紧急情况下，参加临床试验前不能获得受试者的知情同意时，其监护人可以代表受试者知情同意，若其监护人也不在场时，受试者的入选方式应当在试验方案以及其他文件中清楚表述，并获得伦理委员会的书面同意；同时应当尽快得到受试者或者其监护人可以继续参加临床试验的知情同意。

（十二）当受试者参加非治疗性临床试验，应当由受试者本人在知情同意书上签字同意和注明日期。

只有符合下列条件，非治疗临床试验可由监护人代表受试者知情同意：临床试验只能在无知情同意能力的受试者中实施；受试者的预期风险低；受试者健康的负面影响已减至最低，且法律法规不禁止该类临床试验的实施；该类受试者的入选已经得到伦理委员会审查同意。该类临床试验原则上只能在患有试验药物适用的疾病或者状况的患者中实施。在临床试验中应当严密观察受试者，若受试者出现过度痛苦或者不适的表现，应当让其退出试验，还应当给以必要的处置以保证受试者的安全。

（十三）病史记录中应当记录受试者知情同意的具体时间和人员。

（十四）儿童作为受试者，应当征得其监护人的知情同意并签署知情同意书。当儿童有能力做出同意参加临床试验的决定时，还应当征得其本人同意，如果儿童受试者本人不同意参加临床试验或者中途决定退出临床试验时，即使监护人已经同意参加或者愿意继续参加，也应当以儿童受试者本人的决定为准，除非在严重或者危及生命疾病的治疗性临床试验中，研究者、其监护人认为儿童受试者若不参加研究其生命会受到危害，这时其监护人的同意即可使患者继续参与研究。在临床试验过程中，儿童受试者达到了签署知情同意的条件，则需要由本人签署知情同意之后方可继续实施。

第二十四条 知情同意书和提供给受试者的其他资料应当包括：

（一）临床试验概况。

（二）试验目的。

（三）试验治疗和随机分配至各组的可能性。

（四）受试者需要遵守的试验步骤，包括创伤性医疗操作。

（五）受试者的义务。

（六）临床试验所涉及试验性的内容。

（七）试验可能致受试者的风险或者不便，尤其是存在影响胚胎、胎儿或者哺乳婴儿的风险时。

（八）试验预期的获益，以及不能获益的可能性。

（九）其他可选的药物和治疗方法，及其重要的潜在获益和风险。

（十）受试者发生与试验相关的损害时，可获得补偿以及治疗。

（十一）受试者参加临床试验可能获得的补偿。

（十二）受试者参加临床试验预期的花费。

（十三）受试者参加试验是自愿的，可以拒绝参加或者有权在试验任何阶段随时退出试验而不会遭到歧视或者报复，其医疗待遇与权益不会受到影响。

（十四）在不违反保密原则和相关法规的情况下，监查员、稽查员、伦理委员会和药品监督管理部门检查人员可以查阅受试者的原始医学记录，以核实临床试验的过程和数据。

（十五）受试者相关身份鉴别记录的保密事宜，不公开使用。如果发布临床试验结果，受试者的身份信息仍保密。

（十六）有新的可能影响受试者继续参加试验的信息时，将及时告知受试者或者其监护人。

（十七）当存在有关试验信息和受试者权益的问题，以及发生试验相关损害时，受试者可联系的研究者和伦理委员会及其联系方式。

（十八）受试者可能被终止试验的情况以及理由。

（十九）受试者参加试验的预期持续时间。

（二十）参加该试验的预计受试者人数。

第二十五条 试验的记录和报告应当符合以下要求：

（一）研究者应当监督试验现场的数据采集、各研究人员履行其工作职责的情况。

（二）研究者应当确保所有临床试验数据是从临床试验的源文件和试验记录中获得的，是准确、完整、可读和及时的。源数据应当具有可归因性、易读性、同时性、原始性、准确性、完整性、一致性和持久性。源数据的修改应当留痕，不能掩盖初始数据，并记录修改的理由。以患者为受试者的临床试验，相关的医疗记录应当载入门诊或者住院病历系统。临床试验机构的信息化系统具备建立临床试验电子病历条件时，研究者应当首选使用，相应的计算机化系统应当具有完善的权限管理和稽查轨迹，可以追溯至记录的创建者或者修改者，保障所采集的源数据可以溯源。

（三）研究者应当按照申办者提供的指导说明填写和修改病例报告表，确保各类病例报告表及其他报告中的数据准确、完整、清晰和及时。病例报告表中数据应当与源文件一致，若存在不一致应当做出合理的解释。病例报告表中数据的修改，应当使初始记录清晰可辨，保留修改轨迹，必要时解释理由,修改者签名并注明日期。

申办者应当有书面程序确保其对病例报告表的改动是必要的、被记录的,并得到研究者的同意。研究者应当保留修改和更正的相关记录。

(四)研究者和临床试验机构应当按“临床试验必备文件”和药品监督管理部门的相关要求,妥善保存试验文档。

(五)在临床试验的信息和受试者信息处理过程中应当注意避免信息的非法或者未授权的查阅、公开、散播、修改、损毁、丢失。临床试验数据的记录、处理和保存应当确保记录和受试者信息的保密性。

(六)申办者应当与研究者和临床试验机构就必备文件保存时间、费用和到期后的处理在合同中予以明确。

(七)根据监查员、稽查员、伦理委员会或者药品监督管理部门的要求,研究者和临床试验机构应当配合并提供所需的与试验有关的记录。

第二十六条 研究者的安全性报告应当符合以下要求:

除试验方案或者其他文件(如研究者手册)中规定不需立即报告的严重不良事件外,研究者应当立即向申办者书面报告所有严重不良事件,随后应当及时提供详尽、书面的随访报告。严重不良事件报告和随访报告应当注明受试者在临床试验中的鉴认代码,而不是受试者的真实姓名、公民身份号码和住址等身份信息。试验方案中规定的、对安全性评价重要的不良事件和实验室异常值,应当按照试验方案的要求和时限向申办者报告。

涉及死亡事件的报告,研究者应当向申办者和伦理委员会提供其他所需要的资料,如尸检报告和最终医学报告。

研究者收到申办者提供的临床试验的相关安全性信息后应当及时签收阅读,并考虑受试者的治疗,是否进行相应调整,必要时尽早与受试者沟通,并应当向伦理委员会报告由申办方提供的可疑且非预期严重不良反应。

第二十七条 提前终止或者暂停临床试验时,研究者应当及时通知受试者,并给予受试者适当的治疗和随访。此外:

(一)研究者未与申办者商议而终止或者暂停临床试验,研究者应当立即向临床试验机构、申办者和伦理委员会报告,并提供详细的书面说明。

(二)申办者终止或者暂停临床试验,研究者应当立即向临床试验机构、伦理委员会报告,并提供详细书面说明。

(三)伦理委员会终止或者暂停已经同意的临床试验,研究者应当立即向临床试验机构、申办者报告,并提供详细书面说明。

第二十八条 研究者应当提供试验进展报告。

(一)研究者应当向伦理委员会提交临床试验的年度报告,或者应当按照伦理委员会的要求提供进展报告。

(二)出现可能显著影响临床试验的实施或者增加受试者风险的情况,研究者应当尽快向申办者、伦理委员会和临床试验机构书面报告。

(三)临床试验完成后,研究者应

当向临床试验机构报告；研究者应当向伦理委员会提供临床试验结果的摘要，向申办者提供药品监督管理部门所需要的临床试验相关报告。

第五章 申 办 者

第二十九条 申办者应当把保护受试者的权益和安全以及临床试验结果的真实、可靠作为临床试验的基本考虑。

第三十条 申办者应当建立临床试验的质量管理体系。

申办者的临床试验的质量管理体系应当涵盖临床试验的全过程，包括临床试验的设计、实施、记录、评估、结果报告和文件归档。质量管理包括有效的试验方案设计、收集数据的方法及流程、对于临床试验中做出决策所必须的信息采集。

临床试验质量保证和质量控制的方法应当与临床试验内在的风险和所采集信息的重要性相符。申办者应当保证临床试验各个环节的可操作性，试验流程和数据采集避免过于复杂。试验方案、病例报告表及其他相关文件应当清晰、简洁和前后一致。

申办者应当履行管理职责。根据临床试验需要可建立临床试验的研究和管理团队，以指导、监督临床试验实施。研究和管理团队内部的工作应当及时沟通。在药品监督管理部门检查时，研究和管理团队均应当派员参加。

第三十一条 申办者基于风险进行质量管理。

（一）试验方案制定时应当明确保护受试者权益和安全以及保证临床试验结果可靠的关键环节和数据。

（二）应当识别影响到临床试验关键环节和数据的风险。该风险应当从两个层面考虑：系统层面，如设施设备、标准操作规程、计算机化系统、人员、供应商；临床试验层面，如试验药物、试验设计、数据收集和记录、知情同意过程。

（三）风险评估应当考虑在现有风险控制下发生差错的可能性；该差错对保护受试者权益和安全，以及数据可靠性的影响；该差错被监测到的程度。

（四）应当识别可减少或者可被接受的风险。减少风险的控制措施应当体现在试验方案的设计和实施、监查计划、各方职责明确的合同、标准操作规程的依从性，以及各类培训。

预先设定质量风险的容忍度时，应当考虑变量的医学和统计学特点及统计设计，以鉴别影响受试者安全和数据可靠的系统性问题。出现超出质量风险的容忍度的情况时，应当评估是否需要采取进一步的措施。

（五）临床试验期间，质量管理应当有记录，并及时与相关各方沟通，促使风险评估和质量持续改进。

（六）申办者应当结合临床试验期间的新知识和经验，定期评估风险控制措施，以确保现行的质量管理的有效性和适用性。

（七）申办者应当在临床试验报告中说明所采用的质量管理方法，并概述严重偏离质量风险的容忍度的事件和补救措施。

第三十二条 申办者的质量保证和质量控制应当符合以下要求：

（一）申办者负责制定、实施和及时更新有关临床试验质量保证和质量控制系统的标准操作规程，确保临床试验的实施、数据的产生、记录和报告均遵守试验方案、本规范和相关法律法规的要求。

（二）临床试验和实验室检测的全过程均需严格按照质量管理标准操作规程进行。数据处理的每个阶段均有质量控制，以保证所有数据是可靠的，数据处理过程是正确的。

（三）申办者应当与研究者和临床试验机构等所有参加临床试验的相关单位签订合同，明确各方职责。

（四）申办者与各相关单位签订的合同中应当注明申办者的监查和稽查、药品监督管理部门的检查可直接去到试验现场，查阅源数据、源文件和报告。

第三十三条 申办者委托合同研究组织应当符合以下要求：

（一）申办者可以将其临床试验的部分或者全部工作和任务委托给合同研究组织，但申办者仍然是临床试验数据质量和可靠性的最终责任人，应当监督合同研究组织承担的各项工作。合同研究组织应当实施质量保证和质量控制。

（二）申办者委托给合同研究组织的工作应当签订合同。合同中应当明确以下内容：委托的具体工作以及相应的标准操作规程；申办者有权确认被委托工作执行标准操作规程的情况；对被委托方的书面要求；被委托方需要提交给申办者的报告要求；与受试者的损害赔偿措施相关的事项；其他与委托工作有关的事项。合同研究组织如存在任务转包，应当获得申办者的书面批准。

（三）未明确委托给合同研究组织的工作和任务，其职责仍由申办者负责。

（四）本规范中对申办者的要求，适用于承担申办者相关工作和任务的合同研究组织。

第三十四条 申办者应当指定有能力的医学专家及时对临床试验的相关医学问题进行咨询。

第三十五条 申办者应当选用有资质的生物统计学家、临床药理学家和临床医生等参与试验，包括设计试验方案和病例报告表、制定统计分析计划、分析数据、撰写中期和最终的试验总结报告。

第三十六条 申办者在试验管理、数据处理与记录保存中应当符合以下要求：

（一）申办者应当选用有资质的人员监督临床试验的实施、数据处理、数据核对、统计分析和试验总结报告的撰写。

（二）申办者可以建立独立的数据监查委员会，以定期评价临床试验的进展情况，包括安全性数据和重要的有效性终点数据。独立的数据监查委员会可以建议申办者是否可以继续实施、修改或者停止正在实施的临床试验。独立的数据监查委员会应当有书面的工作流程，应当保存所有相关会议记录。

（三）申办者使用的电子数据管理系统，应当通过可靠的系统验证，符合预先设置的技术性能，以保证试验数据的完整、准确、可靠，并保证在整个试验过程中系统始终处于验证有效的状态。

（四）电子数据管理系统应当具有完整的使用标准操作规程，覆盖电子数据管理的设置、安装和使用；标准操作规程应当说明该系统的验证、功能测试、数据采集和处理、系统维护、系统安全性测试、变更控制、数据备份、恢复、系统的应急预案和软件报废；标准操作规程应当明确使用计算机化系统时，申办者、研究者和临床试验机构的职责。所有使用计算机化系统的人员应当经过培训。

（五）计算机化系统数据修改的方式应当预先规定，其修改过程应当完整记录，原数据（如保留电子数据稽查轨迹、数据轨迹和编辑轨迹）应当保留；电子数据的整合、内容和结构应当有明确规定，以确保电子数据的完整性；当计算机化系统出现变更时，如软件升级或者数据转移等，确保电子数据的完整性更为重要。

若数据处理过程中发生数据转换，确保转换后的数据与原数据一致，和该数据转化过程的可见性。

（六）保证电子数据管理系统的安全性，未经授权的人员不能访问；保存被授权修改数据人员的名单；电子数据应当及时备份；盲法设计的临床试验，应当始终保持盲法状态，包括数据录入和处理。

（七）申办者应当使用受试者鉴认代码，鉴别每一位受试者所有临床试验数据。盲法试验揭盲以后，申办者应当及时把受试者的试验用药品情况书面告知研究者。

（八）申办者应当保存与申办者相关的临床试验数据，有些参加临床试验的相关单位获得的其他数据，也应当作为申办者的特定数据保留在临床试验必备文件内。

（九）申办者暂停或者提前终止实施中的临床试验，应当通知所有相关的研究者和临床试验机构和药品监督管理部门。

（十）试验数据所有权的转移，需符合相关法律法规的要求。

（十一）申办者应当书面告知研究者和临床试验机构对试验记录保存的要求；当试验相关记录不再需要时，申办者也应当书面告知研究者和临床试验机构。

第三十七条 申办者选择研究者应当符合以下要求：

（一）申办者负责选择研究者和临床试验机构。研究者均应当经过临床试验的培训、有临床试验的经验，有足够的医疗资源完成临床试验。多个临床试验机构参加的临床试验，如需选择组长单位由申办者负责。

（二）涉及医学判断的样本检测实验室，应当符合相关规定并具备相应资质。临床试验中采集标本的管理、检测、运输和储存应当保证质量。禁止实施与伦理委员会同意的试验方案无关的生物样本检测（如基因等）。临床试验结束后，剩余标本的继续保存或者将来可能被使用等情况，应当由受试者签署知情同意书，并说明保存的时间和数据的保密性问题，以及在何种情况下数据和样本可以和其他研究者共享等。

（三）申办者应当向研究者和临床试验机构提供试验方案和最新的研究者手册，并应当提供足够的时间让研究者和临床试验机构审议试验方案和相关资料。

第三十八条 临床试验各方参与临床试验前，申办者应当明确其职责，并在签订的合同中注明。

第三十九条 申办者应当采取适当方式保证可以给予受试者和研究者补偿或者赔偿。

（一）申办者应当向研究者和临床试验机构提供与临床试验相关的法律上、经济上的保险或者保证，并与临床试验的风险性质和风险程度相适应。但不包括研究者和临床试验机构自身的过失所致的损害。

（二）申办者应当承担受试者与临床试验相关的损害或者死亡的诊疗费用，以及相应的补偿。申办者和研究者应当及时兑付给予受试者的补偿或者赔偿。

（三）申办者提供给受试者补偿的方式方法，应当符合相关的法律法规。

（四）申办者应当免费向受试者提供试验用药品，支付与临床试验相关的医学检测费用。

第四十条 申办者与研究者和临床试验机构签订的合同，应当明确试验各方的责任、权利和利益，以及各方应当避免的、可能的利益冲突。合同的试验经费应当合理，符合市场规律。申办者、研究者和临床试验机构应当在合同上签字确认。

合同内容中应当包括：临床试验的实施过程中遵守本规范及相关的临床试验的法律法规；执行经过申办者和研究者协商确定的、伦理委员会同意的试验方案；遵守数据记录和报告程序；同意监查、稽查和检查；临床试验相关必备文件的保存及其期限；发表文章、知识产权等的约定。

第四十一条 临床试验开始前，申办者应当向药品监督管理部门提交相关的临床试验资料，并获得临床试验的许可或者完成备案。递交的文件资料应当注明版本号及版本日期。

第四十二条 申办者应当从研究者和临床试验机构获取伦理委员会的名称和地址、参与项目审查的伦理委员会委员名单、符合本规范及相关法律法规的审查声明，以及伦理委员会审查同意的文件和其他相关资料。

第四十三条 申办者在拟定临床试验方案时，应当有足够的安全性和有效性数据支持其给药途径、给药剂量和持续用药时间。当获得重要的新信息时，申办者应当及时更新研究者手册。

第四十四条 试验用药品的制备、包装、标签和编码应当符合以下要求：

（一）试验药物制备应当符合临床试验用药品生产质量管理相关要求；试验用药品的包装标签上应当标明仅用于临床试验、临床试验信息和临床试验用药品信息；在盲法试验中能够保持盲态。

（二）申办者应当明确规定试验用药品的贮存温度、运输条件（是否需要避光）、贮存时限、药物溶液的配制方法和过程，及药物输注的装置要求等。

试验用药品的使用方法应当告知试验的所有相关人员，包括监查员、研究者、药剂师、药物保管人员等。

（三）试验用药品的包装，应当能确保药物在运输和贮存期间不被污染或者变质。

（四）在盲法试验中，试验用药品的编码系统应当包括紧急揭盲程序，以便在紧急医学状态时能够迅速识别何种试验用药品，而不破坏临床试验的盲态。

第四十五条 试验用药品的供给和管理应当符合以下要求：

（一）申办者负责向研究者和临床试验机构提供试验用药品。

（二）申办者在临床试验获得伦理委员会同意和药品监督管理部门许可或者备案之前，不得向研究者和临床试验机构提供试验用药品。

（三）申办者应当向研究者和临床试验机构提供试验用药品的书面说明，说明应当明确试验用药品的使用、贮存和相关记录。申办者制定试验用药品的供给和管理规程，包括试验用药品的接收、贮存、分发、使用及回收等。从受试者处回收以及研究人员未使用试验用药品应当返还申办者，或者经申办者授权后由临床试验机构进行销毁。

（四）申办者应当确保试验用药品及时送达研究者和临床试验机构，保证受试者及时使用；保存试验用药品的运输、接收、分发、回收和销毁记录；建立试验用药品回收管理制度，保证缺陷产品的召回、试验结束后的回收、过期后回收；建立未使用试验用药品的销毁制度。所有试验用药品的管理过程应当有书面记录，全过程计数准确。

（五）申办者应当采取措施确保试验期间试验用药品的稳定性。试验用药品的留存样品保存期限，在试验用药品贮存时限内，应当保存至临床试验数据分析结束或者相关法规要求的时限，两者不一致时取其中较长的时限。

第四十六条 申办者应当明确试验记录的查阅权限。

（一）申办者应当在试验方案或者合同中明确研究者和临床试验机构允许监查员、稽查员、伦理委员会的审查者及药品监督管理部门的检查人员，能够直接查阅临床试验相关的源数据和源文件。

（二）申办者应当确认每位受试者均以书面形式同意监查员、稽查员、伦理委员会的审查者及药品监督管理部门的检查人员直接查阅其与临床试验有关的原始医学记录。

第四十七条 申办者负责药物试验期间试验用药品的安全性评估。申办者应当将临床试验中发现的可能影响受试者安全、可能影响临床试验实施、可能改变伦理委员会同意意见的问题，及时通知研究者和临床试验机构、药品监督管理部门。

第四十八条 申办者应当按照要求和时限报告药物不良反应。

（一）申办者收到任何来源的安全性相关信息后，均应当立即分析评估，包括严重性、与试验药物的相关性以及是否为预期事件等。申办者应当将可疑且非预期严重不良反应快速报告给所有参加临床试验的研究者及临床试验机构、伦理委员会；申办者应当向药品监督管理部门和卫生健康主管部门报告可疑且非预期严重不良反应。

（二）申办者提供的药物研发期间安全性更新报告应当包括临床试验风险与获益的评估，有关信息通报给所有参加临床试验的研究者及临床试验机构、伦理委员会。

第四十九条 临床试验的监查应当符合以下要求：

（一）监查的目的是为了保证临床试验中受试者的权益，保证试验记录与报告的数据准确、完整，保证试验遵守已同意的方案、本规范和相关法规。

（二）申办者委派的监查员应当受过相应的培训，具备医学、药学等临床试验监查所需的知识，能够有效履行监查职责。

（三）申办者应当建立系统的、有优先顺序的、基于风险评估的方法，对临床试验实施监查。监查的范围和性质可具有灵活性，允许采用不同的监查方法以提高监查的效率和有效性。申办者应当将选择监查策略的理由写在监查计划中。

（四）申办者制定监查计划。监查计划应当特别强调保护受试者的权益，保证数据的真实性，保证应对临床试验中的各类风险。监查计划应当描述监查的策略、对试验各方的监查职责、监查的方法，以及应用不同监查方法的原因。监查计划应当强调对关键数据和流程的监查。监查计划应当遵守相关法律法规。

（五）申办者应当制定监查标准操作规程，监查员在监查工作中应当执行标准操作规程。

（六）申办者应当实施临床试验监查，监查的范围和性质取决于临床试验的目的、设计、复杂性、盲法、样本大小和临床试验终点等。

（七）现场监查和中心化监查应当基于临床试验的风险结合进行。现场监查是在临床试验现场进行监查，通常应当在临床试验开始前、实施中和结束后进行。中心化监查是及时的对正在实施的临床试验进行远程评估，以及汇总不同的临床试验机构采集的数据进行远程评估。中心化监查的过程有助于提高临床试验的监查效果，是对现场监查的补充。

中心化监查中应用统计分析可确定数据的趋势，包括不同的临床试验机构内部和临床试验机构间的数据范围及一致性，并能分析数据的特点和质量，有助于选择监查现场和监查程序。

（八）特殊情况下，申办者可以将监查与其他的试验工作结合进行，如研究人员培训和会议。监查时，可采用统计学抽样调查的方法核对数据。

第五十条 监查员的职责包括：

（一）监查员应当熟悉试验用药品的相关知识，熟悉试验方案、知情同意书及其他提供给受试者的书面资料的内容，熟悉临床试验标准操作规程和本规范等相关法规。

（二）监查员应当按照申办者的要求认真履行监查职责，确保临床试验按照试验方案正确地实施和记录。

（三）监查员是申办者和研究者之间的主要联系人。在临床试验前确认研究者具备足够的资质和资源来完成试验，临床试验机构具备完成试验的适当条件，包括人员配备与培训情况，实验室设备齐全、运转良好，具备各种与试验有关的检查条件。

（四）监查员应当核实临床试验过程中试验用药品在有效期内、保存条件可接受、供应充足；试验用药品是按照试验方案规定的剂量只提供给合适的受试者；受试者收到正确使用、处理、贮存和归还试验用药品的说明；临床试验机构接收、使用和返还试验用药品有适当的管控和记录；临床试验机构对未使用的试验用药品的处置符合相关法律法规和申办者的要求。

（五）监查员核实研究者在临床试验实施中对试验方案的执行情况；确认在试验前所有受试者或者其监护人均签署了知情同意书；确保研究者收到最新版的研究者手册、所有试验相关文件、试验必须用品，并按照相关法律法规的要求实施；保证研究人员对临床试验有充分的了解。

（六）监查员核实研究人员履行试验方案和合同中规定的职责，以及这些职责是否委派给未经授权的人员；确认入选的受试者合格并汇报入组率及临床试验的进展情况；确认数据的记录与报告正确完整，试验记录和文件实时更新、保存完好；核实研究者提供的所有医学报告、记录和文件都是可溯源的、清晰的、同步记录的、原始的、准确的和完整的、注明日期和试验编号的。

（七）监查员核对病例报告表录入的准确性和完整性，并与源文件比对。监查员应当注意核对试验方案规定的数据在病例报告表中有准确记录，并与源文件一致；确认受试者的剂量改变、治疗变更、不良事件、合并用药、并发症、失访、检查遗漏等在病例报告表中均有记录；确认研究者未能做到的随访、未实施的试验、未做的检查，以及是否对错误、遗漏做出纠正等在病例报告表中均有记录；核实入选受试者的退出与失访已在病例报告表中均有记录并说明。

（八）监查员对病例报告表的填写错误、遗漏或者字迹不清楚应当通知研究者；监查员应当确保所作的更正、添加或者删除是由研究者或者被授权人操作，并且有修改人签名、注明日期，必要时说明修改理由。

（九）监查员确认不良事件按照相关法律法规、试验方案、伦理委员会、申办者的要求，在规定的期限内进行了报告。

（十）监查员确认研究者是否按照本规范保存了必备文件。

（十一）监查员对偏离试验方案、标准操作规程、相关法律法规要求的情况，应当及时与研究者沟通，并采取适当措施防止再次发生。

第五十一条　监查员在每次监查后，应当及时书面报告申办者；报告应当包括监查日期、地点、监查员姓名、监查员接触的研究者和其他人员的姓名等；报告应当包括监查工作的摘要、发现临床试验中问题和事实陈述、与试验方案的偏离和缺陷，以及监查结论；

报告应当说明对监查中发现的问题已采取的或者拟采用的纠正措施，为确保试验遵守试验方案实施的建议；报告应该提供足够的细节，以便审核是否符合监查计划。中心化监查报告可以与现场监查报告分别提交。申办者应当对监查报告中的问题审核和跟进，并形成文件保存。

第五十二条 临床试验的稽查应当符合以下要求：

（一）申办者为评估临床试验的实施和对法律法规的依从性，可以在常规监查之外开展稽查。

（二）申办者选定独立于临床试验的人员担任稽查员，不能是监查人员兼任。稽查员应当经过相应的培训和具有稽查经验，能够有效履行稽查职责。

（三）申办者应当制定临床试验和试验质量管理体系的稽查规程，确保临床试验中稽查规程的实施。该规程应当拟定稽查目的、稽查方法、稽查次数和稽查报告的格式内容。稽查员在稽查过程中观察和发现的问题均应当有书面记录。

（四）申办者制定稽查计划和规程，应当依据向药品监督管理部门提交的资料内容、临床试验中受试者的例数、临床试验的类型和复杂程度、影响受试者的风险水平和其他已知的相关问题。

（五）药品监督管理部门根据工作需要，可以要求申办者提供稽查报告。

（六）必要时申办者应当提供稽查证明。

第五十三条 申办者应当保证临床试验的依从性。

（一）发现研究者、临床试验机构、申办者的人员在临床试验中不遵守试验方案、标准操作规程、本规范、相关法律法规时，申办者应当立即采取措施予以纠正，保证临床试验的良好依从性。

（二）发现重要的依从性问题时，可能对受试者安全和权益，或者对临床试验数据可靠性产生重大影响的，申办者应当及时进行根本原因分析，采取适当的纠正和预防措施。若违反试验方案或者本规范的问题严重时，申办者可追究相关人员的责任，并报告药品监督管理部门。

（三）发现研究者、临床试验机构有严重的或者劝阻不改的不依从问题时，申办者应当终止该研究者、临床试验机构继续参加临床试验，并及时书面报告药品监督管理部门。同时，申办者和研究者应当采取相应的紧急安全性措施，以保护受试者的安全和权益。

第五十四条 申办者提前终止或者暂停临床试验，应当立即告知研究者和临床试验机构、药品监督管理部门，并说明理由。

第五十五条 临床试验完成或者提前终止，申办者应当按照相关法律法规要求向药品监督管理部门提交临床试验报告。临床试验总结报告应当全面、完整、准确反映临床试验结果，临床试验总结报告安全性、有效性数据应当与临床试验源数据一致。

第五十六条 申办者开展多中心试验应当符合以下要求：

（一）申办者应当确保参加临床试验的各中心均能遵守试验方案。

（二）申办者应当向各中心提供相同的试验方案。各中心按照方案遵守相同的临床和实验室数据的统一评价标准和病例报告表的填写指导说明。

（三）各中心应当使用相同的病例报告表，以记录在临床试验中获得的试验数据。申办者若需要研究者增加收集试验数据，在试验方案中应当表明此内容，申办者向研究者提供附加的病例报告表。

（四）在临床试验开始前，应当有书面文件明确参加临床试验的各中心研究者的职责。

（五）申办者应当确保各中心研究者之间的沟通。

第六章 试验方案

第五十七条 试验方案通常包括基本信息、研究背景资料、试验目的、试验设计、实施方式（方法、内容、步骤）等内容。

第五十八条 试验方案中基本信息一般包含：

（一）试验方案标题、编号、版本号和日期。

（二）申办者的名称和地址。

（三）申办者授权签署、修改试验方案的人员姓名、职务和单位。

（四）申办者的医学专家姓名、职务、所在单位地址和电话。

（五）研究者姓名、职称、职务，临床试验机构的地址和电话。

（六）参与临床试验的单位及相关部门名称、地址。

第五十九条 试验方案中研究背景资料通常包含：

（一）试验用药品名称与介绍。

（二）试验药物在非临床研究和临床研究中与临床试验相关、具有潜在临床意义的发现。

（三）对受试人群的已知和潜在的风险和获益。

（四）试验用药品的给药途径、给药剂量、给药方法及治疗时程的描述，并说明理由。

（五）强调临床试验需要按照试验方案、本规范及相关法律法规实施。

（六）临床试验的目标人群。

（七）临床试验相关的研究背景资料、参考文献和数据来源。

第六十条 试验方案中应当详细描述临床试验的目的。

第六十一条 临床试验的科学性和试验数据的可靠性，主要取决于试验设计，试验设计通常包括：

（一）明确临床试验的主要终点和次要终点。

（二）对照组选择的理由和试验设计的描述（如双盲、安慰剂对照、平行组设计），并对研究设计、流程和不同阶段以流程图形式表示。

（三）减少或者控制偏倚所采取的措施，包括随机化和盲法的方法和过程。采用单盲或者开放性试验需要说明理由和控制偏倚的措施。

（四）治疗方法、试验用药品的剂量、给药方案；试验用药品的剂型、包装、标签。

（五）受试者参与临床试验的预期时长和具体安排，包括随访等。

（六）受试者、部分临床试验及全部临床试验的“暂停试验标准”、“终止试验标准”。

（七）试验用药品管理流程。

（八）盲底保存和揭盲的程序。

（九）明确何种试验数据可作为源数据直接记录在病例报告表中。

第六十二条 试验方案中通常包括临床和实验室检查的项目内容。

第六十三条 受试者的选择和退出通常包括：

（一）受试者的入选标准。

（二）受试者的排除标准。

（三）受试者退出临床试验的标准和程序。

第六十四条 受试者的治疗通常包括：

（一）受试者在临床试验各组应用的所有试验用药品名称、给药剂量、给药方案、给药途径和治疗时间以及随访期限。

（二）临床试验前和临床试验中允许的合并用药（包括急救治疗用药）或者治疗，和禁止使用的药物或者治疗。

（三）评价受试者依从性的方法。

第六十五条 制定明确的访视和随访计划，包括临床试验期间、临床试验终点、不良事件评估及试验结束后的随访和医疗处理。

第六十六条 有效性评价通常包括：

（一）详细描述临床试验的有效性指标。

（二）详细描述有效性指标的评价、记录、分析方法和时间点。

第六十七条 安全性评价通常包括：

（一）详细描述临床试验的安全性指标。

（二）详细描述安全性指标的评价、记录、分析方法和时间点。

（三）不良事件和伴随疾病的记录和报告程序。

（四）不良事件的随访方式与期限。

第六十八条 统计通常包括：

（一）确定受试者样本量，并根据前期试验或者文献数据说明理由。

（二）显著性水平，如有调整说明考虑。

（三）说明主要评价指标的统计假设，包括原假设和备择假设，简要描述拟采用的具体统计方法和统计分析软件。若需要进行期中分析，应当说明理由、分析时点及操作规程。

（四）缺失数据、未用数据和不合逻辑数据的处理方法。

（五）明确偏离原定统计分析计划的修改程序。

（六）明确定义用于统计分析的受试者数据集，包括所有参加随机化的受试者、所有服用过试验用药品的受试者、所有符合入选的受试者和可用于临床试验结果评价的受试者。

第六十九条 试验方案中应当包括实施临床试验质量控制和质量保证。

第七十条 试验方案中通常包括该试验相关的伦理学问题的考虑。

第七十一条 试验方案中通常说明试验数据的采集与管理流程、数据管理与采集所使用的系统、数据管理各步骤及任务，以及数据管理的质量保障措施。

第七十二条 如果合同或者协议没有规定，试验方案中通常包括临床试验相关的直接查阅源文件、数据处理和记录保存、财务和保险。

第七章　研究者手册

第七十三条　申办者提供的《研究者手册》是关于试验药物的药学、非临床和临床资料的汇编，其内容包括试验药物的化学、药学、毒理学、药理学和临床的资料和数据。研究者手册目的是帮助研究者和参与试验的其他人员更好地理解和遵守试验方案，帮助研究者理解试验方案中诸多关键的基本要素，包括临床试验的给药剂量、给药次数、给药间隔时间、给药方式等，主要和次要疗效指标和安全性的观察和监测。

第七十四条　已上市药品实施临床试验，研究者已充分了解其药理学等相关知识时，可以简化研究者手册。可应用药品说明书等形式替代研究者手册的部分内容，只需要向研究者提供临床试验相关的、重要的、以及试验药物最近的、综合性的、详细的信息。

第七十五条　申办者应当制定研究者手册修订的书面程序。在临床试验期间至少一年审阅研究者手册一次。申办者根据临床试验的研发步骤和临床试验过程中获得的相关药物安全性和有效性的新信息，在研究者手册更新之前，应当先告知研究者，必要时与伦理委员会、药品监督管理部门沟通。申办者负责更新研究者手册并及时送达研究者，研究者负责将更新的手册递交伦理委员会。

第七十六条　研究者手册的扉页写明申办者的名称、试验药物的编号或者名称、版本号、发布日期、替换版本号、替换日期。

第七十七条　研究者手册应当包括：

（一）目录条目：保密性说明、签字页、目录、摘要、前言、试验药物的物理学、化学、药学特性和结构式、非临床研究（非临床药理学、动物体内药代动力学、毒理学）、人体内作用（人体内的药代动力学、安全性和有效性、上市使用情况）、数据概要和研究者指南、注意事项、参考资料（已发表文献、报告，在每一章节末列出）。

（二）摘要：重点说明试验药物研发过程中具重要意义的物理学、化学、药学、药理学、毒理学、药代动力学和临床等信息内容。

（三）前言：简要说明试验药物的化学名称或者已批准的通用名称、批准的商品名；试验药物的所有活性成分、药理学分类、及其在同类药品中的预期地位（如优势）；试验药物实施临床试验的立题依据；拟定的试验药物用于疾病的预防、诊断和治疗。前言中应当说明评价试验药物的常规方法。

（四）在研究者手册中应当清楚说明试验用药品的化学式、结构式，简要描述其理化和药学特性。说明试验药物的贮存方法和使用方法。试验药物的制剂信息可能影响临床试验时，应当说明辅料成分及配方理由，以便确保临床试验采取必要的安全性措施。

（五）若试验药物与其他已知药物的结构相似，应当予以说明。

（六）非临床研究介绍：简要描述试验药物非临床研究的药理学、毒理学、药代动力学研究发现的相关结果。说明这些非临床研究的方法学、研究结果，讨论这些发现对人体临床治疗意义的提示、对人体可能的不利作用和对人体非预期效应的相关性。

（七）研究者手册应当提供非临床研究中的信息：试验动物的种属、每组动物的数目和性别、给药剂量单位、给药剂量间隔、给药途径、给药持续时间、系统分布资料、暴露后随访期限。研究结果应当包括试验药物药理效应、毒性效应的特性和频度；药理效应、毒性效应的严重性或者强度；起效时间；药效的可逆性；药物作用持续时间和剂量反应。应当讨论非临床研究中最重要的发现，如量效反应、与人体可能的相关性及可能实施人体研究的多方面问题。若同一种属动物的有效剂量、非毒性剂量的结果可以进行比较研究，则该结果可用于治疗指数的讨论，并说明研究结果与拟定的人用剂量的相关性。比较研究尽可能基于血液或者器官组织水平。

（八）非临床的药理学研究介绍：应当包括试验药物的药理学方面的摘要，如可能，还应当包括试验药物在动物体内的重要代谢研究。摘要中应当包括评价试验药物潜在治疗活性（如有效性模型，受体结合和特异性）的研究，以及评价试验药物安全性的研究（如不同于评价治疗作用的评价药理学作用的专门研究）。

（九）动物的药代动力学介绍：应当包括试验药物在所研究种属动物中的药代动力学、生物转化以及分布的摘要。对发现的讨论应当说明试验药物的吸收、局部以及系统的生物利用度及其代谢，以及它们与动物种属药理学和毒理学发现的关系。

（十）毒理学介绍：在不同动物种属中相关研究所发现的毒理学作用摘要应当包括单剂量给药、重复给药、致癌性、特殊毒理研究（如刺激性和致敏性）、生殖毒性、遗传毒性（致突变性）等方面。

（十一）人体内作用：应当充分讨论试验药物在人体的已知作用，包括药代动力学、药效学、剂量反应、安全性、有效性和其他药理学领域的信息。应当尽可能提供已完成的所有试验药物临床试验的摘要。还应当提供临床试验以外的试验药物的使用情况，如上市期间的经验。

（十二）试验药物在人体的药代动力学信息摘要，包括药代动力学（吸收和代谢，血浆蛋白结合，分布和消除）；试验药物的一个参考剂型的生物利用度（绝对、相对生物利用度）；人群亚组（如性别、年龄和脏器功能受损）；相互作用（如药物—药物相互作用和食物的作用）；其他药代动力学数据（如在临床试验期间完成的群体研究结果）。

（十三）试验药物安全性和有效性：应当提供从前期人体试验中得到的关于试验药物（包括代谢物）的安全性、药效学、有效性和剂量反应信息的摘要并讨论。如果已经完成多项临床试验，应当将多个研究和亚组人群的安全性和有效性数据汇总。可考虑将所有临床试验的药物不良反应（包括所有被研究的适应症）以表格等形式清晰概述。应当讨论适应症或者亚组之间药物不良反应类型及发生率的重要差异。

（十四）上市使用情况：应当说明试验药物已经上市或者已获批准的主要国家和地区。从上市使用中得到的重要信息（如处方、剂量、给药途径和药物不良反应）应当予以概述。应当说明试验用药品没有获得批准上市或者退出上市的主要国家和地区。

（十五）数据概要和研究者指南：应当对非临床和临床数据进行全面分析讨论，就各种来源的有关试验药物不同方面的信息进行概述，帮助研究者预见到药物不良反应或者临床试验中的其他问题。

（十六）研究者手册应当让研究者清楚的理解临床试验可能的风险和不良反应，以及可能需要的特殊检查、观察项目和防范措施；这种理解是基于从研究者手册获得的关于试验药物的物理、化学、药学、药理、毒理和临床资料。根据前期人体应用的经验和试验药物的药理学，也应当向研究者提供可能的过量服药和药物不良反应的识别和处理措施的指导。

（十七）中药民族药研究者手册的内容参考以上要求制定。还应当注明组方理论依据、筛选信息、配伍、功能、主治、已有的人用药经验、药材基原和产地等；来源于古代经典名方的中药复方制剂，注明其出处；相关药材及处方等资料。

第八章 必备文件管理

第七十八条 临床试验必备文件是指评估临床试验实施和数据质量的文件，用于证明研究者、申办者和监查员在临床试验过程中遵守了本规范和相关药物临床试验的法律法规要求。

必备文件是申办者稽查、药品监督管理部门检查临床试验的重要内容，并作为确认临床试验实施的真实性和所收集数据完整性的依据。

第七十九条 申办者、研究者和临床试验机构应当确认均有保存临床试验必备文件的场所和条件。保存文件的设备条件应当具备防止光线直接照射、防水、防火等条件，有利于文件的长期保存。应当制定文件管理的标准操作规程。被保存的文件需要易于识别、查找、调阅和归位。用于保存临床试验资料的介质应当确保源数据或者其核证副本在留存期内保存完整和可读取，并定期测试或者检查恢复读取的能力，免于被故意或者无意地更改或者丢失。

临床试验实施中产生的一些文件，如果未列在临床试验必备文件管理目录中，申办者、研究者及临床试验机构也可以根据必要性和关联性将其列入各自的必备文件档案中保存。

第八十条 用于申请药品注册的临床试验，必备文件应当至少保存至试验药物被批准上市后5年；未用于申请药品注册的临床试验，必备文件应当至少保存至临床试验终止后5年。

第八十一条 申办者应当确保研究者始终可以查阅和在试验过程中可以录入、更正报告给申办者的病例报告表中的数据，该数据不应该只由申办者控制。

申办者应当确保研究者能保留已

递交给申办者的病例报告表数据。用作源文件的复印件应当满足核证副本的要求。

第八十二条 临床试验开始时，研究者及临床试验机构、申办者双方均应当建立必备文件的档案管理。临床试验结束时，监查员应当审核确认研究者及临床试验机构、申办者的必备文件，这些文件应当被妥善地保存在各自的临床试验档案卷宗内。

第九章 附 则

第八十三条 本规范自2020年7月1日起施行。

基本医疗保险用药管理暂行办法

1. 2020年7月30日国家医疗保障局令第1号公布

2. 自2020年9月1日起施行

第一章 总 则

第一条 为推进健康中国建设，保障参保人员基本用药需求，提升基本医疗保险用药科学化、精细化管理水平，提高基本医疗保险基金使用效益，推进治理体系和治理能力现代化，依据《中华人民共和国社会保险法》等法律法规和《中共中央国务院关于深化医疗保障制度改革的意见》，制定本暂行办法。

第二条 各级医疗保障部门对基本医疗保险用药范围的确定、调整，以及基本医疗保险用药的支付、管理和监督等，适用本办法。

第三条 基本医疗保险用药范围通过制定《基本医疗保险药品目录》（以下简称《药品目录》）进行管理，符合《药品目录》的药品费用，按照国家规定由基本医疗保险基金支付。《药品目录》实行通用名管理，《药品目录》内药品的同通用名药品自动属于基本医疗保险基金支付范围。

第四条 基本医疗保险用药管理坚持以人民为中心的发展思想，切实保障参保人员合理的用药需求；坚持“保基本”的功能定位，既尽力而为，又量力而行，用药保障水平与基本医疗保险基金和参保人承受能力相适应；坚持分级管理，明确各层级职责和权限；坚持专家评审，适应临床技术进步，实现科学、规范、精细、动态管理；坚持中西药并重，充分发挥中药和西药各自优势。

第五条 《药品目录》由凡例、西药、中成药、协议期内谈判药品和中药饮片五部分组成。省级医疗保障行政部门按国家规定增补的药品单列。为维护临床用药安全和提高基本医疗保险基金使用效益，《药品目录》对部分药品的医保支付条件进行限定。

第六条 国务院医疗保障行政部门负责建立基本医疗保险用药管理体系，制定和调整全国范围内基本医疗保险用药范围，使用和支付的原则、条件、标准及程序等，组织制定、调整和发布国家《药品目录》并编制统一的医保代码，对全国基本医疗保险用药工作进行管理和监督。国家医疗保障经办机构受国务院医疗保障行政部门委托承担国家《药品目录》调整的具体组织实施工作。

省级医疗保障行政部门负责本行政区域内的基本医疗保险用药管理，制定本地区基本医疗保险用药管理政策措施，负责《药品目录》的监督实施等工作。各省（自治区、直辖市）以国家《药品目录》为基础，按照国家规定的调整权限和程序将符合条件的民族药、医疗机构制剂、中药饮片纳入省级医保支付范围，按规定向国务院医疗保障行政部门备案后实施。

统筹地区医疗保障部门负责《药品目录》及相关政策的实施，按照医保协议对定点医药机构医保用药行为进行审核、监督和管理，按规定及时结算和支付医保费用，并承担相关的统计监测、信息报送等工作。

第二章 《药品目录》的制定和调整

第七条 纳入国家《药品目录》的药品应当是经国家药品监管部门批准，取得药品注册证书的化学药、生物制品、中成药（民族药），以及按国家标准炮制的中药饮片，并符合临床必需、安全有效、价格合理等基本条件。支持符合条件的基本药物按规定纳入《药品目录》。

第八条 以下药品不纳入《药品目录》：

（一）主要起滋补作用的药品；

（二）含国家珍贵、濒危野生动植物药材的药品；

（三）保健药品；

（四）预防性疫苗和避孕药品；

（五）主要起增强性功能、治疗脱发、减肥、美容、戒烟、戒酒等作用的药品；

（六）因被纳入诊疗项目等原因，无法单独收费的药品；

（七）酒制剂、茶制剂，各类果味制剂（特别情况下的儿童用药除外），口腔含服剂和口服泡腾剂（特别规定情形的除外）等；

（八）其他不符合基本医疗保险用药规定的药品。

第九条 《药品目录》内的药品，有下列情况之一的，经专家评审后，直接调出《药品目录》：

（一）被药品监管部门撤销、吊销或者注销药品批准证明文件的药品；

（二）被有关部门列入负面清单的药品；

（三）综合考虑临床价值、不良反应、药物经济性等因素，经评估认为风险大于收益的药品；

（四）通过弄虚作假等违规手段进入《药品目录》的药品；

（五）国家规定的应当直接调出的其他情形。

第十条 《药品目录》内的药品，符合以下情况之一的，经专家评审等规定程序后，可以调出《药品目录》：

（一）在同治疗领域中，价格或费用明显偏高且没有合理理由的药品；

（二）临床价值不确切，可以被更好替代的药品；

（三）其他不符合安全性、有效性、经济性等条件的药品。

第十一条 国务院医疗保障行政部门建立完善动态调整机制，原则上每年调整一次。

国务院医疗保障行政部门根据医

保药品保障需求、基本医疗保险基金的收支情况、承受能力、目录管理重点等因素，确定当年《药品目录》调整的范围和具体条件，研究制定调整工作方案，依法征求相关部门和有关方面的意见并向社会公布。对企业申报且符合当年《药品目录》调整条件的药品纳入该年度调整范围。

第十二条 建立《药品目录》准入与医保药品支付标准（以下简称支付标准）衔接机制。除中药饮片外，原则上新纳入《药品目录》的药品同步确定支付标准。

独家药品通过准入谈判的方式确定支付标准。

非独家药品中，国家组织药品集中采购（以下简称集中采购）中选药品，按照集中采购有关规定确定支付标准；其他非独家药品根据准入竞价等方式确定支付标准。

执行政府定价的麻醉药品和第一类精神药品，支付标准按照政府定价确定。

第十三条 中药饮片采用专家评审方式进行调整，其他药品的调整程序主要包括企业申报、专家评审、谈判或准入竞价、公布结果。

第十四条 建立企业（药品上市许可持有人，以下统称企业）申报制度。根据当年调整的范围，符合条件的企业按规定向国家医疗保障经办机构提交必要的资料。提交资料的具体要求和办法另行制定。

第十五条 国家医疗保障经办机构按规定组织医学、药学、药物经济学、医保管理等方面专家，对符合当年《药品目录》调整条件的全部药品进行评审，并提出如下药品名单：

（一）建议新增纳入《药品目录》的药品。经专家评审后，符合条件的国家组织集中采购中选药品或政府定价药品，可直接纳入《药品目录》；其他药品按规定提交药物经济学等资料。

（二）原《药品目录》内建议直接调出的药品。该类药品直接从《药品目录》中调出。

（三）原《药品目录》内建议可以调出的药品。该类药品按规定提交药物经济学等资料。

（四）原《药品目录》内药品建议调整限定支付范围的。其中缩小限定支付范围或者扩大限定支付范围但对基本医疗保险基金影响较小的，可以直接调整；扩大限定支付范围且对基本医疗保险基金影响较大的，按规定提交药物经济学等资料。

第十六条 国家医疗保障经办机构按规定组织药物经济学、医保管理等方面专家开展谈判或准入竞价。其中独家药品进入谈判环节，非独家药品进入企业准入竞价环节。谈判或者准入竞价成功的，纳入《药品目录》或调整限定支付范围；谈判或者准入竞价不成功的，不纳入或调出《药品目录》，或者不予调整限定支付范围。

第十七条 国务院医疗保障行政部门负责确定并印发《药品目录》，公布调整结果。

第十八条 原则上谈判药品协议有效期为两年。协议期内，如有谈判药品的同通用名药物（仿制药）上市，医保部门可根据仿制药价格水平调整该药品的支付标准,也可以将该通用名纳入集中采购范围。协议期满后,如谈判药品仍为独家,周边国家及地区的价格等市场环境未发生重大变化且未调整限定支付范围或虽然调整了限定支付范围但对基本医疗保险基金影响较小的,根据协议期内基本医疗保险基金实际支出(以医保部门统计为准)与谈判前企业提交的预算影响分析进行对比,按相关规则调整支付标准,并续签协议。具体规则另行制定。

第十九条 对于因更名、异名等原因需要对药品的目录归属进行认定的,由国务院医疗保障行政部门按程序进行认定后发布。

第二十条 国务院医疗保障行政部门负责编制国家医保药品代码,按照医保药品分类和代码规则建立药品编码数据库。原则上每季度更新一次。

第三章 《药品目录》的使用

第二十一条 协议期内谈判药品原则上按照支付标准直接挂网采购。协议期内,谈判药品的同通用名药品在价格不高于谈判支付标准的情况下,按规定挂网采购。其他药品按照药品招采有关政策执行。

第二十二条 在满足临床需要的前提下,医保定点医疗机构须优先配备和使用《药品目录》内药品。逐步建立《药品目录》与定点医疗机构药品配备联动机制,定点医疗机构根据《药品目录》调整结果及时对本医疗机构用药目录进行调整和优化。

第四章 医保用药的支付

第二十三条 参保人使用《药品目录》内药品发生的费用,符合以下条件的,可由基本医疗保险基金支付:

(一)以疾病诊断或治疗为目的;

(二)诊断、治疗与病情相符,符合药品法定适应症及医保限定支付范围;

(三)由符合规定的定点医药机构提供,急救、抢救的除外;

(四)由统筹基金支付的药品费用,应当凭医生处方或住院医嘱;

(五)按规定程序经过药师或执业药师的审查。

第二十四条 国家《药品目录》中的西药和中成药分为“甲类药品”和“乙类药品”。“甲类药品”是临床治疗必需、使用广泛、疗效确切、同类药品中价格或治疗费用较低的药品。“乙类药品”是可供临床治疗选择使用,疗效确切、同类药品中比“甲类药品”价格或治疗费用略高的药品。协议期内谈判药品纳入“乙类药品”管理。

各省级医疗保障部门按国家规定纳入《药品目录》的民族药、医疗机构制剂纳入“乙类药品”管理。

中药饮片的“甲乙分类”由省级医疗保障行政部门确定。

第二十五条 参保人使用“甲类药品”按基本医疗保险规定的支付标准及分担办法支付;使用“乙类药品”按基本医疗保险规定的支付标准,先由参保人自付一定比例后,再按基本医疗保险规定的分担办法支付。

“乙类药品”个人先行自付的比例由省级或统筹地区医疗保障行政部门确定。

第二十六条 支付标准是基本医疗保险

参保人员使用《药品目录》内药品时，基本医疗保险基金支付药品费用的基准。基本医疗保险基金依据药品的支付标准以及医保支付规定向定点医疗机构和定点零售药店支付药品费用。支付标准的制定和调整规则另行制定。

第五章 医保用药的管理与监督

第二十七条 综合运用协议、行政、司法等手段，加强《药品目录》及用药政策落实情况的监管，提升医保用药安全性、有效性、经济性。

第二十八条 定点医药机构应健全组织机构，完善内部制度规范，建立健全药品“进、销、存”全流程记录和管理制度，提高医保用药管理能力，确保医保用药安全合理。

第二十九条 将《药品目录》和相关政策落实责任纳入定点医药机构协议内容，强化用药合理性和费用审核，定期开展监督检查。将医保药品备药率、非医保药品使用率等与定点医疗机构的基金支付挂钩。加强定点医药机构落实医保用药管理政策，履行药品配备、使用、支付、管理等方面职责的监督检查。

第三十条 建立目录内药品企业监督机制，引导企业遵守相关规定。将企业在药品推广使用、协议遵守、信息报送等方面的行为与《药品目录》管理挂钩。

第三十一条 基本医疗保险用药管理工作主动接受纪检监察部门和社会各界监督。加强专家管理，完善专家产生、利益回避、责任追究等机制。加强内控制度建设，完善投诉举报处理、利益回避、保密等内部管理制度，落实合法性和公平竞争审查制度。

第三十二条 对于调入或调出《药品目录》的药品，专家应当提交评审结论和报告。逐步建立评审报告公开机制，接受社会监督。

第六章 附 则

第三十三条 凡例是对《药品目录》的编排格式、名称剂型规范、备注等内容的解释和说明。

西药部分，收载化学药品和生物制品。

中成药部分，收载中成药和民族药。

协议期内谈判药品部分，收载谈判协议有效期内的药品。

中药饮片部分，收载基本医疗保险基金予以支付的饮片，并规定不得纳入基本医疗保险基金支付的饮片。

第三十四条 各省（自治区、直辖市）医疗保障部门要参照本暂行办法，在国家规定的权限内，制定本省（自治区、直辖市）调整《药品目录》的具体办法。

第三十五条 发生严重危害群众健康的公共卫生事件或紧急情况时，国务院医疗保障行政部门可临时调整或授权省级医疗保障行政部门临时调整医保药品支付范围。

第三十六条 原则上《药品目录》不再新增 OTC 药品。

第三十七条 本办法由国务院医疗保障行政部门负责解释，自 2020 年 9 月 1 日起施行。

按照传统既是食品又是中药材的物质目录管理规定

1. 2021年11月10日国家卫生健康委员会发布
2. 国卫食品发〔2021〕36号

第一条 根据《中华人民共和国食品安全法》及其实施条例,为规范按照传统既是食品又是中药材的物质(以下简称食药物质)目录管理,制定本规定。

第二条 以保障食品安全和维护公众健康为宗旨,遵循依法、科学、公开的原则制定食药物质目录并适时更新。

第三条 食药物质是指传统作为食品,且列入《中华人民共和国药典》(以下简称《中国药典》)的物质。

第四条 国家卫生健康委会同市场监管总局制定、公布食药物质目录,对目录实施动态管理。

第五条 纳入食药物质目录的物质应当符合下列要求:

(一)有传统上作为食品食用的习惯;

(二)已经列入《中国药典》;

(三)安全性评估未发现食品安全问题;

(四)符合中药材资源保护、野生动植物保护、生态保护等相关法律法规规定。

第六条 省级卫生健康行政部门结合本辖区情况,向国家卫生健康委提出修订或增补食药物质目录的建议,同时提供下列材料:

(一)物质的基本信息(中文名、拉丁学名、所属科名、食用部位等);

(二)传统作为食品的证明材料(证明已有30年以上作为食品食用的历史);

(三)加工和食用方法等资料;

(四)安全性评估资料;

(五)执行的质量规格和食品安全指标。

第七条 安全性评估资料应符合以下要求:

(一)成分分析报告:包括主要成分和可能的有害成分监测结果及检测方法;

(二)卫生学检验报告:3批有代表性样品的污染物和微生物的检测结果及方法;

(三)毒理学评价报告:至少包括急性经口毒性试验、3项遗传毒性试验、90天经口毒性试验和致畸试验;其中,在古代医籍中有两部以上食疗本草记载无毒性、无服用禁忌(包括不宜久食)的品种,可以只提供本条第(一)、(二)项试验资料;

(四)药理作用的特殊针对性指标的试验资料,包括对主要药理成分的风险评估报告。

第八条 国家卫生健康委委托技术机构负责食药物质目录修订的技术审查等工作。委托的技术机构负责组织相关领域的专家,开展食药物质食品安全风险评估、社会稳定风险评估等工作,形成综合评估意见。市场监管部门根据工作需要,可指派专家参与开展食药物质食品安全风险评估、社会稳定风险评估工作。

根据工作需要,委托的技术机构

可以组织专家现场调研、核查，也可以采取招标、委托等方式选择具有技术能力的单位承担相关研究论证工作。

第九条 国家卫生健康委对技术机构报送的综合评估意见进行审核，将符合本规定要求的物质纳入食药物质目录，会同市场监管总局予以公布。

公布的食药物质目录应当包括中文名、拉丁学名、所属科名、可食用部位等信息。

第十条 有下列情形之一的，应当研究修订目录：

（一）食品安全风险监测和监督管理中有新的科学证据表明存在食品安全问题；

（二）需要对食药物质的基本信息等进行调整；

（三）其他需要修订的情形。

委托的技术机构根据最新研究进展，可以向国家卫生健康委提出修订食药物质目录的建议和风险监测方案。

第十一条 对新纳入食药物质目录的物质，提出建议的省级卫生健康行政部门应当将其列入食品安全风险监测方案。根据风险监测和风险评估结果，适时提出制定或指定适用食品安全国家标准的建议。

第十二条 食品生产经营者使用食药物质应当符合国家法律、法规、食品安全标准和食药物质目录的相关规定，产品标签标识和经营中不得声称具有保健功能、不得涉及疾病预防治疗功能。

第十三条 本规定自发布之日起实施。

5. 血液及血液制品

中华人民共和国献血法

1. 1997年12月29日第八届全国人民代表大会常务委员会第二十九次会议通过
2. 1997年12月29日中华人民共和国主席令第93号公布
3. 自1998年10月1日起施行

第一条 【立法目的】为保证医疗临床用血需要和安全，保障献血者和用血者身体健康，发扬人道主义精神，促进社会主义物质文明和精神文明建设，制定本法。

第二条 【无偿献血制度】国家实行无偿献血制度。

国家提倡十八周岁至五十五周岁的健康公民自愿献血。

第三条 【政府领导】地方各级人民政府领导本行政区域内的献血工作，统一规划并负责组织、协调有关部门共同做好献血工作。

第四条 【监管机关】县级以上各级人民政府卫生行政部门监督管理献血工作。

各级红十字会依法参与、推动献血工作。

第五条 【献血宣传】各级人民政府采取措施广泛宣传献血的意义，普及献血的科学知识，开展预防和控制经血液途径传播的疾病的教育。

新闻媒介应当开展献血的社会公益性宣传。

第六条 【社会动员】国家机关、军队、社会团体、企业事业组织、居民委员会、村民委员会,应当动员和组织本单位或者本居住区的适龄公民参加献血。

现役军人献血的动员和组织办法,由中国人民解放军卫生主管部门制定。

对献血者,发给国务院卫生行政部门制作的无偿献血证书,有关单位可以给予适当补贴。

第七条 【鼓励献血】国家鼓励国家工作人员、现役军人和高等学校在校学生率先献血,为树立社会新风尚作表率。

第八条 【血站及职责】血站是采集、提供临床用血的机构,是不以营利为目的的公益性组织。设立血站向公民采集血液,必须经国务院卫生行政部门或者省、自治区、直辖市人民政府卫生行政部门批准。血站应当为献血者提供各种安全、卫生、便利的条件。血站的设立条件和管理办法由国务院卫生行政部门制定。

第九条 【采血条件、数量】血站对献血者必须免费进行必要的健康检查;身体状况不符合献血条件的,血站应当向其说明情况,不得采集血液。献血者的身体健康条件由国务院卫生行政部门规定。

血站对献血者每次采集血液量一般为二百毫升,最多不得超过四百毫升,两次采集间隔期不少于六个月。

严格禁止血站违反前款规定对献血者超量、频繁采集血液。

第十条 【采血规程和制度】血站采集血液必须严格遵守有关操作规程和制度,采血必须由具有采血资格的医务人员进行,一次性采血器材用后必须销毁,确保献血者的身体健康。

血站应当根据国务院卫生行政部门制定的标准,保证血液质量。

血站对采集的血液必须进行检测;未经检测或者检测不合格的血液,不得向医疗机构提供。

第十一条 【血液使用】无偿献血的血液必须用于临床,不得买卖。血站、医疗机构不得将无偿献血的血液出售给单采血浆站或者血液制品生产单位。

第十二条 【卫生标准】临床用血的包装、储存、运输,必须符合国家规定的卫生标准和要求。

第十三条 【临床核查】医疗机构对临床用血必须进行核查,不得将不符合国家规定标准的血液用于临床。

第十四条 【血液收费】公民临床用血时只交付用于血液的采集、储存、分离、检验等费用;具体收费标准由国务院卫生行政部门会同国务院价格主管部门制定。

无偿献血者临床需要用血时,免交前款规定的费用;无偿献血者的配偶和直系亲属临床需要用血时,可以按照省、自治区、直辖市人民政府的规定免交或者减交前款规定的费用。

第十五条 【应急用血】为保障公民临床急救用血的需要,国家提倡并指导择期手术的患者自身储血,动员家庭、亲友、所在单位以及社会互助献血。

为保证应急用血,医疗机构可以临时采集血液,但应当依照本法规定,确保采血用血安全。

第十六条 【临床用血】医疗机构临床用血应当制定用血计划,遵循合理、科学的原则,不得浪费和滥用血液。

医疗机构应当积极推行按血液成份针对医疗实际需要输血，具体管理办法由国务院卫生行政部门制定。

国家鼓励临床用血新技术的研究和推广。

第十七条 【奖励】各级人民政府和红十字会对积极参加献血和在献血工作中做出显著成绩的单位和个人，给予奖励。

第十八条 【违法采血、售血】有下列行为之一的，由县级以上地方人民政府卫生行政部门予以取缔，没收违法所得，可以并处十万元以下的罚款；构成犯罪的，依法追究刑事责任：

（一）非法采集血液的；

（二）血站、医疗机构出售无偿献血的血液的；

（三）非法组织他人出卖血液的。

第十九条 【血站违规行为】血站违反有关操作规程和制度采集血液，由县级以上地方人民政府卫生行政部门责令改正；给献血者健康造成损害的，应当依法赔偿，对直接负责的主管人员和其他直接责任人员，依法给予行政处分；构成犯罪的，依法追究刑事责任。

第二十条 【临床用血不合规范】临床用血的包装、储存、运输，不符合国家规定的卫生标准和要求的，由县级以上地方人民政府卫生行政部门责令改正，给予警告，可以并处一万元以下的罚款。

第二十一条 【血站提供不合格血液行为】血站违反本法的规定，向医疗机构提供不符合国家规定标准的血液的，由县级以上人民政府卫生行政部门责令改正；情节严重，造成经血液途径传播的疾病传播或者有传播严重危险的，限期整顿，对直接负责的主管人员和其他直接责任人员，依法给予行政处分；构成犯罪的，依法追究刑事责任。

第二十二条 【医疗机构使用不合格血液的】医疗机构的医务人员违反本法规定，将不符合国家规定标准的血液用于患者的，由县级以上地方人民政府卫生行政部门责令改正；给患者健康造成损害的，应当依法赔偿，对直接负责的主管人员和其他直接责任人员，依法给予行政处分；构成犯罪的，依法追究刑事责任。

第二十三条 【玩忽职守】卫生行政部门及其工作人员在献血、用血的监督管理工作中，玩忽职守，造成严重后果，构成犯罪的，依法追究刑事责任；尚不构成犯罪的，依法给予行政处分。

第二十四条 【施行日期】本法自 1998 年 10 月 1 日起施行。

血液制品管理条例

1. *1996 年 12 月 30 日国务院令第 208 号发布*
2. *根据 2016 年 2 月 6 日国务院令第 666 号《关于修改部分行政法规的决定》修订*

第一章 总 则

第一条 为了加强血液制品管理，预防和控制经血液途径传播的疾病，保证血液制品的质量，根据药品管理法和传染病防治法，制定本条例。

第二条 本条例适用于在中华人民共和国境内从事原料血浆的采集、供应以及血液制品的生产、经营活动。

第三条 国务院卫生行政部门对全国的原料血浆的采集、供应和血液制品的生产、经营活动实施监督管理。

县级以上地方各级人民政府卫生行政部门对本行政区域内的原料血浆的采集、供应和血液制品的生产、经营活动，依照本条例第三十条规定的职责实施监督管理。

第二章 原料血浆的管理

第四条 国家实行单采血浆站统一规划、设置的制度。

国务院卫生行政部门根据核准的全国生产用原料血浆的需求，对单采血浆站的布局、数量和规模制定总体规划。省、自治区、直辖市人民政府卫生行政部门根据总体规划制定本行政区域内单采血浆站设置规划和采集血浆的区域规划，并报国务院卫生行政部门备案。

第五条 单采血浆站由血液制品生产单位设置或者由县级人民政府卫生行政部门设置，专门从事单采血浆活动，具有独立法人资格。其他任何单位和个人不得从事单采血浆活动。

第六条 设置单采血浆站，必须具备下列条件：

（一）符合单采血浆站布局、数量、规模的规划；

（二）具有与所采集原料血浆相适应的卫生专业技术人员；

（三）具有与所采集原料血浆相适应的场所及卫生环境；

（四）具有识别供血浆者的身份识别系统；

（五）具有与所采集原料血浆相适应的单采血浆机械及其他设施；

（六）具有对所采集原料血浆进行质量检验的技术人员以及必要的仪器设备。

第七条 申请设置单采血浆站的，由县级人民政府卫生行政部门初审，经设区的市、自治州人民政府卫生行政部门或者省、自治区人民政府设立的派出机关的卫生行政机构审查同意，报省、自治区、直辖市人民政府卫生行政部门审批；经审查符合条件的，由省、自治区、直辖市人民政府卫生行政部门核发《单采血浆许可证》，并报国务院卫生行政部门备案。

单采血浆站只能对省、自治区、直辖市人民政府卫生行政部门划定区域内的供血浆者进行筛查和采集血浆。

第八条 《单采血浆许可证》应当规定有效期。

第九条 在一个采血浆区域内，只能设置一个单采血浆站。

严禁单采血浆站采集非划定区域内的供血浆者和其他人员的血浆。

第十条 单采血浆站必须对供血浆者进行健康检查；检查合格的，由县级人民政府卫生行政部门核发《供血浆证》。

供血浆者健康检查标准，由国务院卫生行政部门制定。

第十一条 《供血浆证》由省、自治区、直辖市人民政府卫生行政部门负责设计和印制。《供血浆证》不得涂改、伪造、转让。

第十二条 单采血浆站在采集血浆前，必须对供血浆者进行身份识别并核实其《供血浆证》，确认无误的，方可按照规定程序进行健康检查和血液化验；对检查、化验合格的，按照有关技术操作标准及程序采集血浆，并建立供血浆者健康检查及供血浆记录档案；对检查、化验不合格的，由单采血浆站收缴《供血浆证》，并由所在地县级人民政府卫生行政部门监督销毁。

严禁采集无《供血浆证》者的血浆。

血浆采集技术操作标准及程序，由国务院卫生行政部门制定。

第十三条 单采血浆站只能向一个与其签订质量责任书的血液制品生产单位供应原料血浆，严禁向其他任何单位供应原料血浆。

第十四条 单采血浆站必须使用单采血浆机械采集血浆，严禁手工操作采集血浆。采集的血浆必须按单人份冰冻保存，不得混浆。

严禁单采血浆站采集血液或者将所采集的原料血浆用于临床。

第十五条 单采血浆站必须使用有产品批准文号并经国家药品生物制品检定机构逐批检定合格的体外诊断试剂以及合格的一次性采血浆器材。

采血浆器材等一次性消耗品使用后，必须按照国家有关规定予以销毁，并作记录。

第十六条 单采血浆站采集的原料血浆的包装、储存、运输，必须符合国家规定的卫生标准和要求。

第十七条 单采血浆站必须依照传染病防治法及其实施办法等有关规定，严格执行消毒管理及疫情上报制度。

第十八条 单采血浆站应当每半年向所在地的县级人民政府卫生行政部门报告有关原料血浆采集情况，同时抄报设区的市、自治州人民政府卫生行政部门或者省、自治区人民政府设立的派出机关的卫生行政机构及省、自治区、直辖市人民政府卫生行政部门。省、自治区、直辖市人民政府卫生行政部门应当每年向国务院卫生行政部门汇总报告本行政区域内原料血浆的采集情况。

第十九条 国家禁止出口原料血浆。

第三章 血液制品生产经营单位管理

第二十条 新建、改建或者扩建血液制品生产单位，经国务院卫生行政部门根据总体规划进行立项审查同意后，由省、自治区、直辖市人民政府卫生行政部门依照药品管理法的规定审核批准。

第二十一条 血液制品生产单位必须达到国务院卫生行政部门制定的《药品生产质量管理规范》规定的标准，经国务院卫生行政部门审查合格，并依法向工商行政管理部门申领营业执照后，方可从事血液制品的生产活动。

第二十二条 血液制品生产单位应当积极开发新品种，提高血浆综合利用率。

血液制品生产单位生产国内已经生产的品种，必须依法向国务院卫生行政部门申请产品批准文号；国内尚未生产的品种，必须按照国家有关新药审批的程序和要求申报。

第二十三条 严禁血液制品生产单位出让、出租、出借以及与他人共用《药品生产企业许可证》和产品批准文号。

第二十四条 血液制品生产单位不得向

无《单采血浆许可证》的单采血浆站或者未与其签订质量责任书的单采血浆站及其他任何单位收集原料血浆。

血液制品生产单位不得向其他任何单位供应原料血浆。

第二十五条 血液制品生产单位在原料血浆投料生产前，必须使用有产品批准文号并经国家药品生物制品检定机构逐批检定合格的体外诊断试剂，对每一人份血浆进行全面复检，并作检测记录。

原料血浆经复检不合格的，不得投料生产，并必须在省级药品监督员监督下按照规定程序和方法予以销毁，并作记录。

原料血浆经复检发现有经血液途径传播的疾病的，必须通知供应血浆的单采血浆站，并及时上报所在地省、自治区、直辖市人民政府卫生行政部门。

第二十六条 血液制品出厂前，必须经过质量检验；经检验不符合国家标准的，严禁出厂。

第二十七条 开办血液制品经营单位，由省、自治区、直辖市人民政府卫生行政部门审核批准。

第二十八条 血液制品经营单位应当具备与所经营的产品相适应的冷藏条件和熟悉所经营品种的业务人员。

第二十九条 血液制品生产经营单位生产、包装、储存、运输、经营血液制品，应当符合国家规定的卫生标准和要求。

第四章 监督管理

第三十条 县级以上地方各级人民政府卫生行政部门依照本条例的规定负责本行政区域内的单采血浆站、供血浆者、原料血浆的采集及血液制品经营单位的监督管理。

省、自治区、直辖市人民政府卫生行政部门依照本条例的规定负责本行政区域内的血液制品生产单位的监督管理。

县级以上地方各级人民政府卫生行政部门的监督人员执行职务时，可以按照国家有关规定抽取样品和索取有关资料，有关单位不得拒绝和隐瞒。

第三十一条 省、自治区、直辖市人民政府卫生行政部门每年组织一次对本行政区域内单采血浆站的监督检查并进行年度注册。

设区的市、自治州人民政府卫生行政部门或者省、自治区人民政府设立的派出机关的卫生行政机构每半年对本行政区域内的单采血浆站进行一次检查。

第三十二条 国家药品生物制品检定机构及国务院卫生行政部门指定的省级药品检验机构，应当依照本条例和国家规定的标准和要求，对血液制品生产单位生产的产品定期进行检定。

第三十三条 国务院卫生行政部门负责全国进出口血液制品的审批及监督管理。

第五章 罚 则

第三十四条 违反本条例规定，未取得省、自治区、直辖市人民政府卫生行政部门核发的《单采血浆许可证》，非法从事组织、采集、供应、倒卖原料血浆活动的，由县级以上地方人民政府卫生行政部门予以取缔，没收违法所得和从事违法活动的器材、设备，并处违法所得5倍以上10倍以下的罚款，没有违法所得的，并处5万元以上10万元以下的罚款；造成经血液途径传播的疾病传播、人身伤害等危害，构成犯罪的，依法追究刑事责任。

第三十五条 单采血浆站有下列行为之一的，由县级以上地方人民政府卫生行政部门责令限期改正，处5万元以上10万元以下的罚款；有第八项所列行为的，或者有下列其他行为并且情节严重的，由省、自治区、直辖市人民政府卫生行政部门吊销《单采血浆许可证》；构成犯罪的，对负有直接责任的主管人员和其他直接责任人员依法追究刑事责任：

（一）采集血浆前，未按照国务院卫生行政部门颁布的健康检查标准对供血浆者进行健康检查和血液化验的；

（二）采集非划定区域内的供血浆者或者其他人员的血浆的，或者不对供血浆者进行身份识别，采集冒名顶替者、健康检查不合格者或者无《供血浆证》者的血浆的；

（三）违反国务院卫生行政部门制定的血浆采集技术操作标准和程序，过频过量采集血浆的；

（四）向医疗机构直接供应原料血浆或者擅自采集血液的；

（五）未使用单采血浆机械进行血浆采集的；

（六）未使用有产品批准文号并经国家药品生物制品检定机构逐批检定合格的体外诊断试剂以及合格的一次性采血浆器材的；

（七）未按照国家规定的卫生标准和要求包装、储存、运输原料血浆的；

（八）对国家规定检测项目检测结果呈阳性的血浆不清除、不及时上报的；

（九）对污染的注射器、采血浆器材及不合格血浆等不经消毒处理，擅自倾倒，污染环境，造成社会危害的；

（十）重复使用一次性采血浆器材的；

（十一）向与其签订质量责任书的血液制品生产单位以外的其他单位供应原料血浆的。

第三十六条 单采血浆站已知其采集的血浆检测结果呈阳性，仍向血液制品生产单位供应的，由省、自治区、直辖市人民政府卫生行政部门吊销《单采血浆许可证》，由县级以上地方人民政府卫生行政部门没收违法所得，并处10万元以上30万元以下的罚款；造成经血液途径传播的疾病传播、人身伤害等危害，构成犯罪的，对负有直接责任的主管人员和其他直接责任人员依法追究刑事责任。

第三十七条 涂改、伪造、转让《供血浆证》的，由县级人民政府卫生行政部门收缴《供血浆证》，没收违法所得，并处违法所得3倍以上5倍以下的罚款，没有违法所得的，并处1万元以下的罚款；构成犯罪的，依法追究刑事责任。

第三十八条 血液制品生产单位有下列行为之一的，由省级以上人民政府卫生行政部门依照药品管理法及其实施办法等有关规定，按照生产假药、劣药予以处罚；构成犯罪的，对负有直接责任的主管人员和其他直接责任人员依法追究刑事责任：

（一）使用无《单采血浆许可证》的单采血浆站或者未与其签订质量责任书的单采血浆站及其他任何单位供应的原料血浆的，或者非法采集原料血浆的；

（二）投料生产前未对原料血浆进行复检的，或者使用没有产品批准文号或者未经国家药品生物制品检定机构逐批检定合格的体外诊断试剂进行复检的，或者将检测不合格的原料血浆投入生产的；

（三）擅自更改生产工艺和质量标准的，或者将检验不合格的产品出厂的；

（四）与他人共用产品批准文号的。

第三十九条 血液制品生产单位违反本条例规定，擅自向其他单位出让、出租、出借以及与他人共用《药品生产企业许可证》、产品批准文号或者供应原料血浆的，由省级以上人民政府卫生行政部门没收违法所得，并处违法所得5倍以上10倍以下的罚款，没有违法所得的，并处5万元以上10万元以下的罚款。

第四十条 违反本条例规定，血液制品生产经营单位生产、包装、储存、运输、经营血液制品不符合国家规定的卫生标准和要求的，由省、自治区、直辖市人民政府卫生行政部门责令改正，可以处1万元以下的罚款。

第四十一条 在血液制品生产单位成品库待出厂的产品中，经抽检有一批次达不到国家规定的指标，经复检仍不合格的，由国务院卫生行政部门撤销该血液制品批准文号。

第四十二条 违反本条例规定，擅自进出口血液制品或者出口原料血浆的，由省级以上人民政府卫生行政部门没收所进出口的血液制品或者所出口的原料血浆和违法所得，并处所进出口的血液制品或者所出口的原料血浆总值3倍以上5倍以下的罚款。

第四十三条 血液制品检验人员虚报、瞒报、涂改、伪造检验报告及有关资料的，依法给予行政处分；构成犯罪的，依法追究刑事责任。

第四十四条 卫生行政部门工作人员滥用职权、玩忽职守、徇私舞弊、索贿受贿，构成犯罪的，依法追究刑事责任；尚不构成犯罪的，依法给予行政处分。

第六章 附 则

第四十五条 本条例下列用语的含义：

血液制品，是特指各种人血浆蛋白制品。

原料血浆，是指由单采血浆站采集的专用于血液制品生产原料的血浆。

供血浆者，是指提供血液制品生产用原料血浆的人员。

单采血浆站，是指根据地区血源资源，按照有关标准和要求并经严格审批设立，采集供应血液制品生产用原料血浆的单位。

第四十六条 本条例施行前已经设立的单采血浆站和血液制品生产经营单位应当自本条例施行之日起6个月内，依照本条例的规定重新办理审批手续;凡不符合本条例规定的,一律予以关闭。

本条例施行前已经设立的单采血浆站适用本条例第六条第五项的时间,由国务院卫生行政部门另行规定。

第四十七条 本条例自发布之日起施行。

血站管理办法

1. 2005年11月17日卫生部令第44号公布
2. 根据2009年3月27日《卫生部关于对〈血站管理办法〉第三十一条进行修订的通知》(卫医政发〔2009〕28号)第一次修订
3. 根据2016年1月19日国家卫生和计划生育委员会令第8号《关于修改〈外国医师来华短期行医暂行管理办法〉等8件部门规章的决定》第二次修订
4. 根据2017年12月26日国家卫生和计划生育委员会令第18号《关于修改〈新食品原料安全性审查管理办法〉等7件部门规章的决定》第三次修订

第一章 总 则

第一条 为了确保血液安全,规范血站执业行为,促进血站的建设与发展,根据《献血法》制定本办法。

第二条 本办法所称血站是指不以营利为目的,采集、提供临床用血的公益性卫生机构。

第三条 血站分为一般血站和特殊血站。

一般血站包括血液中心、中心血站和中心血库。

特殊血站包括脐带血造血干细胞库和国家卫生计生委根据医学发展需要批准、设置的其他类型血库。

第四条 血液中心、中心血站和中心血库由地方人民政府设立。

血站的建设和发展纳入当地国民经济和社会发展计划。

第五条 国家卫生计生委根据全国医疗资源配置、临床用血需求,制定全国采供血机构设置规划指导原则,并负责全国血站建设规划的指导。

省、自治区、直辖市人民政府卫生计生行政部门应当根据前款规定,结合本行政区域人口、医疗资源、临床用血需求等实际情况和当地区域卫生发展规划,制定本行政区域血站设置规划,报同级人民政府批准,并报国家卫生计生委备案。

第六条 国家卫生计生委主管全国血站的监督管理工作。

县级以上地方人民政府卫生计生行政部门负责本行政区域内血站的监督管理工作。

第七条 鼓励和支持开展血液应用研究和技术创新工作,以及与临床输血有关的科学技术的国际交流与合作。

第二章 一般血站管理

第一节 设置、职责与执业登记

第八条 血液中心应当设置在直辖市、省会市、自治区首府市。其主要职责是:

(一)按照省级人民政府卫生计生行政部门的要求,在规定范围内开展无偿献血者的招募、血液的采集与制备、临床用血供应以及医疗用血的业务指导等工作;

（二）承担所在省、自治区、直辖市血站的质量控制与评价；

（三）承担所在省、自治区、直辖市血站的业务培训与技术指导；

（四）承担所在省、自治区、直辖市血液的集中化检测任务；

（五）开展血液相关的科研工作；

（六）承担卫生计生行政部门交办的任务。

血液中心应当具有较高综合质量评价的技术能力。

第九条 中心血站应当设置在设区的市。其主要职责是：

（一）按照省级人民政府卫生计生行政部门的要求，在规定范围内开展无偿献血者的招募、血液的采集与制备、临床用血供应以及医疗用血的业务指导等工作；

（二）承担供血区域范围内血液储存的质量控制；

（三）对所在行政区域内的中心血库进行质量控制；

（四）承担卫生计生行政部门交办的任务。

直辖市、省会市、自治区首府市已经设置血液中心的，不再设置中心血站；尚未设置血液中心的，可以在已经设置的中心血站基础上加强能力建设，履行血液中心的职责。

第十条 中心血库应当设置在中心血站服务覆盖不到的县级综合医院内。其主要职责是，按照省级人民政府卫生计生行政部门的要求，在规定范围内开展无偿献血者的招募、血液的采集与制备、临床用血供应以及医疗用血业务指导等工作。

第十一条 省、自治区、直辖市人民政府卫生计生行政部门依据采供血机构设置规划批准设置血站，并报国家卫生计生委备案。

省、自治区、直辖市人民政府卫生计生行政部门负责明确辖区内各级卫生计生行政部门监管责任和血站的职责；根据实际供血距离与能力等情况，负责划定血站采供血服务区域，采供血服务区域可以不受行政区域的限制。

同一行政区域内不得重复设置血液中心、中心血站。

血站与单采血浆站不得在同一县级行政区域内设置。

第十二条 省、自治区、直辖市人民政府卫生计生行政部门应当统一规划、设置集中化检测实验室，并逐步实施。

第十三条 血站开展采供血活动，应当向所在省、自治区、直辖市人民政府卫生计生行政部门申请办理执业登记，取得《血站执业许可证》。没有取得《血站执业许可证》的，不得开展采供血活动。

《血站执业许可证》有效期为三年。

第十四条 血站申请办理执业登记必须填写《血站执业登记申请书》。

省级人民政府卫生计生行政部门在受理血站执业登记申请后，应当组织有关专家或者委托技术部门，根据《血站质量管理规范》和《血站实验室质量管理规范》，对申请单位进行技术审查，并提交技术审查报告。

省级人民政府卫生计生行政部门应当在接到专家或者技术部门的技术

审查报告后二十日内对申请事项进行审核。审核合格的，予以执业登记，发给国家卫生计生委统一样式的《血站执业许可证》及其副本。

第十五条 有下列情形之一的，不予执业登记：

（一）《血站质量管理规范》技术审查不合格的；

（二）《血站实验室质量管理规范》技术审查不合格的；

（三）血液质量检测结果不合格的。

执业登记机关对审核不合格、不予执业登记的，将结果和理由以书面形式通知申请人。

第十六条 《血站执业许可证》有效期满前三个月，血站应当办理再次执业登记，并提交《血站再次执业登记申请书》及《血站执业许可证》。

省级人民政府卫生计生行政部门应当根据血站业务开展和监督检查情况进行审核，审核合格的，予以继续执业。未通过审核的，责令其限期整改；经整改仍审核不合格的，注销其《血站执业许可证》。

未办理再次执业登记手续或者被注销《血站执业许可证》的血站，不得继续执业。

第十七条 血站因采供血需要，在规定的服务区域内设置分支机构，应当报所在省、自治区、直辖市人民政府卫生计生行政部门批准；设置固定采血点（室）或者流动采血车的，应当报省、自治区、直辖市人民政府卫生计生行政部门备案。

为保证辖区内临床用血需要，血站可以设置储血点储存血液。储血点应当具备必要的储存条件，并由省级卫生计生行政部门批准。

第十八条 根据规划予以撤销的血站，应当在撤销后十五日内向执业登记机关申请办理注销执业登记。逾期不办理的，由执业登记机关依程序予以注销，并收回《血站执业许可证》及其副本和全套印章。

第二节 执 业

第十九条 血站执业，应当遵守有关法律、行政法规、规章和技术规范。

第二十条 血站应当根据医疗机构临床用血需求，制定血液采集、制备、供应计划，保障临床用血安全、及时、有效。

第二十一条 血站应当开展无偿献血宣传。

血站开展献血者招募，应当为献血者提供安全、卫生、便利的条件和良好的服务。

第二十二条 血站应当按照国家有关规定对献血者进行健康检查和血液采集。

血站采血前应当对献血者身份进行核对并进行登记。

严禁采集冒名顶替者的血液。严禁超量、频繁采集血液。

血站不得采集血液制品生产用原料血浆。

第二十三条 献血者应当按照要求出示真实的身份证明。

任何单位和个人不得组织冒名顶替者献血。

第二十四条 血站采集血液应当遵循自愿和知情同意的原则，并对献血者履行规定的告知义务。

血站应当建立献血者信息保密制度,为献血者保密。

第二十五条 血站应当建立对有易感染经血液传播疾病危险行为的献血者献血后的报告工作程序、献血屏蔽和淘汰制度。

第二十六条 血站开展采供血业务应当实行全面质量管理,严格遵守《中国输血技术操作规程》、《血站质量管理规范》和《血站实验室质量管理规范》等技术规范和标准。

血站应当建立人员岗位责任制度和采供血管理相关工作制度,并定期检查、考核各项规章制度和各级各类人员岗位责任制的执行和落实情况。

第二十七条 血站应当对血站工作人员进行岗位培训与考核。血站工作人员应当符合岗位执业资格的规定,并经岗位培训与考核合格后方可上岗。

血站工作人员每人每年应当接受不少于75学时的岗位继续教育。

省级人民政府卫生计生行政部门应当制定血站工作人员培训标准或指南,并对血站开展的岗位培训、考核工作进行指导和监督。

第二十八条 血站各业务岗位工作记录应当内容真实、项目完整、格式规范、字迹清楚、记录及时,有操作者签名。

记录内容需要更改时,应当保持原记录内容清晰可辨,注明更改内容、原因和日期,并在更改处签名。

献血、检测和供血的原始记录应当至少保存十年,法律、行政法规和国家卫生计生委另有规定的,依照有关规定执行。

第二十九条 血站应当保证所采集的血液由具有血液检测实验室资格的实验室进行检测。

对检测不合格或者报废的血液,血站应当严格按照有关规定处理。

第三十条 血站应当制定实验室室内质控与室间质评制度,确保试剂、卫生器材、仪器、设备在使用过程中能达到预期效果。

血站的实验室应当配备必要的生物安全设备和设施,并对工作人员进行生物安全知识培训。

第三十一条 血液标本的保存期为全血或成分血使用后二年。

第三十二条 血站应当加强消毒、隔离工作管理,预防和控制感染性疾病的传播。

血站产生的医疗废物应当按《医疗废物管理条例》规定处理,做好记录与签字,避免交叉感染。

第三十三条 血站及其执行职务的人员发现法定传染病疫情时,应当按照《传染病防治法》和国家卫生计生委的规定向有关部门报告。

第三十四条 血液的包装、储存、运输应当符合《血站质量管理规范》的要求。血液包装袋上应当标明:

(一)血站的名称及其许可证号;

(二)献血编号或者条形码;

(三)血型;

(四)血液品种;

(五)采血日期及时间或者制备日期及时间;

(六)有效日期及时间;

(七)储存条件。

第三十五条 血站应当保证发出的血液

质量符合国家有关标准，其品种、规格、数量、活性、血型无差错；未经检测或者检测不合格的血液，不得向医疗机构提供。

第三十六条 血站应当建立质量投诉、不良反应监测和血液收回制度。

第三十七条 血站应当加强对其所设储血点的质量监督，确保储存条件，保证血液储存质量；按照临床需要进行血液储存和调换。

第三十八条 血站使用的药品、体外诊断试剂、一次性卫生器材应当符合国家有关规定。

第三十九条 血站应当按照有关规定，认真填写采供血机构统计报表，及时准确上报。

第四十条 血站应当制定紧急灾害应急预案，并从血源、管理制度、技术能力和设备条件等方面保证预案的实施。在紧急灾害发生时服从县级以上人民政府卫生计生行政部门的调遣。

第四十一条 因临床、科研或者特殊需要，需要从外省、自治区、直辖市调配血液的，由省级人民政府卫生计生行政部门组织实施。

禁止临床医疗用途的人体血液、血浆进出口。

第四十二条 无偿献血的血液必须用于临床，不得买卖。

血站剩余成分血浆由省、自治区、直辖市人民政府卫生计生行政部门协调血液制品生产单位解决。

第四十三条 血站必须严格执行国家有关报废血处理和有易感染经血液传播疾病危险行为的献血者献血后保密性弃血处理的规定。

第四十四条 血站剩余成分血浆以及因科研或者特殊需要用血而进行的调配所得的收入，全部用于无偿献血者用血返还费用，血站不得挪作他用。

第三章 特殊血站管理

第四十五条 国家卫生计生委根据全国人口分布、卫生资源、临床造血干细胞移植需要等实际情况，统一制定我国脐带血造血干细胞库等特殊血站的设置规划和原则。

国家不批准设置以营利为目的的脐带血造血干细胞库等特殊血站。

第四十六条 申请设置脐带血造血干细胞库等特殊血站的，应当按照国家卫生计生委规定的条件向所在地省级人民政府卫生计生行政部门申请。省级人民政府卫生计生行政部门组织初审后报国家卫生计生委。

国家卫生计生委对脐带血造血干细胞库等特殊血站设置审批按照申请的先后次序进行。

第四十七条 脐带血造血干细胞库等特殊血站执业，应当向所在地省级人民政府卫生计生行政部门申请办理执业登记。

省级卫生计生行政部门应当组织有关专家和技术部门，按照本办法和国家卫生计生委制定的脐带血造血干细胞库等特殊血站的基本标准、技术规范，对申请单位进行技术审查及执业验收。审查合格的，发给《血站执业许可证》，并注明开展的业务。《血站执业许可证》有效期为三年。

未取得《血站执业许可证》的，不得开展采供脐带血造血干细胞等业务。

第四十八条 脐带血造血干细胞库等特殊血站在《血站执业许可证》有效期满后继续执业的，应当在《血站执业许可证》有效期满前三个月向原执业登记的省级人民政府卫生计生行政部门申请办理再次执业登记手续。

第四十九条 脐带血造血干细胞库等特殊血站执业除应当遵守本办法第二章第二节一般血站的执业要求外，还应当遵守以下规定：

（一）按照国家卫生计生委规定的脐带血造血干细胞库等特殊血站的基本标准、技术规范等执业；

（二）脐带血等特殊血液成分的采集必须符合医学伦理的有关要求，并遵循自愿和知情同意的原则。脐带血造血干细胞库必须与捐献者签署经执业登记机关审核的知情同意书；

（三）脐带血造血干细胞库等特殊血站只能向有造血干细胞移植经验和基础，并装备有造血干细胞移植所需的无菌病房和其他必须设施的医疗机构提供脐带血造血干细胞；

（四）脐带血等特殊血液成分必须用于临床。

第四章　监督管理

第五十条 县级以上人民政府卫生计生行政部门对采供血活动履行下列职责：

（一）制定临床用血储存、配送管理办法，并监督实施；

（二）对下级卫生计生行政部门履行本办法规定的血站管理职责进行监督检查；

（三）对辖区内血站执业活动进行日常监督检查，组织开展对采供血质量的不定期抽检；

（四）对辖区内临床供血活动进行监督检查；

（五）对违反本办法的行为依法进行查处。

第五十一条 各级人民政府卫生计生行政部门应当对无偿献血者的招募、采血、供血活动予以支持、指导。

第五十二条 省级人民政府卫生计生行政部门应当对本辖区内的血站执行有关规定情况和无偿献血比例、采供血服务质量、业务指导、人员培训、综合质量评价技术能力等情况进行评价及监督检查，按照国家卫生计生委的有关规定将结果上报，同时向社会公布。

第五十三条 国家卫生计生委定期对血液中心执行有关规定情况和无偿献血比例、采供血服务质量、业务指导、人员培训、综合质量评价技术能力等情况以及脐带血造血干细胞库等特殊血站的质量管理状况进行评价及监督检查，并将结果向社会公布。

第五十四条 卫生计生行政部门在进行监督检查时，有权索取有关资料，血站不得隐瞒、阻碍或者拒绝。

卫生计生行政部门对血站提供的资料负有保密的义务，法律、行政法规或者部门规章另有规定的除外。

第五十五条 卫生计生行政部门和工作人员在履行职责时，不得有以下行为：

（一）对不符合法定条件的，批准其设置、执业登记或者变更登记，或者超越职权批准血站设置、执业登记或者变更登记；

（二）对符合法定条件和血站设置规划的，不予批准其设置、执业登记或者变更登记；或者不在法定期限内批准其设置、执业登记或者变更登记；

（三）对血站不履行监督管理职责；

（四）其他违反本办法的行为。

第五十六条 各级人民政府卫生计生行政部门应当建立血站监督管理的举报、投诉机制。

卫生计生行政部门对举报人和投诉人负有保密的义务。

第五十七条 国家实行血液质量监测、检定制度，对血站质量管理、血站实验室质量管理实行技术评审制度，具体办法由国家卫生计生委另行制定。

第五十八条 血站有下列情形之一的，由省级人民政府卫生计生行政部门注销其《血站执业许可证》：

（一）《血站执业许可证》有效期届满未办理再次执业登记的；

（二）取得《血站执业许可证》后一年内未开展采供血工作的。

第五章 法律责任

第五十九条 有下列行为之一的，属于非法采集血液，由县级以上地方人民政府卫生计生行政部门按照《献血法》第十八条的有关规定予以处罚；构成犯罪的，依法追究刑事责任：

（一）未经批准，擅自设置血站，开展采供血活动的；

（二）已被注销的血站，仍开展采供血活动的；

（三）已取得设置批准但尚未取得《血站执业许可证》即开展采供血活动，或者《血站执业许可证》有效期满未再次登记仍开展采供血活动的；

（四）租用、借用、出租、出借、变造、伪造《血站执业许可证》开展采供血活动的。

第六十条 血站出售无偿献血血液的，由县级以上地方人民政府卫生计生行政部门按照《献血法》第十八条的有关规定，予以处罚；构成犯罪的，依法追究刑事责任。

第六十一条 血站有下列行为之一的，由县级以上地方人民政府卫生计生行政部门予以警告、责令改正；逾期不改正，或者造成经血液传播疾病发生，或者其他严重后果的，对负有责任的主管人员和其他直接负责人员，依法给予行政处分；构成犯罪的，依法追究刑事责任：

（一）超出执业登记的项目、内容、范围开展业务活动的；

（二）工作人员未取得相关岗位执业资格或者未经执业注册而从事采供血工作的；

（三）血液检测实验室未取得相应资格即进行检测的；

（四）擅自采集原料血浆、买卖血液的；

（五）采集血液前，未按照国家颁布的献血者健康检查要求对献血者进行健康检查、检测的；

（六）采集冒名顶替者、健康检查不合格者血液以及超量、频繁采集血液的；

（七）违反输血技术操作规程、有关质量规范和标准的；

（八）采血前未向献血者、特殊血

液成分捐赠者履行规定的告知义务的;

（九）擅自涂改、毁损或者不按规定保存工作记录的;

（十）使用的药品、体外诊断试剂、一次性卫生器材不符合国家有关规定的;

（十一）重复使用一次性卫生器材的;

（十二）对检测不合格或者报废的血液,未按有关规定处理的;

（十三）擅自与外省、自治区、直辖市调配血液的;

（十四）未按规定保存血液标本的;

（十五）脐带血造血干细胞库等特殊血站违反有关技术规范的。

血站造成经血液传播疾病发生或者其他严重后果的,卫生计生行政部门在行政处罚的同时,可以注销其《血站执业许可证》。

第六十二条 临床用血的包装、储存、运输,不符合国家规定的卫生标准和要求的,由县级以上地方人民政府卫生计生行政部门责令改正,给予警告。

第六十三条 血站违反规定,向医疗机构提供不符合国家规定标准的血液的,由县级以上人民政府卫生计生行政部门责令改正;情节严重,造成经血液途径传播的疾病传播或者有传播严重危险的,限期整顿,对直接负责的主管人员和其他责任人员,依法给予行政处分;构成犯罪的,依法追究刑事责任。

第六十四条 卫生计生行政部门及其工作人员违反本办法有关规定,有下列情形之一的,依据《献血法》、《行政许可法》的有关规定,由上级行政机关或者监察机关责令改正;情节严重的,对直接负责的主管人员和其他直接责任人员依法给予行政处分;构成犯罪的,依法追究刑事责任:

（一）未按规定的程序审查而使不符合条件的申请者得到许可的;

（二）对不符合条件的申请者准予许可或者超越法定职权作出准予许可决定的;

（三）在许可审批过程中弄虚作假的;

（四）对符合条件的设置及执业登记申请不予受理的;

（五）对符合条件的申请不在法定期限内作出许可决定的;

（六）不依法履行监督职责,或者监督不力造成严重后果的;

（七）其他在执行本办法过程中,存在滥用职权,玩忽职守,徇私舞弊,索贿受贿等行为的。

第六章　附　　则

第六十五条 本办法下列用语的含义:

血液,是指全血、血液成分和特殊血液成分。

脐带血,是指与孕妇和新生儿血容量和血循环无关的,由新生儿脐带扎断后的远端所采集的胎盘血。

脐带血造血干细胞库,是指以人体造血干细胞移植为目的,具有采集、处理、保存和提供造血干细胞的能力,并具有相当研究实力的特殊血站。

第六十六条 本办法实施前已经设立的血站应当在本办法实施后九个月内,

依照本办法规定进行调整。

省级人民政府卫生计生行政部门应当按照血液中心标准对现有血液中心进行审核，未达到血液中心标准的，应当责令限期整改。整改仍不合格的，卫生计生行政部门应当取消血液中心设置。对符合中心血站执业标准的，按照中心血站标准审核设置与执业登记。

第六十七条 本办法自2006年3月1日起施行。1998年9月21日颁布的《血站管理办法》（暂行）同时废止。

单采血浆站管理办法

1. 2008年1月4日卫生部令第58号公布

2. 根据2015年5月27日国家卫生和计划生育委员会令第6号《关于修订〈单采血浆站管理办法〉的决定》第一次修订

3. 根据2016年1月19日国家卫生和计划生育委员会令第8号《关于修改〈外国医师来华短期行医暂行管理办法〉等8件部门规章的决定》第二次修订

第一章 总 则

第一条 为加强单采血浆站的监督管理，预防和控制经血液途径传播的疾病，保障供血浆者健康，保证原料血浆质量，根据《血液制品管理条例》，制定本办法。

第二条 本办法所称单采血浆站是指根据地区血源资源，按照有关标准和要求并经严格审批设立，采集供应血液制品生产用原料血浆的单位。

单采血浆站由血液制品生产单位设置，具有独立的法人资格。其他任何单位和个人不得从事单采血浆活动。

第三条 本办法所称供血浆者是指提供血液制品生产用原料血浆的人员。

划定采浆区域内具有当地户籍的18岁到55岁健康公民可以申请登记为供血浆者。

第四条 国家卫生计生委根据全国生产用原料血浆的需求、经济发展状况、疾病流行情况等，制定全国采供血机构设置规划指导原则。

省、自治区、直辖市人民政府卫生计生行政部门根据国家卫生计生委《采供血机构设置规划指导原则》，结合本行政区域疾病流行、供血浆能力等实际情况和当地区域卫生发展规划，制定本地区的单采血浆站设置规划，并组织实施。单采血浆站设置规划应当报国家卫生计生委备案。

第五条 国家卫生计生委负责全国单采血浆站的监督管理工作。

县级以上地方人民政府卫生计生行政部门负责本行政区域内单采血浆站的监督管理工作。

第二章 设置审批

第六条 血液制品生产单位设置单采血浆站应当符合当地单采血浆站设置规划，并经省、自治区、直辖市人民政府卫生计生行政部门批准。

第七条 单采血浆站应当设置在县（旗）及县级市，不得与一般血站设置在同一县级行政区域内。

有地方病或者经血传播的传染病流行、高发的地区不得规划设置单采血浆站。

上一年度和本年度自愿无偿献血未能满足临床用血的市级行政区域内不得新建单采血浆站。

第八条 省、自治区、直辖市人民政府卫生计生行政部门根据实际情况，划定单采血浆站的采浆区域。采浆区域的选择应当保证供血浆者的数量，能满足原料血浆年采集量不少于30吨。新建单采血浆站在3年内达到年采集量不少于30吨。

第九条 设置单采血浆站必须具备下列条件：

（一）符合采供血机构设置规划、单采血浆站设置规划以及《单采血浆站基本标准》要求的条件；

（二）具有与所采集原料血浆相适应的卫生专业技术人员；

（三）具有与所采集原料血浆相适应的场所及卫生环境；

（四）具有识别供血浆者的身份识别系统；

（五）具有与所采集原料血浆相适应的单采血浆机械及其他设施；

（六）具有对所采集原料血浆进行质量检验的技术人员以及必要的仪器设备；

（七）符合国家生物安全管理相关规定。

第十条 申请设置单采血浆站的血液制品生产单位，应当向单采血浆站设置地的县级人民政府卫生计生行政部门提交《设置单采血浆站申请书》，并提交下列材料：

（一）申请设置单采血浆站的血液制品生产单位的有关情况以及法人登记证书；

（二）拟设单采血浆站的可行性研究报告。内容包括：

1. 拟设单采血浆站基本情况，包括名称、地址、规模、任务、功能、组织结构等；

2. 拟设单采血浆站血浆采集区域及区域内疾病流行状况、适龄健康供血浆人口情况、机构运行及环境保护措施的预测分析；

3. 拟设单采血浆站的选址和建筑设计平面图；

4. 申请开展的业务项目、技术设备条件资料；

5. 污水、污物以及医疗废物处理方案；

（三）单采血浆站用房的房屋产权证明或者使用权证明；

（四）拟设单采血浆站的法定代表人及其主要负责人的身份证明文件和专业履历；

（五）单采血浆站从业人员名单及资格证书；

（六）单采血浆站的各项规章制度。

第十一条 有下列情形之一的，不得申请设置新的单采血浆站：

（一）拟设置的单采血浆站不符合采供血机构设置规划或者当地单采血浆站设置规划要求的；

（二）省级卫生计生行政部门未同意划定采浆区域的；

（三）血液制品生产单位被吊销药品生产质量管理规范（GMP）证书未满5年的；

（四）血液制品生产单位发生过非法采集血浆或者擅自调用血浆行为的；

（五）血液制品生产单位注册的血液制品少于6个品种的，承担国家计划免疫任务的血液制品生产单位少于5个品种的。

第十二条 下列人员不得作为新建单采血浆站的法定代表人或者主要负责人：

（一）正在服刑或者不具有完全民事行为能力的人；

（二）发生血液安全事故未满5年的责任人；

（三）被吊销《单采血浆许可证》或者《血站执业许可证》未满10年的单采血浆站或者血站的法定代表人、主要负责人及责任人；

（四）被吊销药品生产质量管理规范（GMP）证书未满5年的血液制品生产单位法定代表人或者主要负责人；

（五）被卫生计生行政部门责令限期改正3个月以上或者给予罚款5－10万元处罚未满3年的单采血浆站的法定代表人、主要负责人及责任人。

第十三条 县级人民政府卫生计生行政部门在收到全部申请材料后进行初审，经设区的市、自治州人民政府卫生计生行政部门审查同意后，报省级人民政府卫生计生行政部门审批。

第十四条 省级人民政府卫生计生行政部门在收到单采血浆站申请材料后，可以组织有关专家或者委托技术机构，根据《单采血浆站质量管理规范》进行技术审查。

经审查符合条件的，由省级人民政府卫生计生行政部门核发《单采血浆许可证》，并在设置审批后10日内报国家卫生计生委备案；经审查不符合条件的，应当将不予批准的理由书面通知申请人。

第十五条 申请设置单采血浆站不符合本办法第九条、第十一条、第十二条规定的不予批准。

第十六条 《单采血浆许可证》有效期为2年。

《单采血浆许可证》的主要内容为：

（一）设置单采血浆站的血液制品生产单位名称；

（二）单采血浆站的名称、地址、法定代表人或者主要负责人；

（三）业务项目及采浆区域（范围）；

（四）发证机关、发证日期、许可证号和有效期。

第十七条 《单采血浆许可证》有效期满前3个月，单采血浆站应当向原发证部门申请延续，并提交下列材料：

（一）《单采血浆许可证》的复印件；

（二）执业期间运行情况的报告，包括原料血浆采集的数量、定期自检报告等；

（三）卫生计生行政部门监督检查的意见及整改情况等；

（四）技术机构根据《单采血浆站质量管理规范》出具的技术审查报告。

第十八条 省级人民政府卫生计生行政部门根据单采血浆站上一执业周期业务开展情况、技术审查和监督检查等情况进行审核，审核合格的，予以延续。经审核不合格的，责令其限期整改；经整改仍不合格的，注销其《单采血浆许可证》。

未办理延续申请或者被注销《单采血浆许可证》的单采血浆站，不得继续执业。

第十九条 单采血浆站变更名称、地址、法定代表人、业务项目等内容的，应当向原发证部门办理变更登记手续。

设置单采血浆站的血液制品生产单位发生变更的，该单采血浆站应当重新办理《单采血浆许可证》，原《单采血浆许可证》注销。

第二十条 县级以上地方各级人民政府卫生计生行政部门审核批准设置单采血浆站的程序和期限，按照《行政许可法》、《卫生行政许可管理办法》等有关规定执行。

第三章 执 业

第二十一条 单采血浆站执业，应当遵守有关法律、法规、规章和技术规范。

单采血浆站的法定代表人或者主要负责人应当对采集的原料血浆质量安全负责。

第二十二条 单采血浆站应当在规定的采浆区域内组织、动员供血浆者，并对供血浆者进行相应的健康教育，为供血浆者提供安全、卫生、便利的条件和良好的服务。

第二十三条 单采血浆站应当按照《中华人民共和国药典》血液制品原料血浆规程对申请供血浆者进行健康状况征询、健康检查和血样化验，并按照国家卫生计生委发布的供血浆者须知对供血浆者履行告知义务。

对健康检查合格的申请供血浆者，核对身份证后，填写供血浆者名册，报所在地县级人民政府卫生计生行政部门。省级人民政府卫生计生行政部门应当在本省和相邻省内进行供血浆者信息检索，确认未在其他单采血浆站登记，将有关信息进行反馈，由县级人民政府卫生计生行政部门发给《供血浆证》。

《供血浆证》内容至少应当包括：姓名、性别、血型、民族、身份证号码、2年内免冠证件照、家庭住址、建卡日期和编号。

第二十四条 有下列情况之一的，不予发给《供血浆证》：

（一）健康检查、化验不合格的；

（二）曾伪造身份证明，持有2个以上《供血浆证》的；

（三）已在其他单采血浆站登记为供血浆者的；

（四）当地户籍部门未能核实其身份信息的。

第二十五条 单采血浆站应当建立供血浆者管理档案，记录供血浆者供血浆情况、健康检查情况。建立供血浆者永久淘汰、暂时拒绝及不予发放《供血浆证》者档案名册。同时采用计算机管理档案并建立供血浆者身份识别系统。

第二十六条 单采血浆站在采集血浆中发现《供血浆证》内容变更的，或者供血浆者健康检查不合格的，应当收缴《供血浆证》并及时告知当地县级人民政府卫生计生行政部门。

第二十七条 单采血浆站应当根据登记的供血浆者供血浆实际情况和血液制品生产单位原料血浆需求情况，制定采浆工作计划，合理安排供血浆者供血浆。

第二十八条 单采血浆站采集原料血浆应当遵循自愿和知情同意的原则。

对需要进行特殊免疫的供血浆者，应当告知特殊免疫的意义、作用、方法、步骤和不良反应，征得供血浆者本人书面同意后，方可按照国家规定的免疫程序进行免疫。免疫情况和不良反应处理应当详细记录。

第二十九条 单采血浆站在每次采集血浆前，必须将供血浆者持有的身份证或者其他有效身份证明、《供血浆证》与计算机档案管理内容进行核实，确认无误的，方可按照规定程序进行健康检查和血样化验；对检查、化验合格的，按照有关技术操作标准和程序采集血浆，并详细记录。

第三十条 单采血浆站必须使用单采血浆机械采集血浆，严禁手工采集血浆。

每次采集供血浆者的血浆量不得超过580毫升(含抗凝剂溶液，以容积比换算质量比不超过600克)。严禁超量采集血浆。

两次供血浆时间间隔不得少于14天。严禁频繁采集血浆。

严禁采集非划定采浆区域内供血浆者的血浆。严禁采集冒名顶替者及无《供血浆证》者的血浆。

严禁采集血液或者将所采集的原料血浆用于临床。

第三十一条 单采血浆站应当建立对有易感染经血液传播疾病危险行为的供血浆者供血浆后的报告工作程序、供血浆者屏蔽和淘汰制度。

第三十二条 单采血浆站应当对血浆采集工作实行全面质量管理，严格遵守《中华人民共和国药典》血液制品原料血浆规程、《单采血浆站质量管理规范》等技术规范和标准。

第三十三条 单采血浆站应当建立人员岗位责任制和采供血浆管理相关工作制度，并定期检查、考核各项规章制度和各级各类人员岗位责任制的执行和落实情况。

第三十四条 单采血浆站应当对关键岗位工作人员进行岗位培训与考核。单采血浆站关键岗位工作人员应当符合岗位执业资格的规定，并经岗位培训与考核合格后方可上岗。

单采血浆站工作人员每人每年应当接受不少于75学时的岗位继续教育。

省级人民政府卫生计生行政部门应当制定单采血浆站工作人员培训标准或指南，并对单采血浆站开展的岗位培训、考核工作进行指导和监督。

第三十五条 单采血浆站各业务岗位工作记录应当内容真实、项目完整、格式规范、字迹清楚、记录及时，有操作者和复核者签名。

记录内容需要更改时，应当保持原记录内容清晰可辨，注明更改内容和日期，并在更改处签名。

血浆采集、检测和供浆的原始记录应当至少保存10年，法律、法规和国家卫生计生委另有规定的，依照有关规定执行。

第三十六条 单采血浆站应当保证所采集的血浆均进行严格的检测。

第三十七条 血浆采集后必须单人份冰冻保存，严禁混浆。

第三十八条 单采血浆站应当制定实验室室内质控与室间质评制度，并定期参加省级以上室间质量考评，确保试剂、卫生器材、仪器、设备在使用过程中能达到预期效果。

单采血浆站的实验室应当配备必要的生物安全设备和设施，工作人员应当接受生物安全知识培训。

第三十九条 单采血浆站所采集的每袋血浆必须留存血浆标本，保存期应不少于血液制品生产投料后 2 年。

第四十条 单采血浆站应当加强消毒、隔离工作管理，预防和控制感染性疾病的传播。

单采血浆站产生的医疗废物应当按照《医疗废物管理条例》规定处理，做好记录与签字，避免交叉感染。

第四十一条 单采血浆站及其执行职务的人员发现法定传染病疫情时，应当按照《传染病防治法》和国家卫生计生委的规定向有关部门报告。

第四十二条 原料血浆的采集、包装、储存、运输应当符合《单采血浆站质量管理规范》的要求。

原料血浆包装袋标签上必须标明：

（一）单采血浆站的名称；

（二）供血浆者姓名、编号或者条形码；

（三）血浆重量、血浆类型、采集日期、血浆编号、有效期；

（四）储存条件。

原料血浆储存、运输装箱时，每箱内均应有装箱单，并附有化验合格单以及血浆复检标本。

第四十三条 单采血浆站只能向设置其的血液制品生产单位供应原料血浆。

单采血浆站应当保证发出的原料血浆质量符合国家有关标准，其品种、规格、数量无差错，血浆的生物活性保存完好。

第四十四条 单采血浆站使用的药品、体外诊断试剂、一次性卫生器材应当符合国家有关规定。

第四十五条 单采血浆站必须使用计算机系统管理供血浆者信息、采供血浆和相关工作过程。建立血浆标识的管理程序，确保所有血浆可以追溯到相应的供血浆者和供血浆过程，确保所使用的物料批号以及所有制备、检验、运输记录完整。血浆标识应当采用条形码技术。同一血浆条形码至少 50 年不重复。

第四十六条 单采血浆站应当每半年向所在地县级人民政府卫生计生行政部门报告有关原料血浆采集情况。

第四十七条 单采血浆站应当制定紧急灾害应急预案，并从血源、管理制度、技术能力和设备条件等方面保证预案的实施。在紧急灾害发生时服从县级以上人民政府卫生计生行政部门的调遣。

第四十八条 单采血浆站必须严格执行国家有关报废血处理和有易感染经血液传播疾病危险行为的供血浆者供血浆后保密性弃血处理的规定。

第四十九条 单采血浆站的工作人员必须每年进行一次体格检查，建立职工健康档案。患有传染病、严重皮肤感染和体表伤口未愈者，不得从事采集血浆、检验、消毒、供应等岗位工作。

第五十条 单采血浆站每年应当委托技术机构按照《单采血浆站质量管理规范》要求进行不少于一次的技术审查。

第五十一条 技术机构提供的单采血浆站技术评价、检测结果应当客观、真实。

第四章 监督管理

第五十二条 县级以上地方人民政府卫生计生行政部门负责本行政区域内单采血浆站监督管理工作，制定年度监督检查计划，检查内容包括：

（一）执行法律、法规、规章、技术标准和规范情况；

（二）单采血浆站各项规章制度和工作人员岗位责任制落实情况；

（三）供血浆者管理，检验，原料血浆的采集、保存、供应等；

（四）单采血浆站定期自检和重大事故报告情况。

县级人民政府卫生计生行政部门依照本办法的规定负责本行政区域内单采血浆站的日常监督管理工作。

设区的市级人民政府卫生计生行政部门至少每半年对本行政区域内单采血浆站进行一次检查和不定期抽查。

省级人民政府卫生计生行政部门至少每年组织一次对本行政区域内单采血浆站的监督检查和不定期抽查。

上级卫生计生行政部门应当定期或者不定期监督检查辖区内原料血浆管理工作，并及时向下级卫生计生行政部门通报监督检查情况。

第五十三条 负责单采血浆站审批和监督的卫生计生行政部门要建立信息沟通制度，将审批、监督检查情况等信息相互通告，保证工作的有效衔接。

省级人民政府卫生计生行政部门要在单采血浆站建立公示制度，对单采血浆站的基本情况、执业情况、卫生计生行政部门监督检查情况以及投诉、举报电话进行公示。

第五十四条 省级以上人民政府卫生计生行政部门应当指定有关血液检定机构，对单采血浆站采集的血浆质量进行监测，监测结果报同级人民政府卫生计生行政部门。

第五十五条 为单采血浆站出具技术审查报告的技术机构，应当符合条件并由省级以上人民政府卫生计生行政部门指定。

第五十六条 卫生计生行政部门在进行监督检查时，有权索取有关资料，单采血浆站不得隐瞒、阻碍或者拒绝。

卫生计生行政部门对单采血浆站提供的资料负有保密的义务，法律、行政法规或者部门规章另有规定的除外。

第五十七条 各级人民政府卫生计生行政部门应当建立单采血浆站监督管理的举报、投诉机制。

卫生计生行政部门对举报人和投诉人负有保密的义务。

第五十八条 县级以上地方人民政府卫生计生行政部门应当按有关规定定期将原料血浆的采集情况逐级上报。

省、自治区、直辖市人民政府卫生计生行政部门应当每年向国家卫生计生委汇总报告本行政区域内原料血浆的采集情况。

第五十九条 省级人民政府卫生计生行政部门应当建立供血浆者信息管理系统，并向有关部门提供检索查询信息。

第六十条 上一级人民政府卫生计生行

政部门有权纠正或者撤销下一级人民政府卫生计生行政部门作出的不符合规定的行政行为。

第五章 罚 则

第六十一条 单采血浆站有下列行为之一的，由县级以上地方人民政府卫生计生行政部门依据《血液制品管理条例》第三十四条的有关规定予以处罚：

（一）未取得《单采血浆许可证》开展采供血浆活动的；

（二）《单采血浆许可证》已被注销或者吊销仍开展采供血浆活动的；

（三）租用、借用、出租、出借、变造、伪造《单采血浆许可证》开展采供血浆活动的。

第六十二条 单采血浆站违反本办法有关规定，有下列行为之一的，由县级以上地方人民政府卫生计生行政部门予以警告，并处3万元以下的罚款：

（一）隐瞒、阻碍、拒绝卫生计生行政部门监督检查或者不如实提供有关资料的；

（二）对供血浆者未履行事先告知义务，未经供血浆者同意开展特殊免疫的；

（三）未按照规定建立供血浆者档案管理及屏蔽、淘汰制度的；

（四）未按照规定制订各项工作制度或者不落实的；

（五）工作人员未取得相关岗位执业资格或者未经执业注册从事采供血浆工作的；

（六）不按照规定记录或者保存工作记录的；

（七）未按照规定保存血浆标本的。

第六十三条 单采血浆站有下列情形之一的，按照《血液制品管理条例》第三十五条规定予以处罚：

（一）采集血浆前，未按照有关健康检查要求对供血浆者进行健康检查、血液化验的；

（二）采集非划定区域内的供血浆者或者其他人员血浆的；或者不对供血浆者进行身份识别，采集冒名顶替者、健康检查不合格者或者无《供血浆证》者的血浆的；

（三）超量、频繁采集血浆的；

（四）向医疗机构直接供应原料血浆或者擅自采集血液的；

（五）未使用单采血浆机械进行血浆采集的；

（六）未使用有产品批准文号并经国家药品生物制品检定机构逐批检定合格的体外诊断试剂以及合格的一次性采血浆器材的；

（七）未按照国家规定的卫生标准和要求包装、储存、运输原料血浆的；

（八）未按照规定对污染的注射器、采血浆器材、不合格或者报废血浆进行处理，擅自倾倒，污染环境，造成社会危害的；

（九）重复使用一次性采血浆器材的；

（十）向设置单采血浆站的血液制品生产单位以外的其他单位供应原料血浆的。

有下列情形之一的，按照情节严重予以处罚，并吊销《单采血浆许可证》：

（一）对国家规定检测项目检测结果呈阳性的血浆不清除并不及时上报的；

（二）12个月内2次发生《血液制品管理条例》第三十五条所列违法行为的；

（三）同时有《血液制品管理条例》第三十五条3项以上违法行为的；

（四）卫生计生行政部门责令限期改正而拒不改正的；

（五）造成经血液途径传播的疾病传播或者造成其他严重伤害后果的。

第六十四条　单采血浆站已知其采集的血浆检测结果呈阳性，仍向血液制品生产单位供应的，按照《血液制品管理条例》第三十六条规定予以处罚。

第六十五条　涂改、伪造、转让《供血浆证》的，按照《血液制品管理条例》第三十七条规定予以处罚。

第六十六条　违反《血液制品管理条例》和本办法规定，擅自出口原料血浆的，按照《血液制品管理条例》第四十二条规定予以处罚。

第六十七条　承担单采血浆站技术评价、检测的技术机构出具虚假证明文件的，由卫生计生行政部门责令改正，给予警告，并可处2万元以下的罚款；对直接负责的主管人员和其他直接责任人员，依法给予处分；情节严重，构成犯罪的，依法追究刑事责任。

第六章　附　　则

第六十八条　本办法自2008年3月1日起实行。

医疗机构临床用血管理办法

1. 2012年6月7日原卫生部令第58号公布

2. 根据2019年2月28日国家卫生健康委员会令第2号《关于修改〈职业健康检查管理办法〉等4件部门规章的决定》修订

第一章　总　　则

第一条　为加强医疗机构临床用血管理，推进临床科学合理用血，保护血液资源，保障临床用血安全和医疗质量，根据《中华人民共和国献血法》，制定本办法。

第二条　卫生部负责全国医疗机构临床用血的监督管理。县级以上地方人民政府卫生行政部门负责本行政区域医疗机构临床用血的监督管理。

第三条　医疗机构应当加强临床用血管理，将其作为医疗质量管理的重要内容，完善组织建设，建立健全岗位责任制，制定并落实相关规章制度和技术操作规程。

第四条　本办法适用于各级各类医疗机构的临床用血管理工作。

第二章　组织与职责

第五条　卫生部成立临床用血专家委员会，其主要职责是：

（一）协助制订国家临床用血相关制度、技术规范和标准；

（二）协助指导全国临床用血管理和质量评价工作，促进提高临床合理用血水平；

（三）协助临床用血重大安全事件的调查分析，提出处理意见；

（四）承担卫生部交办的有关临床用血管理的其他任务。

卫生部建立协调机制，做好临床用血管理工作，提高临床合理用血水平，保证输血治疗质量。

第六条 各省、自治区、直辖市人民政府卫生行政部门成立省级临床用血质量控制中心，负责辖区内医疗机构临床用血管理的指导、评价和培训等工作。

第七条 医疗机构应当加强组织管理，明确岗位职责，健全管理制度。

医疗机构法定代表人为临床用血管理第一责任人。

第八条 二级以上医院和妇幼保健院应当设立临床用血管理委员会，负责本机构临床合理用血管理工作。主任委员由院长或者分管医疗的副院长担任，成员由医务部门、输血科、麻醉科、开展输血治疗的主要临床科室、护理部门、手术室等部门负责人组成。医务、输血部门共同负责临床合理用血日常管理工作。

其他医疗机构应当设立临床用血管理工作组，并指定专（兼）职人员负责日常管理工作。

第九条 临床用血管理委员会或者临床用血管理工作组应当履行以下职责：

（一）认真贯彻临床用血管理相关法律、法规、规章、技术规范和标准，制订本机构临床用血管理的规章制度并监督实施；

（二）评估确定临床用血的重点科室、关键环节和流程；

（三）定期监测、分析和评估临床用血情况，开展临床用血质量评价工作，提高临床合理用血水平；

（四）分析临床用血不良事件，提出处理和改进措施；

（五）指导并推动开展自体输血等血液保护及输血新技术；

（六）承担医疗机构交办的有关临床用血的其他任务。

第十条 医疗机构应当根据有关规定和临床用血需求设置输血科或者血库，并根据自身功能、任务、规模，配备与输血工作相适应的专业技术人员、设施、设备。

不具备条件设置输血科或者血库的医疗机构，应当安排专（兼）职人员负责临床用血工作。

第十一条 输血科及血库的主要职责是：

（一）建立临床用血质量管理体系，推动临床合理用血；

（二）负责制订临床用血储备计划，根据血站供血的预警信息和医院的血液库存情况协调临床用血；

（三）负责血液预订、入库、储存、发放工作；

（四）负责输血相关免疫血液学检测；

（五）参与推动自体输血等血液保护及输血新技术；

（六）参与特殊输血治疗病例的会诊，为临床合理用血提供咨询；

（七）参与临床用血不良事件的调查；

（八）根据临床治疗需要，参与开展血液治疗相关技术；

（九）承担医疗机构交办的有关临床用血的其他任务。

第三章 临床用血管理

第十二条 医疗机构应当加强临床用血管理，建立并完善管理制度和工作规范，并保证落实。

第十三条 医疗机构应当使用卫生行政部门指定血站提供的血液。

医疗机构科研用血由所在地省级卫生行政部门负责核准。

医疗机构应当配合血站建立血液库存动态预警机制，保障临床用血需求和正常医疗秩序。

第十四条 医疗机构应当科学制订临床用血计划，建立临床合理用血的评价制度，提高临床合理用血水平。

第十五条 医疗机构应当对血液预订、接收、入库、储存、出库及库存预警等进行管理，保证血液储存、运送符合国家有关标准和要求。

第十六条 医疗机构接收血站发送的血液后，应当对血袋标签进行核对。符合国家有关标准和要求的血液入库，做好登记；并按不同品种、血型和采血日期（或有效期），分别有序存放于专用储藏设施内。

血袋标签核对的主要内容是：

（一）血站的名称；

（二）献血编号或者条形码、血型；

（三）血液品种；

（四）采血日期及时间或者制备日期及时间；

（五）有效期及时间；

（六）储存条件。

禁止将血袋标签不合格的血液入库。

第十七条 医疗机构应当在血液发放和输血时进行核对，并指定医务人员负责血液的收领、发放工作。

第十八条 医疗机构的储血设施应当保证运行有效，全血、红细胞的储藏温度应当控制在2－6℃，血小板的储藏温度应当控制在20－24℃。储血保管人员应当做好血液储藏温度的24小时监测记录。储血环境应当符合卫生标准和要求。

第十九条 医务人员应当认真执行临床输血技术规范，严格掌握临床输血适应证，根据患者病情和实验室检测指标，对输血指证进行综合评估，制订输血治疗方案。

第二十条 医疗机构应当建立临床用血申请管理制度。

同一患者一天申请备血量少于800毫升的，由具有中级以上专业技术职务任职资格的医师提出申请，上级医师核准签发后，方可备血。

同一患者一天申请备血量在800毫升至1600毫升的，由具有中级以上专业技术职务任职资格的医师提出申请，经上级医师审核，科室主任核准签发后，方可备血。

同一患者一天申请备血量达到或超过1600毫升的，由具有中级以上专业技术职务任职资格的医师提出申请，科室主任核准签发后，报医务部门批准，方可备血。

以上第二款、第三款和第四款规定不适用于急救用血。

第二十一条 在输血治疗前，医师应当向患者或者其近亲属说明输血目的、方式和风险，并签署临床输血治疗知情同意书。

因抢救生命垂危的患者需要紧急

输血,且不能取得患者或者其近亲属意见的,经医疗机构负责人或者授权的负责人批准后,可以立即实施输血治疗。

第二十二条 医疗机构应当积极推行节约用血的新型医疗技术。

三级医院、有条件的二级医院和妇幼保健院应当开展自体输血技术,建立并完善管理制度和技术规范,提高合理用血水平,保证医疗质量和安全。

医疗机构应当动员符合条件的患者接受自体输血技术,提高输血治疗效果和安全性。

第二十三条 医疗机构应当积极推行成分输血,保证医疗质量和安全。

第二十四条 医疗机构应当将无偿献血纳入健康教育内容,积极主动向患者、家属及社会广泛宣传,鼓励健康适龄公民自愿参加无偿献血,提升群众对无偿献血的知晓度和参与度。

第二十五条 医疗机构应当根据国家有关法律法规和规范建立临床用血不良事件监测报告制度。临床发现输血不良反应后,应当积极救治患者,及时向有关部门报告,并做好观察和记录。

第二十六条 各省、自治区、直辖市人民政府卫生行政部门应当制订临床用血保障措施和应急预案,保证自然灾害、突发事件等大量伤员和特殊病例、稀缺血型等应急用血的供应和安全。

因应急用血或者避免血液浪费,在保证血液安全的前提下,经省、自治区、直辖市人民政府卫生行政部门核准,医疗机构之间可以调剂血液。具体方案由省级卫生行政部门制订。

第二十七条 省、自治区、直辖市人民政府卫生行政部门应当加强边远地区医疗机构临床用血保障工作,科学规划和建设中心血库与储血点。

医疗机构应当制订应急用血工作预案。为保证应急用血,医疗机构可以临时采集血液,但必须同时符合以下条件:

(一)危及患者生命,急需输血;

(二)所在地血站无法及时提供血液,且无法及时从其他医疗机构调剂血液,而其他医疗措施不能替代输血治疗;

(三)具备开展交叉配血及乙型肝炎病毒表面抗原、丙型肝炎病毒抗体、艾滋病病毒抗体和梅毒螺旋体抗体的检测能力;

(四)遵守采供血相关操作规程和技术标准。

医疗机构应当在临时采集血液后10日内将情况报告县级以上人民政府卫生行政部门。

第二十八条 医疗机构应当建立临床用血医学文书管理制度,确保临床用血信息客观真实、完整、可追溯。医师应当将患者输血适应证的评估、输血过程和输血后疗效评价情况记入病历;临床输血治疗知情同意书、输血记录单等随病历保存。

第二十九条 医疗机构应当建立培训制度,加强对医务人员临床用血和无偿献血知识的培训,将临床用血相关知识培训纳入继续教育内容。新上岗医务人员应当接受岗前临床用血相关知识培训及考核。

第三十条 医疗机构应当建立科室和医

师临床用血评价及公示制度。将临床用血情况纳入科室和医务人员工作考核指标体系。

禁止将用血量和经济收入作为输血科或者血库工作的考核指标。

第四章 监督管理

第三十一条 县级以上地方人民政府卫生行政部门应当加强对本行政区域内医疗机构临床用血情况的督导检查。

第三十二条 县级以上地方人民政府卫生行政部门应当建立医疗机构临床用血评价制度，定期对医疗机构临床用血工作进行评价。

第三十三条 县级以上地方人民政府卫生行政部门应当建立临床合理用血情况排名、公布制度。对本行政区域内医疗机构临床用血量和不合理使用等情况进行排名，将排名情况向本行政区域内的医疗机构公布，并报上级卫生行政部门。

第三十四条 县级以上地方人民政府卫生行政部门应当将医疗机构临床用血情况纳入医疗机构考核指标体系；将临床用血情况作为医疗机构评审、评价重要指标。

第五章 法律责任

第三十五条 医疗机构有下列情形之一的，由县级以上人民政府卫生行政部门责令限期改正；逾期不改的，进行通报批评，并予以警告；情节严重或者造成严重后果的，可处3万元以下的罚款，对负有责任的主管人员和其他直接责任人员依法给予处分：

（一）未设立临床用血管理委员会或者工作组的；

（二）未拟定临床用血计划或者一年内未对计划实施情况进行评估和考核的；

（三）未建立血液发放和输血核对制度的；

（四）未建立临床用血申请管理制度的；

（五）未建立医务人员临床用血和无偿献血知识培训制度的；

（六）未建立科室和医师临床用血评价及公示制度的；

（七）将经济收入作为对输血科或者血库工作的考核指标的；

（八）违反本办法的其他行为。

第三十六条 医疗机构使用未经卫生行政部门指定的血站供应的血液的，由县级以上地方人民政府卫生行政部门给予警告，并处3万元以下罚款；情节严重或者造成严重后果的，对负有责任的主管人员和其他直接责任人员依法给予处分。

第三十七条 医疗机构违反本办法关于应急用血采血规定的，由县级以上人民政府卫生行政部门责令限期改正，给予警告；情节严重或者造成严重后果的，处3万元以下罚款，对负有责任的主管人员和其他直接责任人员依法给予处分。

第三十八条 医疗机构及其医务人员违反本法规定，将不符合国家规定标准的血液用于患者的，由县级以上地方人民政府卫生行政部门责令改正；给患者健康造成损害的，应当依据国家有关法律法规进行处理，并对负有责任的主管人员和其他直接责任人员依法给予处分。

第三十九条 县级以上地方卫生行政部门未按照本办法规定履行监管职责，造成严重后果的，对直接负责的主管人员和其他直接责任人员依法给予记大过、降级、撤职、开除等行政处分。

第四十条 医疗机构及其医务人员违反临床用血管理规定，构成犯罪的，依法追究刑事责任。

第六章 附 则

第四十一条 本办法自2012年8月1日起施行。卫生部于1999年1月5日公布的《医疗机构临床用血管理办法（试行）》同时废止。

6. 医 疗 设 备

医疗器械监督管理条例

1. 2000年1月4日国务院令第276号公布
2. 2014年2月12日国务院第39次常务会议修订通过
3. 根据2017年5月4日国务院令第680号《关于修改〈医疗器械监督管理条例〉的决定》修订
4. 2020年12月21日国务院第119次常务会议修订通过
5. 2021年2月9日国务院令第739号公布
6. 自2021年6月1日起施行

第一章 总 则

第一条 为了保证医疗器械的安全、有效，保障人体健康和生命安全，促进医疗器械产业发展，制定本条例。

第二条 在中华人民共和国境内从事医疗器械的研制、生产、经营、使用活动及其监督管理，适用本条例。

第三条 国务院药品监督管理部门负责全国医疗器械监督管理工作。

国务院有关部门在各自的职责范围内负责与医疗器械有关的监督管理工作。

第四条 县级以上地方人民政府应当加强对本行政区域的医疗器械监督管理工作的领导，组织协调本行政区域内的医疗器械监督管理工作以及突发事件应对工作，加强医疗器械监督管理能力建设，为医疗器械安全工作提供保障。

县级以上地方人民政府负责药品监督管理的部门负责本行政区域的医疗器械监督管理工作。县级以上地方人民政府有关部门在各自的职责范围内负责与医疗器械有关的监督管理工作。

第五条 医疗器械监督管理遵循风险管理、全程管控、科学监管、社会共治的原则。

第六条 国家对医疗器械按照风险程度实行分类管理。

第一类是风险程度低，实行常规管理可以保证其安全、有效的医疗器械。

第二类是具有中度风险，需要严格控制管理以保证其安全、有效的医疗器械。

第三类是具有较高风险，需要采取特别措施严格控制管理以保证其安全、有效的医疗器械。

评价医疗器械风险程度，应当考虑医疗器械的预期目的、结构特征、使用方法等因素。

国务院药品监督管理部门负责制定医疗器械的分类规则和分类目录，并根据医疗器械生产、经营、使用情况，及时对医疗器械的风险变化进行分析、评价，对分类规则和分类目录进行调整。制定、调整分类规则和分类目录，应当充分听取医疗器械注册人、备案人、生产经营企业以及使用单位、行业组织的意见，并参考国际医疗器械分类实践。医疗器械分类规则和分类目录应当向社会公布。

第七条 医疗器械产品应当符合医疗器械强制性国家标准；尚无强制性国家标准的，应当符合医疗器械强制性行业标准。

第八条 国家制定医疗器械产业规划和政策，将医疗器械创新纳入发展重点，对创新医疗器械予以优先审评审批，支持创新医疗器械临床推广和使用，推动医疗器械产业高质量发展。国务院药品监督管理部门应当配合国务院有关部门，贯彻实施国家医疗器械产业规划和引导政策。

第九条 国家完善医疗器械创新体系，支持医疗器械的基础研究和应用研究，促进医疗器械新技术的推广和应用，在科技立项、融资、信贷、招标采购、医疗保险等方面予以支持。支持企业设立或者联合组建研制机构，鼓励企业与高等学校、科研院所、医疗机构等合作开展医疗器械的研究与创新，加强医疗器械知识产权保护，提高医疗器械自主创新能力。

第十条 国家加强医疗器械监督管理信息化建设，提高在线政务服务水平，为医疗器械行政许可、备案等提供便利。

第十一条 医疗器械行业组织应当加强行业自律，推进诚信体系建设，督促企业依法开展生产经营活动，引导企业诚实守信。

第十二条 对在医疗器械的研究与创新方面做出突出贡献的单位和个人，按照国家有关规定给予表彰奖励。

第二章 医疗器械产品注册与备案

第十三条 第一类医疗器械实行产品备案管理，第二类、第三类医疗器械实行产品注册管理。

医疗器械注册人、备案人应当加强医疗器械全生命周期质量管理，对研制、生产、经营、使用全过程中医疗器械的安全性、有效性依法承担责任。

第十四条 第一类医疗器械产品备案和申请第二类、第三类医疗器械产品注册，应当提交下列资料：

（一）产品风险分析资料；

（二）产品技术要求；

（三）产品检验报告；

（四）临床评价资料；

（五）产品说明书以及标签样稿；

（六）与产品研制、生产有关的质量管理体系文件；

（七）证明产品安全、有效所需的其他资料。

产品检验报告应当符合国务院药品监督管理部门的要求，可以是医疗器械注册申请人、备案人的自检报告，也可以是委托有资质的医疗器械检验机构出具的检验报告。

符合本条例第二十四条规定的免于进行临床评价情形的，可以免于提交临床评价资料。

医疗器械注册申请人、备案人应当确保提交的资料合法、真实、准确、完整和可追溯。

第十五条 第一类医疗器械产品备案，由备案人向所在地设区的市级人民政府负责药品监督管理的部门提交备案资料。

向我国境内出口第一类医疗器械的境外备案人，由其指定的我国境内企业法人向国务院药品监督管理部门提交备案资料和备案人所在国（地区）主管部门准许该医疗器械上市销售的证明文件。未在境外上市的创新医疗器械，可以不提交备案人所在国（地区）主管部门准许该医疗器械上市销售的证明文件。

备案人向负责药品监督管理的部门提交符合本条例规定的备案资料后即完成备案。负责药品监督管理的部门应当自收到备案资料之日起5个工作日内，通过国务院药品监督管理部门在线政务服务平台向社会公布备案有关信息。

备案资料载明的事项发生变化的，应当向原备案部门变更备案。

第十六条 申请第二类医疗器械产品注册，注册申请人应当向所在地省、自治区、直辖市人民政府药品监督管理部门提交注册申请资料。申请第三类医疗器械产品注册，注册申请人应当向国务院药品监督管理部门提交注册申请资料。

向我国境内出口第二类、第三类医疗器械的境外注册申请人，由其指定的我国境内企业法人向国务院药品监督管理部门提交注册申请资料和注册申请人所在国（地区）主管部门准许该医疗器械上市销售的证明文件。未在境外上市的创新医疗器械，可以不提交注册申请人所在国（地区）主管部门准许该医疗器械上市销售的证明文件。

国务院药品监督管理部门应当对医疗器械注册审查程序和要求作出规定，并加强对省、自治区、直辖市人民政府药品监督管理部门注册审查工作的监督指导。

第十七条 受理注册申请的药品监督管理部门应当对医疗器械的安全性、有效性以及注册申请人保证医疗器械安全、有效的质量管理能力等进行审查。

受理注册申请的药品监督管理部门应当自受理注册申请之日起3个工作日内将注册申请资料转交技术审评机构。技术审评机构应当在完成技术审评后，将审评意见提交受理注册申请的药品监督管理部门作为审批的依据。

受理注册申请的药品监督管理部门在组织对医疗器械的技术审评时认为有必要对质量管理体系进行核查的，应当组织开展质量管理体系核查。

第十八条 受理注册申请的药品监督管理部门应当自收到审评意见之日起20个工作日内作出决定。对符合条件的，准予注册并发给医疗器械注册证；对不符合条件的，不予注册并书面说明理由。

受理注册申请的药品监督管理部门应当自医疗器械准予注册之日起5个工作日内，通过国务院药品监督管理理部门在线政务服务平台向社会公布注册有关信息。

第十九条 对用于治疗罕见疾病、严重危及生命且尚无有效治疗手段的疾病和应对公共卫生事件等急需的医疗器械,受理注册申请的药品监督管理部门可以作出附条件批准决定,并在医疗器械注册证中载明相关事项。

出现特别重大突发公共卫生事件或者其他严重威胁公众健康的紧急事件,国务院卫生主管部门根据预防、控制事件的需要提出紧急使用医疗器械的建议,经国务院药品监督管理部门组织论证同意后可以在一定范围和期限内紧急使用。

第二十条 医疗器械注册人、备案人应当履行下列义务:

(一)建立与产品相适应的质量管理体系并保持有效运行;

(二)制定上市后研究和风险管控计划并保证有效实施;

(三)依法开展不良事件监测和再评价;

(四)建立并执行产品追溯和召回制度;

(五)国务院药品监督管理部门规定的其他义务。

境外医疗器械注册人、备案人指定的我国境内企业法人应当协助注册人、备案人履行前款规定的义务。

第二十一条 已注册的第二类、第三类医疗器械产品,其设计、原材料、生产工艺、适用范围、使用方法等发生实质性变化,有可能影响该医疗器械安全、有效的,注册人应当向原注册部门申请办理变更注册手续;发生其他变化的,应当按照国务院药品监督管理部门的规定备案或者报告。

第二十二条 医疗器械注册证有效期为5年。有效期届满需要延续注册的,应当在有效期届满6个月前向原注册部门提出延续注册的申请。

除有本条第三款规定情形外,接到延续注册申请的药品监督管理部门应当在医疗器械注册证有效期届满前作出准予延续的决定。逾期未作决定的,视为准予延续。

有下列情形之一的,不予延续注册:

(一)未在规定期限内提出延续注册申请;

(二)医疗器械强制性标准已经修订,申请延续注册的医疗器械不能达到新要求;

(三)附条件批准的医疗器械,未在规定期限内完成医疗器械注册证载明事项。

第二十三条 对新研制的尚未列入分类目录的医疗器械,申请人可以依照本条例有关第三类医疗器械产品注册的规定直接申请产品注册,也可以依据分类规则判断产品类别并向国务院药品监督管理部门申请类别确认后依照本条例的规定申请产品注册或者进行产品备案。

直接申请第三类医疗器械产品注册的,国务院药品监督管理部门应当按照风险程度确定类别,对准予注册的医疗器械及时纳入分类目录。申请类别确认的,国务院药品监督管理部门应当自受理申请之日起20个工作日内对该医疗器械的类别进行判定并告知申请人。

第二十四条 医疗器械产品注册、备案，应当进行临床评价；但是符合下列情形之一，可以免于进行临床评价：

（一）工作机理明确、设计定型，生产工艺成熟，已上市的同品种医疗器械临床应用多年且无严重不良事件记录，不改变常规用途的；

（二）其他通过非临床评价能够证明该医疗器械安全、有效的。

国务院药品监督管理部门应当制定医疗器械临床评价指南。

第二十五条 进行医疗器械临床评价，可以根据产品特征、临床风险、已有临床数据等情形，通过开展临床试验，或者通过对同品种医疗器械临床文献资料、临床数据进行分析评价，证明医疗器械安全、有效。

按照国务院药品监督管理部门的规定，进行医疗器械临床评价时，已有临床文献资料、临床数据不足以确认产品安全、有效的医疗器械，应当开展临床试验。

第二十六条 开展医疗器械临床试验，应当按照医疗器械临床试验质量管理规范的要求，在具备相应条件的临床试验机构进行，并向临床试验申办者所在地省、自治区、直辖市人民政府药品监督管理部门备案。接受临床试验备案的药品监督管理部门应当将备案情况通报临床试验机构所在地同级药品监督管理部门和卫生主管部门。

医疗器械临床试验机构实行备案管理。医疗器械临床试验机构应当具备的条件以及备案管理办法和临床试验质量管理规范，由国务院药品监督管理部门会同国务院卫生主管部门制定并公布。

国家支持医疗机构开展临床试验，将临床试验条件和能力评价纳入医疗机构等级评审，鼓励医疗机构开展创新医疗器械临床试验。

第二十七条 第三类医疗器械临床试验对人体具有较高风险的，应当经国务院药品监督管理部门批准。国务院药品监督管理部门审批临床试验，应当对拟承担医疗器械临床试验的机构的设备、专业人员等条件，该医疗器械的风险程度，临床试验实施方案，临床受益与风险对比分析报告等进行综合分析，并自受理申请之日起60个工作日内作出决定并通知临床试验申办者。逾期未通知的，视为同意。准予开展临床试验的，应当通报临床试验机构所在地省、自治区、直辖市人民政府药品监督管理部门和卫生主管部门。

临床试验对人体具有较高风险的第三类医疗器械目录由国务院药品监督管理部门制定、调整并公布。

第二十八条 开展医疗器械临床试验，应当按照规定进行伦理审查，向受试者告知试验目的、用途和可能产生的风险等详细情况，获得受试者的书面知情同意；受试者为无民事行为能力人或者限制民事行为能力人的，应当依法获得其监护人的书面知情同意。

开展临床试验，不得以任何形式向受试者收取与临床试验有关的费用。

第二十九条 对正在开展临床试验的用于治疗严重危及生命且尚无有效治疗手段的疾病的医疗器械，经医学观察可能使患者获益，经伦理审查、知情同意后，可以在开展医疗器械临床试验的机构内免费用于其他病情相同的患者，其安全性数据可以用于医疗器械注册申请。

第三章 医疗器械生产

第三十条 从事医疗器械生产活动，应当具备下列条件：

（一）有与生产的医疗器械相适应的生产场地、环境条件、生产设备以及专业技术人员；

（二）有能对生产的医疗器械进行质量检验的机构或者专职检验人员以及检验设备；

（三）有保证医疗器械质量的管理制度；

（四）有与生产的医疗器械相适应的售后服务能力；

（五）符合产品研制、生产工艺文件规定的要求。

第三十一条 从事第一类医疗器械生产的，应当向所在地设区的市级人民政府负责药品监督管理的部门备案，在提交符合本条例第三十条规定条件的有关资料后即完成备案。

医疗器械备案人自行生产第一类医疗器械的，可以在依照本条例第十五条规定进行产品备案时一并提交符合本条例第三十条规定条件的有关资料，即完成生产备案。

第三十二条 从事第二类、第三类医疗器械生产的，应当向所在地省、自治区、直辖市人民政府药品监督管理部门申请生产许可并提交其符合本条例第三十条规定条件的有关资料以及所生产医疗器械的注册证。

受理生产许可申请的药品监督管理部门应当对申请资料进行审核，按照国务院药品监督管理部门制定的医疗器械生产质量管理规范的要求进行核查，并自受理申请之日起20个工作日内作出决定。对符合规定条件的，准予许可并发给医疗器械生产许可证；对不符合规定条件的，不予许可并书面说明理由。

医疗器械生产许可证有效期为5年。有效期届满需要延续的，依照有关行政许可的法律规定办理延续手续。

第三十三条 医疗器械生产质量管理规范应当对医疗器械的设计开发、生产设备条件、原材料采购、生产过程控制、产品放行、企业的机构设置和人员配备等影响医疗器械安全、有效的事项作出明确规定。

第三十四条 医疗器械注册人、备案人可以自行生产医疗器械，也可以委托符合本条例规定、具备相应条件的企业生产医疗器械。

委托生产医疗器械的，医疗器械注册人、备案人应当对所委托生产的医疗器械质量负责，并加强对受托生产企业生产行为的管理，保证其按照法定要求进行生产。医疗器械注册人、备案人应当与受托生产企业签订委托协议，明确双方权利、义务和责任。受托生产企业应当依照法律法规、医疗器械生产质量管理规范、强制性标准、产品技术要求和委托协议组织生产，对生产行为负责，并接受委托方的监督。

具有高风险的植入性医疗器械不得委托生产，具体目录由国务院药品监督管理部门制定、调整并公布。

第三十五条 医疗器械注册人、备案人、受托生产企业应当按照医疗器械生产质量管理规范，建立健全与所生产医疗器械相适应的质量管理体系并保证其有效运行；严格按照经注册或者备案的产品技术要求组织生产，保证出厂的医疗器械符合强制性标准以及经注册或者备案的产品技术要求。

医疗器械注册人、备案人、受托生产企业应当定期对质量管理体系的运行情况进行自查，并按照国务院药品监督管理部门的规定提交自查报告。

第三十六条 医疗器械的生产条件发生变化，不再符合医疗器械质量管理体系要求的，医疗器械注册人、备案人、受托生产企业应当立即采取整改措施；可能影响医疗器械安全、有效的，应当立即停止生产活动，并向原生产许可或者生产备案部门报告。

第三十七条 医疗器械应当使用通用名称。通用名称应当符合国务院药品监督管理部门制定的医疗器械命名规则。

第三十八条 国家根据医疗器械产品类别，分步实施医疗器械唯一标识制度，实现医疗器械可追溯，具体办法由国务院药品监督管理部门会同国务院有关部门制定。

第三十九条 医疗器械应当有说明书、标签。说明书、标签的内容应当与经注册或者备案的相关内容一致，确保真实、准确。

医疗器械的说明书、标签应当标明下列事项：

（一）通用名称、型号、规格；

（二）医疗器械注册人、备案人、受托生产企业的名称、地址以及联系方式；

（三）生产日期，使用期限或者失效日期；

（四）产品性能、主要结构、适用范围；

（五）禁忌、注意事项以及其他需要警示或者提示的内容；

（六）安装和使用说明或者图示；

（七）维护和保养方法，特殊运输、贮存的条件、方法；

（八）产品技术要求规定应当标明的其他内容。

第二类、第三类医疗器械还应当标明医疗器械注册证编号。

由消费者个人自行使用的医疗器械还应当具有安全使用的特别说明。

第四章 医疗器械经营与使用

第四十条 从事医疗器械经营活动，应当有与经营规模和经营范围相适应的经营场所和贮存条件，以及与经营的医疗器械相适应的质量管理制度和质量管理机构或者人员。

第四十一条 从事第二类医疗器械经营的，由经营企业向所在地设区的市级人民政府负责药品监督管理的部门备案并提交符合本条例第四十条规定条件的有关资料。

按照国务院药品监督管理部门的规定，对产品安全性、有效性不受流通过程影响的第二类医疗器械，可以免于经营备案。

第四十二条 从事第三类医疗器械经营的，经营企业应当向所在地设区的市级人民政府负责药品监督管理的部门申请经营许可并提交符合本条例第四十条规定条件的有关资料。

受理经营许可申请的负责药品监督管理的部门应当对申请资料进行审查，必要时组织核查，并自受理申请之日起20个工作日内作出决定。对符合规定条件的，准予许可并发给医疗器械经营许可证；对不符合规定条件的，不予许可并书面说明理由。

医疗器械经营许可证有效期为5年。有效期届满需要延续的，依照有关行政许可的法律规定办理延续手续。

第四十三条 医疗器械注册人、备案人经营其注册、备案的医疗器械，无需办理医疗器械经营许可或者备案，但应当符合本条例规定的经营条件。

第四十四条 从事医疗器械经营，应当依照法律法规和国务院药品监督管理部门制定的医疗器械经营质量管理规范的要求，建立健全与所经营医疗器械相适应的质量管理体系并保证其有效运行。

第四十五条 医疗器械经营企业、使用单位应当从具备合法资质的医疗器械注册人、备案人、生产经营企业购进医疗器械。购进医疗器械时，应当查验供货者的资质和医疗器械的合格证明文件，建立进货查验记录制度。从事第二类、第三类医疗器械批发业务以及第三类医疗器械零售业务的经营企业，还应当建立销售记录制度。

记录事项包括：

（一）医疗器械的名称、型号、规格、数量；

（二）医疗器械的生产批号、使用期限或者失效日期、销售日期；

（三）医疗器械注册人、备案人和受托生产企业的名称；

（四）供货者或者购货者的名称、地址以及联系方式；

（五）相关许可证明文件编号等。

进货查验记录和销售记录应当真实、准确、完整和可追溯，并按照国务院药品监督管理部门规定的期限予以保存。国家鼓励采用先进技术手段进行记录。

第四十六条 从事医疗器械网络销售的，应当是医疗器械注册人、备案人或者医疗器械经营企业。从事医疗器械网络销售的经营者，应当将从事医疗器械网络销售的相关信息告知所在地设区的市级人民政府负责药品监督管理的部门，经营第一类医疗器械和本条例第四十一条第二款规定的第二类医疗器械的除外。

为医疗器械网络交易提供服务的电子商务平台经营者应当对入网医疗器械经营者进行实名登记，审查其经营许可、备案情况和所经营医疗器械产品注册、备案情况，并对其经营行为进行管理。电子商务平台经营者发现入网医疗器械经营者有违反本条例规定行为的，应当及时制止并立即报告医疗器械经营者所在地设区的市级人民政府负责药品监督管理的部门；发现严重违法行为的，应当立即停止提供网络交易平台服务。

第四十七条 运输、贮存医疗器械，应当符合医疗器械说明书和标签标示的要求;对温度、湿度等环境条件有特殊要求的,应当采取相应措施,保证医疗器械的安全、有效。

第四十八条 医疗器械使用单位应当有与在用医疗器械品种、数量相适应的贮存场所和条件。医疗器械使用单位应当加强对工作人员的技术培训,按照产品说明书、技术操作规范等要求使用医疗器械。

医疗器械使用单位配置大型医用设备,应当符合国务院卫生主管部门制定的大型医用设备配置规划,与其功能定位、临床服务需求相适应,具有相应的技术条件、配套设施和具备相应资质、能力的专业技术人员,并经省级以上人民政府卫生主管部门批准,取得大型医用设备配置许可证。

大型医用设备配置管理办法由国务院卫生主管部门会同国务院有关部门制定。大型医用设备目录由国务院卫生主管部门商国务院有关部门提出,报国务院批准后执行。

第四十九条 医疗器械使用单位对重复使用的医疗器械,应当按照国务院卫生主管部门制定的消毒和管理的规定进行处理。

一次性使用的医疗器械不得重复使用,对使用过的应当按照国家有关规定销毁并记录。一次性使用的医疗器械目录由国务院药品监督管理部门会同国务院卫生主管部门制定、调整并公布。列入一次性使用的医疗器械目录,应当具有充足的无法重复使用的证据理由。重复使用可以保证安全、有效的医疗器械,不列入一次性使用的医疗器械目录。对因设计、生产工艺、消毒灭菌技术等改进后重复使用可以保证安全、有效的医疗器械,应当调整出一次性使用的医疗器械目录,允许重复使用。

第五十条 医疗器械使用单位对需要定期检查、检验、校准、保养、维护的医疗器械,应当按照产品说明书的要求进行检查、检验、校准、保养、维护并予以记录,及时进行分析、评估,确保医疗器械处于良好状态,保障使用质量;对使用期限长的大型医疗器械,应当逐台建立使用档案,记录其使用、维护、转让、实际使用时间等事项。记录保存期限不得少于医疗器械规定使用期限终止后5年。

第五十一条 医疗器械使用单位应当妥善保存购入第三类医疗器械的原始资料,并确保信息具有可追溯性。

使用大型医疗器械以及植入和介入类医疗器械的,应当将医疗器械的名称、关键性技术参数等信息以及与使用质量安全密切相关的必要信息记载到病历等相关记录中。

第五十二条 发现使用的医疗器械存在安全隐患的,医疗器械使用单位应当立即停止使用,并通知医疗器械注册人、备案人或者其他负责产品质量的机构进行检修;经检修仍不能达到使用安全标准的医疗器械,不得继续使用。

第五十三条 对国内尚无同品种产品上市的体外诊断试剂,符合条件的医疗机构根据本单位的临床需要,可以自行研制,在执业医师指导下在本单位内使用。具体管理办法由国务院药品监督管理部门会同国务院卫生主管部门制定。

第五十四条 负责药品监督管理的部门和卫生主管部门依据各自职责，分别对使用环节的医疗器械质量和医疗器械使用行为进行监督管理。

第五十五条 医疗器械经营企业、使用单位不得经营、使用未依法注册或者备案、无合格证明文件以及过期、失效、淘汰的医疗器械。

第五十六条 医疗器械使用单位之间转让在用医疗器械，转让方应当确保所转让的医疗器械安全、有效，不得转让过期、失效、淘汰以及检验不合格的医疗器械。

第五十七条 进口的医疗器械应当是依照本条例第二章的规定已注册或者已备案的医疗器械。

进口的医疗器械应当有中文说明书、中文标签。说明书、标签应当符合本条例规定以及相关强制性标准的要求，并在说明书中载明医疗器械的原产地以及境外医疗器械注册人、备案人指定的我国境内企业法人的名称、地址、联系方式。没有中文说明书、中文标签或者说明书、标签不符合本条规定的，不得进口。

医疗机构因临床急需进口少量第二类、第三类医疗器械的，经国务院药品监督管理部门或者国务院授权的省、自治区、直辖市人民政府批准，可以进口。进口的医疗器械应当在指定医疗机构内用于特定医疗目的。

禁止进口过期、失效、淘汰等已使用过的医疗器械。

第五十八条 出入境检验检疫机构依法对进口的医疗器械实施检验；检验不合格的，不得进口。

国务院药品监督管理部门应当及时向国家出入境检验检疫部门通报进口医疗器械的注册和备案情况。进口口岸所在地出入境检验检疫机构应当及时向所在地设区的市级人民政府负责药品监督管理的部门通报进口医疗器械的通关情况。

第五十九条 出口医疗器械的企业应当保证其出口的医疗器械符合进口国（地区）的要求。

第六十条 医疗器械广告的内容应当真实合法，以经负责药品监督管理的部门注册或者备案的医疗器械说明书为准，不得含有虚假、夸大、误导性的内容。

发布医疗器械广告，应当在发布前由省、自治区、直辖市人民政府确定的广告审查机关对广告内容进行审查，并取得医疗器械广告批准文号；未经审查，不得发布。

省级以上人民政府药品监督管理部门责令暂停生产、进口、经营和使用的医疗器械，在暂停期间不得发布涉及该医疗器械的广告。

医疗器械广告的审查办法由国务院市场监督管理部门制定。

第五章 不良事件的处理与医疗器械的召回

第六十一条 国家建立医疗器械不良事件监测制度，对医疗器械不良事件及时进行收集、分析、评价、控制。

第六十二条 医疗器械注册人、备案人应当建立医疗器械不良事件监测体系，配备与其产品相适应的不良事件监测机构和人员，对其产品主动开展不良事件监测，并按照国务院药品监督管理部门的规定，向医疗器械不良事件监测技术机构报告调查、分析、评价、产品风险控制等情况。

医疗器械生产经营企业、使用单位应当协助医疗器械注册人、备案人对所生产经营或者使用的医疗器械开展不良事件监测；发现医疗器械不良事件或者可疑不良事件，应当按照国务院药品监督管理部门的规定，向医疗器械不良事件监测技术机构报告。

其他单位和个人发现医疗器械不良事件或者可疑不良事件，有权向负责药品监督管理的部门或者医疗器械不良事件监测技术机构报告。

第六十三条 国务院药品监督管理部门应当加强医疗器械不良事件监测信息网络建设。

医疗器械不良事件监测技术机构应当加强医疗器械不良事件信息监测，主动收集不良事件信息；发现不良事件或者接到不良事件报告的，应当及时进行核实，必要时进行调查、分析、评估，向负责药品监督管理的部门和卫生主管部门报告并提出处理建议。

医疗器械不良事件监测技术机构应当公布联系方式，方便医疗器械注册人、备案人、生产经营企业、使用单位等报告医疗器械不良事件。

第六十四条 负责药品监督管理的部门应当根据医疗器械不良事件评估结果及时采取发布警示信息以及责令暂停生产、进口、经营和使用等控制措施。

省级以上人民政府药品监督管理部门应当会同同级卫生主管部门和相关部门组织对引起突发、群发的严重伤害或者死亡的医疗器械不良事件及时进行调查和处理，并组织对同类医疗器械加强监测。

负责药品监督管理的部门应当及时向同级卫生主管部门通报医疗器械使用单位的不良事件监测有关情况。

第六十五条 医疗器械注册人、备案人、生产经营企业、使用单位应当对医疗器械不良事件监测技术机构、负责药品监督管理的部门、卫生主管部门开展的医疗器械不良事件调查予以配合。

第六十六条 有下列情形之一的，医疗器械注册人、备案人应当主动开展已上市医疗器械再评价：

（一）根据科学研究的发展，对医疗器械的安全、有效有认识上的改变；

（二）医疗器械不良事件监测、评估结果表明医疗器械可能存在缺陷；

（三）国务院药品监督管理部门规定的其他情形。

医疗器械注册人、备案人应当根据再评价结果，采取相应控制措施，对已上市医疗器械进行改进，并按照规定进行注册变更或者备案变更。再评价结果表明已上市医疗器械不能保证安全、有效的，医疗器械注册人、备案人应当主动申请注销医疗器械注册证或者取消备案；医疗器械注册人、备案人未申请注销医疗器械注册证或者取消备案的，由负责药品监督管理的部门注销医疗器械注册证或者取消备案。

省级以上人民政府药品监督管理部门根据医疗器械不良事件监测、评估等情况，对已上市医疗器械开展再评价。再评价结果表明已上市医疗器械不能保证安全、有效的，应当注销医疗器械注册证或者取消备案。

负责药品监督管理的部门应当向社会及时公布注销医疗器械注册证和取消备案情况。被注销医疗器械注册证或者取消备案的医疗器械不得继续生产、进口、经营、使用。

第六十七条　医疗器械注册人、备案人发现生产的医疗器械不符合强制性标准、经注册或者备案的产品技术要求，或者存在其他缺陷的，应当立即停止生产，通知相关经营企业、使用单位和消费者停止经营和使用，召回已经上市销售的医疗器械，采取补救、销毁等措施，记录相关情况，发布相关信息，并将医疗器械召回和处理情况向负责药品监督管理的部门和卫生主管部门报告。

医疗器械受托生产企业、经营企业发现生产、经营的医疗器械存在前款规定情形的，应当立即停止生产、经营，通知医疗器械注册人、备案人，并记录停止生产、经营和通知情况。医疗器械注册人、备案人认为属于依照前款规定需要召回的医疗器械，应当立即召回。

医疗器械注册人、备案人、受托生产企业、经营企业未依照本条规定实施召回或者停止生产、经营的，负责药品监督管理的部门可以责令其召回或者停止生产、经营。

第六章　监督检查

第六十八条　国家建立职业化专业化检查员制度，加强对医疗器械的监督检查。

第六十九条　负责药品监督管理的部门应当对医疗器械的研制、生产、经营活动以及使用环节的医疗器械质量加强监督检查，并对下列事项进行重点监督检查：

（一）是否按照经注册或者备案的产品技术要求组织生产；

（二）质量管理体系是否保持有效运行；

（三）生产经营条件是否持续符合法定要求。

必要时，负责药品监督管理的部门可以对为医疗器械研制、生产、经营、使用等活动提供产品或者服务的其他相关单位和个人进行延伸检查。

第七十条　负责药品监督管理的部门在监督检查中有下列职权：

（一）进入现场实施检查、抽取样品；

（二）查阅、复制、查封、扣押有关合同、票据、账簿以及其他有关资料；

（三）查封、扣押不符合法定要求的医疗器械，违法使用的零配件、原材料以及用于违法生产经营医疗器械的工具、设备；

（四）查封违反本条例规定从事医疗器械生产经营活动的场所。

进行监督检查，应当出示执法证件，保守被检查单位的商业秘密。

有关单位和个人应当对监督检查予以配合，提供相关文件和资料，不得隐瞒、拒绝、阻挠。

第七十一条 卫生主管部门应当对医疗机构的医疗器械使用行为加强监督检查。实施监督检查时，可以进入医疗机构，查阅、复制有关档案、记录以及其他有关资料。

第七十二条 医疗器械生产经营过程中存在产品质量安全隐患，未及时采取措施消除的，负责药品监督管理的部门可以采取告诫、责任约谈、责令限期整改等措施。

对人体造成伤害或者有证据证明可能危害人体健康的医疗器械，负责药品监督管理的部门可以采取责令暂停生产、进口、经营、使用的紧急控制措施，并发布安全警示信息。

第七十三条 负责药品监督管理的部门应当加强对医疗器械注册人、备案人、生产经营企业和使用单位生产、经营、使用的医疗器械的抽查检验。抽查检验不得收取检验费和其他任何费用，所需费用纳入本级政府预算。省级以上人民政府药品监督管理部门应当根据抽查检验结论及时发布医疗器械质量公告。

卫生主管部门应当对大型医用设备的使用状况进行监督和评估；发现违规使用以及与大型医用设备相关的过度检查、过度治疗等情形的，应当立即纠正，依法予以处理。

第七十四条 负责药品监督管理的部门未及时发现医疗器械安全系统性风险，未及时消除监督管理区域内医疗器械安全隐患的，本级人民政府或者上级人民政府负责药品监督管理的部门应当对其主要负责人进行约谈。

地方人民政府未履行医疗器械安全职责，未及时消除区域性重大医疗器械安全隐患的，上级人民政府或者上级人民政府负责药品监督管理的部门应当对其主要负责人进行约谈。

被约谈的部门和地方人民政府应当立即采取措施，对医疗器械监督管理工作进行整改。

第七十五条 医疗器械检验机构资质认定工作按照国家有关规定实行统一管理。经国务院认证认可监督管理部门会同国务院药品监督管理部门认定的检验机构，方可对医疗器械实施检验。

负责药品监督管理的部门在执法工作中需要对医疗器械进行检验的，应当委托有资质的医疗器械检验机构进行，并支付相关费用。

当事人对检验结论有异议的，可以自收到检验结论之日起7个工作日内向实施抽样检验的部门或者其上一级负责药品监督管理的部门提出复检申请，由受理复检申请的部门在复检机构名录中随机确定复检机构进行复检。承担复检工作的医疗器械检验机构应当在国务院药品监督管理部门规定的时间内作出复检结论。复检结论为最终检验结论。复检机构与初检机构不得为同一机构；相关检验项目只有一家有资质的检验机构的，复检时应当变更承办部门或者人员。复检机构名录由国务院药品监督管理部门公布。

第七十六条 对可能存在有害物质或者擅自改变医疗器械设计、原材料和生产工艺并存在安全隐患的医疗器械，按照医疗器械国家标准、行业标准规定的检验项目和检验方法无法检验的,医疗器械检验机构可以使用国务院药品监督管理部门批准的补充检验项目和检验方法进行检验;使用补充检验项目、检验方法得出的检验结论,可以作为负责药品监督管理的部门认定医疗器械质量的依据。

第七十七条 市场监督管理部门应当依照有关广告管理的法律、行政法规的规定,对医疗器械广告进行监督检查,查处违法行为。

第七十八条 负责药品监督管理的部门应当通过国务院药品监督管理部门在线政务服务平台依法及时公布医疗器械许可、备案、抽查检验、违法行为查处等日常监督管理信息。但是,不得泄露当事人的商业秘密。

负责药品监督管理的部门建立医疗器械注册人、备案人、生产经营企业、使用单位信用档案,对有不良信用记录的增加监督检查频次,依法加强失信惩戒。

第七十九条 负责药品监督管理的部门等部门应当公布本单位的联系方式,接受咨询、投诉、举报。负责药品监督管理的部门等部门接到与医疗器械监督管理有关的咨询,应当及时答复;接到投诉、举报,应当及时核实、处理、答复。对咨询、投诉、举报情况及其答复、核实、处理情况,应当予以记录、保存。

有关医疗器械研制、生产、经营、使用行为的举报经调查属实的,负责药品监督管理的部门等部门对举报人应当给予奖励。有关部门应当为举报人保密。

第八十条 国务院药品监督管理部门制定、调整、修改本条例规定的目录以及与医疗器械监督管理有关的规范,应当公开征求意见;采取听证会、论证会等形式,听取专家、医疗器械注册人、备案人、生产经营企业、使用单位、消费者、行业协会以及相关组织等方面的意见。

第七章 法律责任

第八十一条 有下列情形之一的,由负责药品监督管理的部门没收违法所得、违法生产经营的医疗器械和用于违法生产经营的工具、设备、原材料等物品;违法生产经营的医疗器械货值金额不足1万元的,并处5万元以上15万元以下罚款;货值金额1万元以上的,并处货值金额15倍以上30倍以下罚款;情节严重的,责令停产停业,10年内不受理相关责任人以及单位提出的医疗器械许可申请,对违法单位的法定代表人、主要负责人、直接负责的主管人员和其他责任人员,没收违法行为发生期间自本单位所获收入,并处所获收入30%以上3倍以下罚款,终身禁止其从事医疗器械生产经营活动:

(一)生产、经营未取得医疗器械注册证的第二类、第三类医疗器械;

(二)未经许可从事第二类、第三类医疗器械生产活动;

(三)未经许可从事第三类医疗器械经营活动。

有前款第一项情形、情节严重的,由原发证部门吊销医疗器械生产许可证或者医疗器械经营许可证。

第八十二条 未经许可擅自配置使用大

型医用设备的,由县级以上人民政府卫生主管部门责令停止使用,给予警告,没收违法所得;违法所得不足1万元的,并处5万元以上10万元以下罚款;违法所得1万元以上的,并处违法所得10倍以上30倍以下罚款;情节严重的,5年内不受理相关责任人以及单位提出的大型医用设备配置许可申请,对违法单位的法定代表人、主要负责人、直接负责的主管人员和其他责任人员,没收违法行为发生期间自本单位所获收入,并处所获收入30%以上3倍以下罚款,依法给予处分。

第八十三条 在申请医疗器械行政许可时提供虚假资料或者采取其他欺骗手段的,不予行政许可,已经取得行政许可的,由作出行政许可决定的部门撤销行政许可,没收违法所得、违法生产经营使用的医疗器械,10年内不受理相关责任人以及单位提出的医疗器械许可申请;违法生产经营使用的医疗器械货值金额不足1万元的,并处5万元以上15万元以下罚款;货值金额1万元以上的,并处货值金额15倍以上30倍以下罚款;情节严重的,责令停产停业,对违法单位的法定代表人、主要负责人、直接负责的主管人员和其他责任人员,没收违法行为发生期间自本单位所获收入,并处所获收入30%以上3倍以下罚款,终身禁止其从事医疗器械生产经营活动。

伪造、变造、买卖、出租、出借相关医疗器械许可证件的,由原发证部门予以收缴或者吊销,没收违法所得;违法所得不足1万元的,并处5万元以上10万元以下罚款;违法所得1万元以上的,并处违法所得10倍以上20倍以下罚款;构成违反治安管理行为的,由公安机关依法予以治安管理处罚。

第八十四条 有下列情形之一的,由负责药品监督管理的部门向社会公告单位和产品名称,责令限期改正;逾期不改正的,没收违法所得、违法生产经营的医疗器械;违法生产经营的医疗器械货值金额不足1万元的,并处1万元以上5万元以下罚款;货值金额1万元以上的,并处货值金额5倍以上20倍以下罚款;情节严重的,对违法单位的法定代表人、主要负责人、直接负责的主管人员和其他责任人员,没收违法行为发生期间自本单位所获收入,并处所获收入30%以上2倍以下罚款,5年内禁止其从事医疗器械生产经营活动:

(一)生产、经营未经备案的第一类医疗器械;

(二)未经备案从事第一类医疗器械生产;

(三)经营第二类医疗器械,应当备案但未备案;

(四)已经备案的资料不符合要求。

第八十五条 备案时提供虚假资料的,由负责药品监督管理的部门向社会公告备案单位和产品名称,没收违法所得、违法生产经营的医疗器械;违法生产经营的医疗器械货值金额不足1万元的,并处2万元以上5万元以下罚款;货值金额1万元以上的,并处货值金额5倍以上20倍以下罚款;情节严重的,责令停产停业,对违法单位的法定代表人、主要负责人、直接负责的主管人员和其他责任人员，没收违法行为发生期间自本单位所获收入，并处所获收入30%以上3倍以下罚款，10年内禁止其从事医疗器械生产经营活动。

第八十六条 有下列情形之一的，由负责药品监督管理的部门责令改正，没收违法生产经营使用的医疗器械；违法生产经营使用的医疗器械货值金额不足1万元的，并处2万元以上5万元以下罚款；货值金额1万元以上的，并处货值金额5倍以上20倍以下罚款；情节严重的，责令停产停业，直至由原发证部门吊销医疗器械注册证、医疗器械生产许可证、医疗器械经营许可证，对违法单位的法定代表人、主要负责人、直接负责的主管人员和其他责任人员，没收违法行为发生期间自本单位所获收入，并处所获收入30%以上3倍以下罚款，10年内禁止其从事医疗器械生产经营活动：

（一）生产、经营、使用不符合强制性标准或者不符合经注册或者备案的产品技术要求的医疗器械；

（二）未按照经注册或者备案的产品技术要求组织生产，或者未依照本条例规定建立质量管理体系并保持有效运行，影响产品安全、有效；

（三）经营、使用无合格证明文件、过期、失效、淘汰的医疗器械，或者使用未依法注册的医疗器械；

（四）在负责药品监督管理的部门责令召回后仍拒不召回，或者在负责药品监督管理的部门责令停止或者暂停生产、进口、经营后，仍拒不停止生产、进口、经营医疗器械；

（五）委托不具备本条例规定条件的企业生产医疗器械，或者未对受托生产企业的生产行为进行管理；

（六）进口过期、失效、淘汰等已使用过的医疗器械。

第八十七条 医疗器械经营企业、使用单位履行了本条例规定的进货查验等义务，有充分证据证明其不知道所经营、使用的医疗器械为本条例第八十一条第一款第一项、第八十四条第一项、第八十六条第一项和第三项规定情形的医疗器械，并能如实说明其进货来源的，收缴其经营、使用的不符合法定要求的医疗器械，可以免除行政处罚。

第八十八条 有下列情形之一的，由负责药品监督管理的部门责令改正，处1万元以上5万元以下罚款；拒不改正的，处5万元以上10万元以下罚款；情节严重的，责令停产停业，直至由原发证部门吊销医疗器械生产许可证、医疗器械经营许可证，对违法单位的法定代表人、主要负责人、直接负责的主管人员和其他责任人员，没收违法行为发生期间自本单位所获收入，并处所获收入30%以上2倍以下罚款，5年内禁止其从事医疗器械生产经营活动：

（一）生产条件发生变化、不再符合医疗器械质量管理体系要求，未依照本条例规定整改、停止生产、报告；

（二）生产、经营说明书、标签不符合本条例规定的医疗器械；

（三）未按照医疗器械说明书和标签标示要求运输、贮存医疗器械；

（四）转让过期、失效、淘汰或者检验不合格的在用医疗器械。

第八十九条 有下列情形之一的，由负责药品监督管理的部门和卫生主管部门依据各自职责责令改正，给予警告；拒不改正的，处1万元以上10万元以下罚款；情节严重的，责令停产停业，直至由原发证部门吊销医疗器械注册证、医疗器械生产许可证、医疗器械经营许可证，对违法单位的法定代表人、主要负责人、直接负责的主管人员和其他责任人员处1万元以上3万元以下罚款：

（一）未按照要求提交质量管理体系自查报告；

（二）从不具备合法资质的供货者购进医疗器械；

（三）医疗器械经营企业、使用单位未依照本条例规定建立并执行医疗器械进货查验记录制度；

（四）从事第二类、第三类医疗器械批发业务以及第三类医疗器械零售业务的经营企业未依照本条例规定建立并执行销售记录制度；

（五）医疗器械注册人、备案人、生产经营企业、使用单位未依照本条例规定开展医疗器械不良事件监测，未按照要求报告不良事件，或者对医疗器械不良事件监测技术机构、负责药品监督管理的部门、卫生主管部门开展的不良事件调查不予配合；

（六）医疗器械注册人、备案人未按照规定制定上市后研究和风险管控计划并保证有效实施；

（七）医疗器械注册人、备案人未按照规定建立并执行产品追溯制度；

（八）医疗器械注册人、备案人、经营企业从事医疗器械网络销售未按照规定告知负责药品监督管理的部门；

（九）对需要定期检查、检验、校准、保养、维护的医疗器械，医疗器械使用单位未按照产品说明书要求进行检查、检验、校准、保养、维护并予以记录，及时进行分析、评估，确保医疗器械处于良好状态；

（十）医疗器械使用单位未妥善保存购入第三类医疗器械的原始资料。

第九十条 有下列情形之一的，由县级以上人民政府卫生主管部门责令改正，给予警告；拒不改正的，处5万元以上10万元以下罚款；情节严重的，处10万元以上30万元以下罚款，责令暂停相关医疗器械使用活动，直至由原发证部门吊销执业许可证，依法责令相关责任人员暂停6个月以上1年以下执业活动，直至由原发证部门吊销相关人员执业证书，对违法单位的法定代表人、主要负责人、直接负责的主管人员和其他责任人员，没收违法行为发生期间自本单位所获收入，并处所获收入30%以上3倍以下罚款，依法给予处分：

（一）对重复使用的医疗器械，医疗器械使用单位未按照消毒和管理的规定进行处理；

（二）医疗器械使用单位重复使用一次性使用的医疗器械，或者未按照规定销毁使用过的一次性使用的医疗器械；

（三）医疗器械使用单位未按照规定将大型医疗器械以及植入和介入类医疗器械的信息记载到病历等相关记

录中；

（四）医疗器械使用单位发现使用的医疗器械存在安全隐患未立即停止使用、通知检修，或者继续使用经检修仍不能达到使用安全标准的医疗器械；

（五）医疗器械使用单位违规使用大型医用设备，不能保障医疗质量安全。

第九十一条 违反进出口商品检验相关法律、行政法规进口医疗器械的，由出入境检验检疫机构依法处理。

第九十二条 为医疗器械网络交易提供服务的电子商务平台经营者违反本条例规定，未履行对入网医疗器械经营者进行实名登记，审查许可、注册、备案情况，制止并报告违法行为，停止提供网络交易平台服务等管理义务的，由负责药品监督管理的部门依照《中华人民共和国电子商务法》的规定给予处罚。

第九十三条 未进行医疗器械临床试验机构备案开展临床试验的，由负责药品监督管理的部门责令停止临床试验并改正；拒不改正的，该临床试验数据不得用于产品注册、备案，处5万元以上10万元以下罚款，并向社会公告；造成严重后果的，5年内禁止其开展相关专业医疗器械临床试验，并处10万元以上30万元以下罚款，由卫生主管部门对违法单位的法定代表人、主要负责人、直接负责的主管人员和其他责任人员，没收违法行为发生期间自本单位所获收入，并处所获收入30%以上3倍以下罚款，依法给予处分。

临床试验申办者开展临床试验未经备案的，由负责药品监督管理的部门责令停止临床试验，对临床试验申办者处5万元以上10万元以下罚款，并向社会公告；造成严重后果的，处10万元以上30万元以下罚款。该临床试验数据不得用于产品注册、备案，5年内不受理相关责任人以及单位提出的医疗器械注册申请。

临床试验申办者未经批准开展对人体具有较高风险的第三类医疗器械临床试验的，由负责药品监督管理的部门责令立即停止临床试验，对临床试验申办者处10万元以上30万元以下罚款，并向社会公告；造成严重后果的，处30万元以上100万元以下罚款。该临床试验数据不得用于产品注册，10年内不受理相关责任人以及单位提出的医疗器械临床试验和注册申请，对违法单位的法定代表人、主要负责人、直接负责的主管人员和其他责任人员，没收违法行为发生期间自本单位所获收入，并处所获收入30%以上3倍以下罚款。

第九十四条 医疗器械临床试验机构开展医疗器械临床试验未遵守临床试验质量管理规范的，由负责药品监督管理的部门责令改正或者立即停止临床试验，处5万元以上10万元以下罚款；造成严重后果的，5年内禁止其开展相关专业医疗器械临床试验，由卫生主管部门对违法单位的法定代表人、主要负责人、直接负责的主管人员和其他责任人员，没收违法行为发生期间自本单位所获收入，并处所获收入30%以上3倍以下罚款，依法给予处分。

第九十五条 医疗器械临床试验机构出具虚假报告的，由负责药品监督管理的部门处10万元以上30万元以下罚款；有违法所得的，没收违法所得；10年内禁止其开展相关专业医疗器械临床试验；由卫生主管部门对违法单位的法定代表人、主要负责人、直接负责的主管人员和其他责任人员，没收违法行为发生期间自本单位所获收入，并处所获收入30%以上3倍以下罚款，依法给予处分。

第九十六条 医疗器械检验机构出具虚假检验报告的，由授予其资质的主管部门撤销检验资质，10年内不受理相关责任人以及单位提出的资质认定申请，并处10万元以上30万元以下罚款；有违法所得的，没收违法所得；对违法单位的法定代表人、主要负责人、直接负责的主管人员和其他责任人员，没收违法行为发生期间自本单位所获收入，并处所获收入30%以上3倍以下罚款，依法给予处分；受到开除处分的，10年内禁止其从事医疗器械检验工作。

第九十七条 违反本条例有关医疗器械广告管理规定的，依照《中华人民共和国广告法》的规定给予处罚。

第九十八条 境外医疗器械注册人、备案人指定的我国境内企业法人未依照本条例规定履行相关义务的，由省、自治区、直辖市人民政府药品监督管理部门责令改正，给予警告，并处5万元以上10万元以下罚款；情节严重的，处10万元以上50万元以下罚款，5年内禁止其法定代表人、主要负责人、直接负责的主管人员和其他责任人员从事医疗器械生产经营活动。

境外医疗器械注册人、备案人拒不履行依据本条例作出的行政处罚决定的，10年内禁止其医疗器械进口。

第九十九条 医疗器械研制、生产、经营单位和检验机构违反本条例规定使用禁止从事医疗器械生产经营活动、检验工作的人员的，由负责药品监督管理的部门责令改正，给予警告；拒不改正的，责令停产停业直至吊销许可证件。

第一百条 医疗器械技术审评机构、医疗器械不良事件监测技术机构未依照本条例规定履行职责，致使审评、监测工作出现重大失误的，由负责药品监督管理的部门责令改正，通报批评，给予警告；造成严重后果的，对违法单位的法定代表人、主要负责人、直接负责的主管人员和其他责任人员，依法给予处分。

第一百零一条 负责药品监督管理的部门或者其他有关部门工作人员违反本条例规定，滥用职权、玩忽职守、徇私舞弊的，依法给予处分。

第一百零二条 违反本条例规定，构成犯罪的，依法追究刑事责任；造成人身、财产或者其他损害的，依法承担赔偿责任。

第八章　附　　则

第一百零三条 本条例下列用语的含义：

医疗器械，是指直接或者间接用于人体的仪器、设备、器具、体外诊断试剂及校准物、材料以及其他类似或者相关的物品，包括所需要的计算机软件；其效用主要通过物理等方式获得，不是通过药理学、免疫学或者代谢的方式获得，或者虽然有这些方式参与但是只起辅助作用；其目的是：

（一）疾病的诊断、预防、监护、治疗或者缓解；

（二）损伤的诊断、监护、治疗、缓解或者功能补偿；

（三）生理结构或者生理过程的检验、替代、调节或者支持；

（四）生命的支持或者维持；

（五）妊娠控制；

（六）通过对来自人体的样本进行检查，为医疗或者诊断目的提供信息。

医疗器械注册人、备案人，是指取得医疗器械注册证或者办理医疗器械备案的企业或者研制机构。

医疗器械使用单位，是指使用医疗器械为他人提供医疗等技术服务的机构，包括医疗机构、计划生育技术服务机构、血站、单采血浆站、康复辅助器具适配机构等。

大型医用设备，是指使用技术复杂、资金投入量大、运行成本高、对医疗费用影响大且纳入目录管理的大型医疗器械。

第一百零四条　医疗器械产品注册可以收取费用。具体收费项目、标准分别由国务院财政、价格主管部门按照国家有关规定制定。

第一百零五条　医疗卫生机构为应对突发公共卫生事件而研制的医疗器械的管理办法，由国务院药品监督管理部门会同国务院卫生主管部门制定。

从事非营利的避孕医疗器械的存储、调拨和供应，应当遵守国务院卫生主管部门会同国务院药品监督管理部门制定的管理办法。

中医医疗器械的技术指导原则，由国务院药品监督管理部门会同国务院中医药管理部门制定。

第一百零六条　军队医疗器械使用的监督管理，依照本条例和军队有关规定执行。

第一百零七条　本条例自2021年6月1日起施行。

医疗卫生机构医学装备管理办法

1. 2011年3月24日卫生部发布
2. 卫规财委〔2011〕24号

第一章　总　　则

第一条　为了规范和加强医疗卫生机构医学装备管理，促进医学装备合理配置、安全与有效利用，充分发挥使用效益，保障医疗卫生事业健康发展，依据有关法律法规，制定本办法。

第二条　本办法所称的医学装备，是指医疗卫生机构中用于医疗、教学、科研、预防、保健等工作，具有卫生专业技术特征的仪器设备、器械、耗材和医学信息系统等的总称。

第三条　医疗卫生机构利用各种资金来源购置、接受捐赠和调拨的医学装备，均应当按照本办法实施管理。

第四条　医疗卫生机构医学装备管理应当遵循统一领导、归口管理、分级负责、权责一致的原则，应用信息技术等现代化管理方法，提高管理效能。

第五条 卫生部主管全国医疗卫生机构医学装备管理工作，负责制订医学装备管理办法和标准并指导实施。省级及以下卫生行政部门依据国家管理办法和标准，负责本地区医疗卫生机构医学装备管理、监督和指导工作。

第六条 医疗卫生机构应当加强医学工程学科建设，注重医学装备管理人才培养，建设专业化、职业化人才队伍，提高医学装备管理能力和应用技术水平。

第二章 机构与职责

第七条 医疗卫生机构的医学装备管理实行机构领导、医学装备管理部门和使用部门三级管理制度。

第八条 二级及以上医疗机构和县级及以上其他卫生机构应当设置专门的医学装备管理部门，由主管领导直接负责，并依据机构规模、管理任务配备数量适宜的专业技术人员。规模小、不宜设置专门医学装备管理部门的机构，应当配备专人管理。

第九条 医学装备管理部门主要职责包括：

（一）根据国家有关规定，建立完善本机构医学装备管理工作制度并监督执行；

（二）负责医学装备发展规划和年度计划的组织、制订、实施等工作；

（三）负责医学装备购置、验收、质控、维护、修理、应用分析和处置等全程管理；

（四）保障医学装备正常使用；

（五）收集相关政策法规和医学装备信息，提供决策参考依据；

（六）组织本机构医学装备管理相关人员专业培训；

（七）完成卫生行政部门和机构领导交办的其他工作。

第十条 医学装备使用部门应当设专职或兼职管理人员，在医学装备管理部门的指导下，具体负责本部门的医学装备日常管理工作。

第十一条 二级及以上医疗机构、有条件的其他卫生机构应当成立医学装备管理委员会。委员会由机构领导、医学装备管理部门及有关部门人员和专家组成，负责对本机构医学装备发展规划、年度装备计划、采购活动等重大事项进行评估、论证和咨询，确保科学决策和民主决策。

第三章 计划与采购

第十二条 医疗卫生机构应当根据国家相关法规、制度和本机构的规模、功能定位和事业发展规划，科学制订医学装备发展规划。

医疗卫生机构要优先考虑配置功能适用、技术适宜、节能环保的装备，注重资源共享，杜绝盲目配置和闲置浪费。

第十三条 医学装备管理部门应当根据本机构医学装备发展规划和年度预算，结合各使用部门装备配置和保障需求，编制年度装备计划和采购实施计划。

第十四条 医学装备发展规划、年度装备计划和采购实施计划应当由机构领导集体研究批准后方可执行。设立医学装备管理委员会的，机构领导集体研究前还需经医学装备管理委员会讨论同意。需主管部门审批的，应当获得批准后执行。经批准的医学装备发展规划、年度装备计划和采购实施计划，不得随意更改。

第十五条 单价在1万元及以上或一次批量价格在5万元及以上的医学装备均应当纳入年度装备计划管理。单价在1万元以下或一次批量价格在5万元以下的，由医疗卫生机构根据本机构实际情况确定管理方式。

第十六条 单价在50万元及以上的医学装备计划，应当进行可行性论证。论证内容应当包括配置必要性、社会和经济效益、预期使用情况、人员资质等。单价为50万元以下的，由医疗机构根据本机构实际情况确定论证方式。

第十七条 医疗卫生机构应当根据国家有关法律法规，按照公开透明、公平竞争、客观公正和诚实信用的原则，加强医学装备采购管理。

第十八条 纳入集中采购目录或采购限额标准以上的医学装备，应当实行集中采购，并首选公开招标方式进行采购。采取公开招标以外其他方式进行采购的，应当严格按照国家有关规定报批。

第十九条 未纳入集中采购目录或集中采购限额标准以下的医学装备，应当首选公开招标方式采购。不具备公开招标条件的，可按照国家有关规定选择其他方式进行采购。

第二十条 医疗卫生机构应当加强预算管理，严格执行年度装备计划和采购实施计划。未列入计划的项目，原则上不得安排采购。因特殊情况确需计划外采购的，应当严格论证审批。

第二十一条 省级卫生行政部门依据国家有关规定制订本地区应急采购预案。因突发公共事件等应急情况需要紧急采购的，医疗卫生机构应当按照应急采购预案执行。

第二十二条 需采购进口医学装备的，应当按照国家有关规定严格履行进口设备采购审批程序。

第二十三条 医疗卫生机构应当加强医学装备采购合同规范管理，保证采购装备的质量，严格防范各类风险，确保资金安全。

第二十四条 医疗卫生机构应当建立医学装备验收制度。医学装备到货、安装、调试使用后，医学装备管理部门应当组织使用部门、供货方依据合同约定及时进行验收。验收完成后应当填写验收报告，并由各方签字确认。

第二十五条 医学装备验收工作应当在合同约定的索赔期限内完成。经验收不合格的，应当及时办理索赔。

第二十六条 医疗卫生机构申请配置和采购纳入国家规定管理品目的大型医用设备，按照相关规定执行。

第二十七条 医疗卫生机构应当建立医用耗材准入管理制度。属于集中采购目录内的，医学装备管理部门应当按照有关规定组织专家进行遴选。不在集中采购目录内但确需使用的，医学装备管理部门应当组织专家严格论证后，按照有关规定进行采购。

第二十八条 医疗卫生机构应当建立医用耗材入出库管理制度并严格执行。

第二十九条 医疗卫生机构应当加强一次性使用无菌器械采购记录管理。采购记录内容应当包括企业名称、产品名称、原产地、规格型号、产品数量、生产批号、灭菌批号、产品有效期、采购日期等，确保能够追溯至每批产品的进货来源。

第四章 使用管理

第三十条 医疗卫生机构应当依据全国卫生系统医疗器械仪器设备分类与代码，建立本机构医学装备分类、分户电子账目，实行信息化管理。

第三十一条 医疗卫生机构应当健全医学装备档案管理制度，按照集中统一管理的原则，作到档案齐全、账目明晰、完整准确。档案保管期限至医学装备报废为止。国家有特殊要求的，从其规定。

第三十二条 单价在5万元及以上的医学装备应当建立管理档案。内容主要包括申购资料、技术资料及使用维修资料。单价5万元以下的医学装备，医疗卫生机构可根据实际情况确定具体管理方式。

第三十三条 医疗卫生机构不得使用无合格证明、过期、失效、淘汰的医学装备。用于医疗活动的，应当具备医疗器械注册证。纳入国家规定管理品目的大型医用设备应当具备配置许可证。

未经注册的医学装备临床试验按照国家相关规定执行。

第三十四条 医疗卫生机构应当严格依据国家有关规定和操作规程，加强医学装备安全有效使用管理。生命支持类、急救类、植入类、辐射类、灭菌类和大型医用设备等医学装备安全有效使用情况应当予以监控。国家有特殊要求的，从其规定。

第三十五条 医疗卫生机构应当按照国家有关法律法规做好医学装备质量保障。医学装备须计(剂)量准确、安全防护、性能指标合格方可使用。

第三十六条 医疗卫生机构应当制定生命支持类、急救类医学装备应急预案，保障紧急救援工作需要。

第三十七条 医疗卫生机构应当建立健全医学装备维修制度，优化报修流程，及时排除医学装备故障。

第三十八条 医疗卫生机构应当加强医学装备预防性维护，确保医学装备按期保养，保障使用寿命，减少故障发生率。

第三十九条 医疗卫生机构应当对医学装备使用人员进行应用培训和考核，合格后方可上岗操作。大型医用设备相关医师、操作人员、工程技术人员须接受岗位培训，业务能力考评合格方可上岗操作。

第四十条 医疗卫生技术人员使用各类医用耗材时，应当认真核对其规格、型号、消毒及有效日期等，并进行登记。医用耗材使用后属于医疗废物的，应当严格按照医疗废物管理有关规定处理。

第四十一条 医疗卫生机构应当建立医学装备使用评价制度。加强大型医用设备使用、功能开发、社会效益、费用等分析评价工作。

对长期闲置不用、低效运转或超标准配置的医学装备，医学装备管理部门应当在本机构范围内调剂使用。

第五章 处置管理

第四十二条 公立医疗卫生机构处置医学装备,应当按照国有资产处置管理有关规定,严格履行审批手续,未经批准不得自行处理。处置海关监管期内的进口免税医学装备,须按照海关相关规定执行。

第四十三条 医学装备处置方式主要包括调拨、捐赠和报废等。

第四十四条 公立医疗卫生机构长期闲置不用、低效运转或超标准配置的医学装备,应当予以调拨处置。

第四十五条 因对口支援等工作需要,公立医疗卫生机构可对外调拨或捐赠医学装备。

医疗卫生机构接受捐赠的医学装备,应当质量合格、安全有效。

第四十六条 医学装备符合下列情形的,应当报废处置:国家规定淘汰的;严重损坏无法修复或维修费用过高的;严重污染环境,危害人身安全与健康的;失效或功能低下、技术落后,不能满足使用需求的;国家有明确要求的。

第六章 监督管理

第四十七条 卫生部负责对全国医疗卫生机构执行本办法的情况进行监督检查。

第四十八条 省级及以下卫生行政部门负责对本地区医疗卫生机构医学装备管理工作进行监督检查和评价考核。

对违反本办法规定,制度不健全、管理不严格或职责落实不到位的医疗卫生机构,由所在地卫生行政部门视情节严重程度,对其主要负责人和工作人员给予批评教育或相应纪律处分。

第四十九条 医疗卫生机构应当依据本办法规定加强医学装备管理工作。对违反本办法规定,不认真履行医学装备管理职责、违反操作规程造成人为损坏或保管不当造成遗失的工作人员,应当视情节严重程度,给予批评教育或相应纪律处分。

第七章 附　　则

第五十条 本办法适用于全国各级各类医疗卫生机构。

第五十一条 本办法由卫生部负责解释。

第五十二条 省级卫生行政部门可根据本办法规定,结合本地区实际,制订实施细则。

第五十三条 本办法自发布之日起施行。1996 年卫生部《医疗卫生机构仪器设备管理办法》(卫计发〔1996〕第 180 号)同时废止。

医疗器械使用质量监督管理办法

1. *2015 年 10 月 21 日国家食品药品监督管理总局令第 18 号公布*
2. *自 2016 年 2 月 1 日起施行*

第一章 总　　则

第一条 为加强医疗器械使用质量监督管理,保证医疗器械使用安全、有效,根据《医疗器械监督管理条例》,制定本办法。

第二条 使用环节的医疗器械质量管理

及其监督管理，应当遵守本办法。

第三条 国家食品药品监督管理总局负责全国医疗器械使用质量监督管理工作。县级以上地方食品药品监督管理部门负责本行政区域的医疗器械使用质量监督管理工作。

上级食品药品监督管理部门负责指导和监督下级食品药品监督管理部门开展医疗器械使用质量监督管理工作。

第四条 医疗器械使用单位应当按照本办法，配备与其规模相适应的医疗器械质量管理机构或者质量管理人员，建立覆盖质量管理全过程的使用质量管理制度，承担本单位使用医疗器械的质量管理责任。

鼓励医疗器械使用单位采用信息化技术手段进行医疗器械质量管理。

第五条 医疗器械生产经营企业销售的医疗器械应当符合强制性标准以及经注册或者备案的产品技术要求。医疗器械生产经营企业应当按照与医疗器械使用单位的合同约定，提供医疗器械售后服务，指导和配合医疗器械使用单位开展质量管理工作。

第六条 医疗器械使用单位发现所使用的医疗器械发生不良事件或者可疑不良事件的，应当按照医疗器械不良事件监测的有关规定报告并处理。

第二章 采购、验收与贮存

第七条 医疗器械使用单位应当对医疗器械采购实行统一管理，由其指定的部门或者人员统一采购医疗器械，其他部门或者人员不得自行采购。

第八条 医疗器械使用单位应当从具有资质的医疗器械生产经营企业购进医疗器械，索取、查验供货者资质、医疗器械注册证或者备案凭证等证明文件。对购进的医疗器械应当验明产品合格证明文件，并按规定进行验收。对有特殊储运要求的医疗器械还应当核实储运条件是否符合产品说明书和标签标示的要求。

第九条 医疗器械使用单位应当真实、完整、准确地记录进货查验情况。进货查验记录应当保存至医疗器械规定使用期限届满后 2 年或者使用终止后 2 年。大型医疗器械进货查验记录应当保存至医疗器械规定使用期限届满后 5 年或者使用终止后 5 年；植入性医疗器械进货查验记录应当永久保存。

医疗器械使用单位应当妥善保存购入第三类医疗器械的原始资料，确保信息具有可追溯性。

第十条 医疗器械使用单位贮存医疗器械的场所、设施及条件应当与医疗器械品种、数量相适应，符合产品说明书、标签标示的要求及使用安全、有效的需要；对温度、湿度等环境条件有特殊要求的，还应当监测和记录贮存区域的温度、湿度等数据。

第十一条 医疗器械使用单位应当按照贮存条件、医疗器械有效期限等要求对贮存的医疗器械进行定期检查并记录。

第十二条 医疗器械使用单位不得购进和使用未依法注册或者备案、无合格证明文件以及过期、失效、淘汰的医疗器械。

第三章 使用、维护与转让

第十三条 医疗器械使用单位应当建立医疗器械使用前质量检查制度。在使用医疗器械前,应当按照产品说明书的有关要求进行检查。

使用无菌医疗器械前,应当检查直接接触医疗器械的包装及其有效期限。包装破损、标示不清、超过有效期限或者可能影响使用安全、有效的,不得使用。

第十四条 医疗器械使用单位对植入和介入类医疗器械应当建立使用记录,植入性医疗器械使用记录永久保存,相关资料应当纳入信息化管理系统,确保信息可追溯。

第十五条 医疗器械使用单位应当建立医疗器械维护维修管理制度。对需要定期检查、检验、校准、保养、维护的医疗器械,应当按照产品说明书的要求进行检查、检验、校准、保养、维护并记录,及时进行分析、评估,确保医疗器械处于良好状态。

对使用期限长的大型医疗器械,应当逐台建立使用档案,记录其使用、维护等情况。记录保存期限不得少于医疗器械规定使用期限届满后5年或者使用终止后5年。

第十六条 医疗器械使用单位应当按照产品说明书等要求使用医疗器械。一次性使用的医疗器械不得重复使用,对使用过的应当按照国家有关规定销毁并记录。

第十七条 医疗器械使用单位可以按照合同的约定要求医疗器械生产经营企业提供医疗器械维护维修服务,也可以委托有条件和能力的维修服务机构进行医疗器械维护维修,或者自行对在用医疗器械进行维护维修。

医疗器械使用单位委托维修服务机构或者自行对在用医疗器械进行维护维修的,医疗器械生产经营企业应当按照合同的约定提供维护手册、维修手册、软件备份、故障代码表、备件清单、零部件、维修密码等维护维修必需的材料和信息。

第十八条 由医疗器械生产经营企业或者维修服务机构对医疗器械进行维护维修的,应当在合同中约定明确的质量要求、维修要求等相关事项,医疗器械使用单位应当在每次维护维修后索取并保存相关记录;医疗器械使用单位自行对医疗器械进行维护维修的,应当加强对从事医疗器械维护维修的技术人员的培训考核,并建立培训档案。

第十九条 医疗器械使用单位发现使用的医疗器械存在安全隐患的,应当立即停止使用,通知检修;经检修仍不能达到使用安全标准的,不得继续使用,并按照有关规定处置。

第二十条 医疗器械使用单位之间转让在用医疗器械,转让方应当确保所转让的医疗器械安全、有效,并提供产品合法证明文件。

转让双方应当签订协议,移交产品说明书、使用和维修记录档案复印件等资料,并经有资质的检验机构检验合格后方可转让。受让方应当参照本办法第八条关于进货查验的规定进行查验,符合要求后方可使用。

不得转让未依法注册或者备案、无合格证明文件或者检验不合格,以及过期、失效、淘汰的医疗器械。

第二十一条 医疗器械使用单位接受医疗器械生产经营企业或者其他机构、个人捐赠医疗器械的，捐赠方应当提供医疗器械的相关合法证明文件，受赠方应当参照本办法第八条关于进货查验的规定进行查验，符合要求后方可使用。

不得捐赠未依法注册或者备案、无合格证明文件或者检验不合格，以及过期、失效、淘汰的医疗器械。

医疗器械使用单位之间捐赠在用医疗器械的，参照本办法第二十条关于转让在用医疗器械的规定办理。

第四章 监督管理

第二十二条 食品药品监督管理部门按照风险管理原则，对使用环节的医疗器械质量实施监督管理。

设区的市级食品药品监督管理部门应当编制并实施本行政区域的医疗器械使用单位年度监督检查计划，确定监督检查的重点、频次和覆盖率。对存在较高风险的医疗器械、有特殊储运要求的医疗器械以及有不良信用记录的医疗器械使用单位等，应当实施重点监管。

年度监督检查计划及其执行情况应当报告省、自治区、直辖市食品药品监督管理部门。

第二十三条 食品药品监督管理部门对医疗器械使用单位建立、执行医疗器械使用质量管理制度的情况进行监督检查，应当记录监督检查结果，并纳入监督管理档案。

食品药品监督管理部门对医疗器械使用单位进行监督检查时，可以对相关的医疗器械生产经营企业、维修服务机构等进行延伸检查。

医疗器械使用单位、生产经营企业和维修服务机构等应当配合食品药品监督管理部门的监督检查，如实提供有关情况和资料，不得拒绝和隐瞒。

第二十四条 医疗器械使用单位应当按照本办法和本单位建立的医疗器械使用质量管理制度，每年对医疗器械质量管理工作进行全面自查，并形成自查报告。食品药品监督管理部门在监督检查中对医疗器械使用单位的自查报告进行抽查。

第二十五条 食品药品监督管理部门应当加强对使用环节医疗器械的抽查检验。省级以上食品药品监督管理部门应当根据抽查检验结论，及时发布医疗器械质量公告。

第二十六条 个人和组织发现医疗器械使用单位有违反本办法的行为，有权向医疗器械使用单位所在地食品药品监督管理部门举报。接到举报的食品药品监督管理部门应当及时核实、处理。经查证属实的，应当按照有关规定对举报人给予奖励。

第五章 法律责任

第二十七条 医疗器械使用单位有下列情形之一的，由县级以上食品药品监督管理部门按照《医疗器械监督管理条例》第六十六条的规定予以处罚：

（一）使用不符合强制性标准或者不符合经注册或者备案的产品技术要求的医疗器械的；

（二）使用无合格证明文件、过期、

失效、淘汰的医疗器械,或者使用未依法注册的医疗器械的。

第二十八条 医疗器械使用单位有下列情形之一的,由县级以上食品药品监督管理部门按照《医疗器械监督管理条例》第六十七条的规定予以处罚:

(一)未按照医疗器械产品说明书和标签标示要求贮存医疗器械的;

(二)转让或者捐赠过期、失效、淘汰、检验不合格的在用医疗器械的。

第二十九条 医疗器械使用单位有下列情形之一的,由县级以上食品药品监督管理部门按照《医疗器械监督管理条例》第六十八条的规定予以处罚:

(一)未建立并执行医疗器械进货查验制度,未查验供货者的资质,或者未真实、完整、准确地记录进货查验情况的;

(二)未按照产品说明书的要求进行定期检查、检验、校准、保养、维护并记录的;

(三)发现使用的医疗器械存在安全隐患未立即停止使用、通知检修,或者继续使用经检修仍不能达到使用安全标准的医疗器械的;

(四)未妥善保存购入第三类医疗器械的原始资料的;

(五)未按规定建立和保存植入和介入类医疗器械使用记录的。

第三十条 医疗器械使用单位有下列情形之一的,由县级以上食品药品监督管理部门责令限期改正,给予警告;拒不改正的,处1万元以下罚款:

(一)未按规定配备与其规模相适应的医疗器械质量管理机构或者质量管理人员,或者未按规定建立覆盖质量管理全过程的使用质量管理制度的;

(二)未按规定由指定的部门或者人员统一采购医疗器械的;

(三)购进、使用未备案的第一类医疗器械,或者从未备案的经营企业购进第二类医疗器械的;

(四)贮存医疗器械的场所、设施及条件与医疗器械品种、数量不相适应的,或者未按照贮存条件、医疗器械有效期限等要求对贮存的医疗器械进行定期检查并记录的;

(五)未按规定建立、执行医疗器械使用前质量检查制度的;

(六)未按规定索取、保存医疗器械维护维修相关记录的;

(七)未按规定对本单位从事医疗器械维护维修的相关技术人员进行培训考核、建立培训档案的;

(八)未按规定对其医疗器械质量管理工作进行自查、形成自查报告的。

第三十一条 医疗器械生产经营企业违反本办法第十七条规定,未按要求提供维护维修服务,或者未按要求提供维护维修所必需的材料和信息的,由县级以上食品药品监督管理部门给予警告,责令限期改正;情节严重或者拒不改正的,处5000元以上2万元以下罚款。

第三十二条 医疗器械使用单位、生产经营企业和维修服务机构等不配合食品药品监督管理部门的监督检查,或者拒绝、隐瞒、不如实提供有关情况和资料的,由县级以上食品药品监督管理部门责令改正,给予警告,可以并处2万元以下罚款。

第六章 附 则

第三十三条 用于临床试验的试验用医疗器械的质量管理，按照医疗器械临床试验等有关规定执行。

第三十四条 对使用环节的医疗器械使用行为的监督管理，按照国家卫生和计划生育委员会的有关规定执行。

第三十五条 本办法自 2016 年 2 月 1 日起施行。

医疗器械召回管理办法

1. 2017 年 1 月 25 日国家食品药品监督管理总局令第 29 号公布

2. 自 2017 年 5 月 1 日起施行

第一章 总 则

第一条 为加强医疗器械监督管理，控制存在缺陷的医疗器械产品，消除医疗器械安全隐患，保证医疗器械的安全、有效，保障人体健康和生命安全，根据《医疗器械监督管理条例》，制定本办法。

第二条 中华人民共和国境内已上市医疗器械的召回及其监督管理，适用本办法。

第三条 本办法所称医疗器械召回，是指医疗器械生产企业按照规定的程序对其已上市销售的某一类别、型号或者批次的存在缺陷的医疗器械产品，采取警示、检查、修理、重新标签、修改并完善说明书、软件更新、替换、收回、销毁等方式进行处理的行为。

前款所述医疗器械生产企业，是指境内医疗器械产品注册人或者备案人、进口医疗器械的境外制造厂商在中国境内指定的代理人。

第四条 本办法所称存在缺陷的医疗器械产品包括：

（一）正常使用情况下存在可能危及人体健康和生命安全的不合理风险的产品；

（二）不符合强制性标准、经注册或者备案的产品技术要求的产品；

（三）不符合医疗器械生产、经营质量管理有关规定导致可能存在不合理风险的产品；

（四）其他需要召回的产品。

第五条 医疗器械生产企业是控制与消除产品缺陷的责任主体，应当主动对缺陷产品实施召回。

第六条 医疗器械生产企业应当按照本办法的规定建立健全医疗器械召回管理制度，收集医疗器械安全相关信息，对可能的缺陷产品进行调查、评估，及时召回缺陷产品。

进口医疗器械的境外制造厂商在中国境内指定的代理人应当将仅在境外实施医疗器械召回的有关信息及时报告国家食品药品监督管理总局；凡涉及在境内实施召回的，中国境内指定的代理人应当按照本办法的规定组织实施。

医疗器械经营企业、使用单位应当积极协助医疗器械生产企业对缺陷产品进行调查、评估，主动配合生产企业履行召回义务，按照召回计划及时传达、反馈医疗器械召回信息，控制和收回缺陷产品。

第七条 医疗器械经营企业、使用单位发现其经营、使用的医疗器械可能为缺陷产品的，应当立即暂停销售或者使用该医疗器械，及时通知医疗器械生产企业或者供货商，并向所在地省、自治区、直辖市食品药品监督管理部门报告；使用单位为医疗机构的，还应当同时向所在地省、自治区、直辖市卫生行政部门报告。

医疗器械经营企业、使用单位所在地省、自治区、直辖市食品药品监督管理部门收到报告后，应当及时通报医疗器械生产企业所在地省、自治区、直辖市食品药品监督管理部门。

第八条 召回医疗器械的生产企业所在地省、自治区、直辖市食品药品监督管理部门负责医疗器械召回的监督管理，其他省、自治区、直辖市食品药品监督管理部门应当配合做好本行政区域内医疗器械召回的有关工作。

国家食品药品监督管理总局监督全国医疗器械召回的管理工作。

第九条 国家食品药品监督管理总局和省、自治区、直辖市食品药品监督管理部门应当按照医疗器械召回信息通报和信息公开有关制度，采取有效途径向社会公布缺陷产品信息和召回信息，必要时向同级卫生行政部门通报相关信息。

第二章 医疗器械缺陷的调查与评估

第十条 医疗器械生产企业应当按照规定建立健全医疗器械质量管理体系和医疗器械不良事件监测系统，收集、记录医疗器械的质量投诉信息和医疗器械不良事件信息，对收集的信息进行分析，对可能存在的缺陷进行调查和评估。

医疗器械经营企业、使用单位应当配合医疗器械生产企业对有关医疗器械缺陷进行调查，并提供有关资料。

第十一条 医疗器械生产企业应当按照规定及时将收集的医疗器械不良事件信息向食品药品监督管理部门报告，食品药品监督管理部门可以对医疗器械不良事件或者可能存在的缺陷进行分析和调查，医疗器械生产企业、经营企业、使用单位应当予以配合。

第十二条 对存在缺陷的医疗器械产品进行评估的主要内容包括：

（一）产品是否符合强制性标准、经注册或者备案的产品技术要求；

（二）在使用医疗器械过程中是否发生过故障或者伤害；

（三）在现有使用环境下是否会造成伤害，是否有科学文献、研究、相关试验或者验证能够解释伤害发生的原因；

（四）伤害所涉及的地区范围和人群特点；

（五）对人体健康造成的伤害程度；

（六）伤害发生的概率；

（七）发生伤害的短期和长期后果；

（八）其他可能对人体造成伤害的因素。

第十三条 根据医疗器械缺陷的严重程度，医疗器械召回分为：

（一）一级召回：使用该医疗器械可能或者已经引起严重健康危害的；

（二）二级召回：使用该医疗器械可能或者已经引起暂时的或者可逆的健康危害的；

（三）三级召回：使用该医疗器械引起危害的可能性较小但仍需要召回的。

医疗器械生产企业应当根据具体情况确定召回级别并根据召回级别与医疗器械的销售和使用情况，科学设计召回计划并组织实施。

第三章　主动召回

第十四条　医疗器械生产企业按照本办法第十条、第十二条的要求进行调查评估后，确定医疗器械产品存在缺陷的，应当立即决定并实施召回，同时向社会发布产品召回信息。

实施一级召回的，医疗器械召回公告应当在国家食品药品监督管理总局网站和中央主要媒体上发布；实施二级、三级召回的，医疗器械召回公告应当在省、自治区、直辖市食品药品监督管理部门网站发布，省、自治区、直辖市食品药品监督管理部门网站发布的召回公告应当与国家食品药品监督管理总局网站链接。

第十五条　医疗器械生产企业作出医疗器械召回决定的，一级召回应当在1日内，二级召回应当在3日内，三级召回应当在7日内，通知到有关医疗器械经营企业、使用单位或者告知使用者。

召回通知应当包括以下内容：

（一）召回医疗器械名称、型号规格、批次等基本信息；

（二）召回的原因；

（三）召回的要求，如立即暂停销售和使用该产品、将召回通知转发到相关经营企业或者使用单位等；

（四）召回医疗器械的处理方式。

第十六条　医疗器械生产企业作出医疗器械召回决定的，应当立即向所在地省、自治区、直辖市食品药品监督管理部门和批准该产品注册或者办理备案的食品药品监督管理部门提交医疗器械召回事件报告表，并在5个工作日内将调查评估报告和召回计划提交至所在地省、自治区、直辖市食品药品监督管理部门和批准注册或者办理备案的食品药品监督管理部门备案。

医疗器械生产企业所在地省、自治区、直辖市食品药品监督管理部门应当在收到召回事件报告表1个工作日内将召回的有关情况报告国家食品药品监督管理总局。

第十七条　调查评估报告应当包括以下内容：

（一）召回医疗器械的具体情况，包括名称、型号规格、批次等基本信息；

（二）实施召回的原因；

（三）调查评估结果；

（四）召回分级。

召回计划应当包括以下内容：

（一）医疗器械生产销售情况及拟召回的数量；

（二）召回措施的具体内容，包括实施的组织、范围和时限等；

（三）召回信息的公布途径与范围；

（四）召回的预期效果；

（五）医疗器械召回后的处理措施。

第十八条　医疗器械生产企业所在地省、自治区、直辖市食品药品监督管理部门可以对生产企业提交的召回计划进行评估，认为生产企业所采取的措施不能有效消除产品缺陷或者控制产品风险的，应当书面要求其采取提高召回等级、扩大召回范围、缩短召回时间或者改变召回产品的处理方式等更为有效的措施进行处理。医疗器械生产企业应当按照食品药品监督管理部门的要求修改召回计划并组织实施。

第十九条 医疗器械生产企业对上报的召回计划进行变更的，应当及时报所在地省、自治区、直辖市食品药品监督管理部门备案。

第二十条 医疗器械生产企业在实施召回的过程中，应当根据召回计划定期向所在地省、自治区、直辖市食品药品监督管理部门提交召回计划实施情况报告。

第二十一条 医疗器械生产企业对召回医疗器械的处理应当有详细的记录，并向医疗器械生产企业所在地省、自治区、直辖市食品药品监督管理部门报告，记录应当保存至医疗器械注册证失效后5年，第一类医疗器械召回的处理记录应当保存5年。对通过警示、检查、修理、重新标签、修改并完善说明书、软件更新、替换、销毁等方式能够消除产品缺陷的，可以在产品所在地完成上述行为。需要销毁的，应当在食品药品监督管理部门监督下销毁。

第二十二条 医疗器械生产企业应当在召回完成后10个工作日内对召回效果进行评估，并向所在地省、自治区、直辖市食品药品监督管理部门提交医疗器械召回总结评估报告。

第二十三条 医疗器械生产企业所在地省、自治区、直辖市食品药品监督管理部门应当自收到总结评估报告之日起10个工作日内对报告进行审查，并对召回效果进行评估；认为召回尚未有效消除产品缺陷或者控制产品风险的，应当书面要求生产企业重新召回。医疗器械生产企业应当按照食品药品监督管理部门的要求进行重新召回。

第四章　责令召回

第二十四条 食品药品监督管理部门经过调查评估，认为医疗器械生产企业应当召回存在缺陷的医疗器械产品而未主动召回的，应当责令医疗器械生产企业召回医疗器械。

责令召回的决定可以由医疗器械生产企业所在地省、自治区、直辖市食品药品监督管理部门作出，也可以由批准该医疗器械注册或者办理备案的食品药品监督管理部门作出。作出该决定的食品药品监督管理部门，应当在其网站向社会公布责令召回信息。

医疗器械生产企业应当按照食品药品监督管理部门的要求进行召回，并按本办法第十四条第二款的规定向社会公布产品召回信息。

必要时，食品药品监督管理部门可以要求医疗器械生产企业、经营企业和使用单位立即暂停生产、销售和使用，并告知使用者立即暂停使用该缺陷产品。

第二十五条 食品药品监督管理部门作出责令召回决定，应当将责令召回通知书送达医疗器械生产企业，通知书包括以下内容：

（一）召回医疗器械的具体情况，包括名称、型号规格、批次等基本信息；

（二）实施召回的原因；

（三）调查评估结果；

（四）召回要求，包括范围和时限等。

第二十六条 医疗器械生产企业收到责令召回通知书后，应当按照本办法第十五条、第十六条的规定通知医疗器械经营企业和使用单位或者告知使用者，制定、提交召回计划，并组织实施。

第二十七条 医疗器械生产企业应当按照本办法第十九条、第二十条、第二十一条、第二十二条的规定向食品药品监督管理部门报告医疗器械召回的相关情况，进行召回医疗器械的后续处理。

食品药品监督管理部门应当按照本办法第二十三条的规定对医疗器械生产企业提交的医疗器械召回总结评估报告进行审查，并对召回效果进行评价，必要时通报同级卫生行政部门。经过审查和评价，认为召回不彻底、尚未有效消除产品缺陷或者控制产品风险的，食品药品监督管理部门应当书面要求医疗器械生产企业重新召回。医疗器械生产企业应当按照食品药品监督管理部门的要求进行重新召回。

第五章 法律责任

第二十八条 医疗器械生产企业因违反法律、法规、规章规定造成上市医疗器械存在缺陷，依法应当给予行政处罚，但该企业已经采取召回措施主动消除或者减轻危害后果的，食品药品监督管理部门依照《中华人民共和国行政处罚法》的规定给予从轻或者减轻处罚；违法行为轻微并及时纠正，没有造成危害后果的，不予处罚。

医疗器械生产企业召回医疗器械的，不免除其依法应当承担的其他法律责任。

第二十九条 医疗器械生产企业违反本办法第二十四条规定，拒绝召回医疗器械的，依据《医疗器械监督管理条例》第六十六条的规定进行处理。

第三十条 医疗器械生产企业有下列情形之一的，予以警告，责令限期改正，并处3万元以下罚款：

（一）违反本办法第十四条规定，未按照要求及时向社会发布产品召回信息的；

（二）违反本办法第十五条规定，未在规定时间内将召回医疗器械的决定通知到医疗器械经营企业、使用单位或者告知使用者的；

（三）违反本办法第十八条、第二十三条、第二十七条第二款规定，未按照食品药品监督管理部门要求采取改正措施或者重新召回医疗器械的；

（四）违反本办法第二十一条规定，未对召回医疗器械的处理作详细记录或者未向食品药品监督管理部门报告的。

第三十一条 医疗器械生产企业有下列情形之一的，予以警告，责令限期改正；逾期未改正的，处3万元以下罚款：

（一）未按照本办法规定建立医疗器械召回管理制度的；

（二）拒绝配合食品药品监督管理

部门开展调查的；

（三）未按照本办法规定提交医疗器械召回事件报告表、调查评估报告和召回计划、医疗器械召回计划实施情况和总结评估报告的；

（四）变更召回计划，未报食品药品监督管理部门备案的。

第三十二条 医疗器械经营企业、使用单位违反本办法第七条第一款规定的，责令停止销售、使用存在缺陷的医疗器械，并处5000元以上3万元以下罚款；造成严重后果的，由原发证部门吊销《医疗器械经营许可证》。

第三十三条 医疗器械经营企业、使用单位拒绝配合有关医疗器械缺陷调查、拒绝协助医疗器械生产企业召回医疗器械的，予以警告，责令限期改正；逾期拒不改正的，处3万元以下罚款。

第三十四条 食品药品监督管理部门及其工作人员不履行医疗器械监督管理职责或者滥用职权、玩忽职守，有下列情形之一的，由监察机关或者任免机关根据情节轻重，对直接负责的主管人员和其他直接责任人员给予批评教育，或者依法给予警告、记过或者记大过的处分；造成严重后果的，给予降级、撤职或者开除的处分：

（一）未按规定向社会发布召回信息的；

（二）未按规定向相关部门报告或者通报有关召回信息的；

（三）应当责令召回而未采取责令召回措施的；

（四）违反本办法第二十三条和第二十七条第二款规定，未能督促医疗器械生产企业有效实施召回的。

第六章 附 则

第三十五条 召回的医疗器械已经植入人体的，医疗器械生产企业应当与医疗机构和患者共同协商，根据召回的不同原因，提出对患者的处理意见和应当采取的预案措施。

第三十六条 召回的医疗器械给患者造成损害的，患者可以向医疗器械生产企业要求赔偿，也可以向医疗器械经营企业、使用单位要求赔偿。患者向医疗器械经营企业、使用单位要求赔偿的，医疗器械经营企业、使用单位赔偿后，有权向负有责任的医疗器械生产企业追偿。

第三十七条 本办法自2017年5月1日起施行。2011年7月1日起施行的《医疗器械召回管理办法（试行）》（中华人民共和国卫生部令第82号）同时废止。

大型医用设备配置与使用管理办法（试行）

1. 2018年5月22日国家卫生健康委员会、国家药品监督管理局发布

2. 国卫规划发〔2018〕12号

第一章 总 则

第一条 为深入推进简政放权、放管结合、优化服务，促进大型医用设备合理配置和有效使用，保障医疗质量安全，控制医疗费用过快增长，维护人民群众健康权益，根据《行政许可法》《国务院关于修改〈医疗器械监督管理条例〉

的决定》等法律法规规定，制定本办法。

第二条 本办法所称大型医用设备，是指使用技术复杂、资金投入量大、运行成本高、对医疗费用影响大且纳入目录管理的大型医疗器械。

第三条 大型医用设备目录由国家卫生健康委员会商国务院有关部门提出，报国务院批准后公布执行。

第四条 国家按照目录对大型医用设备实行分级分类配置规划和配置许可证管理。

第五条 国家卫生健康委员会负责制定大型医用设备配置与使用的管理制度并组织实施，指导开展大型医用设备配置与使用行为的评价和监督工作。县级以上地方卫生健康行政部门负责本区域内大型医用设备配置与使用行为的监督管理工作。

第六条 国家卫生健康委员会成立大型医用设备管理专家咨询委员会，为确定和调整管理目录、制定和实施配置规划，以及配置与使用全过程管理提供评审、咨询和论证等技术支持。

省级卫生健康行政部门可成立相应的专家组。

第七条 医疗器械使用单位配置与使用大型医用设备用于医疗服务的，适用本办法。

第二章 管理目录

第八条 国家卫生健康委员会根据医疗服务需求和医疗器械发展状况，结合资金投入、运行成本和使用费用、技术要求等因素，提出大型医用设备配置管理目录建议。

第九条 大型医用设备配置管理目录分为甲、乙两类。甲类大型医用设备由国家卫生健康委员会负责配置管理并核发配置许可证；乙类大型医用设备由省级卫生健康行政部门负责配置管理并核发配置许可证。

第十条 国家卫生健康委员会应当对大型医疗器械使用的安全性、有效性、经济性、适宜性等进行评估，适时提出大型医用设备管理目录调整建议。

第十一条 大型医用设备管理目录调整包括：

（一）纳入管理目录；

（二）甲类管理目录的设备调整为乙类管理目录的设备；

（三）乙类管理目录的设备调整为甲类管理目录的设备；

（四）不再纳入管理目录。

第十二条 全国性医疗领域相关行业组织、省级卫生健康行政部门可以向国家卫生健康委员会提出调整大型医用设备管理目录的建议。医疗器械使用单位可向所在省级卫生健康行政部门提出调整建议，经论证评估，省级卫生健康行政部门认为确有必要的，可向国家卫生健康委员会提出调整建议。

国家卫生健康委员会在大型医用设备管理中认为需要调整管理目录的，应当及时启动调整工作。

国家卫生健康委员会对大型医用设备管理目录的调整建议组织论证评估，根据论证评估意见，商国务院有关部门报国务院批准。

第三章 配置规划

第十三条 大型医用设备配置规划应当

与国民经济和社会发展水平、医学科学技术进步以及人民群众健康需求相适应，符合医疗卫生服务体系规划，促进区域医疗资源共享。

第十四条　大型医用设备配置规划原则上每5年编制一次，分年度实施。配置规划包括规划数量、年度实施计划、区域布局和配置标准等内容。

首次配置的大型医用设备配置规划原则上不超过5台，其中，单一企业生产的，不超过3台。

大型医用设备配置规划应当充分考虑社会办医的发展需要，合理预留规划空间。

第十五条　省级卫生健康行政部门结合本地区医疗卫生服务体系规划，提出本地区大型医用设备配置规划和实施方案建议并报送国家卫生健康委员会。国家卫生健康委员会负责制定大型医用设备配置规划，并向社会公开。

第十六条　省级以上卫生健康行政部门应当对大型医用设备配置规划实施开展评估和考核，建立和完善第三方监督评价机制。

第十七条　大型医用设备配置规划明显不适应国民经济和社会发展、医学科学技术进步和人民群众健康需求，或者医疗卫生服务体系规划发生重大调整的，国家卫生健康委员会应当对大型医用设备配置规划进行调整。

省级卫生健康行政部门可以提出本地区大型医用设备配置规划调整建议。

第十八条　国家卫生健康委员会组织制定并发布大型医用设备档次机型的阶梯分型。医疗器械使用单位应当根据功能定位、临床服务需求、医疗技术水平和专科发展等合理选择大型医用设备的适宜档次和机型。

第四章　配置管理

第十九条　医疗器械使用单位申请配置大型医用设备，应当符合大型医用设备配置规划，与其功能定位、临床服务需求相适应，具有相应的技术条件、配套设施和具备相应资质、能力的专业技术人员。

申请配置甲类大型医用设备的，向国家卫生健康委员会提出申请；申请配置乙类大型医用设备的，向所在地省级卫生健康行政部门提出申请。

第二十条　医疗器械使用单位申请配置大型医用设备应当如实、准确提交下列材料：

（一）大型医用设备配置申请表；

（二）医疗器械使用单位执业许可证复印件（或医疗器械使用单位设置批准书复印件，或符合相关规定要求的从事医疗服务的其他法人资质证明复印件）；

（三）统一社会信用代码证（或组织机构代码证）复印件；

（四）与申请配置大型医用设备相应的技术条件、配套设施和专业技术人员资质、能力证明材料。

第二十一条　受理配置申请的卫生健康行政部门应当对医疗器械使用单位申报事项实施第三方专家评审，并自申请受理之日起20个工作日内，作出许可决定。

依照本办法需要组织专家评审的，专家评审时间不计算在许可期限内。

第二十二条 国家卫生健康委员会负责制定大型医用设备配置许可证式样和《甲类大型医用设备配置许可证》的印制、发放等管理工作。省级卫生健康行政部门负责本行政区域内《乙类大型医用设备配置许可证》的印制、发放等管理工作。

第二十三条 大型医用设备配置许可证实行一机一证,分为正本和副本。式样见附件1。

正本应当载明:配置单位名称、法定代表人或主要负责人、所有制性质、设备配置地址、统一社会信用代码(或组织机构代码)、许可设备名称、阶梯配置机型、许可证编号、发证机关、发证日期和二维码。

副本应当载明:正本所载信息以及配置设备的生产企业、具体型号、阶梯配置机型、产品序列号、装机日期、信息报送日期和备注信息。

大型医用设备配置许可证发证日期为许可决定作出的日期。

第二十四条 大型医用设备配置许可证编号由中文甲、乙(甲、乙分别代表甲类、乙类大型医用设备)和10位阿拉伯数字组成。编号数字从左至右依次为:2位省(自治区、直辖市)代码、2位大型医用设备类别代码、1位阶梯分型代码、5位顺序码。许可证编号规则见附件2。

第二十五条 医疗器械使用单位取得大型医用设备配置许可证后应当及时配置相应大型医用设备,并向发证机关报送所配置的大型医用设备相关信息。配置时限由发证机关规定。

大型医用设备配置许可证信息发生改变的,医疗器械使用单位应当在信息改变之日起10个工作日内向原发证机关报送。发证机关应当在收到之日起10个工作日内修改相关信息。

第二十六条 医疗器械使用单位应当依法使用和妥善保管大型医用设备配置许可证,不得伪造、变造、买卖、出租、出借。

医疗器械使用单位应当将大型医用设备配置许可证信息列为向社会主动公开的信息,并将大型医用设备配置许可证正本悬挂在大型医用设备使用场所的显著位置。

第二十七条 有下列情形之一的,大型医用设备配置许可证自行失效,医疗器械使用单位应当自失效之日起5个工作日内向原发证机关交回大型医用设备配置许可证,原发证机关将予以注销。

(一)医疗器械使用单位执业许可(或从事医疗服务的其他法人资质)终止的;

(二)相关诊疗科目被注销的;

(三)无正当理由未在规定时限内配置的;

(四)未按照核发的大型医用设备配置许可证配置相应设备的;

(五)法律、法规规定的其他情形。

发生本条第三项导致配置许可证失效的情形,申请机构及负责人纳入不良信用记录。

大型医用设备配置许可证失效但医疗器械使用单位仍需使用该设备的,应当按照本办法第十九条、第二十条的规定重新申请办理。

第二十八条 医疗器械使用单位配置的

大型医用设备应当依法取得医疗器械注册证或备案凭证。

第二十九条 国家卫生健康委员会、省级卫生健康行政部门应当分别公开甲类、乙类大型医用设备配置许可情况。

省级卫生健康行政部门应当在每年1月向国家卫生健康委员会报送上一年度乙类大型医用设备配置许可情况。

第五章 使用管理

第三十条 大型医用设备使用应当遵循安全、有效、合理和必需的原则。

第三十一条 医疗器械使用单位应当建立大型医用设备管理档案，记录其采购、安装、验收、使用、维护、维修、质量控制等事项，并如实记载相关信息。

第三十二条 医疗器械使用单位应当按照大型医用设备产品说明书等要求，进行定期检查、检验、校准、保养、维护，确保大型医用设备处于良好状态。大型医用设备必须达到计（剂）量准确、辐射防护安全、性能指标合格后方可使用。

第三十三条 医疗器械使用单位应当按照国家法律法规的要求，建立完善大型医用设备使用信息安全防护措施，确保相关信息系统运行安全和医疗数据安全。

第三十四条 卫生健康行政部门应当对大型医用设备的使用状况进行监督和评估。

医疗器械使用单位承担使用主体责任，应当建立健全大型医用设备使用评价制度，加强评估分析，促进合理应用，定期向县级以上卫生健康行政部门报送使用情况。

第三十五条 大型医用设备使用人员应当具备相应的资质、能力，按照产品说明书、技术操作规范等使用大型医用设备。

第三十六条 医疗器械使用单位发现大型医用设备不良事件或者可疑不良事件，应当按照规定及时报告医疗器械不良事件监测技术机构。

医疗器械使用单位发现大型医用设备使用存在安全隐患的，或者外部环境、使用人员、技术等条件发生变化，不能保障使用安全质量的，应当立即停止使用。经检修不能达到使用安全标准的，不得继续使用。

第三十七条 医疗器械使用单位不得使用无合格证明、过期、失效、淘汰的大型医用设备，不得以升级等名义擅自提高设备配置性能或规格，规避大型医用设备配置管理。

严禁医疗器械使用单位引进境外研制但境外尚未配置使用的大型医用设备。

第六章 监督管理

第三十八条 国家卫生健康委员会依托大型医用设备配置与使用监督管理信息系统，及时公布大型医用设备配置与使用监督管理信息，便于公众查询和社会监督。医疗器械使用单位应当定期如实填报大型医用设备配置使用相关信息。

第三十九条 卫生健康行政部门对下列事项实施监督检查：

（一）大型医用设备配置规划执行情况；

（二）《大型医用设备配置许可证》持证和使用情况；

（三）大型医用设备使用情况和使用信息安全情况；

（四）大型医用设备使用人员配备情况；

（五）医疗器械使用单位按照规定报送使用情况；

（六）省级以上卫生健康行政部门规定的其他情形。

第四十条 对医疗器械使用单位配置与使用大型医用设备的监督检查，实行随机抽取检查对象、随机选派执法检查人员，抽查情况及查处结果及时向社会公开。可以采取下列方式：

（一）定期检查和不定期抽查；

（二）查阅复印管理文件、记录、档案、病历等有关资料，或要求提供相关数据和材料；

（三）现场检查，进行验证性检验和测量；

（四）实时在线监管；

（五）法律法规规定的其他监督检查措施。

医疗器械使用单位和个人应当配合相关监督检查，不得虚报、瞒报相关情况。

第四十一条 县级以上卫生健康行政部门应当建立配置与使用大型医用设备的单位及其使用人员的信用档案。对有不良信用记录的，增加监督检查频次。

医疗器械使用单位在大型医用设备配置许可申请和大型医用设备使用中虚报、瞒报相关情况的，卫生健康行政部门应当将医疗器械使用单位负责人和直接责任人违法记录通报有关部门，记入相关人员的信用档案。

第四十二条 国家鼓励行业协会建立和完善自我约束机制，加强行业自律和相互监督，促进大型医用设备安全合理使用。

第四十三条 违反本办法规定，卫生健康行政部门未按照要求报送年度配置许可信息，或大型医用设备管理制度不健全、履职不到位的，由上级卫生健康行政部门给予通报批评，并责令改正。

第四十四条 违反本办法规定，超规划、越权或违法实施大型医用设备配置许可的，依据《行政许可法》、《医疗器械监督管理条例》等有关规定予以处理。

第四十五条 医疗器械使用单位不按照操作规程、诊疗规范合理使用，聘用不具有相应资质、能力的人员使用大型医用设备，不能保障医疗质量安全的，由县级以上卫生健康行政部门依法予以处理。

第七章 附 则

第四十六条 国家卫生健康委员会和省级卫生健康行政部门应当分别制定甲类、乙类大型医用设备配置许可管理实施细则。

第四十七条 医疗器械使用单位应当将管理目录内同品目但未实行配置许可的大型医疗器械使用人员技术条件、使用信息向所在地县级以上地方卫生健康行政部门备案并向社会公示。

第四十八条 国务院批准的自由贸易试验区内大型医用设备配置管理按照国家有关规定执行。

大型医用设备采购按照国家有关规定执行。

第四十九条 本办法自公布之日起施行。原卫生部、国家发展改革委和财政部《大型医用设备配置与使用管理办法》(卫规财发〔2004〕474 号)、原卫生部《新型大型医用设备配置管理规定》(卫规财发〔2013〕13 号)同时废止。

附件:(略)

医疗器械不良事件监测和再评价管理办法

1. 2018 年 8 月 13 日国家市场监督管理总局令第 1 号公布

2. 自 2019 年 1 月 1 日起施行

第一章 总 则

第一条 为加强医疗器械不良事件监测和再评价,及时、有效控制医疗器械上市后风险,保障人体健康和生命安全,根据《医疗器械监督管理条例》,制定本办法。

第二条 在中华人民共和国境内开展医疗器械不良事件监测、再评价及其监督管理,适用本办法。

第三条 医疗器械上市许可持有人(以下简称持有人),应当具有保证医疗器械安全有效的质量管理能力和相应责任能力,建立医疗器械不良事件监测体系,向医疗器械不良事件监测技术机构(以下简称监测机构)直接报告医疗器械不良事件。由持有人授权销售的经营企业、医疗器械使用单位应当向持有人和监测机构报告医疗器械不良事件。

持有人应当对发现的不良事件进行评价,根据评价结果完善产品质量,并向监测机构报告评价结果和完善质量的措施;需要原注册机关审批的,应当按规定提交申请。

境外持有人指定的代理人应当承担境内销售的进口医疗器械的不良事件监测工作,配合境外持有人履行再评价义务。

第四条 本办法下列用语的含义:

(一)医疗器械上市许可持有人,是指医疗器械注册证书和医疗器械备案凭证的持有人,即医疗器械注册人和备案人。

(二)医疗器械不良事件,是指已上市的医疗器械,在正常使用情况下发生的,导致或者可能导致人体伤害的各种有害事件。

(三)严重伤害,是指有下列情况之一者:

1. 危及生命;

2. 导致机体功能的永久性伤害或者机体结构的永久性损伤;

3. 必须采取医疗措施才能避免上述永久性伤害或者损伤。

(四)群体医疗器械不良事件,是指同一医疗器械在使用过程中,在相对集中的时间、区域内发生,对一定数量人群的身体健康或者生命安全造成损害或者威胁的事件。

(五)医疗器械不良事件监测,是指对医疗器械不良事件的收集、报告、调查、分析、评价和控制的过程。

(六)医疗器械重点监测,是指为研究某一品种或者产品上市后风险情况、特征、严重程度、发生率等，主动开展的阶段性监测活动。

（七）医疗器械再评价，是指对已注册或者备案、上市销售的医疗器械的安全性、有效性进行重新评价，并采取相应措施的过程。

第五条 国家药品监督管理局建立国家医疗器械不良事件监测信息系统，加强医疗器械不良事件监测信息网络和数据库建设。

国家药品监督管理局指定的监测机构（以下简称国家监测机构）负责对收集到的医疗器械不良事件信息进行统一管理，并向相关监测机构、持有人、经营企业或者使用单位反馈医疗器械不良事件监测相关信息。

与产品使用风险相关的监测信息应当向卫生行政部门通报。

第六条 省、自治区、直辖市药品监督管理部门应当建立医疗器械不良事件监测体系，完善相关制度，配备相应监测机构和人员，开展医疗器械不良事件监测工作。

第七条 任何单位和个人发现医疗器械不良事件，有权向负责药品监督管理的部门（以下简称药品监督管理部门）或者监测机构报告。

第二章 职责与义务

第八条 国家药品监督管理局负责全国医疗器械不良事件监测和再评价的监督管理工作，会同国务院卫生行政部门组织开展全国范围内影响较大并造成严重伤害或者死亡以及其他严重后果的群体医疗器械不良事件的调查和处理，依法采取紧急控制措施。

第九条 省、自治区、直辖市药品监督管理部门负责本行政区域内医疗器械不良事件监测和再评价的监督管理工作，会同同级卫生行政部门和相关部门组织开展本行政区域内发生的群体医疗器械不良事件的调查和处理，依法采取紧急控制措施。

设区的市级和县级药品监督管理部门负责本行政区域内医疗器械不良事件监测相关工作。

第十条 上级药品监督管理部门指导和监督下级药品监督管理部门开展医疗器械不良事件监测和再评价的监督管理工作。

第十一条 国务院卫生行政部门和地方各级卫生行政部门负责医疗器械使用单位中与医疗器械不良事件监测相关的监督管理工作，督促医疗器械使用单位开展医疗器械不良事件监测相关工作并组织检查，加强医疗器械不良事件监测工作的考核，在职责范围内依法对医疗器械不良事件采取相关控制措施。

上级卫生行政部门指导和监督下级卫生行政部门开展医疗器械不良事件监测相关的监督管理工作。

第十二条 国家监测机构负责接收持有人、经营企业及使用单位等报告的医疗器械不良事件信息，承担全国医疗器械不良事件监测和再评价的相关技术工作；负责全国医疗器械不良事件监测信息网络及数据库的建设、维护和信息管理，组织制定技术规范和指导原则，组织开展国家药品监督管理局批准注册的医疗器械不良事件相关信息的调查、评价和反馈，对市级以上地方药品监督管理部门批准注册或者备案的医疗器械不良事件信息进行汇总、分析和指导，开展全国范围内影响较大并造成严重伤害或者死亡以及其他严重后果的群体医疗器械不良事件的调查和评价。

第十三条　省、自治区、直辖市药品监督管理部门指定的监测机构（以下简称省级监测机构）组织开展本行政区域内医疗器械不良事件监测和再评价相关技术工作；承担本行政区域内注册或者备案的医疗器械不良事件的调查、评价和反馈，对本行政区域内发生的群体医疗器械不良事件进行调查和评价。

设区的市级和县级监测机构协助开展本行政区域内医疗器械不良事件监测相关技术工作。

第十四条　持有人应当对其上市的医疗器械进行持续研究，评估风险情况，承担医疗器械不良事件监测的责任，根据分析评价结果采取有效控制措施，并履行下列主要义务：

（一）建立包括医疗器械不良事件监测和再评价工作制度的医疗器械质量管理体系；

（二）配备与其产品相适应的机构和人员从事医疗器械不良事件监测相关工作；

（三）主动收集并按照本办法规定的时限要求及时向监测机构如实报告医疗器械不良事件；

（四）对发生的医疗器械不良事件及时开展调查、分析、评价，采取措施控制风险，及时发布风险信息；

（五）对上市医疗器械安全性进行持续研究，按要求撰写定期风险评价报告；

（六）主动开展医疗器械再评价；

（七）配合药品监督管理部门和监测机构组织开展的不良事件调查。

第十五条　境外持有人除应当履行本办法第十四条规定的义务外，还应当与其指定的代理人之间建立信息传递机制，及时互通医疗器械不良事件监测和再评价相关信息。

第十六条　医疗器械经营企业、使用单位应当履行下列主要义务：

（一）建立本单位医疗器械不良事件监测工作制度，医疗机构还应当将医疗器械不良事件监测纳入医疗机构质量安全管理重点工作；

（二）配备与其经营或者使用规模相适应的机构或者人员从事医疗器械不良事件监测相关工作；

（三）收集医疗器械不良事件，及时向持有人报告，并按照要求向监测机构报告；

（四）配合持有人对医疗器械不良事件的调查、评价和医疗器械再评价工作；

（五）配合药品监督管理部门和监测机构组织开展的不良事件调查。

第三章　报告与评价

第一节　基本要求

第十七条　报告医疗器械不良事件应当遵循可疑即报的原则，即怀疑某事件为医疗器械不良事件时，均可以作为医疗器械不良事件进行报告。

报告内容应当真实、完整、准确。

第十八条　导致或者可能导致严重伤害

或者死亡的可疑医疗器械不良事件应当报告;创新医疗器械在首个注册周期内,应当报告该产品的所有医疗器械不良事件。

第十九条 持有人、经营企业和二级以上医疗机构应当注册为国家医疗器械不良事件监测信息系统用户,主动维护其用户信息,报告医疗器械不良事件。持有人应当持续跟踪和处理监测信息;产品注册信息发生变化的,应当在系统中立即更新。

鼓励其他使用单位注册为国家医疗器械不良事件监测信息系统用户,报告不良事件相关信息。

第二十条 持有人应当公布电话、通讯地址、邮箱、传真等联系方式,指定联系人,主动收集来自医疗器械经营企业、使用单位、使用者等的不良事件信息;对发现或者获知的可疑医疗器械不良事件,持有人应当直接通过国家医疗器械不良事件监测信息系统进行医疗器械不良事件报告与评价,并上报群体医疗器械不良事件调查报告以及定期风险评价报告等。

医疗器械经营企业、使用单位发现或者获知可疑医疗器械不良事件的,应当及时告知持有人,并通过国家医疗器械不良事件监测信息系统报告。暂不具备在线报告条件的,应当通过纸质报表向所在地县级以上监测机构报告,由监测机构代为在线报告。

各级监测机构应当公布电话、通讯地址等联系方式。

第二十一条 持有人应当对收集和获知的医疗器械不良事件监测信息进行分析、评价,主动开展医疗器械安全性研究。对附条件批准的医疗器械,持有人还应当按照风险管控计划开展相关工作。

第二十二条 持有人、经营企业、使用单位应当建立并保存医疗器械不良事件监测记录。记录应当保存至医疗器械有效期后2年;无有效期的,保存期限不得少于5年。植入性医疗器械的监测记录应当永久保存,医疗机构应当按照病例相关规定保存。

第二十三条 省级监测机构应当对本行政区域内注册或者备案的医疗器械的不良事件报告进行综合分析,对发现的风险提出监管措施建议,于每季度结束后30日内报所在地省、自治区、直辖市药品监督管理部门和国家监测机构。

国家监测机构应当对国家药品监督管理局批准注册或者备案的医疗器械的不良事件报告和各省、自治区、直辖市药品监督管理部门的季度报告进行综合分析,必要时向国家药品监督管理局提出监管措施建议。

第二十四条 省级监测机构应当按年度对本行政区域内注册或者备案的医疗器械的不良事件监测情况进行汇总分析,形成年度汇总报告,于每年3月15日前报所在地省、自治区、直辖市药品监督管理部门和国家监测机构。

国家监测机构应当对全国医疗器械不良事件年度监测情况进行汇总分析,形成年度报告,于每年3月底前报国家药品监督管理局。

省级以上药品监督管理部门应当将年度报告情况通报同级卫生行政部门。

第二节 个例医疗器械不良事件

第二十五条 持有人发现或者获知可疑医疗器械不良事件的,应当立即调查原因,导致死亡的应当在7日内报告;导致严重伤害、可能导致严重伤害或者死亡的应当在20日内报告。

医疗器械经营企业、使用单位发现或者获知可疑医疗器械不良事件的,应当及时告知持有人。其中,导致死亡的还应当在7日内,导致严重伤害、可能导致严重伤害或者死亡的在20日内,通过国家医疗器械不良事件监测信息系统报告。

第二十六条 除持有人、经营企业、使用单位以外的其他单位和个人发现导致或者可能导致严重伤害或者死亡的医疗器械不良事件的,可以向监测机构报告,也可以向持有人、经营企业或者经治的医疗机构报告,必要时提供相关的病历资料。

第二十七条 进口医疗器械的境外持有人和在境外销售国产医疗器械的持有人,应当主动收集其产品在境外发生的医疗器械不良事件。其中,导致或者可能导致严重伤害或者死亡的,境外持有人指定的代理人和国产医疗器械持有人应当自发现或者获知之日起30日内报告。

第二十八条 设区的市级监测机构应当自收到医疗器械不良事件报告之日起10日内,对报告的真实性、完整性和准确性进行审核,并实时反馈相关持有人。

第二十九条 持有人在报告医疗器械不良事件后或者通过国家医疗器械不良事件监测信息系统获知相关医疗器械不良事件后,应当按要求开展后续调查、分析和评价,导致死亡的事件应当在30日内,导致严重伤害、可能导致严重伤害或者死亡的事件应当在45日内向持有人所在地省级监测机构报告评价结果。对于事件情况和评价结果有新的发现或者认知的,应当补充报告。

第三十条 持有人所在地省级监测机构应当在收到持有人评价结果10日内完成对评价结果的审核,必要时可以委托或者会同不良事件发生地省级监测机构对导致或者可能导致严重伤害或者死亡的不良事件开展现场调查。其中,对于国家药品监督管理局批准注册的医疗器械,国家监测机构还应当对省级监测机构作出的评价审核结果进行复核,必要时可以组织对导致死亡的不良事件开展调查。

审核和复核结果应当反馈持有人。对持有人的评价结果存在异议的,可以要求持有人重新开展评价。

第三节 群体医疗器械不良事件

第三十一条 持有人、经营企业、使用单位发现或者获知群体医疗器械不良事件后,应当在12小时内通过电话或者传真等方式报告不良事件发生地省、自治区、直辖市药品监督管理部门和卫生行政部门,必要时可以越级报告,同时通过国家医疗器械不良事件监测信息系统报告群体医疗器械不良事件基本信息,对每一事件还应当在24小时内按个例事件报告。

不良事件发生地省、自治区、直辖

市药品监督管理部门应当及时向持有人所在地省、自治区、直辖市药品监督管理部门通报相关信息。

第三十二条 持有人发现或者获知其产品的群体医疗器械不良事件后，应当立即暂停生产、销售，通知使用单位停止使用相关医疗器械，同时开展调查及生产质量管理体系自查，并于7日内向所在地及不良事件发生地省、自治区、直辖市药品监督管理部门和监测机构报告。

调查应当包括产品质量状况、伤害与产品的关联性、使用环节操作和流通过程的合规性等。自查应当包括采购、生产管理、质量控制、同型号同批次产品追踪等。

持有人应当分析事件发生的原因，及时发布风险信息，将自查情况和所采取的控制措施报所在地及不良事件发生地省、自治区、直辖市药品监督管理部门，必要时应当召回相关医疗器械。

第三十三条 医疗器械经营企业、使用单位发现或者获知群体医疗器械不良事件的，应当在12小时内告知持有人，同时迅速开展自查，并配合持有人开展调查。自查应当包括产品贮存、流通过程追溯，同型号同批次产品追踪等；使用单位自查还应当包括使用过程是否符合操作规范和产品说明书要求等。必要时，医疗器械经营企业、使用单位应当暂停医疗器械的销售、使用，并协助相关单位采取相关控制措施。

第三十四条 省、自治区、直辖市药品监督管理部门在获知本行政区域内发生的群体医疗器械不良事件后，应当会同同级卫生行政部门及时开展现场调查，相关省、自治区、直辖市药品监督管理部门应当配合。调查、评价和处理结果应当及时报国家药品监督管理局和国务院卫生行政部门，抄送持有人所在地省、自治区、直辖市药品监督管理部门。

第三十五条 对全国范围内影响较大并造成严重伤害或者死亡以及其他严重后果的群体医疗器械不良事件，国家药品监督管理局应当会同国务院卫生行政部门组织调查和处理。国家监测机构负责现场调查，相关省、自治区、直辖市药品监督管理部门、卫生行政部门应当配合。

调查内容应当包括医疗器械不良事件发生情况、医疗器械使用情况、患者诊治情况、既往类似不良事件、产品生产过程、产品贮存流通情况以及同型号同批次产品追踪等。

第三十六条 国家监测机构和相关省、自治区、直辖市药品监督管理部门、卫生行政部门应当在调查结束后5日内，根据调查情况对产品风险进行技术评价并提出控制措施建议，形成调查报告报国家药品监督管理局和国务院卫生行政部门。

第三十七条 持有人所在地省、自治区、直辖市药品监督管理部门可以对群体不良事件涉及的持有人开展现场检查。必要时，国家药品监督管理局可以对群体不良事件涉及的境外持有人开展现场检查。

现场检查应当包括生产质量管理体系运行情况、产品质量状况、生产过程、同型号同批次产品追踪等。

第四节 定期风险评价报告

第三十八条 持有人应当对上市医疗器械安全性进行持续研究,对产品的不良事件报告、监测资料和国内外风险信息进行汇总、分析,评价该产品的风险与受益,记录采取的风险控制措施,撰写上市后定期风险评价报告。

第三十九条 持有人应当自产品首次批准注册或者备案之日起,每满一年后的60日内完成上年度产品上市后定期风险评价报告。其中,经国家药品监督管理局注册的,应当提交至国家监测机构;经省、自治区、直辖市药品监督管理部门注册的,应当提交至所在地省级监测机构。第一类医疗器械的定期风险评价报告由持有人留存备查。

获得延续注册的医疗器械,应当在下一次延续注册申请时完成本注册周期的定期风险评价报告,并由持有人留存备查。

第四十条 省级以上监测机构应当组织对收到的医疗器械产品上市后定期风险评价报告进行审核。必要时,应当将审核意见反馈持有人。

第四十一条 省级监测机构应当对收到的上市后定期风险评价报告进行综合分析,于每年5月1日前将上一年度上市后定期风险评价报告统计情况和分析评价结果报国家监测机构和所在地省、自治区、直辖市药品监督管理部门。

国家监测机构应当对收到的上市后定期风险评价报告和省级监测机构提交的报告统计情况及分析评价结果进行综合分析,于每年7月1日前将上一年度上市后定期风险评价报告统计情况和分析评价结果报国家药品监督管理局。

第四章 重点监测

第四十二条 省级以上药品监督管理部门可以组织开展医疗器械重点监测,强化医疗器械产品上市后风险研究。

第四十三条 国家药品监督管理局会同国务院卫生行政部门确定医疗器械重点监测品种,组织制定重点监测工作方案,并监督实施。

国家医疗器械重点监测品种应当根据医疗器械注册、不良事件监测、监督检查、检验等情况,结合产品风险程度和使用情况确定。

国家监测机构组织实施医疗器械重点监测工作,并完成相关技术报告。药品监督管理部门可根据监测中发现的风险采取必要的管理措施。

第四十四条 省、自治区、直辖市药品监督管理部门可以根据本行政区域内医疗器械监管工作需要,参照本办法第四十三条规定,对本行政区内注册的第二类和备案的第一类医疗器械开展省级医疗器械重点监测工作。

第四十五条 医疗器械重点监测品种涉及的持有人应当按照医疗器械重点监测工作方案的要求开展工作,主动收集其产品的不良事件报告等相关风险信息,撰写风险评价报告,并按要求报送至重点监测工作组织部门。

第四十六条 省级以上药品监督管理部门可以指定具备一定条件的单位作为监测哨点,主动收集重点监测数据。监测哨点应当提供医疗器械重点监测品种的使用情况，主动收集、报告不良事件监测信息，组织或者推荐相关专家开展或者配合监测机构开展与风险评价相关的科学研究工作。

第四十七条 创新医疗器械持有人应当加强对创新医疗器械的主动监测，制定产品监测计划，主动收集相关不良事件报告和产品投诉信息，并开展调查、分析、评价。

创新医疗器械持有人应当在首个注册周期内，每半年向国家监测机构提交产品不良事件监测分析评价汇总报告。国家监测机构发现医疗器械可能存在严重缺陷的信息，应当及时报国家药品监督管理局。

第五章 风险控制

第四十八条 持有人通过医疗器械不良事件监测，发现存在可能危及人体健康和生命安全的不合理风险的医疗器械，应当根据情况采取以下风险控制措施，并报告所在地省、自治区、直辖市药品监督管理部门：

（一）停止生产、销售相关产品；

（二）通知医疗器械经营企业、使用单位暂停销售和使用；

（三）实施产品召回；

（四）发布风险信息；

（五）对生产质量管理体系进行自查，并对相关问题进行整改；

（六）修改说明书、标签、操作手册等；

（七）改进生产工艺、设计、产品技术要求等；

（八）开展医疗器械再评价；

（九）按规定进行变更注册或者备案；

（十）其他需要采取的风险控制措施。

与用械安全相关的风险及处置情况，持有人应当及时向社会公布。

第四十九条 药品监督管理部门认为持有人采取的控制措施不足以有效防范风险的，可以采取发布警示信息、暂停生产销售和使用、责令召回、要求其修改说明书和标签、组织开展再评价等措施，并组织对持有人开展监督检查。

第五十条 对发生群体医疗器械不良事件的医疗器械，省级以上药品监督管理部门可以根据风险情况，采取暂停生产、销售、使用等控制措施，组织对持有人开展监督检查，并及时向社会发布警示和处置信息。在技术评价结论得出后，省级以上药品监督管理部门应当根据相关法规要求，采取进一步监管措施，并加强对同类医疗器械的不良事件监测。

同级卫生行政部门应当在本行政区域内暂停医疗机构使用相关医疗器械，采取措施积极组织救治患者。相关持有人应当予以配合。

第五十一条 省级以上监测机构在医疗器械不良事件报告评价和审核、不良事件报告季度和年度汇总分析、群体不良事件评价、重点监测、定期风险评价报告等过程中，发现医疗器械存在不合理风险的，应当提出风险管理意见，及时反馈持有人并报告相应的药品监督管理部门。省级监测机构还应当向国家监测机构报告。

持有人应当根据收到的风险管理意见制定并实施相应的风险控制

措施。

第五十二条 各级药品监督管理部门和卫生行政部门必要时可以将医疗器械不良事件所涉及的产品委托具有相应资质的医疗器械检验机构进行检验。医疗器械检验机构应当及时开展相关检验，并出具检验报告。

第五十三条 进口医疗器械在境外发生医疗器械不良事件，或者国产医疗器械在境外发生医疗器械不良事件，被采取控制措施的，境外持有人指定的代理人或者国产医疗器械持有人应当在获知后24小时内，将境外医疗器械不良事件情况、控制措施情况和在境内拟采取的控制措施报国家药品监督管理局和国家监测机构，抄送所在地省、自治区、直辖市药品监督管理部门，及时报告后续处置情况。

第五十四条 可疑医疗器械不良事件由医疗器械产品质量原因造成的，由药品监督管理部门按照医疗器械相关法规予以处置；由医疗器械使用行为造成的，由卫生行政部门予以处置。

第六章 再 评 价

第五十五条 有下列情形之一的，持有人应当主动开展再评价，并依据再评价结论，采取相应措施：

（一）根据科学研究的发展，对医疗器械的安全、有效有认识上改变的；

（二）医疗器械不良事件监测、评估结果表明医疗器械可能存在缺陷的；

（三）国家药品监督管理局规定应当开展再评价的其他情形。

第五十六条 持有人开展医疗器械再评价，应当根据产品上市后获知和掌握的产品安全有效信息、临床数据和使用经验等，对原医疗器械注册资料中的综述资料、研究资料、临床评价资料、产品风险分析资料、产品技术要求、说明书、标签等技术数据和内容进行重新评价。

第五十七条 再评价报告应当包括产品风险受益评估、社会经济效益评估、技术进展评估、拟采取的措施建议等。

第五十八条 持有人主动开展医疗器械再评价的，应当制定再评价工作方案。通过再评价确定需要采取控制措施的，应当在再评价结论形成后15日内，提交再评价报告。其中，国家药品监督管理局批准注册或者备案的医疗器械，持有人应当向国家监测机构提交；其他医疗器械的持有人应当向所在地省级监测机构提交。

持有人未按规定履行医疗器械再评价义务的，省级以上药品监督管理部门应当责令持有人开展再评价。必要时，省级以上药品监督管理部门可以直接组织开展再评价。

第五十九条 省级以上药品监督管理部门责令开展再评价的，持有人应当在再评价实施前和再评价结束后30日内向相应药品监督管理部门及监测机构提交再评价方案和再评价报告。

再评价实施期限超过1年的，持有人应当每年报告年度进展情况。

第六十条 监测机构对收到的持有人再评价报告进行审核，并将审核意见报相应的药品监督管理部门。

药品监督管理部门对持有人开展的再评价结论有异议的，持有人应当按照药品监督管理部门的要求重新确认再评价结果或者重新开展再评价。

第六十一条 药品监督管理部门组织开展医疗器械再评价的，由指定的监测机构制定再评价方案，经组织开展再评价的药品监督管理部门批准后组织实施，形成再评价报告后向相应药品监督管理部门报告。

第六十二条 再评价结果表明已注册或者备案的医疗器械存在危及人身安全的缺陷，且无法通过技术改进、修改说明书和标签等措施消除或者控制风险，或者风险获益比不可接受的，持有人应当主动申请注销医疗器械注册证或者取消产品备案；持有人未申请注销医疗器械注册证或者取消备案的，由原发证部门注销医疗器械注册证或者取消备案。药品监督管理部门应当将注销医疗器械注册证或者取消备案的相关信息及时向社会公布。

国家药品监督管理局根据再评价结论，可以对医疗器械品种作出淘汰的决定。被淘汰的产品，其医疗器械注册证或者产品备案由原发证部门予以注销或者取消。

被注销医疗器械注册证或者被取消备案的医疗器械不得生产、进口、经营和使用。

第七章 监督管理

第六十三条 药品监督管理部门应当依据职责对持有人和经营企业开展医疗器械不良事件监测和再评价工作情况进行监督检查，会同同级卫生行政部门对医疗器械使用单位开展医疗器械不良事件监测情况进行监督检查。

第六十四条 省、自治区、直辖市药品监督管理部门应当制定本行政区域的医疗器械不良事件监测监督检查计划，确定检查重点，并监督实施。

第六十五条 省、自治区、直辖市药品监督管理部门应当加强对本行政区域内从事医疗器械不良事件监测和再评价工作人员的培训和考核。

第六十六条 药品监督管理部门应当按照法规、规章、规范的要求，对持有人不良事件监测制度建设和工作开展情况实施监督检查。必要时，可以对受持有人委托开展相关工作的企业开展延伸检查。

第六十七条 有下列情形之一的，药品监督管理部门应当对持有人开展重点检查：

（一）未主动收集并按照时限要求报告医疗器械不良事件的；

（二）持有人上报导致或可能导致严重伤害或者死亡不良事件的报告数量与医疗机构的报告数量差距较大，提示其主体责任未落实到位的；

（三）瞒报、漏报、虚假报告的；

（四）不配合药品监督管理部门开展的医疗器械不良事件相关调查和采取的控制措施的；

（五）未按照要求通过不良事件监测收集产品安全性信息，或者未按照要求开展上市后研究、再评价，无法保证产品安全有效的。

第六十八条 持有人未按照要求建立不良事件监测制度、开展不良事件监测和再评价相关工作、未按照本办法第四十八条规定及时采取有效风险控制措施、不配合药品监督管理部门开展的医疗器械不良事件相关调查和采取的控制措施的，药品监督管理部门可以要求其停产整改，必要时采取停止产品销售的控制措施。

需要恢复生产、销售的，持有人应当向作出处理决定的药品监督管理部门提出申请，药品监督管理部门现场检查通过后，作出恢复生产、销售的决定。

持有人提出恢复生产、销售申请前，可以聘请具备相应资质的独立第三方专业机构进行检查确认。

第六十九条 省级以上药品监督管理部门统一发布下列医疗器械不良事件监测信息：

（一）群体医疗器械不良事件相关信息；

（二）医疗器械不良事件监测警示信息；

（三）需要定期发布的医疗器械不良事件监测信息；

（四）认为需要统一发布的其他医疗器械不良事件监测信息。

第八章 法律责任

第七十条 持有人有下列情形之一的，依照《医疗器械监督管理条例》第六十八条的规定，由县级以上药品监督管理部门责令改正，给予警告；拒不改正的，处5000元以上2万元以下罚款；情节严重的，责令停产停业，直至由发证部门吊销相关证明文件：

（一）未主动收集并按照时限要求报告医疗器械不良事件的；

（二）瞒报、漏报、虚假报告的；

（三）未按照时限要求报告评价结果或者提交群体医疗器械不良事件调查报告的；

（四）不配合药品监督管理部门和监测机构开展的医疗器械不良事件相关调查和采取的控制措施的。

第七十一条 医疗器械经营企业、使用单位有下列情形之一的，依照《医疗器械监督管理条例》第六十八条的规定，由县级以上药品监督管理部门和卫生行政部门依据各自职责责令改正，给予警告；拒不改正的，处5000元以上2万元以下罚款；情节严重的，责令停产停业，直至由发证部门吊销相关证明文件：

（一）未主动收集并按照时限要求报告医疗器械不良事件的；

（二）瞒报、漏报、虚假报告的；

（三）不配合药品监督管理部门和监测机构开展的医疗器械不良事件相关调查和采取的控制措施的。

第七十二条 持有人未按照要求开展再评价、隐匿再评价结果、应当提出注销申请而未提出的，由省级以上药品监督管理部门责令改正，给予警告，可以并处1万元以上3万元以下罚款。

第七十三条 持有人有下列情形之一的，由县级以上药品监督管理部门责令改正，给予警告；拒不改正的，处5000元以上2万元以下罚款：

（一）未按照规定建立医疗器械不良事件监测和再评价工作制度的；

（二）未按照要求配备与其产品相适应的机构和人员从事医疗器械不良事件监测相关工作的；

（三）未保存不良事件监测记录或者保存年限不足的；

（四）应当注册而未注册为医疗器械不良事件监测信息系统用户的；

（五）未主动维护用户信息，或者未持续跟踪和处理监测信息的；

（六）未根据不良事件情况采取相应控制措施并向社会公布的；

（七）未按照要求撰写、提交或者留存上市后定期风险评价报告的；

（八）未按照要求报告境外医疗器械不良事件和境外控制措施的；

（九）未按照要求提交创新医疗器械产品分析评价汇总报告的；

（十）未公布联系方式、主动收集不良事件信息的；

（十一）未按照要求开展医疗器械重点监测的；

（十二）其他违反本办法规定的。

第七十四条 医疗器械经营企业、使用单位有下列情形之一的，由县级以上药品监督管理部门和卫生行政部门依据各自职责责令改正，给予警告；拒不改正的，处5000元以上2万元以下罚款：

（一）未按照要求建立医疗器械不良事件监测工作制度的；

（二）未按照要求配备与其经营或者使用规模相适应的机构或者人员从事医疗器械不良事件监测相关工作的；

（三）未保存不良事件监测记录或者保存年限不足的；

（四）应当注册而未注册为国家医疗器械不良事件监测信息系统用户的；

（五）未及时向持有人报告所收集或者获知的医疗器械不良事件的；

（六）未配合持有人对医疗器械不良事件调查和评价的；

（七）其他违反本办法规定的。

药品监督管理部门发现使用单位有前款规定行为的，应当移交同级卫生行政部门处理。

卫生行政部门对使用单位作出行政处罚决定的，应当及时通报同级药品监督管理部门。

第七十五条 持有人、经营企业、使用单位按照本办法要求报告、调查、评价、处置医疗器械不良事件，主动消除或者减轻危害后果的，对其相关违法行为，依照《中华人民共和国行政处罚法》的规定从轻或者减轻处罚。违法行为轻微并及时纠正，没有造成危害后果的，不予处罚，但不免除其依法应当承担的其他法律责任。

第七十六条 各级药品监督管理部门、卫生行政部门、监测机构及其工作人员，不按规定履行职责的，依照《医疗器械监督管理条例》第七十二条和第七十四条的规定予以处理。

第七十七条 持有人、经营企业、使用单位违反相关规定，给医疗器械使用者造成损害的，依法承担赔偿责任。

第九章　附　　则

第七十八条 医疗器械不良事件报告的内容、风险分析评价报告和统计资料等是加强医疗器械监督管理、指导合理用械的依据，不作为医疗纠纷、医疗诉讼和处理医疗器械质量事故的依据。

对于属于医疗事故或者医疗器械质量问题的，应当按照相关法规的要求另行处理。

第七十九条 本办法由国家药品监督管理局会同国务院卫生行政部门负责解释。

第八十条 本办法自2019年1月1日起施行。

医疗器械检验工作规范

1. 2019年8月30日国家药监局发布

2. 国药监科外〔2019〕41号

第一章 总 则

第一条 为加强医疗器械检验工作，提升医疗器械检验机构（以下简称检验机构）的检验能力和管理水平，提高医疗器械检验工作质量和效率，根据《医疗器械监督管理条例》《检验检测机构资质认定管理办法》《医疗器械检验机构资质认定条件》及相关法律法规文件，制定本规范。

第二条 本规范适用于符合《医疗器械监督管理条例》《检验检测机构资质认定管理办法》《医疗器械检验机构资质认定条件》及相关法律法规规定要求开展医疗器械检验工作的检验机构。

第三条 检验机构开展检验工作应当坚持科学、独立、公正、权威的原则，对检验工作负责，并承担相应法律责任。

第四条 检验机构应当承担相应的社会责任，积极参与医疗器械安全社会共治工作。检验机构在开展常规检验工作的同时，应当优先完成政府相关部门查办医疗器械安全案件和医疗器械突发事件相关检验工作。

检验机构应当建立应急、创新及优先等医疗器械检验的绿色通道和特别程序。

第五条 检验机构应当按照国家有关法律法规规定，落实检验机构环境保护、安全控制和人员健康防护，规范危险品、废弃物、实验动物等的管理和处置，加强安全检查，制定检验事故应急处置程序，保障检验工作安全和公共安全。

第二章 机构和人员

第六条 检验机构应当建立和实施与其开展的检验工作相适应的管理体系。风险管理应当贯穿质量管理全过程，并根据风险程度，采用适当的管理措施，有效应对风险。

第七条 检验机构应当具有与其检验工作相适应的设施和场地，并对其拥有独立支配权和使用权。

第八条 检验机构应当获得正确开展实验室活动所需的设备，并对其拥有独立支配权和使用权，规范管理，建立并保持测量结果的计量溯源性。

第九条 检验机构应当确保外部提供的产品和服务的适宜性，建立和保持对检验质量有影响的产品和服务进行选择和购买的程序，制定和落实产品、服务的购买、验收、贮存的制度和标准，并保存对供应商的评价记录和合格供应商名单。

第十条 鼓励和支持检验机构有效利用信息化技术等新科技和数据共享平台，积极开展检验技术、检验设备、标准物质等创新研发工作。

第十一条 检验机构应当建立有关医疗器械的法律法规、政府主管部门公告公示、相关的技术标准等文件的信息库,关注医疗器械安全风险信息和医疗器械行业的发展动态,确保管理体系内部和外部文件的有效。

第十二条 检验机构应当建立信息公示平台,采取公开的方式,公布已获得的检验资质认定、检验能力及范围、工作流程和投诉渠道等信息,接受社会监督。

第十三条 检验机构应当配备与其检验工作相适应的人员,确保其人员的专业领域和数量与检验工作相匹配,规范人员的选择、培训、监督、授权和监控管理。

第十四条 检验机构应当加强对人员有关医疗器械法律法规、标准、规范、操作技能、质量控制要求、实验室安全与防护知识、计量溯源和数据处理知识等方面的培训考核,并建立相应的激励机制,确保其人员能力持续满足工作需求。

第十五条 检验机构人员应当能够按照规定程序开展检验活动,具有按照采用的医疗器械标准/技术文件的要求进行检验和预评价的能力,能够按规定程序判定所检测医疗器械存在的或者潜在的危害,并具有准确评估其风险的能力。

第三章　受理与样品管理

第十六条 检验机构受理样品时,应当获得开展检验工作所需的产品技术要求、技术资料、标准品/参考品及其它辅助用品等信息和物品。

第十七条 检验机构在受理检验申请或者样品检验过程中,发现检验用样品存在虚假等不真实情况的,应当不予受理或者终止检验,并及时报告相关医疗器械监督管理部门。

第十八条 检验机构应当结合医疗器械样品的特点,建立和保持检验样品运输、接收、处置、保护、存储、保留、清理或者返还的管理程序,避免样品的变质、污染、丢失或者损坏。

第十九条 检验机构应当有能够清晰识别样品实物及相关文件的标识系统。适当时,标识系统应当包含一个样品或者一组样品的组成和样品的传递,样品在检验机构负责检验的期间内应当保留该标识。该标识系统应当确保样品在实物上、记录或者其他文件中不被混淆。

第二十条 检验机构应当确保可能对人体或者环境造成危害的医疗器械样品的处置过程安全可控;应当确保废弃的样品不再进入流通环节或者被使用;应当采取相应的安全措施处理废弃物,防止有害物质对人体和环境的危害。

第四章　检　　验

第二十一条 检验机构应当具有依据国家标准、行业标准、补充检验项目和检验方法、产品技术要求等开展检验工作的能力,并具备对委托方提交的产品技术要求进行预评价的能力。医疗器械检验包括注册检验、监督抽查检验、评价性检验、风险监测以及委托检验等。

第二十二条 检验机构应当建立并遵守检验方法管控程序,跟踪检验方法的变化和发展,适时对检验方法进行重新验证或者确认。

第二十三条　检验机构应当建立并保持记录管理程序，确保记录的标识、贮存、保护、检索、保留和处置符合法律和程序要求。检验机构应当确保每一项与检验工作相关活动的记录信息完整、真实、可靠。检验机构应当对与检验工作相关活动的记录归档留存，确保记录可追溯。

第二十四条　检验机构应当按照与委托方签订的合同开展相关工作，经过预评价的产品技术要求和预评价意见随检验报告一同出具给委托方。预评价意见应当至少包含产品技术要求中性能指标的完整性与适用性，检验方法的可操作性和可重复性是否与检验要求相适应，引用标准和条款的完整性、适宜性和适用性等内容。

第二类、第三类医疗器械产品因许可事项变更进行检验时，检验机构应当关注产品技术要求适用性的预评价工作。

第二十五条　检验机构在使用移动设备进行检验和抽样时，应当在适当的技术控制和有效监督下进行，确保满足检验要求。

第二十六条　检验机构承担医疗器械监督抽查检验工作时，应当严格按照监督抽查检验方案及相关工作程序规定开展检验工作。

第二十七条　承担医疗器械监督抽查检验任务的复检机构，应当依据相关法律法规和相关程序规定开展复检工作，并在医疗器械监督管理部门规定的时限内作出复检结论。如无正当理由，检验机构对复检申请或者委托不得推诿。

第二十八条　检验机构承担评价性检验、风险监测或者政府相关部门其他委托检验任务的，应当制定相应的工作程序，实施有针对性的质量控制，严格按照任务委托部门制定的计划、实施方案和指定的检验方法进行检验和提交结果，不得事先告知被抽样单位有关检验和结果等信息，不得瞒报、谎报数据结果，不得擅自对外发布或者泄露数据。

第五章　报告与记录

第二十九条　检验机构应当独立、客观地出具准确、清晰、完整、论证充分、结论明确的检验结果报告，并在报告上加盖检验机构专用章，标注资质认定标志。

第三十条　检验机构对其报告中的信息负责。检验报告应当用字规范，语言简练、准确，幅面整洁，不允许涂改。报告格式应当符合检验报告模板(见附件)的要求。

第三十一条　检验机构应当建立健全包括检验原始记录、检验报告、技术记录、质量管理记录、合同以及标准等涉及检验工作的文件管理制度，并有确保存档材料安全性、完整性的措施。档案保存期限应当符合相关法律法规要求和检验工作追溯需要。

第三十二条　检验机构应当建立电子化或者纸质化的数据控制和信息管理系统，用于收集、处理、记录、报告、存储或者检索数据，其中计算机系统的建设应当遵循国家药品监督管理局已发布的信息化标准，以便于监管信息的互联互通。

检验机构应当建立和保持保护数据完整性和安全性的程序;使用计算机系统创建、更改数据时,应当通过审计追踪功能或者替代方法满足数据可追溯性的要求;纸质数据的归档应当确保安全便于查阅。检验机构应当对计算和数据传送及时进行适当和系统的检查。

第三十三条 检验机构应当建立健全投诉处理制度,及时处理对检验结果的异议和投诉,保存有关记录。

第六章 能力验证及比对试验

第三十四条 能力验证是重要的外部质量评价活动,检验机构有责任和义务寻求并参加能力验证,应当积极参加国家监管机构组织的能力验证。

第三十五条 医疗器械检验机构比对试验是国家药品监督管理部门组织的能力验证活动,用于评价和提高检验机构的能力,加强对检验机构的监督管理。

第三十六条 国家药品监督管理部门组织制定比对试验工作规划、年度计划,组织指导比对试验技术交流与培训。

中国食品药品检定研究院(以下简称“中检院”)根据比对试验年度计划,组织制定和实施比对试验实施方案,组织开展比对试验结果的评价工作,并向国家药品监督管理部门报送比对试验总结报告;建立并保存比对试验档案;组织成立比对试验专家组;对检验机构技术能力进行综合评价。

比对试验专家组成员由医疗器械相关专业专家及统计学专家组成,负责对比对试验方案策划、结果评价和其他技术问题向中检院提出意见及建议。

第三十七条 具备比对试验项目检验资质的检验机构必须参加该项目的比对试验。

第三十八条 检验机构在接到样品后应当按照比对试验实施方案的作业指导书、标准进行检验,并在规定时间内将结果报送中检院。中检院根据比对试验实施方案进行结果判定,并组织比对试验专家对判定结果提出技术意见及建议。判定结果分为:满意、可疑和不满意三种。中检院起草比对试验总结报告报送国家药品监督管理部门。

第三十九条 结果被判定为可疑的检验机构应当进行风险分析,制定并实施改进措施,必要时进行整改;结果被判定为不满意的检验机构应当根据比对试验结果进行整改,并向中检院提交整改材料,在整改结束前不得接受该检验项目的检测。

第七章 从业道德规范与纪律

第四十条 检验机构的人员不得同时在两个以上检验机构从业。

第四十一条 检验机构及其人员从事检验工作,应当遵守国家相关法律法规的规定,遵循独立客观、公平公正、诚实信用原则,恪守职业道德,承担社会责任,确保检验数据、结果的真实、客观、准确和可追溯性。

第四十二条 检验机构及其人员应当排除、抵制来自各方面的干扰、利益诱惑和不正当的压力影响，保证检验机构以科学的方法、公正的行为、准确的数据为客户进行服务。

第四十三条 检验机构及其人员不得出具不真实数据和虚假结果的检验报告，不得有以下行为：

（一）与其所从事的检验项目委托方或者利益相关方，存在不正当利益关系；

（二）利用检验数据和结果进行检验工作之外的有偿活动；

（三）从事检验活动之外或者参与与类似的竞争性项目有关系的医疗器械生产、经营、服务活动；

（四）向委托方、利益相关方索取或者接受不正当利益；

（五）泄露检验活动中所知悉的国家秘密、商业秘密和技术秘密；

（六）以广告或者其他形式向消费者推荐医疗器械；

（七）其他影响检验工作独立性、公正性和诚信的活动。

第四十四条 检验机构应当明确各类管理人员、技术人员和关键支持人员职责，建立相应的管理和质量监控机制，并采取必要的措施，对检验工作中出现的违法违纪违规行为，及时纠正，对于情节严重的，应当严肃追责。

第八章 附 则

第四十五条 本规范由国家药品监督管理局负责解释。

第四十六条 本规范自发布之日起施行。

附件：（略）

医疗机构医用耗材管理办法（试行）

1. 2019年6月6日国家卫生健康委、国家中医药局发布
2. 国卫医发〔2019〕43号
3. 自2019年9月1日起施行

第一章 总 则

第一条 为加强医疗机构医用耗材管理，促进医用耗材合理使用，保障公众身体健康，根据《执业医师法》《医疗机构管理条例》《医疗器械监督管理条例》等有关法律法规规定，制定本办法。

第二条 本办法所称医用耗材，是指经药品监督管理部门批准的使用次数有限的消耗性医疗器械，包括一次性及可重复使用医用耗材。

本办法所称医用耗材管理，是指医疗机构以病人为中心，以医学科学为基础，对医用耗材的采购、储存、使用、追溯、监测、评价、监督等全过程进行有效组织实施与管理，以促进临床科学、合理使用医用耗材的专业技术服务和相关的医用耗材管理工作，是医疗管理工作的重要组成部分。

第三条 国家卫生健康委、国家中医药局负责全国医疗机构医用耗材管理工作的监督管理。

县级以上地方卫生健康行政部门、中医药主管部门负责本行政区域内医疗机构医用耗材管理工作的监督管理。

第四条 本办法适用于二级以上医院医

用耗材管理，其他医疗机构可参照执行。其中，非公立医疗机构的医用耗材遴选、采购工作可参照本办法进行。

第五条 医疗机构应当指定具体部门作为医用耗材管理部门，负责医用耗材的遴选、采购、验收、存储、发放等日常管理工作；指定医务管理部门，负责医用耗材的临床使用、监测、评价等专业技术服务日常管理工作。

第六条 医疗机构从事医用耗材管理相关工作的人员，应当具备与管理工作相适应的专业学历、技术职称或者经过相关技术培训。

医疗机构直接接触医用耗材的人员，应当每年进行健康检查。传染病病人、病原携带者和疑似传染病病人，在治愈前或者在排除传染病嫌疑前，不得从事直接接触医用耗材的工作。

第二章 机构管理

第七条 二级以上医院应当设立医用耗材管理委员会；其他医疗机构应当成立医用耗材管理组织。村卫生室（所、站）、门诊部、诊所、医务室等其他医疗机构可不设医用耗材管理组织，由机构负责人指定人员负责医用耗材管理工作。

医用耗材管理委员会由具有高级技术职务任职资格的相关临床科室、药学、医学工程、护理、医技科室人员以及医院感染管理、医用耗材管理、医务管理、财务管理、医保管理、信息管理、纪检监察、审计等部门负责人组成。

医疗机构负责人任医用耗材管理委员会主任委员，医用耗材管理部门和医务管理部门负责人任医用耗材管理委员会副主任委员。

第八条 医用耗材管理委员会的日常工作由指定的医用耗材管理部门和医务管理部门分工负责。

第九条 医用耗材管理委员会的主要职责：

（一）贯彻执行医疗卫生及医用耗材管理等有关法律、法规、规章，审核制定本机构医用耗材管理工作规章制度，并监督实施；

（二）建立医用耗材遴选制度，审核本机构科室或部门提出的新购入医用耗材、调整医用耗材品种或者供应企业等申请，制订本机构的医用耗材供应目录（以下简称供应目录）；

（三）推动医用耗材临床应用指导原则的制订与实施，监测、评估本机构医用耗材使用情况，提出干预和改进措施，指导临床合理使用医用耗材；

（四）分析、评估医用耗材使用的不良反应、医用耗材质量安全事件，并提供咨询与指导；

（五）监督、指导医用耗材的临床使用与规范化管理；

（六）负责对医用耗材的临床使用进行监测，对重点医用耗材进行监控；

（七）对医务人员进行有关医用耗材管理法律法规、规章制度和合理使用医用耗材知识教育培训，向患者宣传合理使用医用耗材知识；

（八）与医用耗材管理相关的其他重要事项。

第十条 医疗机构应当为医用耗材管理部门、医务管理部门配备和提供必要的场所、设备设施和人员。

第十一条 医疗机构应当建立健全医用耗材管理相应的工作制度、操作规程和工作记录,并组织实施。

第三章 遴选与采购

第十二条 医疗机构应当遴选建立本机构的医用耗材供应目录,并进行动态管理。

医用耗材管理部门按照合法、安全、有效、适宜、经济的原则,遴选出本机构需要的医用耗材及其生产、经营企业名单,报医用耗材管理委员会批准,形成供应目录。

供应目录应当定期调整,调整周期由医用耗材管理委员会规定。

纳入供应目录的医用耗材应当根据国家药监局印发的《医疗器械分类目录》明确管理级别,为Ⅰ级、Ⅱ级和Ⅲ级。

第十三条 医疗机构应当从已纳入国家或省市医用耗材集中采购目录中遴选本机构供应目录。确需从集中采购目录之外进行遴选的,应当按照有关规定执行。

第十四条 医疗机构应当加强供应目录涉及供应企业数量管理,统一限定纳入供应目录的相同或相似功能医用耗材供应企业数量。

第十五条 医用耗材的采购相关事务由医用耗材管理部门实行统一管理。其他科室或者部门不得从事医用耗材的采购活动,不得使用非医用耗材管理部门采购供应的医用耗材。

第十六条 医用耗材使用科室或部门应当根据实际需求向医用耗材管理部门提出采购申请。

第十七条 医用耗材管理部门应当根据医用耗材使用科室或部门提出的采购申请,按照相关法律、行政法规和国务院有关规定,采用适当的采购方式,确定需要采购的产品、供应商及采购数量、采购价格等,并签订书面采购协议。

第十八条 医用耗材采购工作应当在有关部门有效监督下进行,由至少2名工作人员实施。

第十九条 医疗机构应当加强临时性医用耗材采购管理。医用耗材使用科室或部门临时性采购供应目录之外的医用耗材,需经主任委员、副主任委员同意后方可实施。对一年内重复多次临时采购的医用耗材,应当按照程序及时纳入供应目录管理。对于实施集中招标采购的地方,需要按有关程序报上级主管部门同意后实施临时性采购。

第二十条 遇有重大急救任务、突发公共卫生事件等紧急情况,以及需要紧急救治但缺乏必要医用耗材时,医疗机构可以不受供应目录及临时采购的限制。

第二十一条 医疗机构应当加强医疗设备配套使用医用耗材的管理。医疗机构采购医疗设备时,应当充分考虑配套使用医用耗材的成本,并将其作为采购医疗设备的重要参考因素。

第二十二条 鼓励医联体内医疗机构或者非医联体内医疗机构联合进行医用耗材遴选和采购。

第四章 验收、储存

第二十三条 医用耗材管理部门负责医

用耗材的验收、储存及发放工作。

第二十四条 医疗机构应当建立医用耗材验收制度，由验收人员验收合格后方可入库。

验收人员应当熟练掌握医用耗材验收有关要求，严格进行验收操作，并真实、完整、准确地进行验收记录。

验收人员应当重点对医用耗材是否符合遴选规定、质量情况、效期情况等进行查验，不符合遴选规定以及无质量合格证明、过期、失效或者淘汰的医用耗材不得验收入库。

第二十五条 使用后的医用耗材进货查验记录应当保存至使用终止后2年。未使用的医用耗材进货查验记录应当保存至规定使用期限结束后2年。植入性医用耗材进货查验记录应当永久保存。购入Ⅲ级医用耗材的原始资料应当妥善保存，确保信息可追溯。

第二十六条 医疗机构应当设置相对独立的医用耗材储存库房，配备相应的设备设施，制订相应管理制度，定期对库存医用耗材进行养护与质量检查，确保医用耗材安全有效储存。

对库存医用耗材的定期养护与质量检查情况应当作好记录。

第二十七条 医用耗材需冷链管理的，应当严格落实冷链管理要求，并确定专人负责验收、储存和发放工作，确保各环节温度可追溯。

第二十八条 医疗机构应当建立医用耗材定期盘点制度。由医用耗材管理部门指定专人，定期对库存医用耗材进行盘点，做到账物相符、账账相符。

第五章 申领、发放与临床使用

第二十九条 医用耗材使用科室或部门根据需要，向医用耗材管理部门提出领用申请。医用耗材管理部门按照规定进行审核和发放。

申领人应当对出库医用耗材有关信息进行复核，并与发放人共同确认。

第三十条 医疗机构应当建立医用耗材出库管理制度。医用耗材出库时，发放人员应当对出库的医用耗材进行核对，确保发放准确，产品合格、安全和有效。出库时，应当按照剩余效期由短至长顺序发放。

第三十一条 出库后的医用耗材管理由使用科室或部门负责。使用科室或部门应当指定人员负责医用耗材管理，保证领取的医用耗材品种品规和数量既满足工作需要，又不形成积压，确保医用耗材在科室或部门的安全和质量。

第三十二条 医用耗材临床应用管理是对医疗机构临床诊断、预防和治疗疾病使用医用耗材全过程实施的监督管理。医疗机构应当遵循安全、有效、经济的合理使用医用耗材的原则。

第三十三条 医务管理部门负责医用耗材临床使用管理工作，应当通过加强医疗管理，落实国家医疗管理制度、诊疗指南、技术操作规范，遵照医用耗材使用说明书、技术操作规程等，促进临床合理使用医用耗材。

第三十四条 医疗机构应当对医用耗材临床使用实施分级分类管理。

在诊疗活动中：Ⅰ级医用耗材，应当由卫生技术人员使用；Ⅱ级医用耗材，应当由有资格的卫生技术人员经过相关培训后使用，尚未取得资格的，应当在有资格的卫生技术人员指导下使用；Ⅲ级医用耗材，应当按照医疗技术管理有关规定，由具有有关技术操作资格的卫生技术人员使用。

植入类医用耗材，应当由具有有关医疗技术操作资格的卫生技术人员使用，并将拟使用的医用耗材情况纳入术前讨论，包括拟使用医用耗材的必要性、可行性和经济性等；非植入类医用耗材的使用，应当符合医疗技术管理等有关医疗管理规定。

第三十五条 医疗机构使用安全风险程度较高的医用耗材时，应当与患者进行充分沟通，告知可能存在的风险。使用Ⅲ级或植入类医用耗材时，应当签署知情同意书。

第三十六条 医疗机构应当加强对医用耗材使用人员培训，提高其医用耗材使用能力和水平。在新医用耗材临床使用前，应当对相关人员进行培训。

第三十七条 医疗机构应当加强对医用耗材临床应用前试用的管理。医用耗材在遴选和采购前如需试用，应当由使用科室或部门组织对试用的必要性、可行性以及安全保障措施进行论证，并向医务管理部门提出申请或备案。

第三十八条 医疗机构应当在医用耗材临床使用过程中严格落实医院感染管理有关规定。一次性使用的医用耗材不得重复使用；重复使用的医用耗材，应当严格按照要求清洗、消毒或者灭菌，并进行效果监测。

第三十九条 医疗机构应当建立医用耗材临床应用登记制度，使医用耗材信息、患者信息以及诊疗相关信息相互关联，保证使用的医用耗材向前可溯源、向后可追踪。

第四十条 医疗机构应当加强对使用后医用耗材的处置管理。医用耗材使用后属于医疗废物的，应当严格按照医疗废物管理有关规定处理。

第四十一条 医疗机构应当加强医疗质量控制，对医用耗材尤其是重点监控医用耗材的临床使用情况设立质控点，纳入医疗质量控制体系。

第四十二条 医疗机构应当结合单病种管理、临床路径管理、支付管理、绩效管理等工作，持续提高医用耗材合理使用水平，保证医疗质量和医疗安全。

第六章 监测与评价

第四十三条 医务管理部门负责本单位医用耗材监测与评价工作。

第四十四条 医疗机构应当建立医用耗材临床应用质量安全事件报告、不良反应监测、重点监控、超常预警和评价制度，对医用耗材临床使用安全性、有效性和经济性进行监测、监控、分析、评价，对医用耗材应用行为进行点评与干预。

第四十五条 医疗机构发生医用耗材相关质量安全事件，应当按照规定向卫生健康、药品监管行政部门报告相关信息，并采取措施做好暂停使用、配合召回、后续调查以及对患者的医疗救治等工作。

第四十六条 医疗机构通过监测发现医用耗材不良事件或者可疑不良事件，应当按照有关规定报告。

第四十七条 县级以上卫生健康行政部

门、中医药主管部门以及医疗机构应当对临床应用技术要求较高、风险较大、价格较昂贵的医用耗材进行重点监控。

第四十八条 医疗机构应当建立医用耗材超常使用预警机制，对超出常规使用的医用耗材，要及时进行预警，通知相关部门和人员。

第四十九条 医疗机构应当对医用耗材的临床使用进行评价。根据相关法律法规、技术规范等，建立评价体系，对医用耗材临床使用的安全性、有效性、经济性等进行综合评价，发现存在的或潜在的问题，制定并实施干预和改进措施，促进医用耗材合理使用。

第五十条 医疗机构应当加强医用耗材临床使用评价结果的应用。评价结果应当作为医疗机构动态调整供应目录的依据，对存在不合理使用的品种可以采取停用、重新招标等干预措施；同时将评价结果作为科室和医务人员相应临床技术操作资格或权限调整、绩效考核、评优评先等的重要依据，纳入对公立医疗卫生机构的绩效考核。

第五十一条 医疗机构应当定期将质量安全事件报告、不良反应监测、重点监控、超常预警和评价结果进行内部公示，指导使用科室和部门采取措施，持续改进医用耗材临床使用水平。

第七章 信息化建设

第五十二条 医疗机构应当逐步建立医用耗材信息化管理制度和系统。

第五十三条 医疗机构耗材管理信息系统应当与医疗机构其他相关信息系统整合，做到信息互联互通。

第五十四条 医疗机构耗材管理信息系统应当覆盖医用耗材遴选、采购、验收、入库、储存、盘点、申领、出库、临床使用、质量安全事件报告、不良反应监测、重点监控、超常预警、点评等各环节，实现每一件医用耗材的全生命周期可溯源。

第五十五条 医用耗材管理部门应当在医用耗材验收入库时，将有关信息录入信息系统。信息内容至少包括医用耗材的级别、风险类别、注册证类别、医用耗材类别、用途、功能、材质、规格、型号、销售厂商、价格、生产批号、生产日期、消毒灭菌日期等。

第八章 监督管理

第五十六条 医疗机构医用耗材管理应当严格落实医疗卫生领域行风管理有关规定，做到廉洁购用。不得将医用耗材购用情况作为科室、人员经济分配的依据，不得在医用耗材购用工作中牟取不正当经济利益。

对违反行风规定的医疗机构和相关人员，卫生健康行政部门、中医药主管部门应当根据情节轻重，给予相应处罚和处理。

第五十七条 医疗机构应当落实院务公开有关规定，将主要医用耗材纳入主动公开范围，公开品牌品规、供应企业以及价格等有关信息。

第五十八条 医疗机构应当广泛开展行风评议活动，加大对医用耗材管理过程中存在的违反“九不准”规定等行为的查处力度，对问题严重的医疗机构依法追究相关领导责任。

第五十九条 医疗机构应当按照国家有

关规定收取医用耗材使用相关费用，不得违规收取国家规定医用耗材收费项目之外的费用。

第六十条 医疗机构和相关人员不得接受与采购医用耗材挂钩的资助，不准违规私自使用未经正规采购程序采购的医用耗材。

第六十一条 医疗机构应当加强本单位信息系统中医用耗材相关统计功能管理，严格统计权限和审批程序。严禁开展商业目的的医用耗材相关信息统计，或为医用耗材营销人员统计提供便利。

第六十二条 医疗机构应当加强对本机构医用耗材的管理工作，定期检查相关制度的落实情况。

第六十三条 县级以上卫生健康行政部门、中医药主管部门应当加强对医疗机构医用耗材管理工作的监督与管理，定期进行监督检查。

第六十四条 卫生健康行政部门、中医药主管部门的工作人员依法对医疗机构医用耗材管理工作进行监督检查时，应当出示证件。被检查的医疗机构应当予以配合，如实反映情况，提供必要的资料，不得拒绝、阻碍、隐瞒。

第六十五条 医疗机构出现下列情形之一的，根据其具体情形及造成后果由县级以上地方卫生健康行政部门、中医药主管部门及相关业务主管部门依法依规予以处理：

（一）违反医疗器械管理有关法律、法规、行政规章制度、诊疗指南和技术操作规范的；

（二）未建立医用耗材管理组织机构，医用耗材管理混乱，造成医疗安全隐患和严重不良后果的；

（三）医用耗材使用不合理、不规范问题严重，造成医疗安全隐患和严重不良后果的；

（四）非医用耗材管理部门擅自从事医用耗材采购、存储管理等工作的；

（五）将医用耗材购销、使用情况作为个人或者部门、科室经济分配依据，或在医用耗材购销、使用中牟取不正当利益的；

（六）违反本办法的其他规定并造成严重后果的。

第九章　附　　则

第六十六条 本规定自2019年9月1日起施行。

第六十七条 军队医疗机构耗材管理工作依照军队卫生主管部门规定执行。

第六十八条 医用耗材临床试验按照相关规定执行。

医疗器械临床使用管理办法

1. *2021年1月12日国家卫生健康委员会令第8号公布*
2. *自2021年3月1日起施行*

第一章　总　　则

第一条 为加强医疗器械临床使用管理，保障医疗器械临床使用安全、有效，根据《医疗器械监督管理条例》《医疗机构管理条例》等法律法规，制定本办法。

第二条 本办法适用于各级各类医疗机构临床使用医疗器械的监督管理工作。

医疗器械临床试验管理不适用本办法。

第三条 国家卫生健康委负责全国医疗器械临床使用监督管理工作。

县级以上地方卫生健康主管部门负责本行政区域内医疗器械临床使用监督管理工作。

第四条 医疗机构主要负责人是本机构医疗器械临床使用管理的第一责任人。

医疗机构应当建立并完善本机构医疗器械临床使用管理制度，确保医疗器械合理使用。

第五条 县级以上地方卫生健康主管部门和医疗机构应当依据国家有关规定建立医疗器械应急保障机制，保障突发事件的应急救治需求。

第六条 医疗机构应当根据国家发布的医疗器械分类目录，对医疗器械实行分类管理。

第七条 卫生健康主管部门应当逐步完善人工智能医疗器械临床使用规范，鼓励医疗机构加强人工智能医疗器械临床使用培训。

第二章　组织机构与职责

第八条 国家卫生健康委组织成立国家医疗器械临床使用专家委员会。国家医疗器械临床使用专家委员会负责分析全国医疗器械临床使用情况，研究医疗器械临床使用中的重点问题，提供政策咨询及建议，指导医疗器械临床合理使用。

省级卫生健康主管部门组织成立省级医疗器械临床使用专家委员会或者委托相关组织、机构负责本行政区域内医疗器械临床使用的监测、评价等工作。

第九条 二级以上医疗机构应当设立医疗器械临床使用管理委员会；其他医疗机构应当根据本机构实际情况，配备负责医疗器械临床使用管理的专（兼）职人员。

医疗器械临床使用管理委员会由本机构负责医疗管理、质量控制、医院感染管理、医学工程、信息等工作的相关职能部门负责人以及相关临床、医技等科室负责人组成，负责指导和监督本机构医疗器械临床使用行为，日常管理工作依托本机构的相关部门负责。

第十条 医疗机构医疗器械临床使用管理委员会和配备的专（兼）职人员对本机构医疗器械临床使用管理承担以下职责：

（一）依法拟订医疗器械临床使用工作制度并组织实施；

（二）组织开展医疗器械临床使用安全管理、技术评估与论证；

（三）监测、评价医疗器械临床使用情况，对临床科室在用医疗器械的使用效能进行分析、评估和反馈；监督、指导高风险医疗器械的临床使用与安全管理；提出干预和改进医疗器械临床使用措施，指导临床合理使用；

（四）监测识别医疗器械临床使用安全风险，分析、评估使用安全事件，并提供咨询与指导；

（五）组织开展医疗器械管理法律、法规、规章和合理使用相关制度、规范的业务知识培训，宣传医疗器械临床使用安全知识。

第十一条　二级以上医疗机构应当明确本机构各相关职能部门和各相关科室的医疗器械临床使用管理职责；相关职能部门、相关科室应当指定专人负责本部门或者本科室的医疗器械临床使用管理工作。

其他医疗机构应当根据本机构实际情况，明确相关部门、科室和人员的职责。

第十二条　二级以上医疗机构应当配备与其功能、任务、规模相适应的医学工程及其他专业技术人员、设备和设施。

第十三条　医疗器械使用科室负责医疗器械日常管理工作，做好医疗器械的登记、定期核对、日常使用维护保养等工作。

第十四条　医疗机构从事医疗器械相关工作的卫生专业技术人员，应当具备相应的专业学历、卫生专业技术职务任职资格或者依法取得相应资格。

第十五条　医疗机构应当组织开展医疗器械临床使用管理的继续教育和培训，开展医疗器械临床使用范围、质量控制、操作规程、效果评价等培训工作。

第十六条　医疗机构应当加强医疗器械信息管理，建立医疗器械及其使用信息档案。

第十七条　医疗机构应当每年开展医疗器械临床使用管理自查、评估、评价工作，确保医疗器械临床使用的安全、有效。

第三章　临床使用管理

第十八条　医疗机构应当建立医疗器械临床使用技术评估与论证制度并组织实施，开展技术需求分析和成本效益评估，确保医疗器械满足临床需求。

第十九条　医疗机构购进医疗器械，应当查验供货者的资质和医疗器械的合格证明文件，建立进货查验记录制度。

医疗机构应当妥善保存购入第三类医疗器械的原始资料，并确保信息具有可追溯性。

第二十条　医疗器械需要安装或者集成的，应当由生产厂家或者其授权的具备相关服务资质的单位、医疗机构负责医学工程工作的部门依据国家有关标准实施。

医疗机构应当对医疗器械相关硬件、软件的安装、更新、升级情况进行登记和审核，并应当进行临床验证和技术评估。

第二十一条　医疗机构应当建立医疗器械验收验证制度，保证医疗器械的功能、性能、配置要求符合购置合同以及临床诊疗的要求。医疗器械经验收验证合格后方可应用于临床。

第二十二条　医疗机构及其医务人员临床使用医疗器械，应当遵循安全、有效、经济的原则，采用与患者疾病相适应的医疗器械进行诊疗活动。

需要向患者说明医疗器械临床使用相关事项的，应当如实告知，不得隐瞒或者虚假宣传，误导患者。

第二十三条　医疗机构及其医务人员临床使用医疗器械，应当按照诊疗规范、操作指南、医疗器械使用说明书等，遵守医疗器械适用范围、禁忌症及注意事项，注意主要风险和关键性能指标。

第二十四条　医疗机构应当建立医疗器械临床使用风险管理制度，持续改进医疗器械临床使用行为。

第二十五条 医疗机构应当开展医疗器械临床使用安全管理，对生命支持类、急救类、植入类、辐射类、灭菌类和大型医疗器械实行使用安全监测与报告制度。

第二十六条 医疗机构应当制订与其规模、功能相匹配的生命支持医疗器械和相关重要医疗器械故障紧急替代流程，配备必要的替代设备设施，并对急救的医疗器械实行专管专用，保证临床急救工作正常开展。

第二十七条 发现使用的医疗器械存在安全隐患的，医疗机构应当立即停止使用，并通知医疗器械注册人、备案人或者其他负责产品质量的机构进行检修；经检修仍不能达到使用安全标准的医疗器械，不得继续使用。

第二十八条 医疗机构应当严格执行医院感染管理有关法律法规的规定，使用符合国家规定的消毒器械和一次性使用的医疗器械。按规定可以重复使用的医疗器械，应当严格按照规定清洗、消毒或者灭菌，并进行效果监测；一次性使用的医疗器械不得重复使用，使用过的应当按照国家有关规定销毁并记录。

使用无菌医疗器械前，应当对直接接触医疗器械的包装及其有效期进行常规检查，认真核对其规格、型号、消毒或者灭菌有效日期等。包装破损、标示不清、超过有效期或者可能影响使用安全的，不得使用。

第二十九条 临床使用大型医疗器械以及植入和介入类医疗器械的，应当将医疗器械的名称、关键性技术参数等信息以及与使用质量安全密切相关的必要信息记载到病历等相关记录中。

第三十条 医疗机构应当按照规定开展医疗器械临床使用评价工作，重点加强医疗器械的临床实效性、可靠性和可用性评价。

第四章 保障维护管理

第三十一条 医疗器械保障维护管理应当重点进行检测和预防性维护。通过开展性能检测和安全监测，验证医疗器械性能的适当性和使用的安全性；通过开展部件更换、清洁等预防性维护，延长医疗器械使用寿命并预防故障发生。

第三十二条 医疗机构应当监测医疗器械的运行状态，对维护与维修的全部过程进行跟踪记录，定期分析评价医疗器械整体维护情况。

第三十三条 医疗机构应当遵照国家有关医疗器械标准、规程、技术指南等，确保系统环境电源、温湿度、辐射防护、磁场屏蔽、光照亮度等因素与医疗器械相适应，定期对医疗器械使用环境进行测试、评估和维护。

第三十四条 医疗机构应当具备与医疗器械品种、数量相适应的贮存场所和条件。对温度、湿度等环境条件有特殊要求的，应当采取相应措施，保证医疗器械安全、有效。

第三十五条 医疗机构应当真实记录医疗器械保障情况并存入医疗器械信息档案，档案保存期限不得少于医疗器械规定使用期限终止后五年。

第五章 使用安全事件处理

第三十六条 医疗机构应当对医疗器械

使用安全事件进行收集、分析、评价及控制,遵循可疑即报的原则,及时报告。

第三十七条 发生或者发现医疗器械使用安全事件或者可疑医疗器械使用安全事件时,医疗机构及其医务人员应当立即采取有效措施,避免或者减轻对患者身体健康的损害,防止损害扩大,并向所在地县级卫生健康主管部门报告。

第三十八条 发生或者发现因医疗器械使用行为导致或者可能导致患者死亡、残疾或者二人以上人身损害时,医疗机构应当在二十四小时内报告所在地县级卫生健康主管部门,必要时可以同时向上级卫生健康主管部门报告。医疗机构应当立即对医疗器械使用行为进行调查、核实;必要时,应当对发生使用安全事件的医疗器械同批次同规格型号库存产品暂缓使用,对剩余产品进行登记封存。

第三十九条 县级及设区的市级卫生健康主管部门获知医疗机构医疗器械使用安全事件或者可疑医疗器械使用安全事件后,应当进行核实,必要时应当进行调查;对医疗机构医疗器械使用行为导致或者可能导致患者死亡、残疾或者二人以上人身损害的,应当进行现场调查,并将调查结果逐级上报至省级卫生健康主管部门。

省级以上卫生健康主管部门获知医疗机构医疗器械使用安全事件或者可疑医疗器械使用安全事件,认为应当开展现场调查的,应当组织开展调查。省级卫生健康主管部门开展相关调查的,应将调查结果及时报送国家卫生健康委。

对卫生健康主管部门开展的医疗器械使用安全事件调查,医疗机构应当配合。

第四十条 县级以上地方卫生健康主管部门在医疗器械使用安全事件调查结果确定前,对可疑医疗器械质量问题造成患者损害的,应当根据影响采取相应措施;对影响较大的,可以采取风险性提示、暂停辖区内医疗机构使用同批次同规格型号的医疗器械等措施,以有效降低风险,并通报同级药品监督管理部门。

经调查不属于医疗器械使用安全事件的,卫生健康主管部门应当移交同级药品监督管理部门处理。

第六章 监督管理

第四十一条 县级以上地方卫生健康主管部门应当编制并实施本行政区域医疗机构医疗器械使用年度监督检查计划,确定监督检查的重点、频次和覆盖率。对使用风险较高、有特殊保存管理要求医疗器械的医疗机构应当实施重点监管。

第四十二条 县级以上地方卫生健康主管部门应当加强对医疗机构医疗器械临床使用行为的监督管理,并在监督检查中有权行使以下职责:

(一)进入现场实施检查、抽取样品;

(二)查阅、复制有关档案、记录及其他有关资料;

(三)法律法规规定的其他职责。

医疗机构应当积极配合卫生健康主管部门的监督检查,并对检查中发现的问题及时进行整改。

第四十三条 县级以上地方卫生健康主管部门应当组织对医疗机构医疗器械临床使用管理情况进行定期或者不定期抽查，并将抽查结果纳入医疗机构监督管理档案。

第七章 法律责任

第四十四条 医疗机构有下列情形之一的，由县级以上地方卫生健康主管部门依据《医疗器械监督管理条例》的有关规定予以处理：

（一）未按照规定建立并执行医疗器械进货查验记录制度的；

（二）对重复使用的医疗器械，未按照消毒和管理的规定进行处理的；

（三）重复使用一次性使用的医疗器械，或者未按照规定销毁使用过的一次性使用的医疗器械的；

（四）未妥善保存购入第三类医疗器械的原始资料，或者未按照规定将大型医疗器械以及植入和介入类医疗器械的信息记载到病历等相关记录中的；

（五）发现使用的医疗器械存在安全隐患未立即停止使用、通知检修，或者继续使用经检修仍不能达到使用安全标准的医疗器械的。

第四十五条 医疗机构违反本办法规定，有下列情形之一的，由县级以上地方卫生健康主管部门责令改正，给予警告；情节严重的，可以并处五千元以上三万元以下罚款：

（一）未按照规定建立医疗器械临床使用管理工作制度的；

（二）未按照规定设立医疗器械临床使用管理委员会或者配备专（兼）职人员负责本机构医疗器械临床使用管理工作的；

（三）未按照规定建立医疗器械验收验证制度的；

（四）未按照规定报告医疗器械使用安全事件的；

（五）不配合卫生健康主管部门开展的医疗器械使用安全事件调查和临床使用行为的监督检查的；

（六）其他违反本办法规定的行为。

第四十六条 医疗机构及其医务人员在医疗器械临床使用中违反《执业医师法》《医疗机构管理条例》等有关法律法规的，依据有关法律法规的规定进行处理。

第四十七条 县级以上地方卫生健康主管部门工作人员不履行医疗机构医疗器械临床使用监督管理职责或者滥用职权、玩忽职守、徇私舞弊的，上级卫生健康主管部门可以建议有管理权限的监察机关或者任免机关对直接负责的主管人员和其他直接责任人员依法给予处分；构成犯罪的，依法追究刑事责任。

第八章 附 则

第四十八条 本办法所称医疗器械使用安全事件，是指医疗机构及其医务人员在诊疗活动中，因医疗器械使用行为存在过错，造成患者人身损害的事件。

第四十九条 取得计划生育技术服务机构执业许可证的计划生育技术服务机构，以及依法执业的血站、单采血浆站等单位的医疗器械使用管理参照本办法执行。

第五十条 对使用环节的医疗器械质量的监督管理，按照国务院药品监督管理部门的有关规定执行。

第五十一条 本办法自2021年3月1日起施行。

7. 医疗质量管理

医疗质量管理办法

1. 2016年9月25日国家卫生和计划生育委员会令第10号公布
2. 自2016年11月1日起施行

第一章 总 则

第一条 为加强医疗质量管理，规范医疗服务行为，保障医疗安全，根据有关法律法规，制定本办法。

第二条 本办法适用于各级卫生计生行政部门以及各级各类医疗机构医疗质量管理工作。

第三条 国家卫生计生委负责全国医疗机构医疗质量管理工作。

县级以上地方卫生计生行政部门负责本行政区域内医疗机构医疗质量管理工作。

国家中医药管理局和军队卫生主管部门分别在职责范围内负责中医和军队医疗机构医疗质量管理工作。

第四条 医疗质量管理是医疗管理的核心，各级各类医疗机构是医疗质量管理的第一责任主体，应当全面加强医疗质量管理，持续改进医疗质量，保障医疗安全。

第五条 医疗质量管理应当充分发挥卫生行业组织的作用，各级卫生计生行政部门应当为卫生行业组织参与医疗质量管理创造条件。

第二章 组织机构和职责

第六条 国家卫生计生委负责组织或者委托专业机构、行业组织（以下称专业机构）制订医疗质量管理相关制度、规范、标准和指南，指导地方各级卫生计生行政部门和医疗机构开展医疗质量管理与控制工作。省级卫生计生行政部门可以根据本地区实际，制订行政区域医疗质量管理相关制度、规范和具体实施方案。

县级以上地方卫生计生行政部门在职责范围内负责监督、指导医疗机构落实医疗质量管理有关规章制度。

第七条 国家卫生计生委建立国家医疗质量管理与控制体系，完善医疗质量控制与持续改进的制度和工作机制。

各级卫生计生行政部门组建或者指定各级、各专业医疗质量控制组织（以下称质控组织）落实医疗质量管理与控制的有关工作要求。

第八条 国家级各专业质控组织在国家卫生计生委指导下，负责制订全国统一的质控指标、标准和质量管理要求，收集、分析医疗质量数据，定期发布质控信息。

省级和有条件的地市级卫生计生行政部门组建相应级别、专业的质控组织，开展医疗质量管理与控制工作。

第九条 医疗机构医疗质量管理实行院、科两级责任制。

医疗机构主要负责人是本机构医疗质量管理的第一责任人；临床科室以及药学、护理、医技等部门（以下称业务科室）主要负责人是本科室医疗质量管理的第一责任人。

第十条 医疗机构应当成立医疗质量管理专门部门，负责本机构的医疗质量管理工作。

二级以上的医院、妇幼保健院以及专科疾病防治机构（以下称二级以上医院）应当设立医疗质量管理委员会。医疗质量管理委员会主任由医疗机构主要负责人担任，委员由医疗管理、质量控制、护理、医院感染管理、医学工程、信息、后勤等相关职能部门负责人以及相关临床、药学、医技等科室负责人组成，指定或者成立专门部门具体负责日常管理工作。其他医疗机构应当设立医疗质量管理工作小组或者指定专（兼）职人员，负责医疗质量具体管理工作。

第十一条 医疗机构医疗质量管理委员会的主要职责是：

（一）按照国家医疗质量管理的有关要求，制订本机构医疗质量管理制度并组织实施；

（二）组织开展本机构医疗质量监测、预警、分析、考核、评估以及反馈工作，定期发布本机构质量管理信息；

（三）制订本机构医疗质量持续改进计划、实施方案并组织实施；

（四）制订本机构临床新技术引进和医疗技术临床应用管理相关工作制度并组织实施；

（五）建立本机构医务人员医疗质量管理相关法律、法规、规章制度、技术规范的培训制度，制订培训计划并监督实施；

（六）落实省级以上卫生计生行政部门规定的其他内容。

第十二条 二级以上医院各业务科室应当成立本科室医疗质量管理工作小组，组长由科室主要负责人担任，指定专人负责日常具体工作。医疗质量管理工作小组主要职责是：

（一）贯彻执行医疗质量管理相关的法律、法规、规章、规范性文件和本科室医疗质量管理制度；

（二）制订本科室年度质量控制实施方案，组织开展科室医疗质量管理与控制工作；

（三）制订本科室医疗质量持续改进计划和具体落实措施；

（四）定期对科室医疗质量进行分析和评估，对医疗质量薄弱环节提出整改措施并组织实施；

（五）对本科室医务人员进行医疗质量管理相关法律、法规、规章制度、技术规范、标准、诊疗常规及指南的培训和宣传教育；

（六）按照有关要求报送本科室医疗质量管理相关信息。

第十三条 各级卫生计生行政部门和医疗机构应当建立健全医疗质量管理人员的培养和考核制度，充分发挥专业人员在医疗质量管理工作中的作用。

第三章 医疗质量保障

第十四条 医疗机构应当加强医务人员职业道德教育，发扬救死扶伤的人道主义精神，坚持“以患者为中心”，尊重患者权利，履行防病治病、救死扶伤、保护人民健康的神圣职责。

第十五条 医务人员应当恪守职业道德，认真遵守医疗质量管理相关法律法规、规范、标准和本机构医疗质量管理制度的规定，规范临床诊疗行为，保障医疗质量和医疗安全。

第十六条 医疗机构应当按照核准登记的诊疗科目执业。卫生技术人员开展诊疗活动应当依法取得执业资质，医疗机构人力资源配备应当满足临床工作需要。

医疗机构应当按照有关法律法规、规范、标准要求，使用经批准的药品、医疗器械、耗材开展诊疗活动。

医疗机构开展医疗技术应当与其功能任务和技术能力相适应，按照国家关于医疗技术和手术管理有关规定，加强医疗技术临床应用管理。

第十七条 医疗机构及其医务人员应当遵循临床诊疗指南、临床技术操作规范、行业标准和临床路径等有关要求开展诊疗工作，严格遵守医疗质量安全核心制度，做到合理检查、合理用药、合理治疗。

第十八条 医疗机构应当加强药学部门建设和药事质量管理，提升临床药学服务能力，推行临床药师制，发挥药师在处方审核、处方点评、药学监护等合理用药管理方面的作用。临床诊断、预防和治疗疾病用药应当遵循安全、有效、经济的合理用药原则，尊重患者对药品使用的知情权。

第十九条 医疗机构应当加强护理质量管理，完善并实施护理相关工作制度、技术规范和护理指南；加强护理队伍建设，创新管理方法，持续改善护理质量。

第二十条 医疗机构应当加强医技科室的质量管理，建立覆盖检查、检验全过程的质量管理制度，加强室内质量控制，配合做好室间质量评价工作，促进临床检查检验结果互认。

第二十一条 医疗机构应当完善门急诊管理制度，规范门急诊质量管理，加强门急诊专业人员和技术力量配备，优化门急诊服务流程，保证门急诊医疗质量和医疗安全，并把门急诊工作质量作为考核科室和医务人员的重要内容。

第二十二条 医疗机构应当加强医院感染管理，严格执行消毒隔离、手卫生、抗菌药物合理使用和医院感染监测等规定，建立医院感染的风险监测、预警以及多部门协同干预机制，开展医院感染防控知识的培训和教育，严格执行医院感染暴发报告制度。

第二十三条 医疗机构应当加强病历质量管理，建立并实施病历质量管理制度，保障病历书写客观、真实、准确、及时、完整、规范。

第二十四条 医疗机构及其医务人员开展诊疗活动，应当遵循患者知情同意原则，尊重患者的自主选择权和隐私权，并对患者的隐私保密。

第二十五条 医疗机构开展中医医疗服务，应当符合国家关于中医诊疗、技术、药事等管理的有关规定，加强中医医疗质量管理。

第四章 医疗质量持续改进

第二十六条 医疗机构应当建立本机构全员参与、覆盖临床诊疗服务全过程的医疗质量管理与控制工作制度。医疗机构应当严格按照卫生计生行政部门和质控组织关于医疗质量管理控制工作的有关要求，积极配合质控组织开展工作，促进医疗质量持续改进。

医疗机构应当按照有关要求，向卫生计生行政部门或者质控组织及时、准确地报送本机构医疗质量安全相关数据信息。

医疗机构应当熟练运用医疗质量管理工具开展医疗质量管理与自我评价，根据卫生计生行政部门或者质控组织发布的质控指标和标准完善本机构医疗质量管理相关指标体系，及时收集相关信息，形成本机构医疗质量基础数据。

第二十七条 医疗机构应当加强临床专科服务能力建设，重视专科协同发展，制订专科建设发展规划并组织实施，推行“以患者为中心、以疾病为链条”的多学科诊疗模式。加强继续医学教育，重视人才培养、临床技术创新性研究和成果转化，提高专科临床服务能力与水平。

第二十八条 医疗机构应当加强单病种质量管理与控制工作，建立本机构单病种管理的指标体系，制订单病种医疗质量参考标准，促进医疗质量精细化管理。

第二十九条 医疗机构应当制订满意度监测指标并不断完善，定期开展患者和员工满意度监测，努力改善患者就医体验和员工执业感受。

第三十条 医疗机构应当开展全过程成本精确管理，加强成本核算、过程控制、细节管理和量化分析，不断优化投入产出比，努力提高医疗资源利用效率。

第三十一条 医疗机构应当对各科室医疗质量管理情况进行现场检查和抽查，建立本机构医疗质量内部公示制度，对各科室医疗质量关键指标的完成情况予以内部公示。

医疗机构应当定期对医疗卫生技术人员开展医疗卫生管理法律法规、医院管理制度、医疗质量管理与控制方法、专业技术规范等相关内容的培训和考核。

医疗机构应当将科室医疗质量管理情况作为科室负责人综合目标考核以及聘任、晋升、评先评优的重要指标。

医疗机构应当将科室和医务人员医疗质量管理情况作为医师定期考核、晋升以及科室和医务人员绩效考核的重要依据。

第三十二条 医疗机构应当强化基于电子病历的医院信息平台建设，提高医院信息化工作的规范化水平，使信息化工作满足医疗质量管理与控制需要，充分利用信息化手段开展医疗质量管理与控制。建立完善医疗机构信息管理制度，保障信息安全。

第三十三条 医疗机构应当对本机构医疗质量管理要求执行情况进行评估，对收集的医疗质量信息进行及时分析和反馈，对医疗质量问题和医疗安全风险进行预警，对存在的问题及时采取有效干预措施，并评估干预效果，促进医疗质量的持续改进。

第五章 医疗安全风险防范

第三十四条 国家建立医疗质量（安

全)不良事件报告制度,鼓励医疗机构和医务人员主动上报临床诊疗过程中的不良事件,促进信息共享和持续改进。

医疗机构应当建立医疗质量(安全)不良事件信息采集、记录和报告相关制度,并作为医疗机构持续改进医疗质量的重要基础工作。

第三十五条 医疗机构应当建立药品不良反应、药品损害事件和医疗器械不良事件监测报告制度,并按照国家有关规定向相关部门报告。

第三十六条 医疗机构应当提高医疗安全意识,建立医疗安全与风险管理体系,完善医疗安全管理相关工作制度、应急预案和工作流程,加强医疗质量重点部门和关键环节的安全与风险管理,落实患者安全目标。医疗机构应当提高风险防范意识,建立完善相关制度,利用医疗责任保险、医疗意外保险等风险分担形式,保障医患双方合法权益。制订防范、处理医疗纠纷的预案,预防、减少医疗纠纷的发生。完善投诉管理,及时化解和妥善处理医疗纠纷。

第六章 监督管理

第三十七条 县级以上地方卫生计生行政部门负责对本行政区域医疗机构医疗质量管理情况的监督检查。医疗机构应当予以配合,不得拒绝、阻碍或者隐瞒有关情况。

第三十八条 县级以上地方卫生计生行政部门应当建立医疗机构医疗质量管理评估制度,可以根据当地实际情况,组织或者委托专业机构,利用信息化手段开展第三方评估工作,定期在行业内发布评估结果。

县级以上地方卫生计生行政部门和各级质控组织应当重点加强对县级医院、基层医疗机构和民营医疗机构的医疗质量管理和监督。

第三十九条 国家卫生计生委依托国家级人口健康信息平台建立全国医疗质量管理与控制信息系统,对全国医疗质量管理的主要指标信息进行收集、分析和反馈。

省级卫生计生行政部门应当依托区域人口健康信息平台,建立本行政区域的医疗质量管理与控制信息系统,对本行政区域医疗机构医疗质量管理相关信息进行收集、分析和反馈,对医疗机构医疗质量进行评价,并实现与全国医疗质量管理与控制信息系统互连互通。

第四十条 各级卫生计生行政部门应当建立医疗机构医疗质量管理激励机制,采取适当形式对医疗质量管理先进的医疗机构和管理人员予以表扬和鼓励,积极推广先进经验和做法。

第四十一条 县级以上地方卫生计生行政部门应当建立医疗机构医疗质量管理情况约谈制度。对发生重大或者特大医疗质量安全事件、存在严重医疗质量安全隐患,或者未按要求整改的各级各类医疗机构负责人进行约谈;对造成严重后果的,予以通报,依法处理,同时报上级卫生计生行政部门备案。

第四十二条 各级卫生计生行政部门应当将医疗机构医疗质量管理情况和监督检查结果纳入医疗机构及其主要负

责人考核的关键指标，并与医疗机构校验、医院评审、评价以及个人业绩考核相结合。考核不合格的，视情况对医疗机构及其主要负责人进行处理。

第七章 法律责任

第四十三条 医疗机构开展诊疗活动超出登记范围、使用非卫生技术人员从事诊疗工作、违规开展禁止或者限制临床应用的医疗技术、使用不合格或者未经批准的药品、医疗器械、耗材等开展诊疗活动的，由县级以上地方卫生计生行政部门依据国家有关法律法规进行处理。

第四十四条 医疗机构有下列情形之一的，由县级以上卫生计生行政部门责令限期改正；逾期不改的，给予警告，并处三万元以下罚款；对公立医疗机构负有责任的主管人员和其他直接责任人员，依法给予处分：

（一）未建立医疗质量管理部门或者未指定专（兼）职人员负责医疗质量管理工作的；

（二）未建立医疗质量管理相关规章制度的；

（三）医疗质量管理制度不落实或者落实不到位，导致医疗质量管理混乱的；

（四）发生重大医疗质量安全事件隐匿不报的；

（五）未按照规定报送医疗质量安全相关信息的；

（六）其他违反本办法规定的行为。

第四十五条 医疗机构执业的医师、护士在执业活动中，有下列行为之一的，由县级以上地方卫生计生行政部门依据《执业医师法》、《护士条例》等有关法律法规的规定进行处理；构成犯罪的，依法追究刑事责任：

（一）违反卫生法律、法规、规章制度或者技术操作规范，造成严重后果的；

（二）由于不负责任延误急危患者抢救和诊治，造成严重后果的；

（三）未经亲自诊查，出具检查结果和相关医学文书的；

（四）泄露患者隐私，造成严重后果的；

（五）开展医疗活动未遵守知情同意原则的；

（六）违规开展禁止或者限制临床应用的医疗技术、不合格或者未经批准的药品、医疗器械、耗材等开展诊疗活动的；

（七）其他违反本办法规定的行为。

其他卫生技术人员违反本办法规定的，根据有关法律、法规的规定予以处理。

第四十六条 县级以上地方卫生计生行政部门未按照本办法规定履行监管职责，造成严重后果的，对直接负责的主管人员和其他直接责任人员依法给予行政处分。

第八章 附 则

第四十七条 本办法下列用语的含义：

（一）医疗质量：指在现有医疗技术水平及能力、条件下，医疗机构及其医务人员在临床诊断及治疗过程中，按照职业道德及诊疗规范要求，给予患者医疗照顾的程度。

（二）医疗质量管理：指按照医疗质量形成的规律和有关法律、法规要求，运用现代科学管理方法，对医疗服务要素、过程和结果进行管理与控制，以实现医疗质量系统改进、持续改进的过程。

（三）医疗质量安全核心制度：指医疗机构及其医务人员在诊疗活动中应当严格遵守的相关制度，主要包括：首诊负责制度、三级查房制度、会诊制度、分级护理制度、值班和交接班制度、疑难病例讨论制度、急危重患者抢救制度、术前讨论制度、死亡病例讨论制度、查对制度、手术安全核查制度、手术分级管理制度、新技术和新项目准入制度、危急值报告制度、病历管理制度、抗菌药物分级管理制度、临床用血审核制度、信息安全管理制度等。

（四）医疗质量管理工具：指为实现医疗质量管理目标和持续改进所采用的措施、方法和手段，如全面质量管理（TQC）、质量环（PDCA 循环）、品管圈（QCC）、疾病诊断相关组（DRGs）绩效评价、单病种管理、临床路径管理等。

第四十八条 本办法自 2016 年 11 月 1 日起施行。

医疗质量安全告诫谈话制度暂行办法

1. 2011 年 1 月 7 日卫生部发布

2. 卫医管发〔2011〕3 号

第一条 为加强医疗质量安全管理，有效防范和规范处理医疗质量安全事件，根据《医疗机构管理条例》、《医疗事故处理条例》等制定本办法。

第二条 医疗质量安全告诫谈话（以下简称告诫谈话）的对象是发生重大、特大医疗质量安全事件或者存在严重医疗质量安全隐患的各级各类医疗机构的负责人（以下简称谈话对象）。

第三条 告诫谈话由负责该医疗机构登记、校验的县级以上地方卫生行政部门组织实施。

卫生部可根据需要，对发生重大影响的医疗质量安全事件的医疗机构负责人进行告诫谈话。

第四条 告诫谈话应当一事一告诫。

告诫谈话以个别进行为主，对普遍性问题也可采取会议告诫谈话或集体告诫谈话。

第五条 出现下列情形之一的，卫生行政部门应当在 30 个工作日内组织告诫谈话：

（一）医疗机构发生重大、特大医疗质量安全事件的；

（二）发现医疗机构存在严重医疗质量安全隐患的。

第六条 组织告诫谈话应当经卫生行政部门主要负责人批准。

第七条 谈话对象接到告诫谈话通知后，应当按照规定和要求接受告诫谈话，不得借故拖延；接受告诫谈话时，应当如实陈述事件经过及调查处理情况，不得捏造或隐瞒事实真相。

第八条 卫生行政部门应当按照以下要求开展告诫谈话工作：

（一）组织相关专家进行必要的调查核实及讨论分析，对医疗质量安全事件进行归因分析，提出医疗质量安全管理改进建议，做好告诫谈话计划安排；

（二）提前5个工作日将告诫谈话时间、地点及拟告诫谈话的主要内容通知谈话对象，并要求谈话对象准备书面说明材料；

（三）卫生行政部门告诫谈话人员（以下简称谈话人）不得少于2人，其中1人为卫生行政部门主要负责人或分管负责人；

（四）参与告诫谈话的工作人员应当认真填写《医疗质量安全告诫谈话登记表》（附件），做好谈话记录，并由谈话对象签字。谈话资料应存档保管。

第九条 告诫谈话按照以下程序进行：

（一）介绍参加告诫谈话的工作人员；

（二）向谈话对象说明谈话原因，指出相关医疗机构存在的主要问题及其严重性和危害性；

（三）听取谈话对象对有关问题的解释说明、已经采取的整改措施及其效果；

（四）对进一步加强医疗质量安全管理提出具体要求，明确整改期限。整改期限一般不超过3个月；

（五）现场填写《医疗质量安全告诫谈话登记表》并签字。

第十条 告诫谈话结束后，谈话对象应当立即组织落实整改意见，并在整改期限届满后5个工作日内向负责谈话的卫生行政部门提交书面整改报告，卫生行政部门应当对整改措施的落实情况及其效果进行监督检查。

第十一条 县级以上卫生行政部门应当在本辖区卫生系统内通报告诫谈话的对象和主要内容，并在告诫谈话结束后10个工作日内报上一级卫生行政部门。

省级卫生行政部门每半年应当将辖区内告诫谈话工作开展情况上报卫生部。

第十二条 谈话对象无故不参加告诫谈话的，卫生行政部门应当予以通报批评，且3年内不得受理其医疗机构等级评审和各项评优申请。

第十三条 医疗机构经告诫谈话后未及时进行整改或整改措施不到位的，负责告诫谈话的卫生行政部门应当予以批评教育并督促改正。

第十四条 负责告诫谈话的卫生行政部门未按照本办法及时进行的，上级卫生行政部门应当责令其限期改正；造成严重后果的，应当依法追究相关人员的责任。

第十五条 本办法自发布之日起实行。

附件：医疗质量安全告诫谈话登记表（略）

8. 医疗废物处理

医疗废物管理条例

1. 2003年6月16日国务院令第380号公布

2. 根据2011年1月8日国务院令第588号《关于废止和修改部分行政法规的决定》修订

第一章 总 则

第一条 为了加强医疗废物的安全管

理，防止疾病传播，保护环境，保障人体健康，根据《中华人民共和国传染病防治法》和《中华人民共和国固体废物污染环境防治法》，制定本条例。

第二条 本条例所称医疗废物，是指医疗卫生机构在医疗、预防、保健以及其他相关活动中产生的具有直接或者间接感染性、毒性以及其他危害性的废物。

医疗废物分类目录，由国务院卫生行政主管部门和环境保护行政主管部门共同制定、公布。

第三条 本条例适用于医疗废物的收集、运送、贮存、处置以及监督管理等活动。

医疗卫生机构收治的传染病病人或者疑似传染病病人产生的生活垃圾，按照医疗废物进行管理和处置。

医疗卫生机构废弃的麻醉、精神、放射性、毒性等药品及其相关的废物的管理，依照有关法律、行政法规和国家有关规定、标准执行。

第四条 国家推行医疗废物集中无害化处置，鼓励有关医疗废物安全处置技术的研究与开发。

县级以上地方人民政府负责组织建设医疗废物集中处置设施。

国家对边远贫困地区建设医疗废物集中处置设施给予适当的支持。

第五条 县级以上各级人民政府卫生行政主管部门，对医疗废物收集、运送、贮存、处置活动中的疾病防治工作实施统一监督管理；环境保护行政主管部门，对医疗废物收集、运送、贮存、处置活动中的环境污染防治工作实施统一监督管理。

县级以上各级人民政府其他有关部门在各自的职责范围内负责与医疗废物处置有关的监督管理工作。

第六条 任何单位和个人有权对医疗卫生机构、医疗废物集中处置单位和监督管理部门及其工作人员的违法行为进行举报、投诉、检举和控告。

第二章　医疗废物管理的一般规定

第七条 医疗卫生机构和医疗废物集中处置单位，应当建立、健全医疗废物管理责任制，其法定代表人为第一责任人，切实履行职责，防止因医疗废物导致传染病传播和环境污染事故。

第八条 医疗卫生机构和医疗废物集中处置单位，应当制定与医疗废物安全处置有关的规章制度和在发生意外事故时的应急方案；设置监控部门或者专（兼）职人员，负责检查、督促、落实本单位医疗废物的管理工作，防止违反本条例的行为发生。

第九条 医疗卫生机构和医疗废物集中处置单位，应当对本单位从事医疗废物收集、运送、贮存、处置等工作的人员和管理人员，进行相关法律和专业技术、安全防护以及紧急处理等知识的培训。

第十条 医疗卫生机构和医疗废物集中处置单位，应当采取有效的职业卫生防护措施，为从事医疗废物收集、运送、贮存、处置等工作的人员和管理人员，配备必要的防护用品，定期进行健康检查；必要时，对有关人员进行免疫接种，防止其受到健康损害。

第十一条 医疗卫生机构和医疗废物集

中处置单位，应当依照《中华人民共和国固体废物污染环境防治法》的规定，执行危险废物转移联单管理制度。

第十二条 医疗卫生机构和医疗废物集中处置单位，应当对医疗废物进行登记，登记内容应当包括医疗废物的来源、种类、重量或者数量、交接时间、处置方法、最终去向以及经办人签名等项目。登记资料至少保存3年。

第十三条 医疗卫生机构和医疗废物集中处置单位，应当采取有效措施，防止医疗废物流失、泄漏、扩散。

发生医疗废物流失、泄漏、扩散时，医疗卫生机构和医疗废物集中处置单位应当采取减少危害的紧急处理措施，对致病人员提供医疗救护和现场救援；同时向所在地的县级人民政府卫生行政主管部门、环境保护行政主管部门报告，并向可能受到危害的单位和居民通报。

第十四条 禁止任何单位和个人转让、买卖医疗废物。

禁止在运送过程中丢弃医疗废物；禁止在非贮存地点倾倒、堆放医疗废物或者将医疗废物混入其他废物和生活垃圾。

第十五条 禁止邮寄医疗废物。

禁止通过铁路、航空运输医疗废物。

有陆路通道的，禁止通过水路运输医疗废物；没有陆路通道必需经水路运输医疗废物的，应当经设区的市级以上人民政府环境保护行政主管部门批准，并采取严格的环境保护措施后，方可通过水路运输。

禁止将医疗废物与旅客在同一运输工具上载运。

禁止在饮用水源保护区的水体上运输医疗废物。

第三章 医疗卫生机构对医疗废物的管理

第十六条 医疗卫生机构应当及时收集本单位产生的医疗废物，并按照类别分置于防渗漏、防锐器穿透的专用包装物或者密闭的容器内。

医疗废物专用包装物、容器，应当有明显的警示标识和警示说明。

医疗废物专用包装物、容器的标准和警示标识的规定，由国务院卫生行政主管部门和环境保护行政主管部门共同制定。

第十七条 医疗卫生机构应当建立医疗废物的暂时贮存设施、设备，不得露天存放医疗废物；医疗废物暂时贮存的时间不得超过2天。

医疗废物的暂时贮存设施、设备，应当远离医疗区、食品加工区和人员活动区以及生活垃圾存放场所，并设置明显的警示标识和防渗漏、防鼠、防蚊蝇、防蟑螂、防盗以及预防儿童接触等安全措施。

医疗废物的暂时贮存设施、设备应当定期消毒和清洁。

第十八条 医疗卫生机构应当使用防渗漏、防遗撒的专用运送工具，按照本单位确定的内部医疗废物运送时间、路线，将医疗废物收集、运送至暂时贮存地点。

运送工具使用后应当在医疗卫生机构内指定的地点及时消毒和清洁。

第十九条 医疗卫生机构应当根据就近

集中处置的原则，及时将医疗废物交由医疗废物集中处置单位处置。

医疗废物中病原体的培养基、标本和菌种、毒种保存液等高危险废物，在交医疗废物集中处置单位处置前应当就地消毒。

第二十条　医疗卫生机构产生的污水、传染病病人或者疑似传染病病人的排泄物，应当按照国家规定严格消毒；达到国家规定的排放标准后，方可排入污水处理系统。

第二十一条　不具备集中处置医疗废物条件的农村，医疗卫生机构应当按照县级人民政府卫生行政主管部门、环境保护行政主管部门的要求，自行就地处置其产生的医疗废物。自行处置医疗废物的，应当符合下列基本要求：

（一）使用后的一次性医疗器具和容易致人损伤的医疗废物，应当消毒并作毁形处理；

（二）能够焚烧的，应当及时焚烧；

（三）不能焚烧的，消毒后集中填埋。

第四章　医疗废物的集中处置

第二十二条　从事医疗废物集中处置活动的单位，应当向县级以上人民政府环境保护行政主管部门申请领取经营许可证；未取得经营许可证的单位，不得从事有关医疗废物集中处置的活动。

第二十三条　医疗废物集中处置单位，应当符合下列条件：

（一）具有符合环境保护和卫生要求的医疗废物贮存、处置设施或者设备；

（二）具有经过培训的技术人员以及相应的技术工人；

（三）具有负责医疗废物处置效果检测、评价工作的机构和人员；

（四）具有保证医疗废物安全处置的规章制度。

第二十四条　医疗废物集中处置单位的贮存、处置设施，应当远离居（村）民居住区、水源保护区和交通干道，与工厂、企业等工作场所有适当的安全防护距离，并符合国务院环境保护行政主管部门的规定。

第二十五条　医疗废物集中处置单位应当至少每2天到医疗卫生机构收集、运送一次医疗废物，并负责医疗废物的贮存、处置。

第二十六条　医疗废物集中处置单位运送医疗废物，应当遵守国家有关危险货物运输管理的规定，使用有明显医疗废物标识的专用车辆。医疗废物专用车辆应当达到防渗漏、防遗撒以及其他环境保护和卫生要求。

运送医疗废物的专用车辆使用后，应当在医疗废物集中处置场所内及时进行消毒和清洁。

运送医疗废物的专用车辆不得运送其他物品。

第二十七条　医疗废物集中处置单位在运送医疗废物过程中应当确保安全，不得丢弃、遗撒医疗废物。

第二十八条　医疗废物集中处置单位应当安装污染物排放在线监控装置，并确保监控装置经常处于正常运行状态。

第二十九条　医疗废物集中处置单位处置医疗废物，应当符合国家规定的环境保护、卫生标准、规范。

第三十条 医疗废物集中处置单位应当按照环境保护行政主管部门和卫生行政主管部门的规定，定期对医疗废物处置设施的环境污染防治和卫生学效果进行检测、评价。检测、评价结果存入医疗废物集中处置单位档案，每半年向所在地环境保护行政主管部门和卫生行政主管部门报告一次。

第三十一条 医疗废物集中处置单位处置医疗废物，按照国家有关规定向医疗卫生机构收取医疗废物处置费用。

医疗卫生机构按照规定支付的医疗废物处置费用，可以纳入医疗成本。

第三十二条 各地区应当利用和改造现有固体废物处置设施和其他设施，对医疗废物集中处置，并达到基本的环境保护和卫生要求。

第三十三条 尚无集中处置设施或者处置能力不足的城市，自本条例施行之日起，设区的市级以上城市应当在1年内建成医疗废物集中处置设施；县级市应当在2年内建成医疗废物集中处置设施。县(旗)医疗废物集中处置设施的建设，由省、自治区、直辖市人民政府规定。

在尚未建成医疗废物集中处置设施期间，有关地方人民政府应当组织制定符合环境保护和卫生要求的医疗废物过渡性处置方案，确定医疗废物收集、运送、处置方式和处置单位。

第五章 监督管理

第三十四条 县级以上地方人民政府卫生行政主管部门、环境保护行政主管部门，应当依照本条例的规定，按照职责分工，对医疗卫生机构和医疗废物集中处置单位进行监督检查。

第三十五条 县级以上地方人民政府卫生行政主管部门，应当对医疗卫生机构和医疗废物集中处置单位从事医疗废物的收集、运送、贮存、处置中的疾病防治工作，以及工作人员的卫生防护等情况进行定期监督检查或者不定期的抽查。

第三十六条 县级以上地方人民政府环境保护行政主管部门，应当对医疗卫生机构和医疗废物集中处置单位从事医疗废物收集、运送、贮存、处置中的环境污染防治工作进行定期监督检查或者不定期的抽查。

第三十七条 卫生行政主管部门、环境保护行政主管部门应当定期交换监督检查和抽查结果。在监督检查或者抽查中发现医疗卫生机构和医疗废物集中处置单位存在隐患时，应当责令立即消除隐患。

第三十八条 卫生行政主管部门、环境保护行政主管部门接到对医疗卫生机构、医疗废物集中处置单位和监督管理部门及其工作人员违反本条例行为的举报、投诉、检举和控告后，应当及时核实，依法作出处理，并将处理结果予以公布。

第三十九条 卫生行政主管部门、环境保护行政主管部门履行监督检查职责时，有权采取下列措施：

（一）对有关单位进行实地检查，了解情况，现场监测，调查取证；

（二）查阅或者复制医疗废物管理的有关资料，采集样品；

（三）责令违反本条例规定的单位

和个人停止违法行为；

（四）查封或者暂扣涉嫌违反本条例规定的场所、设备、运输工具和物品；

（五）对违反本条例规定的行为进行查处。

第四十条 发生因医疗废物管理不当导致传染病传播或者环境污染事故，或者有证据证明传染病传播或者环境污染的事故有可能发生时，卫生行政主管部门、环境保护行政主管部门应当采取临时控制措施，疏散人员，控制现场，并根据需要责令暂停导致或者可能导致传染病传播或者环境污染事故的作业。

第四十一条 医疗卫生机构和医疗废物集中处置单位，对有关部门的检查、监测、调查取证，应当予以配合，不得拒绝和阻碍，不得提供虚假材料。

第六章 法律责任

第四十二条 县级以上地方人民政府未依照本条例的规定，组织建设医疗废物集中处置设施或者组织制定医疗废物过渡性处置方案的，由上级人民政府通报批评，责令限期建成医疗废物集中处置设施或者组织制定医疗废物过渡性处置方案；并可以对政府主要领导人、负有责任的主管人员，依法给予行政处分。

第四十三条 县级以上各级人民政府卫生行政主管部门、环境保护行政主管部门或者其他有关部门，未按照本条例的规定履行监督检查职责，发现医疗卫生机构和医疗废物集中处置单位的违法行为不及时处理，发生或者可能发生传染病传播或者环境污染事故时未及时采取减少危害措施，以及有其他玩忽职守、失职、渎职行为的，由本级人民政府或者上级人民政府有关部门责令改正，通报批评；造成传染病传播或者环境污染事故的，对主要负责人、负有责任的主管人员和其他直接责任人员依法给予降级、撤职、开除的行政处分；构成犯罪的，依法追究刑事责任。

第四十四条 县级以上人民政府环境保护行政主管部门，违反本条例的规定发给医疗废物集中处置单位经营许可证的，由本级人民政府或者上级人民政府环境保护行政主管部门通报批评，责令收回违法发给的证书；并可以对主要负责人、负有责任的主管人员和其他直接责任人员依法给予行政处分。

第四十五条 医疗卫生机构、医疗废物集中处置单位违反本条例规定，有下列情形之一的，由县级以上地方人民政府卫生行政主管部门或者环境保护行政主管部门按照各自的职责责令限期改正，给予警告；逾期不改正的，处2000元以上5000元以下的罚款：

（一）未建立、健全医疗废物管理制度，或者未设置监控部门或者专（兼）职人员的；

（二）未对有关人员进行相关法律和专业技术、安全防护以及紧急处理等知识的培训的；

（三）未对从事医疗废物收集、运送、贮存、处置等工作的人员和管理人员采取职业卫生防护措施的；

（四）未对医疗废物进行登记或者

未保存登记资料的；

（五）对使用后的医疗废物运送工具或者运送车辆未在指定地点及时进行消毒和清洁的；

（六）未及时收集、运送医疗废物的；

（七）未定期对医疗废物处置设施的环境污染防治和卫生学效果进行检测、评价，或者未将检测、评价效果存档、报告的。

第四十六条 医疗卫生机构、医疗废物集中处置单位违反本条例规定，有下列情形之一的，由县级以上地方人民政府卫生行政主管部门或者环境保护行政主管部门按照各自的职责责令限期改正，给予警告，可以并处5000元以下的罚款；逾期不改正的，处5000元以上3万元以下的罚款：

（一）贮存设施或者设备不符合环境保护、卫生要求的；

（二）未将医疗废物按照类别分置于专用包装物或者容器的；

（三）未使用符合标准的专用车辆运送医疗废物或者使用运送医疗废物的车辆运送其他物品的；

（四）未安装污染物排放在线监控装置或者监控装置未经常处于正常运行状态的。

第四十七条 医疗卫生机构、医疗废物集中处置单位有下列情形之一的，由县级以上地方人民政府卫生行政主管部门或者环境保护行政主管部门按照各自的职责责令限期改正，给予警告，并处5000元以上1万元以下的罚款；逾期不改正的，处1万元以上3万元以下的罚款；造成传染病传播或者环境污染事故的，由原发证部门暂扣或者吊销执业许可证件或者经营许可证件；构成犯罪的，依法追究刑事责任：

（一）在运送过程中丢弃医疗废物，在非贮存地点倾倒、堆放医疗废物或者将医疗废物混入其他废物和生活垃圾的；

（二）未执行危险废物转移联单管理制度的；

（三）将医疗废物交给未取得经营许可证的单位或者个人收集、运送、贮存、处置的；

（四）对医疗废物的处置不符合国家规定的环境保护、卫生标准、规范的；

（五）未按照本条例的规定对污水、传染病病人或者疑似传染病病人的排泄物，进行严格消毒，或者未达到国家规定的排放标准，排入污水处理系统的；

（六）对收治的传染病病人或者疑似传染病病人产生的生活垃圾，未按照医疗废物进行管理和处置的。

第四十八条 医疗卫生机构违反本条例规定，将未达到国家规定标准的污水、传染病病人或者疑似传染病病人的排泄物排入城市排水管网的，由县级以上地方人民政府建设行政主管部门责令限期改正，给予警告，并处5000元以上1万元以下的罚款；逾期不改正的，处1万元以上3万元以下的罚款；造成传染病传播或者环境污染事故的，由原发证部门暂扣或者吊销执业许可证件；构成犯罪的，依法追究刑事责任。

第四十九条 医疗卫生机构、医疗废物集中处置单位发生医疗废物流失、泄漏、扩散时，未采取紧急处理措施，或者未及时向卫生行政主管部门和环境保护行政主管部门报告的，由县级以上地方人民政府卫生行政主管部门或者环境保护行政主管部门按照各自的职责责令改正，给予警告，并处1万元以上3万元以下的罚款；造成传染病传播或者环境污染事故的，由原发证部门暂扣或者吊销执业许可证件或者经营许可证件；构成犯罪的，依法追究刑事责任。

第五十条 医疗卫生机构、医疗废物集中处置单位，无正当理由，阻碍卫生行政主管部门或者环境保护行政主管部门执法人员执行职务，拒绝执法人员进入现场，或者不配合执法部门的检查、监测、调查取证的，由县级以上地方人民政府卫生行政主管部门或者环境保护行政主管部门按照各自的职责责令改正，给予警告；拒不改正的，由原发证部门暂扣或者吊销执业许可证件或者经营许可证件；触犯《中华人民共和国治安管理处罚法》，构成违反治安管理行为的，由公安机关依法予以处罚；构成犯罪的，依法追究刑事责任。

第五十一条 不具备集中处置医疗废物条件的农村，医疗卫生机构未按照本条例的要求处置医疗废物的，由县级人民政府卫生行政主管部门或者环境保护行政主管部门按照各自的职责责令限期改正，给予警告；逾期不改正的，处1000元以上5000元以下的罚款；造成传染病传播或者环境污染事故的，由原发证部门暂扣或者吊销执业许可证件；构成犯罪的，依法追究刑事责任。

第五十二条 未取得经营许可证从事医疗废物的收集、运送、贮存、处置等活动的，由县级以上地方人民政府环境保护行政主管部门责令立即停止违法行为，没收违法所得，可以并处违法所得1倍以下的罚款。

第五十三条 转让、买卖医疗废物，邮寄或者通过铁路、航空运输医疗废物，或者违反本条例规定通过水路运输医疗废物的，由县级以上地方人民政府环境保护行政主管部门责令转让、买卖双方、邮寄人、托运人立即停止违法行为，给予警告，没收违法所得；违法所得5000元以上的，并处违法所得2倍以上5倍以下的罚款；没有违法所得或者违法所得不足5000元的，并处5000元以上2万元以下的罚款。

承运人明知托运人违反本条例的规定运输医疗废物，仍予以运输的，或者承运人将医疗废物与旅客在同一工具上载运的，按照前款的规定予以处罚。

第五十四条 医疗卫生机构、医疗废物集中处置单位违反本条例规定，导致传染病传播或者发生环境污染事故，给他人造成损害的，依法承担民事赔偿责任。

第七章　附　　则

第五十五条 计划生育技术服务、医学科研、教学、尸体检查和其他相关活动中产生的具有直接或者间接感染性、毒性以及其他危害性废物的管理，依照本条例执行。

第五十六条 军队医疗卫生机构医疗废物的管理由中国人民解放军卫生主管部门参照本条例制定管理办法。

第五十七条 本条例自公布之日起施行。

医疗废物管理行政处罚办法

1. 2004年5月27日卫生部、国家环境保护总局令第21号公布

2. 根据2010年12月22日环境保护部令第16号《关于废止、修改部分环保部门规章和规范性文件的决定》修正

第一条 根据《中华人民共和国传染病防治法》、《中华人民共和国固体废物污染环境防治法》和《医疗废物管理条例》(以下简称《条例》),县级以上人民政府卫生行政主管部门和环境保护行政主管部门按照各自职责,对违反医疗废物管理规定的行为实施的行政处罚,适用本办法。

第二条 医疗卫生机构有《条例》第四十五条规定的下列情形之一的,由县级以上地方人民政府卫生行政主管部门责令限期改正,给予警告;逾期不改正的,处2000元以上5000元以下的罚款:

(一)未建立、健全医疗废物管理制度,或者未设置监控部门或者专(兼)职人员的;

(二)未对有关人员进行相关法律和专业技术、安全防护以及紧急处理等知识培训的;

(三)未对医疗废物进行登记或者未保存登记资料的;

(四)对使用后的医疗废物运送工具或者运送车辆未在指定地点及时进行消毒和清洁的;

(五)依照《条例》自行建有医疗废物处置设施的医疗卫生机构未定期对医疗废物处置设施的污染防治和卫生学效果进行检测、评价,或者未将检测、评价效果存档、报告的。

第三条 医疗废物集中处置单位有《条例》第四十五条规定的下列情形之一的,由县级以上地方人民政府环境保护行政主管部门责令限期改正,给予警告;逾期不改正的,处2000元以上5000元以下的罚款:

(一)未建立、健全医疗废物管理制度,或者未设置监控部门或者专(兼)职人员的;

(二)未对有关人员进行相关法律和专业技术、安全防护以及紧急处理等知识培训的;

(三)未对医疗废物进行登记或者未保存登记资料的;

(四)对使用后的医疗废物运送车辆未在指定地点及时进行消毒和清洁的;

(五)未及时收集、运送医疗废物的;

(六)未定期对医疗废物处置设施的污染防治和卫生学效果进行检测、评价,或者未将检测、评价效果存档、报告的。

第四条 医疗卫生机构、医疗废物集中处置单位有《条例》第四十五条规定的情形,未对从事医疗废物收集、运送、贮存、处置等工作的人员和管理人员采取职业卫生防护措施的,由县级以上地方人民政府卫生行政主管部门责令限期改正,给予警告;逾期不改正的,处2000元以上5000元以下的罚款。

第五条 医疗卫生机构有《条例》第四十六条规定的下列情形之一的,由县级以上地方人民政府卫生行政主管部门责令限期改正,给予警告,可以并处5000元以下的罚款,逾期不改正的,处5000元以上3万元以下的罚款:

(一)贮存设施或者设备不符合环境保护、卫生要求的;

(二)未将医疗废物按照类别分置于专用包装物或者容器的;

(三)未使用符合标准的运送工具运送医疗废物的。

第六条 医疗废物集中处置单位有《条例》第四十六条规定的下列情形之一的,由县级以上地方人民政府环境保护行政主管部门责令限期改正,给予警告,可以并处5000元以下的罚款,逾期不改正的,处5000元以上3万元以下的罚款:

(一)贮存设施或者设备不符合环境保护、卫生要求的;

(二)未将医疗废物按照类别分置于专用包装物或者容器的;

(三)未使用符合标准的专用车辆运送医疗废物的;

(四)未安装污染物排放在线监控装置或者监控装置未经常处于正常运行状态的。

第七条 医疗卫生机构有《条例》第四十七条规定的下列情形之一的,由县级以上地方人民政府卫生行政主管部门责令限期改正,给予警告,并处5000元以上1万元以下的罚款;逾期不改正的,处1万元以上3万元以下的罚款:

(一)在医疗卫生机构内运送过程中丢弃医疗废物,在非贮存地点倾倒、堆放医疗废物或者将医疗废物混入其他废物和生活垃圾的;

(二)未按照《条例》的规定对污水、传染病病人或者疑似传染病病人的排泄物,进行严格消毒的,或者未达到国家规定的排放标准,排入医疗卫生机构内的污水处理系统的;

(三)对收治的传染病病人或者疑似传染病病人产生的生活垃圾,未按照医疗废物进行管理和处置的。

医疗卫生机构在医疗卫生机构外运送过程中丢弃医疗废物,在非贮存地点倾倒、堆放医疗废物或者将医疗废物混入其他废物和生活垃圾的,由县级以上地方人民政府环境保护行政主管部门依照《中华人民共和国固体废物污染环境防治法》第七十五条规定责令停止违法行为,限期改正,处一万元以上十万元以下的罚款。

第八条 医疗废物集中处置单位有《条例》第四十七条规定的情形,在运送过程中丢弃医疗废物,在非贮存地点倾倒、堆放医疗废物或者将医疗废物混入其他废物和生活垃圾的,由县级以上地方人民政府环境保护行政主管部门依照《中华人民共和国固体废物污染环境防治法》第七十五条规定责令停止违法行为,限期改正,处一万元以上十万元以下的罚款。

第九条 医疗废物集中处置单位和依照《条例》自行建有医疗废物处置设施的

医疗卫生机构,有《条例》第四十七条规定的情形,对医疗废物的处置不符合国家规定的环境保护、卫生标准、规范的,由县级以上地方人民政府环境保护行政主管部门责令限期改正,给予警告,并处5000元以上1万元以下的罚款;逾期不改正的,处1万元以上3万元以下的罚款。

第十条 医疗卫生机构、医疗废物集中处置单位有《条例》第四十七条规定的下列情形之一的,由县级以上人民政府环境保护行政主管部门依照《中华人民共和国固体废物污染环境防治法》第七十五条规定责令停止违法行为,限期改正,处二万元以上二十万元以下的罚款:

(一)未执行危险废物转移联单管理制度的;

(二)将医疗废物交给或委托给未取得经营许可证的单位或者个人收集、运送、贮存、处置的。

第十一条 有《条例》第四十九条规定的情形,医疗卫生机构发生医疗废物流失、泄露、扩散时,未采取紧急处理措施,或者未及时向卫生行政主管部门报告的,由县级以上地方人民政府卫生行政主管部门责令改正,给予警告,并处1万元以上3万元以下的罚款。

医疗废物集中处置单位发生医疗废物流失、泄露、扩散时,未采取紧急处理措施,或者未及时向环境保护行政主管部门报告的,由县级以上地方人民政府环境保护行政主管部门责令改正,给予警告,并处1万元以上3万元以下的罚款。

第十二条 有《条例》第五十条规定的情形,医疗卫生机构、医疗废物集中处置单位阻碍卫生行政主管部门执法人员执行职务,拒绝执法人员进入现场,或者不配合执法部门的检查、监测、调查取证的,由县级以上地方人民政府卫生行政主管部门责令改正,给予警告;拒不改正的,由原发证的卫生行政主管部门暂扣或者吊销医疗卫生机构的执业许可证件。

医疗卫生机构、医疗废物集中处置单位阻碍环境保护行政主管部门执法人员执行职务,拒绝执法人员进入现场,或者不配合执法部门的检查、监测、调查取证的,由县级以上地方人民政府环境保护行政主管部门依照《中华人民共和国固体废物污染环境防治法》第七十条规定责令限期改正;拒不改正或者在检查时弄虚作假的,处二千元以上二万元以下的罚款。

第十三条 有《条例》第五十一条规定的情形,不具备集中处置医疗废物条件的农村,医疗卫生机构未按照卫生行政主管部门有关疾病防治的要求处置医疗废物的,由县级人民政府卫生行政主管部门责令限期改正,给予警告;逾期不改正的,处1000元以上5000元以下的罚款;未按照环境保护行政主管部门有关环境污染防治的要求处置医疗废物的,由县级人民政府环境保护行政主管部门责令限期改正,给予警告;逾期不改正的,处1000元以上5000元以下的罚款。

第十四条 有《条例》第五十二条规定的情形,未取得经营许可证从事医疗废物的收集、运送、贮存、处置等活动的,由县级以上人民政府环境保护行政主管部门依照《中华人民共和国固体废物污染环境防治法》第七十七条规定责令停止违法行为，没收违法所得，可以并处违法所得三倍以下的罚款。

第十五条 有《条例》第四十七条、第四十八条、第四十九条、第五十一条规定的情形，医疗卫生机构造成传染病传播的，由县级以上地方人民政府卫生行政主管部门依法处罚，并由原发证的卫生行政主管部门暂扣或者吊销执业许可证件；造成环境污染事故的，由县级以上地方人民政府环境保护行政主管部门依照《中华人民共和国固体废物污染环境防治法》有关规定予以处罚，并由原发证的卫生行政主管部门暂扣或者吊销执业许可证件。

医疗废物集中处置单位造成传染病传播的，由县级以上地方人民政府卫生行政主管部门依法处罚，并由原发证的环境保护行政主管部门暂扣或者吊销经营许可证件；造成环境污染事故的，由县级以上地方人民政府环境保护行政主管部门依照《中华人民共和国固体废物污染环境防治法》有关规定予以处罚，并由原发证的环境保护行政主管部门暂扣或者吊销经营许可证件。

第十六条 有《条例》第五十三条规定的情形，转让、买卖医疗废物，邮寄或者通过铁路、航空运输医疗废物，或者违反《条例》规定通过水路运输医疗废物的，由县级以上地方人民政府环境保护行政主管部门责令转让、买卖双方、邮寄人、托运人立即停止违法行为，给予警告，没收违法所得；违法所得5000元以上的，并处违法所得2倍以上5倍以下的罚款；没有违法所得或者违法所得不足5000元的，并处5000元以上2万元以下的罚款。

承运人明知托运人违反《条例》的规定运输医疗废物，仍予以运输的，按照前款的规定予以处罚；承运人将医疗废物与旅客在同一工具上载运的，由县级以上人民政府环境保护行政主管部门依照《中华人民共和国固体废物污染环境防治法》第七十五条规定责令停止违法行为，限期改正，处一万元以上十万元以下的罚款。

第十七条 本办法自2004年6月1日起施行。

四、疾病防控与卫生健康

1. 传染病防治

中华人民共和国
传染病防治法

1. *1989年2月21日第七届全国人民代表大会常务委员会第六次会议通过*
2. *2004年8月28日第十届全国人民代表大会常务委员会第十一次会议修订*
3. *根据2013年6月29日第十二届全国人民代表大会常务委员会第三次会议《关于修改〈中华人民共和国文物保护法〉等十二部法律的决定》修正*

目　　录

第一章　总　　则

第一条　【立法目的】为了预防、控制和消除传染病的发生与流行，保障人体健康和公共卫生，制定本法。

第二条　【预防方针】国家对传染病防治实行预防为主的方针，防治结合、分类管理、依靠科学、依靠群众。

第三条　【传染病的分类】本法规定的传染病分为甲类、乙类和丙类。

甲类传染病是指：鼠疫、霍乱。

乙类传染病是指：传染性非典型肺炎、艾滋病、病毒性肝炎、脊髓灰质炎、人感染高致病性禽流感、麻疹、流行性出血热、狂犬病、流行性乙型脑炎、登革热、炭疽、细菌性和阿米巴性痢疾、肺结核、伤寒和副伤寒、流行性脑脊髓膜炎、百日咳、白喉、新生儿破伤风、猩红热、布鲁氏菌病、淋病、梅毒、钩端螺旋体病、血吸虫病、疟疾。

丙类传染病是指：流行性感冒、流行性腮腺炎、风疹、急性出血性结膜炎、麻风病、流行性和地方性斑疹伤寒、黑热病、包虫病、丝虫病，除霍乱、细菌性和阿米巴性痢疾、伤寒和副伤寒以外的感染性腹泻病。

国务院卫生行政部门根据传染病暴发、流行情况和危害程度，可以决定增加、减少或者调整乙类、丙类传染病病种并予以公布。

第四条　【采取甲类传染病预防控制措施的乙类传染病】对乙类传染病中传染性非典型肺炎、炭疽中的肺炭疽和人感染高致病性禽流感，采取本法所称甲类传染病的预防、控制措施。其他乙类传染病和突发原因不明的传染病需要采取本法所称甲类传染病的预防、控制措施的,由国务院卫生行政部门及时报经国务院批准后予以公布、实施。

需要解除依照前款规定采取的甲类传染病预防、控制措施的,由国务院卫生行政部门报经国务院批准后予以公布。

省、自治区、直辖市人民政府对本行政区域内常见、多发的其他地方性传染病,可以根据情况决定按照乙类或者丙类传染病管理并予以公布,报国务院卫生行政部门备案。

第五条 【政府职责】各级人民政府领导传染病防治工作。

县级以上人民政府制定传染病防治规划并组织实施,建立健全传染病防治的疾病预防控制、医疗救治和监督管理体系。

第六条 【主管部门】国务院卫生行政部门主管全国传染病防治及其监督管理工作。县级以上地方人民政府卫生行政部门负责本行政区域内的传染病防治及其监督管理工作。

县级以上人民政府其他部门在各自的职责范围内负责传染病防治工作。

军队的传染病防治工作,依照本法和国家有关规定办理,由中国人民解放军卫生主管部门实施监督管理。

第七条 【疾病预防控制机构与医疗机构职责】各级疾病预防控制机构承担传染病监测、预测、流行病学调查、疫情报告以及其他预防、控制工作。

医疗机构承担与医疗救治有关的传染病防治工作和责任区域内的传染病预防工作。城市社区和农村基层医疗机构在疾病预防控制机构的指导下,承担城市社区、农村基层相应的传染病防治工作。

第八条 【国家职责】国家发展现代医学和中医药等传统医学,支持和鼓励开展传染病防治的科学研究,提高传染病防治的科学技术水平。

国家支持和鼓励开展传染病防治的国际合作。

第九条 【单位、个人和基层组织的职责】国家支持和鼓励单位和个人参与传染病防治工作。各级人民政府应当完善有关制度,方便单位和个人参与防治传染病的宣传教育、疫情报告、志愿服务和捐赠活动。

居民委员会、村民委员会应当组织居民、村民参与社区、农村的传染病预防与控制活动。

第十条 【健康教育和培训】国家开展预防传染病的健康教育。新闻媒体应当无偿开展传染病防治和公共卫生教育的公益宣传。

各级各类学校应当对学生进行健康知识和传染病预防知识的教育。

医学院校应当加强预防医学教育和科学研究,对在校学生以及其他与传染病防治相关人员进行预防医学教育和培训,为传染病防治工作提供技术支持。

疾病预防控制机构、医疗机构应当定期对其工作人员进行传染病防治知识、技能的培训。

第十一条 【表彰和抚恤】对在传染病防治工作中做出显著成绩和贡献的单位和个人,给予表彰和奖励。

对因参与传染病防治工作致病、致残、死亡的人员，按照有关规定给予补助、抚恤。

第十二条 【接受预防、控制措施义务】在中华人民共和国领域内的一切单位和个人，必须接受疾病预防控制机构、医疗机构有关传染病的调查、检验、采集样本、隔离治疗等预防、控制措施，如实提供有关情况。疾病预防控制机构、医疗机构不得泄露涉及个人隐私的有关信息、资料。

卫生行政部门以及其他有关部门、疾病预防控制机构和医疗机构因违法实施行政管理或者预防、控制措施，侵犯单位和个人合法权益的，有关单位和个人可以依法申请行政复议或者提起诉讼。

第二章 传染病预防

第十三条 【政府及相关部门的预防负责范围】各级人民政府组织开展群众性卫生活动，进行预防传染病的健康教育，倡导文明健康的生活方式，提高公众对传染病的防治意识和应对能力，加强环境卫生建设，消除鼠害和蚊、蝇等病媒生物的危害。

各级人民政府农业、水利、林业行政部门按照职责分工负责指导和组织消除农田、湖区、河流、牧场、林区的鼠害与血吸虫危害，以及其他传播传染病的动物和病媒生物的危害。

铁路、交通、民用航空行政部门负责组织消除交通工具以及相关场所的鼠害和蚊、蝇等病媒生物的危害。

第十四条 【地方政府的环境治理职责】地方各级人民政府应当有计划地建设和改造公共卫生设施，改善饮用水卫生条件，对污水、污物、粪便进行无害化处置。

第十五条 【预防接种制度】国家实行有计划的预防接种制度。国务院卫生行政部门和省、自治区、直辖市人民政府卫生行政部门，根据传染病预防、控制的需要，制定传染病预防接种规划并组织实施。用于预防接种的疫苗必须符合国家质量标准。

国家对儿童实行预防接种证制度。国家免疫规划项目的预防接种实行免费。医疗机构、疾病预防控制机构与儿童的监护人应当相互配合，保证儿童及时接受预防接种。具体办法由国务院制定。

第十六条 【禁止歧视原则】国家和社会应当关心、帮助传染病病人、病原携带者和疑似传染病病人，使其得到及时救治。任何单位和个人不得歧视传染病病人、病原携带者和疑似传染病病人。

传染病病人、病原携带者和疑似传染病病人，在治愈前或者在排除传染病嫌疑前，不得从事法律、行政法规和国务院卫生行政部门规定禁止从事的易使该传染病扩散的工作。

第十七条 【传染病监测制度】国家建立传染病监测制度。

国务院卫生行政部门制定国家传染病监测规划和方案。省、自治区、直辖市人民政府卫生行政部门根据国家传染病监测规划和方案，制定本行政区域的传染病监测计划和工作方案。

各级疾病预防控制机构对传染病的发生、流行以及影响其发生、流行的因素,进行监测;对国外发生、国内尚未发生的传染病或者国内新发生的传染病,进行监测。

第十八条 【疾病预防控制机构的具体职责】各级疾病预防控制机构在传染病预防控制中履行下列职责:

(一)实施传染病预防控制规划、计划和方案;

(二)收集、分析和报告传染病监测信息,预测传染病的发生、流行趋势;

(三)开展对传染病疫情和突发公共卫生事件的流行病学调查、现场处理及其效果评价;

(四)开展传染病实验室检测、诊断、病原学鉴定;

(五)实施免疫规划,负责预防性生物制品的使用管理;

(六)开展健康教育、咨询,普及传染病防治知识;

(七)指导、培训下级疾病预防控制机构及其工作人员开展传染病监测工作;

(八)开展传染病防治应用性研究和卫生评价,提供技术咨询。

国家、省级疾病预防控制机构负责对传染病发生、流行以及分布进行监测,对重大传染病流行趋势进行预测,提出预防控制对策,参与并指导对暴发的疫情进行调查处理,开展传染病病原学鉴定,建立检测质量控制体系,开展应用性研究和卫生评价。

设区的市和县级疾病预防控制机构负责传染病预防控制规划、方案的落实,组织实施免疫、消毒、控制病媒生物的危害,普及传染病防治知识,负责本地区疫情和突发公共卫生事件监测、报告,开展流行病学调查和常见病原微生物检测。

第十九条 【传染病预警制度】国家建立传染病预警制度。

国务院卫生行政部门和省、自治区、直辖市人民政府根据传染病发生、流行趋势的预测,及时发出传染病预警,根据情况予以公布。

第二十条 【传染病预防、控制预案内容】县级以上地方人民政府应当制定传染病预防、控制预案,报上一级人民政府备案。

传染病预防、控制预案应当包括以下主要内容:

(一)传染病预防控制指挥部的组成和相关部门的职责;

(二)传染病的监测、信息收集、分析、报告、通报制度;

(三)疾病预防控制机构、医疗机构在发生传染病疫情时的任务与职责;

(四)传染病暴发、流行情况的分级以及相应的应急工作方案;

(五)传染病预防、疫点疫区现场控制,应急设施、设备、救治药品和医疗器械以及其他物资和技术的储备与调用。

地方人民政府和疾病预防控制机构接到国务院卫生行政部门或者省、自治区、直辖市人民政府发出的传染病预警后,应当按照传染病预防、控制预案,采取相应的预防、控制措施。

第二十一条 【医疗机构的预防义务】医疗机构必须严格执行国务院卫生行政部门规定的管理制度、操作规范,防止传染病的医源性感染和医院感染。

医疗机构应当确定专门的部门或者人员，承担传染病疫情报告、本单位的传染病预防、控制以及责任区域内的传染病预防工作；承担医疗活动中与医院感染有关的危险因素监测、安全防护、消毒、隔离和医疗废物处置工作。

疾病预防控制机构应当指定专门人员负责对医疗机构内传染病预防工作进行指导、考核，开展流行病学调查。

第二十二条　【对实验单位严格监督管理】疾病预防控制机构、医疗机构的实验室和从事病原微生物实验的单位，应当符合国家规定的条件和技术标准，建立严格的监督管理制度，对传染病病原体样本按照规定的措施实行严格监督管理，严防传染病病原体的实验室感染和病原微生物的扩散。

第二十三条　【对采供血机构、生物制品生产单位的卫生要求】采供血机构、生物制品生产单位必须严格执行国家有关规定，保证血液、血液制品的质量。禁止非法采集血液或者组织他人出卖血液。

疾病预防控制机构、医疗机构使用血液和血液制品，必须遵守国家有关规定，防止因输入血液、使用血液制品引起经血液传播疾病的发生。

第二十四条　【艾滋病防治工作】各级人民政府应当加强艾滋病的防治工作，采取预防、控制措施，防止艾滋病的传播。具体办法由国务院制定。

第二十五条　【对与人畜共患传染病有关的动物传染病的防治】县级以上人民政府农业、林业行政部门以及其他有关部门，依据各自的职责负责与人畜共患传染病有关的动物传染病的防治管理工作。

与人畜共患传染病有关的野生动物、家畜家禽，经检疫合格后，方可出售、运输。

第二十六条　【传染病菌种、毒种库】国家建立传染病菌种、毒种库。

对传染病菌种、毒种和传染病检测样本的采集、保藏、携带、运输和使用实行分类管理，建立健全严格的管理制度。

对可能导致甲类传染病传播的以及国务院卫生行政部门规定的菌种、毒种和传染病检测样本，确需采集、保藏、携带、运输和使用的，须经省级以上人民政府卫生行政部门批准。具体办法由国务院制定。

第二十七条　【强制消毒处理】对被传染病病原体污染的污水、污物、场所和物品，有关单位和个人必须在疾病预防控制机构的指导下或者按照其提出的卫生要求，进行严格消毒处理；拒绝消毒处理的，由当地卫生行政部门或者疾病预防控制机构进行强制消毒处理。

第二十八条　【卫生调查制度】在国家确认的自然疫源地计划兴建水利、交通、旅游、能源等大型建设项目的，应当事先由省级以上疾病预防控制机构对施工环境进行卫生调查。建设单位应当根据疾病预防控制机构的意见，采取必要的传染病预防、控制措施。施工期间，建设单位应当设专人负责工地上的卫生防疫工作。工程竣工后，疾病预防控制机构应当对可能发生的传染病进行监测。

第二十九条 【符合卫生规范的强制规定】用于传染病防治的消毒产品、饮用水供水单位供应的饮用水和涉及饮用水卫生安全的产品，应当符合国家卫生标准和卫生规范。

饮用水供水单位从事生产或者供应活动，应当依法取得卫生许可证。

生产用于传染病防治的消毒产品的单位和生产用于传染病防治的消毒产品，应当经省级以上人民政府卫生行政部门审批。具体办法由国务院制定。

第三章 疫情报告、通报和公布

第三十条 【传染病疫情报告制度】疾病预防控制机构、医疗机构和采供血机构及其执行职务的人员发现本法规定的传染病疫情或者发现其他传染病暴发、流行以及突发原因不明的传染病时，应当遵循疫情报告属地管理原则，按照国务院规定的或者国务院卫生行政部门规定的内容、程序、方式和时限报告。

军队医疗机构向社会公众提供医疗服务，发现前款规定的传染病疫情时，应当按照国务院卫生行政部门的规定报告。

第三十一条 【单位和个人的报告义务】任何单位和个人发现传染病病人或者疑似传染病病人时，应当及时向附近的疾病预防控制机构或者医疗机构报告。

第三十二条 【港口、机场、铁路疾病预防控制机构和国境卫生检疫机关的报告义务】港口、机场、铁路疾病预防控制机构以及国境卫生检疫机关发现甲类传染病病人、病原携带者、疑似传染病病人时，应当按照国家有关规定立即向国境口岸所在地的疾病预防控制机构或者所在地县级以上地方人民政府卫生行政部门报告并互相通报。

第三十三条 【报告主体和对象】疾病预防控制机构应当主动收集、分析、调查、核实传染病疫情信息。接到甲类、乙类传染病疫情报告或者发现传染病暴发、流行时，应当立即报告当地卫生行政部门，由当地卫生行政部门立即报告当地人民政府，同时报告上级卫生行政部门和国务院卫生行政部门。

疾病预防控制机构应当设立或者指定专门的部门、人员负责传染病疫情信息管理工作，及时对疫情报告进行核实、分析。

第三十四条 【通报与告知】县级以上地方人民政府卫生行政部门应当及时向本行政区域内的疾病预防控制机构和医疗机构通报传染病疫情以及监测、预警的相关信息。接到通报的疾病预防控制机构和医疗机构应当及时告知本单位的有关人员。

第三十五条 【通报制度】国务院卫生行政部门应当及时向国务院其他有关部门和各省、自治区、直辖市人民政府卫生行政部门通报全国传染病疫情以及监测、预警的相关信息。

毗邻的以及相关的地方人民政府卫生行政部门，应当及时互相通报本行政区域的传染病疫情以及监测、预警的相关信息。

县级以上人民政府有关部门发现传染病疫情时，应当及时向同级人民政府卫生行政部门通报。

中国人民解放军卫生主管部门发现传染病疫情时，应当向国务院卫生行政部门通报。

第三十六条 【人畜共患传染病疫情的报通】动物防疫机构和疾病预防控制机构，应当及时互相通报动物间和人间发生的人畜共患传染病疫情以及相关信息。

第三十七条 【不得隐瞒、谎报、缓报疫情】依照本法的规定负有传染病疫情报告职责的人民政府有关部门、疾病预防控制机构、医疗机构、采供血机构及其工作人员，不得隐瞒、谎报、缓报传染病疫情。

第三十八条 【传染病疫情信息公布制度】国家建立传染病疫情信息公布制度。

国务院卫生行政部门定期公布全国传染病疫情信息。省、自治区、直辖市人民政府卫生行政部门定期公布本行政区域的传染病疫情信息。

传染病暴发、流行时，国务院卫生行政部门负责向社会公布传染病疫情信息，并可以授权省、自治区、直辖市人民政府卫生行政部门向社会公布本行政区域的传染病疫情信息。

公布传染病疫情信息应当及时、准确。

第四章 疫情控制

第三十九条 【医疗机构应采取的控制措施】医疗机构发现甲类传染病时，应当及时采取下列措施：

（一）对病人、病原携带者，予以隔离治疗，隔离期限根据医学检查结果确定；

（二）对疑似病人，确诊前在指定场所单独隔离治疗；

（三）对医疗机构内的病人、病原携带者、疑似病人的密切接触者，在指定场所进行医学观察和采取其他必要的预防措施。

拒绝隔离治疗或者隔离期未满擅自脱离隔离治疗的，可以由公安机关协助医疗机构采取强制隔离治疗措施。

医疗机构发现乙类或者丙类传染病病人，应当根据病情采取必要的治疗和控制传播措施。

医疗机构对本单位内被传染病病原体污染的场所、物品以及医疗废物，必须依照法律、法规的规定实施消毒和无害化处置。

第四十条 【疾病预防控制机构应采取的措施】疾病预防控制机构发现传染病疫情或者接到传染病疫情报告时，应当及时采取下列措施：

（一）对传染病疫情进行流行病学调查，根据调查情况提出划定疫点、疫区的建议，对被污染的场所进行卫生处理，对密切接触者，在指定场所进行医学观察和采取其他必要的预防措施，并向卫生行政部门提出疫情控制方案；

（二）传染病暴发、流行时，对疫点、疫区进行卫生处理，向卫生行政部门提出疫情控制方案，并按照卫生行政部门的要求采取措施；

（三）指导下级疾病预防控制机构

实施传染病预防、控制措施，组织、指导有关单位对传染病疫情的处理。

第四十一条　【隔离措施】对已经发生甲类传染病病例的场所或者该场所内的特定区域的人员，所在地的县级以上地方人民政府可以实施隔离措施，并同时向上一级人民政府报告；接到报告的上级人民政府应当即时作出是否批准的决定。上级人民政府作出不予批准决定的，实施隔离措施的人民政府应当立即解除隔离措施。

在隔离期间，实施隔离措施的人民政府应当对被隔离人员提供生活保障；被隔离人员有工作单位的，所在单位不得停止支付其隔离期间的工作报酬。

隔离措施的解除，由原决定机关决定并宣布。

第四十二条　【政府的控制措施】传染病暴发、流行时，县级以上地方人民政府应当立即组织力量，按照预防、控制预案进行防治，切断传染病的传播途径，必要时，报经上一级人民政府决定，可以采取下列紧急措施并予以公告：

（一）限制或者停止集市、影剧院演出或者其他人群聚集的活动；

（二）停工、停业、停课；

（三）封闭或者封存被传染病病原体污染的公共饮用水源、食品以及相关物品；

（四）控制或者扑杀染疫野生动物、家畜家禽；

（五）封闭可能造成传染病扩散的场所。

上级人民政府接到下级人民政府关于采取前款所列紧急措施的报告时，应当即时作出决定。

紧急措施的解除，由原决定机关决定并宣布。

第四十三条　【疫区紧急措施】甲类、乙类传染病暴发、流行时，县级以上地方人民政府报经上一级人民政府决定，可以宣布本行政区域部分或者全部为疫区；国务院可以决定并宣布跨省、自治区、直辖市的疫区。县级以上地方人民政府可以在疫区内采取本法第四十二条规定的紧急措施，并可以对出入疫区的人员、物资和交通工具实施卫生检疫。

省、自治区、直辖市人民政府可以决定对本行政区域内的甲类传染病疫区实施封锁；但是，封锁大、中城市的疫区或者封锁跨省、自治区、直辖市的疫区，以及封锁疫区导致中断干线交通或者封锁国境的，由国务院决定。

疫区封锁的解除，由原决定机关决定并宣布。

第四十四条　【交通卫生检疫】发生甲类传染病时，为了防止该传染病通过交通工具及其乘运的人员、物资传播，可以实施交通卫生检疫。具体办法由国务院制定。

第四十五条　【调集和征用物资】传染病暴发、流行时，根据传染病疫情控制的需要，国务院有权在全国范围或者跨省、自治区、直辖市范围内，县级以上地方人民政府有权在本行政区域内紧急调集人员或者调用储备物资，临时征用房屋、交通工具以及相关设施、设备。

紧急调集人员的，应当按照规定给予合理报酬。临时征用房屋、交通工具以及相关设施、设备的，应当依法给予补偿；能返还的，应当及时返还。

第四十六条　【对尸体的卫生处理和检查】患甲类传染病、炭疽死亡的，应当将尸体立即进行卫生处理，就近火化。患其他传染病死亡的，必要时，应当将尸体进行卫生处理后火化或者按照规定深埋。

为了查找传染病病因，医疗机构在必要时可以按照国务院卫生行政部门的规定，对传染病病人尸体或者疑似传染病病人尸体进行解剖查验，并应当告知死者家属。

第四十七条　【疫区中物品消毒】疫区中被传染病病原体污染或者可能被传染病病原体污染的物品，经消毒可以使用的，应当在当地疾病预防控制机构的指导下，进行消毒处理后，方可使用、出售和运输。

第四十八条　【专业技术机构的调查检验】发生传染病疫情时，疾病预防控制机构和省级以上人民政府卫生行政部门指派的其他与传染病有关的专业技术机构，可以进入传染病疫点、疫区进行调查、采集样本、技术分析和检验。

第四十九条　【药品、医疗器械优先供应】传染病暴发、流行时，药品和医疗器械生产、供应单位应当及时生产、供应防治传染病的药品和医疗器械。铁路、交通、民用航空经营单位必须优先运送处理传染病疫情的人员以及防治传染病的药品和医疗器械。县级以上人民政府有关部门应当做好组织协调工作。

第五章　医疗救治

第五十条　【传染病救治服务网络的完善】县级以上人民政府应当加强和完善传染病医疗救治服务网络的建设，指定具备传染病救治条件和能力的医疗机构承担传染病救治任务，或者根据传染病救治需要设置传染病医院。

第五十一条　【对医疗机构的要求】医疗机构的基本标准、建筑设计和服务流程，应当符合预防传染病医院感染的要求。

医疗机构应当按照规定对使用的医疗器械进行消毒；对按照规定一次使用的医疗器具，应当在使用后予以销毁。

医疗机构应当按照国务院卫生行政部门规定的传染病诊断标准和治疗要求，采取相应措施，提高传染病医疗救治能力。

第五十二条　【医疗机构的义务】医疗机构应当对传染病病人或者疑似传染病病人提供医疗救护、现场救援和接诊治疗，书写病历记录以及其他有关资料，并妥善保管。

医疗机构应当实行传染病预检、分诊制度；对传染病病人、疑似传染病病人，应当引导至相对隔离的分诊点进行初诊。医疗机构不具备相应救治能力的，应当将患者及其病历记录复印件一并转至具备相应救治能力的医疗机构。具体办法由国务院卫生行政部门规定。

第六章　监督管理

第五十三条　【卫生行政部门的监督检查职责】县级以上人民政府卫生行政

部门对传染病防治工作履行下列监督检查职责：

（一）对下级人民政府卫生行政部门履行本法规定的传染病防治职责进行监督检查；

（二）对疾病预防控制机构、医疗机构的传染病防治工作进行监督检查；

（三）对采供血机构的采供血活动进行监督检查；

（四）对用于传染病防治的消毒产品及其生产单位进行监督检查，并对饮用水供水单位从事生产或者供应活动以及涉及饮用水卫生安全的产品进行监督检查；

（五）对传染病菌种、毒种和传染病检测样本的采集、保藏、携带、运输、使用进行监督检查；

（六）对公共场所和有关单位的卫生条件和传染病预防、控制措施进行监督检查。

省级以上人民政府卫生行政部门负责组织对传染病防治重大事项的处理。

第五十四条 【调查取证、查阅复制资料权】县级以上人民政府卫生行政部门在履行监督检查职责时，有权进入被检查单位和传染病疫情发生现场调查取证，查阅或者复制有关的资料和采集样本。被检查单位应当予以配合，不得拒绝、阻挠。

第五十五条 【临时控制和消毒措施】县级以上地方人民政府卫生行政部门在履行监督检查职责时，发现被传染病病原体污染的公共饮用水源、食品以及相关物品，如不及时采取控制措施可能导致传染病传播、流行的，可以采取封闭公共饮用水源、封存食品以及相关物品或者暂停销售的临时控制措施，并予以检验或者进行消毒。经检验，属于被污染的食品，应当予以销毁；对未被污染的食品或者经消毒后可以使用的物品，应当解除控制措施。

第五十六条 【卫生执法要求】卫生行政部门工作人员依法执行职务时，应当不少于两人，并出示执法证件，填写卫生执法文书。

卫生执法文书经核对无误后，应当由卫生执法人员和当事人签名。当事人拒绝签名的，卫生执法人员应当注明情况。

第五十七条 【内部监督制度】卫生行政部门应当依法建立健全内部监督制度，对其工作人员依据法定职权和程序履行职责的情况进行监督。

上级卫生行政部门发现下级卫生行政部门不及时处理职责范围内的事项或者不履行职责的，应当责令纠正或者直接予以处理。

第五十八条 【社会监督】卫生行政部门及其工作人员履行职责，应当自觉接受社会和公民的监督。单位和个人有权向上级人民政府及其卫生行政部门举报违反本法的行为。接到举报的有关人民政府或者其卫生行政部门，应当及时调查处理。

第七章 保障措施

第五十九条 【纳入发展计划的要求】国家将传染病防治工作纳入国民经济和社会发展计划，县级以上地方人民政府将传染病防治工作纳入本行政区域的国民经济和社会发展计划。

第六十条　【财政保障】县级以上地方人民政府按照本级政府职责负责本行政区域内传染病预防、控制、监督工作的日常经费。

国务院卫生行政部门会同国务院有关部门，根据传染病流行趋势，确定全国传染病预防、控制、救治、监测、预测、预警、监督检查等项目。中央财政对困难地区实施重大传染病防治项目给予补助。

省、自治区、直辖市人民政府根据本行政区域内传染病流行趋势，在国务院卫生行政部门确定的项目范围内，确定传染病预防、控制、监督等项目，并保障项目的实施经费。

第六十一条　【对特定地区和基层地区的经费保障】国家加强基层传染病防治体系建设，扶持贫困地区和少数民族地区的传染病防治工作。

地方各级人民政府应当保障城市社区、农村基层传染病预防工作的经费。

第六十二条　【对困难人群的医疗救助】国家对患有特定传染病的困难人群实行医疗救助，减免医疗费用。具体办法由国务院卫生行政部门会同国务院财政部门等部门制定。

第六十三条　【物资的储备和调用】县级以上人民政府负责储备防治传染病的药品、医疗器械和其他物资，以备调用。

第六十四条　【对从事传染病防护工作人员的保护和照顾】对从事传染病预防、医疗、科研、教学、现场处理疫情的人员，以及在生产、工作中接触传染病病原体的其他人员，有关单位应当按照国家规定，采取有效的卫生防护措施和医疗保健措施，并给予适当的津贴。

第八章　法律责任

第六十五条　【政府隐瞒、谎报、缓报的责任】地方各级人民政府未依照本法的规定履行报告职责，或者隐瞒、谎报、缓报传染病疫情，或者在传染病暴发、流行时，未及时组织救治、采取控制措施的，由上级人民政府责令改正，通报批评；造成传染病传播、流行或者其他严重后果的，对负有责任的主管人员，依法给予行政处分；构成犯罪的，依法追究刑事责任。

第六十六条　【卫生行政部门的违法责任】县级以上人民政府卫生行政部门违反本法规定，有下列情形之一的，由本级人民政府、上级人民政府卫生行政部门责令改正，通报批评；造成传染病传播、流行或者其他严重后果的，对负有责任的主管人员和其他直接责任人员，依法给予行政处分；构成犯罪的，依法追究刑事责任：

（一）未依法履行传染病疫情通报、报告或者公布职责，或者隐瞒、谎报、缓报传染病疫情的；

（二）发生或者可能发生传染病传播时未及时采取预防、控制措施的；

（三）未依法履行监督检查职责，或者发现违法行为不及时查处的；

（四）未及时调查、处理单位和个人对下级卫生行政部门不履行传染病防治职责的举报的；

（五）违反本法的其他失职、渎职

行为。

第六十七条 【传染病防治和保障失职的责任】县级以上人民政府有关部门未依照本法的规定履行传染病防治和保障职责的，由本级人民政府或者上级人民政府有关部门责令改正，通报批评；造成传染病传播、流行或者其他严重后果的，对负有责任的主管人员和其他直接责任人员，依法给予行政处分；构成犯罪的，依法追究刑事责任。

第六十八条 【疾病预防控制机构的违法责任】疾病预防控制机构违反本法规定，有下列情形之一的，由县级以上人民政府卫生行政部门责令限期改正，通报批评，给予警告；对负有责任的主管人员和其他直接责任人员，依法给予降级、撤职、开除的处分，并可以依法吊销有关责任人员的执业证书；构成犯罪的，依法追究刑事责任：

（一）未依法履行传染病监测职责的；

（二）未依法履行传染病疫情报告、通报职责，或者隐瞒、谎报、缓报传染病疫情的；

（三）未主动收集传染病疫情信息，或者对传染病疫情信息和疫情报告未及时进行分析、调查、核实的；

（四）发现传染病疫情时，未依据职责及时采取本法规定的措施的；

（五）故意泄露传染病病人、病原携带者、疑似传染病病人、密切接触者涉及个人隐私的有关信息、资料的。

第六十九条 【医疗机构的违法责任】医疗机构违反本法规定，有下列情形之一的，由县级以上人民政府卫生行政部门责令改正，通报批评，给予警告；造成传染病传播、流行或者其他严重后果的，对负有责任的主管人员和其他直接责任人员，依法给予降级、撤职、开除的处分，并可以依法吊销有关责任人员的执业证书；构成犯罪的，依法追究刑事责任：

（一）未按照规定承担本单位的传染病预防、控制工作、医院感染控制任务和责任区域内的传染病预防工作的；

（二）未按照规定报告传染病疫情，或者隐瞒、谎报、缓报传染病疫情的；

（三）发现传染病疫情时，未按照规定对传染病病人、疑似传染病病人提供医疗救护、现场救援、接诊、转诊的，或者拒绝接受转诊的；

（四）未按照规定对本单位内被传染病病原体污染的场所、物品以及医疗废物实施消毒或者无害化处置的；

（五）未按照规定对医疗器械进行消毒，或者对按照规定一次使用的医疗器具未予销毁，再次使用的；

（六）在医疗救治过程中未按照规定保管医学记录资料的；

（七）故意泄露传染病病人、病原携带者、疑似传染病病人、密切接触者涉及个人隐私的有关信息、资料的。

第七十条 【采供血机构的违法责任和非法采集血液、组织卖血的责任】采供血机构未按照规定报告传染病疫情，或者隐瞒、谎报、缓报传染病疫情，或者未执行国家有关规定，导致因输入血液引起经血液传播疾病发生的，由县级以上人民政府卫生行政部门责令改正，通报批评，给予警告；造成传染病传播、流行或者其他严重后果的，对负有责任的主管人员和其他直接责任人员，依法给予降级、撤职、开除的处分，并可以依法吊销采供血机构的执业许可证；构成犯罪的，依法追究刑事责任。

非法采集血液或者组织他人出卖血液的，由县级以上人民政府卫生行政部门予以取缔，没收违法所得，可以并处十万元以下的罚款；构成犯罪的，依法追究刑事责任。

第七十一条　【国境卫生检疫机关、动物防疫机构的失职责任】国境卫生检疫机关、动物防疫机构未依法履行传染病疫情通报职责的，由有关部门在各自职责范围内责令改正，通报批评；造成传染病传播、流行或者其他严重后果的，对负有责任的主管人员和其他直接责任人员，依法给予降级、撤职、开除的处分；构成犯罪的，依法追究刑事责任。

第七十二条　【铁路、交通、民用航空经营单位的违法责任】铁路、交通、民用航空经营单位未依照本法的规定优先运送处理传染病疫情的人员以及防治传染病的药品和医疗器械的，由有关部门责令限期改正，给予警告；造成严重后果的，对负有责任的主管人员和其他直接责任人员，依法给予降级、撤职、开除的处分。

第七十三条　【对导致或者可能导致传染病传播、流行行为的处罚】违反本法规定，有下列情形之一，导致或者可能导致传染病传播、流行的，由县级以上人民政府卫生行政部门责令限期改正，没收违法所得，可以并处五万元以下的罚款；已取得许可证的，原发证部门可以依法暂扣或者吊销许可证；构成犯罪的，依法追究刑事责任：

（一）饮用水供水单位供应的饮用水不符合国家卫生标准和卫生规范的；

（二）涉及饮用水卫生安全的产品不符合国家卫生标准和卫生规范的；

（三）用于传染病防治的消毒产品不符合国家卫生标准和卫生规范的；

（四）出售、运输疫区中被传染病病原体污染或者可能被传染病病原体污染的物品，未进行消毒处理的；

（五）生物制品生产单位生产的血液制品不符合国家质量标准的。

第七十四条　【疾病预防控制机构、医疗机构和从事病原微生物实验单位的违法责任】违反本法规定，有下列情形之一的，由县级以上地方人民政府卫生行政部门责令改正，通报批评，给予警告，已取得许可证的，可以依法暂扣或者吊销许可证；造成传染病传播、流行以及其他严重后果的，对负有责任的主管人员和其他直接责任人员，依法给予降级、撤职、开除的处分，并可以依法吊销有关责任人员的执业证书；构成犯罪的，依法追究刑事责任：

（一）疾病预防控制机构、医疗机构和从事病原微生物实验的单位，不符合国家规定的条件和技术标准，对传染病病原体样本未按照规定进行严格管理，造成实验室感染和病原微生物扩散的；

（二）违反国家有关规定，采集、保藏、携带、运输和使用传染病菌种、毒种和传染病检测样本的；

（三）疾病预防控制机构、医疗机构未执行国家有关规定，导致因输入血液、使用血液制品引起经血液传播疾病发生的。

第七十五条 【违法出售动物的处罚】未经检疫出售、运输与人畜共患传染病有关的野生动物、家畜家禽的，由县级以上地方人民政府畜牧兽医行政部门责令停止违法行为，并依法给予行政处罚。

第七十六条 【对未经卫生调查进行施工的处罚】在国家确认的自然疫源地兴建水利、交通、旅游、能源等大型建设项目，未经卫生调查进行施工的，或者未按照疾病预防控制机构的意见采取必要的传染病预防、控制措施的，由县级以上人民政府卫生行政部门责令限期改正，给予警告，处五千元以上三万元以下的罚款；逾期不改正的，处三万元以上十万元以下的罚款，并可以提请有关人民政府依据职责权限，责令停建、关闭。

第七十七条 【相关的民事责任】单位和个人违反本法规定，导致传染病传播、流行，给他人人身、财产造成损害的，应当依法承担民事责任。

第九章 附 则

第七十八条 【术语定义】本法中下列用语的含义：

（一）传染病病人、疑似传染病病人：指根据国务院卫生行政部门发布的《中华人民共和国传染病防治法规定管理的传染病诊断标准》，符合传染病病人和疑似传染病病人诊断标准的人。

（二）病原携带者：指感染病原体无临床症状但能排出病原体的人。

（三）流行病学调查：指对人群中疾病或者健康状况的分布及其决定因素进行调查研究，提出疾病预防控制措施及保健对策。

（四）疫点：指病原体从传染源向周围播散的范围较小或者单个疫源地。

（五）疫区：指传染病在人群中暴发、流行，其病原体向周围播散时所能波及的地区。

（六）人畜共患传染病：指人与脊椎动物共同罹患的传染病，如鼠疫、狂犬病、血吸虫病等。

（七）自然疫源地：指某些可引起人类传染病的病原体在自然界的野生动物中长期存在和循环的地区。

（八）病媒生物：指能够将病原体从人或者其他动物传播给人的生物，如蚊、蝇、蚤类等。

（九）医源性感染：指在医学服务中，因病原体传播引起的感染。

（十）医院感染：指住院病人在医院内获得的感染，包括在住院期间发生的感染和在医院内获得出院后发生的感染，但不包括入院前已开始或者入院时已处于潜伏期的感染。医院工作人员在医院内获得的感染也属医院感染。

（十一）实验室感染：指从事实验室工作时，因接触病原体所致的感染。

（十二）菌种、毒种：指可能引起本法规定的传染病发生的细菌菌种、病毒毒种。

（十三）消毒：指用化学、物理、生物的方法杀灭或者消除环境中的病原微生物。

（十四）疾病预防控制机构：指从事疾病预防控制活动的疾病预防控制中心以及与上述机构业务活动相同的单位。

（十五）医疗机构：指按照《医疗机构管理条例》取得医疗机构执业许可证，从事疾病诊断、治疗活动的机构。

第七十九条 **【法律适用】**传染病防治中有关食品、药品、血液、水、医疗废物和病原微生物的管理以及动物防疫和国境卫生检疫，本法未规定的，分别适用其他有关法律、行政法规的规定。

第八十条 **【施行日期】**本法自2004年12月1日起施行。

中华人民共和国传染病防治法实施办法

1. *1991年10月4日国务院批准*
2. *1991年12月6日卫生部令第17号发布施行*

第一章 总 则

第一条 根据《中华人民共和国传染病防治法》（以下简称《传染病防治法》）的规定，制定本办法。

第二条 国家对传染病实行预防为主的方针，各级政府在制定社会经济发展规划时，必须包括传染病防治目标，并组织有关部门共同实施。

第三条 各级政府卫生行政部门对传染病防治工作实施统一监督管理。

受国务院卫生行政部门委托的其他有关部门卫生主管机构，在本系统内行使《传染病防治法》第三十二条第一款所列职权。

军队的传染病防治工作，依照《传染病防治法》和本办法中的有关规定以及国家其他有关规定，由中国人民解放军卫生主管部门实施监督管理。

第四条 各级各类卫生防疫机构按照专业分工承担传染病监测管理的责任和范围，由省级政府卫生行政部门确定。

铁路、交通、民航、厂（场）矿的卫生防疫机构，承担本系统传染病监测管理工作，并接受本系统上级卫生主管机构和省级政府卫生行政部门指定的卫生防疫机构的业务指导。

第五条 各级各类医疗保健机构承担传染病防治管理的责任和范围，由当地政府卫生行政部门确定。

第六条 各级政府对预防、控制传染病做出显著成绩和贡献的单位和个人，应当给予奖励。

第二章 预 防

第七条 各级政府应当组织有关部门，开展传染病预防知识和防治措施的卫生健康教育。

第八条 各级政府组织开展爱国卫生活动。

铁路、交通、民航部门负责组织消除交通工具的鼠害和各种病媒昆虫的危害。

农业、林业部门负责组织消除农田、牧场及林区的鼠害。

国务院各有关部委消除钉螺危害的分工，按照国务院的有关规定办理。

第九条 集中式供水必须符合国家《生

活饮用水卫生标准》。

各单位自备水源，未经城市建设部门和卫生行政部门批准，不得与城镇集中式供水系统连接。

第十条 地方各级政府应当有计划地建设和改造公共卫生设施。

城市应当按照城市环境卫生设施标准修建公共厕所、垃圾粪便的无害化处理场和污水、雨水排放处理系统等公共卫生设施。

农村应当逐步改造厕所，对粪便进行无害化处理，加强对公共生活用水的卫生管理，建立必要的卫生管理制度。饮用水水源附近禁止有污水池、粪堆（坑）等污染源。禁止在饮用水水源附近洗刷便器和运输粪便的工具。

第十一条 国家实行有计划的预防接种制度。

中华人民共和国境内的任何人均应按照有关规定接受预防接种。

各省、自治区、直辖市政府卫生行政部门可以根据当地传染病的流行情况，增加预防接种项目。

第十二条 国家对儿童实行预防接种证制度。

适龄儿童应当按照国家有关规定，接受预防接种。适龄儿童的家长或者监护人应当及时向医疗保健机构申请办理预防接种证。

托幼机构、学校在办理入托、入学手续时，应当查验预防接种证，未按规定接种的儿童应当及时补种。

第十三条 各级各类医疗保健机构的预防保健组织或者人员，在本单位及责任地段内承担下列工作：

（一）传染病疫情报告和管理；

（二）传染病预防和控制工作；

（三）卫生行政部门指定的卫生防疫机构交付的传染病防治和监测任务。

第十四条 医疗保健机构必须按照国务院卫生行政部门的有关规定，严格执行消毒隔离制度，防止医院内感染和医源性感染。

第十五条 卫生防疫机构和从事致病性微生物实验的科研、教学、生产等单位必须做到：

（一）建立健全防止致病性微生物扩散的制度和人体防护措施；

（二）严格执行实验操作规程，对实验后的样品、器材、污染物品等，按照有关规定严格消毒后处理；

（三）实验动物必须按照国家有关规定进行管理。

第十六条 传染病的菌（毒）种分为下列三类：

一类：鼠疫耶尔森氏菌、霍乱弧菌；天花病毒、艾滋病病毒；

二类：布氏菌、炭疽菌、麻风杆菌、肝炎病毒、狂犬病毒、出血热病毒、登革热病毒；斑疹伤寒立克次体；

三类：脑膜炎双球菌、链球菌、淋病双球菌、结核杆菌、百日咳嗜血杆菌、白喉棒状杆菌、沙门氏菌、志贺氏菌、破伤风梭状杆菌；钩端螺旋体、梅毒螺旋体；乙型脑炎病毒、脊髓灰质炎病毒、流感病毒、流行性腮腺炎病毒、麻疹病毒、风疹病毒。

国务院卫生行政部门可以根据情况增加或者减少菌（毒）种的种类。

第十七条 国家对传染病菌（毒）种的保

藏、携带、运输实行严格管理：

（一）菌（毒）种的保藏由国务院卫生行政部门指定的单位负责。

（二）一、二类菌（毒）种的供应由国务院卫生行政部门指定的保藏管理单位供应。三类菌（毒）种由设有专业实验室的单位或者国务院卫生行政部门指定的保藏管理单位供应。

（三）使用一类菌（毒）种的单位，必须经国务院卫生行政部门批准；使用二类菌（毒）种的单位必须经省级政府卫生行政部门批准；使用三类菌（毒）种的单位，应当经县级政府卫生行政部门批准。

（四）一、二类菌（毒）种，应派专人向供应单位领取，不得邮寄；三类菌（毒）种的邮寄必须持有邮寄单位的证明，并按照菌（毒）种邮寄与包装的有关规定办理。

第十八条 对患有下列传染病的病人或者病原携带者予以必要的隔离治疗，直至医疗保健机构证明其不具有传染性时，方可恢复工作：

（一）鼠疫、霍乱；

（二）艾滋病、病毒性肝炎、细菌性和阿米巴痢疾、伤寒和副伤寒、炭疽、斑疹伤寒、麻疹、百日咳、白喉、脊髓灰质炎、流行性脑脊髓膜炎、猩红热、流行性出血热、登革热、淋病、梅毒；

（三）肺结核、麻风病、流行性腮腺炎、风疹、急性出血性结膜炎。

第十九条 从事饮水、饮食、整容、保育等易使传染病扩散工作的从业人员，必须按照国家有关规定取得健康合格证后方可上岗。

第二十条 招用流动人员200人以上的用工单位，应当向当地政府卫生行政部门指定的卫生防疫机构报告，并按照要求采取预防控制传染病的卫生措施。

第二十一条 被甲类传染病病原体污染的污水、污物、粪便，有关单位和个人必须在卫生防疫人员的指导监督下，按照下列要求进行处理：

（一）被鼠疫病原体污染

1. 被污染的室内空气、地面、四壁必须进行严格消毒，被污染的物品必须严格消毒或者焚烧处理；

2. 彻底消除鼠疫疫区内的鼠类、蚤类；发现病鼠、死鼠应当送检；解剖检验后的鼠尸必须焚化；

3. 疫区内啮齿类动物的皮毛不能就地进行有效的消毒处理时，必须在卫生防疫机构的监督下焚烧。

（二）被霍乱病原体污染

1. 被污染的饮用水，必须进行严格消毒处理；

2. 污水经消毒处理后排放；

3. 被污染的食物要就地封存，消毒处理；

4. 粪便消毒处理达到无害化；

5. 被污染的物品，必须进行严格消毒或者焚烧处理。

第二十二条 被伤寒和副伤寒、细菌性痢疾、脊髓灰质炎、病毒性肝炎病原体污染的水、物品、粪便，有关单位和个人应当按照下列要求进行处理：

（一）被污染的饮用水，应当进行严格消毒处理；

（二）污水经消毒处理后排放；

（三）被污染的物品，应当进行严格消毒处理或者焚烧处理；

（四）粪便消毒处理达到无害化。

死于炭疽的动物尸体必须就地焚化，被污染的用具必须消毒处理，被污染的土地、草皮消毒后，必须将 10 厘米厚的表层土铲除，并在远离水源及河流的地方深埋。

第二十三条　出售、运输被传染病病原体污染或者来自疫区可能被传染病病原体污染的皮毛、旧衣物及生活用品等，必须按照卫生防疫机构的要求进行必要的卫生处理。

第二十四条　用于预防传染病的菌苗、疫苗等生物制品，由各省、自治区、直辖市卫生防疫机构统一向生物制品生产单位订购，其他任何单位和个人不得经营。

用于预防传染病的菌苗、疫苗等生物制品必须在卫生防疫机构监督指导下使用。

第二十五条　凡从事可能导致经血液传播传染病的美容、整容等单位和个人，必须执行国务院卫生行政部门的有关规定。

第二十六条　血站（库）、生物制品生产单位，必须严格执行国务院卫生行政部门的有关规定，保证血液、血液制品的质量，防止因输入血液、血液制品引起病毒性肝炎、艾滋病、疟疾等疾病的发生。任何单位和个人不准使用国务院卫生行政部门禁止进口的血液和血液制品。

第二十七条　生产、经营、使用消毒药剂和消毒器械、卫生用品、卫生材料、一次性医疗器材、隐形眼镜、人造器官等必须符合国家有关标准，不符合国家有关标准的不得生产、经营和使用。

第二十八条　发现人畜共患传染病已在人、畜间流行时，卫生行政部门与畜牧兽医部门应当深入疫区，按照职责分别对人、畜开展防治工作。

传染病流行区的家畜家禽，未经畜牧兽医部门检疫不得外运。

进入鼠疫自然疫源地捕猎旱獭应按照国家有关规定执行。

第二十九条　狂犬病的防治管理工作按照下列规定分工负责：

（一）公安部门负责县以上城市养犬的审批与违章养犬的处理，捕杀狂犬、野犬。

（二）畜牧兽医部门负责兽用狂犬病疫苗的研制、生产和供应；对城乡经批准的养犬进行预防接种、登记和发放"家犬免疫证"；对犬类狂犬病的疫情进行监测和负责进出口犬类的检疫、免疫及管理。

（三）乡（镇）政府负责辖区内养犬的管理，捕杀狂犬、野犬。

（四）卫生部门负责人用狂犬病疫苗的供应、接种和病人的诊治。

第三十条　自然疫源地或者可能是自然疫源地的地区计划兴建大型建设项目时，建设单位在设计任务书批准后，应当向当地卫生防疫机构申请对施工环境进行卫生调查，并根据卫生防疫机构的意见采取必要的卫生防疫措施后，方可办理开工手续。

兴建城市规划内的建设项目，属于在自然疫源地和可能是自然疫源地范围内的，城市规划主管部门在核发建设工程规划许可证明中，必须有卫生防疫部门提出的有关意见及结论。建设单位在施工过程中，必须采取预防传染病传播和扩散的措施。

第三十一条 卫生防疫机构接到在自然疫源地和可能是自然疫源地范围内兴办大型建设项目的建设单位的卫生调查申请后，应当及时组成调查组到现场进行调查，并提出该地区自然环境中可能存在的传染病病种、流行范围、流行强度及预防措施等意见和结论。

第三十二条 在自然疫源地或者可能是自然疫源地内施工的建设单位，应当设立预防保健组织负责施工期间的卫生防疫工作。

第三十三条 凡在生产、工作中接触传染病病原体的工作人员，可以按照国家有关规定申领卫生防疫津贴。

第三章 疫情报告

第三十四条 执行职务的医疗保健人员、卫生防疫人员为责任疫情报告人。

责任疫情报告人应当按照本办法第三十五条规定的时限向卫生行政部门指定的卫生防疫机构报告疫情，并做疫情登记。

第三十五条 责任疫情报告人发现甲类传染病和乙类传染病中的艾滋病、肺炭疽的病人、病原携带者和疑似传染病病人时，城镇于六小时内，农村于十二小时内，以最快的通讯方式向发病地的卫生防疫机构报告，并同时报出传染病报告卡。

责任疫情报告人发现乙类传染病病人、病原携带者和疑似传染病病人时，城镇于十二小时内，农村于二十四小时内向发病地的卫生防疫机构报出传染病报告卡。

责任疫情报告人在丙类传染病监测区内发现丙类传染病病人时，应当在二十四小时内向发病地的卫生防疫机构报出传染病报告卡。

第三十六条 传染病暴发、流行时，责任疫情报告人应当以最快的通讯方式向当地卫生防疫机构报告疫情。接到疫情报告的卫生防疫机构应当以最快的通讯方式报告上级卫生防疫机构和当地政府卫生行政部门，卫生行政部门接到报告后，应当立即报告当地政府。

省级政府卫生行政部门接到发现甲类传染病和发生传染病暴发、流行的报告后，应当于六小时内报告国务院卫生行政部门。

第三十七条 流动人员中的传染病病人、病原携带者和疑似传染病病人的传染病报告、处理由诊治地负责，其疫情登记、统计由户口所在地负责。

第三十八条 铁路、交通、民航、厂（场）矿的卫生防疫机构，应当定期向所在地卫生行政部门指定的卫生防疫机构报告疫情。

第三十九条 军队的传染病疫情，由中国人民解放军卫生主管部门根据军队有关规定向国务院卫生行政部门报告。

军队的医疗保健和卫生防疫机构，发现地方就诊的传染病病人、病原携带者、疑似传染病病人时，应当按照本办法第三十五条的规定报告疫情，并接受当地卫生防疫机构的业务指导。

第四十条 国境口岸所在地卫生行政部门指定的卫生防疫机构和港口、机场、铁路卫生防疫机构和国境卫生检疫机关在发现国境卫生检疫法规定的检疫传染病时,应当互相通报疫情。

发现人畜共患传染病时,卫生防疫机构和畜牧兽医部门应当互相通报疫情。

第四十一条 各级政府卫生行政部门指定的卫生防疫机构应当对辖区内各类医疗保健机构的疫情登记报告和管理情况定期进行核实、检查、指导。

第四十二条 传染病报告卡片邮寄信封应当印有明显的"红十字"标志及写明××卫生防疫机构收的字样。

邮电部门应当及时传递疫情报告的电话或者信卡,并实行邮资总付。

第四十三条 医务人员未经县级以上政府卫生行政部门批准,不得将就诊的淋病、梅毒、麻风病、艾滋病病人和艾滋病病原携带者及其家属的姓名、住址和个人病史公开。

第四章 控　　制

第四十四条 卫生防疫机构和医疗保健机构传染病的疫情处理实行分级分工管理。

第四十五条 艾滋病的监测管理按照国务院有关规定执行。

第四十六条 淋病、梅毒病人应当在医疗保健机构、卫生防疫机构接受治疗。尚未治愈前,不得进入公共浴池、游泳池。

第四十七条 医疗保健机构或者卫生防疫机构在诊治中发现甲类传染病的疑似病人,应当在二日内作出明确诊断。

第四十八条 甲类传染病病人和病原携带者以及乙类传染病中的艾滋病、淋病、梅毒病人的密切接触者必须按照有关规定接受检疫、医学检查和防治措施。

前款以外的乙类传染病病人及病原携带者的密切接触者,应当接受医学检查和防治措施。

第四十九条 甲类传染病疑似病人或者病原携带者的密切接触者,经留验排除是病人或者病原携带者后,留验期间的工资福利待遇由所属单位按出勤照发。

第五十条 发现甲类传染病病人、病原携带者或者疑似病人的污染场所,卫生防疫机构接到疫情报告后,应立即进行严格的卫生处理。

第五十一条 地方各级政府卫生行政部门发现本地区发生从未有过的传染病或者国家已宣布消除的传染病时,应当立即采取措施,必要时,向当地政府报告。

第五十二条 在传染病暴发、流行区域,当地政府应当根据传染病疫情控制的需要,组织卫生、医药、公安、工商、交通、水利、城建、农业、商业、民政、邮电、广播电视等部门采取下列预防、控制措施:

(一)对病人进行抢救、隔离治疗;

(二)加强粪便管理,清除垃圾、污物;

(三)加强自来水和其他饮用水的管理,保护饮用水源;

(四)消除病媒昆虫、钉螺、鼠类及其他染疫动物;

(五)加强易使传染病传播扩散活动的卫生管理;

(六)开展防病知识的宣传;

(七)组织对传染病病人、病原携带者、染疫动物密切接触人群的检疫、预防服药、应急接种等；

（八）供应用于预防和控制疫情所必需的药品、生物制品、消毒药品、器械等；

（九）保证居民生活必需品的供应。

第五十三条 县级以上政府接到下一级政府关于采取《传染病防治法》第二十五条规定的紧急措施报告时，应当在二十四小时内做出决定。下一级政府在上一级政府作出决定前，必要时，可以临时采取《传染病防治法》第二十五条第一款第（一）、（四）项紧急措施，但不得超过二十四小时。

第五十四条 撤销采取《传染病防治法》第二十五条紧急措施的条件是：

（一）甲类传染病病人、病原携带者全部治愈，乙类传染病病人、病原携带者得到有效的隔离治疗；病人尸体得到严格消毒处理；

（二）污染的物品及环境已经过消毒等卫生处理；有关病媒昆虫、染疫动物基本消除；

（三）暴发、流行的传染病病种，经过最长潜伏期后，未发现新的传染病病人，疫情得到有效的控制。

第五十五条 因患鼠疫、霍乱和炭疽病死亡的病人尸体，由治疗病人的医疗单位负责消毒处理，处理后应当立即火化。

患病毒性肝炎、伤寒和副伤寒、艾滋病、白喉、炭疽、脊髓灰质炎死亡的病人尸体，由治疗病人的医疗单位或者当地卫生防疫机构消毒处理后火化。

不具备火化条件的农村、边远地区，由治疗病人的医疗单位或者当地卫生防疫机构负责消毒后，可选远离居民点五百米以外、远离饮用水源五十米以外的地方，将尸体在距地面两米以下深埋。

民族自治地方执行前款的规定，依照《传染病防治法》第二十八条第三款的规定办理。

第五十六条 医疗保健机构、卫生防疫机构经县级以上政府卫生行政部门的批准可以对传染病病人尸体或者疑似传染病病人的尸体进行解剖查验。

第五十七条 卫生防疫机构处理传染病疫情的人员，可以凭当地政府卫生行政部门出具的处理疫情证明及有效的身份证明，优先在铁路、交通、民航部门购票，铁路、交通、民航部门应当保证售给最近一次通往目的地的车、船、机票。

交付运输的处理疫情的物品应当有明显标志，铁路、交通、民航部门应当保证用最快通往目的地的交通工具运出。

第五十八条 用于传染病监督控制的车辆，其标志由国务院卫生行政部门会同有关部门统一制定。任何单位和个人不得阻拦依法执行处理疫情任务的车辆和人员。

第五章 监 督

第五十九条 地方各级政府卫生行政部门、卫生防疫机构和受国务院卫生行政部门委托的其他有关部门卫生主管机构推荐的传染病管理监督员，由省级以上政府卫生行政部门聘任并发给证件。

省级政府卫生行政部门聘任的传染病管理监督员，报国务院卫生行政部门备案。

第六十条 传染病管理监督员执行下列任务：

（一）监督检查《传染病防治法》及本办法的执行情况；

（二）进行现场调查，包括采集必需的标本及查阅、索取、翻印复制必要的文字、图片、声像资料等，并根据调查情况写出书面报告；

（三）对违法单位或者个人提出处罚建议；

（四）执行卫生行政部门或者其他有关部门卫生主管机构交付的任务；

（五）及时提出预防和控制传染病措施的建议。

第六十一条 各级各类医疗保健机构内设立的传染病管理检查员，由本单位推荐，经县级以上政府卫行行政部门或受国务院卫生行政部门委托的其他部门卫生主管机构批准并发给证件。

第六十二条 传染病管理检查员执行下列任务：

（一）宣传《传染病防治法》及本办法，检查本单位和责任地段的传染病防治措施的实施和疫情报告执行情况；

（二）对本单位和责任地段的传染病防治工作进行技术指导；

（三）执行卫生行政部门和卫生防疫机构对本单位及责任地段提出的改进传染病防治管理工作的意见；

（四）定期向卫生行政部门指定的卫生防疫机构汇报工作情况，遇到紧急情况及时报告。

第六十三条 传染病管理监督员、传染病管理检查员执行任务时，有关单位和个人必须给予协助。

第六十四条 传染病管理监督员的解聘和传染病管理检查员资格的取消，由原发证机关决定，并通知其所在单位和个人。

第六十五条 县级以上政府卫生行政部门和受国务院卫生行政部门委托的部门，可以成立传染病技术鉴定组织。

第六章 罚　　则

第六十六条 有下列行为之一的，由县级以上政府卫生行政部门责令限期改正，可以处五千元以下的罚款；情节较严重的，可以处五千元以上二万元以下的罚款，对主管人员和直接责任人员由其所在单位或者上级机关给予行政处分：

（一）集中式供水单位供应的饮用水不符合国家规定的《生活饮用水卫生标准》的；

（二）单位自备水源未经批准与城镇供水系统连接的；

（三）未按城市环境卫生设施标准修建公共卫生设施致使垃圾、粪便、污水不能进行无害化处理的；

（四）对被传染病病原体污染的污水、污物、粪便不按规定进行消毒处理的；

（五）对被甲类和乙类传染病病人、病原携带者、疑似传染病病人污染的场所、物品未按照卫生防疫机构的要求实施必要的卫生处理的；

（六）造成传染病的医源性感染、医院内感染、实验室感染和致病性微生物扩散的；

（七）生产、经营、使用消毒药剂和消毒器械、卫生用品、卫生材料、一次性医疗器材、隐形眼镜、人造器官等不符合国家卫生标准，可能造成传染病的传播、扩散或者造成传染病的传播、扩散的；

（八）准许或者纵容传染病病人、病原携带者和疑似传染病病人，从事国务院卫生行政部门规定禁止从事的易使该传染病扩散的工作的；

（九）传染病病人、病原携带者故意传播传染病，造成他人感染的；

（十）甲类传染病病人、病原携带者或者疑似传染病病人，乙类传染病中艾滋病、肺炭疽病人拒绝进行隔离治疗的；

（十一）招用流动人员的用工单位，未向卫生防疫机构报告并未采取卫生措施，造成传染病传播、流行的；

（十二）违章养犬或者拒绝、阻挠捕杀违章犬，造成咬伤他人或者导致人群中发生狂犬病的。

前款所称情节较严重的，是指下列情形之一：

（一）造成甲类传染病、艾滋病、肺炭疽传播危险的；

（二）造成除艾滋病、肺炭疽之外的乙、丙类传染病暴发、流行的；

（三）造成传染病菌（毒）种扩散的；

（四）造成病人残疾、死亡的；

（五）拒绝执行《传染病防治法》及本办法的规定，屡经教育仍继续违法的。

第六十七条 在自然疫源地和可能是自然疫源地的地区兴建大型建设项目未经卫生调查即进行施工的，由县级以上政府卫生行政部门责令限期改正，可以处二千元以上二万元以下的罚款。

第六十八条 单位和个人出售、运输被传染病病原体污染和来自疫区可能被传染病病原体污染的皮毛、旧衣物及生活用品的，由县级以上政府卫生行政部门责令限期进行卫生处理，可以处出售金额一倍以下的罚款；造成传染病流行的，根据情节，可以处相当出售金额三倍以下的罚款，危害严重，出售金额不满二千元的，以二千元计算；对主管人员和直接责任人员由所在单位或者上级机关给予行政处分。

第六十九条 单位和个人非法经营、出售用于预防传染病菌苗、疫苗等生物制品的，县级以上政府卫生行政部门可以处相当出售金额三倍以下的罚款，危害严重，出售金额不满五千元的，以五千元计算；对主管人员和直接责任人员由所在单位或者上级机关根据情况，可以给予行政处分。

第七十条 有下列行为之一的单位和个人，县级以上政府卫生行政部门报请同级政府批准，对单位予以通报批评；对主管人员和直接责任人员由所在单位或者上级机关给予行政处分：

（一）传染病暴发、流行时，妨碍或者拒绝执行政府采取紧急措施的；

（二）传染病暴发、流行时，医疗保健人员、卫生防疫人员拒绝执行各级政府卫生行政部门调集其参加控制疫情的决定的；

（三）对控制传染病暴发、流行负

有责任的部门拒绝执行政府有关控制疫情决定的；

（四）无故阻止和拦截依法执行处理疫情任务的车辆和人员的。

第七十一条 执行职务的医疗保健人员、卫生防疫人员和责任单位，不报、漏报、迟报传染病疫情的，由县级以上政府卫生行政部门责令限期改正，对主管人员和直接责任人员由其所在单位或者上级机关根据情节，可以给予行政处分。

个体行医人员在执行职务时，不报、漏报、迟报传染病疫情的，由县级以上政府卫生行政部门责令限期改正，限期内不改的，可以处一百元以上五百元以下罚款；对造成传染病传播流行的，可以处二百元以上二千元以下罚款。

第七十二条 县级政府卫生行政部门可以作出处一万元以下罚款的决定；决定处一万元以上罚款的，须报上一级政府卫生行政部门批准。

受国务院卫生行政部门委托的有关部门卫生主管机构可以作出处二千元以下罚款的决定；决定处二千元以上罚款的，须报当地县级以上政府卫生行政部门批准。

县级以上政府卫生行政部门在收取罚款时，应当出具正式的罚款收据。罚款全部上缴国库。

第七章 附 则

第七十三条 《传染病防治法》及本办法的用语含义如下：

传染病病人、疑似传染病病人：指根据国务院卫生行政部门发布的《中华人民共和国传染病防治法规定管理的传染病诊断标准》，符合传染病病人和疑似传染病病人诊断标准的人。

病原携带者：指感染病原体无临床症状但能排出病原体的人。

暴发：指在一个局部地区，短期内，突然发生多例同一种传染病病人。

流行：指一个地区某种传染病发病率显著超过该病历年的一般发病率水平。

重大传染病疫情：指《传染病防治法》第二十五条所称的传染病的暴发、流行。

传染病监测：指对人群传染病的发生、流行及影响因素进行有计划地、系统地长期观察。

疫区：指传染病在人群中暴发或者流行，其病原体向周围传播时可能波及的地区。

人畜共患传染病：指鼠疫、流行性出血热、狂犬病、钩端螺旋体病、布鲁氏菌病、炭疽、流行性乙型脑炎、黑热病、包虫病、血吸虫病。

自然疫源地：指某些传染病的病原体在自然界的野生动物中长期保存并造成动物间流行的地区。

可能是自然疫源地：指在自然界中具有自然疫源性疾病存在的传染源和传播媒介，但尚未查明的地区。

医源性感染：指在医学服务中，因病原体传播引起的感染。

医院内感染：指就诊患者在医疗保健机构内受到的感染。

实验室感染：指从事实验室工作时，因接触病原体所致的感染。

消毒：指用化学、物理、生物的方

法杀灭或者消除环境中的致病性微生物。

卫生处理：指消毒、杀虫、灭鼠等卫生措施以及隔离、留验、就地检验等医学措施。

卫生防疫机构：指卫生防疫站、结核病防治研究所(院)、寄生虫病防治研究所(站)、血吸虫病防治研究所(站)、皮肤病性病防治研究所(站)、地方病防治研究所(站)、鼠疫防治站(所)、乡镇预防保健站(所)及与上述机构专业相同的单位。

医疗保健机构：指医院、卫生院(所)、门诊部(所)、疗养院(所)、妇幼保健院(站)及与上述机构业务活动相同的单位。

第七十四条 省、自治区、直辖市政府可以根据《传染病防治法》和本办法制定实施细则。

第七十五条 本办法由国务院卫生行政部门负责解释。

第七十六条 本办法自发布之日起施行。

艾滋病防治条例

1. 2006年1月29日国务院令第457号公布
2. 根据2019年3月2日国务院令第709号《关于修改部分行政法规的决定》修订

第一章 总 则

第一条 为了预防、控制艾滋病的发生与流行，保障人体健康和公共卫生，根据传染病防治法，制定本条例。

第二条 艾滋病防治工作坚持预防为主、防治结合的方针，建立政府组织领导、部门各负其责、全社会共同参与的机制，加强宣传教育，采取行为干预和关怀救助等措施，实行综合防治。

第三条 任何单位和个人不得歧视艾滋病病毒感染者、艾滋病病人及其家属。艾滋病病毒感染者、艾滋病病人及其家属享有的婚姻、就业、就医、入学等合法权益受法律保护。

第四条 县级以上人民政府统一领导艾滋病防治工作，建立健全艾滋病防治工作协调机制和工作责任制，对有关部门承担的艾滋病防治工作进行考核、监督。

县级以上人民政府有关部门按照职责分工负责艾滋病防治及其监督管理工作。

第五条 国务院卫生主管部门会同国务院其他有关部门制定国家艾滋病防治规划；县级以上地方人民政府依照本条例规定和国家艾滋病防治规划，制定并组织实施本行政区域的艾滋病防治行动计划。

第六条 国家鼓励和支持工会、共产主义青年团、妇女联合会、红十字会等团体协助各级人民政府开展艾滋病防治工作。

居民委员会和村民委员会应当协助地方各级人民政府和政府有关部门开展有关艾滋病防治的法律、法规、政策和知识的宣传教育，发展有关艾滋病防治的公益事业，做好艾滋病防治工作。

第七条 各级人民政府和政府有关部门应当采取措施，鼓励和支持有关组织和个人依照本条例规定以及国家艾滋病防治规划和艾滋病防治行动计划的要求，参与艾滋病防治工作，对艾滋病防治工作提供捐赠，对有易感染艾滋病病毒危险行为的人群进行行为干预，对艾滋病病毒感染者、艾滋病病人及其家属提供关怀和救助。

第八条 国家鼓励和支持开展与艾滋病预防、诊断、治疗等有关的科学研究，提高艾滋病防治的科学技术水平；鼓励和支持开展传统医药以及传统医药与现代医药相结合防治艾滋病的临床治疗与研究。

国家鼓励和支持开展艾滋病防治工作的国际合作与交流。

第九条 县级以上人民政府和政府有关部门对在艾滋病防治工作中做出显著成绩和贡献的单位和个人，给予表彰和奖励。

对因参与艾滋病防治工作或者因执行公务感染艾滋病病毒，以及因此致病、丧失劳动能力或者死亡的人员，按照有关规定给予补助、抚恤。

第二章 宣传教育

第十条 地方各级人民政府和政府有关部门应当组织开展艾滋病防治以及关怀和不歧视艾滋病病毒感染者、艾滋病病人及其家属的宣传教育，提倡健康文明的生活方式，营造良好的艾滋病防治的社会环境。

第十一条 地方各级人民政府和政府有关部门应当在车站、码头、机场、公园等公共场所以及旅客列车和从事旅客运输的船舶等公共交通工具显著位置，设置固定的艾滋病防治广告牌或者张贴艾滋病防治公益广告，组织发放艾滋病防治宣传材料。

第十二条 县级以上人民政府卫生主管部门应当加强艾滋病防治的宣传教育工作，对有关部门、组织和个人开展艾滋病防治的宣传教育工作提供技术支持。

医疗卫生机构应当组织工作人员学习有关艾滋病防治的法律、法规、政策和知识；医务人员在开展艾滋病、性病等相关疾病咨询、诊断和治疗过程中，应当对就诊者进行艾滋病防治的宣传教育。

第十三条 县级以上人民政府教育主管部门应当指导、督促高等院校、中等职业学校和普通中学将艾滋病防治知识纳入有关课程，开展有关课外教育活动。

高等院校、中等职业学校和普通中学应当组织学生学习艾滋病防治知识。

第十四条 县级以上人民政府卫生主管部门应当利用计划生育宣传和技术服务网络，组织开展艾滋病防治的宣传教育。

计划生育技术服务机构向育龄人群提供计划生育技术服务和生殖健康服务时，应当开展艾滋病防治的宣传教育。

第十五条 县级以上人民政府有关部门和从事劳务中介服务的机构，应当对进城务工人员加强艾滋病防治的宣传教育。

第十六条 出入境检验检疫机构应当在出入境口岸加强艾滋病防治的宣传教育工作，对出入境人员有针对性地提供艾滋病防治咨询和指导。

第十七条 国家鼓励和支持妇女联合

会、红十字会开展艾滋病防治的宣传教育，将艾滋病防治的宣传教育纳入妇女儿童工作内容，提高妇女预防艾滋病的意识和能力，组织红十字会会员和红十字会志愿者开展艾滋病防治的宣传教育。

第十八条 地方各级人民政府和政府有关部门应当采取措施，鼓励和支持有关组织和个人对有易感染艾滋病病毒危险行为的人群开展艾滋病防治的咨询、指导和宣传教育。

第十九条 广播、电视、报刊、互联网等新闻媒体应当开展艾滋病防治的公益宣传。

第二十条 机关、团体、企业事业单位、个体经济组织应当组织本单位从业人员学习有关艾滋病防治的法律、法规、政策和知识，支持本单位从业人员参与艾滋病防治的宣传教育活动。

第二十一条 县级以上地方人民政府应当在医疗卫生机构开通艾滋病防治咨询服务电话，向公众提供艾滋病防治咨询服务和指导。

第三章 预防与控制

第二十二条 国家建立健全艾滋病监测网络。

国务院卫生主管部门制定国家艾滋病监测规划和方案。省、自治区、直辖市人民政府卫生主管部门根据国家艾滋病监测规划和方案，制定本行政区域的艾滋病监测计划和工作方案，组织开展艾滋病监测和专题调查，掌握艾滋病疫情变化情况和流行趋势。

疾病预防控制机构负责对艾滋病发生、流行以及影响其发生、流行的因素开展监测活动。

出入境检验检疫机构负责对出入境人员进行艾滋病监测，并将监测结果及时向卫生主管部门报告。

第二十三条 国家实行艾滋病自愿咨询和自愿检测制度。

县级以上地方人民政府卫生主管部门指定的医疗卫生机构，应当按照国务院卫生主管部门会同国务院其他有关部门制定的艾滋病自愿咨询和检测办法，为自愿接受艾滋病咨询、检测的人员免费提供咨询和初筛检测。

第二十四条 国务院卫生主管部门会同国务院其他有关部门根据预防、控制艾滋病的需要，可以规定应当进行艾滋病检测的情形。

第二十五条 省级以上人民政府卫生主管部门根据医疗卫生机构布局和艾滋病流行情况，按照国家有关规定确定承担艾滋病检测工作的实验室。

国家出入境检验检疫机构按照国务院卫生主管部门规定的标准和规范，确定承担出入境人员艾滋病检测工作的实验室。

第二十六条 县级以上地方人民政府和政府有关部门应当依照本条例规定，根据本行政区域艾滋病的流行情况，制定措施，鼓励和支持居民委员会、村民委员会以及其他有关组织和个人推广预防艾滋病的行为干预措施，帮助有易感染艾滋病病毒危险行为的人群改变行为。

有关组织和个人对有易感染艾滋病病毒危险行为的人群实施行为干预措施，应当符合本条例的规定以及国家艾滋病防治规划和艾滋病防治行动计划的要求。

第二十七条 县级以上人民政府应当建立艾滋病防治工作与禁毒工作的协调机制，组织有关部门落实针对吸毒人群的艾滋病防治措施。

省、自治区、直辖市人民政府卫生、公安和药品监督管理部门应当互相配合，根据本行政区域艾滋病流行和吸毒者的情况，积极稳妥地开展对吸毒成瘾者的药物维持治疗工作，并有计划地实施其他干预措施。

第二十八条 县级以上人民政府卫生、市场监督管理、药品监督管理、广播电视等部门应当组织推广使用安全套，建立和完善安全套供应网络。

第二十九条 省、自治区、直辖市人民政府确定的公共场所的经营者应当在公共场所内放置安全套或者设置安全套发售设施。

第三十条 公共场所的服务人员应当依照《公共场所卫生管理条例》的规定，定期进行相关健康检查，取得健康合格证明；经营者应当查验其健康合格证明，不得允许未取得健康合格证明的人员从事服务工作。

第三十一条 公安、司法行政机关对被依法逮捕、拘留和在监狱中执行刑罚以及被依法收容教育、强制戒毒和劳动教养的艾滋病病毒感染者和艾滋病病人，应当采取相应的防治措施，防止艾滋病传播。

对公安、司法行政机关依照前款规定采取的防治措施，县级以上地方人民政府应当给予经费保障，疾病预防控制机构应当予以技术指导和配合。

第三十二条 对卫生技术人员和在执行公务中可能感染艾滋病病毒的人员，县级以上人民政府卫生主管部门和其他有关部门应当组织开展艾滋病防治知识和专业技能的培训，有关单位应当采取有效的卫生防护措施和医疗保健措施。

第三十三条 医疗卫生机构和出入境检验检疫机构应当按照国务院卫生主管部门的规定，遵守标准防护原则，严格执行操作规程和消毒管理制度，防止发生艾滋病医院感染和医源性感染。

第三十四条 疾病预防控制机构应当按照属地管理的原则，对艾滋病病毒感染者和艾滋病病人进行医学随访。

第三十五条 血站、单采血浆站应当对采集的人体血液、血浆进行艾滋病检测；不得向医疗机构和血液制品生产单位供应未经艾滋病检测或者艾滋病检测阳性的人体血液、血浆。

血液制品生产单位应当在原料血浆投料生产前对每一份血浆进行艾滋病检测；未经艾滋病检测或者艾滋病检测阳性的血浆，不得作为原料血浆投料生产。

医疗机构应当对因应急用血而临时采集的血液进行艾滋病检测，对临床用血艾滋病检测结果进行核查；对未经艾滋病检测、核查或者艾滋病检测阳性的血液，不得采集或者使用。

第三十六条 采集或者使用人体组织、器官、细胞、骨髓等的，应当进行艾滋病检测；未经艾滋病检测或者艾滋病检测阳性的，不得采集或者使用。但是，用于艾滋病防治科研、教学的除外。

第三十七条 进口人体血液制品，应当依照药品管理法的规定，经国务院药品监督管理部门批准，取得进口药品注册证书。

禁止进出口用于临床医疗的人体血液、血浆、组织、器官、细胞、骨髓等。但是，出于人道主义、救死扶伤目的，可以进出口临床急需、捐献配型的特殊血型血液、骨髓造血干细胞、外周血造血干细胞、脐带血造血干细胞，由中国红十字会总会办理出入境手续；具体办法由国务院卫生主管部门会同国家出入境检验检疫机构制定。

依照前款规定进出口的特殊血型血液、骨髓造血干细胞、外周血造血干细胞、脐带血造血干细胞，应当依照国境卫生检疫法律、行政法规的有关规定，接受出入境检验检疫机构的检疫。未经检疫或者检疫不合格的，不得进出口。

第三十八条 艾滋病病毒感染者和艾滋病病人应当履行下列义务：

（一）接受疾病预防控制机构或者出入境检验检疫机构的流行病学调查和指导；

（二）将感染或者发病的事实及时告知与其有性关系者；

（三）就医时，将感染或者发病的事实如实告知接诊医生；

（四）采取必要的防护措施，防止感染他人。

艾滋病病毒感染者和艾滋病病人不得以任何方式故意传播艾滋病。

第三十九条 疾病预防控制机构和出入境检验检疫机构进行艾滋病流行病学调查时，被调查单位和个人应当如实提供有关情况。

未经本人或者其监护人同意，任何单位或者个人不得公开艾滋病病毒感染者、艾滋病病人及其家属的姓名、住址、工作单位、肖像、病史资料以及其他可能推断出其具体身份的信息。

第四十条 县级以上人民政府卫生主管部门和出入境检验检疫机构可以封存有证据证明可能被艾滋病病毒污染的物品，并予以检验或者进行消毒。经检验，属于被艾滋病病毒污染的物品，应当进行卫生处理或者予以销毁；对未被艾滋病病毒污染的物品或者经消毒后可以使用的物品，应当及时解除封存。

第四章 治疗与救助

第四十一条 医疗机构应当为艾滋病病毒感染者和艾滋病病人提供艾滋病防治咨询、诊断和治疗服务。

医疗机构不得因就诊的病人是艾滋病病毒感染者或者艾滋病病人，推诿或者拒绝对其其他疾病进行治疗。

第四十二条 对确诊的艾滋病病毒感染者和艾滋病病人，医疗卫生机构的工作人员应当将其感染或者发病的事实告知本人；本人为无行为能力人或者限制行为能力人的，应当告知其监护人。

第四十三条 医疗卫生机构应当按照国务院卫生主管部门制定的预防艾滋病母婴传播技术指导方案的规定，对孕产妇提供艾滋病防治咨询和检测，对感染艾滋病病毒的孕产妇及其婴儿，提供预防艾滋病母婴传播的咨询、产前指导、阻断、治疗、产后访视、婴儿随访和检测等服务。

第四十四条 县级以上人民政府应当采取下列艾滋病防治关怀、救助措施：

（一）向农村艾滋病病人和城镇经济困难的艾滋病病人免费提供抗艾滋病病毒治疗药品；

（二）对农村和城镇经济困难的艾滋病病毒感染者、艾滋病病人适当减免抗机会性感染治疗药品的费用；

（三）向接受艾滋病咨询、检测的人员免费提供咨询和初筛检测；

（四）向感染艾滋病病毒的孕产妇免费提供预防艾滋病母婴传播的治疗和咨询。

第四十五条 生活困难的艾滋病病人遗留的孤儿和感染艾滋病病毒的未成年人接受义务教育的，应当免收杂费、书本费；接受学前教育和高中阶段教育的，应当减免学费等相关费用。

第四十六条 县级以上地方人民政府应当对生活困难并符合社会救助条件的艾滋病病毒感染者、艾滋病病人及其家属给予生活救助。

第四十七条 县级以上地方人民政府有关部门应当创造条件，扶持有劳动能力的艾滋病病毒感染者和艾滋病病人，从事力所能及的生产和工作。

第五章 保障措施

第四十八条 县级以上人民政府应当将艾滋病防治工作纳入国民经济和社会发展规划，加强和完善艾滋病预防、检测、控制、治疗和救助服务网络的建设，建立健全艾滋病防治专业队伍。

各级人民政府应当根据艾滋病防治工作需要，将艾滋病防治经费列入本级财政预算。

第四十九条 县级以上地方人民政府按照本级政府的职责，负责艾滋病预防、控制、监督工作所需经费。

国务院卫生主管部门会同国务院其他有关部门，根据艾滋病流行趋势，确定全国与艾滋病防治相关的宣传、培训、监测、检测、流行病学调查、医疗救治、应急处置以及监督检查等项目。中央财政对在艾滋病流行严重地区和贫困地区实施的艾滋病防治重大项目给予补助。

省、自治区、直辖市人民政府根据本行政区域的艾滋病防治工作需要和艾滋病流行趋势，确定与艾滋病防治相关的项目，并保障项目的实施经费。

第五十条 县级以上人民政府应当根据艾滋病防治工作需要和艾滋病流行趋势，储备抗艾滋病病毒治疗药品、检测试剂和其他物资。

第五十一条 地方各级人民政府应当制定扶持措施，对有关组织和个人开展艾滋病防治活动提供必要的资金支持和便利条件。有关组织和个人参与艾滋病防治公益事业，依法享受税收优惠。

第六章 法律责任

第五十二条 地方各级人民政府未依照本条例规定履行组织、领导、保障艾滋病防治工作职责，或者未采取艾滋病防治和救助措施的，由上级人民政府责令改正，通报批评；造成艾滋病传播、流行或者其他严重后果的，对负有责任的主管人员依法给予行政处分；构成犯罪的，依法追究刑事责任。

第五十三条　县级以上人民政府卫生主管部门违反本条例规定，有下列情形之一的，由本级人民政府或者上级人民政府卫生主管部门责令改正，通报批评；造成艾滋病传播、流行或者其他严重后果的，对负有责任的主管人员和其他直接责任人员依法给予行政处分；构成犯罪的，依法追究刑事责任：

（一）未履行艾滋病防治宣传教育职责的；

（二）对有证据证明可能被艾滋病病毒污染的物品，未采取控制措施的；

（三）其他有关失职、渎职行为。

出入境检验检疫机构有前款规定情形的，由其上级主管部门依照本条规定予以处罚。

第五十四条　县级以上人民政府有关部门未依照本条例规定履行宣传教育、预防控制职责的，由本级人民政府或者上级人民政府有关部门责令改正，通报批评；造成艾滋病传播、流行或者其他严重后果的，对负有责任的主管人员和其他直接责任人员依法给予行政处分；构成犯罪的，依法追究刑事责任。

第五十五条　医疗卫生机构未依照本条例规定履行职责，有下列情形之一的，由县级以上人民政府卫生主管部门责令限期改正，通报批评，给予警告；造成艾滋病传播、流行或者其他严重后果的，对负有责任的主管人员和其他直接责任人员依法给予降级、撤职、开除的处分，并可以依法吊销有关机构或者责任人员的执业许可证件；构成犯罪的，依法追究刑事责任：

（一）未履行艾滋病监测职责的；

（二）未按照规定免费提供咨询和初筛检测的；

（三）对临时应急采集的血液未进行艾滋病检测，对临床用血艾滋病检测结果未进行核查，或者将艾滋病检测阳性的血液用于临床的；

（四）未遵守标准防护原则，或者未执行操作规程和消毒管理制度，发生艾滋病医院感染或者医源性感染的；

（五）未采取有效的卫生防护措施和医疗保健措施的；

（六）推诿、拒绝治疗艾滋病病毒感染者或者艾滋病病人的其他疾病，或者对艾滋病病毒感染者、艾滋病病人未提供咨询、诊断和治疗服务的；

（七）未对艾滋病病毒感染者或者艾滋病病人进行医学随访的；

（八）未按照规定对感染艾滋病病毒的孕产妇及其婴儿提供预防艾滋病母婴传播技术指导的。

出入境检验检疫机构有前款第（一）项、第（四）项、第（五）项规定情形的，由其上级主管部门依照前款规定予以处罚。

第五十六条　医疗卫生机构违反本条例第三十九条第二款规定，公开艾滋病病毒感染者、艾滋病病人或者其家属的信息的，依照传染病防治法的规定予以处罚。

出入境检验检疫机构、计划生育技术服务机构或者其他单位、个人违反本条例第三十九条第二款规定，公开艾滋病病毒感染者、艾滋病病人或者其家属的信息的，由其上级主管部门责令改正，通报批评，给予警告，对负有责任的主管人员和其他直接责任人员依法给予处分;情节严重的,由原发证部门吊销有关机构或者责任人员的执业许可证件。

第五十七条 血站、单采血浆站违反本条例规定,有下列情形之一,构成犯罪的,依法追究刑事责任;尚不构成犯罪的,由县级以上人民政府卫生主管部门依照献血法和《血液制品管理条例》的规定予以处罚;造成艾滋病传播、流行或者其他严重后果的,对负有责任的主管人员和其他直接责任人员依法给予降级、撤职、开除的处分,并可以依法吊销血站、单采血浆站的执业许可证:

(一)对采集的人体血液、血浆未进行艾滋病检测,或者发现艾滋病检测阳性的人体血液、血浆仍然采集的;

(二)将未经艾滋病检测的人体血液、血浆,或者艾滋病检测阳性的人体血液、血浆供应给医疗机构和血液制品生产单位的。

第五十八条 违反本条例第三十六条规定采集或者使用人体组织、器官、细胞、骨髓等的,由县级人民政府卫生主管部门责令改正,通报批评,给予警告;情节严重的,责令停业整顿,有执业许可证件的,由原发证部门暂扣或者吊销其执业许可证件。

第五十九条 对不符合本条例第三十七条第二款规定进出口的人体血液、血浆、组织、器官、细胞、骨髓等,进出口口岸出入境检验检疫机构应当禁止出入境或者监督销毁。提供、使用未经出入境检验检疫机构检疫的进口人体血液、血浆、组织、器官、细胞、骨髓等的,由县级以上人民政府卫生主管部门没收违法物品以及违法所得,并处违法物品货值金额3倍以上5倍以下的罚款;对负有责任的主管人员和其他直接责任人员由其所在单位或者上级主管部门依法给予处分。

未经国务院药品监督管理部门批准,进口血液制品的,依照药品管理法的规定予以处罚。

第六十条 血站、单采血浆站、医疗卫生机构和血液制品生产单位违反法律、行政法规的规定,造成他人感染艾滋病病毒的,应当依法承担民事赔偿责任。

第六十一条 公共场所的经营者未查验服务人员的健康合格证明或者允许未取得健康合格证明的人员从事服务工作,省、自治区、直辖市人民政府确定的公共场所的经营者未在公共场所内放置安全套或者设置安全套发售设施的,由县级以上人民政府卫生主管部门责令限期改正,给予警告,可以并处500元以上5000元以下的罚款;逾期不改正的,责令停业整顿;情节严重的,由原发证部门依法吊销其执业许可证件。

第六十二条 艾滋病病毒感染者或者艾滋病病人故意传播艾滋病的,依法承担民事赔偿责任;构成犯罪的,依法追究刑事责任。

第七章 附 则

第六十三条 本条例下列用语的含义:

艾滋病,是指人类免疫缺陷病毒(艾滋病病毒)引起的获得性免疫缺陷综合征。

对吸毒成瘾者的药物维持治疗，是指在批准开办戒毒治疗业务的医疗卫生机构中，选用合适的药物，对吸毒成瘾者进行维持治疗，以减轻对毒品的依赖，减少注射吸毒引起艾滋病病毒的感染和扩散，减少毒品成瘾引起的疾病、死亡和引发的犯罪。

标准防护原则，是指医务人员将所有病人的血液、其他体液以及被血液、其他体液污染的物品均视为具有传染性的病原物质，医务人员在接触这些物质时，必须采取防护措施。

有易感染艾滋病病毒危险行为的人群，是指有卖淫、嫖娼、多性伴、男性同性性行为、注射吸毒等危险行为的人群。

艾滋病监测，是指连续、系统地收集各类人群中艾滋病（或者艾滋病病毒感染）及其相关因素的分布资料，对这些资料综合分析，为有关部门制定预防控制策略和措施提供及时可靠的信息和依据，并对预防控制措施进行效果评价。

艾滋病检测，是指采用实验室方法对人体血液、其他体液、组织器官、血液衍生物等进行艾滋病病毒、艾滋病病毒抗体及相关免疫指标检测，包括监测、检验检疫、自愿咨询检测、临床诊断、血液及血液制品筛查工作中的艾滋病检测。

行为干预措施，是指能够有效减少艾滋病传播的各种措施，包括：针对经注射吸毒传播艾滋病的美沙酮维持治疗等措施；针对经性传播艾滋病的安全套推广使用措施，以及规范、方便的性病诊疗措施；针对母婴传播艾滋病的抗病毒药物预防和人工代乳品喂养等措施；早期发现感染者和有助于危险行为改变的自愿咨询检测措施；健康教育措施；提高个人规范意识以及减少危险行为的针对性同伴教育措施。

第六十四条 本条例自2006年3月1日起施行。1987年12月26日经国务院批准，1988年1月14日由卫生部、外交部、公安部、原国家教育委员会、国家旅游局、原中国民用航空局、国家外国专家局发布的《艾滋病监测管理的若干规定》同时废止。

血吸虫病防治条例

1. 2006年4月1日国务院令第463号公布
2. 根据2019年3月2日国务院令第709号《关于修改部分行政法规的决定》修订

第一章 总 则

第一条 为了预防、控制和消灭血吸虫病，保障人体健康、动物健康和公共卫生，促进经济社会发展，根据传染病防治法、动物防疫法，制定本条例。

第二条 国家对血吸虫病防治实行预防为主的方针，坚持防治结合、分类管理、综合治理、联防联控，人与家畜同步防治，重点加强对传染源的管理。

第三条 国务院卫生主管部门会同国务院有关部门制定全国血吸虫病防治规划并组织实施。国务院卫生、农业、水利、林业主管部门依照本条例规定的职责和全国血吸虫病防治规划，制定血吸虫病防治专项工作计划并组织实施。

有血吸虫病防治任务的地区(以下称血吸虫病防治地区)县级以上地方人民政府卫生、农业或者兽医、水利、林业主管部门依照本条例规定的职责,负责本行政区域内的血吸虫病防治及其监督管理工作。

第四条 血吸虫病防治地区县级以上地方人民政府统一领导本行政区域内的血吸虫病防治工作;根据全国血吸虫病防治规划,制定本行政区域的血吸虫病防治计划并组织实施;建立健全血吸虫病防治工作协调机制和工作责任制,对有关部门承担的血吸虫病防治工作进行综合协调和考核、监督。

第五条 血吸虫病防治地区村民委员会、居民委员会应当协助地方各级人民政府及其有关部门开展血吸虫病防治的宣传教育,组织村民、居民参与血吸虫病防治工作。

第六条 国家鼓励血吸虫病防治地区的村民、居民积极参与血吸虫病防治的有关活动;鼓励共产主义青年团等社会组织动员青年团员等积极参与血吸虫病防治的有关活动。

血吸虫病防治地区地方各级人民政府及其有关部门应当完善有关制度,方便单位和个人参与血吸虫病防治的宣传教育、捐赠等活动。

第七条 国务院有关部门、血吸虫病防治地区县级以上地方人民政府及其有关部门对在血吸虫病防治工作中做出显著成绩的单位和个人,给予表彰或者奖励。

第二章 预　　防

第八条 血吸虫病防治地区根据血吸虫病预防控制标准,划分为重点防治地区和一般防治地区。具体办法由国务院卫生主管部门会同国务院农业主管部门制定。

第九条 血吸虫病防治地区县级以上地方人民政府及其有关部门应当组织各类新闻媒体开展公益性血吸虫病防治宣传教育。各类新闻媒体应当开展公益性血吸虫病防治宣传教育。

血吸虫病防治地区县级以上地方人民政府教育主管部门应当组织各级各类学校对学生开展血吸虫病防治知识教育。各级各类学校应当对学生开展血吸虫病防治知识教育。

血吸虫病防治地区的机关、团体、企业事业单位、个体经济组织应当组织本单位人员学习血吸虫病防治知识。

第十条 处于同一水系或者同一相对独立地理环境的血吸虫病防治地区各地方人民政府应当开展血吸虫病联防联控,组织有关部门和机构同步实施下列血吸虫病防治措施:

(一)在农业、兽医、水利、林业等工程项目中采取与血吸虫病防治有关的工程措施;

(二)进行人和家畜的血吸虫病筛查、治疗和管理;

(三)开展流行病学调查和疫情监测;

(四)调查钉螺分布,实施药物杀灭钉螺;

(五)防止未经无害化处理的粪便直接进入水体;

(六)其他防治措施。

第十一条 血吸虫病防治地区县级人民

政府应当制定本行政区域的血吸虫病联防联控方案，组织乡（镇）人民政府同步实施。

血吸虫病防治地区两个以上的县、不设区的市、市辖区或者两个以上设区的市需要同步实施血吸虫病防治措施的，其共同的上一级人民政府应当制定血吸虫病联防联控方案，并组织实施。

血吸虫病防治地区两个以上的省、自治区、直辖市需要同步实施血吸虫病防治措施的，有关省、自治区、直辖市人民政府应当共同制定血吸虫病联防联控方案，报国务院卫生、农业主管部门备案，由省、自治区、直辖市人民政府组织实施。

第十二条 在血吸虫病防治地区实施农业、兽医、水利、林业等工程项目以及开展人、家畜血吸虫病防治工作，应当符合相关血吸虫病防治技术规范的要求。相关血吸虫病防治技术规范由国务院卫生、农业、水利、林业主管部门分别制定。

第十三条 血吸虫病重点防治地区县级以上地方人民政府应当在渔船集中停靠地设点发放抗血吸虫基本预防药物；按照无害化要求和血吸虫病防治技术规范修建公共厕所；推行在渔船和水上运输工具上安装和使用粪便收集容器，并采取措施，对所收集的粪便进行集中无害化处理。

第十四条 县级以上地方人民政府及其有关部门在血吸虫病重点防治地区，应当安排并组织实施农业机械化推广、农村改厕、沼气池建设以及人、家畜饮用水设施建设等项目。

国务院有关主管部门安排农业机械化推广、农村改厕、沼气池建设以及人、家畜饮用水设施建设等项目，应当优先安排血吸虫病重点防治地区的有关项目。

第十五条 血吸虫病防治地区县级以上地方人民政府卫生、农业主管部门组织实施农村改厕、沼气池建设项目，应当按照无害化要求和血吸虫病防治技术规范，保证厕所和沼气池具备杀灭粪便中血吸虫卵的功能。

血吸虫病防治地区的公共厕所应当具备杀灭粪便中血吸虫卵的功能。

第十六条 县级以上人民政府农业主管部门在血吸虫病重点防治地区应当适应血吸虫病防治工作的需要，引导和扶持农业种植结构的调整，推行以机械化耕作代替牲畜耕作的措施。

县级以上人民政府农业或者兽医主管部门在血吸虫病重点防治地区应当引导和扶持养殖结构的调整，推行对牛、羊、猪等家畜的舍饲圈养，加强对圈养家畜粪便的无害化处理，开展对家畜的血吸虫病检查和对感染血吸虫的家畜的治疗、处理。

第十七条 禁止在血吸虫病防治地区施用未经无害化处理的粪便。

第十八条 县级以上人民政府水利主管部门在血吸虫病防治地区进行水利建设项目，应当同步建设血吸虫病防治设施；结合血吸虫病防治地区的江河、湖泊治理工程和人畜饮水、灌区改造等水利工程项目，改善水环境，防止钉螺孳生。

第十九条 县级以上人民政府林业主管部门在血吸虫病防治地区应当结合退

耕还林、长江防护林建设、野生动物植物保护、湿地保护以及自然保护区建设等林业工程，开展血吸虫病综合防治。

县级以上人民政府交通主管部门在血吸虫病防治地区应当结合航道工程建设，开展血吸虫病综合防治。

第二十条 国务院卫生主管部门应当根据血吸虫病流行病学资料、钉螺分布以及孳生环境的特点、药物特性，制定药物杀灭钉螺工作规范。

血吸虫病防治地区县级人民政府及其卫生主管部门应当根据药物杀灭钉螺工作规范，组织实施本行政区域内的药物杀灭钉螺工作。

血吸虫病防治地区乡（镇）人民政府应当在实施药物杀灭钉螺7日前，公告施药的时间、地点、种类、方法、影响范围和注意事项。有关单位和个人应当予以配合。

杀灭钉螺严禁使用国家明令禁止使用的药物。

第二十一条 血吸虫病防治地区县级人民政府卫生主管部门会同同级人民政府农业或者兽医、水利、林业主管部门，根据血吸虫病监测等流行病学资料，划定、变更有钉螺地带，并报本级人民政府批准。县级人民政府应当及时公告有钉螺地带。

禁止在有钉螺地带放养牛、羊、猪等家畜，禁止引种在有钉螺地带培育的芦苇等植物和农作物的种子、种苗等繁殖材料。

乡（镇）人民政府应当在有钉螺地带设立警示标志，并在县级人民政府作出解除有钉螺地带决定后予以撤销。警示标志由乡（镇）人民政府负责保护，所在地村民委员会、居民委员会应当予以协助。任何单位或者个人不得损坏或者擅自移动警示标志。

在有钉螺地带完成杀灭钉螺后，由原批准机关决定并公告解除本条第二款规定的禁止行为。

第二十二条 医疗机构、疾病预防控制机构、动物防疫监督机构和植物检疫机构应当根据血吸虫病防治技术规范，在各自的职责范围内，开展血吸虫病的监测、筛查、预测、流行病学调查、疫情报告和处理工作，开展杀灭钉螺、血吸虫病防治技术指导以及其他防治工作。

血吸虫病防治地区的医疗机构、疾病预防控制机构、动物防疫监督机构和植物检疫机构应当定期对其工作人员进行血吸虫病防治知识、技能的培训和考核。

第二十三条 建设单位在血吸虫病防治地区兴建水利、交通、旅游、能源等大型建设项目，应当事先提请省级以上疾病预防控制机构对施工环境进行卫生调查，并根据疾病预防控制机构的意见，采取必要的血吸虫病预防、控制措施。施工期间，建设单位应当设专人负责工地上的血吸虫病防治工作；工程竣工后，应当告知当地县级疾病预防控制机构，由其对该地区的血吸虫病进行监测。

第三章 疫情控制

第二十四条 血吸虫病防治地区县级以上地方人民政府应当根据有关法律、行政法规和国家有关规定，结合本地实际，制定血吸虫病应急预案。

第二十五条 急性血吸虫病暴发、流行时，县级以上地方人民政府应当根据控制急性血吸虫病暴发、流行的需要，依照传染病防治法和其他有关法律的规定采取紧急措施，进行下列应急处理：

（一）组织医疗机构救治急性血吸虫病病人；

（二）组织疾病预防控制机构和动物防疫监督机构分别对接触疫水的人和家畜实施预防性服药；

（三）组织有关部门和单位杀灭钉螺和处理疫水；

（四）组织乡（镇）人民政府在有钉螺地带设置警示标志，禁止人和家畜接触疫水。

第二十六条 疾病预防控制机构发现急性血吸虫病疫情或者接到急性血吸虫病暴发、流行报告时，应当及时采取下列措施：

（一）进行现场流行病学调查；

（二）提出疫情控制方案，明确有钉螺地带范围、预防性服药的人和家畜范围，以及采取杀灭钉螺和处理疫水的措施；

（三）指导医疗机构和下级疾病预防控制机构处理疫情；

（四）卫生主管部门要求采取的其他措施。

第二十七条 有关单位对因生产、工作必须接触疫水的人员应当按照疾病预防控制机构的要求采取防护措施，并定期组织进行血吸虫病的专项体检。

血吸虫病防治地区地方各级人民政府及其有关部门对因防汛、抗洪抢险必须接触疫水的人员，应当按照疾病预防控制机构的要求采取防护措施。血吸虫病防治地区县级人民政府对参加防汛、抗洪抢险的人员，应当及时组织有关部门和机构进行血吸虫病的专项体检。

第二十八条 血吸虫病防治地区县级以上地方人民政府卫生、农业或者兽医主管部门应当根据血吸虫病防治技术规范，组织开展对本地村民、居民和流动人口血吸虫病以及家畜血吸虫病的筛查、治疗和预防性服药工作。

血吸虫病防治地区省、自治区、直辖市人民政府应当采取措施，组织对晚期血吸虫病病人的治疗。

第二十九条 血吸虫病防治地区的动物防疫监督机构、植物检疫机构应当加强对本行政区域内的家畜和植物的血吸虫病检疫工作。动物防疫监督机构对经检疫发现的患血吸虫病的家畜，应当实施药物治疗；植物检疫机构对发现的携带钉螺的植物，应当实施杀灭钉螺。

凡患血吸虫病的家畜、携带钉螺的植物，在血吸虫病防治地区未经检疫的家畜、植物，一律不得出售、外运。

第三十条 血吸虫病疫情的报告、通报和公布，依照传染病防治法和动物防疫法的有关规定执行。

第四章 保障措施

第三十一条 血吸虫病防治地区县级以上地方人民政府应当根据血吸虫病防治规划、计划，安排血吸虫病防治经费和基本建设投资，纳入同级财政预算。

省、自治区、直辖市人民政府和设

区的市级人民政府根据血吸虫病防治工作需要，对经济困难的县级人民政府开展血吸虫病防治工作给予适当补助。

国家对经济困难地区的血吸虫病防治经费、血吸虫病重大疫情应急处理经费给予适当补助，对承担血吸虫病防治任务的机构的基本建设和跨地区的血吸虫病防治重大工程项目给予必要支持。

第三十二条 血吸虫病防治地区县级以上地方人民政府编制或者审批血吸虫病防治地区的农业、兽医、水利、林业等工程项目，应当将有关血吸虫病防治的工程措施纳入项目统筹安排。

第三十三条 国家对农民免费提供抗血吸虫基本预防药物，对经济困难农民的血吸虫病治疗费用予以减免。

因工作原因感染血吸虫病的，依照《工伤保险条例》的规定，享受工伤待遇。参加城镇职工基本医疗保险的血吸虫病病人，不属于工伤的，按照国家规定享受医疗保险待遇。对未参加工伤保险、医疗保险的人员因防汛、抗洪抢险患血吸虫病的，按照县级以上地方人民政府的规定解决所需的检查、治疗费用。

第三十四条 血吸虫病防治地区县级以上地方人民政府民政、医疗保障部门对符合救助条件的血吸虫病病人进行救助。

第三十五条 国家对家畜免费实施血吸虫病检查和治疗，免费提供抗血吸虫基本预防药物。

第三十六条 血吸虫病防治地区县级以上地方人民政府应当根据血吸虫病防治工作需要和血吸虫病流行趋势，储备血吸虫病防治药物、杀灭钉螺药物和有关防护用品。

第三十七条 血吸虫病防治地区县级以上地方人民政府应当加强血吸虫病防治网络建设，将承担血吸虫病防治任务的机构所需基本建设投资列入基本建设计划。

第三十八条 血吸虫病防治地区省、自治区、直辖市人民政府在制定和实施本行政区域的血吸虫病防治计划时，应当统筹协调血吸虫病防治项目和资金，确保实现血吸虫病防治项目的综合效益。

血吸虫病防治经费应当专款专用，严禁截留或者挪作他用。严禁倒买倒卖、挪用国家免费供应的防治血吸虫病药品和其他物品。有关单位使用血吸虫病防治经费应当依法接受审计机关的审计监督。

第五章 监督管理

第三十九条 县级以上人民政府卫生主管部门负责血吸虫病监测、预防、控制、治疗和疫情的管理工作，对杀灭钉螺药物的使用情况进行监督检查。

第四十条 县级以上人民政府农业或者兽医主管部门对下列事项进行监督检查：

（一）本条例第十六条规定的血吸虫病防治措施的实施情况；

（二）家畜血吸虫病监测、预防、控制、治疗和疫情管理工作情况；

（三）治疗家畜血吸虫病药物的管理、使用情况；

（四）农业工程项目中执行血吸虫

病防治技术规范情况。

第四十一条 县级以上人民政府水利主管部门对本条例第十八条规定的血吸虫病防治措施的实施情况和水利工程项目中执行血吸虫病防治技术规范情况进行监督检查。

第四十二条 县级以上人民政府林业主管部门对血吸虫病防治地区的林业工程项目的实施情况和林业工程项目中执行血吸虫病防治技术规范情况进行监督检查。

第四十三条 县级以上人民政府卫生、农业或者兽医、水利、林业主管部门在监督检查过程中，发现违反或者不执行本条例规定的，应当责令有关单位和个人及时改正并依法予以处理；属于其他部门职责范围的，应当移送有监督管理职责的部门依法处理；涉及多个部门职责的，应当共同处理。

第四十四条 县级以上人民政府卫生、农业或者兽医、水利、林业主管部门在履行血吸虫病防治监督检查职责时，有权进入被检查单位和血吸虫病疫情发生现场调查取证，查阅、复制有关资料和采集样本。被检查单位应当予以配合，不得拒绝、阻挠。

第四十五条 血吸虫病防治地区县级以上动物防疫监督机构对在有钉螺地带放养的牛、羊、猪等家畜，有权予以暂扣并进行强制检疫。

第四十六条 上级主管部门发现下级主管部门未及时依照本条例的规定处理职责范围内的事项，应当责令纠正，或者直接处理下级主管部门未及时处理的事项。

第六章 法律责任

第四十七条 县级以上地方各级人民政府有下列情形之一的，由上级人民政府责令改正，通报批评；造成血吸虫病传播、流行或者其他严重后果的，对负有责任的主管人员，依法给予行政处分；负有责任的主管人员构成犯罪的，依法追究刑事责任：

（一）未依照本条例的规定开展血吸虫病联防联控的；

（二）急性血吸虫病暴发、流行时，未依照本条例的规定采取紧急措施、进行应急处理的；

（三）未履行血吸虫病防治组织、领导、保障职责的；

（四）未依照本条例的规定采取其他血吸虫病防治措施的。

乡（镇）人民政府未依照本条例的规定采取血吸虫病防治措施的，由上级人民政府责令改正，通报批评；造成血吸虫病传播、流行或者其他严重后果的，对负有责任的主管人员，依法给予行政处分；负有责任的主管人员构成犯罪的，依法追究刑事责任。

第四十八条 县级以上人民政府有关主管部门违反本条例规定，有下列情形之一的，由本级人民政府或者上级人民政府有关主管部门责令改正，通报批评；造成血吸虫病传播、流行或者其他严重后果的，对负有责任的主管人员和其他直接责任人员依法给予行政处分；负有责任的主管人员和其他直接责任人员构成犯罪的，依法追究刑事责任：

（一）在组织实施农村改厕、沼气池建设项目时，未按照无害化要求和血吸虫病防治技术规范，保证厕所或者沼气池具备杀灭粪便中血吸虫卵功能的；

（二）在血吸虫病重点防治地区未开展家畜血吸虫病检查，或者未对感染血吸虫的家畜进行治疗、处理的；

（三）在血吸虫病防治地区进行水利建设项目，未同步建设血吸虫病防治设施，或者未结合血吸虫病防治地区的江河、湖泊治理工程和人畜饮水、灌区改造等水利工程项目，改善水环境，导致钉螺孳生的；

（四）在血吸虫病防治地区未结合退耕还林、长江防护林建设、野生动物植物保护、湿地保护以及自然保护区建设等林业工程，开展血吸虫病综合防治的；

（五）未制定药物杀灭钉螺规范，或者未组织实施本行政区域内药物杀灭钉螺工作的；

（六）未组织开展血吸虫病筛查、治疗和预防性服药工作的；

（七）未依照本条例规定履行监督管理职责，或者发现违法行为不及时查处的；

（八）有违反本条例规定的其他失职、渎职行为的。

第四十九条 医疗机构、疾病预防控制机构、动物防疫监督机构或者植物检疫机构违反本条例规定，有下列情形之一的，由县级以上人民政府卫生主管部门、农业或者兽医主管部门依据各自职责责令限期改正，通报批评，给予警告；逾期不改正，造成血吸虫病传播、流行或者其他严重后果的，对负有责任的主管人员和其他直接责任人员依法给予降级、撤职、开除的处分，并可以依法吊销有关责任人员的执业证书；负有责任的主管人员和其他直接责任人员构成犯罪的，依法追究刑事责任：

（一）未依照本条例规定开展血吸虫病防治工作的；

（二）未定期对其工作人员进行血吸虫病防治知识、技能培训和考核的；

（三）发现急性血吸虫病疫情或者接到急性血吸虫病暴发、流行报告时，未及时采取措施的；

（四）未对本行政区域内出售、外运的家畜或者植物进行血吸虫病检疫的；

（五）未对经检疫发现的患血吸虫病的家畜实施药物治疗，或者未对发现的携带钉螺的植物实施杀灭钉螺的。

第五十条 建设单位在血吸虫病防治地区兴建水利、交通、旅游、能源等大型建设项目，未事先提请省级以上疾病预防控制机构进行卫生调查，或者未根据疾病预防控制机构的意见，采取必要的血吸虫病预防、控制措施的，由县级以上人民政府卫生主管部门责令限期改正，给予警告，处5000元以上3万元以下的罚款；逾期不改正的，处3万元以上10万元以下的罚款，并可以提请有关人民政府依据职责权限，责令停建、关闭；造成血吸虫病疫情扩散或者其他严重后果的，对负有责任的主管人员和其他直接责任人员依法给予处分。

第五十一条 单位和个人损坏或者擅自移动有钉螺地带警示标志的，由乡

(镇)人民政府责令修复或者赔偿损失,给予警告;情节严重的,对单位处1000元以上3000元以下的罚款,对个人处50元以上200元以下的罚款。

第五十二条 违反本条例规定,有下列情形之一的,由县级以上人民政府卫生、农业或者兽医、水利、林业主管部门依据各自职责责令改正,给予警告,对单位处1000元以上1万元以下的罚款,对个人处50元以上500元以下的罚款,并没收用于违法活动的工具和物品;造成血吸虫病疫情扩散或者其他严重后果的,对负有责任的主管人员和其他直接责任人员依法给予处分:

(一)单位未依照本条例的规定对因生产、工作必须接触疫水的人员采取防护措施,或者未定期组织进行血吸虫病的专项体检的;

(二)对政府有关部门采取的预防、控制措施不予配合的;

(三)使用国家明令禁止使用的药物杀灭钉螺的;

(四)引种在有钉螺地带培育的芦苇等植物或者农作物的种子、种苗等繁殖材料的;

(五)在血吸虫病防治地区施用未经无害化处理粪便的。

第七章 附 则

第五十三条 本条例下列用语的含义:

血吸虫病,是血吸虫寄生于人体或者哺乳动物体内,导致其发病的一种寄生虫病。

疫水,是指含有血吸虫尾蚴的水体。

第五十四条 本条例自2006年5月1日起施行。

性病防治管理办法

1. 2012年11月23日卫生部令第89号公布
2. 自2013年1月1日起施行

第一章 总 则

第一条 为预防、控制性病的传播流行,保护人体健康,根据《中华人民共和国传染病防治法》(以下简称《传染病防治法》)和《艾滋病防治条例》有关规定,制定本办法。

第二条 性病是以性接触为主要传播途径的疾病。本办法所称性病包括以下几类:

(一)《传染病防治法》规定的乙类传染病中的梅毒和淋病;

(二)生殖道沙眼衣原体感染、尖锐湿疣、生殖器疱疹;

(三)卫生部根据疾病危害程度、流行情况等因素,确定需要管理的其他性病。

艾滋病防治管理工作依照《艾滋病防治条例》的有关规定执行。

第三条 性病防治坚持预防为主、防治结合的方针,遵循依法防治、科学管理、分级负责、专业指导、部门合作、社会参与的原则。

第四条 性病防治工作与艾滋病防治工作相结合,将性病防治工作纳入各级艾滋病防治工作协调机制,整合防治资源,实行性病艾滋病综合防治。

第五条 卫生部负责全国性病防治工作。根据需要制定国家性病防治规划;确定需要管理的性病目录,决定并公布需要列入乙类、丙类传染病管理的性病病种。

县级以上地方卫生行政部门负责本行政区域内性病防治工作,依照本办法和国家性病防治规划,结合当地性病流行情况和防治需求,制定并组织实施本行政区域性病防治计划。

卫生行政部门应当在同级人民政府的领导下,建立和完善性病防治管理和服务体系,将性病防治工作逐步纳入基本公共卫生服务内容;加强性病防治队伍建设,负责安排性病防治所需经费,组织开展性病防治工作。

第六条 卫生行政部门应当鼓励和支持社会组织参与性病防治工作,开展宣传教育、行为干预、心理支持和社会关怀等活动。

鼓励和支持医疗卫生、科研等相关机构开展性病防治工作研究和学术交流,参加性病防治公益活动。

第七条 医学院校、医务人员培训机构和医学考试机构,应当将性病防治政策和知识等纳入医学院校教育、住院医师培训、继续教育等各类培训以及医学考试的内容。

第八条 任何单位和个人不得歧视性病患者及其家属。性病患者就医、入学、就业、婚育等合法权益受法律保护。

第二章 机构和人员

第九条 卫生行政部门应当根据当地性病防治工作需求,指定承担性病防治任务的疾病预防控制机构,合理规划开展性病诊疗业务的医疗机构。

第十条 中国疾病预防控制中心在性病防治中的职责是:

(一)协助卫生部制定全国性病防治规划;

(二)指导全国性病防治工作,开展性病监测、疫情分析及管理、培训督导、防治效果评估等工作;

(三)组织制定和完善性病实验室检测等技术规范,开展性病实验室质量管理,定期开展性病诊断试剂临床应用质量评价。

第十一条 省级、设区的市和县级疾病预防控制机构在性病防治中的职责是:

(一)组织有关机构和专家,协助同级卫生行政部门制定本行政区域性病防治计划,开展性病的监测、流行病学调查、疫情分析及管理、培训督导等工作;

(二)组织并指导下级疾病预防控制机构和社会组织开展性病防治宣传教育、有易感染性病危险行为的人群干预工作;

(三)组织开展本行政区域性病实验室质量管理。

第十二条 医疗机构应当积极提供性病诊疗服务,方便患者就医。

医疗机构开展性病诊疗业务应当取得与性传播疾病诊疗相关的诊疗科目,确定相应科室,并应当具备以下条件:

(一)具有相应的诊疗场所,包括诊室、治疗室和检验科等;

(二)具备性病诊断治疗、消毒灭菌所必需的设备、设施及药品等;

(三)具有依法取得执业资格,并经性病诊疗培训考核合格的人员。

第十三条 开展性病诊疗业务的医疗机构职责是：

（一）根据性病诊断标准和技术规范对性病患者或者疑似病人进行诊断治疗，并按照规定报告疫情；

（二）开展性病防治知识宣传、健康教育、咨询和必要的干预；

（三）协助卫生行政部门开展性病诊疗业务培训；

（四）开展实验室检测质量控制；

（五）协助疾病预防控制机构开展性病疫情漏报调查和流行病学调查等工作。

第十四条 省级卫生行政部门应当定期组织从事性病诊断治疗和预防控制工作的专业人员进行岗位培训，并进行考核。

卫生行政部门和行业学会开展对皮肤科、妇产科、泌尿外科等相关学科医师的培训，应当包括性病防治知识和专业技术培训内容。

第十五条 医疗机构人员开展性病诊疗业务，应当依法取得执业资格，并应当定期接受性病防治知识和专业技术岗位培训。

疾病预防控制机构的人员开展性病预防控制工作，应当定期接受性病防治知识和专业技术岗位培训。

第十六条 县级以上地方卫生行政部门应当及时公布取得与性传播疾病诊疗相关科目的医疗机构信息。

开展性病诊疗业务的医疗机构发布有关医疗广告应当依法进行。

第三章　预防和控制

第十七条 疾病预防控制机构和开展性病诊疗业务的医疗机构应当根据当地性病流行特点，确定性病宣传和健康教育内容，对大众开展性病防治知识的宣传。

第十八条 各级疾病预防控制机构应当通过多种形式在有易感染性病危险行为的人群集中的场所宣传性病防治知识，倡导安全性行为，鼓励有易感染性病危险行为的人群定期到具备性病诊疗资质的医疗机构进行性病检查。

第十九条 开展性病诊疗业务的医疗机构应当为性病就诊者提供性病和生殖健康教育、咨询检测以及其他疾病的转诊服务。

第二十条 基层医疗卫生机构和开展性病防治工作的社会组织，应当在当地卫生行政部门的统一规划和疾病预防控制机构的指导下，对有易感染性病危险行为的人群开展性病、生殖健康知识宣传和行为干预，提供咨询等服务。

第二十一条 艾滋病自愿咨询检测机构和社区药物维持治疗门诊应当将梅毒免费咨询检测纳入日常服务内容；对咨询检测中发现的梅毒阳性患者，应当告知其到开展性病诊疗业务的医疗机构就诊。

第二十二条 开展妇幼保健和助产服务的医疗机构应当对孕产妇进行梅毒筛查检测、咨询、必要的诊疗或者转诊服务，预防先天梅毒的发生。

第二十三条 性病患者应当采取必要的防护措施，防止感染他人，不得以任何方式故意传播性病。

第二十四条 性病流行严重的地区，卫生行政部门可以根据当地情况，对特定人群采取普查普治的防治措施。

第四章 诊断和治疗

第二十五条 开展性病诊疗业务的医疗机构，应当实行首诊医师负责制，建立门诊日志，对就诊者逐例登记，对有可能感染性病或者具有性病可疑症状、体征的就诊者应当及时进行相关性病检查，不得以任何理由推诿。当性病患者存在严重危及健康和生命的伴随疾病，可以转诊至伴随疾病的专科诊治，并给予性病诊治支持。

不具备开展性病诊疗条件的医疗机构或者科室，在诊治、体检、筛查活动中发现疑似或者确诊的性病患者时，应当及时转诊至具备性病诊疗条件的医疗机构或者科室处置。当患者存在严重危及健康和生命的伴随疾病，可以安排在伴随疾病的专科继续诊治，开展性病诊疗业务的医疗机构或者科室应当给予性病诊治支持。

第二十六条 医疗机构及其医务人员对就诊者进行性病相关检查时，应当遵循知情同意的原则。

第二十七条 开展性病诊疗业务的医疗机构，应当按照安全、有效、经济、方便的原则提供性病治疗服务，优先使用基本药物。

开展性病诊疗业务的医疗机构，应当公示诊疗、检验及药品、医疗器械等服务价格，按照有关规定收费。

性病治疗基本用药纳入基本药物目录并逐步提高报销比例，性病基本诊疗服务费用纳入报销范围。

第二十八条 开展性病诊疗业务的医务人员，应当严格按照卫生部发布的性病诊断标准及相关规范的要求，采集完整病史，进行体格检查、临床检验和诊断治疗。

第二十九条 开展性病诊疗业务的医务人员，应当规范书写病历，准确填报传染病报告卡报告疫情，对性病患者进行复查，提供健康教育与咨询等预防服务，并予以记录。

第三十条 开展性病诊疗业务的医务人员，应当告知性病患者及早通知与其有性关系者及时就医。

第三十一条 开展性病诊疗业务并提供孕产期保健和助产服务的医疗机构，应当按照国家推荐方案及时为感染梅毒的孕产妇提供治疗，并为其婴幼儿提供必要的预防性治疗、随访、梅毒相关检测服务等。对确诊的先天梅毒的患儿根据国家推荐治疗方案给予治疗或者转诊。

第三十二条 开展性病诊疗业务的医疗机构进行性病临床检验，应当制定检验标准操作和质量控制程序，按照技术规范进行检验和结果报告，参加性病实验室间质量评价，加强实验室生物安全管理。

第三十三条 医疗机构应当采取措施预防性病的医源性感染，加强医务人员的职业安全防护。

第五章 监测和报告

第三十四条 中国疾病预防控制中心制定全国性病监测方案。省级疾病预防控制机构根据全国性病监测方案和本地性病疫情，制定本行政区域的性病监测实施方案；组织开展性病监测和专题调查，了解不同人群性病发病特点和流行趋势。

第三十五条 开展性病诊疗业务的医疗机构是性病疫情责任报告单位，开展性病诊疗的医务人员是性病疫情责任报告人。

性病疫情责任报告单位应当建立健全性病疫情登记和报告制度；性病疫情责任报告人发现应当报告的性病病例时，应当按照要求及时报告疫情。

第三十六条 开展性病诊疗业务的医疗机构应当结合流行病学史、临床表现和实验室检验结果等做出诊断，按照规定进行疫情报告，不得隐瞒、谎报、缓报疫情。

艾滋病自愿咨询检测机构和社区药物维持治疗门诊应当按照要求收集和上报相关信息。

医疗卫生机构不得泄露性病患者涉及个人隐私的有关信息、资料。

第三十七条 各级卫生行政部门负责本行政区域内性病疫情报告网络建设，为网络的正常运行提供必要的保障条件。

第三十八条 疾病预防控制机构负责本行政区域内性病疫情信息报告的业务管理和技术指导工作，对性病疫情信息进行收集、核实、分析、报告和反馈，预测疫情趋势，对疫情信息报告质量进行检查。

第六章 监督管理

第三十九条 卫生部负责对全国性病防治工作进行监督管理，组织开展性病防治工作绩效考核和效果评估。

第四十条 县级以上地方卫生行政部门负责对本行政区域内性病防治工作进行监督管理，定期开展性病防治工作绩效考核与督导检查。督导检查内容包括：

（一）疾病预防控制机构性病防治工作职责落实情况；

（二）开展性病诊疗业务的医疗机构工作职责落实情况；

（三）不具备开展性病诊疗资质的医疗机构发现疑似性病患者的转诊情况；

（四）疾病预防控制机构与开展性病诊疗业务的医疗机构性病防治培训情况。

第四十一条 卫生行政部门对开展性病诊疗服务的医疗机构进行校验和评审时，应当将性病诊治情况列入校验和评审内容。

第四十二条 卫生行政部门应当受理个人或者组织对违反本办法行为的举报，并依法进行处理。

第四十三条 卫生行政部门工作人员依法进行监督检查时，应当出示证件；被检查单位应当予以配合，如实反映情况，提供必要的资料，不得拒绝、阻碍或者隐瞒。

第四十四条 疾病预防控制机构和开展性病诊疗业务的医疗机构应当加强本机构性病防治工作管理，对违反本办法规定的本机构工作人员，应当根据情节轻重，给予批评教育或者相应的纪律处分。

第七章 法律责任

第四十五条 县级以上卫生行政部门对督导检查中发现的或者接到举报查实的违反本办法的行为，应当依法及时予以纠正和处理；对工作不力、管理不规范的医疗卫生机构及其工作人员，应当予以通报批评；对负有责任的主管人员和其他直接责任人员，可以根据情节依法给予处分。

第四十六条　县级以上卫生行政部门违反本办法规定，造成性病疫情传播扩散的，按照《传染病防治法》的有关规定进行处理；构成犯罪的，依法追究刑事责任。

第四十七条　未取得《医疗机构执业许可证》擅自开展性病诊疗活动的，按照《医疗机构管理条例》的有关规定进行处理。

第四十八条　医疗机构违反本办法规定，超出诊疗科目登记范围开展性病诊疗活动的，按照《医疗机构管理条例》及其实施细则的有关规定进行处理。

医疗机构违反本办法规定，未按照有关规定报告疫情或者隐瞒、谎报、缓报传染病疫情或者泄露性病患者涉及个人隐私的有关信息、资料，按照《传染病防治法》有关规定进行处理。

第四十九条　医疗机构提供性病诊疗服务时违反诊疗规范的，由县级以上卫生行政部门责令限期改正，给予警告；逾期不改的，可以根据情节轻重处以三万元以下罚款。

第五十条　医师在性病诊疗活动中违反本办法规定，有下列情形之一的，由县级以上卫生行政部门按照《执业医师法》第三十七条的有关规定进行处理：

（一）违反性病诊疗规范，造成严重后果的；

（二）泄露患者隐私，造成严重后果的；

（三）未按照规定报告性病疫情，造成严重后果的；

（四）违反本办法其他规定，造成严重后果的。

第五十一条　护士在性病诊疗活动中违反本办法规定泄露患者隐私或者发现医嘱违反法律、法规、规章、诊疗技术规范未按照规定提出或者报告的，按照《护士条例》第三十一条的有关规定进行处理。

第五十二条　医疗机构违反有关规定发布涉及性病诊断治疗内容的医疗广告，由县级以上卫生行政部门按照国家有关法律法规的规定进行处理。

第五十三条　性病患者违反规定，导致性病传播扩散，给他人人身、财产造成损害的，应当依法承担民事赔偿责任；构成犯罪的，依法追究刑事责任。

第八章　附　　则

第五十四条　省、自治区、直辖市卫生行政部门可以结合本地实际情况，根据本办法的规定制定实施细则。

第五十五条　医疗机构实验室的性病检测质量控制工作按照医疗机构临床实验室有关规定进行统一管理和质控。

第五十六条　本办法下列用语的含义：

承担性病防治任务的疾病预防控制机构，指按照卫生行政部门要求，承担性病防治工作职责的各级疾病预防控制中心或者皮肤病性病防治院、所、站。

有易感染性病危险行为的人群，指有婚外性行为、多性伴、同性性行为等行为的人群。

第五十七条 本办法自2013年1月1日起施行。1991年8月12日卫生部公布的《性病防治管理办法》同时废止。

结核病防治管理办法

1. 2013年2月20日卫生部令第92号公布
2. 自2013年3月24日起施行

第一章 总 则

第一条 为进一步做好结核病防治工作,有效预防、控制结核病的传播和流行,保障人体健康和公共卫生安全,根据《中华人民共和国传染病防治法》及有关法律法规,制定本办法。

第二条 坚持预防为主、防治结合的方针,建立政府组织领导、部门各负其责、全社会共同参与的结核病防治机制。加强宣传教育,实行以及时发现患者、规范治疗管理和关怀救助为重点的防治策略。

第三条 卫生部负责全国结核病防治及其监督管理工作,县级以上地方卫生行政部门负责本辖区内的结核病防治及其监督管理工作。

卫生行政部门应当积极协调有关部门加强结核病防治能力建设,逐步构建结核病定点医疗机构、基层医疗卫生机构、疾病预防控制机构分工明确、协调配合的防治服务体系。

第四条 各级各类医疗卫生机构应当按照有关法律法规和卫生行政部门的规定,在职责范围内做好结核病防治的疫情监测和报告、诊断治疗、感染控制、转诊服务、患者管理、宣传教育等工作。

第二章 机构与职责

第五条 卫生部组织制定全国结核病防治规划、技术规范和标准;统筹医疗卫生资源,建设和管理全国结核病防治服务体系;对全国结核病防治工作进行监督检查及评价。

第六条 县级以上地方卫生行政部门负责拟订本辖区内结核病防治规划并组织实施;组织协调辖区内结核病防治服务体系的建设和管理,指定结核病定点医疗机构;统筹规划辖区内结核病防治资源,对结核病防治服务体系给予必要的政策和经费支持;组织开展结核病防治工作的监督、检查和绩效评估。

第七条 疾病预防控制机构在结核病防治工作中履行以下职责:

(一)协助卫生行政部门开展规划管理及评估工作;

(二)收集、分析信息,监测肺结核疫情;及时准确报告、通报疫情及相关信息;开展流行病学调查、疫情处置等工作;

(三)组织落实肺结核患者治疗期间的规范管理;

(四)组织开展肺结核或者疑似肺结核患者及密切接触者的追踪工作;

(五)组织开展结核病高发和重点行业人群的防治工作;

(六)开展结核病实验室检测,对辖区内的结核病实验室进行质量控制;

(七)组织开展结核病防治培训,提供防治技术指导;

(八)组织开展结核病防治健康教育工作;

（九）开展结核病防治应用性研究。

第八条 结核病定点医疗机构在结核病防治工作中履行以下职责：

（一）负责肺结核患者诊断治疗，落实治疗期间的随访检查；

（二）负责肺结核患者报告、登记和相关信息的录入工作；

（三）对传染性肺结核患者的密切接触者进行检查；

（四）对患者及其家属进行健康教育。

第九条 非结核病定点医疗机构在结核病防治工作中履行以下职责：

（一）指定内设职能科室和人员负责结核病疫情的报告；

（二）负责结核病患者和疑似患者的转诊工作；

（三）开展结核病防治培训工作；

（四）开展结核病防治健康教育工作。

第十条 基层医疗卫生机构在结核病防治工作中履行以下职责：

（一）负责肺结核患者居家治疗期间的督导管理；

（二）负责转诊、追踪肺结核或者疑似肺结核患者及有可疑症状的密切接触者；

（三）对辖区内居民开展结核病防治知识宣传。

第三章 预　　防

第十一条 各级各类医疗卫生机构应当开展结核病防治的宣传教育，对就诊的肺结核患者及家属进行健康教育，宣传结核病防治政策和知识。

基层医疗卫生机构定期对辖区内居民进行健康教育和宣传。

疾病预防控制机构对易患结核病重点人群和重点场所进行有针对性的健康教育和宣传工作。

第十二条 根据国家免疫规划对适龄儿童开展卡介苗预防接种工作。

承担预防接种工作的医疗卫生机构应当按照《疫苗流通和预防接种管理条例》和预防接种工作规范的要求，规范提供预防接种服务。

第十三条 医疗卫生机构在组织开展健康体检和预防性健康检查时，应当重点做好以下人群的肺结核筛查工作：

（一）从事结核病防治的医疗卫生人员；

（二）食品、药品、化妆品从业人员；

（三）《公共场所卫生管理条例》中规定的从业人员；

（四）各级各类学校、托幼机构的教职员工及学校入学新生；

（五）接触粉尘或者有害气体的人员；

（六）乳牛饲养业从业人员；

（七）其他易使肺结核扩散的人员。

第十四条 医疗卫生机构要制订结核病感染预防与控制计划，健全规章制度和工作规范，开展结核病感染预防与控制相关工作，落实各项结核病感染防控措施，防止医源性感染和传播。

结核病定点医疗机构应当重点采取以下感染预防与控制措施：

（一）结核病门诊、病房设置应当符合国家有关规定；

（二）严格执行环境卫生及消毒隔离制度，注意环境通风；

（三）对于被结核分枝杆菌污染的痰液等排泄物和污物、污水以及医疗废物，应当按照医疗废物管理的相关规定进行分类收集、暂存及处置；

（四）为肺结核可疑症状者或者肺结核患者采取必要的防护措施，避免交叉感染发生。

第十五条 医务人员在工作中严格遵守个人防护的基本原则，接触传染性肺结核患者或者疑似肺结核患者时，应当采取必要的防护措施。

第十六条 疾病预防控制机构、医疗机构、科研等单位的结核病实验室和实验活动，应当符合病原微生物生物安全管理各项规定。

医疗机构实验室的结核病检测工作，按照卫生部医疗机构临床实验室管理的规定进行统一管理和质量控制。

第十七条 肺结核疫情构成突发公共卫生事件的，应当按照有关预案采取以下控制措施：

（一）依法做好疫情信息报告和风险评估；

（二）开展疫情流行病学调查和现场处置；

（三）将发现的肺结核患者纳入规范化治疗管理；

（四）对传染性肺结核患者的密切接触者进行医学观察，必要时在征得本人同意后对其实施预防性化疗；

（五）开展疫情风险沟通和健康教育工作，及时向社会公布疫情处置情况。

第四章 肺结核患者发现、报告与登记

第十八条 各级各类医疗机构应当对肺结核可疑症状者及时进行检查，对发现的确诊和疑似肺结核患者应当按照有关规定进行疫情报告，并将其转诊到患者居住地或者就诊医疗机构所在地的结核病定点医疗机构。

第十九条 卫生行政部门指定的医疗卫生机构应当按照有关工作规范，对艾滋病病毒感染者和艾滋病患者进行结核病筛查和确诊。

第二十条 基层医疗卫生机构协助县级疾病预防控制机构，对已进行疫情报告但未到结核病定点医疗机构就诊的肺结核患者和疑似肺结核患者进行追踪，督促其到结核病定点医疗机构进行诊断。

第二十一条 结核病定点医疗机构应当对肺结核患者进行诊断，并对其中的传染性肺结核患者的密切接触者进行结核病筛查。

承担耐多药肺结核防治任务的结核病定点医疗机构应当对耐多药肺结核可疑者进行痰分枝杆菌培养检查和抗结核药物敏感性试验。

第二十二条 结核病定点医疗机构对肺结核患者进行管理登记。登记内容包括患者诊断、治疗及管理等相关信息。结核病定点医疗机构应当根据患者治疗管理等情况，及时更新患者管理登记内容。

第二十三条 结核病疫情的报告、通报和公布，依照《传染病防治法》的有关规定执行。

第五章 肺结核患者治疗与管理

第二十四条 对发现的肺结核患者进行规范化治疗和督导管理。

第二十五条 结核病定点医疗机构应当为肺结核患者制定合理的治疗方案，提供规范化的治疗服务。

设区的市级以上结核病定点医疗机构严格按照实验室检测结果，为耐多药肺结核患者制定治疗方案，并规范提供治疗。

第二十六条 各级各类医疗机构对危、急、重症肺结核患者负有救治的责任，应当及时对患者进行医学处置，不得以任何理由推诿，不得因就诊的患者是结核病病人拒绝对其其他疾病进行治疗。

第二十七条 疾病预防控制机构应当及时掌握肺结核患者的相关信息，督促辖区内医疗卫生机构落实肺结核患者的治疗和管理工作。

第二十八条 基层医疗卫生机构应当对居家治疗的肺结核患者进行定期访视、督导服药等管理。

第二十九条 卫生行政部门指定的医疗机构应当按照有关工作规范对结核菌/艾滋病病毒双重感染患者进行抗结核和抗艾滋病病毒治疗、随访复查和管理。

第三十条 医疗卫生机构对流动人口肺结核患者实行属地化管理，提供与当地居民同等的服务。

转出地和转入地结核病定点医疗机构应当及时交换流动人口肺结核患者的信息，确保落实患者的治疗和管理措施。

第六章 监督管理

第三十一条 县级以上地方卫生行政部门对结核病防治工作行使下列监管职责：

（一）对结核病的预防、患者发现、治疗管理、疫情报告及监测等管理措施落实情况进行监管；

（二）对违反本办法的行为责令被检查单位或者个人限期进行改进，依法查处；

（三）负责预防与控制结核病的其他监管事项。

第三十二条 县级以上地方卫生行政部门要重点加强对相关单位以下结核病防治工作的监管：

（一）结核病定点医疗机构的诊断、治疗、管理和信息录入等工作；

（二）疾病预防控制机构的结核病疫情监测与处置、流行病学调查、高发和重点行业人群防治、实验室检测和质量控制、实验室生物安全、督导、培训和健康促进等工作；

（三）基层医疗卫生机构的转诊、追踪、患者督导管理和健康教育等工作；

（四）非结核病定点医疗机构的结核病疫情报告、转诊、培训、健康教育等工作。

第三十三条 卫生行政部门依照本办法实施监管职责时，根据结核病防治工作的需要，可向有关单位和个人了解情况，索取必要的资料，对有关场所进行检查。在执行公务中应当保护患者的隐私，不得泄漏患者个人信息及相关资料等。被检查单位和个人应当予以配合，如实提供有关情况，不得拒绝、阻挠。

第七章 法律责任

第三十四条 县级以上地方卫生行政部门有下列情形之一的，由上级卫生行政部门责令改正，通报批评；造成肺结核传播、流行或者其他严重后果的，对负有责任的主管人员和其他直接责任人员，依法给予行政处分；构成犯罪的，依法追究刑事责任：

（一）未履行肺结核疫情报告职责，或者瞒报、谎报、缓报肺结核疫情的；

（二）未及时采取预防、控制措施导致发生或者可能发生肺结核传播的；

（三）未履行监管职责，或者发现违法行为不及时查处的。

第三十五条 疾病预防控制机构违反本办法规定，有下列情形之一的，由县级以上卫生行政部门责令限期改正，通报批评，给予警告；对负有责任的主管人员和其他直接责任人员，依法给予处分；构成犯罪的，依法追究刑事责任：

（一）未依法履行肺结核疫情监测、报告职责，或者隐瞒、谎报、缓报肺结核疫情的；

（二）发现肺结核疫情时，未依据职责及时采取措施的；

（三）故意泄露涉及肺结核患者、疑似肺结核患者、密切接触者个人隐私的有关信息、资料的；

（四）未履行对辖区实验室质量控制、培训等防治职责的。

第三十六条 医疗机构违反本办法规定，有下列情形之一的，由县级以上卫生行政部门责令改正，通报批评，给予警告；造成肺结核传播、流行或者其他严重后果的，对负有责任的主管人员和其他直接责任人员，依法给予处分；构成犯罪的，依法追究刑事责任：

（一）未按照规定报告肺结核疫情，或者隐瞒、谎报、缓报肺结核疫情的；

（二）非结核病定点医疗机构发现确诊或者疑似肺结核患者，未按照规定进行转诊的；

（三）结核病定点医疗机构未按照规定对肺结核患者或者疑似肺结核患者诊断治疗的，或者拒绝接诊的；

（四）未按照有关规定严格执行隔离消毒制度，对结核菌污染的痰液、污物和污水未进行卫生处理的；

（五）故意泄露涉及肺结核患者、疑似肺结核患者、密切接触者个人隐私的有关信息和资料的。

第三十七条 基层医疗卫生机构违反本办法规定，有下列情形之一的，由县级卫生行政部门责令改正，给予警告：

（一）未履行对辖区内肺结核患者居家治疗期间的督导管理职责的；

（二）未按照规定转诊、追踪肺结核患者或者疑似肺结核患者及有可疑症状的密切接触者。

第三十八条 其他单位和个人违反本办法规定，导致肺结核传播或者流行，给他人人身、财产造成损害的，应当依法承担民事责任；构成犯罪的，依法追究刑事责任。

第八章 附则

第三十九条 本办法下列用语含义：

肺结核可疑症状者：咳嗽、咯痰2周以上以及咯血或者血痰是肺结核的主要症状，具有以上任何一项症状者为肺结核可疑症状者。

疑似肺结核患者：凡符合下列条件之一者为疑似病例。(1)有肺结核可疑症状的5岁以下儿童，同时伴有与传染性肺结核患者密切接触史或者结核菌素试验强阳性；(2)仅胸部影像学检查显示与活动性肺结核相符的病变。

传染性肺结核：指痰涂片检测阳性的肺结核。

密切接触者：指与传染性肺结核患者直接接触的人员，包括患者的家庭成员、同事和同学等。

耐多药肺结核：肺结核患者感染的结核分枝杆菌体外被证实至少同时对异烟肼和利福平耐药。

结核菌/艾滋病病毒双重感染：指艾滋病病毒感染者或者艾滋病患者发生活动性肺结核，或者结核病患者感染艾滋病病毒。

转诊：指各级医疗卫生机构将发现的疑似或确诊的肺结核患者转至结核病定点医疗机构。

追踪：指基层医疗卫生机构在疾病预防控制机构的指导下，对未到结核病定点医疗机构就诊的肺结核患者和有可疑症状的密切接触者进行追访，使其到结核病定点医疗机构就诊。

基层医疗卫生机构：指乡镇卫生院、村卫生室和城市社区卫生服务机构。

第四十条 本办法由卫生部负责解释。

第四十一条 本办法自2013年3月24日起施行。1991年9月12日卫生部公布的《结核病防治管理办法》同时废止。

2. 职业病防治

中华人民共和国职业病防治法

1. 2001年10月27日第九届全国人民代表大会常务委员会第二十四次会议通过

2. 根据2011年12月31日第十一届全国人民代表大会常务委员会第二十四次会议《关于修改〈中华人民共和国职业病防治法〉的决定》第一次修正

3. 根据2016年7月2日第十二届全国人民代表大会常务委员会第二十一次会议《关于修改〈中华人民共和国节约能源法〉等六部法律的决定》第二次修正

4. 根据2017年11月4日第十二届全国人民代表大会常务委员会第三十次会议《关于修改〈中华人民共和国会计法〉等十一部法律的决定》第三次修正

5. 根据2018年12月29日第十三届全国人民代表大会常务委员会第七次会议《关于修改〈中华人民共和国劳动法〉等七部法律的决定》第四次修正

目　　录

第一章 总 则

第一条 【立法目的】为了预防、控制和消除职业病危害,防治职业病,保护劳动者健康及其相关权益,促进经济社会发展,根据宪法,制定本法。

第二条 【职业病概念】本法适用于中华人民共和国领域内的职业病防治活动。

本法所称职业病,是指企业、事业单位和个体经济组织等用人单位的劳动者在职业活动中,因接触粉尘、放射性物质和其他有毒、有害因素而引起的疾病。

职业病的分类和目录由国务院卫生行政部门会同国务院劳动保障行政部门制定、调整并公布。

第三条 【工作方针】职业病防治工作坚持预防为主、防治结合的方针,建立用人单位负责、行政机关监管、行业自律、职工参与和社会监督的机制,实行分类管理、综合治理。

第四条 【职业卫生保护权】劳动者依法享有职业卫生保护的权利。

用人单位应当为劳动者创造符合国家职业卫生标准和卫生要求的工作环境和条件,并采取措施保障劳动者获得职业卫生保护。

工会组织依法对职业病防治工作进行监督,维护劳动者的合法权益。用人单位制定或者修改有关职业病防治的规章制度,应当听取工会组织的意见。

第五条 【用人单位防治责任】用人单位应当建立、健全职业病防治责任制,加强对职业病防治的管理,提高职业病防治水平,对本单位产生的职业病危害承担责任。

第六条 【主要责任人】用人单位的主要负责人对本单位的职业病防治工作全面负责。

第七条 【工伤保险】用人单位必须依法参加工伤保险。

国务院和县级以上地方人民政府劳动保障行政部门应当加强对工伤保险的监督管理,确保劳动者依法享受工伤保险待遇。

第八条 【在技术、工艺、设备、材料上控制职业病】国家鼓励和支持研制、开发、推广、应用有利于职业病防治和保护劳动者健康的新技术、新工艺、新设备、新材料,加强对职业病的机理和发生规律的基础研究,提高职业病防治科学技术水平;积极采用有效的职业病防治技术、工艺、设备、材料;限制使用或者淘汰职业病危害严重的技术、工艺、设备、材料。

国家鼓励和支持职业病医疗康复机构的建设。

第九条 【职业卫生监督制度】国家实行职业卫生监督制度。

国务院卫生行政部门、劳动保障行政部门依照本法和国务院确定的职责,负责全国职业病防治的监督管理工作。国务院有关部门在各自的职责范围内负责职业病防治的有关监督管理工作。

县级以上地方人民政府卫生行政部门、劳动保障行政部门依据各自职责,负责本行政区域内职业病防治的监督管理工作。县级以上地方人民政府有关部门在各自的职责范围内负责职业病防治的有关监督管理工作。

县级以上人民政府卫生行政部门、劳动保障行政部门(以下统称职业卫生监督管理部门)应当加强沟通,密切配合,按照各自职责分工,依法行使职权,承担责任。

第十条　【防治规划】国务院和县级以上地方人民政府应当制定职业病防治规划,将其纳入国民经济和社会发展计划,并组织实施。

县级以上地方人民政府统一负责、领导、组织、协调本行政区域的职业病防治工作,建立健全职业病防治工作体制、机制,统一领导、指挥职业卫生突发事件应对工作;加强职业病防治能力建设和服务体系建设,完善、落实职业病防治工作责任制。

乡、民族乡、镇的人民政府应当认真执行本法,支持职业卫生监督管理部门依法履行职责。

第十一条　【宣传教育】县级以上人民政府职业卫生监督管理部门应当加强对职业病防治的宣传教育,普及职业病防治的知识,增强用人单位的职业病防治观念,提高劳动者的职业健康意识、自我保护意识和行使职业卫生保护权利的能力。

第十二条　【国家职业卫生标准的制定与公布】有关防治职业病的国家职业卫生标准,由国务院卫生行政部门组织制定并公布。

国务院卫生行政部门应当组织开展重点职业病监测和专项调查,对职业健康风险进行评估,为制定职业卫生标准和职业病防治政策提供科学依据。

县级以上地方人民政府卫生行政部门应当定期对本行政区域的职业病防治情况进行统计和调查分析。

第十三条　【检举、控告和奖励】任何单位和个人有权对违反本法的行为进行检举和控告。有关部门收到相关的检举和控告后,应当及时处理。

对防治职业病成绩显著的单位和个人,给予奖励。

第二章　前期预防

第十四条　【从源头上控制和消除】用人单位应当依照法律、法规要求,严格遵守国家职业卫生标准,落实职业病预防措施,从源头上控制和消除职业病危害。

第十五条　【职业卫生要求】产生职业病危害的用人单位的设立除应当符合法律、行政法规规定的设立条件外,其工作场所还应当符合下列职业卫生要求:

(一)职业病危害因素的强度或者浓度符合国家职业卫生标准;

(二)有与职业病危害防护相适应的设施;

(三)生产布局合理,符合有害与无害作业分开的原则;

(四)有配套的更衣间、洗浴间、孕妇休息间等卫生设施;

(五)设备、工具、用具等设施符合保护劳动者生理、心理健康的要求;

(六)法律、行政法规和国务院卫生行政部门关于保护劳动者健康的其他要求。

第十六条　【危害项目申报制度】国家建立职业病危害项目申报制度。

用人单位工作场所存在职业病目

录所列职业病的危害因素的，应当及时、如实向所在地卫生行政部门申报危害项目，接受监督。

职业病危害因素分类目录由国务院卫生行政部门制定、调整并公布。职业病危害项目申报的具体办法由国务院卫生行政部门制定。

第十七条 【职业病危害预评价报告】新建、扩建、改建建设项目和技术改造、技术引进项目（以下统称建设项目）可能产生职业病危害的，建设单位在可行性论证阶段应当进行职业病危害预评价。

医疗机构建设项目可能产生放射性职业病危害的，建设单位应当向卫生行政部门提交放射性职业病危害预评价报告。卫生行政部门应当自收到预评价报告之日起三十日内，作出审核决定并书面通知建设单位。未提交预评价报告或者预评价报告未经卫生行政部门审核同意的，不得开工建设。

职业病危害预评价报告应当对建设项目可能产生的职业病危害因素及其对工作场所和劳动者健康的影响作出评价，确定危害类别和职业病防护措施。

建设项目职业病危害分类管理办法由国务院卫生行政部门制定。

第十八条 【职业病防护设施费用、设计及职业病危害控制效果评价】建设项目的职业病防护设施所需费用应当纳入建设项目工程预算，并与主体工程同时设计，同时施工，同时投入生产和使用。

建设项目的职业病防护设施设计应当符合国家职业卫生标准和卫生要求；其中，医疗机构放射性职业病危害严重的建设项目的防护设施设计，应当经卫生行政部门审查同意后，方可施工。

建设项目在竣工验收前，建设单位应当进行职业病危害控制效果评价。

医疗机构可能产生放射性职业病危害的建设项目竣工验收时，其放射性职业病防护设施经卫生行政部门验收合格后，方可投入使用；其他建设项目的职业病防护设施应当由建设单位负责依法组织验收，验收合格后，方可投入生产和使用。卫生行政部门应当加强对建设单位组织的验收活动和验收结果的监督核查。

第十九条 【特殊管理】国家对从事放射性、高毒、高危粉尘等作业实行特殊管理。具体管理办法由国务院制定。

第三章 劳动过程中的防护与管理

第二十条 【职业病防治管理措施】用人单位应当采取下列职业病防治管理措施：

（一）设置或者指定职业卫生管理机构或者组织，配备专职或者兼职的职业卫生管理人员，负责本单位的职业病防治工作；

（二）制定职业病防治计划和实施方案；

（三）建立、健全职业卫生管理制度和操作规程；

（四）建立、健全职业卫生档案和劳动者健康监护档案；

（五）建立、健全工作场所职业病

危害因素监测及评价制度；

（六）建立、健全职业病危害事故应急救援预案。

第二十一条 【保障资金投入】用人单位应当保障职业病防治所需的资金投入，不得挤占、挪用，并对因资金投入不足导致的后果承担责任。

第二十二条 【提供职业病防护用品】用人单位必须采用有效的职业病防护设施，并为劳动者提供个人使用的职业病防护用品。

用人单位为劳动者个人提供的职业病防护用品必须符合防治职业病的要求；不符合要求的，不得使用。

第二十三条 【技术、工艺、设备、材料替代】用人单位应当优先采用有利于防治职业病和保护劳动者健康的新技术、新工艺、新设备、新材料，逐步替代职业病危害严重的技术、工艺、设备、材料。

第二十四条 【职业病公告和警示】产生职业病危害的用人单位，应当在醒目位置设置公告栏，公布有关职业病防治的规章制度、操作规程、职业病危害事故应急救援措施和工作场所职业病危害因素检测结果。

对产生严重职业病危害的作业岗位，应当在其醒目位置，设置警示标识和中文警示说明。警示说明应当载明产生职业病危害的种类、后果、预防以及应急救治措施等内容。

第二十五条 【职业病防护设备、应急救援设施和个人使用的职业病防护用品】对可能发生急性职业损伤的有毒、有害工作场所，用人单位应当设置报警装置，配置现场急救用品、冲洗设备、应急撤离通道和必要的泄险区。

对放射工作场所和放射性同位素的运输、贮存，用人单位必须配置防护设备和报警装置，保证接触放射线的工作人员佩戴个人剂量计。

对职业病防护设备、应急救援设施和个人使用的职业病防护用品，用人单位应当进行经常性的维护、检修，定期检测其性能和效果，确保其处于正常状态，不得擅自拆除或者停止使用。

第二十六条 【符合国家职业卫生标准和卫生要求】用人单位应当实施由专人负责的职业病危害因素日常监测，并确保监测系统处于正常运行状态。

用人单位应当按照国务院卫生行政部门的规定，定期对工作场所进行职业病危害因素检测、评价。检测、评价结果存入用人单位职业卫生档案，定期向所在地卫生行政部门报告并向劳动者公布。

职业病危害因素检测、评价由依法设立的取得国务院卫生行政部门或者设区的市级以上地方人民政府卫生行政部门按照职责分工给予资质认可的职业卫生技术服务机构进行。职业卫生技术服务机构所作检测、评价应当客观、真实。

发现工作场所职业病危害因素不符合国家职业卫生标准和卫生要求时，用人单位应当立即采取相应治理措施，仍然达不到国家职业卫生标准和卫生要求的，必须停止存在职业病危害因素的作业；职业病危害因素经治理后，符合国家职业卫生标准和卫生要求的，方可重新作业。

第二十七条 【卫生行政部门的监督职责】职业卫生技术服务机构依法从事职业病危害因素检测、评价工作，接受卫生行政部门的监督检查。卫生行政部门应当依法履行监督职责。

第二十八条 【设备警示说明】向用人单位提供可能产生职业病危害的设备的，应当提供中文说明书，并在设备的醒目位置设置警示标识和中文警示说明。警示说明应当载明设备性能、可能产生的职业病危害、安全操作和维护注意事项、职业病防护以及应急救治措施等内容。

第二十九条 【材料危险说明】向用人单位提供可能产生职业病危害的化学品、放射性同位素和含有放射性物质的材料的，应当提供中文说明书。说明书应当载明产品特性、主要成份、存在的有害因素、可能产生的危害后果、安全使用注意事项、职业病防护以及应急救治措施等内容。产品包装应当有醒目的警示标识和中文警示说明。贮存上述材料的场所应当在规定的部位设置危险物品标识或者放射性警示标识。

国内首次使用或者首次进口与职业病危害有关的化学材料，使用单位或者进口单位按照国家规定经国务院有关部门批准后，应当向国务院卫生行政部门报送该化学材料的毒性鉴定以及经有关部门登记注册或者批准进口的文件等资料。

进口放射性同位素、射线装置和含有放射性物质的物品的，按照国家有关规定办理。

第三十条 【明令禁止】任何单位和个人不得生产、经营、进口和使用国家明令禁止使用的可能产生职业病危害的设备或者材料。

第三十一条 【不得违法转移或接受产生职业病危害的作业】任何单位和个人不得将产生职业病危害的作业转移给不具备职业病防护条件的单位和个人。不具备职业病防护条件的单位和个人不得接受产生职业病危害的作业。

第三十二条 【知悉职业病危害】用人单位对采用的技术、工艺、设备、材料，应当知悉其产生的职业病危害，对有职业病危害的技术、工艺、设备、材料隐瞒其危害而采用的，对所造成的职业病危害后果承担责任。

第三十三条 【告知职业病危害】用人单位与劳动者订立劳动合同（含聘用合同，下同）时，应当将工作过程中可能产生的职业病危害及其后果、职业病防护措施和待遇等如实告知劳动者，并在劳动合同中写明，不得隐瞒或者欺骗。

劳动者在已订立劳动合同期间因工作岗位或者工作内容变更，从事与所订立劳动合同中未告知的存在职业病危害的作业时，用人单位应当依照前款规定，向劳动者履行如实告知的义务，并协商变更原劳动合同相关条款。

用人单位违反前两款规定的，劳动者有权拒绝从事存在职业病危害的作业，用人单位不得因此解除与劳动者所订立的劳动合同。

第三十四条 【职业卫生培训】用人单位的主要负责人和职业卫生管理人员应

当接受职业卫生培训，遵守职业病防治法律、法规，依法组织本单位的职业病防治工作。

用人单位应当对劳动者进行上岗前的职业卫生培训和在岗期间的定期职业卫生培训，普及职业卫生知识，督促劳动者遵守职业病防治法律、法规、规章和操作规程，指导劳动者正确使用职业病防护设备和个人使用的职业病防护用品。

劳动者应当学习和掌握相关的职业卫生知识，增强职业病防范意识，遵守职业病防治法律、法规、规章和操作规程，正确使用、维护职业病防护设备和个人使用的职业病防护用品，发现职业病危害事故隐患应当及时报告。

劳动者不履行前款规定义务的，用人单位应当对其进行教育。

第三十五条 【职业健康检查】对从事接触职业病危害的作业的劳动者，用人单位应当按照国务院卫生行政部门的规定组织上岗前、在岗期间和离岗时的职业健康检查，并将检查结果书面告知劳动者。职业健康检查费用由用人单位承担。

用人单位不得安排未经上岗前职业健康检查的劳动者从事接触职业病危害的作业；不得安排有职业禁忌的劳动者从事其所禁忌的作业；对在职业健康检查中发现有与所从事的职业相关的健康损害的劳动者，应当调离原工作岗位，并妥善安置；对未进行离岗前职业健康检查的劳动者不得解除或者终止与其订立的劳动合同。

职业健康检查应当由取得《医疗机构执业许可证》的医疗卫生机构承担。卫生行政部门应当加强对职业健康检查工作的规范管理，具体管理办法由国务院卫生行政部门制定。

第三十六条 【职业健康监护档案】用人单位应当为劳动者建立职业健康监护档案，并按照规定的期限妥善保存。

职业健康监护档案应当包括劳动者的职业史、职业病危害接触史、职业健康检查结果和职业病诊疗等有关个人健康资料。

劳动者离开用人单位时，有权索取本人职业健康监护档案复印件，用人单位应当如实、无偿提供，并在所提供的复印件上签章。

第三十七条 【急性职业病危害事故的应急救援和控制措施】发生或者可能发生急性职业病危害事故时，用人单位应当立即采取应急救援和控制措施，并及时报告所在地卫生行政部门和有关部门。卫生行政部门接到报告后，应当及时会同有关部门组织调查处理；必要时，可以采取临时控制措施。卫生行政部门应当组织做好医疗救治工作。

对遭受或者可能遭受急性职业病危害的劳动者，用人单位应当及时组织救治、进行健康检查和医学观察，所需费用由用人单位承担。

第三十八条 【对未成年工和女职工的保护】用人单位不得安排未成年工从事接触职业病危害的作业；不得安排孕期、哺乳期的女职工从事对本人和胎儿、婴儿有危害的作业。

第三十九条 【劳动者职业卫生保护权利】劳动者享有下列职业卫生保护权利：

（一）获得职业卫生教育、培训；

（二）获得职业健康检查、职业病诊疗、康复等职业病防治服务；

（三）了解工作场所产生或者可能产生的职业病危害因素、危害后果和应当采取的职业病防护措施；

（四）要求用人单位提供符合防治职业病要求的职业病防护设施和个人使用的职业病防护用品，改善工作条件；

（五）对违反职业病防治法律、法规以及危及生命健康的行为提出批评、检举和控告；

（六）拒绝违章指挥和强令进行没有职业病防护措施的作业；

（七）参与用人单位职业卫生工作的民主管理，对职业病防治工作提出意见和建议。

用人单位应当保障劳动者行使前款所列权利。因劳动者依法行使正当权利而降低其工资、福利等待遇或者解除、终止与其订立的劳动合同的，其行为无效。

第四十条　【工会职责】工会组织应当督促并协助用人单位开展职业卫生宣传教育和培训，有权对用人单位的职业病防治工作提出意见和建议，依法代表劳动者与用人单位签订劳动安全卫生专项集体合同，与用人单位就劳动者反映的有关职业病防治的问题进行协调并督促解决。

工会组织对用人单位违反职业病防治法律、法规，侵犯劳动者合法权益的行为，有权要求纠正；产生严重职业病危害时，有权要求采取防护措施，或者向政府有关部门建议采取强制性措施；发生职业病危害事故时，有权参与事故调查处理；发现危及劳动者生命健康的情形时，有权向用人单位建议组织劳动者撤离危险现场，用人单位应当立即作出处理。

第四十一条　【费用列支】用人单位按照职业病防治要求，用于预防和治理职业病危害、工作场所卫生检测、健康监护和职业卫生培训等费用，按照国家有关规定，在生产成本中据实列支。

第四十二条　【职责分工】职业卫生监督管理部门应当按照职责分工，加强对用人单位落实职业病防护管理措施情况的监督检查，依法行使职权，承担责任。

第四章　职业病诊断与职业病病人保障

第四十三条　【职业病诊断的医疗卫生机构资格】职业病诊断应当由取得《医疗机构执业许可证》的医疗卫生机构承担。卫生行政部门应当加强对职业病诊断工作的规范管理，具体管理办法由国务院卫生行政部门制定。

承担职业病诊断的医疗卫生机构还应当具备下列条件：

（一）具有与开展职业病诊断相适应的医疗卫生技术人员；

（二）具有与开展职业病诊断相适应的仪器、设备；

（三）具有健全的职业病诊断质量管理制度。

承担职业病诊断的医疗卫生机构不得拒绝劳动者进行职业病诊断的要求。

第四十四条　【职业病诊断地】劳动者可

以在用人单位所在地、本人户籍所在地或者经常居住地依法承担职业病诊断的医疗卫生机构进行职业病诊断。

第四十五条 【相关法规制定】职业病诊断标准和职业病诊断、鉴定办法由国务院卫生行政部门制定。职业病伤残等级的鉴定办法由国务院劳动保障行政部门会同国务院卫生行政部门制定。

第四十六条 【职业病诊断因素】职业病诊断，应当综合分析下列因素：

（一）病人的职业史；

（二）职业病危害接触史和工作场所职业病危害因素情况；

（三）临床表现以及辅助检查结果等。

没有证据否定职业病危害因素与病人临床表现之间的必然联系的，应当诊断为职业病。

职业病诊断证明书应当由参与诊断的取得职业病诊断资格的执业医师签署，并经承担职业病诊断的医疗卫生机构审核盖章。

第四十七条 【用人单位提供资料及协助调查义务】用人单位应当如实提供职业病诊断、鉴定所需的劳动者职业史和职业病危害接触史、工作场所职业病危害因素检测结果等资料；卫生行政部门应当监督检查和督促用人单位提供上述资料；劳动者和有关机构也应当提供与职业病诊断、鉴定有关的资料。

职业病诊断、鉴定机构需要了解工作场所职业病危害因素情况时，可以对工作场所进行现场调查，也可以向卫生行政部门提出，卫生行政部门应当在十日内组织现场调查。用人单位不得拒绝、阻挠。

第四十八条 【对存在异议的资料或职业病危害因素情况的判定】职业病诊断、鉴定过程中，用人单位不提供工作场所职业病危害因素检测结果等资料的，诊断、鉴定机构应当结合劳动者的临床表现、辅助检查结果和劳动者的职业史、职业病危害接触史，并参考劳动者的自述、卫生行政部门提供的日常监督检查信息等，作出职业病诊断、鉴定结论。

劳动者对用人单位提供的工作场所职业病危害因素检测结果等资料有异议，或者因劳动者的用人单位解散、破产，无用人单位提供上述资料的，诊断、鉴定机构应当提请卫生行政部门进行调查，卫生行政部门应当自接到申请之日起三十日内对存在异议的资料或者工作场所职业病危害因素情况作出判定；有关部门应当配合。

第四十九条 【申请仲裁或依法起诉】职业病诊断、鉴定过程中，在确认劳动者职业史、职业病危害接触史时，当事人对劳动关系、工种、工作岗位或者在岗时间有争议的，可以向当地的劳动人事争议仲裁委员会申请仲裁；接到申请的劳动人事争议仲裁委员会应当受理，并在三十日内作出裁决。

当事人在仲裁过程中对自己提出的主张，有责任提供证据。劳动者无法提供由用人单位掌握管理的与仲裁主张有关的证据的，仲裁庭应当要求用人单位在指定期限内提供；用人单位在指定期限内不提供的，应当承担不利后果。

劳动者对仲裁裁决不服的，可以依法向人民法院提起诉讼。

用人单位对仲裁裁决不服的，可以在职业病诊断、鉴定程序结束之日起十五日内依法向人民法院提起诉讼；诉讼期间，劳动者的治疗费用按照职业病待遇规定的途径支付。

第五十条 【发现职业病病人报告制度】用人单位和医疗卫生机构发现职业病病人或者疑似职业病病人时，应当及时向所在地卫生行政部门报告。确诊为职业病的，用人单位还应当向所在地劳动保障行政部门报告。接到报告的部门应当依法作出处理。

第五十一条 【职业病统计报告的管理】县级以上地方人民政府卫生行政部门负责本行政区域内的职业病统计报告的管理工作，并按照规定上报。

第五十二条 【职业病诊断争议处理】当事人对职业病诊断有异议的，可以向作出诊断的医疗卫生机构所在地地方人民政府卫生行政部门申请鉴定。

职业病诊断争议由设区的市级以上地方人民政府卫生行政部门根据当事人的申请，组织职业病诊断鉴定委员会进行鉴定。

当事人对设区的市级职业病诊断鉴定委员会的鉴定结论不服的，可以向省、自治区、直辖市人民政府卫生行政部门申请再鉴定。

第五十三条 【职业病诊断鉴定委员会组成和诊断费用承担】职业病诊断鉴定委员会由相关专业的专家组成。

省、自治区、直辖市人民政府卫生行政部门应当设立相关的专家库，需要对职业病争议作出诊断鉴定时，由当事人或者当事人委托有关卫生行政部门从专家库中以随机抽取的方式确定参加诊断鉴定委员会的专家。

职业病诊断鉴定委员会应当按照国务院卫生行政部门颁布的职业病诊断标准和职业病诊断、鉴定办法进行职业病诊断鉴定，向当事人出具职业病诊断鉴定书。职业病诊断、鉴定费用由用人单位承担。

第五十四条 【职业病诊断鉴定委员会成员道德和纪律】职业病诊断鉴定委员会组成人员应当遵守职业道德，客观、公正地进行诊断鉴定，并承担相应的责任。职业病诊断鉴定委员会组成人员不得私下接触当事人，不得收受当事人的财物或者其他好处，与当事人有利害关系的，应当回避。

人民法院受理有关案件需要进行职业病鉴定时，应当从省、自治区、直辖市人民政府卫生行政部门依法设立的相关的专家库中选取参加鉴定的专家。

第五十五条 【疑似职业病病人的发现及诊断】医疗卫生机构发现疑似职业病病人时，应当告知劳动者本人并及时通知用人单位。

用人单位应当及时安排对疑似职业病病人进行诊断；在疑似职业病病人诊断或者医学观察期间，不得解除或者终止与其订立的劳动合同。

疑似职业病病人在诊断、医学观察期间的费用，由用人单位承担。

第五十六条 【职业病待遇】用人单位应当保障职业病病人依法享受国家规定的职业病待遇。

用人单位应当按照国家有关规

定，安排职业病病人进行治疗、康复和定期检查。

用人单位对不适宜继续从事原工作的职业病病人，应当调离原岗位，并妥善安置。

用人单位对从事接触职业病危害的作业的劳动者，应当给予适当岗位津贴。

第五十七条 【社会保障】职业病病人的诊疗、康复费用，伤残以及丧失劳动能力的职业病病人的社会保障，按照国家有关工伤保险的规定执行。

第五十八条 【赔偿】职业病病人除依法享有工伤保险外，依照有关民事法律，尚有获得赔偿的权利的，有权向用人单位提出赔偿要求。

第五十九条 【用人单位责任承担】劳动者被诊断患有职业病，但用人单位没有依法参加工伤保险的，其医疗和生活保障由该用人单位承担。

第六十条 【职业病病人变动工作单位和用人单位变动】职业病病人变动工作单位，其依法享有的待遇不变。

用人单位在发生分立、合并、解散、破产等情形时，应当对从事接触职业病危害的作业的劳动者进行健康检查，并按照国家有关规定妥善安置职业病病人。

第六十一条 【申请医疗、生活救助】用人单位已经不存在或者无法确认劳动关系的职业病病人，可以向地方人民政府医疗保障、民政部门申请医疗救助和生活等方面的救助。

地方各级人民政府应当根据本地区的实际情况，采取其他措施，使前款规定的职业病病人获得医疗救治。

第五章 监督检查

第六十二条 【监督检查部门】县级以上人民政府职业卫生监督管理部门依照职业病防治法律、法规、国家职业卫生标准和卫生要求，依据职责划分，对职业病防治工作进行监督检查。

第六十三条 【监督措施】卫生行政部门履行监督检查职责时，有权采取下列措施：

（一）进入被检查单位和职业病危害现场，了解情况，调查取证；

（二）查阅或者复制与违反职业病防治法律、法规的行为有关的资料和采集样品；

（三）责令违反职业病防治法律、法规的单位和个人停止违法行为。

第六十四条 【临时控制措施】发生职业病危害事故或者有证据证明危害状态可能导致职业病危害事故发生时，卫生行政部门可以采取下列临时控制措施：

（一）责令暂停导致职业病危害事故的作业；

（二）封存造成职业病危害事故或者可能导致职业病危害事故发生的材料和设备；

（三）组织控制职业病危害事故现场。

在职业病危害事故或者危害状态得到有效控制后，卫生行政部门应当及时解除控制措施。

第六十五条 【职业卫生监督执法人员职责】职业卫生监督执法人员依法执行职务时，应当出示监督执法证件。

职业卫生监督执法人员应当忠于职守，秉公执法，严格遵守执法规范；

涉及用人单位的秘密的,应当为其保密。

第六十六条 【支持配合检查】职业卫生监督执法人员依法执行职务时,被检查单位应当接受检查并予以支持配合,不得拒绝和阻碍。

第六十七条 【卫生行政部门及职业卫生监督执法人员禁止行为】卫生行政部门及其职业卫生监督执法人员履行职责时,不得有下列行为:

(一)对不符合法定条件的,发给建设项目有关证明文件、资质证明文件或者予以批准;

(二)对已经取得有关证明文件的,不履行监督检查职责;

(三)发现用人单位存在职业病危害的,可能造成职业病危害事故,不及时依法采取控制措施;

(四)其他违反本法的行为。

第六十八条 【职业卫生监督执法人员资格认定】职业卫生监督执法人员应当依法经过资格认定。

职业卫生监督管理部门应当加强队伍建设,提高职业卫生监督执法人员的政治、业务素质,依照本法和其他有关法律、法规的规定,建立、健全内部监督制度,对其工作人员执行法律、法规和遵守纪律的情况,进行监督检查。

第六章 法律责任

第六十九条 【建设单位法律责任】建设单位违反本法规定,有下列行为之一的,由卫生行政部门给予警告,责令限期改正;逾期不改正的,处十万元以上五十万元以下的罚款;情节严重的,责令停止产生职业病危害的作业,或者提请有关人民政府按照国务院规定的权限责令停建、关闭:

(一)未按照规定进行职业病危害预评价的;

(二)医疗机构可能产生放射性职业病危害的建设项目未按照规定提交放射性职业病危害预评价报告,或者放射性职业病危害预评价报告未经卫生行政部门审核同意,开工建设的;

(三)建设项目的职业病防护设施未按照规定与主体工程同时设计、同时施工、同时投入生产和使用的;

(四)建设项目的职业病防护设施设计不符合国家职业卫生标准和卫生要求,或者医疗机构放射性职业病危害严重的建设项目的防护设施设计未经卫生行政部门审查同意擅自施工的;

(五)未按照规定对职业病防护设施进行职业病危害控制效果评价的;

(六)建设项目竣工投入生产和使用前,职业病防护设施未按照规定验收合格的。

第七十条 【警告和罚款】违反本法规定,有下列行为之一的,由卫生行政部门给予警告,责令限期改正;逾期不改正的,处十万元以下的罚款:

(一)工作场所职业病危害因素检测、评价结果没有存档、上报、公布的;

(二)未采取本法第二十条规定的职业病防治管理措施的;

(三)未按照规定公布有关职业病防治的规章制度、操作规程、职业病危害事故应急救援措施的;

(四)未按照规定组织劳动者进行

职业卫生培训，或者未对劳动者个人职业病防护采取指导、督促措施的；

（五）国内首次使用或者首次进口与职业病危害有关的化学材料，未按照规定报送毒性鉴定资料以及经有关部门登记注册或者批准进口的文件的。

第七十一条 【用人单位法律责任（一）】用人单位违反本法规定，有下列行为之一的，由卫生行政部门责令限期改正，给予警告，可以并处五万元以上十万元以下的罚款：

（一）未按照规定及时、如实向卫生行政部门申报产生职业病危害的项目的；

（二）未实施由专人负责的职业病危害因素日常监测，或者监测系统不能正常监测的；

（三）订立或者变更劳动合同时，未告知劳动者职业病危害真实情况的；

（四）未按照规定组织职业健康检查、建立职业健康监护档案或者未将检查结果书面告知劳动者的；

（五）未依照本法规定在劳动者离开用人单位时提供职业健康监护档案复印件的。

第七十二条 【用人单位法律责任（二）】用人单位违反本法规定，有下列行为之一的，由卫生行政部门给予警告，责令限期改正，逾期不改正的，处五万元以上二十万元以下的罚款；情节严重的，责令停止产生职业病危害的作业，或者提请有关人民政府按照国务院规定的权限责令关闭：

（一）工作场所职业病危害因素的强度或者浓度超过国家职业卫生标准的；

（二）未提供职业病防护设施和个人使用的职业病防护用品，或者提供的职业病防护设施和个人使用的职业病防护用品不符合国家职业卫生标准和卫生要求的；

（三）对职业病防护设备、应急救援设施和个人使用的职业病防护用品未按照规定进行维护、检修、检测，或者不能保持正常运行、使用状态的；

（四）未按照规定对工作场所职业病危害因素进行检测、评价的；

（五）工作场所职业病危害因素经治理仍然达不到国家职业卫生标准和卫生要求时，未停止存在职业病危害因素的作业的；

（六）未按照规定安排职业病病人、疑似职业病病人进行诊治的；

（七）发生或者可能发生急性职业病危害事故时，未立即采取应急救援和控制措施或者未按照规定及时报告的；

（八）未按照规定在产生严重职业病危害的作业岗位醒目位置设置警示标识和中文警示说明的；

（九）拒绝职业卫生监督管理部门监督检查的；

（十）隐瞒、伪造、篡改、毁损职业健康监护档案、工作场所职业病危害因素检测评价结果等相关资料，或者拒不提供职业病诊断、鉴定所需资料的；

（十一）未按照规定承担职业病诊断、鉴定费用和职业病病人的医疗、生活保障费用的。

第七十三条 【未提供说明的处罚】向用人单位提供可能产生职业病危害的设备、材料,未按照规定提供中文说明书或者设置警示标识和中文警示说明的,由卫生行政部门责令限期改正,给予警告,并处五万元以上二十万元以下的罚款。

第七十四条 【未按规定报告的处罚】用人单位和医疗卫生机构未按照规定报告职业病、疑似职业病的,由有关主管部门依据职责分工责令限期改正,给予警告,可以并处一万元以下的罚款;弄虚作假的,并处二万元以上五万元以下的罚款;对直接负责的主管人员和其他直接责任人员,可以依法给予降级或者撤职的处分。

第七十五条 【责令限期治理、停业、关闭】违反本法规定,有下列情形之一的,由卫生行政部门责令限期治理,并处五万元以上三十万元以下的罚款;情节严重的,责令停止产生职业病危害的作业,或者提请有关人民政府按照国务院规定的权限责令关闭:

(一)隐瞒技术、工艺、设备、材料所产生的职业病危害而采用的;

(二)隐瞒本单位职业卫生真实情况的;

(三)可能发生急性职业损伤的有毒、有害工作场所、放射工作场所或者放射性同位素的运输、贮存不符合本法第二十五条规定的;

(四)使用国家明令禁止使用的可能产生职业病危害的设备或者材料的;

(五)将产生职业病危害的作业转移给没有职业病防护条件的单位和个人,或者没有职业病防护条件的单位和个人接受产生职业病危害的作业的;

(六)擅自拆除、停止使用职业病防护设备或者应急救援设施的;

(七)安排未经职业健康检查的劳动者、有职业禁忌的劳动者、未成年工或者孕期、哺乳期女职工从事接触职业病危害的作业或者禁忌作业的;

(八)违章指挥和强令劳动者进行没有职业病防护措施的作业的。

第七十六条 【生产、经营、进口国家明令禁用的设备或材料的处罚】生产、经营或者进口国家明令禁止使用的可能产生职业病危害的设备或者材料的,依照有关法律、行政法规的规定给予处罚。

第七十七条 【对劳动者生命健康造成严重损害的处罚】用人单位违反本法规定,已经对劳动者生命健康造成严重损害的,由卫生行政部门责令停止产生职业病危害的作业,或者提请有关人民政府按照国务院规定的权限责令关闭,并处十万元以上五十万元以下的罚款。

第七十八条 【重大事故或严重后果直接责任人员的刑事责任】用人单位违反本法规定,造成重大职业病危害事故或者其他严重后果,构成犯罪的,对直接负责的主管人员和其他直接责任人员,依法追究刑事责任。

第七十九条 【擅自从事职业卫生技术服务的处罚】未取得职业卫生技术服务资质认可擅自从事职业卫生技术服务的,由卫生行政部门责令立即停止违法行为,没收违法所得;违法所得五千元以上的，并处违法所得二倍以上十倍以下的罚款；没有违法所得或者违法所得不足五千元的，并处五千元以上五万元以下的罚款；情节严重的，对直接负责的主管人员和其他直接责任人员，依法给予降级、撤职或者开除的处分。

第八十条 【越权从事职业卫生技术服务等行为的处罚】从事职业卫生技术服务的机构和承担职业病诊断的医疗卫生机构违反本法规定，有下列行为之一的，由卫生行政部门责令立即停止违法行为，给予警告，没收违法所得；违法所得五千元以上的，并处违法所得二倍以上五倍以下的罚款；没有违法所得或者违法所得不足五千元的，并处五千元以上二万元以下的罚款；情节严重的，由原认可或者登记机关取消其相应的资格；对直接负责的主管人员和其他直接责任人员，依法给予降级、撤职或者开除的处分；构成犯罪的，依法追究刑事责任：

（一）超出资质认可或者诊疗项目登记范围从事职业卫生技术服务或者职业病诊断的；

（二）不按照本法规定履行法定职责的；

（三）出具虚假证明文件的。

第八十一条 【对受贿鉴定委员会组成人员的处罚】职业病诊断鉴定委员会组成人员收受职业病诊断争议当事人的财物或者其他好处的，给予警告，没收收受的财物，可以并处三千元以上五万元以下的罚款，取消其担任职业病诊断鉴定委员会组成人员的资格，并从省、自治区、直辖市人民政府卫生行政部门设立的专家库中予以除名。

第八十二条 【对不按照规定报告的处罚】卫生行政部门不按照规定报告职业病和职业病危害事故的，由上一级行政部门责令改正，通报批评，给予警告；虚报、瞒报的，对单位负责人、直接负责的主管人员和其他直接责任人员依法给予降级、撤职或者开除的处分。

第八十三条 【县级以上地方人民政府及职业卫生监管部门渎职责任】县级以上地方人民政府在职业病防治工作中未依照本法履行职责，本行政区域出现重大职业病危害事故、造成严重社会影响的，依法对直接负责的主管人员和其他直接责任人员给予记大过直至开除的处分。

县级以上人民政府职业卫生监督管理部门不履行本法规定的职责，滥用职权、玩忽职守、徇私舞弊，依法对直接负责的主管人员和其他直接责任人员给予记大过或者降级的处分；造成职业病危害事故或者其他严重后果的，依法给予撤职或者开除的处分。

第八十四条 【刑事责任】违反本法规定，构成犯罪的，依法追究刑事责任。

第七章 附 则

第八十五条 【用语含义】本法下列用语的含义：

职业病危害，是指对从事职业活动的劳动者可能导致职业病的各种危害。职业病危害因素包括：职业活动中存在的各种有害的化学、物理、生物因素以及在作业过程中产生的其他职业有害因素。

职业禁忌，是指劳动者从事特定

职业或者接触特定职业病危害因素时，比一般职业人群更易于遭受职业病危害和罹患职业病或者可能导致原有自身疾病病情加重，或者在从事作业过程中诱发可能导致对他人生命健康构成危险的疾病的个人特殊生理或者病理状态。

第八十六条 【参照】本法第二条规定的用人单位以外的单位，产生职业病危害的，其职业病防治活动可以参照本法执行。

劳务派遣用工单位应当履行本法规定的用人单位的义务。

中国人民解放军参照执行本法的办法，由国务院、中央军事委员会制定。

第八十七条 【对放射性职业病危害控制的监管】对医疗机构放射性职业病危害控制的监督管理，由卫生行政部门依照本法的规定实施。

第八十八条 【施行日期】本法自2002年5月1日起施行。

职业健康检查管理办法

1. 2015年3月26日原国家卫生和计划生育委员会令第5号公布

2. 根据2019年2月28日国家卫生健康委员会令第2号《关于修改〈职业健康检查管理办法〉等4件部门规章的决定》修订

第一章 总 则

第一条 为加强职业健康检查工作，规范职业健康检查机构管理，保护劳动者健康权益，根据《中华人民共和国职业病防治法》（以下简称《职业病防治法》），制定本办法。

第二条 本办法所称职业健康检查是指医疗卫生机构按照国家有关规定，对从事接触职业病危害作业的劳动者进行的上岗前、在岗期间、离岗时的健康检查。

第三条 国家卫生健康委负责全国范围内职业健康检查工作的监督管理。

县级以上地方卫生健康主管部门负责本辖区职业健康检查工作的监督管理；结合职业病防治工作实际需要，充分利用现有资源，统一规划、合理布局；加强职业健康检查机构能力建设，并提供必要的保障条件。

第二章 职业健康检查机构

第四条 医疗卫生机构开展职业健康检查，应当在开展之日起15个工作日内向省级卫生健康主管部门备案。备案的具体办法由省级卫生健康主管部门依据本办法制定，并向社会公布。

省级卫生健康主管部门应当及时向社会公布备案的医疗卫生机构名单、地址、检查类别和项目等相关信息，并告知核发其《医疗机构执业许可证》的卫生健康主管部门。核发其《医疗机构执业许可证》的卫生健康主管部门应当在该机构的《医疗机构执业许可证》副本备注栏注明检查类别和项目等信息。

第五条 承担职业健康检查的医疗卫生机构（以下简称职业健康检查机构）应当具备以下条件：

（一）持有《医疗机构执业许可证》，涉及放射检查项目的还应当持有《放射诊疗许可证》；

（二）具有相应的职业健康检查场所、候检场所和检验室，建筑总面积不少于400平方米，每个独立的检查室使用面积不少于6平方米；

（三）具有与备案开展的职业健康检查类别和项目相适应的执业医师、护士等医疗卫生技术人员；

（四）至少具有1名取得职业病诊断资格的执业医师；

（五）具有与备案开展的职业健康检查类别和项目相适应的仪器、设备，具有相应职业卫生生物监测能力；开展外出职业健康检查，应当具有相应的职业健康检查仪器、设备、专用车辆等条件；

（六）建立职业健康检查质量管理制度；

（七）具有与职业健康检查信息报告相应的条件。

医疗卫生机构进行职业健康检查备案时，应当提交证明其符合以上条件的有关资料。

第六条 开展职业健康检查工作的医疗卫生机构对备案的职业健康检查信息的真实性、准确性、合法性承担全部法律责任。

当备案信息发生变化时，职业健康检查机构应当自信息发生变化之日起10个工作日内提交变更信息。

第七条 职业健康检查机构具有以下职责：

（一）在备案开展的职业健康检查类别和项目范围内，依法开展职业健康检查工作，并出具职业健康检查报告；

（二）履行疑似职业病的告知和报告义务；

（三）报告职业健康检查信息；

（四）定期向卫生健康主管部门报告职业健康检查工作情况，包括外出职业健康检查工作情况；

（五）开展职业病防治知识宣传教育；

（六）承担卫生健康主管部门交办的其他工作。

第八条 职业健康检查机构应当指定主检医师。主检医师应当具备以下条件：

（一）具有执业医师证书；

（二）具有中级以上专业技术职务任职资格；

（三）具有职业病诊断资格；

（四）从事职业健康检查相关工作三年以上，熟悉职业卫生和职业病诊断相关标准。

主检医师负责确定职业健康检查项目和周期，对职业健康检查过程进行质量控制，审核职业健康检查报告。

第九条 职业健康检查机构及其工作人员应当关心、爱护劳动者，尊重和保护劳动者的知情权及个人隐私。

第十条 省级卫生健康主管部门应当指定机构负责本辖区内职业健康检查机构的质量控制管理工作，组织开展实验室间比对和职业健康检查质量考核。

职业健康检查质量控制规范由中国疾病预防控制中心制定。

第三章 职业健康检查规范

第十一条 按照劳动者接触的职业病危害因素，职业健康检查分为以下六类：

（一）接触粉尘类；

（二）接触化学因素类；

（三）接触物理因素类；

（四）接触生物因素类；

（五）接触放射因素类；

（六）其他类（特殊作业等）。

以上每类中包含不同检查项目。职业健康检查机构应当在备案的检查类别和项目范围内开展相应的职业健康检查。

第十二条 职业健康检查机构开展职业健康检查应当与用人单位签订委托协议书，由用人单位统一组织劳动者进行职业健康检查；也可以由劳动者持单位介绍信进行职业健康检查。

第十三条 职业健康检查机构应当依据相关技术规范，结合用人单位提交的资料，明确用人单位应当检查的项目和周期。

第十四条 在职业健康检查中，用人单位应当如实提供以下职业健康检查所需的相关资料，并承担检查费用：

（一）用人单位的基本情况；

（二）工作场所职业病危害因素种类及其接触人员名册、岗位（或工种）、接触时间；

（三）工作场所职业病危害因素定期检测等相关资料。

第十五条 职业健康检查的项目、周期按照《职业健康监护技术规范》（GBZ 188）执行，放射工作人员职业健康检查按照《放射工作人员职业健康监护技术规范》（GBZ 235）等规定执行。

第十六条 职业健康检查机构可以在执业登记机关管辖区域内或者省级卫生健康主管部门指定区域内开展外出职业健康检查。外出职业健康检查进行医学影像学检查和实验室检测，必须保证检查质量并满足放射防护和生物安全的管理要求。

第十七条 职业健康检查机构应当在职业健康检查结束之日起30个工作日内将职业健康检查结果，包括劳动者个人职业健康检查报告和用人单位职业健康检查总结报告，书面告知用人单位，用人单位应当将劳动者个人职业健康检查结果及职业健康检查机构的建议等情况书面告知劳动者。

第十八条 职业健康检查机构发现疑似职业病病人时，应当告知劳动者本人并及时通知用人单位，同时向所在地卫生健康主管部门报告。发现职业禁忌的，应当及时告知用人单位和劳动者。

第十九条 职业健康检查机构要依托现有的信息平台，加强职业健康检查的统计报告工作，逐步实现信息的互联互通和共享。

第二十条 职业健康检查机构应当建立职业健康检查档案。职业健康检查档案保存时间应当自劳动者最后一次职业健康检查结束之日起不少于15年。

职业健康检查档案应当包括下列材料：

（一）职业健康检查委托协议书；

（二）用人单位提供的相关资料；

（三）出具的职业健康检查结果总结报告和告知材料；

（四）其他有关材料。

第四章 监督管理

第二十一条 县级以上地方卫生健康主

管部门应当加强对本辖区职业健康检查机构的监督管理。按照属地化管理原则,制定年度监督检查计划,做好职业健康检查机构的监督检查工作。监督检查主要内容包括:

(一)相关法律法规、标准的执行情况;

(二)按照备案的类别和项目开展职业健康检查工作的情况;

(三)外出职业健康检查工作情况;

(四)职业健康检查质量控制情况;

(五)职业健康检查结果、疑似职业病的报告与告知以及职业健康检查信息报告情况;

(六)职业健康检查档案管理情况等。

第二十二条 省级卫生健康主管部门应当对本辖区内的职业健康检查机构进行定期或者不定期抽查;设区的市级卫生健康主管部门每年应当至少组织一次对本辖区内职业健康检查机构的监督检查;县级卫生健康主管部门负责日常监督检查。

第二十三条 县级以上地方卫生健康主管部门监督检查时,有权查阅或者复制有关资料,职业健康检查机构应当予以配合。

第五章 法律责任

第二十四条 无《医疗机构执业许可证》擅自开展职业健康检查的,由县级以上地方卫生健康主管部门依据《医疗机构管理条例》第四十四条的规定进行处理。

第二十五条 职业健康检查机构有下列行为之一的,由县级以上地方卫生健康主管部门责令改正,给予警告,可以并处3万元以下罚款:

(一)未按规定备案开展职业健康检查的;

(二)未按规定告知疑似职业病的;

(三)出具虚假证明文件的。

第二十六条 职业健康检查机构未按照规定报告疑似职业病的,由县级以上地方卫生健康主管部门依据《职业病防治法》第七十四条的规定进行处理。

第二十七条 职业健康检查机构有下列行为之一的,由县级以上地方卫生健康主管部门给予警告,责令限期改正;逾期不改的,处以三万元以下罚款:

(一)未指定主检医师或者指定的主检医师未取得职业病诊断资格的;

(二)未按要求建立职业健康检查档案的;

(三)未履行职业健康检查信息报告义务的;

(四)未按照相关职业健康监护技术规范规定开展工作的;

(五)违反本办法其他有关规定的。

第二十八条 职业健康检查机构未按规定参加实验室比对或者职业健康检查质量考核工作,或者参加质量考核不合格未按要求整改仍开展职业健康检查工作的,由县级以上地方卫生健康主管部门给予警告,责令限期改正;逾期不改的,处以三万元以下罚款。

第六章 附则

第二十九条 本办法自2015年5月1日

起施行。2002 年 3 月 28 日原卫生部公布的《职业健康监护管理办法》同时废止。

职业病诊断与鉴定管理办法

2021 年 1 月 4 日国家卫生健康委员会令第 6 号公布施行

第一章　总　　则

第一条　为了规范职业病诊断与鉴定工作，加强职业病诊断与鉴定管理，根据《中华人民共和国职业病防治法》（以下简称《职业病防治法》），制定本办法。

第二条　职业病诊断与鉴定工作应当按照《职业病防治法》、本办法的有关规定及《职业病分类和目录》、国家职业病诊断标准进行，遵循科学、公正、及时、便捷的原则。

第三条　国家卫生健康委负责全国范围内职业病诊断与鉴定的监督管理工作，县级以上地方卫生健康主管部门依据职责负责本行政区域内职业病诊断与鉴定的监督管理工作。

省、自治区、直辖市卫生健康主管部门（以下简称省级卫生健康主管部门）应当结合本行政区域职业病防治工作实际和医疗卫生服务体系规划，充分利用现有医疗卫生资源，实现职业病诊断机构区域覆盖。

第四条　各地要加强职业病诊断机构能力建设，提供必要的保障条件，配备相关的人员、设备和工作经费，以满足职业病诊断工作的需要。

第五条　各地要加强职业病诊断与鉴定信息化建设，建立健全劳动者接触职业病危害、开展职业健康检查、进行职业病诊断与鉴定等全过程的信息化系统，不断提高职业病诊断与鉴定信息报告的准确性、及时性和有效性。

第六条　用人单位应当依法履行职业病诊断、鉴定的相关义务：

（一）及时安排职业病病人、疑似职业病病人进行诊治；

（二）如实提供职业病诊断、鉴定所需的资料；

（三）承担职业病诊断、鉴定的费用和疑似职业病病人在诊断、医学观察期间的费用；

（四）报告职业病和疑似职业病；

（五）《职业病防治法》规定的其他相关义务。

第二章　诊断机构

第七条　医疗卫生机构开展职业病诊断工作，应当在开展之日起十五个工作日内向省级卫生健康主管部门备案。

省级卫生健康主管部门应当自收到完整备案材料之日起十五个工作日内向社会公布备案的医疗卫生机构名单、地址、诊断项目（即《职业病分类和目录》中的职业病类别和病种）等相关信息。

第八条　医疗卫生机构开展职业病诊断工作应当具备下列条件：

（一）持有《医疗机构执业许可证》；

（二）具有相应的诊疗科目及与备案开展的诊断项目相适应的职业病诊断医师及相关医疗卫生技术人员；

（三）具有与备案开展的诊断项目相适应的场所和仪器、设备；

（四）具有健全的职业病诊断质量管理制度。

第九条 医疗卫生机构进行职业病诊断备案时，应当提交以下证明其符合本办法第八条规定条件的有关资料：

（一）《医疗机构执业许可证》原件、副本及复印件；

（二）职业病诊断医师资格等相关资料；

（三）相关的仪器设备清单；

（四）负责职业病信息报告人员名单；

（五）职业病诊断质量管理制度等相关资料。

第十条 职业病诊断机构对备案信息的真实性、准确性、合法性负责。

当备案信息发生变化时，应当自信息发生变化之日起十个工作日内向省级卫生健康主管部门提交变更信息。

第十一条 设区的市没有医疗卫生机构备案开展职业病诊断的，省级卫生健康主管部门应当根据职业病诊断工作的需要，指定符合本办法第八条规定条件的医疗卫生机构承担职业病诊断工作。

第十二条 职业病诊断机构的职责是：

（一）在备案的诊断项目范围内开展职业病诊断；

（二）及时向所在地卫生健康主管部门报告职业病；

（三）按照卫生健康主管部门要求报告职业病诊断工作情况；

（四）承担《职业病防治法》中规定的其他职责。

第十三条 职业病诊断机构依法独立行使诊断权，并对其作出的职业病诊断结论负责。

第十四条 职业病诊断机构应当建立和健全职业病诊断管理制度，加强职业病诊断医师等有关医疗卫生人员技术培训和政策、法律培训，并采取措施改善职业病诊断工作条件，提高职业病诊断服务质量和水平。

第十五条 职业病诊断机构应当公开职业病诊断程序和诊断项目范围，方便劳动者进行职业病诊断。

职业病诊断机构及其相关工作人员应当尊重、关心、爱护劳动者，保护劳动者的隐私。

第十六条 从事职业病诊断的医师应当具备下列条件，并取得省级卫生健康主管部门颁发的职业病诊断资格证书：

（一）具有医师执业证书；

（二）具有中级以上卫生专业技术职务任职资格；

（三）熟悉职业病防治法律法规和职业病诊断标准；

（四）从事职业病诊断、鉴定相关工作三年以上；

（五）按规定参加职业病诊断医师相应专业的培训，并考核合格。

省级卫生健康主管部门应当依据本办法的规定和国家卫生健康委制定的职业病诊断医师培训大纲，制定本行政区域职业病诊断医师培训考核办法并组织实施。

第十七条 职业病诊断医师应当依法在职业病诊断机构备案的诊断项目范围

内从事职业病诊断工作,不得从事超出其职业病诊断资格范围的职业病诊断工作;职业病诊断医师应当按照有关规定参加职业卫生、放射卫生、职业医学等领域的继续医学教育。

第十八条 省级卫生健康主管部门应当加强本行政区域内职业病诊断机构的质量控制管理工作,组织开展职业病诊断机构质量控制评估。

职业病诊断质量控制规范和医疗卫生机构职业病报告规范另行制定。

第三章 诊 断

第十九条 劳动者可以在用人单位所在地、本人户籍所在地或者经常居住地的职业病诊断机构进行职业病诊断。

第二十条 职业病诊断应当按照《职业病防治法》、本办法的有关规定及《职业病分类和目录》、国家职业病诊断标准,依据劳动者的职业史、职业病危害接触史和工作场所职业病危害因素情况、临床表现以及辅助检查结果等,进行综合分析。材料齐全的情况下,职业病诊断机构应当在收齐材料之日起三十日内作出诊断结论。

没有证据否定职业病危害因素与病人临床表现之间的必然联系的,应当诊断为职业病。

第二十一条 职业病诊断需要以下资料:

(一)劳动者职业史和职业病危害接触史(包括在岗时间、工种、岗位、接触的职业病危害因素名称等);

(二)劳动者职业健康检查结果;

(三)工作场所职业病危害因素检测结果;

(四)职业性放射性疾病诊断还需要个人剂量监测档案等资料。

第二十二条 劳动者依法要求进行职业病诊断的,职业病诊断机构不得拒绝劳动者进行职业病诊断的要求,并告知劳动者职业病诊断的程序和所需材料。劳动者应当填写《职业病诊断就诊登记表》,并提供本人掌握的职业病诊断有关资料。

第二十三条 职业病诊断机构进行职业病诊断时,应当书面通知劳动者所在的用人单位提供本办法第二十一条规定的职业病诊断资料,用人单位应当在接到通知后的十日内如实提供。

第二十四条 用人单位未在规定时间内提供职业病诊断所需要资料的,职业病诊断机构可以依法提请卫生健康主管部门督促用人单位提供。

第二十五条 劳动者对用人单位提供的工作场所职业病危害因素检测结果等资料有异议,或者因劳动者的用人单位解散、破产,无用人单位提供上述资料的,职业病诊断机构应当依法提请用人单位所在地卫生健康主管部门进行调查。

卫生健康主管部门应当自接到申请之日起三十日内对存在异议的资料或者工作场所职业病危害因素情况作出判定。

职业病诊断机构在卫生健康主管部门作出调查结论或者判定前应当中止职业病诊断。

第二十六条 职业病诊断机构需要了解工作场所职业病危害因素情况时,可以对工作场所进行现场调查,也可以依法提请卫生健康主管部门组织现场调查。卫生健康主管部门应当在接到申请之日起三十日内完成现场调查。

第二十七条 在确认劳动者职业史、职业病危害接触史时，当事人对劳动关系、工种、工作岗位或者在岗时间有争议的，职业病诊断机构应当告知当事人依法向用人单位所在地的劳动人事争议仲裁委员会申请仲裁。

第二十八条 经卫生健康主管部门督促，用人单位仍不提供工作场所职业病危害因素检测结果、职业健康监护档案等资料或者提供资料不全的，职业病诊断机构应当结合劳动者的临床表现、辅助检查结果和劳动者的职业史、职业病危害接触史，并参考劳动者自述或工友旁证资料、卫生健康等有关部门提供的日常监督检查信息等，作出职业病诊断结论。对于作出无职业病诊断结论的病人，可依据病人的临床表现以及辅助检查结果，作出疾病的诊断，提出相关医学意见或者建议。

第二十九条 职业病诊断机构可以根据诊断需要，聘请其他单位职业病诊断医师参加诊断。必要时，可以邀请相关专业专家提供咨询意见。

第三十条 职业病诊断机构作出职业病诊断结论后，应当出具职业病诊断证明书。职业病诊断证明书应当由参与诊断的取得职业病诊断资格的执业医师签署。

职业病诊断机构应当对职业病诊断医师签署的职业病诊断证明书进行审核，确认诊断的依据与结论符合有关法律法规、标准的要求，并在职业病诊断证明书上盖章。

职业病诊断证明书的书写应当符合相关标准的要求。

职业病诊断证明书一式五份，劳动者一份，用人单位所在地县级卫生健康主管部门一份，用人单位两份，诊断机构存档一份。

职业病诊断证明书应当于出具之日起十五日内由职业病诊断机构送达劳动者、用人单位及用人单位所在地县级卫生健康主管部门。

第三十一条 职业病诊断机构应当建立职业病诊断档案并永久保存，档案应当包括：

（一）职业病诊断证明书；

（二）职业病诊断记录；

（三）用人单位、劳动者和相关部门、机构提交的有关资料；

（四）临床检查与实验室检验等资料。

职业病诊断机构拟不再开展职业病诊断工作的，应当在拟停止开展职业病诊断工作的十五个工作日之前告知省级卫生健康主管部门和所在地县级卫生健康主管部门，妥善处理职业病诊断档案。

第三十二条 职业病诊断机构发现职业病病人或者疑似职业病病人时，应当及时向所在地县级卫生健康主管部门报告。职业病诊断机构应当在作出职业病诊断之日起十五日内通过职业病及健康危害因素监测信息系统进行信息报告，并确保报告信息的完整、真实和准确。

确诊为职业病的，职业病诊断机构可以根据需要，向卫生健康主管部门、用人单位提出专业建议；告知职业病病人依法享有的职业健康权益。

第三十三条 未承担职业病诊断工作的医疗卫生机构,在诊疗活动中发现劳动者的健康损害可能与其所从事的职业有关时,应及时告知劳动者到职业病诊断机构进行职业病诊断。

第四章 鉴 定

第三十四条 当事人对职业病诊断机构作出的职业病诊断有异议的,可以在接到职业病诊断证明书之日起三十日内,向作出诊断的职业病诊断机构所在地设区的市级卫生健康主管部门申请鉴定。

职业病诊断争议由设区的市级以上地方卫生健康主管部门根据当事人的申请组织职业病诊断鉴定委员会进行鉴定。

第三十五条 职业病鉴定实行两级鉴定制,设区的市级职业病诊断鉴定委员会负责职业病诊断争议的首次鉴定。

当事人对设区的市级职业病鉴定结论不服的,可以在接到诊断鉴定书之日起十五日内,向原鉴定组织所在地省级卫生健康主管部门申请再鉴定,省级鉴定为最终鉴定。

第三十六条 设区的市级以上地方卫生健康主管部门可以指定办事机构,具体承担职业病诊断鉴定的组织和日常性工作。职业病鉴定办事机构的职责是:

(一)接受当事人申请;

(二)组织当事人或者接受当事人委托抽取职业病诊断鉴定专家;

(三)组织职业病诊断鉴定会议,负责会议记录、职业病诊断鉴定相关文书的收发及其他事务性工作;

(四)建立并管理职业病诊断鉴定档案;

(五)报告职业病诊断鉴定相关信息;

(六)承担卫生健康主管部门委托的有关职业病诊断鉴定的工作。

职业病诊断机构不能作为职业病鉴定办事机构。

第三十七条 设区的市级以上地方卫生健康主管部门应当向社会公布本行政区域内依法承担职业病诊断鉴定工作的办事机构的名称、工作时间、地点、联系人、联系电话和鉴定工作程序。

第三十八条 省级卫生健康主管部门应当设立职业病诊断鉴定专家库(以下简称专家库),并根据实际工作需要及时调整其成员。专家库可以按照专业类别进行分组。

第三十九条 专家库应当以取得职业病诊断资格的不同专业类别的医师为主要成员,吸收临床相关学科、职业卫生、放射卫生、法律等相关专业的专家组成。专家应当具备下列条件:

(一)具有良好的业务素质和职业道德;

(二)具有相关专业的高级专业技术职务任职资格;

(三)熟悉职业病防治法律法规和职业病诊断标准;

(四)身体健康,能够胜任职业病诊断鉴定工作。

第四十条 参加职业病诊断鉴定的专家,应当由当事人或者由其委托的职业病鉴定办事机构从专家库中按照专业类别以随机抽取的方式确定。抽取的专家组成职业病诊断鉴定委员会(以下简称鉴定委员会)。

经当事人同意,职业病鉴定办事机构可以根据鉴定需要聘请本省、自治区、直辖市以外的相关专业专家作为鉴定委员会成员,并有表决权。

第四十一条 鉴定委员会人数为五人以上单数,其中相关专业职业病诊断医师应当为本次鉴定专家人数的半数以上。疑难病例应当增加鉴定委员会人数,充分听取意见。鉴定委员会设主任委员一名,由鉴定委员会成员推举产生。

职业病诊断鉴定会议由鉴定委员会主任委员主持。

第四十二条 参加职业病诊断鉴定的专家有下列情形之一的,应当回避:

(一)是职业病诊断鉴定当事人或者当事人近亲属的;

(二)已参加当事人职业病诊断或者首次鉴定的;

(三)与职业病诊断鉴定当事人有利害关系的;

(四)与职业病诊断鉴定当事人有其他关系,可能影响鉴定公正的。

第四十三条 当事人申请职业病诊断鉴定时,应当提供以下资料:

(一)职业病诊断鉴定申请书;

(二)职业病诊断证明书;

(三)申请省级鉴定的还应当提交市级职业病诊断鉴定书。

第四十四条 职业病鉴定办事机构应当自收到申请资料之日起五个工作日内完成资料审核,对资料齐全的发给受理通知书;资料不全的,应当当场或者在五个工作日内一次性告知当事人补充。资料补充齐全的,应当受理申请并组织鉴定。

职业病鉴定办事机构收到当事人鉴定申请之后,根据需要可以向原职业病诊断机构或者组织首次鉴定的办事机构调阅有关的诊断、鉴定资料。原职业病诊断机构或者组织首次鉴定的办事机构应当在接到通知之日起十日内提交。

职业病鉴定办事机构应当在受理鉴定申请之日起四十日内组织鉴定、形成鉴定结论,并出具职业病诊断鉴定书。

第四十五条 根据职业病诊断鉴定工作需要,职业病鉴定办事机构可以向有关单位调取与职业病诊断、鉴定有关的资料,有关单位应当如实、及时提供。

鉴定委员会应当听取当事人的陈述和申辩,必要时可以组织进行医学检查,医学检查应当在三十日内完成。

需要了解被鉴定人的工作场所职业病危害因素情况时,职业病鉴定办事机构根据鉴定委员会的意见可以组织对工作场所进行现场调查,或者依法提请卫生健康主管部门组织现场调查。现场调查应当在三十日内完成。

医学检查和现场调查时间不计算在职业病鉴定规定的期限内。

职业病诊断鉴定应当遵循客观、公正的原则,鉴定委员会进行职业病诊断鉴定时,可以邀请有关单位人员旁听职业病诊断鉴定会议。所有参与职业病诊断鉴定的人员应当依法保护当事人的个人隐私、商业秘密。

第四十六条 鉴定委员会应当认真审阅

鉴定资料，依照有关规定和职业病诊断标准，经充分合议后，根据专业知识独立进行鉴定。在事实清楚的基础上，进行综合分析，作出鉴定结论，并制作职业病诊断鉴定书。

鉴定结论应当经鉴定委员会半数以上成员通过。

第四十七条 职业病诊断鉴定书应当包括以下内容：

（一）劳动者、用人单位的基本信息及鉴定事由；

（二）鉴定结论及其依据，鉴定为职业病的，应当注明职业病名称、程度（期别）；

（三）鉴定时间。

诊断鉴定书加盖职业病鉴定委员会印章。

首次鉴定的职业病诊断鉴定书一式五份，劳动者、用人单位、用人单位所在地市级卫生健康主管部门、原诊断机构各一份，职业病鉴定办事机构存档一份；省级鉴定的职业病诊断鉴定书一式六份，劳动者、用人单位、用人单位所在地省级卫生健康主管部门、原诊断机构、首次职业病鉴定办事机构各一份，省级职业病鉴定办事机构存档一份。

职业病诊断鉴定书的格式由国家卫生健康委员会统一规定。

第四十八条 职业病鉴定办事机构出具职业病诊断鉴定书后，应当于出具之日起十日内送达当事人，并在出具职业病诊断鉴定书后的十日内将职业病诊断鉴定书等有关信息告知原职业病诊断机构或者首次职业病鉴定办事机构，并通过职业病及健康危害因素监测信息系统报告职业病鉴定相关信息。

第四十九条 职业病鉴定结论与职业病诊断结论或者首次职业病鉴定结论不一致的，职业病鉴定办事机构应当在出具职业病诊断鉴定书后十日内向相关卫生健康主管部门报告。

第五十条 职业病鉴定办事机构应当如实记录职业病诊断鉴定过程，内容应当包括：

（一）鉴定委员会的专家组成；

（二）鉴定时间；

（三）鉴定所用资料；

（四）鉴定专家的发言及其鉴定意见；

（五）表决情况；

（六）经鉴定专家签字的鉴定结论。

有当事人陈述和申辩的，应当如实记录。

鉴定结束后，鉴定记录应当随同职业病诊断鉴定书一并由职业病鉴定办事机构存档，永久保存。

第五章 监督管理

第五十一条 县级以上地方卫生健康主管部门应当定期对职业病诊断机构进行监督检查，检查内容包括：

（一）法律法规、标准的执行情况；

（二）规章制度建立情况；

（三）备案的职业病诊断信息真实性情况；

（四）按照备案的诊断项目开展职业病诊断工作情况；

（五）开展职业病诊断质量控制、参加质量控制评估及整改情况；

（六）人员、岗位职责落实和培训情况；

（七）职业病报告情况。

第五十二条 设区的市级以上地方卫生健康主管部门应当加强对职业病鉴定办事机构的监督管理，对职业病鉴定工作程序、制度落实情况及职业病报告等相关工作情况进行监督检查。

第五十三条 县级以上地方卫生健康主管部门监督检查时，有权查阅或者复制有关资料，职业病诊断机构应当予以配合。

第六章 法律责任

第五十四条 医疗卫生机构未按照规定备案开展职业病诊断的，由县级以上地方卫生健康主管部门责令改正，给予警告，可以并处三万元以下罚款。

第五十五条 职业病诊断机构有下列行为之一的，其作出的职业病诊断无效，由县级以上地方卫生健康主管部门按照《职业病防治法》的第八十条的规定进行处理：

（一）超出诊疗项目登记范围从事职业病诊断的；

（二）不按照《职业病防治法》规定履行法定职责的；

（三）出具虚假证明文件的。

第五十六条 职业病诊断机构未按照规定报告职业病、疑似职业病的，由县级以上地方卫生健康主管部门按照《职业病防治法》第七十四条的规定进行处理。

第五十七条 职业病诊断机构违反本办法规定，有下列情形之一的，由县级以上地方卫生健康主管部门责令限期改正；逾期不改的，给予警告，并可以根据情节轻重处以三万元以下罚款：

（一）未建立职业病诊断管理制度的；

（二）未按照规定向劳动者公开职业病诊断程序的；

（三）泄露劳动者涉及个人隐私的有关信息、资料的；

（四）未按照规定参加质量控制评估，或者质量控制评估不合格且未按要求整改的；

（五）拒不配合卫生健康主管部门监督检查的。

第五十八条 职业病诊断鉴定委员会组成人员收受职业病诊断争议当事人的财物或者其他好处的，由省级卫生健康主管部门按照《职业病防治法》第八十一条的规定进行处理。

第五十九条 县级以上地方卫生健康主管部门及其工作人员未依法履行职责，按照《职业病防治法》第八十三条第二款规定进行处理。

第六十条 用人单位有下列行为之一的，由县级以上地方卫生健康主管部门按照《职业病防治法》第七十二条规定进行处理：

（一）未按照规定安排职业病病人、疑似职业病病人进行诊治的；

（二）拒不提供职业病诊断、鉴定所需资料的；

（三）未按照规定承担职业病诊断、鉴定费用。

第六十一条 用人单位未按照规定报告职业病、疑似职业病的，由县级以上地方卫生健康主管部门按照《职业病防治法》第七十四条规定进行处理。

第七章 附 则

第六十二条 本办法所称“证据”,包括疾病的证据、接触职业病危害因素的证据,以及用于判定疾病与接触职业病危害因素之间因果关系的证据。

第六十三条 本办法自公布之日起施行。原卫生部2013年2月19日公布的《职业病诊断与鉴定管理办法》同时废止。

女职工劳动保护特别规定

2012年4月28日国务院令第619号公布施行

第一条 为了减少和解决女职工在劳动中因生理特点造成的特殊困难,保护女职工健康,制定本规定。

第二条 中华人民共和国境内的国家机关、企业、事业单位、社会团体、个体经济组织以及其他社会组织等用人单位及其女职工,适用本规定。

第三条 用人单位应当加强女职工劳动保护,采取措施改善女职工劳动安全卫生条件,对女职工进行劳动安全卫生知识培训。

第四条 用人单位应当遵守女职工禁忌从事的劳动范围的规定。用人单位应当将本单位属于女职工禁忌从事的劳动范围的岗位书面告知女职工。

女职工禁忌从事的劳动范围由本规定附录列示。国务院安全生产监督管理部门会同国务院人力资源社会保障行政部门、国务院卫生行政部门根据经济社会发展情况,对女职工禁忌从事的劳动范围进行调整。

第五条 用人单位不得因女职工怀孕、生育、哺乳降低其工资、予以辞退、与其解除劳动或者聘用合同。

第六条 女职工在孕期不能适应原劳动的,用人单位应当根据医疗机构的证明,予以减轻劳动量或者安排其他能够适应的劳动。

对怀孕7个月以上的女职工,用人单位不得延长劳动时间或者安排夜班劳动,并应当在劳动时间内安排一定的休息时间。

怀孕女职工在劳动时间内进行产前检查,所需时间计入劳动时间。

第七条 女职工生育享受98天产假,其中产前可以休假15天;难产的,增加产假15天;生育多胞胎的,每多生育1个婴儿,增加产假15天。

女职工怀孕未满4个月流产的,享受15天产假;怀孕满4个月流产的,享受42天产假。

第八条 女职工产假期间的生育津贴,对已经参加生育保险的,按照用人单位上年度职工月平均工资的标准由生育保险基金支付;对未参加生育保险的,按照女职工产假前工资的标准由用人单位支付。

女职工生育或者流产的医疗费用,按照生育保险规定的项目和标准,对已经参加生育保险的,由生育保险基金支付;对未参加生育保险的,由用人单位支付。

第九条 对哺乳未满1周岁婴儿的女职工,用人单位不得延长劳动时间或者安排夜班劳动。

用人单位应当在每天的劳动时间内为哺乳期女职工安排1小时哺乳时

间；女职工生育多胞胎的，每多哺乳1个婴儿每天增加1小时哺乳时间。

第十条　女职工比较多的用人单位应当根据女职工的需要，建立女职工卫生室、孕妇休息室、哺乳室等设施，妥善解决女职工在生理卫生、哺乳方面的困难。

第十一条　在劳动场所，用人单位应当预防和制止对女职工的性骚扰。

第十二条　县级以上人民政府人力资源社会保障行政部门、安全生产监督管理部门按照各自职责负责对用人单位遵守本规定的情况进行监督检查。

工会、妇女组织依法对用人单位遵守本规定的情况进行监督。

第十三条　用人单位违反本规定第六条第二款、第七条、第九条第一款规定的，由县级以上人民政府人力资源社会保障行政部门责令限期改正，按照受侵害女职工每人1000元以上5000元以下的标准计算，处以罚款。

用人单位违反本规定附录第一条、第二条规定的，由县级以上人民政府安全生产监督管理部门责令限期改正，按照受侵害女职工每人1000元以上5000元以下的标准计算，处以罚款。用人单位违反本规定附录第三条、第四条规定的，由县级以上人民政府安全生产监督管理部门责令限期治理，处5万元以上30万元以下的罚款；情节严重的，责令停止有关作业，或者提请有关人民政府按照国务院规定的权限责令关闭。

第十四条　用人单位违反本规定，侵害女职工合法权益的，女职工可以依法投诉、举报、申诉，依法向劳动人事争议调解仲裁机构申请调解仲裁，对仲裁裁决不服的，依法向人民法院提起诉讼。

第十五条　用人单位违反本规定，侵害女职工合法权益，造成女职工损害的，依法给予赔偿；用人单位及其直接负责的主管人员和其他直接责任人员构成犯罪的，依法追究刑事责任。

第十六条　本规定自公布之日起施行。1988年7月21日国务院发布的《女职工劳动保护规定》同时废止。

附录：

女职工禁忌从事的劳动范围

一、女职工禁忌从事的劳动范围：

（一）矿山井下作业；

（二）体力劳动强度分级标准中规定的第四级体力劳动强度的作业；

（三）每小时负重6次以上、每次负重超过20公斤的作业，或者间断负重、每次负重超过25公斤的作业。

二、女职工在经期禁忌从事的劳动范围：

（一）冷水作业分级标准中规定的第二级、第三级、第四级冷水作业；

（二）低温作业分级标准中规定的第二级、第三级、第四级低温作业；

（三）体力劳动强度分级标准中规定的第三级、第四级体力劳动强度的作业；

（四）高处作业分级标准中规定的第三级、第四级高处作业。

三、女职工在孕期禁忌从事的劳动范围：

（一）作业场所空气中铅及其化合物、汞及其化合物、苯、镉、铍、砷、氰化物、氮氧化物、一氧化碳、二硫化碳、氯、己内酰胺、氯丁二烯、氯乙烯、环氧乙烷、苯胺、甲醛等有毒物质浓度超过国家职业卫生标准的作业；

(二)从事抗癌药物、己烯雌酚生产，接触麻醉剂气体等的作业；

(三)非密封源放射性物质的操作，核事故与放射事故的应急处置；

(四)高处作业分级标准中规定的高处作业；

(五)冷水作业分级标准中规定的冷水作业；

(六)低温作业分级标准中规定的低温作业；

(七)高温作业分级标准中规定的第三级、第四级的作业；

(八)噪声作业分级标准中规定的第三级、第四级的作业；

(九)体力劳动强度分级标准中规定的第三级、第四级体力劳动强度的作业；

(十)在密闭空间、高压室作业或者潜水作业，伴有强烈振动的作业，或者需要频繁弯腰、攀高、下蹲的作业。

四、女职工在哺乳期禁忌从事的劳动范围：

(一)孕期禁忌从事的劳动范围的第一项、第三项、第九项；

(二)作业场所空气中锰、氟、溴、甲醇、有机磷化合物、有机氯化合物等有毒物质浓度超过国家职业卫生标准的作业。

工作场所职业卫生管理规定

1. 2020年12月31日国家卫生健康委员会令第5号公布

2. 自2021年2月1日起施行

第一章　总　　则

第一条　为了加强职业卫生管理工作，强化用人单位职业病防治的主体责任，预防、控制职业病危害，保障劳动者健康和相关权益，根据《中华人民共和国职业病防治法》等法律、行政法规，制定本规定。

第二条　用人单位的职业病防治和卫生健康主管部门对其实施监督管理，适用本规定。

第三条　用人单位应当加强职业病防治工作，为劳动者提供符合法律、法规、规章、国家职业卫生标准和卫生要求的工作环境和条件，并采取有效措施保障劳动者的职业健康。

第四条　用人单位是职业病防治的责任主体，并对本单位产生的职业病危害承担责任。

用人单位的主要负责人对本单位的职业病防治工作全面负责。

第五条　国家卫生健康委依照《中华人民共和国职业病防治法》和国务院规定的职责，负责全国用人单位职业卫生的监督管理工作。

县级以上地方卫生健康主管部门依照《中华人民共和国职业病防治法》和本级人民政府规定的职责，负责本行政区域内用人单位职业卫生的监督管理工作。

第六条 为职业病防治提供技术服务的职业卫生技术服务机构，应当依照国家有关职业卫生技术服务机构管理的相关法律法规及标准、规范的要求，为用人单位提供技术服务。

第七条 任何单位和个人均有权向卫生健康主管部门举报用人单位违反本规定的行为和职业病危害事故。

第二章 用人单位的职责

第八条 职业病危害严重的用人单位，应当设置或者指定职业卫生管理机构或者组织，配备专职职业卫生管理人员。

其他存在职业病危害的用人单位，劳动者超过一百人的，应当设置或者指定职业卫生管理机构或者组织，配备专职职业卫生管理人员；劳动者在一百人以下的，应当配备专职或者兼职的职业卫生管理人员，负责本单位的职业病防治工作。

第九条 用人单位的主要负责人和职业卫生管理人员应当具备与本单位所从事的生产经营活动相适应的职业卫生知识和管理能力，并接受职业卫生培训。

对用人单位主要负责人、职业卫生管理人员的职业卫生培训，应当包括下列主要内容：

（一）职业卫生相关法律、法规、规章和国家职业卫生标准；

（二）职业病危害预防和控制的基本知识；

（三）职业卫生管理相关知识；

（四）国家卫生健康委规定的其他内容。

第十条 用人单位应当对劳动者进行上岗前的职业卫生培训和在岗期间的定期职业卫生培训，普及职业卫生知识，督促劳动者遵守职业病防治的法律、法规、规章、国家职业卫生标准和操作规程。

用人单位应当对职业病危害严重的岗位的劳动者，进行专门的职业卫生培训，经培训合格后方可上岗作业。

因变更工艺、技术、设备、材料，或者岗位调整导致劳动者接触的职业病危害因素发生变化的，用人单位应当重新对劳动者进行上岗前的职业卫生培训。

第十一条 存在职业病危害的用人单位应当制定职业病危害防治计划和实施方案，建立、健全下列职业卫生管理制度和操作规程：

（一）职业病危害防治责任制度；

（二）职业病危害警示与告知制度；

（三）职业病危害项目申报制度；

（四）职业病防治宣传教育培训制度；

（五）职业病防护设施维护检修制度；

（六）职业病防护用品管理制度；

（七）职业病危害监测及评价管理制度；

（八）建设项目职业病防护设施“三同时”管理制度；

（九）劳动者职业健康监护及其档案管理制度；

（十）职业病危害事故处置与报告制度；

（十一）职业病危害应急救援与管

理制度；

（十二）岗位职业卫生操作规程；

（十三）法律、法规、规章规定的其他职业病防治制度。

第十二条 产生职业病危害的用人单位的工作场所应当符合下列基本要求：

（一）生产布局合理，有害作业与无害作业分开；

（二）工作场所与生活场所分开，工作场所不得住人；

（三）有与职业病防治工作相适应的有效防护设施；

（四）职业病危害因素的强度或者浓度符合国家职业卫生标准；

（五）有配套的更衣间、洗浴间、孕妇休息间等卫生设施；

（六）设备、工具、用具等设施符合保护劳动者生理、心理健康的要求；

（七）法律、法规、规章和国家职业卫生标准的其他规定。

第十三条 用人单位工作场所存在职业病目录所列职业病的危害因素的，应当按照《职业病危害项目申报办法》的规定，及时、如实向所在地卫生健康主管部门申报职业病危害项目，并接受卫生健康主管部门的监督检查。

第十四条 新建、改建、扩建的工程建设项目和技术改造、技术引进项目（以下统称建设项目）可能产生职业病危害的，建设单位应当按照国家有关建设项目职业病防护设施“三同时”监督管理的规定，进行职业病危害预评价、职业病防护设施设计、职业病危害控制效果评价及相应的评审，组织职业病防护设施验收。

第十五条 产生职业病危害的用人单位，应当在醒目位置设置公告栏，公布有关职业病防治的规章制度、操作规程、职业病危害事故应急救援措施和工作场所职业病危害因素检测结果。

存在或者产生职业病危害的工作场所、作业岗位、设备、设施，应当按照《工作场所职业病危害警示标识》（GBZ 158）的规定，在醒目位置设置图形、警示线、警示语句等警示标识和中文警示说明。警示说明应当载明产生职业病危害的种类、后果、预防和应急处置措施等内容。

存在或者产生高毒物品的作业岗位，应当按照《高毒物品作业岗位职业病危害告知规范》（GBZ/T 203）的规定，在醒目位置设置高毒物品告知卡，告知卡应当载明高毒物品的名称、理化特性、健康危害、防护措施及应急处理等告知内容与警示标识。

第十六条 用人单位应当为劳动者提供符合国家职业卫生标准的职业病防护用品，并督促、指导劳动者按照使用规则正确佩戴、使用，不得发放钱物替代发放职业病防护用品。

用人单位应当对职业病防护用品进行经常性的维护、保养，确保防护用品有效，不得使用不符合国家职业卫生标准或者已经失效的职业病防护用品。

第十七条 在可能发生急性职业损伤的有毒、有害工作场所，用人单位应当设置报警装置，配置现场急救用品、冲洗设备、应急撤离通道和必要的泄险区。

现场急救用品、冲洗设备等应当设在可能发生急性职业损伤的工作场所或者临近地点，并在醒目位置设置清晰的标识。

在可能突然泄漏或者逸出大量有害物质的密闭或者半密闭工作场所，除遵守本条第一款、第二款规定外，用人单位还应当安装事故通风装置以及与事故排风系统相连锁的泄漏报警装置。

生产、销售、使用、贮存放射性同位素和射线装置的场所，应当按照国家有关规定设置明显的放射性标志，其入口处应当按照国家有关安全和防护标准的要求，设置安全和防护设施以及必要的防护安全联锁、报警装置或者工作信号。放射性装置的生产调试和使用场所，应当具有防止误操作、防止工作人员受到意外照射的安全措施。用人单位必须配备与辐射类型和辐射水平相适应的防护用品和监测仪器，包括个人剂量测量报警、固定式和便携式辐射监测、表面污染监测、流出物监测等设备，并保证可能接触放射线的工作人员佩戴个人剂量计。

第十八条 用人单位应当对职业病防护设备、应急救援设施进行经常性的维护、检修和保养，定期检测其性能和效果，确保其处于正常状态，不得擅自拆除或者停止使用。

第十九条 存在职业病危害的用人单位，应当实施由专人负责的工作场所职业病危害因素日常监测，确保监测系统处于正常工作状态。

第二十条 职业病危害严重的用人单位，应当委托具有相应资质的职业卫生技术服务机构，每年至少进行一次职业病危害因素检测，每三年至少进行一次职业病危害现状评价。

职业病危害一般的用人单位，应当委托具有相应资质的职业卫生技术服务机构，每三年至少进行一次职业病危害因素检测。

检测、评价结果应当存入本单位职业卫生档案，并向卫生健康主管部门报告和劳动者公布。

第二十一条 存在职业病危害的用人单位发生职业病危害事故或者国家卫生健康委规定的其他情形的，应当及时委托具有相应资质的职业卫生技术服务机构进行职业病危害现状评价。

用人单位应当落实职业病危害现状评价报告中提出的建议和措施，并将职业病危害现状评价结果及整改情况存入本单位职业卫生档案。

第二十二条 用人单位在日常的职业病危害监测或者定期检测、现状评价过程中，发现工作场所职业病危害因素不符合国家职业卫生标准和卫生要求时，应当立即采取相应治理措施，确保其符合职业卫生环境和条件的要求；仍然达不到国家职业卫生标准和卫生要求的，必须停止存在职业病危害因素的作业；职业病危害因素经治理后，符合国家职业卫生标准和卫生要求的，方可重新作业。

第二十三条 向用人单位提供可能产生职业病危害的设备的，应当提供中文说明书，并在设备的醒目位置设置警示标识和中文警示说明。警示说明应当载明设备性能、可能产生的职业病危害、安全操作和维护注意事项、职业病防护措施等内容。

用人单位应当检查前款规定的事项，不得使用不符合要求的设备。

第二十四条 向用人单位提供可能产生职业病危害的化学品、放射性同位素和含有放射性物质的材料的，应当提供中文说明书。说明书应当载明产品特性、主要成份、存在的有害因素、可能产生的危害后果、安全使用注意事项、职业病防护和应急救治措施等内容。产品包装应当有醒目的警示标识和中文警示说明。贮存上述材料的场所应当在规定的部位设置危险物品标识或者放射性警示标识。

用人单位应当检查前款规定的事项，不得使用不符合要求的材料。

第二十五条 任何用人单位不得使用国家明令禁止使用的可能产生职业病危害的设备或者材料。

第二十六条 任何单位和个人不得将产生职业病危害的作业转移给不具备职业病防护条件的单位和个人。不具备职业病防护条件的单位和个人不得接受产生职业病危害的作业。

第二十七条 用人单位应当优先采用有利于防治职业病危害和保护劳动者健康的新技术、新工艺、新材料、新设备，逐步替代产生职业病危害的技术、工艺、材料、设备。

第二十八条 用人单位对采用的技术、工艺、材料、设备，应当知悉其可能产生的职业病危害，并采取相应的防护措施。对有职业病危害的技术、工艺、设备、材料，故意隐瞒其危害而采用的，用人单位对其所造成的职业病危害后果承担责任。

第二十九条 用人单位与劳动者订立劳动合同时，应当将工作过程中可能产生的职业病危害及其后果、职业病防护措施和待遇等如实告知劳动者，并在劳动合同中写明，不得隐瞒或者欺骗。

劳动者在履行劳动合同期间因工作岗位或者工作内容变更，从事与所订立劳动合同中未告知的存在职业病危害的作业时，用人单位应当依照前款规定，向劳动者履行如实告知的义务，并协商变更原劳动合同相关条款。

用人单位违反本条规定的，劳动者有权拒绝从事存在职业病危害的作业，用人单位不得因此解除与劳动者所订立的劳动合同。

第三十条 对从事接触职业病危害因素作业的劳动者，用人单位应当按照《用人单位职业健康监护监督管理办法》、《放射工作人员职业健康管理办法》、《职业健康监护技术规范》（GBZ 188）、《放射工作人员职业健康监护技术规范》（GBZ 235）等有关规定组织上岗前、在岗期间、离岗时的职业健康检查，并将检查结果书面如实告知劳动者。

职业健康检查费用由用人单位承担。

第三十一条 用人单位应当按照《用人单位职业健康监护监督管理办法》的规定，为劳动者建立职业健康监护档案，并按照规定的期限妥善保存。

职业健康监护档案应当包括劳动者的职业史、职业病危害接触史、职业健康检查结果、处理结果和职业病诊疗等有关个人健康资料。

劳动者离开用人单位时，有权索取本人职业健康监护档案复印件，用人单位应当如实、无偿提供，并在所提供的复印件上签章。

第三十二条 劳动者健康出现损害需要进行职业病诊断、鉴定的，用人单位应当如实提供职业病诊断、鉴定所需的劳动者职业史和职业病危害接触史、工作场所职业病危害因素检测结果和放射工作人员个人剂量监测结果等资料。

第三十三条 用人单位不得安排未成年工从事接触职业病危害的作业，不得安排有职业禁忌的劳动者从事其所禁忌的作业，不得安排孕期、哺乳期女职工从事对本人和胎儿、婴儿有危害的作业。

第三十四条 用人单位应当建立健全下列职业卫生档案资料：

（一）职业病防治责任制文件；

（二）职业卫生管理规章制度、操作规程；

（三）工作场所职业病危害因素种类清单、岗位分布以及作业人员接触情况等资料；

（四）职业病防护设施、应急救援设施基本信息，以及其配置、使用、维护、检修与更换等记录；

（五）工作场所职业病危害因素检测、评价报告与记录；

（六）职业病防护用品配备、发放、维护与更换等记录；

（七）主要负责人、职业卫生管理人员和职业病危害严重工作岗位的劳动者等相关人员职业卫生培训资料；

（八）职业病危害事故报告与应急处置记录；

（九）劳动者职业健康检查结果汇总资料，存在职业禁忌证、职业健康损害或者职业病的劳动者处理和安置情况记录；

（十）建设项目职业病防护设施"三同时"有关资料；

（十一）职业病危害项目申报等有关回执或者批复文件；

（十二）其他有关职业卫生管理的资料或者文件。

第三十五条 用人单位发生职业病危害事故，应当及时向所在地卫生健康主管部门和有关部门报告，并采取有效措施，减少或者消除职业病危害因素，防止事故扩大。对遭受或者可能遭受急性职业病危害的劳动者，用人单位应当及时组织救治、进行健康检查和医学观察，并承担所需费用。

用人单位不得故意破坏事故现场、毁灭有关证据，不得迟报、漏报、谎报或者瞒报职业病危害事故。

第三十六条 用人单位发现职业病病人或者疑似职业病病人时，应当按照国家规定及时向所在地卫生健康主管部门和有关部门报告。

第三十七条 用人单位在卫生健康主管部门行政执法人员依法履行监督检查职责时，应当予以配合，不得拒绝、阻挠。

第三章 监督管理

第三十八条 卫生健康主管部门应当依法对用人单位执行有关职业病防治的法律、法规、规章和国家职业卫生标准的情况进行监督检查，重点监督检查下列内容：

（一）设置或者指定职业卫生管理机构或者组织，配备专职或者兼职的职业卫生管理人员情况；

（二）职业卫生管理制度和操作规程的建立、落实及公布情况；

（三）主要负责人、职业卫生管理人员和职业病危害严重的工作岗位的劳动者职业卫生培训情况；

（四）建设项目职业病防护设施"三同时"制度落实情况；

（五）工作场所职业病危害项目申报情况；

（六）工作场所职业病危害因素监测、检测、评价及结果报告和公布情况；

（七）职业病防护设施、应急救援设施的配置、维护、保养情况，以及职业病防护用品的发放、管理及劳动者佩戴使用情况；

（八）职业病危害因素及危害后果警示、告知情况；

（九）劳动者职业健康监护、放射工作人员个人剂量监测情况；

（十）职业病危害事故报告情况；

（十一）提供劳动者健康损害与职业史、职业病危害接触关系等相关资料的情况；

（十二）依法应当监督检查的其他情况。

第三十九条 卫生健康主管部门应当建立健全职业卫生监督检查制度，加强行政执法人员职业卫生知识的培训，提高行政执法人员的业务素质。

第四十条 卫生健康主管部门应当加强建设项目职业病防护设施"三同时"的监督管理，建立健全相关资料的档案管理制度。

第四十一条 卫生健康主管部门应当加强职业卫生技术服务机构的资质认可管理和技术服务工作的监督检查，督促职业卫生技术服务机构公平、公正、客观、科学地开展职业卫生技术服务。

第四十二条 卫生健康主管部门应当建立健全职业病危害防治信息统计分析制度，加强对用人单位职业病危害因素检测、评价结果、劳动者职业健康监护信息以及职业卫生监督检查信息等资料的统计、汇总和分析。

第四十三条 卫生健康主管部门应当按照有关规定，支持、配合有关部门和机构开展职业病的诊断、鉴定工作。

第四十四条 卫生健康主管部门行政执法人员依法履行监督检查职责时，应当出示有效的执法证件。

行政执法人员应当忠于职守，秉公执法，严格遵守执法规范；涉及被检查单位的技术秘密、业务秘密以及个人隐私的，应当为其保密。

第四十五条 卫生健康主管部门履行监督检查职责时，有权采取下列措施：

（一）进入被检查单位及工作场所，进行职业病危害检测，了解情况，调查取证；

（二）查阅、复制被检查单位有关职业病危害防治的文件、资料，采集有关样品；

（三）责令违反职业病防治法律、法规的单位和个人停止违法行为；

（四）责令暂停导致职业病危害事故的作业，封存造成职业病危害事故或者可能导致职业病危害事故发生的材料和设备；

（五）组织控制职业病危害事故现场。

在职业病危害事故或者危害状态得到有效控制后，卫生健康主管部门应当及时解除前款第四项、第五项规定的控制措施。

第四十六条 发生职业病危害事故，卫生健康主管部门应当依照国家有关规定报告事故和组织事故的调查处理。

第四章 法律责任

第四十七条 用人单位有下列情形之一的，责令限期改正，给予警告，可以并处五千元以上二万元以下的罚款：

（一）未按照规定实行有害作业与无害作业分开、工作场所与生活场所分开的；

（二）用人单位的主要负责人、职业卫生管理人员未接受职业卫生培训的；

（三）其他违反本规定的行为。

第四十八条 用人单位有下列情形之一的，责令限期改正，给予警告；逾期未改正的，处十万元以下的罚款：

（一）未按照规定制定职业病防治计划和实施方案的；

（二）未按照规定设置或者指定职业卫生管理机构或者组织，或者未配备专职或者兼职的职业卫生管理人员的；

（三）未按照规定建立、健全职业卫生管理制度和操作规程的；

（四）未按照规定建立、健全职业卫生档案和劳动者健康监护档案的；

（五）未建立、健全工作场所职业病危害因素监测及评价制度的；

（六）未按照规定公布有关职业病防治的规章制度、操作规程、职业病危害事故应急救援措施的；

（七）未按照规定组织劳动者进行职业卫生培训，或者未对劳动者个体防护采取有效的指导、督促措施的；

（八）工作场所职业病危害因素检测、评价结果未按照规定存档、上报和公布的。

第四十九条 用人单位有下列情形之一的，责令限期改正，给予警告，可以并处五万元以上十万元以下的罚款：

（一）未按照规定及时、如实申报产生职业病危害的项目的；

（二）未实施由专人负责职业病危害因素日常监测，或者监测系统不能正常监测的；

（三）订立或者变更劳动合同时，未告知劳动者职业病危害真实情况的；

（四）未按照规定组织劳动者进行职业健康检查、建立职业健康监护档案或者未将检查结果书面告知劳动者的；

（五）未按照规定在劳动者离开用人单位时提供职业健康监护档案复印件的。

第五十条 用人单位有下列情形之一的，责令限期改正，给予警告；逾期未改正的，处五万元以上二十万元以下的罚款；情节严重的，责令停止产生职业病危害的作业，或者提请有关人民政府按照国务院规定的权限责令关闭：

（一）工作场所职业病危害因素的强度或者浓度超过国家职业卫生标准的；

（二）未提供职业病防护设施和劳

动者使用的职业病防护用品，或者提供的职业病防护设施和劳动者使用的职业病防护用品不符合国家职业卫生标准和卫生要求的；

（三）未按照规定对职业病防护设备、应急救援设施和劳动者职业病防护用品进行维护、检修、检测，或者不能保持正常运行、使用状态的；

（四）未按照规定对工作场所职业病危害因素进行检测、现状评价的；

（五）工作场所职业病危害因素经治理仍然达不到国家职业卫生标准和卫生要求时，未停止存在职业病危害因素的作业的；

（六）发生或者可能发生急性职业病危害事故，未立即采取应急救援和控制措施或者未按照规定及时报告的；

（七）未按照规定在产生严重职业病危害的作业岗位醒目位置设置警示标识和中文警示说明的；

（八）拒绝卫生健康主管部门监督检查的；

（九）隐瞒、伪造、篡改、毁损职业健康监护档案、工作场所职业病危害因素检测评价结果等相关资料，或者不提供职业病诊断、鉴定所需要资料的；

（十）未按照规定承担职业病诊断、鉴定费用和职业病病人的医疗、生活保障费用的。

第五十一条 用人单位有下列情形之一的，依法责令限期改正，并处五万元以上三十万元以下的罚款；情节严重的，责令停止产生职业病危害的作业，或者提请有关人民政府按照国务院规定的权限责令关闭：

（一）隐瞒技术、工艺、设备、材料所产生的职业病危害而采用的；

（二）隐瞒本单位职业卫生真实情况的；

（三）可能发生急性职业损伤的有毒、有害工作场所或者放射工作场所不符合法律有关规定的；

（四）使用国家明令禁止使用的可能产生职业病危害的设备或者材料的；

（五）将产生职业病危害的作业转移给没有职业病防护条件的单位和个人，或者没有职业病防护条件的单位和个人接受产生职业病危害的作业的；

（六）擅自拆除、停止使用职业病防护设备或者应急救援设施的；

（七）安排未经职业健康检查的劳动者、有职业禁忌的劳动者、未成年工或者孕期、哺乳期女职工从事接触产生职业病危害的作业或者禁忌作业的；

（八）违章指挥和强令劳动者进行没有职业病防护措施的作业的。

第五十二条 用人单位违反《中华人民共和国职业病防治法》的规定，已经对劳动者生命健康造成严重损害的，责令停止产生职业病危害的作业，或者提请有关人民政府按照国务院规定的权限责令关闭，并处十万元以上五十万元以下的罚款。

造成重大职业病危害事故或者其他严重后果，构成犯罪的，对直接负责的主管人员和其他直接责任人员，依法追究刑事责任。

第五十三条 向用人单位提供可能产生职业病危害的设备或者材料，未按照规定提供中文说明书或者设置警示标识和中文警示说明的，责令限期改正，给予警告，并处五万元以上二十万元以下的罚款。

第五十四条 用人单位未按照规定报告职业病、疑似职业病的，责令限期改正，给予警告，可以并处一万元以下的罚款；弄虚作假的，并处二万元以上五万元以下的罚款。

第五十五条 卫生健康主管部门及其行政执法人员未按照规定报告职业病危害事故的，依照有关规定给予处理；构成犯罪的，依法追究刑事责任。

第五十六条 本规定所规定的行政处罚，由县级以上地方卫生健康主管部门决定。法律、行政法规和国务院有关规定对行政处罚决定机关另有规定的，依照其规定。

第五章 附　则

第五十七条 本规定下列用语的含义：

工作场所，是指劳动者进行职业活动的所有地点，包括建设单位施工场所。

职业病危害严重的用人单位，是指建设项目职业病危害风险分类管理目录中所列职业病危害严重行业的用人单位。建设项目职业病危害风险分类管理目录由国家卫生健康委公布。各省级卫生健康主管部门可以根据本地区实际情况，对分类管理目录作出补充规定。

建设项目职业病防护设施“三同时”，是指建设项目的职业病防护设施与主体工程同时设计、同时施工、同时投入生产和使用。

第五十八条 本规定未规定的其他有关职业病防治事项，依照《中华人民共和国职业病防治法》和其他有关法律、法规、规章的规定执行。

第五十九条 医疗机构放射卫生管理按照放射诊疗管理相关规定执行。

第六十条 本规定自2021年2月1日起施行。原国家安全生产监督管理总局2012年4月27日公布的《工作场所职业卫生监督管理规定》同时废止。

3. 预 防 接 种

中华人民共和国疫苗管理法

1. 2019年6月29日第十三届全国人民代表大会常务委员会第十一次会议通过

2. 2019年6月29日中华人民共和国主席令第30号公布

3. 自2019年12月1日起施行

目　录

第一章 总 则

第一条 【立法目的】为了加强疫苗管理，保证疫苗质量和供应，规范预防接种，促进疫苗行业发展，保障公众健康，维护公共卫生安全，制定本法。

第二条 【适用范围及概念解释】在中华人民共和国境内从事疫苗研制、生产、流通和预防接种及其监督管理活动，适用本法。本法未作规定的，适用《中华人民共和国药品管理法》、《中华人民共和国传染病防治法》等法律、行政法规的规定。

本法所称疫苗，是指为预防、控制疾病的发生、流行，用于人体免疫接种的预防性生物制品，包括免疫规划疫苗和非免疫规划疫苗。

第三条 【疫苗管理制度】国家对疫苗实行最严格的管理制度，坚持安全第一、风险管理、全程管控、科学监管、社会共治。

第四条 【国家战略】国家坚持疫苗产品的战略性和公益性。

国家支持疫苗基础研究和应用研究，促进疫苗研制和创新，将预防、控制重大疾病的疫苗研制、生产和储备纳入国家战略。

国家制定疫苗行业发展规划和产业政策，支持疫苗产业发展和结构优化，鼓励疫苗生产规模化、集约化，不断提升疫苗生产工艺和质量水平。

第五条 【单位和个人的职责】疫苗上市许可持有人应当加强疫苗全生命周期质量管理，对疫苗的安全性、有效性和质量可控性负责。

从事疫苗研制、生产、流通和预防接种活动的单位和个人，应当遵守法律、法规、规章、标准和规范，保证全过程信息真实、准确、完整和可追溯，依法承担责任，接受社会监督。

第六条 【免疫规划制度】国家实行免疫规划制度。

居住在中国境内的居民，依法享有接种免疫规划疫苗的权利，履行接种免疫规划疫苗的义务。政府免费向居民提供免疫规划疫苗。

县级以上人民政府及其有关部门应当保障适龄儿童接种免疫规划疫苗。监护人应当依法保证适龄儿童按时接种免疫规划疫苗。

第七条 【政府职责】县级以上人民政府应当将疫苗安全工作和预防接种工作纳入本级国民经济和社会发展规划，加强疫苗监督管理能力建设，建立健全疫苗监督管理工作机制。

县级以上地方人民政府对本行政区域疫苗监督管理工作负责，统一领导、组织、协调本行政区域疫苗监督管理工作。

第八条 【主管部门】国务院药品监督管理部门负责全国疫苗监督管理工作。国务院卫生健康主管部门负责全国预防接种监督管理工作。国务院其他有关部门在各自职责范围内负责与疫苗有关的监督管理工作。

省、自治区、直辖市人民政府药品监督管理部门负责本行政区域疫苗监督管理工作。设区的市级、县级人民政府承担药品监督管理职责的部门（以下称药品监督管理部门）负责本行政区域疫苗监督管理工作。县级以上地方人民政府卫生健康主管部门负责本行政区域预防接种监督管理工作。

县级以上地方人民政府其他有关部门在各自职责范围内负责与疫苗有关的监督管理工作。

第九条 【部门协调机制】国务院和省、自治区、直辖市人民政府建立部门协调机制，统筹协调疫苗监督管理有关工作，定期分析疫苗安全形势，加强疫苗监督管理，保障疫苗供应。

第十条 【疫苗全程电子追溯制度】国家实行疫苗全程电子追溯制度。

国务院药品监督管理部门会同国务院卫生健康主管部门制定统一的疫苗追溯标准和规范，建立全国疫苗电子追溯协同平台，整合疫苗生产、流通和预防接种全过程追溯信息，实现疫苗可追溯。

疫苗上市许可持有人应当建立疫苗电子追溯系统，与全国疫苗电子追溯协同平台相衔接，实现生产、流通和预防接种全过程最小包装单位疫苗可追溯、可核查。

疾病预防控制机构、接种单位应当依法如实记录疫苗流通、预防接种等情况，并按照规定向全国疫苗电子追溯协同平台提供追溯信息。

第十一条 【生物安全管理制度】疫苗研制、生产、检验等过程中应当建立健全生物安全管理制度，严格控制生物安全风险，加强菌毒株等病原微生物的生物安全管理，保护操作人员和公众的健康，保证菌毒株等病原微生物用途合法、正当。

疫苗研制、生产、检验等使用的菌毒株和细胞株，应当明确历史、生物学特征、代次，建立详细档案，保证来源合法、清晰、可追溯；来源不明的，不得使用。

第十二条 【知识宣传】各级人民政府及其有关部门、疾病预防控制机构、接种单位、疫苗上市许可持有人和疫苗行业协会等应当通过全国儿童预防接种日等活动定期开展疫苗安全法律、法规以及预防接种知识等的宣传教育、普及工作。

新闻媒体应当开展疫苗安全法律、法规以及预防接种知识等的公益宣传，并对疫苗违法行为进行舆论监督。有关疫苗的宣传报道应当全面、科学、客观、公正。

第十三条 【行业协会的职责】疫苗行业协会应当加强行业自律，建立健全行业规范，推动行业诚信体系建设，引导和督促会员依法开展生产经营等活动。

第二章 疫苗研制和注册

第十四条 【国家责任】国家根据疾病流行情况、人群免疫状况等因素，制定相关研制规划，安排必要资金，支持多联多价等新型疫苗的研制。

国家组织疫苗上市许可持有人、科研单位、医疗卫生机构联合攻关，研制疾病预防、控制急需的疫苗。

第十五条 【国家鼓励】国家鼓励疫苗上市许可持有人加大研制和创新资金投入，优化生产工艺，提升质量控制水平，推动疫苗技术进步。

第十六条 【疫苗临床试验的依法批准和鼓励】开展疫苗临床试验，应当经国务院药品监督管理部门依法批准。

疫苗临床试验应当由符合国务院药品监督管理部门和国务院卫生健康

主管部门规定条件的三级医疗机构或者省级以上疾病预防控制机构实施或者组织实施。

国家鼓励符合条件的医疗机构、疾病预防控制机构等依法开展疫苗临床试验。

第十七条 【临床试验申办者的责任】疫苗临床试验申办者应当制定临床试验方案，建立临床试验安全监测与评价制度，审慎选择受试者，合理设置受试者群体和年龄组，并根据风险程度采取有效措施，保护受试者合法权益。

第十八条 【临床试验受试者的同意】开展疫苗临床试验，应当取得受试者的书面知情同意；受试者为无民事行为能力人的，应当取得其监护人的书面知情同意；受试者为限制民事行为能力人的，应当取得本人及其监护人的书面知情同意。

第十九条 【疫苗的注册】在中国境内上市的疫苗应当经国务院药品监督管理部门批准，取得药品注册证书；申请疫苗注册，应当提供真实、充分、可靠的数据、资料和样品。

对疾病预防、控制急需的疫苗和创新疫苗，国务院药品监督管理部门应当予以优先审评审批。

第二十条 【急需疫苗的注册和疫苗的紧急使用】应对重大突发公共卫生事件急需的疫苗或者国务院卫生健康主管部门认定急需的其他疫苗，经评估获益大于风险的，国务院药品监督管理部门可以附条件批准疫苗注册申请。

出现特别重大突发公共卫生事件或者其他严重威胁公众健康的紧急事件，国务院卫生健康主管部门根据传染病预防、控制需要提出紧急使用疫苗的建议，经国务院药品监督管理部门组织论证同意后可以在一定范围和期限内紧急使用。

第二十一条 【疫苗的核准范围和公布范围】国务院药品监督管理部门在批准疫苗注册申请时，对疫苗的生产工艺、质量控制标准和说明书、标签予以核准。

国务院药品监督管理部门应当在其网站上及时公布疫苗说明书、标签内容。

第三章 疫苗生产和批签发

第二十二条 【从事疫苗生产活动的条件】国家对疫苗生产实行严格准入制度。

从事疫苗生产活动，应当经省级以上人民政府药品监督管理部门批准，取得药品生产许可证。

从事疫苗生产活动，除符合《中华人民共和国药品管理法》规定的从事药品生产活动的条件外，还应当具备下列条件：

（一）具备适度规模和足够的产能储备；

（二）具有保证生物安全的制度和设施、设备；

（三）符合疾病预防、控制需要。

疫苗上市许可持有人应当具备疫苗生产能力；超出疫苗生产能力确需委托生产的，应当经国务院药品监督管理部门批准。接受委托生产的，应当遵守本法规定和国家有关规定，保证疫苗质量。

第二十三条 【对疫苗上市许可持有人的资质要求】疫苗上市许可持有人的法定代表人、主要负责人应当具有良好的信用记录，生产管理负责人、质量管理负责人、质量受权人等关键岗位人员应当具有相关专业背景和从业经历。

疫苗上市许可持有人应当加强对前款规定人员的培训和考核，及时将其任职和变更情况向省、自治区、直辖市人民政府药品监督管理部门报告。

第二十四条 【对疫苗质量和疫苗生产全过程的规范】疫苗应当按照经核准的生产工艺和质量控制标准进行生产和检验，生产全过程应当符合药品生产质量管理规范的要求。

疫苗上市许可持有人应当按照规定对疫苗生产全过程和疫苗质量进行审核、检验。

第二十五条 【疫苗生产质量管理体系】疫苗上市许可持有人应当建立完整的生产质量管理体系，持续加强偏差管理，采用信息化手段如实记录生产、检验过程中形成的所有数据，确保生产全过程持续符合法定要求。

第二十六条 【疫苗批签发制度】国家实行疫苗批签发制度。

每批疫苗销售前或者进口时，应当经国务院药品监督管理部门指定的批签发机构按照相关技术要求进行审核、检验。符合要求的，发给批签发证明；不符合要求的，发给不予批签发通知书。

不予批签发的疫苗不得销售，并应当由省、自治区、直辖市人民政府药品监督管理部门监督销毁；不予批签发的进口疫苗应当由口岸所在地药品监督管理部门监督销毁或者依法进行其他处理。

国务院药品监督管理部门、批签发机构应当及时公布上市疫苗批签发结果，供公众查询。

第二十七条 【疫苗批签发的申请】申请疫苗批签发应当按照规定向批签发机构提供批生产及检验记录摘要等资料和同批号产品等样品。进口疫苗还应当提供原产地证明、批签发证明；在原产地免予批签发的，应当提供免予批签发证明。

第二十八条 【免予批签发的情形】预防、控制传染病疫情或者应对突发事件急需的疫苗，经国务院药品监督管理部门批准，免予批签发。

第二十九条 【疫苗批签发的调整和核实】疫苗批签发应当逐批进行资料审核和抽样检验。疫苗批签发检验项目和检验频次应当根据疫苗质量风险评估情况进行动态调整。

对疫苗批签发申请资料或者样品的真实性有疑问，或者存在其他需要进一步核实的情况的，批签发机构应当予以核实，必要时应当采用现场抽样检验等方式组织开展现场核实。

第三十条 【疫苗重大质量风险的报告和检查】批签发机构在批签发过程中发现疫苗存在重大质量风险的，应当及时向国务院药品监督管理部门和省、自治区、直辖市人民政府药品监督管理部门报告。

接到报告的部门应当立即对疫苗上市许可持有人进行现场检查，根据检查结果通知批签发机构对疫苗上市许可持有人的相关产品或者所有产品不予批签发或者暂停批签发，并责令疫苗上市许可持有人整改。疫苗上市许可持有人应当立即整改，并及时将整改情况向责令其整改的部门报告。

第三十一条 【疫苗问题的记录和报告】对生产工艺偏差、质量差异、生产过程中的故障和事故以及采取的措施，疫苗上市许可持有人应当如实记录，并在相应批产品申请批签发的文件中载明；可能影响疫苗质量的，疫苗上市许可持有人应当立即采取措施，并向省、自治区、直辖市人民政府药品监督管理部门报告。

第四章 疫苗流通

第三十二条 【疫苗的招标和采购】国家免疫规划疫苗由国务院卫生健康主管部门会同国务院财政部门等组织集中招标或者统一谈判，形成并公布中标价格或者成交价格，各省、自治区、直辖市实行统一采购。

国家免疫规划疫苗以外的其他免疫规划疫苗、非免疫规划疫苗由各省、自治区、直辖市通过省级公共资源交易平台组织采购。

第三十三条 【疫苗的价格】疫苗的价格由疫苗上市许可持有人依法自主合理制定。疫苗的价格水平、差价率、利润率应当保持在合理幅度。

第三十四条 【疫苗使用计划】省级疾病预防控制机构应当根据国家免疫规划和本行政区域疾病预防、控制需要，制定本行政区域免疫规划疫苗使用计划，并按照国家有关规定向组织采购疫苗的部门报告，同时报省、自治区、直辖市人民政府卫生健康主管部门备案。

第三十五条 【疫苗的供应】疫苗上市许可持有人应当按照采购合同约定，向疾病预防控制机构供应疫苗。

疾病预防控制机构应当按照规定向接种单位供应疫苗。

疾病预防控制机构以外的单位和个人不得向接种单位供应疫苗，接种单位不得接收该疫苗。

第三十六条 【疫苗的配送】疫苗上市许可持有人应当按照采购合同约定，向疾病预防控制机构或者疾病预防控制机构指定的接种单位配送疫苗。

疫苗上市许可持有人、疾病预防控制机构自行配送疫苗应当具备疫苗冷链储存、运输条件，也可以委托符合条件的疫苗配送单位配送疫苗。

疾病预防控制机构配送非免疫规划疫苗可以收取储存、运输费用，具体办法由国务院财政部门会同国务院价格主管部门制定，收费标准由省、自治区、直辖市人民政府价格主管部门会同财政部门制定。

第三十七条 【疫苗的储存、运输】疾病预防控制机构、接种单位、疫苗上市许可持有人、疫苗配送单位应当遵守疫苗储存、运输管理规范，保证疫苗质量。

疫苗在储存、运输全过程中应当处于规定的温度环境，冷链储存、运输应当符合要求，并定时监测、记录温度。

疫苗储存、运输管理规范由国务院药品监督管理部门、国务院卫生健康主管部门共同制定。

第三十八条　【疫苗销售应提供的证明文件】疫苗上市许可持有人在销售疫苗时，应当提供加盖其印章的批签发证明复印件或者电子文件；销售进口疫苗的，还应当提供加盖其印章的进口药品通关单复印件或者电子文件。

疾病预防控制机构、接种单位在接收或者购进疫苗时，应当索取前款规定的证明文件，并保存至疫苗有效期满后不少于五年备查。

第三十九条　【疫苗销售、接收、购进、运输、储存、配送、供应的记录】疫苗上市许可持有人应当按照规定，建立真实、准确、完整的销售记录，并保存至疫苗有效期满后不少于五年备查。

疾病预防控制机构、接种单位、疫苗配送单位应当按照规定，建立真实、准确、完整的接收、购进、储存、配送、供应记录，并保存至疫苗有效期满后不少于五年备查。

疾病预防控制机构、接种单位接收或者购进疫苗时，应当索取本次运输、储存全过程温度监测记录，并保存至疫苗有效期满后不少于五年备查；对不能提供本次运输、储存全过程温度监测记录或者温度控制不符合要求的，不得接收或者购进，并应当立即向县级以上地方人民政府药品监督管理部门、卫生健康主管部门报告。

第四十条　【疫苗定期检查制度】疾病预防控制机构、接种单位应当建立疫苗定期检查制度，对存在包装无法识别、储存温度不符合要求、超过有效期等问题的疫苗，采取隔离存放、设置警示标志等措施，并按照国务院药品监督管理部门、卫生健康主管部门、生态环境主管部门的规定处置。疾病预防控制机构、接种单位应当如实记录处置情况，处置记录应当保存至疫苗有效期满后不少于五年备查。

第五章　预防接种

第四十一条　【国家免疫规划的制定、调整和执行】国务院卫生健康主管部门制定国家免疫规划；国家免疫规划疫苗种类由国务院卫生健康主管部门会同国务院财政部门拟订，报国务院批准后公布。

国务院卫生健康主管部门建立国家免疫规划专家咨询委员会，并会同国务院财政部门建立国家免疫规划疫苗种类动态调整机制。

省、自治区、直辖市人民政府在执行国家免疫规划时，可以根据本行政区域疾病预防、控制需要，增加免疫规划疫苗种类，报国务院卫生健康主管部门备案并公布。

第四十二条　【卫生健康主管部门的职责】国务院卫生健康主管部门应当制定、公布预防接种工作规范，强化预防接种规范化管理。

国务院卫生健康主管部门应当制定、公布国家免疫规划疫苗的免疫程序和非免疫规划疫苗的使用指导原则。

省、自治区、直辖市人民政府卫生健康主管部门应当结合本行政区域实际情况制定接种方案，并报国务院卫生健康主管部门备案。

第四十三条　【疾病预防控制机构的职责】各级疾病预防控制机构应当按照各自职责，开展与预防接种相关的宣传、培训、技术指导、监测、评价、流行病学调查、应急处置等工作。

第四十四条 【接种单位的条件和要求】 接种单位应当具备下列条件：

（一）取得医疗机构执业许可证；

（二）具有经过县级人民政府卫生健康主管部门组织的预防接种专业培训并考核合格的医师、护士或者乡村医生；

（三）具有符合疫苗储存、运输管理规范的冷藏设施、设备和冷藏保管制度。

县级以上地方人民政府卫生健康主管部门指定符合条件的医疗机构承担责任区域内免疫规划疫苗接种工作。符合条件的医疗机构可以承担非免疫规划疫苗接种工作，并应当报颁发其医疗机构执业许可证的卫生健康主管部门备案。

接种单位应当加强内部管理，开展预防接种工作应当遵守预防接种工作规范、免疫程序、疫苗使用指导原则和接种方案。

各级疾病预防控制机构应当加强对接种单位预防接种工作的技术指导和疫苗使用的管理。

第四十五条 【接种的实施】 医疗卫生人员实施接种，应当告知受种者或者其监护人所接种疫苗的品种、作用、禁忌、不良反应以及现场留观等注意事项，询问受种者的健康状况以及是否有接种禁忌等情况，并如实记录告知和询问情况。受种者或者其监护人应当如实提供受种者的健康状况和接种禁忌等情况。有接种禁忌不能接种的，医疗卫生人员应当向受种者或者其监护人提出医学建议，并如实记录提出医学建议情况。

医疗卫生人员在实施接种前，应当按照预防接种工作规范的要求，检查受种者健康状况、核查接种禁忌，查对预防接种证，检查疫苗、注射器的外观、批号、有效期，核对受种者的姓名、年龄和疫苗的品名、规格、剂量、接种部位、接种途径，做到受种者、预防接种证和疫苗信息相一致，确认无误后方可实施接种。

医疗卫生人员应当对符合接种条件的受种者实施接种。受种者在现场留观期间出现不良反应的，医疗卫生人员应当按照预防接种工作规范的要求，及时采取救治等措施。

第四十六条 【接种记录】 医疗卫生人员应当按照国务院卫生健康主管部门的规定，真实、准确、完整记录疫苗的品种、上市许可持有人、最小包装单位的识别信息、有效期、接种时间、实施接种的医疗卫生人员、受种者等接种信息，确保接种信息可追溯、可查询。接种记录应当保存至疫苗有效期满后不少于五年备查。

第四十七条 【儿童预防接种制度】 国家对儿童实行预防接种证制度。在儿童出生后一个月内，其监护人应当到儿童居住地承担预防接种工作的接种单位或者出生医院为其办理预防接种证。接种单位或者出生医院不得拒绝办理。监护人应当妥善保管预防接种证。

预防接种实行居住地管理，儿童离开原居住地期间，由现居住地承担预防接种工作的接种单位负责对其实施接种。

预防接种证的格式由国务院卫生健康主管部门规定。

第四十八条 【儿童预防接种证的检验】儿童入托、入学时，托幼机构、学校应当查验预防接种证，发现未按照规定接种免疫规划疫苗的，应当向儿童居住地或者托幼机构、学校所在地承担预防接种工作的接种单位报告，并配合接种单位督促其监护人按照规定补种。疾病预防控制机构应当为托幼机构、学校查验预防接种证等提供技术指导。

儿童入托、入学预防接种证查验办法由国务院卫生健康主管部门会同国务院教育行政部门制定。

第四十九条 【接种疫苗的费用】接种单位接种免疫规划疫苗不得收取任何费用。

接种单位接种非免疫规划疫苗，除收取疫苗费用外，还可以收取接种服务费。接种服务费的收费标准由省、自治区、直辖市人民政府价格主管部门会同财政部门制定。

第五十条 【群体性预防接种】县级以上地方人民政府卫生健康主管部门根据传染病监测和预警信息，为预防、控制传染病暴发、流行，报经本级人民政府决定，并报省级以上人民政府卫生健康主管部门备案，可以在本行政区域进行群体性预防接种。

需要在全国范围或者跨省、自治区、直辖市范围内进行群体性预防接种的，应当由国务院卫生健康主管部门决定。

作出群体性预防接种决定的县级以上地方人民政府或者国务院卫生健康主管部门应当组织有关部门做好人员培训、宣传教育、物资调用等工作。

任何单位和个人不得擅自进行群体性预防接种。

第五十一条 【应急接种】传染病暴发、流行时，县级以上地方人民政府或者其卫生健康主管部门需要采取应急接种措施的，依照法律、行政法规的规定执行。

第六章 异常反应监测和处理

第五十二条 【预防接种异常反应的定义和排除】预防接种异常反应，是指合格的疫苗在实施规范接种过程中或者实施规范接种后造成受种者机体组织器官、功能损害，相关各方均无过错的药品不良反应。

下列情形不属于预防接种异常反应：

（一）因疫苗本身特性引起的接种后一般反应；

（二）因疫苗质量问题给受种者造成的损害；

（三）因接种单位违反预防接种工作规范、免疫程序、疫苗使用指导原则、接种方案给受种者造成的损害；

（四）受种者在接种时正处于某种疾病的潜伏期或者前驱期，接种后偶合发病；

（五）受种者有疫苗说明书规定的接种禁忌，在接种前受种者或者其监护人未如实提供受种者的健康状况和接种禁忌等情况，接种后受种者原有疾病急性复发或者病情加重；

（六）因心理因素发生的个体或者

群体的心因性反应。

第五十三条 【预防接种异常反应的监测】国家加强预防接种异常反应监测。预防接种异常反应监测方案由国务院卫生健康主管部门会同国务院药品监督管理部门制定。

第五十四条 【疑似预防接种异常反应的报告和控制】接种单位、医疗机构等发现疑似预防接种异常反应的，应当按照规定向疾病预防控制机构报告。

疫苗上市许可持有人应当设立专门机构，配备专职人员，主动收集、跟踪分析疑似预防接种异常反应，及时采取风险控制措施，将疑似预防接种异常反应向疾病预防控制机构报告，将质量分析报告提交省、自治区、直辖市人民政府药品监督管理部门。

第五十五条 【对疑似预防接种异常反应的处理】对疑似预防接种异常反应，疾病预防控制机构应当按照规定及时报告，组织调查、诊断，并将调查、诊断结论告知受种者或者其监护人。对调查、诊断结论有争议的，可以根据国务院卫生健康主管部门制定的鉴定办法申请鉴定。

因预防接种导致受种者死亡、严重残疾，或者群体性疑似预防接种异常反应等对社会有重大影响的疑似预防接种异常反应，由设区的市级以上人民政府卫生健康主管部门、药品监督管理部门按照各自职责组织调查、处理。

第五十六条 【预防接种异常反应的补偿】国家实行预防接种异常反应补偿制度。实施接种过程中或者实施接种后出现受种者死亡、严重残疾、器官组织损伤等损害，属于预防接种异常反应或者不能排除的，应当给予补偿。补偿范围实行目录管理，并根据实际情况进行动态调整。

接种免疫规划疫苗所需的补偿费用，由省、自治区、直辖市人民政府财政部门在预防接种经费中安排；接种非免疫规划疫苗所需的补偿费用，由相关疫苗上市许可持有人承担。国家鼓励通过商业保险等多种形式对预防接种异常反应受种者予以补偿。

预防接种异常反应补偿应当及时、便民、合理。预防接种异常反应补偿范围、标准、程序由国务院规定，省、自治区、直辖市制定具体实施办法。

第七章 疫苗上市后管理

第五十七条 【疫苗的质量管理和研究】疫苗上市许可持有人应当建立健全疫苗全生命周期质量管理体系，制定并实施疫苗上市后风险管理计划，开展疫苗上市后研究，对疫苗的安全性、有效性和质量可控性进行进一步确证。

对批准疫苗注册申请时提出进一步研究要求的疫苗，疫苗上市许可持有人应当在规定期限内完成研究；逾期未完成研究或者不能证明其获益大于风险的，国务院药品监督管理部门应当依法处理，直至注销该疫苗的药品注册证书。

第五十八条 【疫苗质量跟踪和生产条件评估】疫苗上市许可持有人应当对疫苗进行质量跟踪分析，持续提升质量控制标准，改进生产工艺，提高生产工艺稳定性。

生产工艺、生产场地、关键设备等

发生变更的，应当进行评估、验证，按照国务院药品监督管理部门有关变更管理的规定备案或者报告；变更可能影响疫苗安全性、有效性和质量可控性的，应当经国务院药品监督管理部门批准。

第五十九条 【疫苗信息的更新、备案和公布】疫苗上市许可持有人应当根据疫苗上市后研究、预防接种异常反应等情况持续更新说明书、标签，并按照规定申请核准或者备案。

国务院药品监督管理部门应当在其网站上及时公布更新后的疫苗说明书、标签内容。

第六十条 【疫苗质量的回顾分析和风险报告】疫苗上市许可持有人应当建立疫苗质量回顾分析和风险报告制度，每年将疫苗生产流通、上市后研究、风险管理等情况按照规定如实向国务院药品监督管理部门报告。

第六十一条 【疫苗的上市后评价及后果】国务院药品监督管理部门可以根据实际情况，责令疫苗上市许可持有人开展上市后评价或者直接组织开展上市后评价。

对预防接种异常反应严重或者其他原因危害人体健康的疫苗，国务院药品监督管理部门应当注销该疫苗的药品注册证书。

第六十二条 【疫苗品种的上市后评价及后果】国务院药品监督管理部门可以根据疾病预防、控制需要和疫苗行业发展情况，组织对疫苗品种开展上市后评价，发现该疫苗品种的产品设计、生产工艺、安全性、有效性或者质量可控性明显劣于预防、控制同种疾病的其他疫苗品种的，应当注销该品种所有疫苗的药品注册证书并废止相应的国家药品标准。

第八章 保障措施

第六十三条 【政府的预算、补助和国家支持】县级以上人民政府应当将疫苗安全工作、购买免疫规划疫苗和预防接种工作以及信息化建设等所需经费纳入本级政府预算，保证免疫规划制度的实施。

县级人民政府按照国家有关规定对从事预防接种工作的乡村医生和其他基层医疗卫生人员给予补助。

国家根据需要对经济欠发达地区的预防接种工作给予支持。省、自治区、直辖市人民政府和设区的市级人民政府应当对经济欠发达地区的县级人民政府开展与预防接种相关的工作给予必要的经费补助。

第六十四条 【政府确定与预防接种相关项目的依据和范围】省、自治区、直辖市人民政府根据本行政区域传染病流行趋势，在国务院卫生健康主管部门确定的传染病预防、控制项目范围内，确定本行政区域与预防接种相关的项目，并保证项目的实施。

第六十五条 【疫苗的需求和供应】国务院卫生健康主管部门根据各省、自治区、直辖市国家免疫规划疫苗使用计划，向疫苗上市许可持有人提供国家免疫规划疫苗需求信息，疫苗上市许可持有人根据疫苗需求信息合理安排生产。

疫苗存在供应短缺风险时，国务院卫生健康主管部门、国务院药品监督管理部门提出建议，国务院工业和信息化主管部门、国务院财政部门应当采取有效措施，保障疫苗生产、供应。

疫苗上市许可持有人应当依法组织生产，保障疫苗供应；疫苗上市许可持有人停止疫苗生产的，应当及时向国务院药品监督管理部门或者省、自治区、直辖市人民政府药品监督管理部门报告。

第六十六条　【疫苗的储备】国家将疫苗纳入战略物资储备，实行中央和省级两级储备。

国务院工业和信息化主管部门、财政部门会同国务院卫生健康主管部门、公安部门、市场监督管理部门和药品监督管理部门，根据疾病预防、控制和公共卫生应急准备的需要，加强储备疫苗的产能、产品管理，建立动态调整机制。

第六十七条　【预防接种经费】各级财政安排用于预防接种的经费应当专款专用，任何单位和个人不得挪用、挤占。

有关单位和个人使用预防接种的经费应当依法接受审计机关的审计监督。

第六十八条　【疫苗责任强制保险】国家实行疫苗责任强制保险制度。

疫苗上市许可持有人应当按照规定投保疫苗责任强制保险。因疫苗质量问题造成受种者损害的，保险公司在承保的责任限额内予以赔付。

疫苗责任强制保险制度的具体实施办法，由国务院药品监督管理部门会同国务院卫生健康主管部门、保险监督管理机构等制定。

第六十九条　【预防、控制传染病的疫苗】传染病暴发、流行时，相关疫苗上市许可持有人应当及时生产和供应预防、控制传染病的疫苗。交通运输单位应当优先运输预防、控制传染病的疫苗。县级以上人民政府及其有关部门应当做好组织、协调、保障工作。

第九章　监督管理

第七十条　【主管部门的职责范围】药品监督管理部门、卫生健康主管部门按照各自职责对疫苗研制、生产、流通和预防接种全过程进行监督管理，监督疫苗上市许可持有人、疾病预防控制机构、接种单位等依法履行义务。

药品监督管理部门依法对疫苗研制、生产、储存、运输以及预防接种中的疫苗质量进行监督检查。卫生健康主管部门依法对免疫规划制度的实施、预防接种活动进行监督检查。

药品监督管理部门应当加强对疫苗上市许可持有人的现场检查；必要时，可以对为疫苗研制、生产、流通等活动提供产品或者服务的单位和个人进行延伸检查；有关单位和个人应当予以配合，不得拒绝和隐瞒。

第七十一条　【疫苗的监督检查】国家建设中央和省级两级职业化、专业化药品检查员队伍，加强对疫苗的监督检查。

省、自治区、直辖市人民政府药品监督管理部门选派检查员入驻疫苗上市许可持有人。检查员负责监督检查药品生产质量管理规范执行情况，收集疫苗质量风险和违法违规线索，向省、自治区、直辖市人民政府药品监督管理部门报告情况并提出建议，对派驻期间的行为负责。

第七十二条　【相关人对疫苗质量问题的责任】疫苗质量管理存在安全隐患，疫苗上市许可持有人等未及时采取措施消除的，药品监督管理部门可以采取责任约谈、限期整改等措施。

严重违反药品相关质量管理规范的，药品监督管理部门应当责令暂停疫苗生产、销售、配送，立即整改；整改完成后，经药品监督管理部门检查符合要求的，方可恢复生产、销售、配送。

药品监督管理部门应当建立疫苗上市许可持有人及其相关人员信用记录制度，纳入全国信用信息共享平台，按照规定公示其严重失信信息，实施联合惩戒。

第七十三条　【疫苗质量问题的处理】疫苗存在或者疑似存在质量问题的，疫苗上市许可持有人、疾病预防控制机构、接种单位应当立即停止销售、配送、使用，必要时立即停止生产，按照规定向县级以上人民政府药品监督管理部门、卫生健康主管部门报告。卫生健康主管部门应当立即组织疾病预防控制机构和接种单位采取必要的应急处置措施，同时向上级人民政府卫生健康主管部门报告。药品监督管理部门应当依法采取查封、扣押等措施。对已经销售的疫苗，疫苗上市许可持有人应当及时通知相关疾病预防控制机构、疫苗配送单位、接种单位，按照规定召回，如实记录召回和通知情况，疾病预防控制机构、疫苗配送单位、接种单位应当予以配合。

未依照前款规定停止生产、销售、配送、使用或者召回疫苗的，县级以上人民政府药品监督管理部门、卫生健康主管部门应当按照各自职责责令停止生产、销售、配送、使用或者召回疫苗。

疫苗上市许可持有人、疾病预防控制机构、接种单位发现存在或者疑似存在质量问题的疫苗，不得瞒报、谎报、缓报、漏报，不得隐匿、伪造、毁灭有关证据。

第七十四条　【疫苗信息公开制度】疫苗上市许可持有人应当建立信息公开制度，按照规定在其网站上及时公开疫苗产品信息、说明书和标签、药品相关质量管理规范执行情况、批签发情况、召回情况、接受检查和处罚情况以及投保疫苗责任强制保险情况等信息。

第七十五条　【疫苗信息共享机制】国务院药品监督管理部门会同国务院卫生健康主管部门等建立疫苗质量、预防接种等信息共享机制。

省级以上人民政府药品监督管理部门、卫生健康主管部门等应当按照科学、客观、及时、公开的原则，组织疫苗上市许可持有人、疾病预防控制机构、接种单位、新闻媒体、科研单位等，就疫苗质量和预防接种等信息进行交流沟通。

第七十六条　【疫苗安全信息统一公布制度】国家实行疫苗安全信息统一公布制度。

疫苗安全风险警示信息、重大疫苗安全事故及其调查处理信息和国务院确定需要统一公布的其他疫苗安全信息，由国务院药品监督管理部门会同有关部门公布。全国预防接种异常反应报告情况,由国务院卫生健康主管部门会同国务院药品监督管理部门统一公布。未经授权不得发布上述信息。公布重大疫苗安全信息,应当及时、准确、全面,并按照规定进行科学评估,作出必要的解释说明。

县级以上人民政府药品监督管理部门发现可能误导公众和社会舆论的疫苗安全信息,应当立即会同卫生健康主管部门及其他有关部门、专业机构、相关疫苗上市许可持有人等进行核实、分析,并及时公布结果。

任何单位和个人不得编造、散布虚假疫苗安全信息。

第七十七条 【单位和个人的权利】任何单位和个人有权依法了解疫苗信息,对疫苗监督管理工作提出意见、建议。

任何单位和个人有权向卫生健康主管部门、药品监督管理部门等部门举报疫苗违法行为,对卫生健康主管部门、药品监督管理部门等部门及其工作人员未依法履行监督管理职责的情况有权向本级或者上级人民政府及其有关部门、监察机关举报。有关部门、机关应当及时核实、处理;对查证属实的举报,按照规定给予举报人奖励;举报人举报所在单位严重违法行为,查证属实的,给予重奖。

第七十八条 【疫苗安全事件的预案和处理】县级以上人民政府应当制定疫苗安全事件应急预案,对疫苗安全事件分级、处置组织指挥体系与职责、预防预警机制、处置程序、应急保障措施等作出规定。

疫苗上市许可持有人应当制定疫苗安全事件处置方案,定期检查各项防范措施的落实情况,及时消除安全隐患。

发生疫苗安全事件,疫苗上市许可持有人应当立即向国务院药品监督管理部门或者省、自治区、直辖市人民政府药品监督管理部门报告;疾病预防控制机构、接种单位、医疗机构应当立即向县级以上人民政府卫生健康主管部门、药品监督管理部门报告。药品监督管理部门应当会同卫生健康主管部门按照应急预案的规定,成立疫苗安全事件处置指挥机构,开展医疗救治、风险控制、调查处理、信息发布、解释说明等工作,做好补种等善后处置工作。因质量问题造成的疫苗安全事件的补种费用由疫苗上市许可持有人承担。

有关单位和个人不得瞒报、谎报、缓报、漏报疫苗安全事件,不得隐匿、伪造、毁灭有关证据。

第十章 法律责任

第七十九条 【相关的刑事责任】违反本法规定,构成犯罪的,依法从重追究刑事责任。

第八十条 【生产、销售假药、劣药的法律责任】生产、销售的疫苗属于假药的,由省级以上人民政府药品监督管理部门没收违法所得和违法生产、销售的疫苗以及专门用于违法生产疫苗的原料、辅料、包装材料、设备等物品,责令停产停业整顿,吊销药品注册证书,直至吊销药品生产许可证等,并处违法生产、销售疫苗货值金额十五倍以上五十倍以下的罚款,货值金额不足五十万元的,按五十万元计算。

生产、销售的疫苗属于劣药的，由省级以上人民政府药品监督管理部门没收违法所得和违法生产、销售的疫苗以及专门用于违法生产疫苗的原料、辅料、包装材料、设备等物品，责令停产停业整顿，并处违法生产、销售疫苗货值金额十倍以上三十倍以下的罚款，货值金额不足五十万元的，按五十万元计算；情节严重的，吊销药品注册证书，直至吊销药品生产许可证等。

生产、销售的疫苗属于假药，或者生产、销售的疫苗属于劣药且情节严重的，由省级以上人民政府药品监督管理部门对法定代表人、主要负责人、直接负责的主管人员和关键岗位人员以及其他责任人员，没收违法行为发生期间自本单位所获收入，并处所获收入一倍以上十倍以下的罚款，终身禁止从事药品生产经营活动，由公安机关处五日以上十五日以下拘留。

第八十一条　【严重违法行为的法律责任】有下列情形之一的，由省级以上人民政府药品监督管理部门没收违法所得和违法生产、销售的疫苗以及专门用于违法生产疫苗的原料、辅料、包装材料、设备等物品，责令停产停业整顿，并处违法生产、销售疫苗货值金额十五倍以上五十倍以下的罚款，货值金额不足五十万元的，按五十万元计算；情节严重的，吊销药品相关批准证明文件，直至吊销药品生产许可证等，对法定代表人、主要负责人、直接负责的主管人员和关键岗位人员以及其他责任人员，没收违法行为发生期间自本单位所获收入，并处所获收入百分之五十以上十倍以下的罚款，十年内直至终身禁止从事药品生产经营活动，由公安机关处五日以上十五日以下拘留：

（一）申请疫苗临床试验、注册、批签发提供虚假数据、资料、样品或者有其他欺骗行为；

（二）编造生产、检验记录或者更改产品批号；

（三）疾病预防控制机构以外的单位或者个人向接种单位供应疫苗；

（四）委托生产疫苗未经批准；

（五）生产工艺、生产场地、关键设备等发生变更按照规定应当经批准而未经批准；

（六）更新疫苗说明书、标签按照规定应当经核准而未经核准。

第八十二条　【违反药品相关质量管理规范的法律责任】除本法另有规定的情形外，疫苗上市许可持有人或者其他单位违反药品相关质量管理规范的，由县级以上人民政府药品监督管理部门责令改正，给予警告；拒不改正的，处二十万元以上五十万元以下的罚款；情节严重的，处五十万元以上三百万元以下的罚款，责令停产停业整顿，直至吊销药品相关批准证明文件、药品生产许可证等，对法定代表人、主要负责人、直接负责的主管人员和关键岗位人员以及其他责任人员，没收违法行为发生期间自本单位所获收入，并处所获收入百分之五十以上五倍以下的罚款，十年内直至终身禁止从事药品生产经营活动。

第八十三条　【疫苗上市许可持有人的违法责任】违反本法规定，疫苗上市许可持有人有下列情形之一的，由省级以上人民政府药品监督管理部门责令改正,给予警告;拒不改正的,处二十万元以上五十万元以下的罚款;情节严重的,责令停产停业整顿,并处五十万元以上二百万元以下的罚款:

(一)未按照规定建立疫苗电子追溯系统;

(二)法定代表人、主要负责人和生产管理负责人、质量管理负责人、质量受权人等关键岗位人员不符合规定条件或者未按照规定对其进行培训、考核;

(三)未按照规定报告或者备案;

(四)未按照规定开展上市后研究,或者未按照规定设立机构、配备人员主动收集、跟踪分析疑似预防接种异常反应;

(五)未按照规定投保疫苗责任强制保险;

(六)未按照规定建立信息公开制度。

第八十四条 【批签发机构的违法责任】违反本法规定,批签发机构有下列情形之一的,由国务院药品监督管理部门责令改正,给予警告,对主要负责人、直接负责的主管人员和其他直接责任人员依法给予警告直至降级处分:

(一)未按照规定进行审核和检验;

(二)未及时公布上市疫苗批签发结果;

(三)未按照规定进行核实;

(四)发现疫苗存在重大质量风险未按照规定报告。

违反本法规定,批签发机构未按照规定发给批签发证明或者不予批签发通知书的,由国务院药品监督管理部门责令改正,给予警告,对主要负责人、直接负责的主管人员和其他直接责任人员依法给予降级或者撤职处分;情节严重的,对主要负责人、直接负责的主管人员和其他直接责任人员依法给予开除处分。

第八十五条 【违反疫苗储存、运输管理规范的法律责任】疾病预防控制机构、接种单位、疫苗上市许可持有人、疫苗配送单位违反疫苗储存、运输管理规范有关冷链储存、运输要求的,由县级以上人民政府药品监督管理部门责令改正,给予警告,对违法储存、运输的疫苗予以销毁,没收违法所得;拒不改正的,对接种单位、疫苗上市许可持有人、疫苗配送单位处二十万元以上一百万元以下的罚款;情节严重的,对接种单位、疫苗上市许可持有人、疫苗配送单位处违法储存、运输疫苗货值金额十倍以上三十倍以下的罚款,货值金额不足十万元的,按十万元计算,责令疫苗上市许可持有人、疫苗配送单位停产停业整顿,直至吊销药品相关批准证明文件、药品生产许可证等,对疫苗上市许可持有人、疫苗配送单位的法定代表人、主要负责人、直接负责的主管人员和关键岗位人员以及其他责任人员依照本法第八十二条规定给予处罚。

疾病预防控制机构、接种单位有前款规定违法行为的,由县级以上人民政府卫生健康主管部门对主要负责人、直接负责的主管人员和其他直接责任人员依法给予警告直至撤职处分，责令负有责任的医疗卫生人员暂停一年以上十八个月以下执业活动；造成严重后果的，对主要负责人、直接负责的主管人员和其他直接责任人员依法给予开除处分，并可以吊销接种单位的接种资格，由原发证部门吊销负有责任的医疗卫生人员的执业证书。

第八十六条 【其他违反疫苗储存、运输管理规范行为的法律责任】疾病预防控制机构、接种单位、疫苗上市许可持有人、疫苗配送单位有本法第八十五条规定以外的违反疫苗储存、运输管理规范行为的，由县级以上人民政府药品监督管理部门责令改正，给予警告，没收违法所得；拒不改正的，对接种单位、疫苗上市许可持有人、疫苗配送单位处十万元以上三十万元以下的罚款；情节严重的，对接种单位、疫苗上市许可持有人、疫苗配送单位处违法储存、运输疫苗货值金额三倍以上十倍以下的罚款，货值金额不足十万元的，按十万元计算。

疾病预防控制机构、接种单位有前款规定违法行为的，县级以上人民政府卫生健康主管部门可以对主要负责人、直接负责的主管人员和其他直接责任人员依法给予警告直至撤职处分，责令负有责任的医疗卫生人员暂停六个月以上一年以下执业活动；造成严重后果的，对主要负责人、直接负责的主管人员和其他直接责任人员依法给予开除处分，由原发证部门吊销负有责任的医疗卫生人员的执业证书。

第八十七条 【违反疫苗供应、接收、采购、接种有关规定的法律责任】违反本法规定，疾病预防控制机构、接种单位有下列情形之一的，由县级以上人民政府卫生健康主管部门责令改正，给予警告，没收违法所得；情节严重的，对主要负责人、直接负责的主管人员和其他直接责任人员依法给予警告直至撤职处分，责令负有责任的医疗卫生人员暂停一年以上十八个月以下执业活动；造成严重后果的，对主要负责人、直接负责的主管人员和其他直接责任人员依法给予开除处分，由原发证部门吊销负有责任的医疗卫生人员的执业证书：

（一）未按照规定供应、接收、采购疫苗；

（二）接种疫苗未遵守预防接种工作规范、免疫程序、疫苗使用指导原则、接种方案；

（三）擅自进行群体性预防接种。

第八十八条 【违反疫苗信息有关规定的法律责任】违反本法规定，疾病预防控制机构、接种单位有下列情形之一的，由县级以上人民政府卫生健康主管部门责令改正，给予警告；情节严重的，对主要负责人、直接负责的主管人员和其他直接责任人员依法给予警告直至撤职处分，责令负有责任的医疗卫生人员暂停六个月以上一年以下执业活动；造成严重后果的，对主要负责人、直接负责的主管人员和其他直接责任人员依法给予开除处分，由原发证部门吊销负有责任的医疗卫生人员的执业证书：

（一）未按照规定提供追溯信息；

（二）接收或者购进疫苗时未按照

规定索取并保存相关证明文件、温度监测记录；

（三）未按照规定建立并保存疫苗接收、购进、储存、配送、供应、接种、处置记录；

（四）未按照规定告知、询问受种者或者其监护人有关情况。

第八十九条　【违反疑似预防接种异常反应、疫苗安全事件有关规定的法律责任】疾病预防控制机构、接种单位、医疗机构未按照规定报告疑似预防接种异常反应、疫苗安全事件等，或者未按照规定对疑似预防接种异常反应组织调查、诊断等的，由县级以上人民政府卫生健康主管部门责令改正，给予警告；情节严重的，对接种单位、医疗机构处五万元以上五十万元以下的罚款，对疾病预防控制机构、接种单位、医疗机构的主要负责人、直接负责的主管人员和其他直接责任人员依法给予警告直至撤职处分；造成严重后果的，对主要负责人、直接负责的主管人员和其他直接责任人员依法给予开除处分，由原发证部门吊销负有责任的医疗卫生人员的执业证书。

第九十条　【违反疫苗费用有关规定的法律责任】疾病预防控制机构、接种单位违反本法规定收取费用的，由县级以上人民政府卫生健康主管部门监督其将违法收取的费用退还给原缴费的单位或者个人，并由县级以上人民政府市场监督管理部门依法给予处罚。

第九十一条　【违法进行免疫规划疫苗接种、非免疫规划疫苗接种、群体性预防接种的法律责任】违反本法规定，未经县级以上地方人民政府卫生健康主管部门指定擅自从事免疫规划疫苗接种工作、从事非免疫规划疫苗接种工作不符合条件或者未备案的，由县级以上人民政府卫生健康主管部门责令改正，给予警告，没收违法所得和违法持有的疫苗，责令停业整顿，并处十万元以上一百万元以下的罚款，对主要负责人、直接负责的主管人员和其他直接责任人员依法给予处分。

违反本法规定，疾病预防控制机构、接种单位以外的单位或者个人擅自进行群体性预防接种的，由县级以上人民政府卫生健康主管部门责令改正，没收违法所得和违法持有的疫苗，并处违法持有的疫苗货值金额十倍以上三十倍以下的罚款，货值金额不足五万元的，按五万元计算。

第九十二条　【违反儿童接种疫苗有关规定的法律责任】监护人未依法保证适龄儿童按时接种免疫规划疫苗的，由县级人民政府卫生健康主管部门批评教育，责令改正。

托幼机构、学校在儿童入托、入学时未按照规定查验预防接种证，或者发现未按照规定接种的儿童后未向接种单位报告的，由县级以上地方人民政府教育行政部门责令改正，给予警告，对主要负责人、直接负责的主管人员和其他直接责任人员依法给予处分。

第九十三条　【违反疫苗安全信息有关规定的法律责任】编造、散布虚假疫苗安全信息，或者在接种单位寻衅滋事，构成违反治安管理行为的，由公安机关依法给予治安管理处罚。

报纸、期刊、广播、电视、互联网站

等传播媒介编造、散布虚假疫苗安全信息的，由有关部门依法给予处罚，对主要负责人、直接负责的主管人员和其他直接责任人员依法给予处分。

第九十四条　【地方政府在疫苗监督管理工作中的违法责任】县级以上地方人民政府在疫苗监督管理工作中有下列情形之一的，对直接负责的主管人员和其他直接责任人员依法给予降级或者撤职处分；情节严重的，依法给予开除处分；造成严重后果的，其主要负责人应当引咎辞职：

（一）履行职责不力，造成严重不良影响或者重大损失；

（二）瞒报、谎报、缓报、漏报疫苗安全事件；

（三）干扰、阻碍对疫苗违法行为或者疫苗安全事件的调查；

（四）本行政区域发生特别重大疫苗安全事故，或者连续发生重大疫苗安全事故。

第九十五条　【主管部门在疫苗监督管理工作中的违法责任】药品监督管理部门、卫生健康主管部门等部门在疫苗监督管理工作中有下列情形之一的，对直接负责的主管人员和其他直接责任人员依法给予降级或者撤职处分；情节严重的，依法给予开除处分；造成严重后果的，其主要负责人应当引咎辞职：

（一）未履行监督检查职责，或者发现违法行为不及时查处；

（二）擅自进行群体性预防接种；

（三）瞒报、谎报、缓报、漏报疫苗安全事件；

（四）干扰、阻碍对疫苗违法行为或者疫苗安全事件的调查；

（五）泄露举报人的信息；

（六）接到疑似预防接种异常反应相关报告，未按照规定组织调查、处理；

（七）其他未履行疫苗监督管理职责的行为，造成严重不良影响或者重大损失。

第九十六条　【相关的赔偿责任】因疫苗质量问题造成受种者损害的，疫苗上市许可持有人应当依法承担赔偿责任。

疾病预防控制机构、接种单位因违反预防接种工作规范、免疫程序、疫苗使用指导原则、接种方案，造成受种者损害的，应当依法承担赔偿责任。

第十一章　附　　则

第九十七条　【术语定义】本法下列用语的含义是：

免疫规划疫苗，是指居民应当按照政府的规定接种的疫苗，包括国家免疫规划确定的疫苗，省、自治区、直辖市人民政府在执行国家免疫规划时增加的疫苗，以及县级以上人民政府或者其卫生健康主管部门组织的应急接种或者群体性预防接种所使用的疫苗。

非免疫规划疫苗，是指由居民自愿接种的其他疫苗。

疫苗上市许可持有人，是指依法取得疫苗药品注册证书和药品生产许可证的企业。

第九十八条　【疫苗的国际标准】国家鼓励疫苗生产企业按照国际采购要求生产、出口疫苗。

出口的疫苗应当符合进口国（地区）的标准或者合同要求。

第九十九条 【法律适用】出入境预防接种及所需疫苗的采购，由国境卫生检疫机关商国务院财政部门另行规定。

第一百条 【施行日期】本法自2019年12月1日起施行。

预防接种异常反应鉴定办法

1. 2008年9月11日卫生部令第60号公布
2. 自2008年12月1日起施行

第一章 总 则

第一条 为规范预防接种异常反应鉴定工作，根据《疫苗流通和预防接种管理条例》和《医疗事故处理条例》的规定，制定本办法。

第二条 预防接种异常反应，是指合格的疫苗在实施规范接种过程中或者实施规范接种后造成受种者机体组织器官、功能损害，相关各方均无过错的药品不良反应。

第三条 受种者或者监护人（以下简称受种方）、接种单位、疫苗生产企业对预防接种异常反应调查诊断结论有争议申请预防接种异常反应鉴定的，适用本办法。

预防接种异常反应调查诊断按照卫生部的规定及《预防接种工作规范》进行。

因接种单位违反预防接种工作规范、免疫程序、疫苗使用指导原则、接种方案等原因给受种者造成损害，需要进行医疗事故技术鉴定的，按照医疗事故技术鉴定办法办理。

对疫苗质量原因或者疫苗检验结果有争议的，按照《药品管理法》的规定，向药品监督管理部门申请处理。

第四条 预防接种异常反应鉴定工作应当遵循公开、公正的原则，坚持实事求是的科学态度，做到事实清楚、定性准确。

第五条 预防接种异常反应鉴定由设区的市级和省、自治区、直辖市医学会负责。

第二章 鉴定专家库

第六条 省、自治区、直辖市医学会建立预防接种异常反应鉴定专家库，为省级、设区的市级医学会的预防接种异常反应鉴定提供专家。专家库由临床、流行病、医学检验、药学、法医等相关学科的专家组成，并依据相关学科设置专业组。

医学会可以根据预防接种异常反应鉴定的实际情况，对专家库学科专业组予以适当增减，对专家库成员进行调整。

第七条 具备下列条件的医药卫生等专业技术人员可以作为专家库候选人：

（一）有良好的业务素质和执业品德；

（二）受聘于医药卫生机构或者医药卫生教学、科研等机构并担任相应专业高级技术职务3年以上；

（三）流行病学专家应当有3年以上免疫预防相关工作经验；药学专家应当有3年以上疫苗相关工作经验；

（四）健康状况能够胜任预防接种异常反应鉴定工作。

符合前款（一）、（四）项规定条件

并具备高级技术职务任职资格的法医可以受聘进入专家库。

省、自治区、直辖市医学会原则上聘请本行政区域内的专家进入专家库；当本行政区域内的专家不能满足建立专家库需要时，可以聘请本行政区域外的专家进入专家库。

第八条 医药卫生机构或者医药卫生教学、科研机构、医药卫生专业学会应当按照医学会要求，推荐专家库候选人；符合条件的个人经所在单位同意后也可以直接向组建专家库的医学会申请进入专家库。

医学会对专家库成员候选人进行审核。审核合格的，予以聘任，并发给中华医学会统一格式的聘书和证件。

第九条 专家库成员聘用期为 4 年。在聘用期间出现下列情形之一的，医学会根据实际情况及时进行调整：

（一）因健康原因不能胜任预防接种异常反应鉴定的；

（二）变更受聘单位或者被解聘的；

（三）不具备完全民事行为能力的；

（四）受刑事处罚的；

（五）违反鉴定工作纪律，情节严重的；

（六）省级以上卫生行政部门和药品监督管理部门规定的其他情形。

聘用期满需继续聘用的，由原聘医学会重新审核、聘用。

第三章 申请与受理

第十条 各级各类医疗机构、疾病预防控制机构和接种单位及其执行职务的人员发现预防接种异常反应、疑似预防接种异常反应或者接到相关报告，应当及时向所在地的县级卫生行政部门、药品监督管理部门报告。

第十一条 省级、设区的市级和县级疾病预防控制机构应当成立预防接种异常反应调查诊断专家组，负责预防接种异常反应调查诊断。调查诊断专家组由流行病学、临床医学、药学等专家组成。

县级卫生行政部门、药品监督管理部门接到疑似预防接种异常反应的报告后，对需要进行调查诊断的，交由县级疾病预防控制机构组织专家进行调查诊断。

有下列情形之一的，应当由设区的市级或者省级预防接种异常反应调查诊断专家组进行调查诊断：

（一）受种者死亡、严重残疾的；

（二）群体性疑似预防接种异常反应的；

（三）对社会有重大影响的疑似预防接种异常反应。

第十二条 预防接种异常反应调查诊断专家组应当依据法律、行政法规、部门规章和技术规范，结合临床表现、医学检查结果和疫苗质量检验结果等，进行综合分析，作出调查诊断结论。

死亡病例调查诊断需要尸检结果的，受种方拒绝或者不配合尸检，承担无法进行调查诊断的责任。

调查诊断专家组在作出调查诊断后 10 日内，将调查诊断结论报同级卫生行政部门和药品监督管理部门。

第十三条 调查诊断怀疑引起疑似预防接种异常反应的疫苗有质量问题的，

药品监督管理部门负责组织对相关疫苗质量进行检验，出具检验结果报告。

第十四条　受种方、接种单位、疫苗生产企业对预防接种异常反应调查诊断结论有争议时，可以在收到预防接种异常反应调查诊断结论之日起 60 日内向接种单位所在地设区的市级医学会申请进行预防接种异常反应鉴定，并提交预防接种异常反应鉴定所需的材料。

第十五条　有关预防接种异常反应鉴定材料应当包括下列内容：

（一）预防接种异常反应调查诊断结论；

（二）受种者健康状况、知情同意告知以及医学建议等预防接种有关记录；

（三）与诊断治疗有关的门诊病历、住院志、体温单、医嘱单、化验单（检验报告）、医学影像检查资料、病理资料、护理记录等病历资料；

（四）疫苗接收、购进记录和储存温度记录等；

（五）相关疫苗该批次检验合格或者抽样检验报告，进口疫苗还应当由批发企业提供进口药品通关文件；

（六）与预防接种异常反应鉴定有关的其他材料。

受种方、接种单位、疫苗生产企业应当根据要求，分别提供由自己保存或者掌握的上述材料。

负责组织鉴定的医学会因鉴定需要可以向医疗机构调取受种者的病程记录、死亡病例讨论记录、会诊意见等病历资料。

第十六条　有下列情形之一的，医学会不予受理预防接种异常反应鉴定：

（一）无预防接种异常反应调查诊断结论的；

（二）已向人民法院提起诉讼的（人民法院、检察院委托的除外），或者已经人民法院调解达成协议或者判决的；

（三）受种方、接种单位、疫苗生产企业未按规定提交有关材料的；

（四）提供的材料不真实的；

（五）不缴纳鉴定费的；

（六）省级卫生行政部门规定的其他情形。

不予受理鉴定的，医学会应当书面说明理由。

第十七条　对设区的市级医学会鉴定结论不服的，可以在收到预防接种异常反应鉴定书之日起 15 日内，向接种单位所在地的省、自治区、直辖市医学会申请再鉴定。

第十八条　申请预防接种异常反应鉴定，由申请鉴定方预缴鉴定费。经鉴定属于一类疫苗引起的预防接种异常反应的，鉴定费用由同级财政部门按照规定统筹安排；由二类疫苗引起的预防接种异常反应的，鉴定费用由相关的疫苗生产企业承担。不属于异常反应的，鉴定费用由提出异常反应鉴定的申请方承担。预防接种异常反应鉴定收费标准按照国家有关规定执行。

第四章　鉴　　定

第十九条　负责鉴定的医学会应当根据受理的预防接种异常反应鉴定所涉及的学科专业，确定专家鉴定组的构成和人数。专家鉴定组人数为 5 人以上单数。专家鉴定组的人员由受种方在专家库中随机抽取。受种方人员较多的,可以由受种方推选 1 – 2 名代表人随机抽取专家鉴定组成员。推选不出的,由医学会负责抽取。

第二十条 鉴定组成员有下列情形之一的,应当回避:

(一)受种者的亲属;

(二)接种单位的工作人员;

(三)与预防接种异常反应鉴定结果有利害关系的人员;

(四)参与预防接种异常反应调查诊断的人员;

(五)其他可能影响公正鉴定的人员。

第二十一条 专家鉴定组应当认真审查材料,必要时可以听取受种方、接种单位、疫苗生产企业的陈述,对受种者进行医学检查。

负责鉴定的医学会可以根据专家鉴定组的要求进行调查取证,进行调查取证时不得少于 2 人。调查取证结束后,调查人员和调查对象应当在有关文书上签字。如调查对象拒绝签字的,应当记录在案。

医学会组织鉴定时可以要求受种方、接种单位、疫苗生产企业必须如实提供相关材料,如不提供则承担相关不利后果。

第二十二条 专家鉴定组应当妥善保管鉴定材料,保护当事人的隐私,保守有关秘密。

第二十三条 专家鉴定组组长由专家鉴定组成员推选产生,也可以由预防接种异常反应争议所涉及的主要学科中资深的专家担任。

第二十四条 专家鉴定组可以根据需要,提请医学会邀请其他专家参加预防接种异常反应鉴定。邀请的专家可以提出技术意见、提供有关资料,但不参加鉴定结论的表决。

邀请的专家不得有本办法第二十条规定的情形。

第二十五条 疑难、复杂并在全国有重大影响的预防接种异常反应鉴定,地方医学会可以要求中华医学会给予技术指导和支持。

第二十六条 专家鉴定组应当认真审阅有关资料,依照有关规定和技术标准,运用科学原理和专业知识,独立进行鉴定。在事实清楚的基础上,进行综合分析,作出鉴定结论,并制作鉴定书。鉴定书格式由中华医学会统一制定。

鉴定结论应当按半数以上专家鉴定组成员的一致意见形成。专家鉴定组成员在鉴定结论上签名。专家鉴定组成员对鉴定结论的不同意见,应当予以注明。

第二十七条 预防接种异常反应鉴定书由专家鉴定组组长签发。鉴定书应当加盖预防接种异常反应鉴定专用章。

医学会应当在作出鉴定结论 10 日内将预防接种异常反应鉴定书送达申请人,并报送所在地同级卫生行政部门和药品监督管理部门。

第二十八条 预防接种异常反应鉴定书应当包括下列内容:

(一)申请人申请鉴定的理由;

(二)有关人员、单位提交的材料和医学会的调查材料;

（三）接种、诊治经过；

（四）对鉴定过程的说明；

（五）预防接种异常反应的判定及依据；

（六）预防接种异常反应损害程度分级。

经鉴定不属于预防接种异常反应的，应当在鉴定书中说明理由。

第二十九条 医学会参加预防接种异常反应鉴定会的工作人员，对鉴定过程应当如实记录。

第三十条 医学会应当自收到有关预防接种异常反应鉴定材料之日起45日内组织鉴定，出具预防接种异常反应鉴定书。情况特殊的可延长至90日。

第三十一条 卫生行政部门、药品监督管理部门等有关部门发现鉴定违反本办法有关规定的，可以要求医学会重新组织鉴定。

第三十二条 医学会应当将鉴定的文书档案和有关资料存档，保存期限不得少于20年。

第三十三条 省、自治区、直辖市医学会应当于每年4月30日前将本行政区域上一年度预防接种异常反应鉴定情况报中华医学会，同时报同级卫生行政部门、药品监督管理部门。

设区的市级医学会应当于每年3月31日前将本行政区域上一年度预防接种异常反应鉴定情况报省、自治区、直辖市医学会，同时报同级卫生行政部门、药品监督管理部门。

第五章 附 则

第三十四条 因预防接种异常反应需要对受种者予以补偿的，按照《疫苗流通和预防接种管理条例》第四十六条的规定执行。

第三十五条 本办法自2008年12月1日起施行。1980年1月22日卫生部发布的《预防接种后异常反应和事故的处理试行办法》同时废止。

五、医疗纠纷处理

1. 医疗事故处理

医疗事故处理条例

1. 2002年4月4日国务院令第351号公布
2. 自2002年9月1日起施行

第一章 总 则

第一条 为了正确处理医疗事故，保护患者和医疗机构及其医务人员的合法权益，维护医疗秩序，保障医疗安全，促进医学科学的发展，制定本条例。

第二条 本条例所称医疗事故，是指医疗机构及其医务人员在医疗活动中，违反医疗卫生管理法律、行政法规、部门规章和诊疗护理规范、常规，过失造成患者人身损害的事故。

第三条 处理医疗事故，应当遵循公开、公平、公正、及时、便民的原则，坚持实事求是的科学态度，做到事实清楚、定性准确、责任明确、处理恰当。

第四条 根据对患者人身造成的损害程度，医疗事故分为四级：

一级医疗事故：造成患者死亡、重度残疾的；

二级医疗事故：造成患者中度残疾、器官组织损伤导致严重功能障碍的；

三级医疗事故：造成患者轻度残疾、器官组织损伤导致一般功能障碍的；

四级医疗事故：造成患者明显人身损害的其他后果的。

具体分级标准由国务院卫生行政部门制定。

第二章 医疗事故的预防与处置

第五条 医疗机构及其医务人员在医疗活动中，必须严格遵守医疗卫生管理法律、行政法规、部门规章和诊疗护理规范、常规，恪守医疗服务职业道德。

第六条 医疗机构应当对其医务人员进行医疗卫生管理法律、行政法规、部门规章和诊疗护理规范、常规的培训和医疗服务职业道德教育。

第七条 医疗机构应当设置医疗服务质量监控部门或者配备专(兼)职人员，具体负责监督本医疗机构的医务人员的医疗服务工作，检查医务人员执业情况，接受患者对医疗服务的投诉，向其提供咨询服务。

第八条 医疗机构应当按照国务院卫生行政部门规定的要求，书写并妥善保管病历资料。

因抢救急危患者，未能及时书写病历的，有关医务人员应当在抢救结束后6小时内据实补记，并加以注明。

第九条 严禁涂改、伪造、隐匿、销毁或者抢夺病历资料。

第十条 患者有权复印或者复制其门诊病历、住院志、体温单、医嘱单、化验单(检验报告)、医学影像检查资料、特殊检查同意书、手术同意书、手术及麻醉记录单、病理资料、护理记录以及国务院卫生行政部门规定的其他病历资料。

患者依照前款规定要求复印或者复制病历资料的,医疗机构应当提供复印或者复制服务并在复印或者复制的病历资料上加盖证明印记。复印或者复制病历资料时,应当有患者在场。

医疗机构应患者的要求,为其复印或者复制病历资料,可以按照规定收取工本费。具体收费标准由省、自治区、直辖市人民政府价格主管部门会同同级卫生行政部门规定。

第十一条 在医疗活动中,医疗机构及其医务人员应当将患者的病情、医疗措施、医疗风险等如实告知患者,及时解答其咨询;但是,应当避免对患者产生不利后果。

第十二条 医疗机构应当制定防范、处理医疗事故的预案,预防医疗事故的发生,减轻医疗事故的损害。

第十三条 医务人员在医疗活动中发生或者发现医疗事故、可能引起医疗事故的医疗过失行为或者发生医疗事故争议的,应当立即向所在科室负责人报告,科室负责人应当及时向本医疗机构负责医疗服务质量监控的部门或者专(兼)职人员报告;负责医疗服务质量监控的部门或者专(兼)职人员接到报告后,应当立即进行调查、核实,将有关情况如实向本医疗机构的负责人报告,并向患者通报、解释。

第十四条 发生医疗事故的,医疗机构应当按照规定向所在地卫生行政部门报告。

发生下列重大医疗过失行为的,医疗机构应当在12小时内向所在地卫生行政部门报告:

(一)导致患者死亡或者可能为二级以上的医疗事故;

(二)导致3人以上人身损害后果;

(三)国务院卫生行政部门和省、自治区、直辖市人民政府卫生行政部门规定的其他情形。

第十五条 发生或者发现医疗过失行为,医疗机构及其医务人员应当立即采取有效措施,避免或者减轻对患者身体健康的损害,防止损害扩大。

第十六条 发生医疗事故争议时,死亡病例讨论记录、疑难病例讨论记录、上级医师查房记录、会诊意见、病程记录应当在医患双方在场的情况下封存和启封。封存的病历资料可以是复印件,由医疗机构保管。

第十七条 疑似输液、输血、注射、药物等引起不良后果的,医患双方应当共同对现场实物进行封存和启封,封存的现场实物由医疗机构保管;需要检验的,应当由双方共同指定的、依法具有检验资格的检验机构进行检验;双方无法共同指定时,由卫生行政部门指定。

疑似输血引起不良后果,需要对血液进行封存保留的,医疗机构应当通知提供该血液的采供血机构派员到场。

第十八条 患者死亡,医患双方当事人不能确定死因或者对死因有异议的，应当在患者死亡后48小时内进行尸检；具备尸体冻存条件的，可以延长至7日。尸检应当经死者近亲属同意并签字。

尸检应当由按照国家有关规定取得相应资格的机构和病理解剖专业技术人员进行。承担尸检任务的机构和病理解剖专业技术人员有进行尸检的义务。

医疗事故争议双方当事人可以请法医病理学人员参加尸检，也可以委派代表观察尸检过程。拒绝或者拖延尸检，超过规定时间，影响对死因判定的，由拒绝或者拖延的一方承担责任。

第十九条 患者在医疗机构内死亡的，尸体应当立即移放太平间。死者尸体存放时间一般不得超过2周。逾期不处理的尸体，经医疗机构所在地卫生行政部门批准，并报经同级公安部门备案后，由医疗机构按照规定进行处理。

第三章 医疗事故的技术鉴定

第二十条 卫生行政部门接到医疗机构关于重大医疗过失行为的报告或者医疗事故争议当事人要求处理医疗事故争议的申请后，对需要进行医疗事故技术鉴定的，应当交由负责医疗事故技术鉴定工作的医学会组织鉴定；医患双方协商解决医疗事故争议，需要进行医疗事故技术鉴定的，由双方当事人共同委托负责医疗事故技术鉴定工作的医学会组织鉴定。

第二十一条 设区的市级地方医学会和省、自治区、直辖市直接管辖的县（市）地方医学会负责组织首次医疗事故技术鉴定工作。省、自治区、直辖市地方医学会负责组织再次鉴定工作。

必要时，中华医学会可以组织疑难、复杂并在全国有重大影响的医疗事故争议的技术鉴定工作。

第二十二条 当事人对首次医疗事故技术鉴定结论不服的，可以自收到首次鉴定结论之日起15日内向医疗机构所在地卫生行政部门提出再次鉴定的申请。

第二十三条 负责组织医疗事故技术鉴定工作的医学会应当建立专家库。

专家库由具备下列条件的医疗卫生专业技术人员组成：

（一）有良好的业务素质和执业品德；

（二）受聘于医疗卫生机构或者医学教学、科研机构并担任相应专业高级技术职务3年以上。

符合前款第（一）项规定条件并具备高级技术任职资格的法医可以受聘进入专家库。

负责组织医疗事故技术鉴定工作的医学会依照本条例规定聘请医疗卫生专业技术人员和法医进入专家库，可以不受行政区域的限制。

第二十四条 医疗事故技术鉴定，由负责组织医疗事故技术鉴定工作的医学会组织专家鉴定组进行。

参加医疗事故技术鉴定的相关专业的专家，由医患双方在医学会主持下从专家库中随机抽取。在特殊情况下，医学会根据医疗事故技术鉴定工作的需要，可以组织医患双方在其他医学会建立的专家库中随机抽取相关专业的专家参加鉴定或者函件咨询。

符合本条例第二十三条规定条件的医疗卫生专业技术人员和法医有义务受聘进入专家库,并承担医疗事故技术鉴定工作。

第二十五条 专家鉴定组进行医疗事故技术鉴定,实行合议制。专家鉴定组人数为单数,涉及的主要学科的专家一般不得少于鉴定组成员的二分之一;涉及死因、伤残等级鉴定的,并应当从专家库中随机抽取法医参加专家鉴定组。

第二十六条 专家鉴定组成员有下列情形之一的,应当回避,当事人也可以以口头或者书面的方式申请其回避:

(一)是医疗事故争议当事人或者当事人的近亲属的;

(二)与医疗事故争议有利害关系的;

(三)与医疗事故争议当事人有其他关系,可能影响公正鉴定的。

第二十七条 专家鉴定组依照医疗卫生管理法律、行政法规、部门规章和诊疗护理规范、常规,运用医学科学原理和专业知识,独立进行医疗事故技术鉴定,对医疗事故进行鉴别和判定,为处理医疗事故争议提供医学依据。

任何单位或者个人不得干扰医疗事故技术鉴定工作,不得威胁、利诱、辱骂、殴打专家鉴定组成员。

专家鉴定组成员不得接受双方当事人的财物或者其他利益。

第二十八条 负责组织医疗事故技术鉴定工作的医学会应当自受理医疗事故技术鉴定之日起5日内通知医疗事故争议双方当事人提交进行医疗事故技术鉴定所需的材料。

当事人应当自收到医学会的通知之日起10日内提交有关医疗事故技术鉴定的材料、书面陈述及答辩。医疗机构提交的有关医疗事故技术鉴定的材料应当包括下列内容:

(一)住院患者的病程记录、死亡病例讨论记录、疑难病例讨论记录、会诊意见、上级医师查房记录等病历资料原件;

(二)住院患者的住院志、体温单、医嘱单、化验单(检验报告)、医学影像检查资料、特殊检查同意书、手术同意书、手术及麻醉记录单、病理资料、护理记录等病历资料原件;

(三)抢救急危患者,在规定时间内补记的病历资料原件;

(四)封存保留的输液、注射用物品和血液、药物等实物,或者依法具有检验资格的检验机构对这些物品、实物作出的检验报告;

(五)与医疗事故技术鉴定有关的其他材料。

在医疗机构建有病历档案的门诊、急诊患者,其病历资料由医疗机构提供;没有在医疗机构建立病历档案的,由患者提供。

医患双方应当依照本条例的规定提交相关材料。医疗机构无正当理由未依照本条例的规定如实提供相关材料,导致医疗事故技术鉴定不能进行的,应当承担责任。

第二十九条 负责组织医疗事故技术鉴定工作的医学会应当自接到当事人提交的有关医疗事故技术鉴定的材料、书面陈述及答辩之日起45日内组织鉴定并出具医疗事故技术鉴定书。

负责组织医疗事故技术鉴定工作的医学会可以向双方当事人调查取证。

第三十条 专家鉴定组应当认真审查双方当事人提交的材料,听取双方当事人的陈述及答辩并进行核实。

双方当事人应当按照本条例的规定如实提交进行医疗事故技术鉴定所需要的材料,并积极配合调查。当事人任何一方不予配合,影响医疗事故技术鉴定的,由不予配合的一方承担责任。

第三十一条 专家鉴定组应当在事实清楚、证据确凿的基础上,综合分析患者的病情和个体差异,作出鉴定结论,并制作医疗事故技术鉴定书。鉴定结论以专家鉴定组成员的过半数通过。鉴定过程应当如实记载。

医疗事故技术鉴定书应当包括下列主要内容:

(一)双方当事人的基本情况及要求;

(二)当事人提交的材料和负责组织医疗事故技术鉴定工作的医学会的调查材料;

(三)对鉴定过程的说明;

(四)医疗行为是否违反医疗卫生管理法律、行政法规、部门规章和诊疗护理规范、常规;

(五)医疗过失行为与人身损害后果之间是否存在因果关系;

(六)医疗过失行为在医疗事故损害后果中的责任程度;

(七)医疗事故等级;

(八)对医疗事故患者的医疗护理医学建议。

第三十二条 医疗事故技术鉴定办法由国务院卫生行政部门制定。

第三十三条 有下列情形之一的,不属于医疗事故:

(一)在紧急情况下为抢救垂危患者生命而采取紧急医学措施造成不良后果的;

(二)在医疗活动中由于患者病情异常或者患者体质特殊而发生医疗意外的;

(三)在现有医学科学技术条件下,发生无法预料或者不能防范的不良后果的;

(四)无过错输血感染造成不良后果的;

(五)因患方原因延误诊疗导致不良后果的;

(六)因不可抗力造成不良后果的。

第三十四条 医疗事故技术鉴定,可以收取鉴定费用。经鉴定,属于医疗事故的,鉴定费用由医疗机构支付;不属于医疗事故的,鉴定费用由提出医疗事故处理申请的一方支付。鉴定费用标准由省、自治区、直辖市人民政府价格主管部门会同同级财政部门、卫生行政部门规定。

第四章 医疗事故的行政处理与监督

第三十五条 卫生行政部门应当依照本条例和有关法律、行政法规、部门规章的规定,对发生医疗事故的医疗机构和医务人员作出行政处理。

第三十六条 卫生行政部门接到医疗机

构关于重大医疗过失行为的报告后，除责令医疗机构及时采取必要的医疗救治措施，防止损害后果扩大外，应当组织调查，判定是否属于医疗事故；对不能判定是否属于医疗事故的，应当依照本条例的有关规定交由负责医疗事故技术鉴定工作的医学会组织鉴定。

第三十七条 发生医疗事故争议，当事人申请卫生行政部门处理的，应当提出书面申请。申请书应当载明申请人的基本情况、有关事实、具体请求及理由等。

当事人自知道或者应当知道其身体健康受到损害之日起1年内，可以向卫生行政部门提出医疗事故争议处理申请。

第三十八条 发生医疗事故争议，当事人申请卫生行政部门处理的，由医疗机构所在地的县级人民政府卫生行政部门受理。医疗机构所在地是直辖市的，由医疗机构所在地的区、县人民政府卫生行政部门受理。

有下列情形之一的，县级人民政府卫生行政部门应当自接到医疗机构的报告或者当事人提出医疗事故争议处理申请之日起7日内移送上一级人民政府卫生行政部门处理：

（一）患者死亡；

（二）可能为二级以上的医疗事故；

（三）国务院卫生行政部门和省、自治区、直辖市人民政府卫生行政部门规定的其他情形。

第三十九条 卫生行政部门应当自收到医疗事故争议处理申请之日起10日内进行审查，作出是否受理的决定。对符合本条例规定，予以受理，需要进行医疗事故技术鉴定的，应当自作出受理决定之日起5日内将有关材料交由负责医疗事故技术鉴定工作的医学会组织鉴定并书面通知申请人；对不符合本条例规定，不予受理的，应当书面通知申请人并说明理由。

当事人对首次医疗事故技术鉴定结论有异议，申请再次鉴定的，卫生行政部门应当自收到申请之日起7日内交由省、自治区、直辖市地方医学会组织再次鉴定。

第四十条 当事人既向卫生行政部门提出医疗事故争议处理申请，又向人民法院提起诉讼的，卫生行政部门不予受理；卫生行政部门已经受理的，应当终止处理。

第四十一条 卫生行政部门收到负责组织医疗事故技术鉴定工作的医学会出具的医疗事故技术鉴定书后，应当对参加鉴定的人员资格和专业类别、鉴定程序进行审核；必要时，可以组织调查，听取医疗事故争议双方当事人的意见。

第四十二条 卫生行政部门经审核，对符合本条例规定作出的医疗事故技术鉴定结论，应当作为对发生医疗事故的医疗机构和医务人员作出行政处理以及进行医疗事故赔偿调解的依据；经审核，发现医疗事故技术鉴定不符合本条例规定的，应当要求重新鉴定。

第四十三条 医疗事故争议由双方当事人自行协商解决的，医疗机构应当自协商解决之日起7日内向所在地卫生行政部门作出书面报告，并附具协议书。

第四十四条 医疗事故争议经人民法院调解或者判决解决的，医疗机构应当自收到生效的人民法院的调解书或者判决书之日起7日内向所在地卫生行政部门作出书面报告，并附具调解书或者判决书。

第四十五条 县级以上地方人民政府卫生行政部门应当按照规定逐级将当地发生的医疗事故以及依法对发生医疗事故的医疗机构和医务人员作出行政处理的情况，上报国务院卫生行政部门。

第五章 医疗事故的赔偿

第四十六条 发生医疗事故的赔偿等民事责任争议，医患双方可以协商解决；不愿意协商或者协商不成的，当事人可以向卫生行政部门提出调解申请，也可以直接向人民法院提起民事诉讼。

第四十七条 双方当事人协商解决医疗事故的赔偿等民事责任争议的，应当制作协议书。协议书应当载明双方当事人的基本情况和医疗事故的原因、双方当事人共同认定的医疗事故等级以及协商确定的赔偿数额等，并由双方当事人在协议书上签名。

第四十八条 已确定为医疗事故的，卫生行政部门应医疗事故争议双方当事人请求，可以进行医疗事故赔偿调解。调解时，应当遵循当事人双方自愿原则，并应当依据本条例的规定计算赔偿数额。

经调解，双方当事人就赔偿数额达成协议的，制作调解书，双方当事人应当履行；调解不成或者经调解达成协议后一方反悔的，卫生行政部门不再调解。

第四十九条 医疗事故赔偿，应当考虑下列因素，确定具体赔偿数额：

（一）医疗事故等级；

（二）医疗过失行为在医疗事故损害后果中的责任程度；

（三）医疗事故损害后果与患者原有疾病状况之间的关系。

不属于医疗事故的，医疗机构不承担赔偿责任。

第五十条 医疗事故赔偿，按照下列项目和标准计算：

（一）医疗费：按照医疗事故对患者造成的人身损害进行治疗所发生的医疗费用计算，凭据支付，但不包括原发病医疗费用。结案后确实需要继续治疗的，按照基本医疗费用支付。

（二）误工费：患者有固定收入的，按照本人因误工减少的固定收入计算，对收入高于医疗事故发生地上一年度职工年平均工资3倍以上的，按照3倍计算；无固定收入的，按照医疗事故发生地上一年度职工年平均工资计算。

（三）住院伙食补助费：按照医疗事故发生地国家机关一般工作人员的出差伙食补助标准计算。

（四）陪护费：患者住院期间需要专人陪护的，按照医疗事故发生地上一年度职工年平均工资计算。

（五）残疾生活补助费：根据伤残等级，按照医疗事故发生地居民年平均生活费计算，自定残之月起最长赔偿30年；但是，60周岁以上的，不超过

15 年;70 周岁以上的,不超过 5 年。

(六)残疾用具费:因残疾需要配置补偿功能器具的,凭医疗机构证明,按照普及型器具的费用计算。

(七)丧葬费:按照医疗事故发生地规定的丧葬费补助标准计算。

(八)被扶养人生活费:以死者生前或者残疾者丧失劳动能力前实际扶养且没有劳动能力的人为限,按照其户籍所在地或者居所地居民最低生活保障标准计算。对不满 16 周岁的,扶养到 16 周岁。对年满 16 周岁但无劳动能力的,扶养 20 年;但是,60 周岁以上的,不超过 15 年;70 周岁以上的,不超过 5 年。

(九)交通费:按照患者实际必需的交通费用计算,凭据支付。

(十)住宿费:按照医疗事故发生地国家机关一般工作人员的出差住宿补助标准计算,凭据支付。

(十一)精神损害抚慰金:按照医疗事故发生地居民年平均生活费计算。造成患者死亡的,赔偿年限最长不超过 6 年;造成患者残疾的,赔偿年限最长不超过 3 年。

第五十一条 参加医疗事故处理的患者近亲属所需交通费、误工费、住宿费,参照本条例第五十条的有关规定计算,计算费用的人数不超过 2 人。

医疗事故造成患者死亡的,参加丧葬活动的患者的配偶和直系亲属所需交通费、误工费、住宿费,参照本条例第五十条的有关规定计算,计算费用的人数不超过 2 人。

第五十二条 医疗事故赔偿费用,实行一次性结算,由承担医疗事故责任的医疗机构支付。

第六章 罚 则

第五十三条 卫生行政部门的工作人员在处理医疗事故过程中违反本条例的规定,利用职务上的便利收受他人财物或者其他利益,滥用职权,玩忽职守,或者发现违法行为不予查处,造成严重后果的,依照刑法关于受贿罪、滥用职权罪、玩忽职守罪或者其他有关罪的规定,依法追究刑事责任;尚不够刑事处罚的,依法给予降级或者撤职的行政处分。

第五十四条 卫生行政部门违反本条例的规定,有下列情形之一的,由上级卫生行政部门给予警告并责令限期改正;情节严重的,对负有责任的主管人员和其他直接责任人员依法给予行政处分:

(一)接到医疗机构关于重大医疗过失行为的报告后,未及时组织调查的;

(二)接到医疗事故争议处理申请后,未在规定时间内审查或者移送上一级人民政府卫生行政部门处理的;

(三)未将应当进行医疗事故技术鉴定的重大医疗过失行为或者医疗事故争议移交医学会组织鉴定的;

(四)未按照规定逐级将当地发生的医疗事故以及依法对发生医疗事故的医疗机构和医务人员的行政处理情况上报的;

(五)未依照本条例规定审核医疗事故技术鉴定书的。

第五十五条 医疗机构发生医疗事故的,由卫生行政部门根据医疗事故等级和情节，给予警告；情节严重的，责令限期停业整顿直至由原发证部门吊销执业许可证，对负有责任的医务人员依照刑法关于医疗事故罪的规定，依法追究刑事责任；尚不够刑事处罚的，依法给予行政处分或者纪律处分。

对发生医疗事故的有关医务人员，除依照前款处罚外，卫生行政部门并可以责令暂停6个月以上1年以下执业活动；情节严重的，吊销其执业证书。

第五十六条 医疗机构违反本条例的规定，有下列情形之一的，由卫生行政部门责令改正；情节严重的，对负有责任的主管人员和其他直接责任人员依法给予行政处分或者纪律处分：

（一）未如实告知患者病情、医疗措施和医疗风险的；

（二）没有正当理由，拒绝为患者提供复印或者复制病历资料服务的；

（三）未按照国务院卫生行政部门规定的要求书写和妥善保管病历资料的；

（四）未在规定时间内补记抢救工作病历内容的；

（五）未按照本条例的规定封存、保管和启封病历资料和实物的；

（六）未设置医疗服务质量监控部门或者配备专（兼）职人员的；

（七）未制定有关医疗事故防范和处理预案的；

（八）未在规定时间内向卫生行政部门报告重大医疗过失行为的；

（九）未按照本条例的规定向卫生行政部门报告医疗事故的；

（十）未按照规定进行尸检和保存、处理尸体的。

第五十七条 参加医疗事故技术鉴定工作的人员违反本条例的规定，接受申请鉴定双方或者一方当事人的财物或者其他利益，出具虚假医疗事故技术鉴定书，造成严重后果的，依照刑法关于受贿罪的规定，依法追究刑事责任；尚不够刑事处罚的，由原发证部门吊销其执业证书或者资格证书。

第五十八条 医疗机构或者其他有关机构违反本条例的规定，有下列情形之一的，由卫生行政部门责令改正，给予警告；对负有责任的主管人员和其他直接责任人员依法给予行政处分和纪律处分；情节严重的，由原发证部门吊销其执业证书或者资格证书：

（一）承担尸检任务的机构没有正当理由，拒绝进行尸检的；

（二）涂改、伪造、隐匿、销毁病历资料的。

第五十九条 以医疗事故为由，寻衅滋事、抢夺病历资料，扰乱医疗机构正常医疗秩序和医疗事故技术鉴定工作，依照刑法关于扰乱社会秩序罪的规定，依法追究刑事责任；尚不够刑事处罚的，依法给予治安管理处罚。

第七章 附 则

第六十条 本条例所称医疗机构，是指依照《医疗机构管理条例》的规定取得《医疗机构执业许可证》的机构。

县级以上城市从事计划生育技术服务的机构依照《计划生育技术服务管理条例》的规定开展与计划生育有关的临床医疗服务，发生的计划生育技术服务事故，依照本条例的有关规定处理；但是，其中不属于医疗机构的县级以上城市从事计划生育技术服务的机构发生的计划生育技术服务事故，由计划生育行政部门行使依照本条例有关规定由卫生行政部门承担的受理、交由负责医疗事故技术鉴定工作的医学会组织鉴定和赔偿调解的职能；对发生计划生育技术服务事故的该机构及其有关责任人员，依法进行处理。

第六十一条 非法行医，造成患者人身损害，不属于医疗事故，触犯刑律的，依法追究刑事责任；有关赔偿，由受害人直接向人民法院提起诉讼。

第六十二条 军队医疗机构的医疗事故处理办法，由中国人民解放军卫生主管部门会同国务院卫生行政部门依据本条例制定。

第六十三条 本条例自2002年9月1日起施行。1987年6月29日国务院发布的《医疗事故处理办法》同时废止。本条例施行前已经处理结案的医疗事故争议，不再重新处理。

医疗纠纷预防和处理条例

1. 2018年7月31日国务院令第701号公布
2. 自2018年10月1日起施行

第一章 总 则

第一条 为了预防和妥善处理医疗纠纷，保护医患双方的合法权益，维护医疗秩序，保障医疗安全，制定本条例。

第二条 本条例所称医疗纠纷，是指医患双方因诊疗活动引发的争议。

第三条 国家建立医疗质量安全管理体系，深化医药卫生体制改革，规范诊疗活动，改善医疗服务，提高医疗质量，预防、减少医疗纠纷。

在诊疗活动中，医患双方应当互相尊重，维护自身权益应当遵守有关法律、法规的规定。

第四条 处理医疗纠纷，应当遵循公平、公正、及时的原则，实事求是，依法处理。

第五条 县级以上人民政府应当加强对医疗纠纷预防和处理工作的领导、协调，将其纳入社会治安综合治理体系，建立部门分工协作机制，督促部门依法履行职责。

第六条 卫生主管部门负责指导、监督医疗机构做好医疗纠纷的预防和处理工作，引导医患双方依法解决医疗纠纷。

司法行政部门负责指导医疗纠纷人民调解工作。

公安机关依法维护医疗机构治安秩序，查处、打击侵害患者和医务人员合法权益以及扰乱医疗秩序等违法犯罪行为。

财政、民政、保险监督管理等部门和机构按照各自职责做好医疗纠纷预防和处理的有关工作。

第七条 国家建立完善医疗风险分担机制，发挥保险机制在医疗纠纷处理中的第三方赔付和医疗风险社会化分担的作用，鼓励医疗机构参加医疗责任保险，鼓励患者参加医疗意外保险。

第八条 新闻媒体应当加强医疗卫生法律、法规和医疗卫生常识的宣传，引导公众理性对待医疗风险；报道医疗纠纷，应当遵守有关法律、法规的规定，恪守职业道德，做到真实、客观、公正。

第二章　医疗纠纷预防

第九条　医疗机构及其医务人员在诊疗活动中应当以患者为中心，加强人文关怀，严格遵守医疗卫生法律、法规、规章和诊疗相关规范、常规，恪守职业道德。

医疗机构应当对其医务人员进行医疗卫生法律、法规、规章和诊疗相关规范、常规的培训，并加强职业道德教育。

第十条　医疗机构应当制定并实施医疗质量安全管理制度，设置医疗服务质量监控部门或者配备专（兼）职人员，加强对诊断、治疗、护理、药事、检查等工作的规范化管理，优化服务流程，提高服务水平。

医疗机构应当加强医疗风险管理，完善医疗风险的识别、评估和防控措施，定期检查措施落实情况，及时消除隐患。

第十一条　医疗机构应当按照国务院卫生主管部门制定的医疗技术临床应用管理规定，开展与其技术能力相适应的医疗技术服务，保障临床应用安全，降低医疗风险；采用医疗新技术的，应当开展技术评估和伦理审查，确保安全有效、符合伦理。

第十二条　医疗机构应当依照有关法律、法规的规定，严格执行药品、医疗器械、消毒药剂、血液等的进货查验、保管等制度。禁止使用无合格证明文件、过期等不合格的药品、医疗器械、消毒药剂、血液等。

第十三条　医务人员在诊疗活动中应当向患者说明病情和医疗措施。需要实施手术，或者开展临床试验等存在一定危险性、可能产生不良后果的特殊检查、特殊治疗的，医务人员应当及时向患者说明医疗风险、替代医疗方案等情况，并取得其书面同意；在患者处于昏迷等无法自主作出决定的状态或者病情不宜向患者说明等情形下，应当向患者的近亲属说明，并取得其书面同意。

紧急情况下不能取得患者或者其近亲属意见的，经医疗机构负责人或者授权的负责人批准，可以立即实施相应的医疗措施。

第十四条　开展手术、特殊检查、特殊治疗等具有较高医疗风险的诊疗活动，医疗机构应当提前预备应对方案，主动防范突发风险。

第十五条　医疗机构及其医务人员应当按照国务院卫生主管部门的规定，填写并妥善保管病历资料。

因紧急抢救未能及时填写病历的，医务人员应当在抢救结束后6小时内据实补记，并加以注明。

任何单位和个人不得篡改、伪造、隐匿、毁灭或者抢夺病历资料。

第十六条　患者有权查阅、复制其门诊病历、住院志、体温单、医嘱单、化验单（检验报告）、医学影像检查资料、特殊检查同意书、手术同意书、手术及麻醉记录、病理资料、护理记录、医疗费用以及国务院卫生主管部门规定的其他属于病历的全部资料。

患者要求复制病历资料的，医疗机构应当提供复制服务，并在复制的病历资料上加盖证明印记。复制病历资料时,应当有患者或者其近亲属在场。医疗机构应患者的要求为其复制病历资料,可以收取工本费,收费标准应当公开。

患者死亡的,其近亲属可以依照本条例的规定,查阅、复制病历资料。

第十七条 医疗机构应当建立健全医患沟通机制,对患者在诊疗过程中提出的咨询、意见和建议,应当耐心解释、说明,并按照规定进行处理;对患者就诊疗行为提出的疑问,应当及时予以核实、自查,并指定有关人员与患者或者其近亲属沟通,如实说明情况。

第十八条 医疗机构应当建立健全投诉接待制度,设置统一的投诉管理部门或者配备专(兼)职人员,在医疗机构显著位置公布医疗纠纷解决途径、程序和联系方式等,方便患者投诉或者咨询。

第十九条 卫生主管部门应当督促医疗机构落实医疗质量安全管理制度,组织开展医疗质量安全评估,分析医疗质量安全信息,针对发现的风险制定防范措施。

第二十条 患者应当遵守医疗秩序和医疗机构有关就诊、治疗、检查的规定,如实提供与病情有关的信息,配合医务人员开展诊疗活动。

第二十一条 各级人民政府应当加强健康促进与教育工作,普及健康科学知识,提高公众对疾病治疗等医学科学知识的认知水平。

第三章 医疗纠纷处理

第二十二条 发生医疗纠纷,医患双方可以通过下列途径解决:

(一)双方自愿协商;

(二)申请人民调解;

(三)申请行政调解;

(四)向人民法院提起诉讼;

(五)法律、法规规定的其他途径。

第二十三条 发生医疗纠纷,医疗机构应当告知患者或者其近亲属下列事项:

(一)解决医疗纠纷的合法途径;

(二)有关病历资料、现场实物封存和启封的规定;

(三)有关病历资料查阅、复制的规定。

患者死亡的,还应当告知其近亲属有关尸检的规定。

第二十四条 发生医疗纠纷需要封存、启封病历资料的,应当在医患双方在场的情况下进行。封存的病历资料可以是原件,也可以是复制件,由医疗机构保管。病历尚未完成需要封存的,对已完成病历先行封存;病历按照规定完成后,再对后续完成部分进行封存。医疗机构应当对封存的病历开列封存清单,由医患双方签字或者盖章,各执一份。

病历资料封存后医疗纠纷已经解决,或者患者在病历资料封存满 3 年未再提出解决医疗纠纷要求的,医疗机构可以自行启封。

第二十五条 疑似输液、输血、注射、用药等引起不良后果的,医患双方应当共同对现场实物进行封存、启封,封存的现场实物由医疗机构保管。需要检验的,应当由双方共同委托依法具有检验资格的检验机构进行检验;双方无法共同委托的,由医疗机构所在地县级人民政府卫生主管部门指定。

疑似输血引起不良后果,需要对血液进行封存保留的,医疗机构应当通知提供该血液的血站派员到场。

现场实物封存后医疗纠纷已经解决,或者患者在现场实物封存满 3 年未再提出解决医疗纠纷要求的,医疗机构可以自行启封。

第二十六条 患者死亡,医患双方对死因有异议的,应当在患者死亡后 48 小时内进行尸检;具备尸体冻存条件的,可以延长至 7 日。尸检应当经死者近亲属同意并签字,拒绝签字的,视为死者近亲属不同意进行尸检。不同意或者拖延尸检,超过规定时间,影响对死因判定的,由不同意或者拖延的一方承担责任。

尸检应当由按照国家有关规定取得相应资格的机构和专业技术人员进行。

医患双方可以委派代表观察尸检过程。

第二十七条 患者在医疗机构内死亡的,尸体应当立即移放太平间或者指定的场所,死者尸体存放时间一般不得超过 14 日。逾期不处理的尸体,由医疗机构在向所在地县级人民政府卫生主管部门和公安机关报告后,按照规定处理。

第二十八条 发生重大医疗纠纷的,医疗机构应当按照规定向所在地县级以上地方人民政府卫生主管部门报告。卫生主管部门接到报告后,应当及时了解掌握情况,引导医患双方通过合法途径解决纠纷。

第二十九条 医患双方应当依法维护医疗秩序。任何单位和个人不得实施危害患者和医务人员人身安全、扰乱医疗秩序的行为。

医疗纠纷中发生涉嫌违反治安管理行为或者犯罪行为的,医疗机构应当立即向所在地公安机关报案。公安机关应当及时采取措施,依法处置,维护医疗秩序。

第三十条 医患双方选择协商解决医疗纠纷的,应当在专门场所协商,不得影响正常医疗秩序。医患双方人数较多的,应当推举代表进行协商,每方代表人数不超过 5 人。

协商解决医疗纠纷应当坚持自愿、合法、平等的原则,尊重当事人的权利,尊重客观事实。医患双方应当文明、理性表达意见和要求,不得有违法行为。

协商确定赔付金额应当以事实为依据,防止畸高或者畸低。对分歧较大或者索赔数额较高的医疗纠纷,鼓励医患双方通过人民调解的途径解决。

医患双方经协商达成一致的,应当签署书面和解协议书。

第三十一条 申请医疗纠纷人民调解的,由医患双方共同向医疗纠纷人民调解委员会提出申请;一方申请调解的,医疗纠纷人民调解委员会在征得另一方同意后进行调解。

申请人可以以书面或者口头形式申请调解。书面申请的,申请书应当载明申请人的基本情况、申请调解的争议事项和理由等;口头申请的,医疗纠纷人民调解员应当当场记录申请人的基本情况、申请调解的争议事项和理由等，并经申请人签字确认。

医疗纠纷人民调解委员会获悉医疗机构内发生重大医疗纠纷，可以主动开展工作，引导医患双方申请调解。

当事人已经向人民法院提起诉讼并且已被受理，或者已经申请卫生主管部门调解并且已被受理的，医疗纠纷人民调解委员会不予受理；已经受理的，终止调解。

第三十二条 设立医疗纠纷人民调解委员会，应当遵守《中华人民共和国人民调解法》的规定，并符合本地区实际需要。医疗纠纷人民调解委员会应当自设立之日起30个工作日内向所在地县级以上地方人民政府司法行政部门备案。

医疗纠纷人民调解委员会应当根据具体情况，聘任一定数量的具有医学、法学等专业知识且热心调解工作的人员担任专（兼）职医疗纠纷人民调解员。

医疗纠纷人民调解委员会调解医疗纠纷，不得收取费用。医疗纠纷人民调解工作所需经费按照国务院财政、司法行政部门的有关规定执行。

第三十三条 医疗纠纷人民调解委员会调解医疗纠纷时，可以根据需要咨询专家，并可以从本条例第三十五条规定的专家库中选取专家。

第三十四条 医疗纠纷人民调解委员会调解医疗纠纷，需要进行医疗损害鉴定以明确责任的，由医患双方共同委托医学会或者司法鉴定机构进行鉴定，也可以经医患双方同意，由医疗纠纷人民调解委员会委托鉴定。

医学会或者司法鉴定机构接受委托从事医疗损害鉴定，应当由鉴定事项所涉专业的临床医学、法医学等专业人员进行鉴定；医学会或者司法鉴定机构没有相关专业人员的，应当从本条例第三十五条规定的专家库中抽取相关专业专家进行鉴定。

医学会或者司法鉴定机构开展医疗损害鉴定，应当执行规定的标准和程序，尊重科学，恪守职业道德，对出具的医疗损害鉴定意见负责，不得出具虚假鉴定意见。医疗损害鉴定的具体管理办法由国务院卫生、司法行政部门共同制定。

鉴定费预先向医患双方收取，最终按照责任比例承担。

第三十五条 医疗损害鉴定专家库由设区的市级以上人民政府卫生、司法行政部门共同设立。专家库应当包含医学、法学、法医学等领域的专家。聘请专家进入专家库，不受行政区域的限制。

第三十六条 医学会、司法鉴定机构作出的医疗损害鉴定意见应当载明并详细论述下列内容：

（一）是否存在医疗损害以及损害程度；

（二）是否存在医疗过错；

（三）医疗过错与医疗损害是否存在因果关系；

（四）医疗过错在医疗损害中的责任程度。

第三十七条 咨询专家、鉴定人员有下列情形之一的，应当回避，当事人也可以以口头或者书面形式申请其回避：

（一）是医疗纠纷当事人或者当事人的近亲属；

（二）与医疗纠纷有利害关系；

（三）与医疗纠纷当事人有其他关系，可能影响医疗纠纷公正处理。

第三十八条 医疗纠纷人民调解委员会应当自受理之日起30个工作日内完成调解。需要鉴定的，鉴定时间不计入调解期限。因特殊情况需要延长调解期限的，医疗纠纷人民调解委员会和医患双方可以约定延长调解期限。超过调解期限未达成调解协议的，视为调解不成。

第三十九条 医患双方经人民调解达成一致的，医疗纠纷人民调解委员会应当制作调解协议书。调解协议书经医患双方签字或者盖章，人民调解员签字并加盖医疗纠纷人民调解委员会印章后生效。

达成调解协议的，医疗纠纷人民调解委员会应当告知医患双方可以依法向人民法院申请司法确认。

第四十条 医患双方申请医疗纠纷行政调解的，应当参照本条例第三十一条第一款、第二款的规定向医疗纠纷发生地县级人民政府卫生主管部门提出申请。

卫生主管部门应当自收到申请之日起5个工作日内作出是否受理的决定。当事人已经向人民法院提起诉讼并且已被受理，或者已经申请医疗纠纷人民调解委员会调解并且已被受理的，卫生主管部门不予受理；已经受理的，终止调解。

卫生主管部门应当自受理之日起30个工作日内完成调解。需要鉴定的，鉴定时间不计入调解期限。超过调解期限未达成调解协议的，视为调解不成。

第四十一条 卫生主管部门调解医疗纠纷需要进行专家咨询的，可以从本条例第三十五条规定的专家库中抽取专家；医患双方认为需要进行医疗损害鉴定以明确责任的，参照本条例第三十四条的规定进行鉴定。

医患双方经卫生主管部门调解达成一致的，应当签署调解协议书。

第四十二条 医疗纠纷人民调解委员会及其人民调解员、卫生主管部门及其工作人员应当对医患双方的个人隐私等事项予以保密。

未经医患双方同意，医疗纠纷人民调解委员会、卫生主管部门不得公开进行调解，也不得公开调解协议的内容。

第四十三条 发生医疗纠纷，当事人协商、调解不成的，可以依法向人民法院提起诉讼。当事人也可以直接向人民法院提起诉讼。

第四十四条 发生医疗纠纷，需要赔偿的，赔付金额依照法律的规定确定。

第四章 法律责任

第四十五条 医疗机构篡改、伪造、隐匿、毁灭病历资料的，对直接负责的主管人员和其他直接责任人员，由县级以上人民政府卫生主管部门给予或者责令给予降低岗位等级或者撤职的处分，对有关医务人员责令暂停6个月以上1年以下执业活动；造成严重后果的，对直接负责的主管人员和其他直接责任人员给予或者责令给予开除的处分，对有关医务人员由原发证部门吊销执业证书；构成犯罪的，依法追究刑事责任。

第四十六条 医疗机构将未通过技术评估和伦理审查的医疗新技术应用于临床的，由县级以上人民政府卫生主管部门没收违法所得，并处5万元以上10万元以下罚款，对直接负责的主管人员和其他直接责任人员给予或者责令给予降低岗位等级或者撤职的处分，对有关医务人员责令暂停6个月以上1年以下执业活动；情节严重的，对直接负责的主管人员和其他直接责任人员给予或者责令给予开除的处分，对有关医务人员由原发证部门吊销执业证书；构成犯罪的，依法追究刑事责任。

第四十七条 医疗机构及其医务人员有下列情形之一的，由县级以上人民政府卫生主管部门责令改正，给予警告，并处1万元以上5万元以下罚款；情节严重的，对直接负责的主管人员和其他直接责任人员给予或者责令给予降低岗位等级或者撤职的处分，对有关医务人员可以责令暂停1个月以上6个月以下执业活动；构成犯罪的，依法追究刑事责任：

（一）未按规定制定和实施医疗质量安全管理制度；

（二）未按规定告知患者病情、医疗措施、医疗风险、替代医疗方案等；

（三）开展具有较高医疗风险的诊疗活动，未提前预备应对方案防范突发风险；

（四）未按规定填写、保管病历资料，或者未按规定补记抢救病历；

（五）拒绝为患者提供查阅、复制病历资料服务；

（六）未建立投诉接待制度、设置统一投诉管理部门或者配备专（兼）职人员；

（七）未按规定封存、保管、启封病历资料和现场实物；

（八）未按规定向卫生主管部门报告重大医疗纠纷；

（九）其他未履行本条例规定义务的情形。

第四十八条 医学会、司法鉴定机构出具虚假医疗损害鉴定意见的，由县级以上人民政府卫生、司法行政部门依据职责没收违法所得，并处5万元以上10万元以下罚款，对该医学会、司法鉴定机构和有关鉴定人员责令暂停3个月以上1年以下医疗损害鉴定业务，对直接负责的主管人员和其他直接责任人员给予或者责令给予降低岗位等级或者撤职的处分；情节严重的，该医学会、司法鉴定机构和有关鉴定人员5年内不得从事医疗损害鉴定业务或者撤销登记，对直接负责的主管人员和其他直接责任人员给予或者责令给予开除的处分；构成犯罪的，依法追究刑事责任。

第四十九条 尸检机构出具虚假尸检报告的，由县级以上人民政府卫生、司法行政部门依据职责没收违法所得，并处5万元以上10万元以下罚款，对该尸检机构和有关尸检专业技术人员责令暂停3个月以上1年以下尸检业务，对直接负责的主管人员和其他直接责任人员给予或者责令给予降低岗位等级或者撤职的处分；情节严重的，撤销该尸检机构和有关尸检专业技术人员的尸检资格，对直接负责的主管人员和其他直接责任人员给予或者责令给予开除的处分；构成犯罪的，依法追究刑事责任。

第五十条 医疗纠纷人民调解员有下列行为之一的，由医疗纠纷人民调解委员会给予批评教育、责令改正；情节严重的，依法予以解聘：

（一）偏袒一方当事人；

（二）侮辱当事人；

（三）索取、收受财物或者牟取其他不正当利益；

（四）泄露医患双方个人隐私等事项。

第五十一条 新闻媒体编造、散布虚假医疗纠纷信息的，由有关主管部门依法给予处罚；给公民、法人或者其他组织的合法权益造成损害的，依法承担消除影响、恢复名誉、赔偿损失、赔礼道歉等民事责任。

第五十二条 县级以上人民政府卫生主管部门和其他有关部门及其工作人员在医疗纠纷预防和处理工作中，不履行职责或者滥用职权、玩忽职守、徇私舞弊的，由上级人民政府卫生等有关部门或者监察机关责令改正；依法对直接负责的主管人员和其他直接责任人员给予处分；构成犯罪的，依法追究刑事责任。

第五十三条 医患双方在医疗纠纷处理中，造成人身、财产或者其他损害的，依法承担民事责任；构成违反治安管理行为的，由公安机关依法给予治安管理处罚；构成犯罪的，依法追究刑事责任。

第五章 附 则

第五十四条 军队医疗机构的医疗纠纷预防和处理办法，由中央军委机关有关部门会同国务院卫生主管部门依据本条例制定。

第五十五条 对诊疗活动中医疗事故的行政调查处理，依照《医疗事故处理条例》的相关规定执行。

第五十六条 本条例自 2018 年 10 月 1 日起施行。

医疗机构投诉管理办法

1. *2019 年 3 月 6 日国家卫生健康委员会令第 3 号公布*
2. *自 2019 年 4 月 10 日起施行*

第一章 总 则

第一条 为加强医疗机构投诉管理，规范投诉处理程序，改善医疗服务，保障医疗安全和医患双方合法权益，维护正常医疗秩序，根据《医疗纠纷预防和处理条例》、《医疗机构管理条例》等法律法规的规定，制定本办法。

第二条 本办法所称投诉管理，是指患者就医疗服务行为、医疗管理、医疗质量安全等方面存在的问题向医疗机构反映情况，提出意见、建议或者投诉请求，医疗机构进行调查、处理和结果反馈的活动。

第三条 本办法适用于各级各类医疗机构的投诉管理。

第四条 国家卫生健康委负责全国医疗机构投诉管理工作的监督指导。

县级以上地方卫生健康主管部门负责本行政区域内医疗机构投诉管理工作的监督指导。

第五条 医疗机构投诉的接待、处理工作应当贯彻“以患者为中心”的理念，遵循合法、公正、及时、便民的原则。

第六条 医疗机构应当按照规定做好信息公开工作，主动接受社会监督。

第七条 医疗机构应当提高管理水平，加强医疗风险管理，优化服务流程，改善就诊环境，提高医疗服务质量，防范安全隐患，减少医疗纠纷及投诉。

第八条 医疗机构应当制订重大医疗纠纷事件应急处置预案，组织开展相关的宣传、培训和演练，确保依法、及时、有效化解矛盾纠纷。

第九条 医疗机构应当将投诉管理纳入患者安全管理体系，定期汇总、分析投诉信息，梳理医疗管理、医疗质量安全的薄弱环节，落实整改措施，持续改进医疗质量安全。

第十条 医疗机构应当做好医疗机构投诉管理与医疗纠纷人民调解、行政调解、诉讼等的衔接。

第二章 组织和人员

第十一条 医疗机构主要负责人是医疗机构投诉管理的第一责任人。

二级以上医疗机构应当设置医患关系办公室或者指定部门（以下统称投诉管理部门）统一承担投诉管理工作。其他医疗机构应当配备专（兼）职人员，有条件的也可以设置投诉管理部门。

第十二条 二级以上医疗机构应当指定一名医疗机构负责人分管投诉工作，指导、管理医疗机构投诉管理部门的有关工作。

投诉管理部门履行以下职责：

（一）组织、协调、指导本医疗机构的投诉处理工作；

（二）统一受理投诉，调查、核实投诉事项，提出处理意见，及时答复患者；

（三）建立和完善投诉的接待和处置程序；

（四）参与医疗机构医疗质量安全管理；

（五）开展医患沟通及投诉处理培训，开展医疗风险防范教育；

（六）定期汇总、分析投诉信息，提出加强与改进工作的意见或者建议，并加强督促落实。

仅配备投诉专（兼）职人员的医疗机构，投诉专（兼）职人员应当至少承担前款第二项职责。

第十三条 医疗机构投诉管理人员应当具备以下条件：

（一）具备良好的职业道德和工作责任心；

（二）具备一定的医学、管理学、法学、心理学、伦理学、社会工作等学科知识，熟悉医疗和投诉管理相关法律法规，以及医疗机构规章制度；

（三）社会适应能力较强，具有良好的社会人际交往能力，具备良好的沟通能力和应变能力。

第十四条 二级以上医疗机构应当建立医疗机构、投诉管理部门、科室三级投诉管理机制，医疗机构各部门、各科室应当指定至少 1 名负责人配合做好投诉管理工作。

医疗机构各部门、各科室应当定期对投诉涉及的风险进行评估，对投诉隐患进行摸排，对高发隐患提出针对性的防范措施，加强与患者沟通，及时做好矛盾纠纷排查化解工作。

医疗机构应当鼓励工作人员主动收集患者对医疗服务、医疗质量安全等方面的意见和建议，通过规定途径向投诉管理部门或者有关职能部门反映。

第十五条 二级以上医疗机构应当健全投诉管理部门与临床、护理、医技和后勤、保卫等部门的联动机制，提高医疗质量，保障医疗安全，维护正常医疗秩序。

第十六条 医疗机构应当逐步建立健全相关机制，鼓励和吸纳社会工作者、志愿者等熟悉医学、法律专业知识的人员或者第三方组织参与医疗机构投诉接待与处理工作。

第三章 医患沟通

第十七条 医疗机构应当提高医务人员职业道德水平，增强服务意识和法律意识，注重人文关怀，加强医患沟通，努力构建和谐医患关系。

第十八条 医务人员应当恪守职业道德，以患者为中心，热情、耐心、细致地做好本职工作，把对患者的尊重、理解和关怀体现在医疗服务全过程。

第十九条 医疗机构应当建立健全医患沟通机制，完善医患沟通内容，加强对医务人员医患沟通技巧的培训，提高医患沟通能力。

医务人员对患者在诊疗过程中提出的咨询、意见和建议，应当耐心解释、说明，并按照规定进行处理；对患者就诊疗行为提出的疑问，应当及时予以核实、自查，并与患者沟通，如实说明情况。

第二十条 医务人员应当尊重患者依法享有的隐私权、知情权、选择权等权利，根据患者病情、预后不同以及患者实际需求，突出重点，采取适当方式进行沟通。

医患沟通中有关诊疗情况的重要内容应当及时、完整、准确记入病历，并由患者签字确认。

第二十一条 医疗机构可以结合实际情况，制定医疗风险告知和术前谈话制度，规范具体流程，以患者易懂的方式和语言充分告知患者，并取得其书面同意。

第四章 投诉接待与处理

第二十二条 医疗机构应当建立畅通、便捷的投诉渠道，在医疗机构显著位置公布投诉处理程序、地点、接待时间和联系方式。

鼓励医疗机构加强舆情监测，及时掌握患者在其他渠道的诉求。

第二十三条 医疗机构应当设置专门的投诉接待场所，接待场所应当提供有关法律、法规、投诉程序等资料，便于患者查询。

医疗机构应当采取措施，保障投诉管理工作人员的合法权益与人身安全。

第二十四条 医疗机构投诉实行“首诉负责制”，患者向有关部门、科室投诉的，接待投诉的部门、科室工作人员应当热情接待，对于能够当场协调处理的，应当尽量当场协调解决；对于无法当场协调处理的，接待的部门或者科室应当主动将患者引导到投诉管理部门（含投诉管理专（兼）职人员，下同)，不得推诿、搪塞。

第二十五条 投诉接待人员应当认真听取患者意见，耐心细致地做好解释工作，避免矛盾激化；应当核实相关信息，如实记录患者反映的情况，及时留存书面投诉材料。

第二十六条 患者应当依法文明表达意见和要求，向医疗机构投诉管理部门提供真实、准确的投诉相关资料，配合医疗机构投诉管理部门的调查和询问，不得扰乱正常医疗秩序，不得有违法犯罪行为。

单次投诉人员数量原则上不超过5人。超过5人的，应当推选代表集中反映诉求。

第二十七条 投诉接待人员在接待场所发现患者有自杀、自残和其他过激行为，或者侮辱、殴打、威胁投诉接待人员的行为，应当及时采取控制和防范措施，同时向公安机关报警，并向当地卫生健康主管部门报告；对接待过程中发现的可能激化矛盾，引起治安案件、刑事案件的投诉，应当及时向当地公安机关报告，依法处理。

第二十八条 医疗机构投诉管理部门接到投诉或者卫生健康主管部门交办的投诉后，应当及时向当事部门、科室和相关人员了解、核实情况，在查清事实、分清责任的基础上提出处理意见，并反馈患者。

投诉涉及的部门、科室和相关人员应当积极配合投诉管理部门开展投诉事项调查、核实、处理工作。

第二十九条 对反复接到相同或者相似问题的投诉，医疗机构投诉管理部门应当汇总并报告医疗机构负责人，医疗机构对有关投诉可视情况予以合并调查，对发现的引发投诉的环节或者多次引发投诉的医务人员应当根据调查结果，及时予以相应处理。

第三十条 医疗机构投诉管理部门应当及时处理投诉，能够当场核查处理的，应当及时查明情况；确有差错的，立即纠正，并当场向患者告知处理意见。

涉及医疗质量安全、可能危及患者健康的，应当立即采取积极措施，避免或者减轻对患者身体健康的损害，防止损害扩大。

情况较复杂，需调查、核实的，一般应当于接到投诉之日起5个工作日内向患者反馈相关处理情况或者处理意见。

涉及多个科室，需组织、协调相关部门共同研究的，应当于接到投诉之日起10个工作日内向患者反馈处理情况或者处理意见。

第三十一条 对投诉已经处理完毕，患者对医疗机构的处理意见有争议并能够提供新情况和证据材料的，按照投诉流程重新予以处理。

第三十二条 投诉内容涉及医疗纠纷的，医疗机构应当告知患者按照医疗纠纷处理的相关法律法规的规定，积极协商；不能协商解决的，引导患者通过调解、诉讼等途径解决，并做好解释疏导工作。

第三十三条 投诉涉及医疗机构工作人员违法违纪问题的，投诉管理部门应当及时移交相关职能部门依法依规处理。

第三十四条 属于下列情形之一的投诉，投诉管理部门不予处理，但应当向患者说明情况，告知相关处理规定：

（一）患者已就投诉事项向人民法院起诉的或者向第三方申请调解的；

（二）患者已就投诉事项向卫生健康主管部门或者信访部门反映并作出处理的；

（三）没有明确的投诉对象和具体事实的；

（四）投诉内容已经涉及治安案件、刑事案件的；

（五）其他不属于投诉管理部门职权范围的投诉。

第三十五条 发生重大医疗纠纷的，医疗机构应当按照规定向所在地县级以上地方卫生健康主管部门报告。卫生健康主管部门接到报告后，应当及时了解掌握情况，引导医患双方通过合法途径解决纠纷。

第三十六条 医疗机构应当保护与投诉相关的患者和医务人员隐私，妥善应对舆情，严禁发布违背或者夸大事实、渲染投诉处理过程的信息。

第三十七条 医疗机构应当建立健全投诉档案，立卷归档，留档备查。

医疗机构投诉档案应当包括以下内容：

（一）患者基本信息；

（二）投诉事项及相关证明材料；

（三）调查、处理及反馈情况；

（四）其他与投诉事项有关的材料。

第三十八条 医疗机构工作人员有权对医疗机构管理、服务等各项工作提出意见、建议，医疗机构及投诉管理等有关部门应当予以重视，并及时处理、反馈。

临床一线工作人员，对于发现的药品、医疗器械、水、电、气等医疗质量安全保障方面的问题，应当向投诉管理部门或者有关职能部门反映，投诉管理等有关部门应当及时处理、反馈。

第五章 监督管理

第三十九条 县级以上地方卫生健康主管部门应当加强对本行政区域内医疗机构投诉管理工作的监督检查，加强日常管理和考评。

第四十条 县级以上地方卫生健康主管部门应当收集、分析并反馈本行政区域医疗机构投诉及医疗纠纷相关信息，指导医疗机构改进工作，提高医疗服务质量。

第四十一条 对在医疗机构投诉管理中表现优秀、有效预防重大群体性事件或者其他严重后果发生的医疗机构及有关人员，卫生健康主管部门应当予以表扬。

对行政区域内未按照规定开展投诉管理工作的医疗机构，卫生健康主管部门应当通报批评，并对医疗机构主要负责人进行约谈。

第四十二条 医疗机构应当规范投诉管理工作，定期统计投诉情况，统计结果应当与年终考核、医师定期考核、医德考评、评优评先等相结合。

第六章 法律责任

第四十三条 医疗机构未建立投诉接待制度、未设置统一投诉管理部门或者配备专（兼）职人员，或者未按规定向卫生健康主管部门报告重大医疗纠纷的，由县级以上地方卫生健康主管部门按照《医疗纠纷预防和处理条例》第四十七条的规定进行处理。

第四十四条 医疗机构违反本办法规定，有下列情形之一的，由县级以上地方卫生健康主管部门责令限期整改；逾期不改的，给予警告，并处以一万元以下罚款；造成严重后果的，处以一万元以上三万元以下罚款，并对医疗机构主要负责人、直接负责的主管人员和其他直接责任人员依法给予处分：

（一）未制订重大医疗纠纷事件应急处置预案的；

（二）投诉管理混乱的；

（三）未按规定建立健全医患沟通机制的；

（四）未按规定及时处理投诉并反馈患者的；

（五）对接待过程中发现的可能激化矛盾，引起治安案件、刑事案件的投诉，未及时向当地公安机关报告的；

（六）发布违背或者夸大事实、渲染事件处理过程的信息的。

第四十五条 医务人员泄露投诉相关患者隐私，造成严重后果的，由县级以上地方卫生健康主管部门按照《执业医师法》、《护士条例》等法律法规的有关规定处理。

第四十六条 县级以上地方卫生健康主管部门在医疗机构投诉管理工作中，未按规定履行职责，造成严重后果的，依法对直接负责的主管人员和其他直接责任人员给予处分；构成犯罪的，依法追究刑事责任。

第七章 附 则

第四十七条 本办法所称患者，包括患者及其近亲属、委托代理人、法定代理人、陪同患者就医人员等有关人员。

第四十八条 省级卫生健康主管部门可以根据本办法，结合本地具体情况制订实施细则。

第四十九条 中医医疗机构的投诉管理工作由中医药主管部门负责。

第五十条 本办法自2019年4月10日起施行。

2. 医疗损害赔偿

中华人民共和国民法典（节录）

1. 2020年5月28日第十三届全国人民代表大会第三次会议通过

2. 2020年5月28日中华人民共和国主席令第45号公布

3. 自2021年1月1日起施行

第四编 人 格 权

第二章 生命权、身体权和健康权

第一千零二条 【生命权】自然人享有生命权。自然人的生命安全和生命尊严受法律保护。任何组织或者个人不得侵害他人的生命权。

第一千零三条 【身体权】自然人享有身体权。自然人的身体完整和行动自由受法律保护。任何组织或者个人不得侵害他人的身体权。

第一千零四条 【健康权】自然人享有健康权。自然人的身心健康受法律保护。任何组织或者个人不得侵害他人的健康权。

第一千零五条 【法定救助义务】自然人

的生命权、身体权、健康权受到侵害或者处于其他危难情形的，负有法定救助义务的组织或者个人应当及时施救。

第一千零六条 【人体捐献】完全民事行为能力人有权依法自主决定无偿捐献其人体细胞、人体组织、人体器官、遗体。任何组织或者个人不得强迫、欺骗、利诱其捐献。

完全民事行为能力人依据前款规定同意捐献的，应当采用书面形式，也可以订立遗嘱。

自然人生前未表示不同意捐献的，该自然人死亡后，其配偶、成年子女、父母可以共同决定捐献，决定捐献应当采用书面形式。

第一千零七条 【禁止人体买卖】禁止以任何形式买卖人体细胞、人体组织、人体器官、遗体。

违反前款规定的买卖行为无效。

第一千零八条 【人体临床试验】为研制新药、医疗器械或者发展新的预防和治疗方法，需要进行临床试验的，应当依法经相关主管部门批准并经伦理委员会审查同意，向受试者或者受试者的监护人告知试验目的、用途和可能产生的风险等详细情况，并经其书面同意。

进行临床试验的，不得向受试者收取试验费用。

第一千零九条 【与人体基因、人体胚胎等有关的医学科研活动】从事与人体基因、人体胚胎等有关的医学和科研活动，应当遵守法律、行政法规和国家有关规定，不得危害人体健康，不得违背伦理道德，不得损害公共利益。

第一千零一十条 【性骚扰】违背他人意愿，以言语、文字、图像、肢体行为等方式对他人实施性骚扰的，受害人有权依法请求行为人承担民事责任。

机关、企业、学校等单位应当采取合理的预防、受理投诉、调查处置等措施，防止和制止利用职权、从属关系等实施性骚扰。

第一千零一十一条 【侵害行动自由和非法搜查身体】以非法拘禁等方式剥夺、限制他人的行动自由，或者非法搜查他人身体的，受害人有权依法请求行为人承担民事责任。

第七编 侵权责任

第六章 医疗损害责任

第一千二百一十八条 【医疗损害责任归责原则和责任承担主体】患者在诊疗活动中受到损害，医疗机构或者其医务人员有过错的，由医疗机构承担赔偿责任。

第一千二百一十九条 【医务人员说明义务和患者知情同意权】医务人员在诊疗活动中应当向患者说明病情和医疗措施。需要实施手术、特殊检查、特殊治疗的，医务人员应当及时向患者具体说明医疗风险、替代医疗方案等情况，并取得其明确同意；不能或者不宜向患者说明的，应当向患者的近亲属说明，并取得其明确同意。

医务人员未尽到前款义务，造成患者损害的，医疗机构应当承担赔偿责任。

第一千二百二十条 【紧急情况下实施医疗措施】因抢救生命垂危的患者等紧急情况，不能取得患者或者其近亲属意见的，经医疗机构负责人或者授权的负责人批准，可以立即实施相应的医疗措施。

第一千二百二十一条 【医务人员过错诊疗的赔偿责任】医务人员在诊疗活动中未尽到与当时的医疗水平相应的诊疗义务，造成患者损害的，医疗机构应当承担赔偿责任。

第一千二百二十二条 【推定医疗机构有过错的情形】患者在诊疗活动中受到损害，有下列情形之一的，推定医疗机构有过错：

（一）违反法律、行政法规、规章以及其他有关诊疗规范的规定；

（二）隐匿或者拒绝提供与纠纷有关的病历资料；

（三）遗失、伪造、篡改或者违法销毁病历资料。

第一千二百二十三条 【药品、消毒产品、医疗器械的缺陷或者输入不合格血液的侵权责任】因药品、消毒产品、医疗器械的缺陷，或者输入不合格的血液造成患者损害的，患者可以向药品上市许可持有人、生产者、血液提供机构请求赔偿，也可以向医疗机构请求赔偿。患者向医疗机构请求赔偿的，医疗机构赔偿后，有权向负有责任的药品上市许可持有人、生产者、血液提供机构追偿。

第一千二百二十四条 【医疗机构免责情形】患者在诊疗活动中受到损害，有下列情形之一的，医疗机构不承担赔偿责任：

（一）患者或者其近亲属不配合医疗机构进行符合诊疗规范的诊疗；

（二）医务人员在抢救生命垂危的患者等紧急情况下已经尽到合理诊疗义务；

（三）限于当时的医疗水平难以诊疗。

前款第一项情形中，医疗机构或者其医务人员也有过错的，应当承担相应的赔偿责任。

第一千二百二十五条 【医疗机构对病历资料的义务、患者对病历资料的权利】医疗机构及其医务人员应当按照规定填写并妥善保管住院志、医嘱单、检验报告、手术及麻醉记录、病理资料、护理记录等病历资料。

患者要求查阅、复制前款规定的病历资料的，医疗机构应当及时提供。

第一千二百二十六条 【患者隐私和个人信息保护】医疗机构及其医务人员应当对患者的隐私和个人信息保密。泄露患者的隐私和个人信息，或者未经患者同意公开其病历资料的，应当承担侵权责任。

第一千二百二十七条 【禁止违规实施不必要的检查】医疗机构及其医务人员不得违反诊疗规范实施不必要的检查。

第一千二百二十八条 【维护医疗机构及其医务人员合法权益】医疗机构及其医务人员的合法权益受法律保护。

干扰医疗秩序，妨碍医务人员工作、生活，侵害医务人员合法权益的，应当依法承担法律责任。

六、医 疗 保 障

医疗保障基金使用监督管理条例

1. 2021年1月15日国务院令第735号公布
2. 自2021年5月1日起施行

第一章 总 则

第一条 为了加强医疗保障基金使用监督管理,保障基金安全,促进基金有效使用,维护公民医疗保障合法权益,根据《中华人民共和国社会保险法》和其他有关法律规定,制定本条例。

第二条 本条例适用于中华人民共和国境内基本医疗保险(含生育保险)基金、医疗救助基金等医疗保障基金使用及其监督管理。

第三条 医疗保障基金使用坚持以人民健康为中心,保障水平与经济社会发展水平相适应,遵循合法、安全、公开、便民的原则。

第四条 医疗保障基金使用监督管理实行政府监管、社会监督、行业自律和个人守信相结合。

第五条 县级以上人民政府应当加强对医疗保障基金使用监督管理工作的领导,建立健全医疗保障基金使用监督管理机制和基金监督管理执法体制,加强医疗保障基金使用监督管理能力建设,为医疗保障基金使用监督管理工作提供保障。

第六条 国务院医疗保障行政部门主管全国的医疗保障基金使用监督管理工作。国务院其他有关部门在各自职责范围内负责有关的医疗保障基金使用监督管理工作。

县级以上地方人民政府医疗保障行政部门负责本行政区域的医疗保障基金使用监督管理工作。县级以上地方人民政府其他有关部门在各自职责范围内负责有关的医疗保障基金使用监督管理工作。

第七条 国家鼓励和支持新闻媒体开展医疗保障法律、法规和医疗保障知识的公益宣传,并对医疗保障基金使用行为进行舆论监督。有关医疗保障的宣传报道应当真实、公正。

县级以上人民政府及其医疗保障等行政部门应当通过书面征求意见、召开座谈会等方式,听取人大代表、政协委员、参保人员代表等对医疗保障基金使用的意见,畅通社会监督渠道,鼓励和支持社会各方面参与对医疗保障基金使用的监督。

医疗机构、药品经营单位(以下统称医药机构)等单位和医药卫生行业协会应当加强行业自律,规范医药服务行为,促进行业规范和自我约束,引导依法、合理使用医疗保障基金。

第二章 基金使用

第八条 医疗保障基金使用应当符合国家规定的支付范围。

医疗保障基金支付范围由国务院医疗保障行政部门依法组织制定。省、自治区、直辖市人民政府按照国家规定的权限和程序，补充制定本行政区域内医疗保障基金支付的具体项目和标准，并报国务院医疗保障行政部门备案。

第九条 国家建立健全全国统一的医疗保障经办管理体系，提供标准化、规范化的医疗保障经办服务，实现省、市、县、乡镇（街道）、村（社区）全覆盖。

第十条 医疗保障经办机构应当建立健全业务、财务、安全和风险管理制度，做好服务协议管理、费用监控、基金拨付、待遇审核及支付等工作，并定期向社会公开医疗保障基金的收入、支出、结余等情况，接受社会监督。

第十一条 医疗保障经办机构应当与定点医药机构建立集体谈判协商机制，合理确定定点医药机构的医疗保障基金预算金额和拨付时限，并根据保障公众健康需求和管理服务的需要，与定点医药机构协商签订服务协议，规范医药服务行为，明确违反服务协议的行为及其责任。

医疗保障经办机构应当及时向社会公布签订服务协议的定点医药机构名单。

医疗保障行政部门应当加强对服务协议订立、履行等情况的监督。

第十二条 医疗保障经办机构应当按照服务协议的约定，及时结算和拨付医疗保障基金。

定点医药机构应当按照规定提供医药服务，提高服务质量，合理使用医疗保障基金，维护公民健康权益。

第十三条 定点医药机构违反服务协议的，医疗保障经办机构可以督促其履行服务协议，按照服务协议约定暂停或者不予拨付费用、追回违规费用、中止相关责任人员或者所在部门涉及医疗保障基金使用的医药服务，直至解除服务协议；定点医药机构及其相关责任人员有权进行陈述、申辩。

医疗保障经办机构违反服务协议的，定点医药机构有权要求纠正或者提请医疗保障行政部门协调处理、督促整改，也可以依法申请行政复议或者提起行政诉讼。

第十四条 定点医药机构应当建立医疗保障基金使用内部管理制度，由专门机构或者人员负责医疗保障基金使用管理工作，建立健全考核评价体系。

定点医药机构应当组织开展医疗保障基金相关制度、政策的培训，定期检查本单位医疗保障基金使用情况，及时纠正医疗保障基金使用不规范的行为。

第十五条 定点医药机构及其工作人员应当执行实名就医和购药管理规定，核验参保人员医疗保障凭证，按照诊疗规范提供合理、必要的医药服务，向参保人员如实出具费用单据和相关资料，不得分解住院、挂床住院，不得违反诊疗规范过度诊疗、过度检查、分解处方、超量开药、重复开药，不得重复收费、超标准收费、分解项目收费，不得串换药品、医用耗材、诊疗项目和服务设施，不得诱导、协助他人冒名或者虚假就医、购药。

定点医药机构应当确保医疗保障基金支付的费用符合规定的支付范围;除急诊、抢救等特殊情形外,提供医疗保障基金支付范围以外的医药服务的,应当经参保人员或者其近亲属、监护人同意。

第十六条 定点医药机构应当按照规定保管财务账目、会计凭证、处方、病历、治疗检查记录、费用明细、药品和医用耗材出入库记录等资料,及时通过医疗保障信息系统全面准确传送医疗保障基金使用有关数据,向医疗保障行政部门报告医疗保障基金使用监督管理所需信息,向社会公开医药费用、费用结构等信息,接受社会监督。

第十七条 参保人员应当持本人医疗保障凭证就医、购药,并主动出示接受查验。参保人员有权要求定点医药机构如实出具费用单据和相关资料。

参保人员应当妥善保管本人医疗保障凭证,防止他人冒名使用。因特殊原因需要委托他人代为购药的,应当提供委托人和受托人的身份证明。

参保人员应当按照规定享受医疗保障待遇,不得重复享受。

参保人员有权要求医疗保障经办机构提供医疗保障咨询服务,对医疗保障基金的使用提出改进建议。

第十八条 在医疗保障基金使用过程中,医疗保障等行政部门、医疗保障经办机构、定点医药机构及其工作人员不得收受贿赂或者取得其他非法收入。

第十九条 参保人员不得利用其享受医疗保障待遇的机会转卖药品,接受返还现金、实物或者获得其他非法利益。

定点医药机构不得为参保人员利用其享受医疗保障待遇的机会转卖药品,接受返还现金、实物或者获得其他非法利益提供便利。

第二十条 医疗保障经办机构、定点医药机构等单位及其工作人员和参保人员等人员不得通过伪造、变造、隐匿、涂改、销毁医学文书、医学证明、会计凭证、电子信息等有关资料,或者虚构医药服务项目等方式,骗取医疗保障基金。

第二十一条 医疗保障基金专款专用,任何组织和个人不得侵占或者挪用。

第三章 监督管理

第二十二条 医疗保障、卫生健康、中医药、市场监督管理、财政、审计、公安等部门应当分工协作、相互配合,建立沟通协调、案件移送等机制,共同做好医疗保障基金使用监督管理工作。

医疗保障行政部门应当加强对纳入医疗保障基金支付范围的医疗服务行为和医疗费用的监督,规范医疗保障经办业务,依法查处违法使用医疗保障基金的行为。

第二十三条 国务院医疗保障行政部门负责制定服务协议管理办法,规范、简化、优化医药机构定点申请、专业评估、协商谈判程序,制作并定期修订服务协议范本。

国务院医疗保障行政部门制定服务协议管理办法,应当听取有关部门、医药机构、行业协会、社会公众、专家等方面意见。

第二十四条 医疗保障行政部门应当加

强与有关部门的信息交换和共享，创新监督管理方式，推广使用信息技术，建立全国统一、高效、兼容、便捷、安全的医疗保障信息系统，实施大数据实时动态智能监控，并加强共享数据使用全过程管理，确保共享数据安全。

第二十五条 医疗保障行政部门应当根据医疗保障基金风险评估、举报投诉线索、医疗保障数据监控等因素，确定检查重点，组织开展专项检查。

第二十六条 医疗保障行政部门可以会同卫生健康、中医药、市场监督管理、财政、公安等部门开展联合检查。

对跨区域的医疗保障基金使用行为，由共同的上一级医疗保障行政部门指定的医疗保障行政部门检查。

第二十七条 医疗保障行政部门实施监督检查，可以采取下列措施：

（一）进入现场检查；

（二）询问有关人员；

（三）要求被检查对象提供与检查事项相关的文件资料，并作出解释和说明；

（四）采取记录、录音、录像、照相或者复制等方式收集有关情况和资料；

（五）对可能被转移、隐匿或者灭失的资料等予以封存；

（六）聘请符合条件的会计师事务所等第三方机构和专业人员协助开展检查；

（七）法律、法规规定的其他措施。

第二十八条 医疗保障行政部门可以依法委托符合法定条件的组织开展医疗保障行政执法工作。

第二十九条 开展医疗保障基金使用监督检查，监督检查人员不得少于2人，并且应当出示执法证件。

医疗保障行政部门进行监督检查时，被检查对象应当予以配合，如实提供相关资料和信息，不得拒绝、阻碍检查或者谎报、瞒报。

第三十条 定点医药机构涉嫌骗取医疗保障基金支出的，在调查期间，医疗保障行政部门可以采取增加监督检查频次、加强费用监控等措施，防止损失扩大。定点医药机构拒不配合调查的，经医疗保障行政部门主要负责人批准，医疗保障行政部门可以要求医疗保障经办机构暂停医疗保障基金结算。经调查，属于骗取医疗保障基金支出的，依照本条例第四十条的规定处理；不属于骗取医疗保障基金支出的，按照规定结算。

参保人员涉嫌骗取医疗保障基金支出且拒不配合调查的，医疗保障行政部门可以要求医疗保障经办机构暂停医疗费用联网结算。暂停联网结算期间发生的医疗费用，由参保人员全额垫付。经调查，属于骗取医疗保障基金支出的，依照本条例第四十一条的规定处理；不属于骗取医疗保障基金支出的，按照规定结算。

第三十一条 医疗保障行政部门对违反本条例的行为作出行政处罚或者行政处理决定前，应当听取当事人的陈述、申辩；作出行政处罚或者行政处理决定，应当告知当事人依法享有申请行政复议或者提起行政诉讼的权利。

第三十二条 医疗保障等行政部门、医疗保障经办机构、会计师事务所等机构及其工作人员，不得将工作中获取、知悉的被调查对象资料或者相关信息用于医疗保障基金使用监督管理以外的其他目的，不得泄露、篡改、毁损、非法向他人提供当事人的个人信息和商业秘密。

第三十三条 国务院医疗保障行政部门应当建立定点医药机构、人员等信用管理制度，根据信用评价等级分级分类监督管理，将日常监督检查结果、行政处罚结果等情况纳入全国信用信息共享平台和其他相关信息公示系统，按照国家有关规定实施惩戒。

第三十四条 医疗保障行政部门应当定期向社会公布医疗保障基金使用监督检查结果，加大对医疗保障基金使用违法案件的曝光力度，接受社会监督。

第三十五条 任何组织和个人有权对侵害医疗保障基金的违法违规行为进行举报、投诉。

医疗保障行政部门应当畅通举报投诉渠道，依法及时处理有关举报投诉，并对举报人的信息保密。对查证属实的举报，按照国家有关规定给予举报人奖励。

第四章 法律责任

第三十六条 医疗保障经办机构有下列情形之一的，由医疗保障行政部门责令改正，对直接负责的主管人员和其他直接责任人员依法给予处分：

（一）未建立健全业务、财务、安全和风险管理制度；

（二）未履行服务协议管理、费用监控、基金拨付、待遇审核及支付等职责；

（三）未定期向社会公开医疗保障基金的收入、支出、结余等情况。

第三十七条 医疗保障经办机构通过伪造、变造、隐匿、涂改、销毁医学文书、医学证明、会计凭证、电子信息等有关资料或者虚构医药服务项目等方式，骗取医疗保障基金支出的，由医疗保障行政部门责令退回，处骗取金额2倍以上5倍以下的罚款，对直接负责的主管人员和其他直接责任人员依法给予处分。

第三十八条 定点医药机构有下列情形之一的，由医疗保障行政部门责令改正，并可以约谈有关负责人；造成医疗保障基金损失的，责令退回，处造成损失金额1倍以上2倍以下的罚款；拒不改正或者造成严重后果的，责令定点医药机构暂停相关责任部门6个月以上1年以下涉及医疗保障基金使用的医药服务；违反其他法律、行政法规的，由有关主管部门依法处理：

（一）分解住院、挂床住院；

（二）违反诊疗规范过度诊疗、过度检查、分解处方、超量开药、重复开药或者提供其他不必要的医药服务；

（三）重复收费、超标准收费、分解项目收费；

（四）串换药品、医用耗材、诊疗项目和服务设施；

（五）为参保人员利用其享受医疗保障待遇的机会转卖药品，接受返还现金、实物或者获得其他非法利益提供便利；

（六）将不属于医疗保障基金支付范围的医药费用纳入医疗保障基金结算；

（七）造成医疗保障基金损失的其

他违法行为。

第三十九条 定点医药机构有下列情形之一的，由医疗保障行政部门责令改正，并可以约谈有关负责人；拒不改正的，处1万元以上5万元以下的罚款；违反其他法律、行政法规的，由有关主管部门依法处理：

（一）未建立医疗保障基金使用内部管理制度，或者没有专门机构或者人员负责医疗保障基金使用管理工作；

（二）未按照规定保管财务账目、会计凭证、处方、病历、治疗检查记录、费用明细、药品和医用耗材出入库记录等资料；

（三）未按照规定通过医疗保障信息系统传送医疗保障基金使用有关数据；

（四）未按照规定向医疗保障行政部门报告医疗保障基金使用监督管理所需信息；

（五）未按照规定向社会公开医药费用、费用结构等信息；

（六）除急诊、抢救等特殊情形外，未经参保人员或者其近亲属、监护人同意提供医疗保障基金支付范围以外的医药服务；

（七）拒绝医疗保障等行政部门监督检查或者提供虚假情况。

第四十条 定点医药机构通过下列方式骗取医疗保障基金支出的，由医疗保障行政部门责令退回，处骗取金额2倍以上5倍以下的罚款；责令定点医药机构暂停相关责任部门6个月以上1年以下涉及医疗保障基金使用的医药服务，直至由医疗保障经办机构解除服务协议；有执业资格的，由有关主管部门依法吊销执业资格：

（一）诱导、协助他人冒名或者虚假就医、购药，提供虚假证明材料，或者串通他人虚开费用单据；

（二）伪造、变造、隐匿、涂改、销毁医学文书、医学证明、会计凭证、电子信息等有关资料；

（三）虚构医药服务项目；

（四）其他骗取医疗保障基金支出的行为。

定点医药机构以骗取医疗保障基金为目的，实施了本条例第三十八条规定行为之一，造成医疗保障基金损失的，按照本条规定处理。

第四十一条 个人有下列情形之一的，由医疗保障行政部门责令改正；造成医疗保障基金损失的，责令退回；属于参保人员的，暂停其医疗费用联网结算3个月至12个月：

（一）将本人的医疗保障凭证交由他人冒名使用；

（二）重复享受医疗保障待遇；

（三）利用享受医疗保障待遇的机会转卖药品，接受返还现金、实物或者获得其他非法利益。

个人以骗取医疗保障基金为目的，实施了前款规定行为之一，造成医疗保障基金损失的；或者使用他人医疗保障凭证冒名就医、购药的；或者通过伪造、变造、隐匿、涂改、销毁医学文书、医学证明、会计凭证、电子信息等有关资料或者虚构医药服务项目等方式，骗取医疗保障基金支出的，除依照前款规定处理外，还应当由医疗保障行政部门处骗取金额2倍以上5倍以下的罚款。

第四十二条 医疗保障等行政部门、医疗保障经办机构、定点医药机构及其工作人员收受贿赂或者取得其他非法收入的,没收违法所得,对有关责任人员依法给予处分;违反其他法律、行政法规的,由有关主管部门依法处理。

第四十三条 定点医药机构违反本条例规定,造成医疗保障基金重大损失或者其他严重不良社会影响的,其法定代表人或者主要负责人 5 年内禁止从事定点医药机构管理活动,由有关部门依法给予处分。

第四十四条 违反本条例规定,侵占、挪用医疗保障基金的,由医疗保障等行政部门责令追回;有违法所得的,没收违法所得;对直接负责的主管人员和其他直接责任人员依法给予处分。

第四十五条 退回的基金退回原医疗保障基金财政专户;罚款、没收的违法所得依法上缴国库。

第四十六条 医疗保障等行政部门、医疗保障经办机构、会计师事务所等机构及其工作人员,泄露、篡改、毁损、非法向他人提供个人信息、商业秘密的,对直接负责的主管人员和其他直接责任人员依法给予处分;违反其他法律、行政法规的,由有关主管部门依法处理。

第四十七条 医疗保障等行政部门工作人员在医疗保障基金使用监督管理工作中滥用职权、玩忽职守、徇私舞弊的,依法给予处分。

第四十八条 违反本条例规定,构成违反治安管理行为的,依法给予治安管理处罚;构成犯罪的,依法追究刑事责任。

违反本条例规定,给有关单位或者个人造成损失的,依法承担赔偿责任。

第五章 附 则

第四十九条 职工大额医疗费用补助、公务员医疗补助等医疗保障资金使用的监督管理,参照本条例执行。

居民大病保险资金的使用按照国家有关规定执行,医疗保障行政部门应当加强监督。

第五十条 本条例自 2021 年 5 月 1 日起施行。

欺诈骗取医疗保障基金行为举报奖励暂行办法

1. *2018 年 11 月 27 日国家医疗保障局办公室、财政部办公厅发布*
2. *医保办发〔2018〕22 号*

第一条 为鼓励举报、严厉打击欺诈骗取医疗保障基金行为,切实保证医疗保障基金安全,根据《中华人民共和国社会保险法》等法律法规,制定本办法。

第二条 公民、法人或其他社会组织(以下简称举报人)对医疗保障经办机构工作人员,定点医疗机构、定点零售药店及其工作人员,以及参保人员等涉嫌欺诈骗取医疗保障基金行为进行举报,提供相关线索,经查证属实,应予奖励的,适用本办法。

鼓励各统筹地区医疗保障部门聘请社会监督员对欺诈骗取医疗保障基

金行为进行监督举报。

举报人为医疗保障行政部门、监督管理机构、经办机构及其工作人员的，不适用本办法。

本办法所称的医疗保障基金是指由医疗保障部门管理的职工基本医疗保险、城乡居民基本医疗保险、医疗救助、生育保险以及城乡居民大病保险等补充医疗保险等专项基金。

第三条 统筹地区医疗保障部门负责涉及本统筹地区医疗保障基金欺诈骗取行为的举报奖励工作。

上级医疗保障部门受理的跨地区举报，由两个或以上统筹地区医疗保障部门分别调查处理的，相应统筹地区医疗保障部门分别就涉及本统筹区域内医疗保障基金的举报查实部分进行奖励。

第四条 本办法所称的欺诈骗取医疗保障基金行为主要包括：

（一）涉及定点医疗机构及其工作人员的欺诈骗保行为

1. 虚构医药服务，伪造医疗文书和票据，骗取医疗保障基金的；

2. 为参保人员提供虚假发票的；

3. 将应由个人负担的医疗费用记入医疗保障基金支付范围的；

4. 为不属于医疗保障范围的人员办理医疗保障待遇的；

5. 为非定点医疗机构提供刷卡记账服务的；

6. 挂名住院的；

7. 串换药品、耗材、物品、诊疗项目等骗取医疗保障基金支出的；

8. 定点医疗机构及其工作人员的其他欺诈骗保行为。

（二）涉及定点零售药店及其工作人员的欺诈骗保行为

1. 盗刷医疗保障身份凭证，为参保人员套取现金或购买营养保健品、化妆品、生活用品等非医疗物品的；

2. 为参保人员串换药品、耗材、物品等骗取医疗保障基金支出的；

3. 为非定点医药机构提供刷卡记账服务的；

4. 为参保人员虚开发票、提供虚假发票的；

5. 定点零售药店及其工作人员其他欺诈骗保行为。

（三）涉及参保人员的欺诈骗保行为

1. 伪造假医疗服务票据，骗取医疗保障基金的；

2. 将本人的医疗保障凭证转借他人就医或持他人医疗保障凭证冒名就医的；

3. 非法使用医疗保障身份凭证，套取药品耗材等，倒买倒卖非法牟利的；

4. 涉及参保人员的其他欺诈骗保行为。

（四）涉及医疗保障经办机构工作人员的欺诈骗保行为

1. 为不属于医疗保障范围的人员办理医疗保障待遇手续的；

2. 违反规定支付医疗保障费用的；

3. 涉及经办机构工作人员的其他欺诈骗保行为。

（五）其他欺诈骗取医疗保障基金的行为

第五条 国家医保局、省（自治区、直辖市)及统筹地区医疗保障部门应当向社会公布本级举报电话。同时扩充网站、邮件、电子邮箱、APP等举报渠道,也可统筹利用当地公共服务信息平台,方便举报人举报。

第六条 举报人可通过开通的任何一种举报渠道进行举报,也可以同时通过多种渠道进行举报。

举报人可以直接向统筹地区医疗保障部门进行举报,也可以向上一级医疗保障部门或者国家医疗保障局进行举报。

第七条 举报人可实名举报,也可匿名举报。

本办法所称的实名举报,是指举报人提供真实身份证明以及真实有效联系方式的检举、揭发行为。

匿名举报,是指举报人不提供其真实身份的举报行为。如举报人希望获得举报奖励,可以提供其他能够辨别其身份的信息及有效联系方式,使医疗保障部门事后能够确认其身份,兑现举报奖励。

第八条 医疗保障部门对符合受理范围的举报案件,应在接到举报后15个工作日内提出是否立案调查的意见。

对不属于受理范围的实名举报案件,应自接到举报后15个工作日内告知举报人不予受理的意见,并说明原因。

第九条 对属于受理范围的举报案件,医疗保障部门应当自受理之日起30个工作日内办理完毕。情况复杂的,经单位负责人批准后,可以延长至3个月内办结。特别重大案件,经单位集体研究后,可以适当延长,但原则上不超过6个月。

第十条 举报人举报事项同时符合下列条件的,给予奖励:

(一)举报情况经查证属实,造成医疗保障基金损失或因举报避免医疗保障基金损失;

(二)举报人提供的主要事实、证据事先未被医疗保障行政部门掌握;

(三)举报人选择愿意得到举报奖励。

第十一条 举报人为定点医疗机构、定点零售药店内部人员或原内部人员的,可适当提高奖励标准。

举报人为定点医疗机构、定点零售药店竞争机构及其工作人员,并提供可靠线索的,可适当提高奖励标准。

第十二条 统筹地区医疗保障部门设立举报奖励资金,纳入同级政府预算。

第十三条 举报奖励坚持精神奖励与物质奖励相结合。

统筹地区医疗保障部门可按查实欺诈骗保金额的一定比例,对符合条件的举报人予以奖励,最高额度不超过10万元,举报奖励资金,原则上应当采用非现金方式支付。

欺诈骗保行为不涉及货值金额或者罚没款金额,但举报内容属实的,可视情形给予资金奖励。

第十四条 两个或两个以上举报人对同一事实进行举报的,按举报时间以第一举报人为奖励对象;联名举报的,按一个举报人奖励额度进行奖励,奖金由举报人协商分配。

第十五条 统筹地区医疗保障部门应开辟便捷的兑付渠道,便于举报人领取举报奖金。

第十六条 统筹地区医疗保障部门支付举报奖金时，应当严格审核，防止骗取冒领。

第十七条 各级医疗保障部门应当依法保护举报人合法权益，不得泄露举报人相关信息。因泄露举报人相关信息损害举报人利益的，按相关规定处理。

第十八条 严禁虚假举报。举报人故意捏造事实诬告他人，或者弄虚作假骗取奖励，依法承担相应责任。

第十九条 省级和统筹地区医疗保障和财政部门可依据本办法，制定实施细则，对奖励的决定、标准、审批、发放程序等作出具体规定。

第二十条 本办法由国家医疗保障局、财政部负责解释，自印发之日起执行。

医疗机构医疗保障定点管理暂行办法

1. 2020年12月30日国家医疗保障局令第2号公布

2. 自2021年2月1日起施行

第一章 总 则

第一条 为加强和规范医疗机构医疗保障定点管理，提高医疗保障基金使用效率，更好地保障广大参保人员权益，根据《中华人民共和国社会保险法》、《中华人民共和国基本医疗卫生与健康促进法》及《医疗机构管理条例》等法律法规，制定本办法。

第二条 医疗机构医疗保障定点管理应坚持以人民健康为中心，遵循保障基本、公平公正、权责明晰、动态平衡的原则，加强医保精细化管理，促进医疗机构供给侧改革，为参保人员提供适宜的医疗服务。

第三条 医疗保障行政部门负责制定医疗机构定点管理政策，在定点申请、专业评估、协商谈判、协议订立、协议履行、协议解除等环节对医疗保障经办机构（以下简称“经办机构”）、定点医疗机构进行监督。经办机构负责确定定点医疗机构，并与定点医疗机构签订医疗保障服务协议（以下简称“医保协议”），提供经办服务，开展医保协议管理、考核等。定点医疗机构应当遵守医疗保障法律、法规、规章及有关政策，按照规定向参保人员提供医疗服务。

第二章 定点医疗机构的确定

第四条 统筹地区医疗保障行政部门根据公众健康需求、管理服务需要、医保基金收支、区域卫生规划、医疗机构设置规划等确定本统筹地区定点医疗服务的资源配置。

第五条 以下取得医疗机构执业许可证或中医诊所备案证的医疗机构，以及经军队主管部门批准有为民服务资质的军队医疗机构可申请医保定点：

（一）综合医院、中医医院、中西医结合医院、民族医医院、专科医院、康复医院；

（二）专科疾病防治院（所、站）、妇幼保健院；

（三）社区卫生服务中心（站）、中心卫生院、乡镇卫生院、街道卫生院、门诊部、诊所、卫生所（站）、村卫生室（所）；

（四）独立设置的急救中心；

（五）安宁疗护中心、血液透析中心、护理院；

（六）养老机构内设的医疗机构。

互联网医院可依托其实体医疗机构申请签订补充协议，其提供的医疗服务所产生的符合医保支付范围的相关费用，由统筹地区经办机构与其所依托的实体医疗机构按规定进行结算。

第六条 申请医保定点的医疗机构应当同时具备以下基本条件：

（一）正式运营至少3个月。

（二）至少有1名取得医师执业证书、乡村医生执业证书或中医（专长）医师资格证书且第一注册地在该医疗机构的医师。

（三）主要负责人负责医保工作，配备专（兼）职医保管理人员；100张床位以上的医疗机构应设内部医保管理部门，安排专职工作人员。

（四）具有符合医保协议管理要求的医保管理制度、财务制度、统计信息管理制度、医疗质量安全核心制度等。

（五）具有符合医保协议管理要求的医院信息系统技术和接口标准，实现与医保信息系统有效对接，按要求向医保信息系统传送全部就诊人员相关信息，为参保人员提供直接联网结算。设立医保药品、诊疗项目、医疗服务设施、医用耗材、疾病病种等基础数据库，按规定使用国家统一的医保编码。

（六）符合法律法规和省级及以上医疗保障行政部门规定的其他条件。

第七条 医疗机构向统筹地区经办机构提出医保定点申请，至少提供以下材料：

（一）定点医疗机构申请表；

（二）医疗机构执业许可证或中医诊所备案证或军队医疗机构为民服务许可证照复印件；

（三）与医保政策对应的内部管理制度和财务制度文本；

（四）与医保有关的医疗机构信息系统相关材料；

（五）纳入定点后使用医疗保障基金的预测性分析报告；

（六）省级医疗保障行政部门按相关规定要求提供的其他材料。

第八条 医疗机构提出定点申请，统筹地区经办机构应即时受理。对申请材料内容不全的，经办机构自收到材料之日起5个工作日内一次性告知医疗机构补充。

第九条 统筹地区经办机构应组织评估小组或委托第三方机构，以书面、现场等形式开展评估。评估小组成员由医疗保障、医药卫生、财务管理、信息技术等专业人员构成。自受理申请材料之日起，评估时间不超过3个月，医疗机构补充材料时间不计入评估期限。评估内容包括：

（一）核查医疗机构执业许可证或中医诊所备案证或军队医疗机构为民服务许可证；

（二）核查医师、护士、药学及医技等专业技术人员执业信息和医师第一注册地信息；

（三）核查与服务功能相适应的诊断、治疗、手术、住院、药品贮存及发放、检查检验放射等基础设施和仪器设备；

（四）核查与医保政策对应的内部管理制度和财务制度，卫生健康部门医疗机构评审的结果；

（五）核查与医保有关的医疗机构信息系统是否具备开展直接联网结算的条件。

评估结果分为合格和不合格。统筹地区经办机构应将评估结果报同级医疗保障行政部门备案。对于评估合格的，应将其纳入拟签订协议医疗机构名单，并向社会公示。对于评估不合格的，应告知其理由，提出整改建议。自结果告知送达之日起，整改3个月后可再次组织评估，评估仍不合格的，1年内不得再次申请。

省级医疗保障行政部门可以在本办法基础上，根据实际情况，制定具体评估细则。

第十条 统筹地区经办机构与评估合格的医疗机构协商谈判，达成一致的，双方自愿签订医保协议。原则上，由地市级及以上的统筹地区经办机构与医疗机构签订医保协议并向同级医疗保障行政部门备案。医保协议应明确双方权利、义务和责任。签订医保协议的双方应当严格执行协议约定。协议期限一般为1年。

第十一条 统筹地区经办机构应向社会公布签订医保协议的定点医疗机构信息，包括名称、地址等，供参保人员选择。

第十二条 医疗机构有下列情形之一的，不予受理定点申请：

（一）以医疗美容、辅助生殖、生活照护、种植牙等非基本医疗服务为主要执业范围的；

（二）基本医疗服务未执行医疗保障行政部门制定的医药价格政策的；

（三）未依法履行行政处罚责任的；

（四）以弄虚作假等不正当手段申请定点，自发现之日起未满3年的；

（五）因违法违规被解除医保协议未满3年或已满3年但未完全履行行政处罚法律责任的；

（六）因严重违反医保协议约定而被解除协议未满1年或已满1年但未完全履行违约责任的；

（七）法定代表人、主要负责人或实际控制人曾因严重违法违规导致原定点医疗机构被解除医保协议，未满5年的；

（八）法定代表人、主要负责人或实际控制人被列入失信人名单的；

（九）法律法规规定的其他不予受理的情形。

第三章 定点医疗机构运行管理

第十三条 定点医疗机构具有依法依规为参保人员提供医疗服务后获得医保结算费用，对经办机构履约情况进行监督，对完善医保政策提出意见建议等权利。

第十四条 定点医疗机构应当严格执行医保协议，合理诊疗、合理收费，严格执行医保药品、医用耗材和医疗服务项目等目录，优先配备使用医保目录药品，控制患者自费比例，提高医疗保障基金使用效率。定点医疗机构不得为非定点医疗机构提供医保结算。

经办机构不予支付的费用、定点医疗机构按医保协议约定被扣除的质量保证金及其支付的违约金等，定点医疗机构不得作为医保欠费处理。

第十五条 定点医疗机构及其工作人员应当执行实名就医和购药管理规定，核验参保人员有效身份凭证，按照诊疗规范提供合理、必要的医药服务，向参保人员如实出具费用单据和相关资料，不得分解住院、挂床住院，不得违反诊疗规范过度诊疗、过度检查、分解处方、超量开药、重复开药，不得重复收费、超标准收费、分解项目收费，不得串换药品、医用耗材、诊疗项目和服务设施，不得诱导、协助他人冒名或者虚假就医、购药。

定点医疗机构应当确保医疗保障基金支付的费用符合规定的支付范围；除急诊、抢救等特殊情形外，提供医疗保障基金支付范围以外的医药服务的，应当经参保人员或者其近亲属、监护人同意。

第十六条 定点医疗机构应当制定相应的内部管理措施，严格掌握出入院指征。按照协议执行医保总额预算指标，执行按项目、按病种、按疾病诊断相关分组、按床日、按人头等支付方式。不得以医保支付政策为由拒收患者。

第十七条 定点医疗机构按有关规定执行集中采购政策，优先使用集中采购中选的药品和耗材。医保支付的药品、耗材应当按规定在医疗保障行政部门规定的平台上采购，并真实记录“进、销、存”等情况。

第十八条 定点医疗机构应当严格执行医疗保障行政部门制定的医药价格政策。

第十九条 定点医疗机构应当参加由医疗保障行政部门或经办机构组织的宣传和培训。

定点医疗机构应当组织开展医疗保障基金相关制度、政策的培训，定期检查本单位医疗保障基金使用情况，及时纠正医疗保障基金使用不规范的行为。

第二十条 定点医疗机构在显著位置悬挂统一样式的定点医疗机构标识。

第二十一条 定点医疗机构应按要求及时向统筹地区经办机构报送医疗保障基金结算清单等信息，包括疾病诊断及手术操作，药品、医用耗材、医疗服务项目费用结算明细，医师、护士等信息，并对其真实性负责。定点医疗机构应当按要求如实向统筹地区经办机构报送药品、耗材的采购价格和数量。

定点医疗机构应向医疗保障部门报告医疗保障基金使用监督管理及协议管理所需信息，向社会公开医药费用、费用结构等信息。

第二十二条 定点医疗机构应当配合经办机构开展医保费用审核、稽核检查、绩效考核等工作，接受医疗保障行政部门的监督检查，并按规定提供相关材料。

第二十三条 定点医疗机构应当优化医保结算流程，为参保人员提供便捷的医疗服务，按规定进行医保费用直接结算，提供费用结算单据和相关资料。为符合规定的参保人员提供转诊转院服务。参保人员根据有关规定可以在定点医疗机构购药或凭处方到定点零售药店购药。

第二十四条 定点医疗机构应当做好与医保有关的信息系统安全保障工作，

遵守数据安全有关制度，保护参保人员隐私。定点医疗机构重新安装信息系统时，应当保持信息系统技术接口标准与医保信息系统有效对接，并按规定及时全面准确向医保信息系统传送医保结算和审核所需的有关数据。

第四章　经办管理服务

第二十五条　经办机构有权掌握定点医疗机构运行管理情况，从定点医疗机构获得医保费用稽查审核、绩效考核和财务记账等所需要的信息数据等资料。定点医疗机构实行属地管理，经办机构对属地定点医疗机构为本地和异地参保人员提供的医疗服务承担管理服务职责。

第二十六条　经办机构应当完善定点申请、组织评估和协议签订、协议履行、协议变更和解除等管理流程，制定经办规程，为定点医疗机构和参保人员提供优质高效的经办服务。

第二十七条　经办机构应做好对定点医疗机构医保政策、管理制度、支付政策、操作流程的宣传培训，提供医疗保障咨询、查询服务。

第二十八条　经办机构应当落实医保支付政策，加强医疗保障基金管理。

第二十九条　经办机构应当建立完善的内部控制制度，明确对定点医疗机构申报费用的审核、结算、拨付、稽核等岗位责任及风险防控机制。完善重大医保费用支出集体决策制度。

第三十条　经办机构应当加强医疗保障基金支出管理，通过智能审核、实时监控、现场检查等方式及时审核医疗费用。对定点医疗机构进行定期和不定期稽查审核。按协议约定及时足额向定点医疗机构拨付医保费用，原则上应当在定点医疗机构申报后30个工作日内拨付符合规定的医保费用。

第三十一条　有条件的统筹地区经办机构可以按国家规定向定点医疗机构预付一部分医保资金，缓解其资金运行压力。在突发疫情等紧急情况时，可以按国家规定预拨专项资金。

第三十二条　定点医疗机构违规申报费用，经审查核实的，经办机构不予支付。

第三十三条　经办机构应当依法依规支付参保人员在定点医疗机构发生的医疗费用，为参保人员提供医保政策咨询。除急诊和抢救外，参保人员在非定点医疗机构就医发生的费用医疗保障基金不予支付。

第三十四条　经办机构向社会公开医保信息系统数据集和接口标准。定点医疗机构自主选择与医保对接的有关信息系统的运行和维护供应商。经办机构不得以任何名义收取任何费用及指定供应商。

第三十五条　经办机构应遵守数据安全有关制度，保护参保人员隐私，确保医疗保障基金安全。

第三十六条　经办机构或其委托符合规定的第三方机构，对定点医疗机构开展绩效考核，建立动态管理机制。考核结果与年终清算、质量保证金退还、协议续签等挂钩。绩效考核办法由国家医疗保障部门制定，省级医疗保障部门可制定具体考核细则，经办机构负责组织实施。

第三十七条　对于定点医疗机构结算周期内未超过总额控制指标的医疗费

用,经办机构应根据协议按时足额拨付。对定点医疗机构因参保人员就医数量大幅增加等形成的合理超支给予适当补偿。

第三十八条 经办机构发现定点医疗机构存在违反协议约定情形的,可按协议约定相应采取以下处理方式:

(一)约谈医疗机构法定代表人、主要负责人或实际控制人;

(二)暂停或不予拨付费用;

(三)不予支付或追回已支付的医保费用;

(四)要求定点医疗机构按照协议约定支付违约金;

(五)中止相关责任人员或者所在部门涉及医疗保障基金使用的医疗服务;

(六)中止或解除医保协议。

第三十九条 经办机构违反医保协议的,定点医疗机构有权要求纠正或者提请医疗保障行政部门协调处理、督促整改,也可以依法申请行政复议或者提起行政诉讼。

医疗保障行政部门发现经办机构存在违反医保协议的,可视情节相应采取以下处理方式:约谈主要负责人、限期整改、通报批评,对相关责任人员依法依规给予处分。

医疗保障行政部门发现经办机构违反相关法律法规和规章的,依法依规进行处理。

第五章 定点医疗机构的动态管理

第四十条 定点医疗机构的名称、法定代表人、主要负责人或实际控制人、注册地址、银行账户、诊疗科目、机构规模、机构性质、等级和类别等重大信息变更时,应自有关部门批准之日起30个工作日内向统筹地区经办机构提出变更申请。其他一般信息变更应及时书面告知。

第四十一条 续签应由定点医疗机构于医保协议期满前3个月向经办机构提出申请或由经办机构统一组织。统筹地区经办机构与定点医疗机构就医保协议续签事宜进行协商谈判,双方根据医保协议履行情况和绩效考核情况等决定是否续签。协商一致的,可续签医保协议;未达成一致的,医保协议到期后自动终止。

对于绩效考核结果好的定点医疗机构可以采取固定医保协议和年度医保协议相结合的方式,固定医保协议相对不变,年度医保协议每年根据具体情况调整,简化签约手续。

第四十二条 医保协议中止是指经办机构与定点医疗机构暂停履行医保协议约定,中止期间发生的医保费用不予结算。中止期结束,未超过医保协议有效期的,医保协议可继续履行;超过医保协议有效期的,医保协议终止。

定点医疗机构可提出中止医保协议申请,经经办机构同意,可以中止医保协议但中止时间原则上不得超过180日,定点医疗机构在医保协议中止超过180日仍未提出继续履行医保协议申请的,原则上医保协议自动终止。定点医疗机构有下列情形之一的,经办机构应中止医保协议:

(一)根据日常检查和绩效考核,发现对医疗保障基金安全和参保人员权益可能造成重大风险的；

（二）未按规定向经办机构及医疗保障行政部门提供有关数据或提供数据不真实的；

（三）根据医保协议约定应当中止医保协议的；

（四）法律法规和规章规定的应当中止的其他情形。

第四十三条 医保协议解除是指经办机构与定点医疗机构之间的医保协议解除，协议关系不再存续，协议解除后产生的医药费用，医疗保障基金不再结算。定点医疗机构有以下情形之一的，经办机构应解除医保协议，并向社会公布解除医保协议的医疗机构名单：

（一）医保协议有效期内累计 2 次及以上被中止医保协议或中止医保协议期间未按要求整改或整改不到位的；

（二）以弄虚作假等不正当手段申请取得定点的；

（三）经医疗保障部门和其他有关部门查实有欺诈骗保行为的；

（四）为非定点医疗机构或处于中止医保协议期间的医疗机构提供医保费用结算的；

（五）拒绝、阻挠或不配合医疗保障部门开展智能审核、绩效考核、监督检查等，情节恶劣的；

（六）被发现重大信息发生变更但未办理重大信息变更的；

（七）定点医疗机构停业或歇业后未按规定向经办机构报告的；

（八）医疗保障行政部门或其他有关部门在行政执法中，发现定点医疗机构存在重大违法违规行为且可能造成医疗保障基金重大损失的；

（九）被吊销、注销医疗机构执业许可证或中医诊所备案证的；

（十）法定代表人、主要负责人或实际控制人不能履行医保协议约定，或有违法失信行为的；

（十一）未依法履行医疗保障行政部门作出的行政处罚决定的；

（十二）定点医疗机构主动提出解除医保协议且经办机构同意的；

（十三）根据医保协议约定应当解除医保协议的；

（十四）法律法规和规章规定的应当解除的其他情形。

第四十四条 定点医疗机构请求中止、解除医保协议或不再续签医保协议的，应提前 3 个月向经办机构提出申请。公立医疗机构不得主动提出中止或解除医保协议。

医疗机构所在地的地市级及以上统筹地区经办机构与定点医疗机构中止或解除医保协议，该医疗机构在其他统筹区的医保协议也同时中止或解除。

第四十五条 定点医疗机构的部分人员或科室有违反协议管理要求的，可对该人员或科室中止或终止医保结算。

第四十六条 医疗机构与统筹地区经办机构就医保协议签订、履行、变更和解除发生争议的，可以自行协商解决或者请求同级医疗保障行政部门协调处理，也可以依法提起行政复议或行政诉讼。

第六章　定点医疗机构的监督

第四十七条 医疗保障行政部门对定点

申请、申请受理、专业评估、协议订立、协议履行和解除等进行监督，对经办机构的内部控制制度建设、医保费用的审核和拨付等进行指导和监督。

医疗保障行政部门依法依规通过实地检查、抽查、智能监控、大数据分析等方式对定点医疗机构的协议履行情况、医疗保障基金使用情况、医疗服务行为、购买涉及医疗保障基金使用的第三方服务等进行监督。

第四十八条　医疗保障行政部门和经办机构应拓宽监督途径、创新监督方式，通过满意度调查、第三方评价、聘请社会监督员等方式对定点医疗机构进行社会监督，畅通举报投诉渠道，及时发现问题并进行处理。

第四十九条　经办机构发现违约行为，应当及时按照协议处理。

经办机构作出中止相关责任人员或者所在部门涉及医疗保障基金使用的医药服务、中止和解除医保协议等处理时，要及时报告同级医疗保障行政部门。

医疗保障行政部门发现定点医疗机构存在违约情形的，应当及时责令经办机构按照医保协议处理，经办机构应当及时按照医保协议处理。

医疗保障行政部门依法查处违法违规行为时，认为经办机构移交相关违法线索事实不清的，可组织补充调查或要求经办机构补充材料。

第七章　附　　则

第五十条　职工基本医疗保险、城乡居民基本医疗保险、生育保险、医疗救助、居民大病保险等医疗保障定点管理工作按照本办法执行。

第五十一条　本办法中的经办机构是具有法定授权，实施医疗保障管理服务的职能机构，是医疗保障经办的主体。

定点医疗机构是指自愿与统筹地区经办机构签订医保协议，为参保人员提供医疗服务的医疗机构。

医保协议是指由经办机构与医疗机构经协商谈判而签订的，用于规范医疗服务行为以及明确双方权利、义务及责任等内容的协议。

第五十二条　国务院医疗保障行政部门制作并定期修订医保协议范本，国家医疗保障经办机构制定经办规程并指导各地加强和完善医保协议管理。地市级及以上的医疗保障行政部门及经办机构在此基础上，可根据实际情况分别细化制定本地区的医保协议范本及经办规程。医保协议内容应与法律、法规、规章和医疗保障政策调整变化相一致，医疗保障行政部门调整医保协议内容时，应征求相关定点医疗机构意见。

第五十三条　本办法由国务院医疗保障行政部门负责解释，自2021年2月1日起施行。

零售药店医疗保障定点管理暂行办法

1. 2020年12月30日国家医疗保障局令第3号公布

2. 自2021年2月1日起施行

第一章　总　　则

第一条　为加强和规范零售药店医疗保

障定点管理，提高医疗保障基金使用效率，更好地保障广大参保人员权益，根据《中华人民共和国社会保险法》、《中华人民共和国基本医疗卫生与健康促进法》及《中华人民共和国药品管理法》等法律法规，制定本办法。

第二条 零售药店医疗保障定点管理应坚持以人民健康为中心，遵循保障基本、公平公正、权责明晰、动态平衡的原则，加强医疗保障精细化管理，发挥零售药店市场活力，为参保人员提供适宜的药品服务。

第三条 医疗保障行政部门负责制定零售药店定点管理政策，在定点申请、专业评估、协商谈判、协议订立、协议履行、协议解除等环节对医疗保障经办机构（以下简称“经办机构”）、定点零售药店进行监督。经办机构负责确定定点零售药店，并与定点零售药店签订医疗保障服务协议（以下简称“医保协议”），提供经办服务，开展医保协议管理、考核等。定点零售药店应当遵守医疗保障法律、法规、规章及有关政策，按照规定向参保人员提供药品服务。

第二章 定点零售药店的确定

第四条 统筹地区医疗保障行政部门根据公众健康需求、管理服务需要、医疗保障基金收支、参保人员用药需求等确定本统筹地区定点零售药店的资源配置。

第五条 取得药品经营许可证，并同时符合以下条件的零售药店均可申请医疗保障定点：

（一）在注册地址正式经营至少3个月；

（二）至少有1名取得执业药师资格证书或具有药学、临床药学、中药学专业技术资格证书的药师，且注册地在该零售药店所在地，药师须签订1年以上劳动合同且在合同期内；

（三）至少有2名熟悉医疗保障法律法规和相关制度规定的专（兼）职医保管理人员负责管理医保费用，并签订1年以上劳动合同且在合同期内；

（四）按药品经营质量管理规范要求，开展药品分类分区管理，并对所售药品设立明确的医保用药标识；

（五）具有符合医保协议管理要求的医保药品管理制度、财务管理制度、医保人员管理制度、统计信息管理制度和医保费用结算制度；

（六）具备符合医保协议管理要求的信息系统技术和接口标准，实现与医保信息系统有效对接，为参保人员提供直接联网结算，建立医保药品等基础数据库，按规定使用国家统一医保编码；

（七）符合法律法规和省级及以上医疗保障行政部门规定的其他条件。

第六条 零售药店向统筹地区经办机构提出医疗保障定点申请，至少提供以下材料：

（一）定点零售药店申请表；

（二）药品经营许可证、营业执照和法定代表人、主要负责人或实际控制人身份证复印件；

（三）执业药师资格证书或药学技术人员相关证书及其劳动合同复印件；

（四）医保专（兼）职管理人员的

劳动合同复印件；

（五）与医疗保障政策对应的内部管理制度和财务制度文本；

（六）与医保有关的信息系统相关材料；

（七）纳入定点后使用医疗保障基金的预测性分析报告；

（八）省级医疗保障行政部门按相关规定要求提供的其他材料。

第七条 零售药店提出定点申请，统筹地区经办机构应即时受理。对申请材料内容不全的，经办机构自收到材料之日起5个工作日内一次性告知零售药店补充。

第八条 统筹地区经办机构应组织评估小组或委托符合规定的第三方机构，以书面、现场等形式开展评估。评估小组成员由医疗保障、医药卫生、财务管理、信息技术等专业人员构成。自受理申请材料之日起，评估时间不超过3个月，零售药店补充材料时间不计入评估期限。评估内容包括：

（一）核查药品经营许可证、营业执照和法定代表人、企业负责人或实际控制人身份证；

（二）核查执业药师资格证书或药学技术人员资格证书及劳动合同；

（三）核查医保专（兼）职管理人员的劳动合同；

（四）核查与医疗保障政策对应的内部管理制度和财务制度；

（五）核查与医保有关的信息系统是否具备开展直接联网结算的条件；

（六）核查医保药品标识。

评估结果包括合格和不合格。统筹地区经办机构应将评估结果报同级医疗保障行政部门备案。对于评估合格的，纳入拟签订医保协议的零售药店名单向社会公示。对于评估不合格的应告知其理由，提出整改建议。自结果告知送达之日起，整改3个月后可再次组织评估，评估仍不合格的，1年内不得再次申请。

省级医疗保障行政部门可以在本办法基础上，根据实际情况，制定具体评估细则。

第九条 统筹地区经办机构与评估合格的零售药店协商谈判，达成一致的，双方自愿签订医保协议。原则上由地市级及以上的统筹地区经办机构与零售药店签订医保协议并向同级医疗保障行政部门备案。医保协议应明确双方的权利、义务和责任。签订医保协议的双方应当严格执行医保协议约定。医保协议期限一般为1年。

第十条 统筹地区经办机构向社会公布签订医保协议的定点零售药店信息，包括名称、地址等，供参保人员选择。

第十一条 零售药店有下列情形之一的，不予受理定点申请：

（一）未依法履行行政处罚责任的；

（二）以弄虚作假等不正当手段申请定点，自发现之日起未满3年的；

（三）因违法违规被解除医保协议未满3年或已满3年但未完全履行行政处罚法律责任的；

（四）因严重违反医保协议约定而被解除医保协议未满1年或已满1年但未完全履行违约责任的；

（五）法定代表人、企业负责人或实际控制人曾因严重违法违规导致原

定点零售药店被解除医保协议,未满5年的;

(六)法定代表人、企业负责人或实际控制人被列入失信人名单的;

(七)法律法规规定的其他不予受理的情形。

第三章 定点零售药店运行管理

第十二条 定点零售药店具有为参保人员提供药品服务后获得医保结算费用,对经办机构履约情况进行监督,对完善医疗保障政策提出意见建议等权利。

第十三条 定点零售药店应当为参保人员提供药品咨询、用药安全、医保药品销售、医保费用结算等服务。符合规定条件的定点零售药店可以申请纳入门诊慢性病、特殊病购药定点机构,相关规定由统筹地区医疗保障部门另行制定。

经办机构不予支付的费用、定点零售药店按医保协议约定被扣除的质量保证金及其支付的违约金等,定点零售药店不得作为医保欠费处理。

第十四条 定点零售药店应当严格执行医保支付政策。鼓励在医疗保障行政部门规定的平台上采购药品,并真实记录“进、销、存”情况。

第十五条 定点零售药店要按照公平、合理、诚实信用和质价相符的原则制定价格,遵守医疗保障行政部门制定的药品价格政策。

第十六条 定点零售药店应当凭处方销售医保目录内处方药,药师应当对处方进行审核、签字后调剂配发药品。外配处方必须由定点医疗机构医师开具,有医师签章。定点零售药店可凭定点医疗机构开具的电子外配处方销售药品。

第十七条 定点零售药店应当组织医保管理人员参加由医疗保障行政部门或经办机构组织的宣传和培训。

定点零售药店应当组织开展医疗保障基金相关制度、政策的培训,定期检查本单位医疗保障基金使用情况,及时纠正医疗保障基金使用不规范的行为。

第十八条 定点零售药店在显著位置悬挂统一格式的定点零售药店标识。

第十九条 定点零售药店应按要求及时如实向统筹地区经办机构上传参保人员购买药品的品种、规格、价格及费用信息,定期向经办机构上报医保目录内药品的“进、销、存”数据,并对其真实性负责。

第二十条 定点零售药店应当配合经办机构开展医保费用审核、稽核检查、绩效考核等工作,接受医疗保障行政部门的监督检查,并按规定提供相关材料。

第二十一条 定点零售药店提供药品服务时应核对参保人员有效身份凭证,做到人证相符。特殊情况下为他人代购药品的应出示本人和被代购人身份证。为参保人员提供医保药品费用直接结算单据和相关资料,参保人员或购药人应在购药清单上签字确认。凭外配处方购药的,应核验处方使用人与参保人员身份是否一致。

第二十二条 定点零售药店应将参保人员医保目录内药品外配处方、购药清单等保存2年,以备医疗保障部门核查。

第二十三条　定点零售药店应做好与医保有关的信息系统安全保障工作，遵守数据安全有关制度，保护参保人员隐私。定点零售药店重新安装信息系统时，应当保持信息系统技术接口标准与医保信息系统有效对接，并按规定及时全面准确向医保信息系统传送医保结算和审核所需的有关数据。

第四章　经办管理服务

第二十四条　经办机构有权掌握定点零售药店的运行管理情况，从定点零售药店获得医保费用稽查审核、绩效考核和财务记账等所需要的信息数据等资料。

第二十五条　经办机构应当完善定点申请、组织评估、协议签订、协议履行、协议变更和解除等流程管理，制定经办规程，为定点零售药店和参保人员提供优质高效的经办服务。

第二十六条　经办机构应做好对定点零售药店医疗保障政策、管理制度、支付政策、操作流程的宣传培训，提供医疗保障咨询、查询服务。

第二十七条　经办机构应当落实医保支付政策，加强医疗保障基金管理。

第二十八条　经办机构应当建立完善的内部控制制度，明确对定点零售药店医保费用的审核、结算、拨付、稽核等岗位责任及风险防控机制。完善重大医保药品费用支出集体决策制度。

第二十九条　经办机构应当加强医疗保障基金支出管理，通过智能审核、实时监控、现场检查等方式及时审核医保药品费用。对定点零售药店进行定期和不定期稽查审核，按医保协议约定及时足额向定点零售药店拨付医保费用。原则上，应当在定点零售药店申报后30个工作日内拨付符合规定的医保费用。

第三十条　定点零售药店经审查核实的违规医保费用，经办机构不予支付。

第三十一条　经办机构应当依法依规支付参保人员在定点零售药店发生的药品费用。

参保人员应凭本人参保有效身份凭证在定点零售药店购药。不得出租(借)本人有效身份凭证给他人，不得套取医疗保障基金。在非定点零售药店发生的药品费用，医疗保障基金不予支付。

第三十二条　经办机构向社会公开医保信息系统数据集和接口标准。定点零售药店自主选择与医保对接的有关信息系统的运行和维护供应商。经办机构不得以任何名义收取任何费用及指定供应商。

第三十三条　经办机构应遵守数据安全有关制度，保护参保人员隐私，确保医疗保障基金安全。

第三十四条　经办机构或其委托的第三方机构，对定点零售药店开展绩效考核，建立动态管理机制。考核结果与年终清算、质量保证金退还、医保协议续签等挂钩。绩效考核办法由国家医疗保障部门制定，省级医疗保障部门可制定具体考核细则，经办机构负责组织实施。

第三十五条　经办机构发现定点零售药店存在违反医保协议约定情形的，可按医保协议约定相应采取以下处理方式：

（一）约谈法定代表人、主要负责人或实际控制人；

（二）暂停结算、不予支付或追回已支付的医保费用；

（三）要求定点零售药店按照医保协议约定支付违约金；

（四）中止或解除医保协议。

第三十六条 经办机构违反医保协议的，定点零售药店有权要求纠正或者提请医疗保障行政部门协调处理、督促整改，也可以依法申请行政复议或者提起行政诉讼。

医疗保障行政部门发现经办机构存在违反医保协议约定的，可视情节相应采取以下处理方式：约谈主要负责人、限期整改、通报批评，对相关责任人员依法依规给予处分。

医疗保障行政部门发现经办机构违反相关法律法规和规章的，依法依规进行处理。

第五章 定点零售药店的动态管理

第三十七条 定点零售药店的名称、法定代表人、企业负责人、实际控制人、注册地址和药品经营范围等重要信息发生变更的，应自有关部门批准之日起 30 个工作日内向统筹地区经办机构提出变更申请，其他一般信息变更应及时书面告知。

第三十八条 续签应由定点零售药店于医保协议期满前 3 个月向经办机构提出申请或由经办机构统一组织。统筹地区经办机构和定点零售药店就医保协议续签事宜进行协商谈判，双方根据医保协议履行情况和绩效考核情况等决定是否续签。协商一致的，可续签医保协议；未达成一致的，医保协议解除。

第三十九条 医保协议中止是指经办机构与定点零售药店暂停履行医保协议约定，中止期间发生的医保费用不予结算。中止期结束，未超过医保协议有效期的，医保协议可继续履行；超过医保协议有效期的，医保协议终止。

定点零售药店可提出中止医保协议申请，经经办机构同意，可以中止医保协议但中止时间原则上不得超过 180 日，定点零售药店在医保协议中止超过 180 日仍未提出继续履行医保协议申请的，原则上医保协议自动终止。定点零售药店有下列情形之一的，经办机构应中止医保协议：

（一）根据日常检查和绩效考核，发现对医疗保障基金安全和参保人员权益可能造成重大风险的；

（二）未按规定向医疗保障行政部门及经办机构提供有关数据或提供数据不真实的；

（三）根据医保协议约定应当中止医保协议的；

（四）法律法规和规章规定的应当中止的其他情形。

第四十条 医保协议解除是指经办机构与定点零售药店之间的医保协议解除，协议关系不再存续，医保协议解除后产生的医药费用，医疗保障基金不再结算。定点零售药店有下列情形之一的，经办机构应解除医保协议，并向社会公布解除医保协议的零售药店名单：

（一）医保协议有效期内累计2次及以上被中止医保协议或中止医保协议期间未按要求整改或整改不到位的；

（二）发生重大药品质量安全事件的；

（三）以弄虚作假等不正当手段申请取得定点的；

（四）以伪造、变造医保药品“进、销、存”票据和账目、伪造处方或参保人员费用清单等方式，骗取医疗保障基金的；

（五）将非医保药品或其他商品串换成医保药品，倒卖医保药品或套取医疗保障基金的；

（六）为非定点零售药店、中止医保协议期间的定点零售药店或其他机构进行医保费用结算的；

（七）将医保结算设备转借或赠与他人，改变使用场地的；

（八）拒绝、阻挠或不配合经办机构开展智能审核、绩效考核等，情节恶劣的；

（九）被发现重大信息发生变更但未办理变更的；

（十）医疗保障行政部门或有关执法机构在行政执法中，发现定点零售药店存在重大违法违规行为且可能造成医疗保障基金重大损失的；

（十一）被吊销、注销药品经营许可证或营业执照的；

（十二）未依法履行医疗保障行政部门作出的行政处罚决定的；

（十三）法定代表人、企业负责人或实际控制人不能履行医保协议约定，或有违法失信行为的；

（十四）因定点零售药店连锁经营企业总部法定代表人、企业负责人或实际控制人违法违规导致连锁零售药店其中一家分支零售药店被解除医保协议的，相同法定代表人、企业负责人或实际控制人的其他分支零售药店同时解除医保协议；

（十五）定点零售药店主动提出解除医保协议且经经办机构同意的；

（十六）根据医保协议约定应当解除协议的；

（十七）法律法规和规章规定的其他应当解除的情形。

第四十一条　定点零售药店主动提出中止医保协议、解除医保协议或不再续签的，应提前3个月向经办机构提出申请。地市级及以上的统筹地区经办机构与定点零售药店中止或解除医保协议，该零售药店在其他统筹区的医保协议也同时中止或解除。

第四十二条　定点零售药店与统筹地区经办机构就医保协议签订、履行、变更和解除发生争议的，可以自行协商解决或者请求同级医疗保障行政部门协调处理，也可提起行政复议或行政诉讼。

第六章　定点零售药店的监督

第四十三条　医疗保障行政部门对定点申请、申请受理、专业评估、协议订立、协议履行和解除等进行监督，对经办机构的内部控制制度建设、医保费用的审核和拨付等进行指导和监督。

医疗保障行政部门依法依规通过实地检查、抽查、智能监控、大数据分析等方式对定点零售药店的医保协议履行情况、医疗保障基金使用情况、药品服务等进行监督。

第四十四条 医疗保障行政部门和经办机构应拓宽监督途径、创新监督方式，通过满意度调查、第三方评价、聘请社会监督员等方式对定点零售药店进行社会监督，畅通举报投诉渠道，及时发现问题并进行处理。

第四十五条 医疗保障行政部门发现定点零售药店存在违约情形的，应当及时责令经办机构按照医保协议处理。定点零售药店违反法律法规规定的，依法依规处理。

第四十六条 经办机构发现违约行为，应当及时按照医保协议处理。

经办机构作出中止或解除医保协议处理时，要及时报告同级医疗保障行政部门。

医疗保障行政部门发现定点零售药店存在违约情形的，应当及时责令经办机构按照医保协议处理，经办机构应当及时按照协议处理。

医疗保障行政部门依法查处违法违规行为时，认为经办机构移交相关违法线索事实不清的，可组织补充调查或要求经办机构补充材料。

第七章 附 则

第四十七条 职工基本医疗保险、城乡居民基本医疗保险、生育保险、医疗救助、居民大病保险等医疗保障定点管理工作按照本办法执行。

第四十八条 本办法中的经办机构是具有法定授权，实施医疗保障管理服务的职能机构，是医疗保障经办的主体。

零售药店是符合《中华人民共和国药品管理法》规定，领取药品经营许可证的药品零售企业。

定点零售药店是指自愿与统筹地区经办机构签订医保协议，为参保人员提供药品服务的实体零售药店。

医保协议是指由经办机构与零售药店经协商谈判而签订的，用于规范双方权利、义务及责任等内容的协议。

第四十九条 国务院医疗保障行政部门制作并定期修订医保协议范本，国家医疗保障经办机构制定经办规程并指导各地加强和完善协议管理。地市级及以上的医疗保障行政部门及经办机构在此基础上，可根据实际情况分别细化制定本地区的协议范本及经办规程。协议内容应根据法律、法规、规章和医疗保障政策调整变化相一致，医疗保障行政部门予以调整医保协议内容时，应征求相关定点零售药店意见。

第五十条 本办法由国务院医疗保障行政部门负责解释，自2021年2月1日起施行。

医疗保障行政处罚程序暂行规定

1. 2021年6月11日国家医疗保障局令第4号公布
2. 自2021年7月15日起施行

第一章 总 则

第一条 为了规范医疗保障领域行政处罚程序，确保医疗保障行政部门依法实施行政处罚，维护医疗保障基金安全，保护公民、法人和其他组织的合法权益，根据《中华人民共和国行政处罚法》、《中华人民共和国行政强制法》等法律、行政法规，制定本规定。

第二条 医疗保障领域行政处罚，适用本规定。

第三条 医疗保障行政部门实施行政处罚遵循公正、公开的原则。坚持以事实为依据，与违法行为的事实、性质、情节以及社会危害程度相当。坚持处罚与教育相结合，做到事实清楚、证据确凿、依据正确、程序合法、处罚适当。

第四条 医疗保障行政部门应当全面落实行政执法公示制度、执法全过程记录制度、重大执法决定法制审核制度。

第五条 执法人员与案件有直接利害关系或者有其他关系可能影响公正执法的，应当回避。

当事人认为执法人员与案件有直接利害关系或者有其他关系可能影响公正执法的，有权申请回避。

当事人提出回避申请的，医疗保障行政部门应当依法审查。医疗保障行政部门主要负责人的回避，由医疗保障行政部门负责人集体讨论决定；医疗保障行政部门其他负责人的回避，由医疗保障行政部门主要负责人决定；其他有关人员的回避，由医疗保障行政部门负责人决定。决定作出前，不停止调查。

第六条 违法行为在二年内未被发现的，不再给予行政处罚；涉及公民生命健康安全且有危害后果的，上述期限延长至五年。

前款规定的期限，从违法行为发生之日起计算；违法行为有连续或者继续状态的，从行为终了之日起计算。

第七条 上级医疗保障行政部门对下级医疗保障行政部门实施的行政处罚，应当加强监督。

医疗保障行政部门法制机构对本部门实施的行政处罚，应当加强监督。

第八条 各级医疗保障行政部门可以依法委托符合法定条件的组织开展行政执法工作。行政强制措施权不得委托。

受委托组织在委托范围内，以委托行政机关的名义实施行政处罚，不得再委托其他组织或者个人实施行政处罚。

委托书应当载明委托的具体事项、权限、期限等内容。委托行政机关和受委托组织应当将委托书向社会公布。

委托行政机关对受委托组织实施行政处罚的行为应当负责监督，并对该行为的后果承担法律责任。

第二章 管辖和适用

第九条 医疗保障领域行政处罚由违法行为发生地的县级以上医疗保障行政部门管辖。法律、行政法规、部门规章另有规定的，从其规定。

医疗保障异地就医的违法行为，由就医地医疗保障行政部门调查处理。仅参保人员违法的，由参保地医疗保障行政部门调查处理。

第十条 两个以上医疗保障行政部门因管辖权发生争议的，应当自发生争议之日起七个工作日内协商解决；协商不成的，报请共同的上一级医疗保障行政部门指定管辖；也可以直接由共同的上一级医疗保障行政部门指定管辖。

第十一条 上级医疗保障行政部门认为有必要时，可以直接管辖下级医疗保障行政部门管辖的案件，也可以将本部门管辖的案件交由下级医疗保障行政部门管辖。法律、法规、规章明确规定案件应当由上级医疗保障行政部门管辖的，上级医疗保障部门不得将案件交由下级医疗保障行政部门管辖。

下级医疗保障行政部门认为依法应由其管辖的案件存在特殊原因，难以办理的，可以报请上一级医疗保障行政部门管辖或者指定管辖。上一级医疗保障行政部门应当自收到报送材料之日起七个工作日内作出书面决定。

第十二条 医疗保障行政部门发现所查处的案件属于其他医疗保障行政部门或其他行政管理部门管辖的，应当依法移送。

受移送的医疗保障行政部门对管辖权有异议的，应当报请共同的上一级医疗保障行政部门指定管辖，不得再自行移送。

第十三条 医疗保障行政部门实施行政处罚时，应当责令当事人改正或者限期改正违法行为。

第三章 行政处罚的普通程序

第十四条 医疗保障行政部门对依据监督检查职权或者通过投诉、举报、其他部门移送、上级交办等途径发现的违法行为线索，应当自发现线索或者收到材料之日起十五个工作日内予以核查，并决定是否立案；特殊情况下，经医疗保障行政部门主要负责人批准后，可以延长十五个工作日。

第十五条 立案应当符合下列标准：

（一）有明确的违法嫌疑人；

（二）经核查认为存在涉嫌违反医疗保障监督管理法律、法规、规章规定，应当给予行政处罚的行为；

（三）属于本部门管辖。

符合立案标准的，应当及时立案。

第十六条 行政处罚应当由具有医疗保障行政执法资格的执法人员实施，执法人员不得少于两人。

执法人员应当文明执法，尊重和保护当事人合法权益。

第十七条 除依据《行政处罚法》第五十一条规定的可以当场作出的行政处罚外，医疗保障行政部门发现公民、法人或者其他组织有依法应当给予行政处罚的行为的，必须全面、客观、公正地调查，收集有关证据；必要时，依照法律、法规的规定，可以进行检查。

医疗保障行政部门及参与案件办理的有关单位和人员对调查或者检查过程中知悉的国家秘密、商业秘密和个人隐私应当依法保密。不得将调查或者检查过程中获取、知悉的被调查或者被检查对象的资料或者相关信息用于医疗保障基金使用监管管理以外的其他目的，不得泄露、篡改、毁损、非法向他人提供当事人的个人信息和商业秘密。

第十八条 医疗保障行政部门开展行政执法，可以采取下列措施：

（一）进入被调查对象有关的场所进行检查，询问与调查事项有关的单位和个人，要求其对有关问题作出解释说明、提供有关材料；

（二）采取记录、录音、录像、照相

或者复制等方式收集有关情况和资料;

(三)从相关信息系统中调取数据,要求被检查对象对疑点数据作出解释和说明;

(四)对可能被转移、隐匿或者灭失的资料等予以封存;

(五)聘请符合条件的会计师事务所等第三方机构和专业人员协助开展检查;

(六)法律、法规规定的其他措施。

第十九条 办案人员应当依法收集证据。证据包括:

(一)书证;

(二)物证;

(三)视听资料;

(四)电子数据;

(五)证人证言;

(六)当事人的陈述;

(七)鉴定意见;

(八)勘验笔录、现场笔录。

立案前核查或者监督检查过程中依法取得的证据材料,可以作为案件的证据使用。

对于移送的案件,移送机关依职权调查收集的证据材料,可以作为案件的证据使用。

证据经查证属实,作为认定案件事实的根据。

第二十条 办案人员在进入现场检查时,应当通知当事人或者有关人员到场,并按照有关规定采取拍照、录音、录像等方式记录现场情况。现场检查应当制作现场笔录,并由当事人或者有关人员以逐页签名或盖章等方式确认。

无法通知当事人或者有关人员到场,当事人或者有关人员拒绝接受调查及签名、盖章或者拒绝以其他方式确认的,办案人员应当在笔录或者其他材料上注明情况。

第二十一条 收集、调取的书证、物证应当是原件、原物。调取原件、原物有困难的,可以提取复制件、影印件或者抄录件,也可以拍摄或者制作足以反映原件、原物外形或者内容的照片、录像。复制件、影印件、抄录件和照片、录像由证据提供人核对无误后注明与原件、原物一致,并注明取证日期、证据出处,同时由证据提供人签名或者盖章。

第二十二条 收集、调取的视听资料应当是有关资料的原始载体。调取视听资料原始载体有困难的,可以提取复制件,并注明制作方法、制作时间、制作人等。声音资料应当附有该声音内容的文字记录。视听资料制作记录、声音文字记录同时由证据提供人核对无误后签名或者盖章。

第二十三条 医疗保障行政部门可以利用网络信息系统或者设备收集、固定违法行为证据。用来收集、固定违法行为证据的网络信息系统或者设备应当符合相关规定,保证所收集、固定电子数据的真实性、完整性。

医疗保障行政部门可以指派或者聘请具有专门知识的人员,辅助办案人员对案件关联的电子数据进行调取。

收集、调取的电子数据应当是有关数据的原始载体。收集电子数据原始载体有困难的,可以采用拷贝复制、委托分析、书式固定、拍照录像等方式取证,并注明制作方法、制作时间、制作人等。

医疗保障行政部门利用电子技术监控设备收集、固定违法事实的,证据记录内容应符合法律、法规的规定。

第二十四条 办案人员可以询问当事人及其他有关单位和个人。询问应当个别进行。询问应当制作笔录,笔录应当交被询问人核对;对阅读有困难的,应当向其宣读。笔录如有差错、遗漏,应当允许其更正或者补充。涂改部分应当由被询问人签名、盖章或者以其他方式确认。经核对无误后,由被询问人在笔录上逐页签名、盖章或者以其他方式确认。办案人员应当在笔录上签名。

第二十五条 为查明案情,需要对案件相关医疗文书、医疗证明等内容进行评审的,医疗保障行政部门可以组织有关专家进行评审。

第二十六条 医疗保障行政部门在收集证据时,在证据可能灭失或者以后难以取得的情况下,经医疗保障行政部门负责人批准,可以先行登记保存,并应当在七个工作日内及时作出处理决定。

情况紧急,需要当场采取先行登记保存措施的,执法人员应当在二十四小时内向医疗保障行政部门负责人报告,并补办批准手续。医疗保障行政部门负责人认为不应当采取先行登记保存措施的,应当立即解除。

第二十七条 先行登记保存有关证据,应当当场清点,开具清单,由当事人和办案人员签名或者盖章。清单交当事人一份,并当场交付先行登记保存证据通知书。

先行登记保存期间,当事人或者有关人员不得损毁、销毁或者转移证据。

第二十八条 对于先行登记保存的证据,医疗保障行政部门可以根据案件需要采取以下处理措施:

(一)根据情况及时采取记录、复制、拍照、录像等证据保全措施;

(二)可依法采取封存措施的,决定予以封存;

(三)违法事实不成立,或者违法事实成立但不予行政处罚的,决定解除先行登记保存措施。

逾期未采取相关措施的,先行登记保存措施自动解除。

第二十九条 医疗保障行政部门对可能被转移、隐匿或者灭失的资料,无法以先行登记保存措施加以证据保全,采取封存措施;采取或者解除封存措施的,应当经医疗保障行政部门负责人批准。

情况紧急,需要当场采取封存等行政强制措施的,执法人员应当在二十四小时内向医疗保障行政部门负责人报告,并补办批准手续。医疗保障行政部门负责人认为不应当采取行政强制措施的,应当立即解除。

第三十条 医疗保障行政部门实施封存等行政强制措施应当依照《中华人民共和国行政强制法》规定的程序进行,并当场交付实施行政强制措施决定书和清单。

第三十一条 封存的期限不得超过三十日;情况复杂的,经医疗保障行政部门负责人批准,可以延长,但是延长期限不得超过三十日。延长封存的决定应当及时书面告知当事人,并说明理由。

第三十二条 封存的资料应妥善保管,防止丢失、损毁、篡改和非法借阅;医疗保障行政部门可以委托第三人保管,第三人不得损毁、篡改或者擅自转移、处置。

第三十三条 有下列情形之一的,医疗保障行政部门应当及时作出解除封存决定:

(一)当事人没有违法行为;

(二)封存的资料与违法行为无关;

(三)对违法行为已经作出处理决定,不再需要封存;

(四)封存期限已经届满;

(五)其他不再需要采取封存措施的情形。

解除封存应当立即退还资料,并由办案人员和当事人在资料清单上签名或者盖章。

第三十四条 医疗保障行政部门在案件办理过程中需要其他行政区域医疗保障行政部门协助调查取证的,应当出具书面协助调查函。被请求协助的医疗保障行政部门在接到协助调查函之日起十五日内完成相关协查工作。需要延期完成或者无法协助的,应当在期限届满前告知提出协查请求的医疗保障行政部门。

第三十五条 医疗保障行政部门应当依法以文字、音像等形式,对行政处罚的立案、调查取证、审核决定、送达执行等进行全过程记录,归档保存。

第三十六条 案件调查终结,办案机构应当撰写案件调查终结报告,案件调查终结报告包括以下内容:

(一)当事人的基本情况;

(二)案件来源、调查经过及采取行政强制措施的情况;

(三)调查认定的事实及主要证据;

(四)违法行为性质;

(五)处理意见及依据;

(六)其他需要说明的事项。

第三十七条 有下列情形之一,在医疗保障行政部门负责人作出决定之前,应当进行法制审核,未经法制审核或者审核未通过的,不得作出决定:

(一)责令追回医保基金或者罚款数额较大的;

(二)责令解除医保服务协议等直接关系到当事人或第三人重大权益,经过听证程序的;

(三)案件情况疑难复杂、涉及多个法律关系的;

(四)涉及重大公共利益的;

(五)法律、法规规定的其他需要审核的重大行政执法情形。

法制审核由医疗保障行政部门法制机构负责实施,同一案件的办案人员不得作为审核人员。

第三十八条 法制审核的主要内容包括:

(一)行政执法主体是否合法,行政执法人员是否具备执法资格;

(二)是否具有管辖权;

(三)案件事实是否清楚、证据是否充分;

(四)定性是否准确;

(五)适用依据是否正确;

（六）程序是否合法；

（七）处理是否适当；

（八）行政执法文书是否完备、规范；

（九）违法行为是否涉嫌犯罪、需要移送司法机关；

（十）其他需要合法性审核的内容。

第三十九条 法制机构经对案件进行审核，区别不同情况提出书面意见和建议：

（一）事实清楚、证据确凿充分、定性准确、适用法律正确、处罚适当、程序合法的，提出同意的意见；

（二）主要事实不清、证据不足的，提出继续调查或不予作出行政执法决定的意见；

（三）定性不准、适用法律不准确和执行裁量基准不当的，提出变更意见；

（四）超越执法权限或程序不合法的，提出纠正意见；

（五）认为有必要提出的其他意见和建议。

行政执法机构或办案人员应根据法制机构提出的上述第二项至第四项意见作出相应处理后再次进行法制审核。

第四十条 法制机构收到相关资料后，于十个工作日内审核完毕。因特殊情况需要延长的，经法制机构负责人批准后可延长十个工作日，但不得超过法定时限要求。

行政执法机构或办案人员与法制机构对审核意见不一致时，法制机构可以组织有关专家、法律顾问或者委托第三方专业机构论证，将论证意见等相关材料提交医疗保障行政部门负责人，由医疗保障行政部门负责人组织集体讨论决定。

第四十一条 根据调查情况，拟给予行政处罚的案件，医疗保障行政部门在作出行政处罚决定之前应当书面告知当事人拟作出行政处罚决定的事实、理由及依据，并告知当事人依法享有陈述权、申辩权。

医疗保障行政部门应当充分听取当事人陈述、申辩意见，对当事人提出的事实、理由和证据进行复核。

拟作出的行政处罚属于听证范围的，应当告知当事人有要求举行听证的权利，当事人要求听证的，医疗保障行政部门应当依法组织听证。

当事人提出的事实、理由或者证据成立的，医疗保障行政部门应当予以采纳，不得因当事人陈述、申辩或者申请听证而加重行政处罚。

第四十二条 有下列情形之一的，经医疗保障行政部门负责人批准，中止案件调查，并制作案件中止调查决定书：

（一）行政处罚决定必须以相关案件的裁判结果或者其他行政决定为依据，而相关案件尚未审结或者其他行政决定尚未作出；

（二）涉及法律适用等问题，需要送请有权机关作出解释或者确认；

（三）因不可抗力致使案件暂时无法调查；

（四）因当事人下落不明致使案件暂时无法调查；

（五）其他应当中止调查的情形。

中止调查的原因消除后，应当立

即恢复案件调查。

第四十三条　医疗保障行政部门负责人经对案件调查终结报告、法制审核意见、当事人陈述和申辩意见或者听证报告等进行审查，根据不同情况，分别作出以下决定：

（一）确有依法应当给予行政处罚的违法行为的，根据情节轻重及具体情况，作出行政处罚决定；

（二）确有违法行为，但有依法不予行政处罚情形的，不予行政处罚；

（三）违法事实不能成立的，不得给予行政处罚；

（四）依法应移送其他行政管理部门或者医疗保障经办机构处理的，作出移送决定；

（五）违法行为涉嫌犯罪的，移送司法机关。

第四十四条　对下列情节复杂或者重大违法行为给予行政处罚的案件，应当由医疗保障行政部门负责人集体讨论决定：

（一）涉及重大安全问题或者有重大社会影响的案件；

（二）调查处理意见与法制审核意见存在重大分歧的案件；

（三）医疗保障行政部门负责人认为应当提交集体讨论的其他案件。

集体讨论应当形成讨论记录，集体讨论中有不同意见的，应当如实记录。讨论记录经参加讨论人员确认签字，存入案卷。

第四十五条　适用普通程序办理的案件应当自立案之日起九十日内作出处理决定。

因案情复杂或者其他原因，不能在规定期限内作出处理决定的，经医疗保障行政部门负责人批准，可以延长三十日。

案情特别复杂或者有其他特殊情况，经延期仍不能作出处理决定的，应当由医疗保障行政部门负责人集体讨论决定是否继续延期，决定继续延期的，应当同时确定延长的合理期限，但最长不得超过六十日。

案件处理过程中，检测检验、鉴定、听证、公告和专家评审时间不计入前款所指的案件办理期限。

第四十六条　医疗保障行政部门作出的行政处罚决定应当按照政府信息公开及行政执法公示制度等有关规定予以公开。公开的行政处罚决定被依法变更、撤销、确认违法或者确认无效的，医疗保障行政部门应在三日内变更行政处罚决定相关信息并说明理由。

第四十七条　具有下列情形之一的，经医疗保障行政部门负责人批准，终止案件调查：

（一）涉嫌违法的公民死亡（或者下落不明长期无法调查的）或者法人、其他组织终止，并且无权利义务承受人等原因，致使案件调查无法继续进行的；

（二）移送司法机关追究刑事责任的；

（三）其他依法应当终止调查的。

对于终止调查的案件，已经采取强制措施的应当同时解除。

第四章　行政处罚的简易程序

第四十八条　违法事实确凿并有法定依据，对公民处以二百元以下、对法人或者其他组织处以三千元以下罚款或者警告的行政处罚的，可以当场作出行政处罚决定。

第四十九条 适用简易程序当场查处违法行为，办案人员应当向当事人出示执法证件，填写预定格式、编有号码的行政处罚决定书，并当场交付当事人。当事人拒绝签收的，应当在行政处罚决定书上注明。

第五十条 办案人员在行政处罚决定作出前，应当告知当事人拟作出的行政处罚内容及事实、理由、依据，并告知当事人有权进行陈述和申辩。当事人进行陈述和申辩的，办案人员应当记入笔录。

第五十一条 适用简易程序当场作出行政处罚决定的，办案人员应当在作出行政处罚决定之日起七个工作日内将处罚决定及相关材料报所属医疗保障行政部门备案。

第五章 执行与结案

第五十二条 依照本法规定当场作出行政处罚决定，有下列情形之一的，办案人员可以当场收缴罚款：

（一）依法给予一百元以下的罚款的；

（二）不当场收缴事后难以执行的。

办案人员当场收缴罚款的，必须向当事人出具国务院财政部门或者省、自治区、直辖市人民政府财政部门统一制发的专用票据；不出具财政部门统一制发的专用票据的，当事人有权拒绝缴纳罚款。

办案人员当场收缴的罚款，应当自收缴罚款之日起二个工作日内，交至医疗保障行政部门；医疗保障行政部门应当在二个工作日内将罚款缴付指定的银行。

第五十三条 退回的基金退回原医疗保障基金财政专户；罚款、没收的违法所得依法上缴国库。

行政处罚决定依法作出后，当事人应当在行政处罚决定规定的期限内予以履行。

当事人对行政处罚决定不服申请行政复议或者提起行政诉讼的，行政处罚决定不停止执行。法律另有规定的除外。

第五十四条 当事人确有经济困难，需要暂缓或者分期缴纳罚款的，应当提出申请。经医疗保障行政部门负责人批准，同意当事人暂缓或者分期缴纳罚款的，医疗保障行政部门应当书面告知当事人暂缓或者分期的期限以及罚款金额。

第五十五条 当事人逾期不履行行政处罚决定的，作出行政处罚决定的医疗保障行政部门可以采取下列措施：

（一）到期不缴纳罚款的，每日按罚款数额的百分之三加处罚款，加处罚款的数额不得超出罚款的数额；

（二）依照《中华人民共和国行政强制法》的规定申请人民法院强制执行。

医疗保障行政部门批准暂缓、分期缴纳罚款的，申请人民法院强制执行的期限，自暂缓或者分期缴纳罚款期限结束之日起计算。

第五十六条 有下列情形之一的，医疗保障行政部门可以结案：

（一）行政处罚决定执行完毕的；

（二）医疗保障行政部门依法申请人民法院强制执行行政处罚决定，人民法院依法受理的；

（三）不予行政处罚等无须执行的；

（四）医疗保障行政部门认为可以结案的其他情形。

办案人员应当填写行政处罚结案报告，经医疗保障行政部门负责人批准后，予以结案。

第五十七条 医疗保障行政部门应当按照下列要求及时将案件材料立卷归档：

（一）一案一卷；

（二）文书齐全，手续完备；

（三）案卷应当按顺序装订。

第六章 期间、送达

第五十八条 期间以时、日、月计算，期间开始的时或者日不计算在内。期间不包括在途时间。期间届满的最后一日为法定节假日的，以法定节假日后的第一日为期间届满的日期。

第五十九条 行政处罚决定书应当在宣告后当场交付当事人；当事人不在场的，医疗保障行政部门应当在七个工作日内依照《中华人民共和国民事诉讼法》的有关规定，将行政处罚决定书送达当事人。

当事人同意并签订确认书的，医疗保障行政部门可以采用传真、电子邮件等方式，将行政处罚决定书等送达当事人。

第七章 附 则

第六十条 本规定中的“以上”、“以下”、“内”均包括本数。

第六十一条 外国人、无国籍人、外国组织在中华人民共和国领域内有医疗保障违法行为，应当给予行政处罚的，适用本规定，法律、法规另有规定的除外。

第六十二条 本规定自2021年7月15日起施行。